V&R

Bürgertum Neue Folge

Studien zur Zivilgesellschaft

Herausgegeben von
Manfred Hettling und Paul Nolte

Band 20

Anne Sophie Overkamp

Fleiß, Glaube, Bildung

Kaufleute als gebildete Stände im Wuppertal 1760–1840

Vandenhoeck & Ruprecht

Gedruckt mit Unterstützung des Förderungsfonds Wissenschaft der VG WORT

Die vorliegende Arbeit beruht auf der Dissertation »Ein Eldorado der Fleißigen, ein Zion der Gläubigen, ein Ort der Bildung – Das Wuppertal und seine Kaufmannsfamilien, 1760–1840«, die von der Autorin bei der Kulturwissenschaftlichen Fakultät der Europa-Universität Viadrina Frankfurt/Oder eingereicht wurde. Betreuer: Prof. Dr. Reinhard Blänkner. Datum der Disputation: 05. Juli 2019.

Für Daniel

Bibliografische Information der Deutschen Nationalbibliothek:
Die Deutsche Nationalbibliothek verzeichnet diese Publikation in der Deutschen Nationalbibliografie; detaillierte bibliografische Daten sind im Internet über https://dnb.de abrufbar.

Umschlagabbildung: Elberfelder Neumarkt, H. E. Heyn, um 1820 (Privatbesitz: Berthold Frowein, Frowein & Co. Beteiligungs AG, Fotografie: Anne Sophie Overkamp)

Satz: textformart, Göttingen | www.text-form-art.de
Druck und Bindung: ⊕ Hubert & Co KG BuchPartner, Göttingen
Printed in the EU

Vandenhoeck & Ruprecht Verlage | www.vandenhoeck-ruprecht-verlage.com

ISSN 2198-1418
ISBN 978-3-525-37096-4

Inhalt

1. Einleitung

1.1 Interesse und Fragestellung

Der Weg nach Elberfeld ist äußerst angenehm und abwechselnd mit schönen Gegenden, je mehr man sich aber dieser Stadt nähert, um so mehr entdekt man selbst schon auf der Heerstraße den Karakter dieses Theils des Landes, in den immer häufiger zur Seite stehenden kleinen Fabrikhäusern, in dem lebendigeren und regeren Getreibe der Einwohner, und in den öfters vorüber und entgegen ziehenden schwer beladenen Frachtwägen, die sich mühsam aus einem engen Tal heraufziehen, um den größten Teil Deutschlands mit dessen Produkten zu versehen, und selbst in den entferntesten Weltgegenden Proben der regen Spekulation und des unermüdlichen Fleißes seiner Bewohner zu versenden.[1]

Reisende wie der hier zitierte Justus Gruner wurden im 18. und frühen 19. Jahrhundert nicht müde, den steten Gewerbefleiß sowie die allgemeine Betriebsamkeit des Wuppertals und beider positive Auswirkung auf Land und Leute zu beschreiben. Ihnen allen galt das Wuppertal als vorbildlich für die anderen Territorien des Heiligen Römischen Reiches.[2]

In der Tat bildete das Wuppertal im 18. Jahrhundert eine der bedeutendsten Gewerberegionen Deutschlands, wenn nicht gar Europas. Das Haupterzeugnis des Tals waren Textilien – gebleichtes Leinengarn, Zwirn, Bandwaren, Leintücher und Leinen-Baumwollstoffe –, deren Produktion und Verkauf jedes Jahr einen Umsatz von mehreren Millionen Reichstalern erwirtschaftete.[3] Zu den Absatzgebieten gehörten Märkte nah und fern: Deutschland, die Niederlande, Frankreich, die Iberische Halbinsel, Russland, Nord-, Mittel- und Südamerika. Das Wuppertal war somit Teil der Riege proto-industrieller Regionen in Europa, deren Schubkraft entscheidend zu den Prozessen wirtschaftlicher und gesellschaftlicher Veränderung beitrug, von denen Europa seit der Mitte des 18. Jahrhunderts erfasst war.[4]

Die Produktionsverhältnisse in der Proto-Industrie und die Lebensumstände der Produzenten sind gut erforscht.[5] Weitaus weniger Studien haben sich mit

1 *Gruner*, Wallfahrt, S. 353 f.

2 Vgl. die beiden Bände *Huck/Reulecke*, Reisen; *Dietz/Reulecke*, Kutsche.

3 Vgl. *Gebhard*, Bericht, S. 36.

4 Vgl. *Cerman/Ogilvie*, European Proto-industrialization; *Ebeling/Mager*, Protoindustrie.

5 Vgl. für Textilregionen *Bartolosch*, Textilgewerbe; *Pfister*, Fabriques; *Medick*, Weben; *Boldorf*, Leinenregionen; für das Metallgewerbe *Scherm*, Reidemeister. Für weitere euro-

der Distributionssphäre und ihren Akteuren beschäftigt.[6] Dabei lassen sich die Ausweitung der Produktion und die dadurch bewirkten gesellschaftlichen Veränderungen nur erklären, wenn auch die Möglichkeiten und die Organisation des Absatzes hinreichend berücksichtigt werden. Sonst bleiben Überlegungen zur Kommerzialisierung der Gesellschaft unvollständig und gesellschaftliche Transformationsprozesse nur ungenügend erklärt. Gemeint ist mit Kommerzialisierung die Umwandlung nicht marktförmiger Bereiche des sozialen Lebens in Märkte.[7] In Spätmittelalter und Früher Neuzeit fiel hierunter vor allem die Ausweitung der Lohnarbeit in der Stadt und gerade auch auf dem Land, wodurch die alten ständischen Beziehungsmuster ergänzt, überlagert oder ersetzt wurden, und die stetige Zunahme und Verdichtung des Handelsverkehrs, auch bekannt unter dem Stichwort Kommerzielle Revolution.[8] Seit den »Entdeckungen« des ausgehenden 15. und des 16. Jahrhunderts durch Seefahrer wie Columbus und Magellan entstanden zudem ganz neue, global ausgerichtete Handelsräume, welche die verschiedenen Erdteile in einen engen und regelmäßigen Austausch miteinander brachten – die Weltwirtschaft entstand.[9] Das Wuppertal, so eine leitende These der Arbeit, war in diesen langfristigen, vielschichtigen und zunehmend global verlaufenden Prozess der Kommerzialisierung an vorderster Front eingebunden.[10] Nicht nur exportierten die Wuppertaler Kaufleute die von Lohnarbeitern produzierten Waren in alle Welt und konkurrierten auf fernen Märkten mit anderen Anbietern, sondern die gesamte Bevölkerung des Tals war von einer profunden Transformation erfasst, welche die sozialen Beziehungen genauso betraf wie die materielle Kultur.

Vorangetrieben wurde der Prozess der globalen Kommerzialisierung maßgeblich von Kaufleuten. In den proto-industriellen Regionen fungierten sie als Scharnier zwischen Produzenten und Markt. Entweder sie kauften die fertigen Waren den Produzenten ab (Kaufsystem) und speisten sie in den überregionalen Markt ein, oder sie versahen als Verleger-Kaufmann die Produzenten mit den nötigen Rohstoffen, zahlten ihnen für die Verarbeitung einen Lohn in barer Münze und sorgten anschließend für den Weiterverkauf der fertigen Waren.[11] Gleichzeitig übernahmen die Verlagskaufleute die Versorgung der ländlichen

päische Regionen vgl. die Aufsätze in *Cerman/Ogilvie*, European Proto-industrialization; *Ebeling/Mager*, Protoindustrie.

6 Als Ausnahmen vgl. *Reininghaus*, Iserlohn; *Gorißen*, Handelshaus.

7 Vgl. *Kettner*, Vorschlag.

8 Vgl. *Abel*, Landwirtschaft; *Denzel*, Kommerzielle Revolution.

9 Vgl. *Braudel*, Sozialgeschichte, Bd. 3.

10 Vgl. hierzu *Emmer*, Wirtschaft; *Borries*, Kolonialgeschichte; *Canny/Morgan*, Atlantic World; *Souza*, Portuguese, Dutch and Chinese; *Vries*, Politische Ökonomie. Zu den globalen Handelsverbindungen in der Frühen Neuzeit und der Frage nach einer ersten Phase der Globalisierung vgl. *O'Rourke/Williamson*, Globalisation; *Vries*, Limits of Globalization; *Pfister*, Globalisierung; dezidiert fürs 18. Jahrhundert vgl. *Grandner/Komlosy*, Weltgeist.

11 Vgl. *Pfister*, Verlagssystem.

Gegenden mit überregionalen, vor allem auch kolonialen Produkten. Dies gilt vor allem für Gewerberegionen, in denen Metallwaren und Textilien hergestellt wurden.[12] Das Verlagswesens war auch in der Wuppertaler Textilindustrie[13] vorherrschend und brachte es mit sich, dass mit der Gesamtbevölkerung auch die Zahl der Kaufleute im Tal immer weiter anwuchs: 1794 lebten in den beiden Hauptorten des Wuppertals, Elberfeld und Barmen, fast 350 Kaufleute, von denen 62 Prozent im Textilsektor tätig waren.[14] Diese Kaufleute und ihre Familien stehen im Zentrum der vorliegenden Studie, mit besonderem Fokus auf vier ausgewählte Familien.

Kaufleute stellten allgemein eine der mobilsten sozialen Gruppen in der Frühen Neuzeit und bewirkten eine bedeutende Dynamik innerhalb der häufig als statisch wahrgenommenen ständischen Ordnung.[15] Daraus ergeben sich Fragen zur ihrer sozialen Stellung und gesellschaftlichen Einordnung. Nähert man sich den Kaufleuten und ihren Familien von der Seite lebensweltlicher Praktiken her, ergeben sich markante Übereinstimmungen in der Lebensführung mit den von der Forschung deutlich besser untersuchten Gebildeten, das heißt der Gemeinschaft der »Lesenden und Schreibenden« (Rudolf Vierhaus). In den bisher dazu vorgelegten Untersuchungen, die häufig im Kontext der Aufklärungsforschung entstanden sind, lag das Augenmerk jedoch weitgehend auf den akademisch Gebildeten wie Juristen, Professoren, Pfarrern und höheren Beamten aller Art.[16] Die von den Kaufmannsfamilien praktizierten Formen der Geselligkeit, des Konsums, der Bildung, der Freizeitgestaltung und vieles mehr folgten jedoch ähnlichen Mustern beziehungsweise entsprachen denen der im engeren Sinne so bezeichneten Gebildeten. So traf man sich beispielsweise in den patriotischen Gesellschaften und anderen »bürgerlichen« Assoziationen oder im Singkreis. Auch bestanden zwischen diesen Gruppen enge verwandtschaftliche Beziehungen – Kaufmannsöhne heirateten Pfarrers- und Beamtentöchter, Kaufmannstöchter ehelichten Professoren und Juristen. Für die Gebildeten ist bereits pointiert herausgearbeitet worden, dass es sich bei ihnen um eine ständetranszendierende Gruppierung handelte, sowohl in Bezug auf die Berufsstände als auch in Bezug auf die Geburtsstände.[17] Dies gilt es zu erweitern.

Die Arbeit geht von der These aus, dass die Wuppertaler Kaufmannsfamilien adäquat nur als integraler Teil einer sich neu formierenden sozialen

12 Vgl. *Ludwig*, Handel Sachsens; *Ludwig*, Kolonialwaren; *Ludwig/Zeuske*, Kolonialwaren und Wirtschaftspolitik.

13 Der Begriff »Textilindustrie« wird hier als Bezeichnungen für in großem Maßstab hergestellte und vertriebene Textilwaren verwendet. Für eine bessere Lesbarkeit wird außerdem analog der Begriff »Textilgewerbe« gebraucht.

14 Vgl. *Mannes*, Kaufmannskalender.

15 Vgl. grundlegend hierzu *Schulze*, Ständische Gesellschaft.

16 Vgl. *Bödeker/Herrmann*, Aufklärung; *dies.*, Prozess; *Vierhaus*, Deutschland; *Brakensiek*, Fürstendiener.

17 Vgl. beispielsweise *Vierhaus*, Umrisse.

Gruppierung zu verstehen sind, welche sich sowohl aus den oben genannten Gebildeten als auch aus wirtschaftlich erfolgreichen Bürgern wie den Kaufleuten zusammensetzte. Die Rede ist von den zeitgenössisch so bezeichneten »gebildeten Ständen«.[18] Es wird zudem die These vertreten, dass es für die Zeit um 1800 wenig sinnvoll ist, die Wuppertaler Kaufmannsfamilien geschieden von dieser Gemeinschaft der Gebildeten, etwa als (frühes) Wirtschaftsbürgertum im Unterschied zum (frühen) Bildungsbürgertum, zu behandeln.[19] Durch die verschränkte Betrachtungsweise der Kaufmannsfamilien in ihren verschiedenen Lebenswirklichkeiten will die Arbeit vielmehr zu einem umfassenderen Verständnis der »gebildeten Stände« beitragen, welche in der Zeit um 1800 die soziale, ständeübergreifende Elite darstellte.[20]

Mit den hier vorgestellten forschungsleitenden Thesen werden sowohl wirtschafts- als auch sozialgeschichtliche Fragestellungen behandelt, die kulturgeschichtlich zusammengezogen werden, und die alle im Kontext der erodierenden »alt«-ständischen Ordnung und der Formation einer neuen gesellschaftlichen Ordnung gesehen werden müssen. Der Untersuchungszeitraum ist so gewählt, dass er von dem Vierteljahrhundert großer politischer Stabilität nach dem Ende des Siebenjährigen Krieges über die turbulenten Jahrzehnte der Revolutionskriege und der napoleonischen Herrschaft bis hin zur restaurativen Epoche des Vormärz reicht. Für die Wuppertaler Wirtschaft entspricht dies einer globalen Wachstums- und Konsolidierungsphase, auf die in den Jahren um 1800 zahlreiche wirtschaftliche Herausforderungen folgten, bevor sich nach 1815 die Frage nach der Mechanisierung und Weiterentwicklung der proto-industriellen Fertigungsweise verschärft stellte. Geistesgeschichtlich fallen in diesen Zeitraum die Weimarer Klassik, die Kantische und Hegelsche Philosophie und die Romantik. Allgemein gilt der Zeitraum von der Mitte des 18. bis zum ersten Drittel des 19. Jahrhunderts als eine Phase beschleunigten Wandels, innerhalb dessen es freilich »Verdichtungszonen und Beschleunigungsvorgänge« gab.[21] Das Wuppertal dieser Zeit war eine solche Verdichtungszone und seine Kaufmannsfamilien Agenten der Beschleunigung.

Drei Fragenkomplexe leiten die Untersuchung:

1. Was waren die überregionalen, regionalen und persönlichen Rahmenbedingungen für die Dynamik des Wuppertals als Gewerberegion und damit für das Entstehen einer solchen Verdichtungszone? Genauer gesagt, wie vollzog sich die Integration einer inländischen Gewerberegion in den Weltmarkt? Welche Möglichkeiten und Handlungsoptionen besaßen die Akteure? Wel-

18 Zu den »gebildeten Ständen« als zeitgenössischem Begriff und den ihm zugrundeliegenden Vorstellungen von Bildung vgl. *Vierhaus*, Bildung; *Engelhardt*, Bildungsbürgertum.

19 Zu dieser weder heuristisch hilfreichen noch aus den Quellen gerechtfertigten Unterscheidung vgl. unten die Diskussion zum Forschungsstand der Bürgertumsforschung.

20 Vgl. hierzu die grundlegenden Überlegungen bei *Blänkner*, »Gebildete Stände«.

21 Vgl. *Dipper*, »Geschichtliche Grundbegriffe«.

chen spezifischen Chancen und Risiken standen sie gegenüber? Unter welchen persönlichen Voraussetzungen konnten sie ihre Strategien entwickeln und diese verfolgen?

2. Wie gestaltete sich das Verhältnis zwischen Kaufmannschaft, Obrigkeit und Produzenten? Welche Wertvorstellungen leiteten die Kaufleute und inwieweit waren diese spezifisch kaufmännisch? Wie wurden Wertvorstellungen generell innerhalb der »gebildeten Stände« vermittelt? Bestand ein Spannungsverhältnis zwischen traditionalen Werten, beispielsweise religiösen Überzeugungen, und lebensweltlichen Praktiken? Ging die fortschreitende Kommerzialisierung mit einer zunehmenden Rationalisierung einher?

3. Wie waren die beiden Lebenswirklichkeiten Firma und Familie miteinander verschränkt? Wie gestaltete sich das Verhältnis der Ehepartner zueinander? Welche Bedeutung besaßen generell verwandtschaftliche Bindungen für die »gebildeten Stände« und wie waren deren verschiedenen Teilgruppen miteinander verflochten? Welche Bildungswege lassen sich im Wuppertal beobachten? Hatte die fortschreitende Kommerzialisierung hierauf Auswirkungen? Und schlug sich die globale Kommerzialisierung in den Konsumgewohnheiten der »gebildeten Stände« nieder? Welche spezifischen Interaktionsmuster lassen sich anhand der Wuppertaler Kaufmannsfamilien für die »gebildeten Stände« erkennen? An welchen Arten der Vergesellschaftung partizipierten sie? Und schließlich, wie lassen sich die Spezifika der Kaufmannsfamilien innerhalb der sozialen Figuration der »gebildeten Stände« einordnen?

1.2 Forschungsstand und Begrifflichkeiten

1.2.1 Das Wuppertal und die Frühindustrialisierung im Rheinland

Das Wuppertal war bis zum Ende des Alten Reiches 1806 Teil des Herzogtums Berg, gelangte anschließend unter französische Herrschaft und wurde dann im Zuge der Verhandlungen auf dem Wiener Kongress der preußischen Rheinprovinz zugeschlagen. Die wechselvolle Geschichte des bergischen Territoriums ist in jüngerer Zeit eingehend bearbeitet worden. Vor allem die Jahre zwischen 1806 und 1813 sind intensiv erforscht.[22] Die Geschichte der Stadt Wuppertal hingegen ist in den letzten Jahren nicht Gegenstand einer wissenschaftlichen Monographie gewesen. So erschienen zwar im Laufe des 19. Jahrhunderts verschiedene Abhandlungen über die Geschichte von Elberfeld und Barmen, doch nur zwei grö-

22 Vgl. *Engelbrecht*, Herzogtum Berg; *Gorißen/Sassin/Wesoly*, Bergisches Land; *Severin-Barboutie*, Herrschaftspolitik; *Dethlefs/Owzar/Weiß*, Modell; *Mölich*, Rheinland. Für eine an Detailreichtum unübertroffene Darstellung des Großherzogtums Berg vgl. *Schmidt*, Grossherzogtum. Der Band erschien bereits 1905 auf Französisch.

ßere Untersuchungen aus dem 20. Jahrhundert befassen sich historisch-kritisch mit der Geschichte der beiden Orte.[23] Dafür liegen mehrere Untersuchungen zu Einzelaspekten der Stadtgeschichte vor. Eine lange Tradition hat die Betrachtung der städtischen Verfassung und des Verwaltungspersonals.[24] Eingehend untersucht ist außerdem das bürgerliche Assoziationswesen in Elberfeld ebenso wie die bürgerliche Organisation des Armenwesens, das als sogenanntes »Elberfelder System« weltbekannt wurde.[25] Auch die verschiedenen Konfessionen und ihre Bedeutung für das Wirtschaftsleben haben eine gewisse Aufmerksamkeit erfahren, ebenso die Zuwanderung ins Wuppertal.[26] Zahlreiche führende Persönlichkeiten aus Wirtschaft und Gesellschaft sind außerdem biografisch gewürdigt worden.[27]

Sehr zahlreich, wenngleich älteren Datums, sind auch die Publikationen, die sich der Geschichte einzelner Firmen oder Familien widmen.[28] Diese sind häufig in der Form von Familienchroniken oder Festschriften zu Firmenjubiläen erschienen. Die meist sehr sorgfältig gearbeiteten Darstellungen bieten nicht zuletzt eine Fülle an genealogischen Details und ermöglichen so die ansonsten sehr aufwändige Rekonstruktion von Verwandtschafts- und Familienverhältnissen. Auch für die in dieser Arbeit im Detail behandelten vier Familien liegen solche Schriften vor.[29]

Das Rheinland, zu dem das Wuppertal gehört, gilt als einer der Motoren der Industrialisierung in Deutschland. Entsprechend groß ist die Aufmerksamkeit, welche der Region von Seiten der wirtschaftshistorischen Forschung geschenkt wurde. Bereits Alphons Thun, ein Vertreter der historischen Schule der Nationalökonomie, untersuchte 1879 »Die Industrie am Niederrhein und ihre Arbeiter« und widmete sich dabei vorrangig dem bergischen Gewerbedreieck

23 An Werken aus dem 19. Jahrhundert bzw. kurz nach der Jahrhundertwende vgl. *Sonderland*, Barmen; *Coutelle*, Elberfeld; *Langewische*, Doppelstadt; *Werth*, Barmen; *Schell*, Elberfeld. An historisch-kritischen Darstellungen neueren Datums vgl. *Köllmann*, Barmen; *Herberts*, Kirche und Handel. Die beiden jüngeren Stadtgeschichten sind ohne Anmerkungsapparat und verfolgen kein eigenes Erkenntnisinteresse. Vgl. *Goebel/Knierim/Schnöring/Wittmütz*, Stadt Wuppertal; *Wittmütz*, Stadtgeschichte.

24 Vgl. *Brüning*, Elberfeld; *Strutz*, Stadt- und Gerichtsverfassung; *Strutz*, Ahnentafeln; *Isom*, Bürgermeisterfamilien; *Kolodziej*, Departements; *Fiedler*, Bürgermeister; *Eckardt*, 400 Jahre Stadtrechte.

25 Vgl. *Carnap*, Lesegesellschaft; *Illner*, Organisierung; *Weisbrod*, Wohltätigkeit; *Lube*, Mythos. Zum Elberfelder System allgemein vgl. *Berger*, Tätigkeit.

26 Vgl. *Murayama*, Konfession; *Goebel*, Zuwanderung; *Knierim*, Neubürger.

27 Vgl. hierzu die Schriftenreihe »Wuppertaler Biographien«, die von 1958 bis 1993 in loser Folge in 17 Bänden erschienen ist, sowie die Reihe »Rheinisch-Westfälische Wirtschaftsbiographien«. Dort ist vor allem der 18. Band einschlägig. Vgl. *Stremmel*/Weise, Bergisch-Märkische Unternehmer. Vgl. außerdem den Band *Beeck*, Bergische Unternehmergestalten.

28 Vgl. beispielsweise *Weerth*, Familie de Weerth; *Bredt*, Familie Siebel; *Strutz*, Geschichte der Rübel.

29 Vgl. *Eynern*, Sattelhof; *Strutz*, 175 Jahre; *Bredt*, Familie Bredt; *Dietz*, Familie Wuppermann.

Solingen, Remscheid und Wuppertal.[30] Zeitgleich erschienen in der Zeitschrift des Bergischen Geschichtsvereins, gegründet 1863, zahlreiche Detailstudien und Quelleneditionen zu vielfältigen Aspekten der Wuppertaler und bergischen Wirtschaftsgeschichte.[31] In den 1950er und 1960er Jahren entstanden mehrere Studien, welche das rheinisch-westfälische Bürger- und Unternehmertum als Träger des Industrialisierungsprozesses in den Blick nahmen und dabei auch die Brücke vom 18. zum 19. Jahrhundert schlugen.[32] Auch statistisch wurden die Manufaktur- und Fabrikgründungen erfasst.[33] Rudolf Boch schließlich gewährte Einblick in die Industrialisierungsdebatte des rheinischen Wirtschaftsbürgertums.[34] Auch wenn es in den letzten Jahren um das rheinisch-westfälische Wirtschaftsbürgertum und die Frühindustrialisierung in dieser Region still geworden ist, können die rheinische Unternehmerschaft und ihre wirtschaftlichen und gesellschaftspolitischen Visionen als gut erforscht gelten.

Für die Zeit vor der Frühindustrialisierung liegen allerdings deutlich weniger Untersuchungen vor. So gilt für die Wuppertaler Garnnahrung, der leitenden Institution der Wuppertaler Wirtschaft vom 16. bis zum frühen 19. Jahrhundert, weiterhin die Darstellung von Walter Dietz von 1957 als Standardwerk.[35] Herbert Kisch untersuchte und betonte in einer Reihe von Aufsätzen die Bedeutung der Hausindustrie vor der industriellen Revolution am Niederrhein.[36] Eine synthetische Darstellung des bergischen Gewerbes in vorindustrieller Zeit ist außerdem Teil der vor kurzem erschienenen »Geschichte des Bergischen Landes«.[37] Die monografische Würdigung einer überregional bedeutenden Firma, wie sie etwa die Firma Harkort im benachbarten Territorium, der Grafschaft Mark, und das Handelshaus J.B. Hasenclever in Remscheid für die Zeit des 18. und frühen 19. Jahrhundert erfahren haben, steht für das Wuppertal noch aus.[38] Diese Arbeiten sowie monografische Untersuchungen zu proto-industriellen Kaufleuten in Langenberg, Iserlohn und Krefeld erlauben jedoch eine vergleichende Einordnung der Ergebnisse zu den Wuppertaler Kaufmannsfamilien,

30 Vgl. *Thun*, Industrie. Zur historischen Schule der Nationalökonomie vgl. den facettenreichen Band *Lenger*, Handwerk. Vgl. als eine weitere frühe Darstellung der Wuppertaler Industrie mit zeitgenössischen Bezügen *Bredt*, Lohnindustrie.

31 Zu nennen wäre hier beispielsweise die Herausgabe des Berichts des Hofkammerrats Jacobis, die Edition der Quellen zur Garnnahrung sowie Abhandlungen über die Elberfelder Börse oder die Gründung der Leinenweberzunft. Vgl. *Crecelius/Werth*, Urkunden; *Gebhard*, Bericht; *Spannagel*, Gründung; *Schell*, Handelsbörse.

32 Vgl. *Barkhausen*, Aufstieg; *Schulte*, Entwicklung; *Zunkel*, Unternehmer; *Ringel*, Bergische Wirtschaft; *Schumacher*, Auslandsreisen; *Hoth*, Industrialisierung.

33 Vgl. *Kermann*, Manufakturen.

34 Vgl. *Boch*, Wachstum.

35 Vgl. *Dietz*, Garnnahrung.

36 Vgl. *Kisch*, Textilgewerbe.

37 Vgl. *Gorißen*, Gewerbe.

38 Vgl. *Gorißen*, Handelshaus; *Dünkel*, Hasenclever.

wenngleich die Fragestellungen dieser Untersuchungen meist im wirtschafts- oder kulturhistorischen Bereich liegen und eine konsequente Verzahnung der Wirtschafts-, Sozial- und Kulturgeschichte der Familien, wie sie hier angedacht ist, ausbleibt.[39]

1.2.2 Proto-Industrialisierung, atlantische Geschichte und globale Kommerzialisierung

Nahezu alle Überblicksdarstellungen zur Proto-Industrialisierung beziehen das Bergische Land als ein wichtiges Beispiel für ein proto-industrielles Zentrum mit ein.[40] Und in der Tat erfüllt das Wuppertal die verschiedenen Kriterien, welche in der Forschung zur Bestimmung eines proto-industriellen Gebiets entwickelt wurden: es ist eine klar abgrenzbare Region, die hergestellten Waren waren für den Export bestimmt, die Produktionsweise bezog die ländliche Umgebung des Wuppertals mit ein, auf der anderen Rheinseite, das heißt im Herzogtum Jülich, entstand in enger Symbiose mit der Gewerbeentwicklung in Berg eine für den überregionalen Markt produzierende Agrarwirtschaft, welche die Nahrungsmittelversorgung in Berg sicherstellte, und über die Dauer bestand ein säkulares Wachstum.[41] Die verschiedenen Konzepte zur Proto-Industrialisierung oder der »Industrialisierung vor der Industrialisierung« umfassen jedoch deutlich mehr als diese Kriterien zur Bestimmung einer Gewerberegion. In dem ursprünglichen, theoretisch sehr anspruchsvollen Konzept ging es vielmehr darum, Wirtschafts- und Agrargeschichte, historische Demografie, Familien- und Alltagsgeschichte zusammenzubringen und so den Übergang von der feudalen zur industrie-kapitalistischen Ordnung modellhaft zu erklären. Mikro- und Makro-Strukturen sollten dabei methodisch verbunden werden.[42]

39 Vgl. zu Langenberg *Groppe*, Geist; zu Iserlohn *Reininghaus*, Iserlohn; zu Krefeld *Kriedte*, Taufgesinnte.

40 Vgl. etwa unter Nennung umfangreicher Literatur *Ebeling/Mager*, Einleitung, v.a. S. 29–41.

41 Dieser Definitionsansatz zur Proto-Industrialisierung bei *Mendels*, Proto-Industrialization. Kommentierend hierzu *Cerman/Ogilvie*, Theories. Im europäischen Vergleich hat sich vor allem die Prämisse, dass sich eine kommerzielle Agrarwirtschaft herausbilden müsse, nicht in jedem Fall belegen lassen. Vgl. die Zusammenfassung bei *Cerman/Ogilvie*, Proto-industrialization, S. 231 f.

42 Den Begriff geprägt hat *Mendels*, First Phase, theoretisch weiterentwickelt wurde das Konzept jedoch maßgeblich von *Kriedte/Medick/Schlumbohm*, Industrialisierung. Zur sich anschließenden Debatte und Schärfung des Konzeptes vgl. *dies.*, Prüfstand; *Mager*, Protoindustrialisierung; *Kriedte/Medick/Schlumbohm*, Sozialgeschichte; *dies*, Forschungslandschaft. Für eine weiterführende Umsetzung des Konzeptes in monographischer Form vgl. auch *Pfister*, Fabriques; *Ogilvie*, State Corporatism. Ein alternatives Konzept zur Analyse des Transformationsprozesses von der vorindustriellen zur industriellen Zeit stellt das von

Zahlreiche Einzelstudien, angeregt von den theoretischen Modellen zur Proto-Industrialisierung, haben allerdings gezeigt, dass viele dieser Modellannahmen sich nur bedingt halten lassen.[43] Zu groß sind die Abweichungen zwischen den verschiedenen europäischen Regionen, als dass sich mit dem Modell theoretisch überzeugend der Übergang von der traditionalen zur fabrikindustriellen Arbeitsweise erklären lässt. Dies gilt auch für die empirischen Fallstudien, welche die Göttinger Protagonisten der Proto-Industrialisierungsforschung vorgelegt haben.[44] Stefan Gorißen kommt in einem Forschungsüberblick daher zu dem Schluss: »Allenfalls ein Strukturbegriff ›Proto-Industrialisierung‹ zur Kennzeichnung heimgewerblicher Exportgewerbe an zumeist ländlichen Standorten scheint derzeit noch haltbar zu sein.«[45] In diesem Sinne wird er hier auch verwendet. Was die Bezeichnung der in die proto-industriellen Strukturen eingebundenen Kaufleute angeht, so hat sich für diese die Bezeichnung Verleger-Kaufmann eingebürgert. Alternativ dazu werden diese hier in ihrer Mehrzahl auch als Verlagskaufleute oder einfach nur als Kaufleute oder in der Einzahl als Kaufmann bezeichnet, schon allein, um den Leser nicht zu ermüden. Die von den Kaufleuten beschäftigten Produzenten werden entweder als solche, als Arbeiter oder mit ihrer Berufsbezeichnung als Weber oder Wirker bezeichnet. Von der zeitgenössischen Bezeichnung »Fabrikant« wird aus Gründen der sprachlichen Übersichtlichkeit abgesehen.

In seiner Arbeit zur märkischen Verlegerfamilie Harkort weist Gorißen darüber hinaus noch auf einen allgemein wenig beachteten Aspekt in der Proto-Industrialisierungsforschung hin, welcher gleichwohl bereits Teil des ursprünglichen Konzeptes war, und bearbeitet diesen auch überzeugend: die Bedeutung der Einbindung in überregionale Marktbeziehungen für die proto-industrielle Dynamik einer Region.[46] Abgesehen von Gorißens Arbeit zur Firma Harkort ist dieser Zusammenhang in der Proto-Industrialisierungsforschung jedoch

Karl-Heinrich Kaufhold forcierte Konzept der Gewerbelandschaften dar. Vgl. *Kaufhold*, Gewerbelandschaften. Obwohl der Begriff der Gewerbelandschaft Eingang gefunden hat in den historischen Diskurs und vielfach in Verbindung mit Untersuchungen zu Proto-Industrien gebraucht wird, hat sich an dem Konzept keine vergleichbare Diskussion entsponnen. Vgl. als Beispiel für einen integrativen Gebrauch *Ebeling/Mager*, Protoindustrie.

43 Die Forschungslandschaft zur Proto-Industrialisierung ist nahezu unüberschaubar. Für eine gute Einführung in die Thematik, die vielen verschiedenen proto-industriellen Regionen und ihre Besonderheiten vgl. die beiden Sammelbände *Cerman/Ogilvie*, European proto-industrialization; *Ebeling/Mager*, Protoindustrie. Für einen sorgfältigen Forschungsüberblick, auch unter Einbeziehung der älteren Literatur aus dem Kontext der Historischen Schule der Nationalökonomie zur Hausindustrie, vgl. *Kriedte*, Hausindustrie.

44 Vgl. *Kriedte*, Stadt; *Schlumbohm*, Lebensläufe; *Medick*, Weben.

45 *Gorißen*, Handelshaus, S. 19f.

46 Vgl. *Gorißen*, Handelshaus. Zur Bedeutung des Weltmarktes im ursprünglichen Proto-Industrialisierungskonzept vgl. *Kriedte/Medick/Schlumbohm*, Industrialisierung, S. 80–89.

weiterhin weitgehend ein Forschungsdesiderat geblieben.[47] Impulse kommen in dieser Hinsicht eher von Untersuchungen, welche sich mit kaufmännischen Netzwerken in Handelszentren beschäftigen.

Klaus Weber zeigt in seiner 2004 erschienenen Dissertation, wie sich deutsche Kaufmannsfamilien durch die Ansiedlung in wichtigen Hafenstädten wie Cádiz und Bordeaux und durch dort geknüpfte Geschäftsverbindungen mit einheimischen Firmen aktiv in den lukrativen Atlantikhandel einbringen konnten.[48] Margrit Schulte Beerbühl belegt in ihrer Untersuchung zu deutschen Kaufleuten in London ebenfalls eindrücklich, dass Migration und Kettenwanderung zur Geschäftsstrategie deutscher Kaufmannsfamilien gehörten, die sich so einen Anteil an Handelsfeldern sicherten, die ihnen eigentlich verschlossen geblieben wären.[49] Auffällig ist, dass in beiden Fällen vornehmlich Familien aus dem deutschen Binnenland solche Strategien anwandten. Sie waren damit in ein Netz eingebunden, das von Gewerbezentren im Landesinneren wie der Schwäbischen Alb, Sachsen, Westfalen oder dem Herzogtum Berg über maritime Handelsstädte an der deutschen und niederländischen Nordseeküste (Bremen, Hamburg, Rotterdam und Amsterdam) bis hin zu auf den Kolonialhandel spezialisierten Hafenstädten wie London, Bordeaux, Sevilla und Cádiz reichte. Mit ihren Untersuchungen erhellen Weber und Schulte-Beerbühl damit den *missing link* zwischen Proto-Industrie und Welthandel.

Im Fokus der hier vorliegenden Untersuchung stehen nun die Bemühungen von proto-industriellen Kaufmannsfamilien, am Welthandel teilzuhaben, ohne dabei ihren Heimatort zu verlassen oder über Kettenwanderung ein eigenes Netz aufzubauen. So soll gezeigt werden, dass atlantische Handelsbeziehungen nicht etwa an der Atlantikküste abbrachen, sondern bis tief ins Inland reichten und die dort lebenden Kaufleute an diesen teilhatten.[50] Die Arbeit liefert somit auch einen Beitrag zum Forschungsfeld der atlantischen Geschichte, welche sich dem Atlantik als verbindendem Wirtschafts- und Kulturraum widmet.[51] Die

47 Dies gilt auch für die in jüngerer Zeit erschienenen Monographien zu proto-industriellen Regionen. Vgl. etwa *Boldorf*, Leinenregionen. Auch die Ausführungen in Peter Kriedtes zweitem Werk zur Krefelder Seidenindustrie bleiben in Bezug auf die Absatzmärkte eher kursorisch. Vgl. *Kriedte*, Taufgesinnte, S. 314–333. Für die Rückwirkung der sich verändernden Weltwirtschaft im 18. Jahrhundert auch auf proto-industrielle Regionen vgl. *Kleinschmidt*, Weltwirtschaft, jedoch ohne eigene empirische Forschung.

48 Vgl. *Weber*, Deutsche Kaufleute.

49 Vgl. *Schulte Beerbühl*, Kaufleute.

50 Zu den weitreichenden Beziehungen, auch jenseits des Handels, vgl. die beiden Bände *Lachenicht*, Europeans; *Brahm/Rosenhaft*, Slavery Hinterland. Eine zeitgenössische Reflexion dieser Zusammenhänge findet sich bereits 1809 prominent bei dem Göttinger Historiker Arnold Hermann Ludwig Heeren. Vgl. *Heeren*, Handbuch.

51 Zur atlantischen Geschichte als Konzept vgl. *Bailyn*, Atlantic History. Zu spezifischen Themenfeldern vgl. als Überblick *Bailyn/Denault*, Soundings; *Canny/Morgan*, Atlantic World. Zum Atlantik als gemeinsamen Wirtschaftsraum vgl. *McCusker/Morgan*, Atlantic Economy.

Einbeziehung deutscher Kaufleute aus dem Landesinneren stellt dabei gleich mehrere Paradigmen dieser Forschung in Frage, die, trotz aller Betonung des Ozeans als eines transnationalen Raumes, weiterhin häufig in imperialen oder nationalstaatlichen Bahnen verläuft und allein die atlantischen Anrainerstaaten als zur atlantischen Geschichte zugehörig versteht.[52]

Der Prozess der globalen Kommerzialisierung wiederum reichte noch weit über das atlantische Becken hinaus und bewirkte eine weitreichende Arbeitsteilung und marktförmige Tauschbeziehungen, die für die massenhafte Bereitstellung globaler Güter sorgte.[53] Hierunter fielen Genussmittel wie Kaffee, Tee, Schokolade und Tabak, aber auch Farbstoffe, Hölzer, Textilien oder Porzellan.[54] Auf der lokalen Ebene bedeutete der Kommerzialisierungsprozess eine Zunahme von Lohnarbeit, etwa durch die Gewinnung von Arbeitskräften in ländlichen Gebieten durch Verlagskaufleute wie die hier untersuchten Wuppertaler Familien. Durch die weltweite Arbeitsteilung waren die örtlichen Handwerker dabei in vermehrtem Maße der überregionalen Konkurrenz ausgesetzt.[55] Globale Kommerzialisierung wird hier somit als zweifacher Prozess verstanden: zum einen als der immer intensivere Austausch globaler Konsumgüter, zum anderen als Aushöhlung der traditionellen, lokal gebundenen Lebensweise. Beides zusammen bewirkte, zumindest in Europa, eine massive Transformation der alten Ordnung.[56]

Dieser Prozess wurde auch von den Zeitgenossen wahrgenommen und äußerte sich auf der einen Seite in der innerhalb der politischen Wissenschaften zunehmend positiven Reflexion über den Handel (das »Kommerzium«), dem allgemeine wohltätige und zivilisatorische Wirkungen zugeschrieben wurden. Der Handel erhielt das Etikett »sanft« (»le doux commerce«) und als seine Antithese galt nun der kriegerische Kontakt zwischen Völkern.[57] Auf der ande-

52 Vgl. etwa *Hancock*, Citizens of the World, der trotz des Titels, der weltweite Beziehungen impliziert, eigentlich nur die Beziehungen der untersuchten Kaufleute innerhalb des atlantischen Teils des britischen Empires behandelt. Auffällig ist auch, wie wenig Untersuchungen, die diese Bahnen verlassen, von der das Themenfeld beherrschenden anglo-amerikanischen Forschung wahrgenommen werden. Vgl. zu dieser Problematik auch *Gould*, Entangled Histories; *Gould*, Response; sowie die geringe Rezeption einschlägiger Titel wie etwa *Schnurmann*, Atlantische Welten; *Sturm-Lind*, Actors. Vgl. zu dieser Tendenz auch den Literaturbericht *Häberlein*, Atlantische Geschichte.

53 Vgl. *Wallerstein*, World-system, Bd. 1–3; *Braudel*, Sozialgeschichte, Bd. 2, 3. An Detailstudien vgl. exemplarisch *Degn*, Schimmelmanns; *Haenger/Labhardt/Stettler*, Baumwolle.

54 Vgl. hierzu in Auswahl *Schivelbusch*, Paradies; *Mintz*, Süsse Macht; *Menninger*, Genuss; *Engel*, Farben der Globalisierung; *Anderson*, Mahogany; *Hyden-Hanscho/Pieper/Stangl*, Cultural Exchange; *Berg/Gottmann/Hodacs/Nierstrasz*, Goods from the East.

55 Vgl. *Maynes*, Gender, Labor, and Globalization; *Steffen/Weber*, Spinning.

56 Jan de Vries hat diesen Nexus als »Revolution des Fleißes« zusammengefasst. Vgl. *Vries*, Industrious Revolution.

57 Vgl. *Hirschman*, Passions; *Asbach*, Moderner Staat.

ren Seite wurden marktförmige Beziehungen, wiederum unter dem Stichwort »commerce« oder »Kommerzium«, vermehrt als das Band verstanden, welches die Menschen zusammenhielt und anstelle der alten ständischen Ordnung zur Gesellschaft zusammenfasste. Am deutlichsten reflektiert wurde dies in der schottischen Moralphilosophie, innerhalb welcher der Begriff der »commercial society« entwickelt wurde, um diese neue, vom marktmäßigen Austausch bestimmte gesellschaftliche Ordnung zu fassen. »Selbst-Interesse« oder »Eigennutz« waren die bestimmenden Schlagworte, welche jedoch in der Vorstellung von David Hume, Adam Ferguson, Adam Smith und anderen durch ein kompliziertes Gewebe aus internalisierten moralischen Empfindungen im Zaum gehalten wurden und so zu wirtschaftlichem Wohlstand und somit zum Besten aller beitrugen.[58] Wie wirkmächtig und langanhaltend die Idee des hinter der »commercial society« stehenden sanften Handels auch in der breiteren Öffentlichkeit war, ist jüngst anhand von Pressedebatten in der Zeit Napoleons herausgearbeitet worden.[59]

1.2.3 Wirtschaftsgeschichte als Kulturgeschichte

Wirtschaftsgeschichte als Kulturgeschichte – das erschien bis vor einigen Jahren geradezu als Widerspruch in sich selbst oder als ein »dialogue of the deaf«.[60] Denn die Wirtschaftsgeschichte zur jüngeren Zeit hat, in Anlehnung an die den exakten Wissenschaften verpflichteten Wirtschaftswissenschaften, deren deduktive Methoden und stark idealisierte Modelle übernommen.[61] Dabei hätten »der Einsatz statistischer Verfahren und das Erreichen von formaler Eleganz und Stringenz oftmals Vorrang vor breiten Kontextualisierungen und multikausalen Erklärungsansätzen« besessen.[62] Kultur wurde, wenn überhaupt berücksichtigt, eher als »Residualkategorie« eingeführt, wenn die »harten« Faktoren an die Grenzen ihrer Erklärungskraft stießen, und häufig in Form nationaler Stereotypen an den Untersuchungsgegenstand herangetragen.[63]

Dieser nach Berghoff und Vogel zusammengefasste Überblick vernachlässigt allerdings wirtschafts- und sozialhistorische Untersuchungen zur Frühen Neuzeit, innerhalb derer sich kulturwissenschaftliche Fragestellungen bereits seit

58 Vgl. hierzu die grundlegenden Arbeiten von *Medick*, Naturzustand; *Hont*, Jealousy. Aus der Fülle der jüngeren Literatur vgl. *Hont*, Politics; *Berry*, Commercial Society.

59 Vgl. *Winter*, Protektionismus und Freihandel.

60 *Berghoff/Vogel*, Ansätze, S. 9. Vgl. zu dem Thema auch *Siegenthaler*, Geschichte und Ökonomie, sowie den Band *Hilger/Landwehr*, Wirtschaft. Letzterer fußt in seinen theoretischen Prämissen jedoch weitgehend auf den Überlegungen in *Berghoff/Vogel*, Ansätze.

61 *Berghoff/Vogel*, Ansätze, S. 9 f.

62 Ebd., S. 10.

63 Vgl. ebd., S. 11.

längerem etabliert haben. Denn hier werden externe Faktoren, welche ökonomisches Handeln beeinflussen und die damit an der Schnittstelle von Wirtschafts- und Kulturgeschichte liegen, schon seit einiger Zeit intensiv erforscht. Dies gilt, um nur einige Beispiele zu nennen, sowohl für die Selbstwahrnehmung frühneuzeitlicher Kaufleute, für Handelspraktiken sowie für die Wirtschaftskultur spezifischer Gruppen.[64] Auch dass ökonomisches Scheitern und die es bedingenden wirtschaftlichen und kulturellen Umstände in den Blick genommen werden, ist Teil dieser Neuausrichtung.[65] Dazu gehört auch, dass sich Wirtschaftshistoriker mit einem Schwerpunkt in der Zeit vor 1800 vermehrt dagegen verwahren, alte Dichotomien etwa zwischen einer starren versus einer dynamischen Wirtschaft, einer Ökonomie des Hauses versus einer Ökonomie des (freien) Marktes oder zwischen einer dem Allgemeinwohl verpflichteten »Nahrung« und dem individuellen Wettbewerb aller aufrechtzuerhalten. Vielmehr werden die in der ersten Hälfte des 20. Jahrhunderts in die Diskussion eingeführten und seitdem aus der Wirtschafts- und Sozialgeschichte nie mehr verschwundenen Begriffe wie »Nahrung« (Werner Sombart) dekonstruiert und ihre auf normativen Quellen beruhenden Grundannahmen offengelegt. Hierdurch wird nicht zuletzt die Zweiteilung der Geschichte in »Vormoderne« und »Moderne« hinterfragt und korrigiert.[66]

Gerade in Bezug auf den »Markt«, einer Grundkategorie ökonomischen Denkens, ergibt sich in der jüngeren Forschung ein deutlich differenzierteres Bild: Bereits im Mittelalter und in der Frühen Neuzeit wurde der Austausch zwischen Akteuren durch Marktmechanismen reguliert. Dabei handelte es »sich nicht um offene, kompetitive und sich selbst regulierende Märkte im Sinne der neoklassischen Theorie, sondern um Märkte, die von den verschiedensten Interessengruppen beeinflusst, reguliert und beschränkt wurden, und die eine starke soziale und kulturelle Dimension aufwiesen«.[67] Diesem Befund pflichten auch Untersuchungen für die Zeit des 19. und 20. Jahrhunderts bei, welche die neoklassische Grundannahme eines offenen, freien Marktes kritisch hinterfragen, etwa durch die Untersuchung von Kartellen. Diese wurden von den Zeitgenossen durchaus als im positiven Sinne regulierende Instanzen wahrgenommen und nicht etwa als die großen Wettbewerbsverhinderer, als die sie neoliberale Ökonomen darstellen.[68] Dass auch die Märkte moderner Ökonomien in den Wirt-

64 Vgl. hierzu *Jacob/Secretan*, Self-perception; *Häberlein/Jeggle*, Praktiken; *Haggerty*, Merely for Money. Für eine anthropologische Annäherung an wirtschaftliches Handeln in der Vergangenheit vgl. *Coquery/Menant/Weber*, Écrire.

65 Vgl. *Köhler/Rossfeld*, Pleitiers; *Safley*, Bankruptcy; *Cordes/Schulte Beerbühl*, Economic Failure.

66 Vgl. *Ehmer*, Traditionelles Denken; *Ehmer/Reith*, Märkte; *Brandt/Buchner*, Nahrung.

67 *Ehmer/Reith*, Märkte, S. 22.

68 Vgl. *Schröter*, Kartelle; *Müller/Schmidt/Tissot*, Regulierte Märkte.

schaftswissenschaften zunehmend als »embedded« wahrgenommen werden, passt ins Bild.[69]

Von einem *dialogue of the deaf* kann in diesem Forschungsumfeld also kaum mehr die Rede sein. Nichtsdestotrotz fehlt es an Arbeiten, welche mit einer brückenschlagenden Fragestellung konsequent normative Quellen und empirische Untersuchung miteinander verzahnen, nicht zuletzt weil es gegenüber der erheblichen Zahl von Sammelbänden weiterhin ein Desiderat an monografischen Studien gibt. In der vorliegenden Arbeit werden daher sowohl kaufmännische Strategien in der überregionalen Konkurrenz um Marktanteile analysiert wie auch die Praktiken und Leitideen, welche das wirtschaftliche Handeln der Kaufleute im Wuppertal selbst bestimmten. Wirtschaftliche Praktiken wie zum Beispiel die Buchführung oder der Umgang mit Bankrotteuren werden wiederum konsequent mit normativen Quellen wie Kaufmannstraktaten und Gesetzestexten in Beziehung gesetzt.

1.2.4 Kaufmannsfamilien, Bürgertum und »gebildete Stände«

Untersuchungen zu Kaufleuten fokussieren häufig nicht nur auf ihre Mittlerrolle im Handel, sondern betrachten sie als treibende Kräfte innerhalb der Gesellschaft. Unter dieser Fragestellung sind zahlreiche Untersuchungen zu Kaufleuten in wichtigen Handels- und Hafenstädten wie Marseille, Bordeaux, Cádiz, Stockholm, London, Philadelphia oder New York entstanden.[70] Dass die meisten dieser Kaufleute in den besonders dynamischen Atlantikhandel eingebunden waren, der große Gewinn- und damit auch gesellschaftliche Aufstiegschancen mit sich brachte, ist dabei kein Zufall. Die atlantischen Verknüpfungen gesellschaftlicher Umbruchsprozesse sind auch für deutsche Akteure hervorgehoben worden.[71] Allgemein sind im deutschen Kontext jedoch vor allem Arbeiten entstanden, welche binnenorientiert auf die Bedeutung der Kaufleute für gesellschaftliche Umbruchsprozesse wie die Industrialisierung, die Herausbildung einer modernen Unternehmerschaft oder die Genese des modernen Bürgertums allgemein eingehen.[72]

69 »Markets exist and so does rational behavior, but both only in the context of what should be specifiable social and cultural conditions.« *Barber*, Economies, S. 389. Den Rezipienten von *Polanyi*, Great Transformation, ist dieses Zusammenspiel schon länger bekannt.

70 Vgl. aus der Fülle der Literatur *Carrière*, Négociants Marseillais; *Butel*, Négociants Bordelais; *García-Baquero González*, Comercio; *Müller*, Merchant Houses; *Hancock*, Citizens; *Doerflinger*, Vigorous Spirit; *Sturm-Lind*, Actors.

71 Vgl. *Mustafa*, Merchants; *Maischak*, German Merchants.

72 Vgl. als Auswahl *Kocka*, Unternehmer; *Reininghaus*, Iserlohn; *Flügel*, Kaufleute; *Groppe*, Geist; *Stulz-Herrnstadt*, Berliner Bürgertum; *Saldern*, Netzwerkökonomie.

Viele dieser Arbeiten beziehen die Familien der Kaufleute mit ein, teils stillschweigend, teils explizit. Jürgen Kocka etwa verfolgte die These, dass familiale Strukturen, Prozesse und Mittel den Durchbruch des Industriekapitalismus förderten und Probleme der kapitalistischen Industrialisierung zu lösen halfen, die anders kaum hätten gelöst werden können.[73] Andrea Löther nahm Kockas Anregungen auf und untersuchte die Familienstrukturen der Wuppertaler Textilunternehmer. Demnach halfen diese, den Übergang zum Industriekapitalismus zu bewältigen.[74] Kocka und Löther benutzen wie auch andere Arbeiten zu Kaufmannsfamilien einen engen Familienbegriff, der sich im Wesentlichen auf eine zwei bis drei Generationen umfassende Kernfamilie zentriert. In diesem Sinne wird der Begriff Kaufmannsfamilie auch hier verwendet.[75]

Dass die Kaufleute und ihre Familien, häufig charakterisiert als Wirtschaftsbürger, Teil des Bürgertums waren, wird in den meisten Untersuchungen zu Kaufleuten und ihren Familien mehr oder weniger stillschweigend vorausgesetzt – Jürgen Kocka ging schließlich von der These aus, dass die »bürgerliche Familie« dem Industriekapitalismus vorausging.[76] Für Lothar Gall wiederum war die Mannheimer Familie Bassermann, deren gesellschaftlicher Aufstieg auf ihrem wirtschaftlichen Erfolg basierte, bestens geeignet, um eine sich als repräsentativ verstehende Studie zum »Bürgertum in Deutschland« anzufertigen.[77] Gall verfolgte dabei einen integrativen Ansatz, mit dem eine strikte Trennung zwischen »Wirtschaftsbürgertum« und »Bildungsbürgertum« vermieden werden sollte.[78]

Ausschließlich dem Bildungsbürgertum widmete sich dagegen in den 1980er Jahren der Arbeitskreis für moderne Sozialgeschichte unter der Federführung Werner Conzes und Jürgen Kockas.[79] Doch wie Kocka resümierend feststellt, »bleibt fraglich, ob dieses ›Bildungsbürgertum‹ nicht doch primär ein Konstrukt, eine ›Kopfgeburt‹ rückblickender Historiker ist«. Vor allem die »soziale Realität« hinter dem Begriff konnte nicht zufriedenstellend geklärt werden, so dass auch der heuristische Nutzen des Neologismus, der erst im 20. Jahrhundert geprägt wurde, zweifelhaft bleibt.[80]

73 Vgl. *Kocka*, Familie.

74 Vgl. *Löther*, Familie.

75 Für eine Problematisierung des Begriffs »Familie« vgl. *Rosenbaum*, Formen; *Sieder*, Sozialgeschichte der Familie; *Davidoff/Doolittle/Fink/Holden*, Paradox.

76 Fairerweise muss man sagen, dass Kocka vorsichtshalber teils von »(bürgerlicher) Familie« spricht. Vgl. *Kocka*, Familie, explizit auf S. 164.

77 Vgl. *Gall*, Bürgertum, dort vor allem die Einleitung.

78 Vgl. mit einer ähnlichen Absicht auch *Bauer*, Bürgerwege. Als immer noch inspirierende Studie vgl. *Schramm*, Drei Generation.

79 Vgl. *Conze/Kocka*, Bildungsbürgertum. Zu diesem Projekt vgl. jetzt auch *Langewische*, Bildungsbürgertum.

80 Zu dieser kritische Einschätzung vgl. *Kocka*, Bildungsbürgertum, das Zitat auf S. 9.

Unbefriedigend bleiben auf der übergeordneten Ebene der Forschungsperspektive auch die Ergebnisse der großen Forschungsverbünde zum Bürgertum, angesiedelt an den Universitäten Frankfurt/Main und Bielefeld. Während das Frankfurter Projekt unter der Leitung Lothar Galls einen juristisch definierten Bürger-Begriff zum Ausgang der Forschung machte, die sich konsequenterweise nur auf das städtische Bürgertum richten konnte, wählte man in Bielefeld einen eher an kulturellen Prämissen orientierten Begriff von »Bürgerlichkeit« als Ausgangspunkt der Untersuchung.[81] Die Kohäsionskraft der den historischen Akteuren unterstellten »bürgerlichen Kultur« sollte dafür sorgen, die disparaten gesellschaftlichen Gruppierungen des »Bürgertums« – Unternehmer, Kaufleute, Gelehrte, Beamte, Lehrer oder Pfarrer – als einheitlich zu erfassen.[82] Dabei erwies sich allerdings die semantische Breite des Bürgerbegriffs als großes Hindernis, was dazu beitrug, dass weder die Bielefelder noch die Frankfurter die gesellschaftliche Formation »Bürgertum« in ihrer Breite hatten analysieren noch abschließend definieren können.[83]

Denn »Bürger« bezeichnet erst einmal »einen Rechtsstatus, der den vollwertigen Angehörigen einer städtischen Kooperation vorbehalten war«.[84] Hieran geknüpft ist das aus der Antike überlieferte Verständnis von der Ausübung bürgerlicher Rechte, das heißt dem Mitspracherecht in öffentlichen Angelegenheiten und somit politische Partizipation. Im Falle des Wuppertals hieße dies, dass bei Zugrundlegung dieser Definition nur die Elberfelder Kaufleute als »Bürger« gezählt werden könnten und dann auch nur diejenigen unter ihnen, welche

81 Zum Bielefelder Projekt vgl. für einen Überblick die drei Sammelbände *Puhle*, Bürger; *Tenfelde/Wehler*, Wege; *Lundgreen*, Sozial- und Kulturgeschichte. Zum Frankfurter Projekt vgl. *Gall*, Stadt und Bürgertum; *ders.*, Vom alten zum neuen Bürgertum; *ders.*, Übergang. Für eine ausführliche Diskussion der beiden letzteren Bände vgl. *Lenger*, Bürgertum, Stadt und Gemeinde. Vgl. außerdem noch die beiden Literaturberichte zur deutschen Bürgertumsforschung mit einer entsprechenden Würdigung der unterschiedlichen Positionen *Haltern*, Gesellschaft; *Mergel*, Bürgertumsforschung, sowie jüngst das Resümee bei *Hettling*, Bürgertum. Vgl. zudem noch jetzt die Rückblicke *Hein*, Stadt und Bürgertum; *Mergel*, Sozialgeschichte.

82 Vgl. etwa den Versuch bei *Lepsius*, Soziologie, Bürgertum als eine spezifische, wesentlich durch Mentalität, kulturelle Deutungsmuster und Lebensstil vermittelte Vergesellschaftungsform von Mittelschichten und Mittelklassen zu fassen. Von Bedeutung hierfür sind auch die Arbeiten des Soziologen Friedrich Tenbruck, vgl. etwa *Tenbruck*, Bürgerliche Kultur. Manfred Hettling hat die Grundannahme von einer spezifischen »Bürgerlichkeit« in jüngeren Arbeiten weiterentwickelt und als einen spezifischen Modus des Fragens und Antwortens benannt, der ständeübergreifend gewesen sei. Vgl. *Hettling*, Lebensführung.

83 Vgl. hierzu die kritischen Anmerkungen bei *Fahrmeir*, Bürgertum. Impulse aus der Literaturwissenschaft, die sich ebenfalls kritisch mit der »bürgerlichen Literatur« des 18. Jahrhunderts auseinandersetzte, wurden weder in Bielefeld noch in Frankfurt/Main aufgenommen. Vgl. hierzu *Friedrich/Jannidis/Willems*, Bürgerlichkeit.

84 *Fahrmeir*, Bürgertum, S. 25. Zur Semantik des Bürgers vgl. grundlegend *Riedel*, Bürger; zur »bürgerlichen Gesellschaft« vgl. *Riedel*, Bürgerliche Gesellschaft.

das Bürgerrecht erworben hatten und somit an den öffentlichen Belangen der Stadt im weitesten Sinne beteiligt waren. Die Barmer Kaufleute dagegen waren als Bewohner des Amtes Barmen keine Bürger, sondern nur Untertanen. Doch auch die Barmer Kaufleute gehörten selbstverständlich zu jener diffusen sozialen Schicht, »zu der jeder gehören konnte, der sich durch ›Besitz‹ oder ›Bildung‹ auszeichnete«.[85] Dieses »neue« Bürgertum ist aber rein sozialgeschichtlich nicht zu fassen, da sich seine Angehörigen sowohl in ihrer sozialen Stellung als auch in ihrer materiellen Interessenlage deutlich unterscheiden. Vor allem können sie nicht mehr in die ständische Ordnung integriert werden, da sie jenseits der alten rechtlichen und politischen Kategorien des Bürgers stehen.[86] Bürgertum ist somit, um eine Beobachtung Rainer M. Lepsius' aufzugreifen, das was übrigbleibt, wenn man Adel, Klerus, Bauern und Arbeiter abzieht.[87]

Die Wuppertaler Kaufmannsfamilien lassen sich daher einerseits selbstverständlich als »bürgerlich« beschreiben und dem »Bürgertum« zuordnen. Andererseits verzichtet die hier vorliegende Arbeit auf eine Verwendung der analytisch unscharfen Kategorien »Bürgertum«, »Bürger« oder »bürgerlich«. Vielmehr operiert sie mit dem Begriff »gebildete Stände«. Dieser zeitgenössische Begriff hat gegenüber »Bürgertum« den Vorteil, dass er sich als heuristische Kategorie zeitlich genauer bestimmen und sozial deutlicher abgrenzen lässt. Er hilft, das enge, aber trotzdem unspezifische Korsett des »Bürgertums« zu überwinden sowie beispielsweise die allgemein als »bürgerlich« bezeichneten, sozialhistorisch aber ungenauen Familienformationen, Geschlechterverhältnisse oder Wertvorstellungen empirisch überprüfen.

Der Begriff der »gebildeten Stände« war an bestimmte, zeitspezifische Vorstellungen von Bildung gebunden, welche ganz eigene soziale Inklusions- und Exklusionsmechanismen mit sich brachten. Auf der einen Seite ist die Bezeichnung durch den Plural ständetranszendierend und damit prinzipiell offen. Der Plural verweist auf die Auflösungserscheinungen der zumindest auf dem Papier klar gegliederten, hierarchischen ständischen Ordnung.[88] So konnte der Begriff einer großen und offen gedachten Gruppe zur Selbstbeschreibung dienen. Dies offenbart sich besonders deutlich in den Titeln einer Vielzahl von zeitgenössischen Publikationen, unter denen Cottas »Morgenblatt für die gebildeten Stände« (erschienen ab 1807; ab 1838 dann »Morgenblatt für gebildete Leser«) oder der »Brockhaus«, der ab der dritten Auflage (1814–19) unter dem Titel

85 *Fahrmeir*, Bürgertum, S. 25.
86 Vgl. hierzu *Schulze*, Gesellschaft und Mobilität; *Stollberg-Rilinger*, Europa, S. 85–92.
87 *Lepsius*, Soziologie, S. 79.
88 An dieser Stelle scheint es wichtig darauf hinzuweisen, dass sich die Ständetranszendenz dieser Figuration nicht ausschließlich auf die »Großstände« (Klerus, Adel, Bauern) bezieht, sondern auf die vielfältige, auch berufsständische Gliederung der ständischen Ordnung. Vgl. Art. »Stand«.

»Conversations-Lexicon oder enzyclopädisches Handwörterbuch für gebildete Stände« erschien, nur die Speerspitze darstellen.[89]

Auf der anderen Seite mussten alle, die für sich die Zugehörigkeit zu den »gebildeten Ständen« in Anspruch nahmen, »Bildung« für sich reklamieren – Bildung verstanden in einem allgemein menschlichen, allumfassenden Sinne. Denn »Bildung« setzte weder eine Standeszugehörigkeit (Adel) noch den Besitz von Bildungspatenten (Gelehrte), jedoch eine gewisse materielle Grundlage und Abkömmlichkeit voraus.[90] Zu den »gebildeten Ständen« zählte, wer an der lesenden und schreibenden Öffentlichkeit teilnahm, wer in den Clubs und Freimaurerlogen an der »Vermischung der Menschen von gebildeten Ständen« teilhatte.[91] Rudolf Vierhaus fasst zusammen: »Ähnlich wie vorher bei den französischen ›hommes de lettres‹ und ›gens de lettres‹ sprengte ›Bildung‹ die geburtsständischen Schranken, verursachte aber gleichwohl eine neue Oberschicht der ›Gebildeten‹, freilich in gesteigerter sozialer Offenheit gegenüber dem ›Volk‹ und daher gegensätzlich zum bisherigen ›Gelehrtenstand‹.«[92] In seiner Begriffsgeschichte zum Bildungsbürgertum hat Ulrich Engelhardt den Begriff der »gebildeten Stände« entsprechend einer ausführlichen Würdigung unterzogen und dabei deutlich die unterschiedliche Akzentuierung von »gebildeten Ständen«, »gebildetem Bürgertum« und »Bildungsbürgertum« herausgearbeitet und gezeigt, dass erst zur Mitte des 19. Jahrhunderts eine Verengung des Bildungsbegriffs auf akademische Bildung und das humanistische Gymnasium einsetzte.[93]

In der Forschung ist der Begriff der »gebildeten Stände« bisher hauptsächlich in Zusammenhang mit der etwas enger definierten Gruppe der Gebildeten gebraucht worden. Unter ihnen verstand Rudolf Vierhaus, dessen Arbeiten in diesem Zusammenhang richtungsweisend sind, »ein Bürgertum neuer Art, bestehend aus bürgerlichen landesherrlichen und ständischen akademisch ausgebildeten Beamten, Professoren, Gymnasiallehrern, Pfarrern«.[94] Hans Erich Bödeker hat den Begriff der »gebildeten Stände« zwar an prominenter Stelle im Titel eines Aufsatzes platziert, sich in seinen Ausführungen jedoch ebenfalls weitgehend auf akademisch gebildete Gruppen beschränkt.[95] Diese Arbeiten bieten zwar wichtige Anknüpfungspunkte, da sie die generelle Offenheit der Gebildeten, ihre Ständetranszendenz und kulturelle Vergesellschaftungsfor-

89 Vgl. unter der Unzahl weiterer Veröffentlichungen beispielsweise *Eberhard*, Neueste Ansicht; *Niemeyer*, Einfluss; *Meinert*, Encyclopaedie. Das Themenspektrum der hier beliebig ausgewählten Titel weist schon darauf hin, wie umfassend die Bezeichnung »gebildete Stände« gebraucht wurde.

90 Engelhart nennt dies eine »sozialprivilegierte Diskursgemeinschaft ohne gesellschaftsständische Geschlossenheit«. *Engelhardt*, Bildungsbürgertum, S. 66.

91 *Vierhaus*, Bildung, S. 525.

92 Ebd.

93 Vgl. *Engelhardt*, Bildungsbürgertum.

94 *Vierhaus*, Staaten, S. 205. Vgl. auch *Vierhaus*, Umrisse.

95 Vgl. *Bödeker*, Stände.

men wie patriotische Gesellschaften und Lesegesellschaften betonen.[96] Eine Berücksichtigung anderer sozialer Gruppen, die ebenfalls an dem die »gebildeten Stände« konstituierenden, allgemeinen Bildungsprozess teilhatten, wurde von der Gebildetenforschung jedoch nicht geleistet. Erste Ansätze hierzu gab es in einer thematisch einschlägigen Sektion auf dem Historikertag in Dresden 2008, deren Teilnehmer den Begriff in späteren Publikationen teils auch empirisch füllten. Zu nennen ist hier vor allem Julia Schmidt-Funkes Untersuchung zur Konsumkultur der »gebildeten Stände« sowie die Überlegungen Reinhard Blänkners zu den Vergesellschaftungsprozessen der »gebildeten Stände«.[97] Von einem empirisch gesättigten Begriff kann zum derzeitigen Zeitpunkt allerdings nicht gesprochen werden.

Dieses Forschungsdesiderat wird hier aufgegriffen. Mithilfe der Untersuchung von Kaufmannsfamilien aus dem Wuppertal wird der Begriff der »gebildeten Stände« über die quellennahe Aufarbeitung der verschiedenen kaufmännischen Lebenswelten weiter empirisch gefüllt. Denn den Kaufleuten gebührte, so der Tenor von Zeitgenossen wie etwa dem Nürnberger Handelslehrer Ludwig Christoph Karl Veillodter, neben Adel und Gelehrten ganz selbstverständlich ein Platz innerhalb der höheren Stände, der eben nicht dank ihres Vermögen oder Besitzes beansprucht werden konnte, sondern über die Teilhabe am allgemeinen Bildungsprozess.[98] Insofern erscheinen die Wuppertaler Kaufmannsfamilien als besonders geeigneter Untersuchungsgegenstand, mit dessen Hilfe sich nicht nur der Konstituierungsprozess der »gebildeten Stände« besser nachvollziehen lässt, sondern der Begriff auch in seinem umfassenden zeitgenössischen Verständnis ausgelotet werden kann.

1.3 Auswahl der Familien, Quellen und Methoden

Um die im Mittelpunkt der Arbeit stehenden Wuppertaler Kaufleute untersuchen zu können, wurden vier Familien vorrangig ausgewählt, die dank ihrer Varianz sowie ihren spezifischen Eigenheiten dazu beitragen, ein möglichst umfassendes Bild von den Wuppertaler Kaufmannsfamilien als »gebildete Stände« im Prozess der globalen Kommerzialisierung zu zeichnen. Dies sind die Familien Frowein, Eynern, Bredt und Wuppermann. Sie alle waren als Verleger-Kaufleute engagiert, allerdings in unterschiedlichen Branchen (Garnhandel, Bandverlag, Seidenverlag). Bei zwei der Familien (Bredt und Wuppermann) handelt es sich

96 Vgl. *Vierhaus*, Bürger; *Herrmann*, Bildung; *Albrecht/Bödeker/Hinrichs*, Formen der Geselligkeit.

97 Vgl. *Blänkner/Paul*, Neuständische Gesellschaft; *Schmidt-Funke*, Kommerz; *Blänkner*, »Gebildete Stände«.

98 Vgl. *Veillodter*, Ursachen.

um Alteingesessene, deren Vorfahren bereits seit der Gründung der Garnnahrung 1527 kommerziell tätig waren. Die Froweins und Eynerns gehören dagegen zu den Familien, die erst im 18. Jahrhundert begannen, ihr Glück im Tal zu machen.[99] Ihre wirtschaftlichen Aktivitäten bilden somit ein breites Spektrum ab, welches die besondere Dynamik des Tals gut abzubilden vermag. Dies gilt auch für den Übergang zur Industrialisierung – ein Weg, den allein die Froweins in aller Konsequenz beschritten, während die Eynerns in den Handel gingen, die Bredts sich mehr oder weniger ins Rentiersdasein zurückzogen und die Wuppermanns den schleichenden Niedergang der alten Fertigungsweise bis zum bitteren Ende begleiteten.

Auch in sozialer und kultureller Hinsicht weisen die Familien eine gewisse Varianz auf. Die Bredts und Wuppermanns verfügten über weitreichende Verwandtschaftsbeziehungen innerhalb der Kaufmannschaft, die im Falle der Bredts gerade auch die zu anderen wirtschaftlich überaus erfolgreichen Familien wie den Rübels oder Honsbergs mit einschloss, sich bei den Wuppermanns jedoch eher auf eine gemeinsame religiöse Gesinnung stützte. Die Froweins und vor allem die Eynerns mussten diese Verwandtschaftsbeziehungen erst knüpfen, was ihnen bis zum Ende des Untersuchungszeitraums dank des Konnubiums auch hervorragend gelang. Die Heiratskreise der protestantischen Konfessionen blieben allerdings weitgehend voneinander geschieden. Generell lässt sich der Faktor Religion beziehungsweise Konfession anhand der ausgewählten Familien gut beleuchten: die Wuppermanns waren lutherisch mit starker Neigung zum Pietismus, wozu die gleichfalls lutherischen Eynerns größeren Abstand hielten. Die reformierten Bredts zeigten sich wiederum der Aufklärung gegenüber aufgeschlossen, was für die ebenfalls reformierten Froweins nebensächlich blieb. Zu den Katholiken wahrten sie alle Distanz. Bei aller Unterschiedlichkeit trafen sich die Angehörigen der Familien sowohl in den zentralen wirtschaftspolitischen Einrichtungen wie der Garnnahrung oder später der Handelskammer, in den für die Organisation des örtlichen Lebens nicht zu unterschätzenden Presbyterien als auch in den geselligen Vereinen. Diese Einrichtungen organisierten sich häufig über die Ortsgrenzen hinweg beziehungsweise standen in engem Austausch miteinander, so dass es auch in dieser Hinsicht sinnvoll ist, die vier Familien trotz ihrer unterschiedlichen Wohnorte (die Froweins in Elberfeld, die anderen drei in Barmen) gemeinsam zu behandeln.

Für die vier vorrangig untersuchten Kaufmannsfamilien wurde sehr umfangreiches Archivmaterial herangezogen, das allerdings in sich vielfältig und in

99 Dies gilt im Falle der Froweins vor allem in Bezug auf den Zweig, aus dem der uns hier interessierende Abraham Frowein stammte. Andere Mitglieder der ursprünglich aus Lennep eingewanderten Familie hatten schon im 17. Jahrhundert einen Garnhandel betrieben. Keiner von ihnen beziehungsweise ihrer Nachkommen war jedoch wirtschaftlich so erfolgreich wie der Gründer der Firma Abr. & Gebr. Frowein. Vgl. *Strutz*, 175 Jahre, S. 7–12.

seiner Dichte unterschiedlich ist. Der beste Quellenbestand liegt für die Familie Frowein vor, deren Nachfahren in der heute noch bestehenden Firma Frowein & Co. KG in Wuppertal ein Firmen- und Familienarchiv angelegt haben, das 2004 professionell geordnet und über ein Findbuch erschlossen wurde. Schwerpunkt des Archivs bilden die Geschäftsakten: In dem Archiv liegen für den Zeitraum 1766 bis 1794 durchgängig die Briefkopierbücher sowie die Memoriale von 1773 bis 1792 (mit einer Lücke 1776 bis 1779). Aus dem 18. Jahrhundert ist jedoch nur ein Hauptbuch für den Zeitraum 1764 bis 1778 erhalten, so dass es nicht möglich ist, eine Betriebsgeschichte der Firma nachzuzeichnen. Für das frühe 19. Jahrhundert ändert sich die Art der betrieblichen Quellen: statt der Briefkopierbücher, welche die ausgehende Korrespondenz enthalten, umfasst das Archiv für den Zeitraum von 1801 bis 1820 die eingehende Korrespondenz von Hunderten von Geschäftspartnern, die nur kursorisch ausgewertet werden konnte. Eine Übersicht über den Fortgang der Firma im frühen 19. Jahrhundert bieten vor allem die Bilanzen, die in dem Zeitraum von 1787 bis 1832 sieben Mal in unregelmäßigen Abständen angefertigt wurden. Außer den Geschäftsakten enthält das Firmen- und Familienarchiv eine Vielzahl von Akten, Briefen und Dokumenten, die Aufschluss geben über weitere Bereiche der Lebensführung der Familie. Zu nennen sind hier vor allem die Testamente, Nachlassinventare und Haushaltsbücher.

Das Quellenmaterial für die Familie Eynern ist ebenfalls in großer Breite überliefert, verteilt sich jedoch auf mehrere Archive.[100] Das Historische Zentrum Wuppertal besitzt seit der Überlassung des Materials durch die Nachfahren Anfang der 1990er Jahre einen umfangreichen Bestand, der das erste Briefkopierbuch (1793 bis 1800), ein Musterbuch vom Anfang des 19. Jahrhunderts sowie zwei Kalkulationsbücher aus der ersten Hälfte des 19. Jahrhunderts umfasst. Weiterhin befinden sich im Historischen Zentrum Wuppertal einige private Dokumente wie Briefe, Familienchroniken, Erbschaftsverträge oder die Abschriften von Grabreden. Ergänzt werden die Bestände im Historischen Zentrum durch Material, das andere Nachfahren bereits zu einem früheren Zeitpunkt dem Stadtarchiv Wuppertal (NDS 12 und NDS 128) übergeben hatten. Darin enthalten sind weitere Geschäftsbücher wie etwa das Inventarbuch (1803 bis 1830), Notiz- und Haushaltsbücher, zahlreiche Einzeldokumente zu Erbschaftsangelegenheiten sowie Briefe und andere persönliche Mitteilungen.

Auch der Bestand für die Familie Bredt verteilt sich auf mehrere Archive. Das Landesverband Rheinland-Industriemuseum, Standort Ratingen, verfügt

100 Die Familie von Eynern wurde 1881 in den preußischen Adelsstand erhoben. Bis dahin führte sie das »von« im Namen lediglich als reinen Namensbestandteil und zugleich Herkunftsangabe. Zur besseren Lesbarkeit wird im Fließtext nur die Bezeichnung »Eynern« verwandt. Bei der Benennung von Familienmitgliedern wird allerdings der volle Vor- und Zuname genannt.

in seinen Beständen über das Hauptbuch der Seidenfirma Johann Friedrich & Friedrich Wilhelm Bredt (1774 bis 1781) sowie das Briefkopierbuch Johann Friedrich Bredts (1795 bis 1798). Im Stadtarchiv Wuppertal liegt der umfangreiche Nachlass Johann Viktor Bredts (NDS 263), der jahrzehntelang Dokumente zur Geschichte seiner Familie gesammelt hatte. Dieser Nachlass umfasst Bilanzbücher, Pläne zu Hausbauten sowie zahlreiche Korrespondenzen verschiedener Familienmitglieder.

Für die Familie Wuppermann gibt es ebenfalls ein Firmen- und Familienarchiv, das jedoch zum Zeitpunkt der Bearbeitung noch bei der Firma Wuppermann AG in Leverkusen-Schlebusch lag und nur durch Hinzuziehung von Mitarbeitern des Rheinischen Wirtschaftsarchivs in Köln zugänglich war. Von dem im Archiv befindlichen Material konnten die drei Geschäftsinventare der Firma Wuppermann & Co im späten 18. Jahrhundert, einige Briefe sowie Testamente und Nachlassverzeichnisse ausgewertet werden. Ansonsten stützt sich die Arbeit auf das bereits in der dreibändigen Familiengeschichte publizierte Quellenmaterial.[101]

Ausgehend von der leitenden Fragestellung nach den verschiedenen Lebenswirklichkeiten der Kaufmannsfamilien wurde darüber hinaus noch Quellenmaterial zu anderen Wuppertaler Familien eingesehen, die mit den vier hier genannten häufig verschwägert oder freundschaftlich verbunden waren. So wurden auch Korrespondenzen der Familien de Werth und Aders herangezogen, ebenso wie Nachlassinventare der Familien Teschemacher und Carnap, die teils im Historischen Zentrum Wuppertal, teils im Stadtarchiv Wuppertal aufbewahrt werden.[102] Darüber hinaus wurde Material zur Familie von der Heydt-Kersten ausgewertet, das im Historischen Archiv der Commerzbank in Frankfurt/Main aufbewahrt wird.

Das Quellenmaterial zu diesen Kaufmannsfamilien wurde ergänzt durch die Sichtung und Auswertung von weiteren Aktenstücken im Historischen Zentrum Wuppertal, im Stadtarchiv Wuppertal, im Kirchenarchiv Wuppertal und im Landesarchiv Nordrhein-Westfalen. Darüber hinaus wurden vereinzelte Bestände aus dem Westfälischen Wirtschaftsarchiv Dortmund, dem Rheinisch-Westfälischen Wirtschaftsarchiv Köln und dem Stadtarchiv Frankfurt/Main herangezogen. Die Bearbeitung des aus diesen Archiven stammenden Quellenmaterials zur Garnnahrung, zu Konkursfällen oder Streitigkeiten mit der Obrigkeit dient vor allem dazu, größere Prozesse zu erfassen sowie das öffentliche Engagement der Kaufmannsfamilien sichtbar zu machen. Darüber

101 Vgl. *Dietz*, Familie Wuppermann.

102 Bei der Familie Carnap, deren Familienname eigentlich auch das »von« als Herkunftsbezeichnung enthält, wird wie im Fall der Familie Eynern verfahren und für einen besseren Lesefluß das »von« weggelassen.

hinaus erlauben die in diesen Archiven enthaltenen Steuerlisten, Anträge, Petitionen und Briefe, die Kaufmannsfamilien sozioökonomisch besser einzuordnen.

Zur Bearbeitung dieser sehr unterschiedlichen, auf mehrere Archive verteilten Quellenbestände wurden in dieser Arbeit prosopografische Methoden bemüht. Die verschiedenen Informationen zu einer Person wurden in einem computergestützten Datenbankverfahren derselben zugeordnet und gesichtet. Erheblich erleichtert wurde die prosopografische Arbeit durch die umfassenden genealogischen Vorarbeiten zu den Wuppertaler Kaufmannsfamilien, deren gedruckte Darstellungen von Frank Heidermanns in eine öffentlich zugängliche und durchsuchbare Datenbank überführt wurden.[103] Nur in einzelnen Fällen mussten die Daten durch eine Recherche in den Kirchenbüchern der Gemeinden ergänzt werden. Der Großteil dieser Bücher liegt in bearbeiteter Form vor.[104]

Bei den Familien Frowein, von Eynern und Wuppermann befindet sich jeweils die Kernfamilie im Zentrum der Rekonstruktion. Bei der Familie Bredt steht dagegen aufgrund des disparaten Quellenmaterials nicht eine Kernfamilie im Vordergrund, sondern es werden anhand verschiedener Familienmitglieder unterschiedliche Aspekte der kaufmännischen Lebenswirklichkeit dargestellt. Generell liegt der prosopografischen Arbeitsweise die Prämisse zugrunde, dass sich durch die Erforschung von Einzelnen auf eine größere Gesamtheit schließen lässt. Sie ist somit hervorragend geeignet, um, wie hier intendiert, trotz des disparaten Quellenmaterials die Kollektivbiographie der Kaufmannsfamilien als einer distinkten sozialen Gruppe zu schreiben.[105]

Durch die prosopografische beziehungsweise kollektivbiografische Methode sollen die verschiedenen Lebenswirklichkeiten der Kaufmannsfamilien miteinander verzahnt und ihre Lebenswelten sichtbar gemacht werden. Mit Lebenswelt wird hier, in Anschluss an Rudolf Vierhaus, die »raum- und zeitbedingte Wirklichkeit« verstanden, »in der tradierte und sich weiter entwickelnde Normen gelten und Institutionen bestehen und neue geschaffen werden«.[106] Lebenswelt ist damit ein dynamischer Begriff. Der Mensch bildet das jeweilige Zentrum seiner Lebenswelt, jedoch ist die Lebenswelt eines jeden »gesellschaftlich konstituierte, kulturell ausgeformte, symbolisch gedeutete Wirklichkeit«.[107] Das heißt, um die Lebenswelt beziehungsweise verschiedene Lebenswelten des Einzelnen beschreiben und rekonstruieren zu können, müssen immer individuelle

103 Vgl. http://www.heidermanns.net/ (letzter Zugriff 02.11.2018)

104 Vgl. *Ernestus*, Familien Barmen-Gemarke; *dies.*, Familien Wichlinghausen; *dies.*, Familien Wupperfeld; *dies.*, Familienbuch Elberfeld.

105 Zur Prosopographie als Methode vgl. *Bulst*, Zum Gegenstand; *Autrand*, Prosographie. Als gelungenes Beispiel für die Kollektivbiographie einer den Wuppertaler Kaufmannsfamilien ähnlichen Gruppe vgl. *Brakensiek*, Fürstendiener. Zur Biographieforschung vgl. jetzt auch *Lutz/Schiebel/Tuider*, Handbuch Biographieforschung.

106 *Vierhaus*, Rekonstruktion, S. 14.

107 Ebd. Zu »Lebenswelt« vgl. auch *Raphael*, Diskurse, Lebenswelten und Felder.

Bezüge – die der einzelnen Person – mit den sie umgebenden strukturellen Bedingungen zusammengebracht und -gedacht werden. Kulturwissenschaftlichen Prämissen folgend, werden in dieser Arbeit nicht nur die Ergebnisse sozialer Praxis analysiert, sondern es werden auch die Strukturen und deren handlungsleitende Wirkung auf das Bewusstsein der Individuen erhellt.[108] Dies heißt konkret, dass ausformulierte Normen – etwa in Kaufmannshandbüchern, Gesetzestexten oder in gesellschaftstheoretischen Abhandlungen – in Bezug gesetzt werden zu den tatsächlich beobachtbaren Handlungen, die sich in der Geschäftskorrespondenz, Gerichtsverhandlungen oder im Zusammenleben der Ehepartner beobachten lassen.[109]

Von Bedeutung für die Untersuchung ist weiterhin, dass »er [der Mensch, A. S. O.] in verschiedenen Lebenswelten gleichzeitig leben [kann]: in der Welt der Familie und des Ortes, in der Bildungs- und Arbeitswelt. Sie konditionieren in unterschiedlicher Weise seine Erfahrungen, bestimmen sein Verhalten, sein Denken, konstituieren seine Biographie«.[110] Lebenswelten zu beschreiben erfordert also immer, diese Dimensionen verschränkt zu betrachten.[111] Diese notwendigerweise verschränkte Betrachtungsweise macht den methodologischen Begriff der Lebenswelt für das hier unternommene Unterfangen, die Wuppertaler Kaufmannsfamilien als Teil der »gebildeten Stände« zu beschreiben, besonders geeignet. Denn die verschiedenen Lebenswelten der Wuppertaler Kaufmannsfamilien – wie auch der anderen Angehörigen der »gebildeten Stände« – überschnitten sich an vielen, häufig auf den ersten Blick auch nicht sofort sichtbaren Punkten. Im Falle der Kaufmannsfamilien ist die deutlichste Verschränkung bereits in dem für sie benutzten Sammelbegriff sichtbar: Kaufmann und Familie.

Durch das Konzept der Lebenswelt wird zudem das Prozesshafte, Nicht-Abgeschlossene in der Geschichte sowie die Pluralität von Ereignissen und Strukturen hervorgehoben.[112] So geht es in dieser Arbeit nicht darum, die Ergebnisse in eine teleologische Struktur einzuordnen und sie etwa auf Linie zu bringen mit der lang etablierten Rede vom Weg der »ständischen zur bürgerlichen Gesellschaft«, innerhalb derer die »gebildeten Stände« dann einen Zwischen-

108 Zur Kulturgeschichte bzw. zu Geschichte als Kulturwissenschaft vgl. als Auswahl *Kittsteiner*, Kulturgeschichte; *Daniel*, Kompendium; *Daniel*, Geschichte; *Rublack*, Neue Geschichte.

109 Vgl. hierzu auch die grundsätzlichen Überlegungen bei *Hörning*, Kultur.

110 *Vierhaus*, Rekonstruktion, S. 14.

111 Insofern greift meines Erachtens die Kritik Alf Lüdtkes an dem Konzept auch nicht ganz. Vgl. *Lüdtke*, Lebenswelt. »Lebenswelt« als analytischer Zugriff war vor einigen Jahren auch Gegenstand einer Tagung am DHI Paris. Vgl. Workshop: Fragen an die »Lebenswelt«, 13.06.2008 Paris, in: H-Soz-Kult, 28.05.2008, www.hsozkult.de/event/id/termine-9403 (17.10.2019).

112 Vgl. *Koselleck*, Zeiten der Geschichtsschreibung; *ders.*, Vergangene Zukunft; *Landwehr*, Gleichzeitigkeit; *ders.*, Abwesenheit.

status einnehmen könnten.[113] Vielmehr ist Teil der Methode, die Ergebnisse der einzelnen Teilbereiche für sich stehen zu lassen und auch die Disparität der Lebenswelten sichtbar zu machen. Denn gerade die Disparität ist Kennzeichen dieser »neuständischen Gesellschaft« (Reinhard Blänkner), die sich weder mit den Prinzipien der »alt«-ständischen Ordnung noch anhand vermeintlicher Gesetzmäßigkeiten der industriell-kapitalistischen Klassengesellschaft fassen lässt.[114]

1.4 Gang der Untersuchung

Die vorliegende Arbeit versteht sich als exemplarische Studie zu unterschiedlichen Lebensbereichen der »gebildeten Stände«, um so deren Lebenswelt zu beschreiben. Dazu verknüpft sie wirtschafts- und sozialgeschichtliche Fragestellungen, die getragen werden von einem kulturwissenschaftlichen Impetus. Um die verschiedenen Aspekte der Lebenswelt der Wuppertaler Kaufmannsfamilien darzulegen, gliedert sich die Arbeit in folgende Teile:

In dem einleitenden Kapitel 2 werden die Grundzüge der Wirtschafts- und Sozialgeschichte des Herzogtums Berg und insbesondere des Wuppertals dargestellt. Hierbei sollen vor allem strukturelle Besonderheiten der Region hervorgehoben werden, welche sowohl die geschäftliche Entwicklung der familiengeführten Firmen beeinflussten als auch die gesellschaftliche Verortung der Wuppertaler »gebildeten Stände« in diesem Territorium bestimmten.

Die beiden folgenden Kapitel widmen sich dem Wuppertal im Prozess der globalen Kommerzialisierung und damit den wirtschaftlichen Voraussetzungen für das Entstehen einer ökonomisch potenten Elite und der Konstituierung der »gebildeten Stände« in einer Gewerberegion. Dabei geht es in Kapitel 3 um die vor Ort entwickelte Teilhabe an ökonomischen Prozessen, etwa durch die Erschließung neuer Märkte und das Angebot neuer Produkte. Dies wird durch die genaue Beschreibung der vier ausgewählten Familienfirmen detailliert beleuchtet. Dabei soll deutlich werden, dass der langfristige Erfolg der Wuppertaler Proto-Industrie und auch der erfolgreich gemeisterte Übergang in die Mechanisierung sowohl von der Diversifizierung der Produkte wie auch der Breite der Marktabdeckung abhing. Dies wird nicht zuletzt dadurch sichtbar gemacht, dass

113 Vgl. etwa *Batscha/Garber*, Gesellschaft; *Gall*, Gesellschaft; *Dipper*, Übergangsgesellschaft; sowie die Beiträge unter dem Rubrum »Übergangsgesellschaft« in *Raphael/Schneider*, Dimensionen.

114 Vgl. hierzu beispielsweise die Argumentation zu den hierfür konstitutiven Grundbegriffen »Geselligkeit« und »Gesellschaft« bei *Blänkner*, »Geselligkeit«; sowie den Überblick über die spezifischen Charakteristiken der »neuständischen Vergesellschaftungen« bei *ders.*, »Gebildete Stände«. Zu der Frage nach einer »Epoche sui generis« von der Mitte des 18. bis zur Mitte des 19. Jahrhunderts vgl. in einem bejahenden Sinne auch *Vierhaus*, Aufklärung; *Hahn*, Bürgertum; *Gall*, Gesellschaft.

auch eine weniger dynamische Firma Teil der Betrachtung ist. Kapitel 4 beschäftigt sich unter der Überschrift »Kommerzialisierung und Rationalität« mit den Werten und Einstellungen Wuppertaler Kaufleute, und fragt, welche davon sich als handlungsleitend erwiesen. Damit wird einer vorschnellen Rede von »kaufmännischer Rationalität« oder »unternehmerischem Geist« als Triebkräften wirtschaftlicher Entwicklung begegnet; vielmehr werden Handlungen und Entscheidungen kontextgebunden untersucht und darauf verwiesen, wie vielfältig die Wertvorstellungen der »gebildeten Stände« miteinander verflochten waren. Teil der Darstellung sind Konflikte der Kaufmannschaft mit ihren Arbeitern sowie Auseinandersetzungen in den eigenen Reihen. Darüber hinaus wird der Umgang mit Bankrotten innerhalb der Wuppertaler Kaufmannschaft untersucht. Außerdem wird nach der Rolle religiös begründeter Tugenden und Werten für kaufmännisches Gebaren gefragt und diese in Hinsicht auf allgemeine, »bürgerliche« Tugenden eingeordnet. Das, was anfangs als typisch kaufmännisch erscheint, erweist sich bei näherem Hinsehen nämlich als übergeordnete Wertvorstellungen, die generell von den »gebildeten Ständen« geteilt wurden.

Die in diesen Kapiteln untersuchten, eher wirtschaftshistorischen Fragestellungen stehen im Wechselverhältnis mit der in den darauffolgenden Kapiteln stärker sozial- und kulturgeschichtlich angelegten Untersuchung. Es muss an dieser Stelle darauf hingewiesen werden, dass die Gliederung der Arbeit keineswegs einem kruden Materialismus das Wort reden will. Doch war für die Teilhabe an den »gebildeten Ständen« Voraussetzung, dass ihre Mitglieder über eine gewisse materielle Grundlage verfügten und, wie es zeitgenössisch heißt, von ihren Geschäften abkömmlich waren. Für beides bildete der Kaufmannsberuf in der hier untersuchten Teilgruppe der »gebildeten Stände« die Grundlage. Wie die Geschichte der beiden Firmengründer Abraham Frowein und Johann Peter von Eynern zeigt, war es durchaus möglich, diese materiellen Voraussetzungen dank der kaufmännischen Tätigkeit aus eigener Kraft zu erwerben. Die untersuchten Familien verweisen somit auf die innere Dynamik der »gebildeten Stände«, die sich ja in ihrer Selbstbeschreibung als prinzipiell offen verstanden. Zugleich machen die Kaufleute deutlich, dass der Vermögenserwerb beziehungsweise im Falle der etablierten Familien der Vermögenserhalt der »Abkömmlichkeit« vorgeschaltet war – die Teilhabe an den »gebildeten Ständen« gab es nicht zum Nulltarif. Die Kaufmannsfamilien vermitteln so wichtige, gruppenspezifische Kriterien, die deutlich über das Kaufmännisch-spezifische hinausweisen.

Die Lebenswelt der »gebildeten Stände« jenseits der beruflichen Zusammenhänge der Kaufleute darzustellen, ist Gegenstand der Kapitel 5 bis 7. Im Vordergrund steht zum Ersten (Kapitel 5) die Formierung der »gebildeten Stände«, etwa durch Eheschließungen und das Reproduktionsverhalten. Gerade durch das Konnubium wird deutlich, dass die Kaufleute vielfältig mit anderen Gruppierungen der »gebildeten Ständen« verbunden waren. Darüber hinaus werden die Vermittlung von Bildung und Bildungsinhalten sowie die Frage nach geschlechtsspezifischer Bildung erörtert. Hieran schließt sich die Darstellung der Ehepaare als Arbeits- und als Liebespaare an, wobei hier vor allem in der Forschung etablierte Auffassungen zum »bürgerlichen« Geschlechterverhältnis hinterfragt werden. Die Kaufmannsfamilien als wichtige Teilgruppe der »gebildeten Stände« machen vielmehr deutlich, dass eine Fokussierung auf Beamte, Professoren und Pfarrer zu kurz greift, um die Entwicklung der »bürgerlichen Familie« adäquat darzustellen.

Die sich zum Zweiten (Kapitel 6) anschließenden Porträts Wuppertaler Kaufmannshäuser, ihrer Interieurs und Gärten dienen dazu, die als konstitutiv für die Herausbildung der modernen Gesellschaft gedachte Trennung von Arbeiten und Wohnen kritisch in den Blick zu nehmen und Aufschluss über die materielle Kultur der Kaufmannsfamilien zu erhalten. Dies schließt eine Diskussion ihres »Kulturkonsums« in Auseinandersetzung mit dem gegenwärtigen Forschungsstand mit ein. Dies ist vor allem in Bezug auf die Zugehörigkeit dieser Kaufleute zu den »gebildeten Ständen« von entscheidender Bedeutung, da diese soziale Figuration hier als Konsumgemeinschaft betrachtet wird. Anhand der materiellen Kultur der Kaufmannsfamilien wird herausgearbeitet, welche Geschmacksvorstellungen die »gebildeten Stände« prägten und wie Muster der Lebensführung innerhalb der »gebildeten Stände« vermittelt wurden.

Schließlich betrachtet die Arbeit zum Dritten (Kapitel 7) verschiedene Formen der Öffentlichkeit innerhalb des Wuppertals. Den Anfang macht hierbei die Darstellung der Religiosität Wuppertaler Kaufmannsfamilien, die zwischen kirchlicher Öffentlichkeit und privater Innerlichkeit oszillierte und in ihrer Uneindeutigkeit auf die Pluralität der Glaubensformen der »gebildeten Stände« verweist. Da sich die »gebildeten Stände« über Geselligkeitsformen jenseits von Familie und Beruf konstituierten, wird diesen anhand des Assoziationswesens in Elberfeld und Barmen nachgegangen. Anschließend wird mit Bezug auf das öffentliche Wohlfahrtwesen auch nach den in der Forschung wenig differenzierten »bürgerlichen« Charakteristiken der »gebildeten Stände« gefragt. Die Einzelbeobachtungen aus dem Wuppertal lassen sich dabei in eine sehr reichhaltige Forschungslandschaft einordnen und so generell die Interaktionsmuster der »gebildeten Stände« beschreiben.

Das sich anschließende Fazit fasst die Ergebnisse der Arbeit zusammen und würdigt die Befunde zu den verschiedenen Lebenswelten der Kaufmannsfamilien als Teil der »gebildeten Stände« vor dem Hintergrund der Bürgertumsforschung, der Forschung zu den Gebildeten und den globalen Zusammenhängen der Kommerzialisierung. Es wird herausgestellt, was die »gebildeten Stände« als soziale Figuration auszeichnet, welche Wertvorstellungen und Muster der Lebensführung sie prägen und welche inneren Kohäsionskräfte diese Gruppierung zusammenhalten. Und nicht zuletzt wird gezeigt, inwieweit der hier mit empirischen Befunden gefüllte Begriff der »gebildeten Stände« für die weitere Forschung nutz- und fruchtbar gemacht werden kann.

2. Das Herzogtum Berg und das Wuppertal im 18. und frühen 19. Jahrhundert

Das Wuppertal präsentierte sich zu Beginn des 19. Jahrhunderts als »ein entzükkendes Eldorado für Jeden [...], den der Anblik eines fleißigen, gesegneten und zufriedenen glücklichen Volkes interessiert«, denn »hier arbeitet Alles, und reges Leben ist überall sichtbar, keine Kraft der Natur bleibt unbenuzt«. Doch auch die Natur leistete ihren Beitrag: »Die Wupper muß durch unendliche Krümmungen, Erhöhungen und Ableitung tausend Räder treiben, tausend Maschinen in Bewegung sezzen.«[1] Ähnlich porträtierte fast zeitgleich der Schweizer Landschaftsmaler Johann Heinrich Bleuler das Wuppertal, indem er in dem malerischen Tal die Bleichwiesen entlang der Wupper und die auf ihnen tätigen Bleicher in den Fokus rückte.[2] Menschlicher Fleiß und natürliche Gegebenheiten schienen sich für die Zeitgenossen auf das Günstigste zu verbinden, um aus dem kleinen Städtchen Elberfeld und dem fast noch dörflichen Barmen »vortreffliche reiche Handelsstädte«, ja gar ein »klein Amsterdam« zu machen.[3] Mit diesen in der zeitgenössischen Literatur häufig verwendeten Topoi von Schönheit der Natur, menschlichem Fleiß und der aus beidem resultierenden Glückseligkeit unterstrichen die Autoren den, ihrer Meinung nach, Vorbildcharakter des Bergischen Landes im Allgemeinen und des Wuppertals im Besonderen. In den Hintergrund gerieten dabei jedoch die strukturellen Bedingungen, welche keinen geringen Anteil am wirtschaftlichen Aufschwung des Wuppertals hatten. Diese stehen im Folgenden im Fokus.

2.1 Das Herzogtum Berg

Elberfeld und Barmen, die Hauptorte des Wuppertals, gehörten beide zum Herzogtum Berg, das seit dem 14. Jahrhundert mit dem Herzogtum Jülich in Personalunion verbunden war. Das bergische Territorium erstreckte sich von der Ruhr im Norden bis zu den Ausläufern des Westerwaldes im Süden. Im Osten grenzte das Herzogtum an die Grafschaft Mark und das Herzogtum Westfalen,

1 So die Beobachtungen von Justus Gruner auf seiner »Wallfahrt zur Ruhe und Hoffnung« im Jahr 1802. *Gruner*, Wallfahrt, die Zitate auf S. 354f.

2 Die Radierung Bleulers ist unter anderem abgedruckt in *Gorißen/Sassin/Wesoly*, Bergisches Land, Bd. 1, S. 431.

3 Diese Ausdrücke finden sich in einer weiteren Beschreibung des Wuppertals aus dem 18. Jahrhundert. *Wülfing*, Beschreibung, S. 122.

im Westen bildete der Rhein eine natürliche Grenze zum Erzstift Köln. Das Herzogtum war somit ein territorial einigermaßen geschlossener Herrschaftsraum innerhalb des Heiligen Römischen Reiches Deutscher Nation.

Von besonderer Bedeutung für die gewerblichen Anfänge war die Nähe zur Handelsmetropole und Hansestadt Köln. Die Beziehungen zwischen dem Wuppertal und Köln lassen sich zwar in den Quellen nur stichpunktartig belegen, doch kann als gesichert gelten, dass bereits im frühen 15. Jahrhundert Kölner Kaufleute gezwirnte Garne im Wuppertal bleichen ließen, um diese anschließend in Köln zu verkaufen.[4] Köln stellte damit einen wichtigen Impulsgeber für die anfängliche Entwicklung der bergischen Gewerbe dar. Über die rheinischen Häfen konnten die bergischen Kaufleute ihre Produkte in überregionale Handelsnetze einspeisen. Dank dieser Nähe waren sie Teil der wirtschaftlich äußerst dynamischen Rheinschiene und über die niederländischen Seehäfen sogar in den für die Frühe Neuzeit so wichtigen Atlantikhandel eingebunden.

Unterstützt wurde die gewerbliche Entwicklung Bergs auch durch die Tatsache, dass aus dem nahen Herzogtum Jülich zollfrei Getreide eingeführt werden konnte. Auf den fruchtbaren Ackerböden Jülichs ließen sich deutliche Getreideüberschüsse erzielen, welche im klimatisch weniger begünstigten Berg nicht zu erreichen waren.[5] Dem Bevölkerungswachstum waren also in dieser Hinsicht keine natürlichen Grenzen gesetzt. Dies bedeutete günstige Voraussetzungen in einer Zeit, in welcher wirtschaftliches Wachstum und Bevölkerungswachstum aneinander gekoppelt waren.[6] Im 18. Jahrhundert belief sich die Bevölkerungsdichte Bergs auf 83 Einwohner pro Quadratkilometer. Das bergische Territorium zählte damit zu den am dichtesten besiedelten Räumen des Alten Reiches, wobei die gewerblich verdichteten Zonen sogar 153 Einwohner pro Quadratkilometer aufwiesen.[7]

Jülich und Berg wurden bis 1609 durch die Herzöge von Berg regiert. Nachdem jedoch der letzte bergische Herzog 1609 ohne direkte Nachkommen und Erben gestorben war, meldeten Kurfürst Johann Sigismund von Brandenburg und Pfalzgraf Wolfgang Wilhelm von Neuburg ihre Erbansprüche an und regierten kurze Zeit gemeinsam. Im Xantener Vertrag von 1614, welcher den inzwischen eingetretenen Jülich-Kleveschen Erbfolgestreit beendete, wurde das Gebiet zwischen Brandenburg und Neuburg aufgeteilt: Brandenburg erhielt Kleve, Mark und Ravensberg, während Neuburg die Gebiete Jülich, Berg und Ravenstein

4 Vgl. *Irsigler*, Stellung, S. 34 f.

5 Die Gesamtausfuhr Jülichs lag in der zweiten Hälfte des 18. Jahrhunderts in guten Erntejahren bei rund einer Million Reichstaler. Vgl. *Schuler*, Verkehrsverhältnisse, S. 50.

6 Vgl. *Dipper*, Übergangsgesellschaft.

7 Diese Zahlen beziehen sich auf das Jahr 1792. Zum Vergleich sei erwähnt, dass das eher agrarisch geprägte Herzogtum Jülich auf der gegenüberliegenden Rheinseite eine Einwohnerdichte von sechzig Personen pro Quadratkilometer hatte. Vgl. *Engelbrecht*, Herzogtum Berg, S. 19, 23.

zugesprochen wurden. Um die heikle Frage der Konfession in dem gemischtkonfessionellen Gebiet zu entschärfen, fungierte der brandenburgische Kurfürst als Schutzherr der protestantischen Untertanen in Jülich, Berg und Ravenstein, während der Pfalzgraf diese Aufgabe für die Katholiken in den Brandenburg zugesprochenen Gebieten übernahm.[8] Für die überwiegend protestantische Bevölkerung des Wuppertales ergab sich daraus eine geistige Bindung an Brandenburg-Preußen, welche durch die unmittelbare Nachbarschaft der Grafschaft Mark noch verstärkt wurde.[9]

Anfang des 18. Jahrhunderts beschloss der amtierende bergische Herzog, Pfalzgraf Karl III. Philipp, seine Residenz von Düsseldorf in die Pfalz zu verlegen. Von nun an wurde das Herzogtum Berg weitgehend aus der Ferne regiert und die jülich-bergischen Territorien gerieten innerhalb des pfalzbayrischen Staatsverbandes immer mehr zu Nebenländern, für die außerdem seit 1792 zur Gebietsarrondierung immer wieder Tauschpläne mit Preußen diskutiert wurden.[10] Dazu kam es jedoch erst 1806, als Napoleon die Regierung über das neu geschaffene Großherzogtum Berg seinem Schwager Joachim Murat übertrug. Von 1808 bis 1813 war Berg Napoleon direkt unterstellt, der es unter der Leitung des Kommissars Beugnot zu einem Modellstaat für die anderen Rheinbundstaaten machen wollte.[11] Im Zuge des Zusammenbruchs des Napoleonischen Reiches 1813 geriet Berg provisorisch unter preußische Herrschaft, die 1815 auf dem Wiener Kongress offiziell bestätigt wurde. Das bergische Territorium wurde Teil der preußischen Rheinprovinz.

An der Spitze der Landesregierung standen im 18. Jahrhundert der kurfürstliche Statthalter und der ihm zur Seite stehende Geheime Rat. Dessen Vorsitzender fungierte gleichzeitig als Kanzler und als Präsident des obersten Landesgerichts, dem Oberappellationsgericht.[12] Die eigentliche Leitung der praktischen Verwaltungstätigkeit oblag jedoch dem Vizekanzler.[13] Weitere Regierungsbehörden waren der Hofrat und die Hofkammer, doch waren diese dem Geheimen Rat weisungsgebunden. Auch das Oberappellationsgericht war nur formal

8 Die beiden bis dato lutherischen Fürsten hatten gerade erst ihr Bekenntnis geändert: Johann Sigismund (Brandenburg) war 1613 zum Calvinismus übergetreten, Wolfang Wilhelm (Pfalz-Neuburg) zum Katholizismus.

9 Vgl. *Dietz/Ehrenpreis*, Drei Konfessionen.

10 Karl Theodor, seit 1742 jülich-bergischer Herzog und Kurfürst von der Pfalz, erbte 1777 auch noch Kurbayern, nachdem die bayerische Linie der Wittelsbacher ausgestorben war. Die Residenz wurde daraufhin nach München verlegt und die Staatsgeschäfte des gesamten Landesverbandes von dort aus verwaltet.

11 Vgl. *Wohlfeil*, Modellstaaten; *Severin-Barboutie*, Herrschaftspolitik; *Dethlefs/Owzar/Weiß*, Modell.

12 Zum Aufbau der bergischen Verwaltung vgl. *Engelbrecht*, Herzogtum Berg, S. 53–75.

13 Seit 1780 hatte der gebürtige Pfälzer Georg Joseph von Knapp das Amt des Vizekanzlers inne. Vgl. *Harleß*, Knapp. Knapp spielte für das Wuppertal vor allem durch wirtschaftspolitische Ordnungsmaßnahmen eine wichtige Rolle, s. 4.1.

eine selbstständige Instanz, da seine Mitglieder sich ausschließlich aus dem Geheimen Rat rekrutierten. Diese Gremien wurden nur mit Adligen und gelehrten Räten besetzt. Viele von ihnen nahmen auch an den Landtagen teil, die jedoch im Laufe des 18. Jahrhunderts immer seltener stattfanden. Es hatten sich generell im Laufe des 17. und 18. Jahrhunderts sehr enge personelle und institutionelle Verflechtungen zwischen den Landständen und der landesherrlichen Verwaltung ausgebildet. So konnte in Berg keine allein vom Landesherrn abhängige Bürokratie entstehen, mit deren Hilfe der Herrscher absolutistische Ansprüche hätte durchsetzen können.[14] Die Herzogtümer Berg und Jülich blieben stark ständisch geprägt, mit einem seit dem Anfang des 18. Jahrhunderts auch persönlich kaum anwesenden Fürsten an der Spitze des Staates. Die adlige Führungsschicht des Landes gehörte ausnahmslos der katholischen Konfession an. Für die überwiegend protestantischen Wuppertaler Kaufleute bedeutete dies eine doppelte Distanz zur Regierung: erstens war ihnen eine Karriere innerhalb der fürstlichen Bürokratie weitgehend verwehrt und zweitens verfügten sie über keinerlei verfassungsmäßig gesicherte Einflussmöglichkeit. Schließlich gehörten weder Elberfeld noch Barmen zu den vier auf den Landtagen vertretenen »Hauptstädten«.[15]

Die ständische Verfassung des Landes bestimmte auch das jülich-bergische Steuerwesen. Allgemein lässt sich festhalten, dass das Steuerwesen in Jülich-Berg in einem wenig geordneten Zustand war.[16] So bildete auch im späten 18. Jahrhundert immer noch die Landesmatrikel von 1596 die Grundlage für die Berechnung des »steuerbaren Grundes«. Eine Revision des Steuerwesens scheiterte mehrfach an den jülich-bergischen Landständen, welche sich gegen eine Ausdehnung der Zentralgewalt wehrten. Den Hauptertrag der Steuern bildete die landesherrliche Grund- und Gebäudesteuer, welche alle Besitzer und Pächter von Häusern, Scheunen, Ackerland, Wäldern, Wiesen und Gärten entrichten mussten.[17] Hiervon befreit waren jedoch die landtagsfähigen Adligen und die Geistlichkeit. Die Stadtbevölkerung, die über wenig Grundbesitz verfügte, unterlag indirekten Steuern (Akzise und Licent). Handel- und Gewerbetreibende sowie Handwerker mussten nur eine geringfügige Gewinn- und Gewerbesteuer zahlen,

14 Vgl. *Vierhaus*, Landstände; *Walz*, Stände. Die Vertreter der »Hauptstädte« und damit des dritten Standes schlossen sich auf den Landtagen für gewöhnlich den Forderungen des von ihnen getrennt tagenden Adels und der Geistlichkeit an.

15 Die vier Hauptstädte waren Düsseldorf, Lennep, Wipperfürth und Ratingen. Die juristische und politische Stellung der »Hauptstädte« korrespondierte jedoch im 18. Jahrhundert schon lange nicht mehr mit der wirtschaftlichen Bedeutung dieser Orte.

16 Zum jülich-bergischen Steuerwesen vgl. *Croon*, Stände und Steuern; *Wagner*, Staatssteuern.

17 Das weitgehend landwirtschaftlich geprägte Amt Blankenburg wurde 1772 mit fast 125 Reichstalern belastet, die beiden gewerblich orientierten Ämter Elberfeld und Barmen sowie die Stadt Elberfeld trugen gemeinsam nur knapp 37 Reichstaler zur landesherrlichen Steuer bei. Vgl. *Müller*, Herzogtum Berg, S. 561.

die durch komplizierte Umrechnungsverfahren in imaginäre Grundstücksgrößen (»blinde Morgenzahl«) festgelegt wurde.[18] Für die Geld- und Sachwerte, welche das Vermögen eines Kaufmannes ausmachten, gab es hingegen keine Bemessungsgrundlage. Für die Wuppertaler Kaufleute bedeutete dies, dass sie die Erträge aus ihren Geschäften nahezu unversteuert genießen konnten; erst wenn sie in Landbesitz investierten, wurden sie verstärkt bei den Steuern belastet.[19]

Jülich und Berg leisteten nichtsdestotrotz einen wichtigen Beitrag zum pfälzischen, später pfalzbayrischen Staatshaushalt.[20] Hierin mag auch der Grund für einige infrastrukturelle und gewerbepolitische Maßnahmen liegen, die das Gewerbe in Berg weiter fördern sollten. Unter Karl Theodor (1742–1799) wurden »aus landesväterlicher Sorgfalt und zum Besten des Commercii« zahlreiche Straßen zu Chausseen ausgebaut.[21] Auf den befestigten Chausseen konnten schwere vierrädrige Karren und Wagen ohne Beeinträchtigung fahren, was die Ladefähigkeit deutlich erhöhte. Zu den zahlreichen Straßenbauprojekten gehörten auch die Verbindungen zwischen Elberfeld-Barmen und Düsseldorf sowie zwischen Hitdorf am Rhein und Elberfeld (über Solingen). Von Düsseldorf aus führte wiederum eine Chaussee nach Frankfurt, so dass der Warentransport zur Frankfurter Messe sichergestellt war. Hitdorf war für die Wuppertaler Kaufleute ein wichtiger Rheinhafen. Generell erfolgte ein Großteil des Warentransports jedoch über Land, so dass der Chausseebau für den Absatz Wuppertaler Waren eine wichtige Verbesserung darstellte.

Im Gegensatz beispielsweise zu Preußen, das seine gewerbepolitischen Ziele durch die gezielte Ansiedlung von Manufakturen und Verleihung von dauerhaften Monopolen förderte, verfolgte die bergische Regierung keinen ausgeprägt merkantilistischen Kurs.[22] Sie reagierte vielmehr ad hoc auf die vorgetragenen Interessen der Untertanen, als beispielsweise die Elberfelder Leinenweber 1738 die Gründung einer Zunft beantragten oder der Mülheimer Verleger Andreae um ein Privileg für die Samtherstellung nachsuchte. Privilegien und Monopole wurden jedoch nur noch zeitlich befristet gewährt, so dass zwar Investitionen für eine Zeit lang geschützt waren, Konkurrenz aber nicht völlig unterbunden wurde. Seit den 1770er Jahren lassen sich in der jülich-bergischen Wirtschafts-

18 Vgl. *Wagner*, Staatssteuern, S. 28 f. Die Steuersätze für Handwerker lagen zwischen zwei und acht Reichstalern im Jahr; selbst die wohlhabendsten Kaufleute zahlten nicht mehr als vierzig bis sechzig Reichstaler an Steuern. Vgl. *Engelbrecht*, Herzogtum Berg, S. 82, FN 181.

19 Vgl. beispielsweise STAW F IV 27 (Hebezettel für Barmen 1781–1782) mit Auskunft über den Landbesitz einzelner Kaufleute. Auch für die Bleichwiesen, deren eigentlicher Wert sich an den hohen Kaufpreisen erkennen lässt und die für die Bleicher das Herzstück ihres Gewerbes darstellten, wurde nur der übliche Satz der Grundsteuer berechnet.

20 Vgl. *Engelbrecht*, Herzogtum Berg, S. 34.

21 Zit. n. *Wacker*, Verkehrswesen, S. 294. Vgl. auch *Schuler*, Verkehrsverhältnisse.

22 Vgl. hierzu klassisch *Barkhausen*, Wirtschaftslenkung, und jetzt mit einer deutlichen Korrektur *Gorißen*, Interessen. Zum gewerbepolitischen Wettbewerb der Obrigkeiten vgl. *Volckart*, Wettbewerb, v. a. Kap. 6, 7.

verwaltung außerdem vermehrt reformerische Kräfte nachweisen, welche wirtschaftspolitisches Handeln mit Hilfe aktueller zeitgenössischer Theorien reflektierten.[23] Sowohl die Beibehaltung als auch die Verleihung neuer Privilegien geriet immer mehr auf den Prüfstand. Was für die Elberfelder Leinenweberzunft eine Bedrohung ihrer »Nahrung« darstellte, bedeutete für die Unternehmer häufig die von ihnen mehrheitlich begrüßte Freisetzung der Marktkräfte. Ihnen kam die Zurückhaltung der Regierung in wirtschaftspolitischen Fragen dann auch in den meisten Fällen zugute.

Für die Kaufleute des Wuppertals waren die Voraussetzungen im Herzogtum Berg also weitgehend günstig. Die ständische Verfassung des Landes verschaffte ihnen große fiskalische Vorteile; die geringen politischen Beteiligungsmöglichkeiten wurden durch eine wirtschaftsliberale Beamtenschaft ausgeglichen. Die regierenden Kurfürsten erkannten ebenfalls die Bedeutung eines blühenden Gewerbes für ihr Land, das durch entsprechende infrastrukturelle Maßnahmen gestützt werden sollte, ohne dass ein Staatsdirigismus um sich griff. Sie unterstützten die Kaufmannschaft nicht zuletzt durch außenpolitische Maßnahmen.[24] Die so geschaffenen Rahmenbedingungen setzten in Barmen und Elberfeld eine große Dynamik frei.

2.2 Das östliche Wuppertal – Barmen

Barmen findet ab 1170 mehrmalig Erwähnung in mittelalterlichen Urkunden als »güter von Barme«, einer Gemeinschaft von drei herrschaftlichen Höfen.[25] Sie waren jedoch trotz der gemeinsamen Gutsbezeichnung verschiedenen Herrschaftsgebieten lehenspflichtig (Herzogtum Berg, Grafschaft Mark und Abtei Werden). Weitere Höfe lagen in den Tälern und Seitentälern der Gegend verstreut; in der Beyenburger Amtsrechnung von 1466 wurden die Abgaben von vierzig Voll- und 22 Halbhöfen (Kotten) verzeichnet. Die Einzelsiedlungen wurden durch die alte Landwehr in zwei Gebiete, Unter- und Oberbarmen, geteilt.[26] Sie bildete sowohl die Grenze für die Gerichtsbarkeit als auch für die kirchliche Zugehörigkeit: für Unterbarmen waren in beiden Angelegenheiten die Elberfelder Einrichtungen zuständig, für Oberbarmen in Gerichtssachen (bei schweren Vergehen) das Haus Wetter, in kirchlichen Angelegenheiten Schwelm

23 Sowohl die Lehre der Physiokraten als auch Adam Smiths hinterließen deutliche Spuren. Rezipiert wurden sie etwa durch den bergischen Hofkammerrat Friedrich Heinrich Jacobi. Vgl. *Hamann*, Nationalökonomie; *Hammacher/Hirsch*, Wirtschaftspolitik.

24 Der pfälzische Gesandte am französischen Hof setzte sich beispielsweise für die Senkung der Zölle auf typische Erzeugnisse des Wuppertals ein. Vgl. LA NRW R JB II 1804.

25 Zur Entstehungsgeschichte Barmens vgl. *Sonderland*, Barmen; *Werth*, Höfe; *Werth*, Barmen.

26 Vgl. *Haacke*, Besiedelung.

in der Grafschaft Mark.[27] Verwaltet wurden die Barmer Höfe als Teil des Amtes Beyenburg von einem eigenen Gemeindevorsteher (Schultheiß), der auch der untersten juristischen Instanz, einem freien Hofgericht, vorstand. Später stand der Barmer Richter, der auch Aufgaben des Beyenburger Amtmannes übernommen hatte, an der Spitze der öffentlichen Verwaltung. In Barmen vollzog sich also weder die Siedlungsentwicklung von einem zentralen Ort aus noch waren die administrativen Zuständigkeiten gebündelt. Diese komplexe Ausgangslage hatte bis in die Neuzeit Auswirkungen auf die städtische Entwicklung der beiden Orte. Denn auch wenn Elberfeld und Barmen vor ihrer Zusammenlegung zur Großstadt Wuppertal 1929 gerne als Zwillingsstädte bezeichnet werden, hatten sie in ihrer frühen räumlichen Entwicklung kaum Gemeinsamkeiten. In ihrer gewerblichen Entwicklung waren sie jedoch, trotz aller Differenzen, eng miteinander verbunden.

1709 lebten im Amt Barmen circa 2.300 Personen (476 Familien).[28] Die gewerbliche Ausrichtung der Bewohner des Amtes war bereits zu diesem Zeitpunkt deutlich: neben fünfzehn Kaufleuten waren 116 weitere Familienvorstände – und deren Angehörige – im Textilgewerbe als Weber oder Bleicher tätig. Dagegen wurden nur 55 Personen als »Ackersleute« bezeichnet. Die Steuerrolle von 1721 weist bereits 25 Kaufleute und 201 Personen im Textilgewerbe auf, allerdings ohne eine Zahl der Gesamtbevölkerung anzugeben.[29] Bis 1746 hatte sich die Bevölkerungszahl auf 3.790 Personen vermehrt. Wie aus dem Einwohnerbuch, das in diesem Jahr erstellt wurde, hervorgeht, besaßen viele der Bandwirker, Weber und Bleicher weiterhin eigenen Grundbesitz, so dass in vielen Teilen Barmens eine halbbäuerliche Struktur erhalten blieb, woran auch die deutlich gestiegene Zahl an Kaufleuten und Gewerbetreibenden nichts änderte. Überhaupt verdichteten sich erst seit dem Anfang des 18. Jahrhunderts die Siedlungen Gemarke und Wichlinghausen, später noch Wupperfeld, zu wirklichen Orten. Sie bilden den Kern der späteren Stadt Barmen. Das Wachstum dieser drei Siedlungen war eng verbunden mit der Gründung von Kirchengemeinden.[30]

In Gemarke entstanden im Laufe des 18. Jahrhunderts durch die Parzellierung kurfürstlichen Besitzes sowie durch Hofteilungen zahlreiche Baugrundstücke, was den raschen Ausbau des Ortes erleichterte.[31] Eine 1715 gewährte 25-jährige Steuerfreiheit für alle Ansiedler und Erbauer von neuen Häusern in Gemarke beförderte zudem das Wachstum des Ortes. Hier wurde 1728 auch ein Amtshaus gebaut, in welchem der Barmer Richter und Vertreter des Beyenburger

27 Diese Einteilung war jedoch in späterer Zeit bedeutungslos geworden.

28 Vgl. *Langewische*, Doppelstadt, S. 228.

29 Vgl. ebd., S. 231.

30 Vgl. hierzu ausführlich 7.1.

31 Vgl. beispielsweise die Parzellierung des Hofs zur Scheuren dargestellt bei *Wiescher*, Hof zur Scheuren.

Amtmannes seine Geschäfte versah. Ein Stadtplan von 1761 verzeichnet die wichtigsten Gebäude des Ortes – die Häuser von immerhin 36 Kaufmannsfamilien sind besonders gekennzeichnet und verweisen auf deren Vorrangstellung im Ort.[32] Ersichtlich ist auf dem Stadtplan allerdings auch, wie wenig urban die Besiedelung Gemarkes zu diesem Zeitpunkt noch war, denn bis auf den kleinen Ortskern liegen die verzeichneten Gebäude weit auseinander.

Dies gilt in noch stärkerem Maße für Wichlinghausen, wo 1744 eine eigene Gemeinde gegründet wurde, und für Wupperfeld, dessen Bewohner 1779 die Erlaubnis zum Bau einer eigenen Kirche erhielten. Deren Errichtung zog eine rege private Bautätigkeit nach sich, so dass bis Ende 1785 bereits vierzig Häuser erbaut worden waren. Neben Gemarke wurde Wupperfeld zum zweiten eigentlichen Zentrum Barmens. Auf einem zeitgenössischen Stadtplan sind neben der alle anderen Gebäude überragenden Kirche vor allem wohlerbaute Bürgerhäuser zu sehen.[33] Die auf dem Plan ebenfalls eingezeichneten Bleichwiesen weisen auf das dem Wachstum und Wohlstand zugrundeliegende Gewerbe hin. Die Bemühungen um eigene Kirchengemeinden gingen im Übrigen einher mit zahlreichen Eingaben, Bittschriften, Petitionen und persönlichen Vorsprachen sowohl beim pfälzischen Kurfürsten als Landesherrn als auch beim preußischen König als konfessionellem Schutzherrn.[34] Sie deuten bereits auf die Beharrlichkeit der Wuppertaler Bevölkerung und vor allem der federführenden Kaufleute hin, wenn es darum ging, gegen alle ständischen und konfessionellen Schranken ihre Interessen durchzusetzen.

Am Ende des 18. Jahrhunderts lebten etwa 7.750 Personen in ganz Barmen, davon gehörte mehr als ein Viertel (2.222 Männer und Frauen) dem reformierten Bekenntnis an, knapp die Hälfte waren Lutheraner und etwa zehn Prozent (807 Personen) gehörten zur katholischen Gemeinde.[35] Durch die hohe Zuwanderung vermischten sich die Konfessionen in den Verwaltungsgebieten der Stadt, den sogenannten Rotten. Dabei wurde aus Unterbarmen in stärkerem

32 Vgl. Grund-Riß oder Plan der ferner auszubauenden und starck anwachsenden Stadt GEMARKE im Herzogthum Berg unter der Glorreichen Hohen Regierung Ihro Churf. Durchl. Carl Theodor, gezeichnet von J. H. Schlieper, 1761.

33 Vgl. Plan von Wupperfeld mit dessen hieroben angebrachtem Prospekte im Monat November 1783, aufgenommen und gezeichnet von Fr. W. Staggemeier.

34 Dies führte so weit, dass den Oberbarmern nach erteilter Genehmigung 1777 »bei Strafe von 100 Rhtlr. jedes fernere Behelligen des Kurfürsten verboten« wurde. Zit. n. *Murayama*, Konfession, S. 98.

35 Vgl. *Wiebeking*, Beiträge, Beilage G »Zwanzigjährige Volkstabelle«. Hierbei muss allerdings berücksichtigt werden, dass ein Teil der Unterbarmer reformierten Familien weiterhin den Gottesdienst in Elberfeld besuchte und auch dort in den Kirchenbüchern registriert war. Die eigentliche Bevölkerung Barmens war also möglicherweise größer. Für die Glaubensrichtungen der Juden und Mennoniten, zu denen sich 1816 ein paar wenige Familien im Tal bekannten, gibt es in den Erhebungen des 18. Jahrhunderts keine Angaben.

Maße ein multikonfessioneller Raum als Oberbarmen, wo weiterhin die Lutheraner dominierten.[36]

In Bezug auf die Konfessionen lassen sich klare sozio-ökonomische Unterschiede erkennen. Nicht nur wuchs die katholische Gemeinde, trotz der ausdrücklichen Förderung des Landesherren und der Tatsache, dass auch der Amtmann katholisch war, nur langsam.[37] Es gelang den Katholiken auch nicht, in die traditionellen Barmer Gewerbezweige (Bleicherei, Bandwirkerei) oder in die Unternehmerschaft vorzustoßen. Sie arbeiteten vielfach als Schneider- oder Schreinergesellen oder aber als Seidenweber, ein Gewerbezweig, der sich erst spät in Barmen etablierte.[38] Zwischen den beiden protestantischen Konfessionen gab es dagegen kaum Unterschiede im sozio-ökonomischen Profil. Angehörige dieser beiden Konfessionen deckten das ganze soziale Spektrum ab. Zur wohlhabenden Schicht der etwa 120 Kaufleute und Verleger, die es 1794 in der Stadt gab, gehörten sowohl Reformierte als auch Lutheraner. Dabei konnten die Reformierten unter ihnen häufig auf eine längere Familientradition zurückblicken.[39] Doch es gelang auch einer Vielzahl der vor allem seit der Mitte des 18. Jahrhunderts eingewanderten Lutheraner, rasch Fuß zu fassen und ein erfolgreiches Geschäft aufzubauen.[40] Eheliche Verbindungen zwischen Lutheranern und Reformierten blieben jedoch auch in dieser Schicht selten.[41]

Obwohl die Barmer Amtsgeschäfte ausschließlich durch vom Landesherrn eingesetzte Richter und Amtsleute wahrgenommen wurden, konnten die Bewohner des Ortes auf kommunale Angelegenheiten doch starken Einfluss nehmen. Dies wurde ermöglicht durch den hohen Grad der Selbstverwaltung der protestantischen Kirchen.[42] Die reformierte Gemeinde verwaltete sich nach der reformierten Presbyterialverfassung: die Gemeinde wählte nicht nur einen Kirchenvorstand, das Presbyterium, sondern auch den Prediger. Prediger und Presbyterium waren im Besonderen für die Pflege kirchlicher Angelegenheiten

36 In Oberbarmen teilte sich 1816 die Bevölkerung wie folgt nach Konfession auf: 63 Prozent Lutheraner, dreißig Prozent Reformierte und sieben Prozent Katholiken. Außerdem wohnten hier noch ein Mennonit und fünfzehn Juden. In Unterbarmen gehörten dagegen 45 Prozent der reformierten Konfession an, 43 Prozent der lutherischen und zwölf Prozent der katholischen. Vgl. *Murayama*, Konfession, S. 143, Tabelle C3.

37 1724 lebten in Barmen-Gemarke nur sieben Katholiken, 1745/47 waren es elf katholische Familien. Vgl. ebd., S. 280.

38 Vgl. ebd., S. 290.

39 Als Beispiel hierfür mag die Familie Bredt gelten, welche weiter unten noch detailliert behandelt wird. An anderen sind auszugsweise die Familien de Weerth, Wülfing, Bockmühl, Siebel oder Wichelhausen zu nennen.

40 Dies gilt beispielsweise für die Familie von Eynern, die ebenfalls im Verlauf der Arbeit eingehend untersucht wird. Andere Beispiele wären die Familien Feldhoff, Baum, Heimendahl, Hecker, Boeddinghaus oder Schniewind. Vgl. hierzu auch *Hoth*, Industrialisierung.

41 Vgl. *Murayama*, Konfession, S. 241–247.

42 Vgl. hierzu auch *Köllmann*, Barmen, S. 10 f.

zuständig und wachten im Allgemeinen über die Gemeinde in Hinblick auf Lehre, Leben und Wandel. Sie trugen außerdem Sorge für die Schul- und Armenverwaltung. Dies galt in ähnlichem Maße für die Lutheraner, die sich zwar im Allgemeinen an der hessischen Kirchenordnung orientierten, sich in vielem aber an die Kirchenverfassung der Reformierten angenähert hatten. Zu Mitgliedern des Presbyteriums wurden bei der reformierten Gemeinde in Gemarke überwiegend Kaufleute aus alteingesessenen Familien gewählt, bei den Lutheranern in Wupperfeld kamen sie ebenfalls aus der oberen Unternehmerschicht, waren jedoch häufig erst seit kürzerer Zeit im Tal ansässig.[43] Innerhalb Barmens fand also, trotz fehlender Stadtverfassung, die Herausbildung einer auch soziopolitisch einflussreichen Oberschicht statt, die unter den Lutheranern aufgrund der hohen Zuwanderungsraten etwas dynamischer vonstattenging als auf Seiten der Reformierten. Wichtige und vor allem auch disziplinierende Bereiche des Lebens standen nicht unter staatlicher, sondern unter kirchlicher und innerhalb der protestantischen Gemeinden damit auch unter »bürgerlicher« Aufsicht.

Damit waren die Barmer Honoratioren auch gerüstet, die Verwaltung der kommunalen Angelegenheiten in die eigene Hand zu nehmen, als Barmen im Zuge der französischen Reformpolitik 1808 zur Munizipalität mit eigener Verwaltung erhoben wurde.[44] Die von der Regierung ernannten Bürgermeister sowie die Angehörigen des Munizipalrates stammten fast ausschließlich aus kaufmännischen Kreisen; sie hatten häufig bereits in den kirchlichen Gremien Verwaltungserfahrung gesammelt.

Sowohl in Barmen als auch in Elberfeld waren die Ernannten aber nicht unbedingt glücklich über die ihnen zugedachten Ämter. Der erste Barmer Direktor Karl Bredt ersuchte wiederholt um seine Entlassung und unterschrieb konsequent mit »Provisorischer Stadtdirektor«. Auch sein Nachfolger Peter Keuchen wollte von seinem Amt entbunden werden und wandte sich schließlich direkt an den Innenminister des Großherzogtums, als der Leiter des Elberfelder Arrondissements seinem Gesuch nicht nachgeben wollte. Es wäre jedoch verfehlt, in diesen Entlassungsgesuchen einen Ausdruck von Feindseligkeit oder Widerstand gegenüber der französischen Herrschaft zu sehen. In Frankreich, wo die kommunalen Ämter nach den gleichen Prinzipien besetzt wurden, hatten die Behörden mit ähnlichen Schwierigkeiten zu kämpfen. Die Unlust, Leitungsfunktionen innerhalb der örtlichen Verwaltung zu übernehmen, lag wohl eher in der Ehrenamtlichkeit der Tätigkeit und der Fülle der Aufgaben begründet. Die Ablehnung eines Amtes bzw. der Nominierung für ein solches wurde meistens mit Alters- und gesundheitlichen Gründen, familiären Umständen oder geschäft-

43 Vgl. *Murayama*, Konfession, S. 283 f. In Wichlinghausen nahm die alteingesessene Familie Wuppermann eine führende Stellung ein. Auch sie wird im Laufe der Untersuchung ausführlich behandelt.

44 Vgl. zu diesem Vorgang *Junk*, Verwaltung; zur Einführung der französischen Verwaltungsstrukturen im Wuppertal vgl. *Kolodziej*, Departements.

lichen Angelegenheiten begründet.[45] Die Aufgaben des Stadtdirektors waren sehr umfassend; er war neben der alltäglichen Verwaltung auch für das Steuerwesen sowie das Ausstellen von Reisepässen zuständig. Die geringe Attraktivität des Bürgermeisterpostens mag zudem darin begründet gewesen sein, dass er gegenüber dem ihm vorgesetzten Unterpräfekten weisungsgebunden war und aufgrund der hierarchischen Gliederung der Verwaltung wenig Möglichkeiten hatte, an die höher gelegene Verwaltungsebene, den Präfekten, heranzutreten.

Auch nach dem Übergang Bergs an Preußen blieb das französische System der Gemeindeverwaltung bis zur Einführung der Rheinischen Gemeindeordnung 1845/46 erhalten. Die Trennung von Stadt- und Landgemeinden, konstitutiv für den preußischen Staat, wurde nicht wieder eingeführt und auch die hierarchische Gliederung der Administration blieb so, wie sie seit der französischen Zeit war. Der ehrenamtliche Oberbürgermeister wurde weiterhin ernannt und behielt die gegenüber älteren Zeiten deutlich gestärkte Stellung in der städtischen Verwaltung bei. So wurden auf seinen Vorschlag hin auch weiterhin die Beigeordneten, die ihm beratend zur Seite standen, von der preußischen Regierung ernannt. Allerdings setzte bereits vor der Einführung der Rheinischen Gemeindeordnung eine Professionalisierung der Stadtverwaltung ein.[46] Der Barmer Bürgermeister Carl Wilhelm Brüninghausen, im Amt 1814–1830, war promovierter Jurist und hatte vor seiner Ernennung zum Bürgermeister in Barmen als Rechtsanwalt und Notar gearbeitet. Zur Versehung seines Amtes brachte er damit juristischen, nicht kaufmännischen Sachverstand mit.[47] Dies änderte jedoch nichts daran, dass die Honoratiorenschaft Einfluss auf die Stadtpolitik nahm und die Geschicke der in den 1840er Jahren auf 34.000 Einwohner angewachsenen Stadt weiterhin in ihrem Sinne bestimmte.[48]

2.3 Das westliche Wuppertal - Elberfeld

Elberfeld wurde im Jahr 1161 erstmals urkundlich erwähnt, doch Grabungsfunde lassen darauf schließen, dass der Ort bereits um 955 besiedelt war.[49] 1176 wurde der Tafelhof »Elvervelde« bergisches Lehen und blieb nach einigen Unter-

45 Vgl. *Severin-Barboutie*, Herrschaftspolitik, hier S. 171.

46 Vgl. zur fortschreitenden Professionalisierung der städtischen Verwaltung im Rheinland während des 19. Jahrhunderts *Lenger*, Stadtverwaltung.

47 Zu Brünninghausen vgl. den kurzen biographischen Abriß bei *Fiedler*, Bürgermeister, S. 14.

48 Vgl. hierzu *Köllmann*, Barmen, S. 220–224, Anlage 1.

49 Zur Geschichte Elberfelds vgl. *Brüning*, Elberfeld; *Langewische*, Doppelstadt; *Born*, Elberfeld. Neuere Darstellungen behandeln Elberfeld nur innerhalb einer Gesamtdarstellung Wuppertals. Vgl. *Goebel/Knierim/Schnöring/Wittmütz*, Stadt Wuppertal; *Wittmütz*, Stadtgeschichte. Für eine konzise Darstellung der frühen Geschichte Elberfelds vgl. *Eckardt*, 400 Jahre Stadtrechte.

brechungen ab 1430 dauerhaft in bergischem Besitz.[50] Seit dem 14. Jahrhundert bestand die Burg Elverfeld (erstmals erwähnt 1366), um die herum sich nach und nach eine Siedlung bildete, der zwischen 1430 und 1444 die Rechte einer »Freiheit« verliehen wurden. Im 15. Jahrhundert besaß der Ort bereits einen ordentlichen Verwaltungsapparat: In einer Urkunde werden Schultheiß, Bürgermeister, Scheffen, Rat, Boten und Gemeindeknechte genannt; 1519 wurde in einem Dokument der erste Schulmeister zu Elberfeld erwähnt. 1536 brannten die Burg und Freiheit Elberfeld bis auf die Grundmauern ab; die Burg wurde nicht wieder aufgebaut und die Bewohner der Stadt beantragten mit der Begründung, keinen Schutz mehr zu haben, 1600 die Stadtrechte, welche das Recht auf Befestigung beinhalteten. Diese wurden zehn Jahre später verliehen. Während des Dreißigjährigen Krieges sank die Bevölkerung der Stadt von ehemals 1.700 Einwohnern auf 400, 1687 zerstörte zudem ein Brand fast die gesamte Innenstadt. Anschließend erlebte die Stadt jedoch einen kräftigen Aufschwung.

1702 wohnten in der Stadt 3.024 Personen.[51] Unter ihnen befanden sich 35 teils spezialisierte Kaufleute und 165 Personen, die in verschiedenen Bereichen des Textilgewerbes tätig waren. Wie die Nennung der verschiedenen Gewerke zeigt, hatte das Textilgewerbe bereits einen deutlich höheren Grad an Differenzierung erreicht als in Barmen.[52] In den Zahlen nicht enthalten sind die Einwohner des Kirchspiels Elberfeld, also des unmittelbaren Umlandes der Stadt, wo geschätzt etwa 400 Personen lebten.[53] Im Kirchspiel Elberfeld wurde hauptsächlich das Elberfelder Bleichgewerbe ausgeübt, da hier der erforderliche Platz entlang der Wupper gegeben war. Auch war das Kirchspiel weiterhin eher agrarisch geprägt und sowohl Kaufleute als auch Gewerbetreibende versorgten sich weitgehend selbst aus der Landwirtschaft.[54] Innerhalb der Stadt verfügten die meisten Häuser zumindest über einen großen Garten, und auch Vieh wurde weiterhin innerhalb der Stadt gehalten. Das sich ausdifferenzierende Gewerbe besaß also weiterhin eine agrarische Basis.

Die Stadt konnte sich in den folgenden Jahren vor allem dank der Aufteilung von noch zu rodendem Land und der Parzellierung von Gemeinde- und kurfürstlichem Besitz weiter ausbreiten. Zwischen 1763 und 1786 kamen zu den

50 Allerdings diente Elberfeld bis 1599 als Pfandobjekt.

51 Vgl. *Muthmann*, Einwohnerbuch; *Murayama*, Konfession, S. 133. Murayama hat Muthmanns Zählung von 2943 Personen auf 3024 korrigiert. Vgl. ebd., S. 161, FN 4. Vgl. auch die Auswertung bei *Kisch*, Textilgewerbe, S. 199f.

52 In Elberfeld gab es beispielsweise neben den Bandwirkern, Leinenwebern und Bleichern auch Spitzenmacherinnen, einen Weber für gemusterte Leinwand (Gebildwirker) sowie Personen, die Florettseide verarbeiteten.

53 Vgl. *Muthmann*, Einwohnerbuch, S. 109.

54 Dies galt auch für Kaufleute, selbst wenn sie in großem Maßstab mit Garn handelten. Das Nachlassinventar des Kaufmannes Johannes Plücker vom Anfang des 18. Jahrhunderts etwa verzeichnet große Vorräte an Roggen, Weizen, Erbsen und Bohnen, diverse landwirtschaftlichen Geräten, sechs Kühe und vier Karrenpferde. Vgl. *Schell*, Inventarium.

bestehenden 1.100 Häusern etwa 350 neue dazu. Auf dem ehemaligen Kameralgut Hofaue entstanden dabei vor allem prächtige Kaufmannshäuser mit großen Grundstücken und Gärten. Bis 1780 hatte sich die Bewohnerzahl der Stadt auf 8.000 Personen knapp verdreifacht.[55]

1792 lebten im Amt Elberfeld 9.157 Angehörige der reformierten Konfession, 6.307 Lutheraner und 1.677 Katholiken. Von den 17.141 Einwohnern gehörten also mehr als die Hälfte dem reformierten Bekenntnis (53 Prozent) und ein gutes Drittel (36 Prozent) dem lutherischen an, während sich knapp zehn Prozent zur katholischen Kirche bekannten.[56] Diese starke Präsenz von Lutheranern und Katholiken hatte sich noch zu Beginn des Jahrhunderts nicht absehen lassen, als im Amt Elberfeld fast ausschließlich Reformierte lebten. Doch trotz des signifikanten Wachstums der katholischen und lutherischen Gemeinde, die gemeinsam am Ende des 18. Jahrhunderts fast die Hälfte der Elberfelder Bevölkerung stellten, blieb die Vormacht der Reformierten, vor allem in öffentlichen Angelegenheiten, ungebrochen.[57]

An der Spitze der Stadt stand der Magistrat, der ursprünglich von allen Bürgern der Stadt jedes Jahr gewählt wurde. Er setzte sich zusammen aus dem Bürgermeister, neun Ratsverwandten und drei Gemeinsmännern und wurde von den Bürgern der Stadt gewählt.[58] Bürger konnte jeder werden, der getauft und ehelicher Herkunft war sowie einen guten Leumund besaß.[59] Außerdem musste er ein Vermögen von mindestens 250 Gulden nachweisen bzw. einen Bürgen stellen und ein ordentliches Gewerbe betreiben, mit dem er sich und seine Familie ernähren konnte. Die Aufnahmegebühr richtete sich nach den Vermögensverhältnissen und betrug zwischen zwei Reichstalern vierzig Albus und zehn Reichstalern.[60] Die Rechte und Freiheiten der Bürger hielten sich jedoch in engen Grenzen, und längst nicht alle Zugezogenen machten sich die Mühe, das Bürgerrecht zu erwerben oder sich als »Beisassen« aufnehmen zu las-

55 Diese Zahlen und die zur Bevölkerungsentwicklung sind zusammengestellt bei *Goebel/Knierim/Schnöring/Wittmütz*, Stadt Wuppertal, S. 171 ff. Eine ähnliche Quelle wie das Bürgerbuch von 1702/03 liegt für spätere Jahre nicht vor.

56 Vgl. *Wiebeking*, Beiträge, Beilage G »Zwanzigjährige Volkstabelle«. Auch hier gilt, dass unter den Elberfeldern, vor allem bei den Reformierten, möglicherweise ein paar Unterbarmer mitgezählt worden sind.

57 Diese Vorherrschaft einer Konfession in einer Stadt war allerdings innerhalb Bergs keine Besonderheit. So war der Stadtrat in Düsseldorf ausschließlich katholisch besetzt, in Lennep dagegen mit Lutheranern. Vgl. *Strutz*, Ahnentafeln, S. 11.

58 Zur Verwaltung der Stadt Elberfeld vgl. *Brüning*, Elberfeld; *Strutz*, Stadt- und Gerichtsverfassung.

59 Die Elberfelder Bürgerbücher sind erst seit 1748 kontinuierlich überliefert. Die Listen für den Zeitraum 1748 bis 1807 sind komplett transkribiert. Vgl. *Knierim*, Neubürger.

60 Katholische Neubürger waren von diesen Gebühren befreit. Vgl. ebd., S. 15. Das Elberfelder Bürgergeld war, vergleicht man es mit den Gebühren in Reichsstädten wie Augsburg, eher bescheiden. Dort hatte jeder Erwachsene fünfzig Gulden plus zusätzliche Gebühren zu entrichten. Vgl. *Möller*, Herrschaft, S. 25.

sen. Vor allem konnten im 18. Jahrhundert längst nicht mehr alle Bürger an der Wahl des Magistrats teilnehmen. Hierzu bestimmte vielmehr der Bürgermeister Wahlmänner, die meist aus dem Kreis der Meistbeerbten stammten, einem an keiner Stelle (rechtlich) klar definierten Begriff. Darunter wurden für gewöhnlich die Eigentümer einer der ursprünglichen Höfe in Elberfeld und Barmen sowie deren Nachkommen verstanden.[61] Bei größeren städtischen Ausgaben hatten die Meistbeerbten beratende Funktion, klar festgeschriebene politische Vorrechte ließen sich allerdings aus ihrer Stellung nicht ableiten.[62] Es handelte sich dabei auf jeden Fall um alteingesessene Familien, die diese Stellung eher ihrer Anciennität als ihrem wirtschaftlichen Vermögen verdankten.

Der Bürgermeister bestimmte ebenfalls die Kandidatenliste, aus welcher der Bürgermeister gewählt werden konnte. Nur für die übrigen Ratsmitglieder waren alle Bürger vorschlagsberechtigt. Häufig behielten Ratsverwandte und Gemeinsmänner ihr Amt über mehrere Jahre und wurden anschließend auch zum Bürgermeister gewählt.[63] Innerhalb des Rates dominierten, vor allem bis zur Mitte des 18. Jahrhunderts, einige alteingesessene Familien.[64] Danach tauchten vermehrt die Namen von neu Hinzugezogenen unter den Ratsmitgliedern auf, und auch zum Bürgermeister wurden seit den 1770er Jahren teils recht junge Männer gewählt, die erst seit verhältnismäßig kurzer Zeit in der Stadt lebten.[65] Viele von ihnen hatten über das Konnubium Aufnahme in die führenden Kreise der Stadt gefunden.[66] Wie die Höhe des jeweils entrichteten Bürgergeldes zeigt, gehörten sie jedoch nicht immer zu den wohlhabendsten Neuankömmlingen, teilweise zahlten sie sogar geringere Gebühren als mancher Handwerker.[67]

61 Vgl. *Strutz*, Stadt- und Gerichtsverfassung, S. 42. Vgl. hierzu auch *Croon*, Stände und Steuern: »Unter Beerbten sind die Besitzer der Bauernhöfe zu verstehen. Meistbeerbte sind die Besitzer größerer Höfe; in den Kopfsteuerordnungen wurden sie von den mittelmäßig und weniger Beerbten unterschieden.« Ebd., S. 194, FN 5.

62 Vgl. *Brüning*, Elberfeld, S. 55.

63 Vgl. die ebd. abgedruckten Listen der gewählten Ratsmitglieder.

64 Während des Bestehens der alten Stadtverfassung von 1610 bis 1808 wurde jeweils 21 Mal ein Bürgermeister sowohl aus der Familie Teschemacher als auch aus der Familie Siebel gewählt. Die Teschemachers und Siebels waren außerdem vielfach miteinander verwandt und verschwägert wie auch noch mit Mitgliedern der Familie Carnap, die in diesem Zeitraum zwanzigmal den Bürgermeister stellte. Vgl. *Strutz*, Ahnentafeln.

65 Für eine Untersuchung der Verwandtschaftsgrade der Bürgermeister untereinander und des Durchschnittsalters vgl. *Isom*, Bürgermeisterfamilien.

66 Nennen lassen sich hier beispielsweise die Bürgermeister Reinhard Noot (BM 1764, verheiratet seit 1763 mit Anna Maria de Werth), Johann van der Beeck (BM 1783, verheiratet seit 1777 mit Anna Elisabeth Schlieper) oder Daniel Adolf Weber (BM 1788, verheiratet seit 1766 mit Maria Magdalena Cappel).

67 Daniel Adolf Weber zahlte die Höchstsumme von zehn Reichstalern bei seinem Erwerb des Bürgerrechts am 7. März 1767, Johann van der Beeck dagegen nur einen Reichstaler und sechs Albus bei seiner Aufnahme am 15. Februar 1758. Vgl. *Knierim*, Neubürger, S. 25, 31 (Nr. 162, 346).

Die Ausweitung der Kreise auf neu Hinzugezogene änderte generell wenig am sozio-ökonomischen Profil der Bürgermeister und der hohen Homogenität innerhalb der Gruppe: Bis auf eine Ausnahme, den Advokaten Dr. jur. Wilhelm Meinhard Coenen (Bürgermeister 1726), waren alle Bürgermeister bis zum Ende der alten Stadtverfassung 1808 kaufmännisch tätig gewesen.[68] Für einige wenige deutet die Bezeichnung »Winkelier« auf Geschäfte in kleinerem Umfang hin, die restlichen Bürgermeister wurden alle als »Kaufmann« oder »Handelsherr« bezeichnet, was auf Geschäfte von beträchtlicher Größe schließen lässt. Bis auf drei Ausnahmen bekannten sich alle Ratsmitglieder und Bürgermeister zur reformierten Konfession.[69] In das prestigeträchtige Amt des Schöffen, welche dem Stadtrichter zur Seite standen, wurde kein Lutheraner gewählt.[70] Jedoch mussten auf Anweisung des Landesherrn immer zwei Katholiken diesem siebenköpfigen Gremium angehören.[71]

Das Ehrenamt des Bürgermeisters brachte einen beträchtlichen Arbeitsaufwand mit sich: Der Rat der Stadt traf sich zweimal wöchentlich und war für die niedere Gerichtsbarkeit, Umlegung der Steuern, Verteilung der einquartierten Truppen und Verwaltungsmaßnahmen zuständig. Weder die Ratsmitglieder noch der Bürgermeister erhielten ein Gehalt, jedoch hatte der Bürgermeister Anspruch auf Sporteln, das heißt Gebühren, die von den magistratischen Geschäften einbehalten wurden. Traditionell wurden diese persönlichen Einnahmen jedoch darauf verwandt, Feste für die Ratsherren zu veranstalten oder sie für wohltätige Zwecke zu spenden.[72] Bereits daraus geht hervor, dass nur vermögende Bürger es sich leisten konnten, das Amt des Bürgermeisters zu bekleiden. Auch Abkömmlichkeit war eine wichtige Voraussetzung hierfür und möglicherweise einer der Gründe, warum das Amt des Bürgermeisters an Attraktivität für die alteingesessenen Familien verlor und Platz gemacht wurde für die neu Hinzugezogenen – im Laufe des 18. Jahrhunderts waren die Verwaltungsaufgaben mit dem Anwachsen der Stadt enorm gestiegen.

Die eher reibungslos verlaufende Integration von Neubürgern in die führenden Kreise der Stadt, vorausgesetzt das Bekenntnis stimmte, lässt sich auch als ein Hinweis auf die noch geringe soziale Komplexität des Elberfelder Gemeinwesens und seiner Führungsschichten lesen.[73] Außer den alteingesessenen Kauf-

68 75 der 84 Bürgermeister tragen die Bezeichnung »Kaufmann« oder Kaufhändler«, drei werden als Winkelier bezeichnet, je einer als Krämer, Bankier und Fabrikant. Eine kleine Abweichung bildeten Vater und Sohn Silberberg (Bürgermeister 1741 bzw. der Sohn 1769 und 1778), deren Berufsbezeichnung im Kirchenbuch »Weinhändler« lautete. Vgl. *Strutz*, Ahnentafeln.

69 Vgl. ebd., S. 10. Leider nennt Strutz die Ausnahmen nicht namentlich.

70 Der scheidende Bürgermeister wurde, nach der Verleihung des Stadtgerichts 1708, immer für das folgende Jahr zum Stadtrichter ernannt.

71 Vgl. *Strutz*, Stadt- und Gerichtsverfassung, S. 71.

72 Vgl. *Schell*, Elberfeld, S. 31.

73 Vgl. hierzu mit weiterführenden Anregungen *François*, Städtische Eliten.

mannsfamilien, die aus der grundbesitzenden Schicht der Bauern hervorgegangen waren, lebten in der Stadt an sozial höher gestellten Personen einige wenige Akademiker wie der Stadtsyndikus, weitere Juristen und einige Ärzte, die im Übrigen natürlich ebenfalls zu den »gebildeten Ständen« gezählte werden müssen. Die bestehenden Zünfte waren klein beziehungsweise erst seit kurzer Zeit existent (die Leinenweberzunft wurde 1738 gegründet), so dass auch diese keinen Führungsanspruch anmeldeten. Der Rest der Bevölkerung bestand weitgehend aus Handwerkern, Dienstboten und Ackerbürgern, die zum Teil saisonal im Textilgewerbe arbeiteten. Anders als beispielsweise in der Reichsstadt Aachen, wo es zwischen alten und neuen Kräften zu heftigen Auseinandersetzungen kam (auch bekannt als die »Große Mäkelei«), oder in Frankfurt/Main, wo sich die alteingesessenen Geschlechter in exklusiven Gesellschaften zusammenfanden und nach außen hin abschotteten, konnten die Elberfelder Kaufmannsfamilien ihren Führungsanspruch nur auf einem sowohl politisch als auch territorial recht überschaubaren Gebiet ausüben.[74]

Dass die Angehörigen der anderen beiden christlichen Bekenntnisse, trotz ihrer gewachsenen Zahl, die Vormacht der Reformierten nicht in Frage stellten, hatte für Lutheraner und Katholiken unterschiedliche Gründe. Die Katholiken standen unter dem besonderen Schutz des Landesherrn, vor Ort vertreten durch den katholischen Amtmann. Viele der Katholiken gehörten zur einfachen Handwerkerschaft und wiesen ein deutlich bescheideneres sozio-ökonomisches Profil auf als die Angehörigen der reformierten Kaufmannsfamilien.[75] Den Lutheranern gelang wirtschaftlich der Anschluss schon eher: Unter den 225 Kaufleuten, die 1794 in Elberfeld ihre Geschäfte führten, bekannten sich etliche zum lutherischen Glauben.[76] Eheschließungen zwischen Lutheranern und Reformierten blieben jedoch weiterhin selten und somit der Zugang zu den führenden Kreisen der Stadt durch das gängige Mittel des Konnubiums blockiert. Von lutherischer Seite sind jedoch keine Anstrengungen bekannt, Teilhabe an der städtischen Verwaltung zu erlangen. Hierfür mag der bereits für Barmen angesprochene hohe Grad an Selbstverwaltung der kirchlichen Angelegenheiten eine Erklärung sein, der zur Folge hatte, dass auch in Elberfeld die Lutheraner über Fragen der Schulbildung, der Lebensführung und der Armenpflege selbständig bestimmen

74 Zu Aachen vgl. *Sobania*, Aachener Bürgertum; zu Frankfurt vgl. die Hinweise bei *François*, Städtische Eliten.

75 Vgl. *Knierim*, Neubürger, S. 61 f. Die Mehrzahl der im Jahr 1794 aufgenommenen katholischen Neubürger gab Handwerksberufe wie Weber, Schuster, Knopfmacher oder aber Tagelöhner an. Die wenigen Katholiken mit einem kaufmännischen Beruf firmierten als Krämer oder Galanteriewarenhändler.

76 Vgl. *Mannes*, Kaufmannskalender. Ob die Zahl der lutherischen Kaufleute ihrem Bevölkerungsanteil von einem Drittel entsprach, kann nicht ermittelt werden. Viele von ihnen gehörten aber im 19. Jahrhundert zu den wirtschaftlich führenden Familien in Elberfeld. Vgl. *Hoth*, Industrialisierung, S. 94.

konnten. Und für die in einer Gewerbestadt wie Elberfeld so wichtigen ökonomischen Fragen war weitgehend eine zusätzliche Einrichtung zuständig, die Garnnahrung. In deren Statuten spielte die Konfession der Mitglieder keine Rolle.

Bis zum Ende der alten Stadtverfassung bedeutete dies also, dass für Neuankömmlinge reformierten Glaubens der Aufstieg in alle Ämter der Stadt möglich war, die neu hinzugezogenen Lutheraner jedoch innerhalb der Stadtgemeinde auf den Wirkungskreis ihrer Gemeinde und auf die Teilhabe am Wirtschaftsleben beschränkt waren. Das heißt aber auch, dass sich in Elberfeld nicht etwa wie in Krefeld eine konfessionell homogene Führungsschicht herausbildete, die sowohl politisch als auch wirtschaftlich völlig dominierte.[77] Die Verhältnisse im Wuppertal waren in Hinsicht auf die wirtschaftliche Teilhabe zumindest für die beiden protestantischen Konfessionen deutlich offener.

Die schließlich von der französischen Regierung ernannte Munizipalitätsverwaltung enthielt dann sowohl reformierte als auch lutherische Mitglieder, jedoch keine Katholiken.[78] Schließlich blieben berufliche Abkömmlichkeit und damit eine gewisse materielle Basis unabdingbar für die weiterhin ehrenamtliche Übernahme von Verwaltungsposten.[79] Bei der Erstellung der Vorschlagslisten sollten die Beamten der mittleren Verwaltungsebene außerdem darauf achten, dass die Kandidaten über genügende fachliche Qualifikation sowie das nötige soziale Ansehen verfügten und nicht miteinander verwandt waren.[80] Damit war der Kreis der potenziellen Kandidaten auch in der »Reformzeit« deutlich eingeschränkt.

Nach dem Übergang des Rheinlandes an Preußen professionalisierte sich die Verwaltung der Stadt dahingehend, dass der Oberbürgermeister Rütger Brüning nur noch eine Zeitlang seine kaufmännische Tätigkeit beibehielt, und sich dann ab Mitte der 1820er Jahre ausschließlich seinen Amtsgeschäften widmete, wofür er nun auch ein Gehalt erhielt.[81] Über die zunehmende Professionalisierung geben auch die jährlich erscheinenden statistischen Verwaltungsberichte Aufschluss, die Brüning seit 1814 für Elberfeld herausgab. Trotz dieser Professionalisierung bestand weiterhin eine informelle Herrschaft der alten Eliten. In

77 Vgl. *Kriedte*, Taufgesinnte.

78 Vgl. etwa die bei *Brüning*, Annalen, aufgeführten Angehörigen des Munizipalrates. Ebd., S. 26 f.

79 Vgl. zu der besonders hohen Kontinuität der Führungsschichten in Elberfeld und Barmen im Vergleich zu anderen rheinischen Städten auch *Lenger*, Stadtverwaltung.

80 Vgl. *Severin-Barboutie*, Herrschaftspolitik, S. 164 ff.

81 Zu Brünings Biographie und Wirken vgl. die ältere unkritische Darstellung bei *Liedhegener*, Brüning, sowie die deutlich kritischere, teilweise krittelnde Beschreibung bei *Herberts*, Kirche und Handel, v. a. S. 149–158. Schriften von Joh. Rütger Brüning umfassen unter anderem *Brüning*, Elberfeld, sowie die von ihm herausgegebenen *Annalen der Stadt Elberfeld*. Des Weiteren liegt von ihm ein Tagebuch vor, das er anlässlich dreier Reisen nach Berlin angefertigt hatte. Die Publikation enthält auch einige, durch den Herausgeber zusammengetragene, biographische Hinweise. Vgl. *Schell*, Oberbürgermeister Brüning.

Elberfeld harmonierten Stadtrat und Bürgermeister selbst für die auf Stabilität setzende preußische Regierung schon fast zu sehr. 1828 drang beispielsweise die Düsseldorfer Bezirksregierung auf den Austausch der Hälfte der Elberfelder Stadträte, da »namentlich in Elberfeld bloß die vermögende Klasse repräsentiert zu sein schiene«, worauf Oberbürgermeister Brüning jedoch antwortete, dass er »keinen der Stadträte zu bezeichnen imstande wäre, dessen Funktion aufhören solle«.[82] Brünings Aussage ist nicht unbedingt auf eine äußerst harmonische Zusammenarbeit mit dem Stadtrat zurückzuführen, sondern zeigt wohl eher die realen Machtverhältnisse in Elberfeld an.[83] Wenngleich der Oberbürgermeister ein ausgezeichneter Verwaltungsfachmann war, bestimmten letztlich die führenden Kaufmannsfamilien über die Geschicke der Stadt. Auch als 1846 die erste Wahl des Stadtrats nach Einführung der Rheinischen Gemeindeordnung durchgeführt wurde, bestanden die beiden Gemeinderäte in Barmen und Elberfeld zum überwiegenden Teil aus Kaufleuten aus wohl etablierten Familien. Dies war nicht zuletzt dem Wahlrecht geschuldet, das an den Grund- bzw. Klassensteuerbetrag gebunden war: bei einer Einwohnerzahl von 34.900 qualifizierten sich in Barmen nur 834 Männer zur Wahl, in Elberfeld kamen auf etwa 47.000 Einwohner 1070 Wahlberechtigte.[84] Während des gesamten Untersuchungszeitraumes blieben die Herrschaftsverhältnisse in den beiden Orten also zugunsten der wohlhabenden Kaufmannsfamilien äußerst stabil, allen politischen Umbrüchen zum Trotz.

2.4 Die Garnnahrung

Die Entwicklung des Wuppertaler Textilgewerbes ist untrennbar verbunden mit einer landesherrlichen Maßnahme – der Verleihung des Garnnahrungsprivilegs 1527 gegen die Zahlung der beträchtlichen Summe von 861 Goldgulden. Mit dem Privileg wurde den Bewohnern der beiden Ämter Elberfeld und Barmen ein Bleich- und Zwirnmonopol in den seit 1511 dynastisch vereinigten Herzogtümern Jülich, Berg, Kleve, Mark und Ravensberg eingeräumt. Nur in diesen beiden Orten durfte damit gewerbsmäßig gebleicht und Garn zu Zwirn weiter veredelt werden. Das weiße Garn und die gezwirnten Fäden wurden innerhalb des Herzogtums sowie nach Köln und in die Niederlande verkauft.[85] Mit dem

82 STAW D V 3, zit. n. *Herberts*, Kirche und Handel, S. 81.

83 Die Zusammenarbeit Brünings mit dem Stadtrat war für Ersteren nicht immer ganz einfach, wie *Schell*, Oberbürgermeister Brüning, andeutet. Vgl. ebd., S. 10.

84 Vgl. zu diesen Zahlen sowie eine Aufstellung der gewählten Gemeindevertreter *Herberts*, Kirche und Handel, S. 167. Vgl. ebd. zu den weiteren politischen Entwicklungen im Wuppertal während der 1848er Revolution und der dort stattfindenden Lagerbildung.

85 Die Originalurkunde des Garnnahrungsprivilegs ist nicht erhalten. Eine Abschrift des Textes ist abgedruckt bei *Crecelius/Werth*, Urkunden, hier S. 76–82. Zur Geschichte der

Privileg wurde auch die Institution der Garnnahrung eingesetzt. Deren gewählte Vertreter, je zwei Garnmeister aus Elberfeld und Barmen, arbeiteten eng mit den landesherrlichen Amtsleuten zusammen und sorgten für die Einhaltung der Rahmenbestimmungen, beispielsweise die festgeschriebenen Produktionsmengen und -zeiten.

Die Garnnahrung stand grundsätzlich allen Bewohnern Elberfelds und Barmens offen, auch auswärts Geborene konnten Mitglied der Garnnahrung werden, wenn auch gegen Zahlung eines deutlich erhöhten Aufnahmebetrags (vier Gulden statt eines halben). Die genauen Bestimmungen des Privilegs schränkten anfänglich die wirtschaftlichen Möglichkeiten der einzelnen Mitglieder der Garnnahrung stark ein, da »niemand sein Garn mit fremdem Geld« machen durfte und genaue Höchstmengen festgelegt waren: für Kaufleute 1.000 Stück Garn (zu je acht Pfund), für Bleicher 800 Stück und für Bleicher, die auf eigene Rechnung bleichten, 600 Stück.[86] In dem Privileg wurde zudem ausdrücklich festgehalten, dass die Höchstmengen auch jederzeit heruntergesetzt werden konnten. In ihren Anfängen folgte die Garnnahrung also durchaus Zunftgrundsätzen und war dem Prinzip einer Sicherung der Nahrung verpflichtet.[87] In den folgenden Jahrzehnten und Jahrhunderten – die Garnnahrung bestand bis 1809 – verstanden es die Mitglieder der Garnnahrung aber immer wieder, die Institution, deren Bedeutung für die Organisation des Gewerbes gerade deshalb nicht unterschätzt werden sollte, den sich verändernden Rahmen- und Produktionsbedingungen anzupassen.[88]

Das zum Bleichen und Zwirnen benötigte Garn wurde nicht im Wuppertal oder der näheren Umgebung gesponnen, sondern die Wuppertaler Kaufleute kauften es direkt im sogenannten »Leinengürtel«, den Gegenden um Minden, Ravensberg, Bielefeld und Hildesheim, aber auch in Hessen-Kassel. Dabei ent-

Garnnahrung ist immer noch als Standardwerk zu nennen *Dietz*, Garnnahrung. Zur Einordnung des Garnnahrungsprivilegs in einen überregionalen Kontext vgl. *Schlicht*, Textilbleichen, S. 114–121. Wie Schlicht nachweist, wurden ähnliche Privilegien auch andernorts, beispielsweise durch die Markgrafen von Meißen an Bürger aus Freiberg, Chemnitz und Mittweida, verliehen. Ebenfalls üblich war, dass das Privileg gegen die Zahlung einer beträchtlichen Summe gewährt wurde.

86 Vgl. *Dietz*, Garnnahrung, S. 34, 36. Ob allerdings Überproduktion und Absatzstockungen, wie Dietz vermutet (ebd., S. 26), die Gründe für die Verleihung des Privilegs waren, darf bezweifelt werden. Vermutlich war das Privileg eher der Versuch, ein dynamisches Gewerbe mithilfe klarer Vorgaben zu regulieren. Die bereitwillige Zahlung von 861 Goldgulden durch die Wuppertaler spricht schließlich dafür, dass sie ihre Aussichten als positiv einschätzten.

87 Vgl. *Gorißen*, Gewerbe, S. 430 f.

88 Da sich der Charakter der Institution entsprechend änderte, erscheint es auch müßig, die Garnnahrung für die Gesamtheit ihres Bestehens mit bestimmten Schlagworten wie »Zunft«, »Kartell« oder »frühe Handelskammer« charakterisieren zu wollen. Zur Garnnahrung als Kartell vgl. *Engelbrecht*, Herzogtum Berg, S. 120; zur Garnnahrung als Vorläufer der Handelskammer vgl. *Köllmann*, Wirtschaft, S. 7–13.

wickelten die Angehörigen der Garnnahrung einen beträchtlichen Einfluss auf diese Märkte.[89] Einer Quelle von 1632 zufolge sandte die Garnnahrung sechs Deputierte mit genauen Anweisungen nach Kassel, um dort für die Mitglieder der Garnnahrung große Mengen Garn einzukaufen. Dabei wurde der Wettbewerb unter den Deputierten genau reglementiert beziehungsweise unterbunden, denn »[es] soll auch keiner dem andern sein bestelltes Garn ›unterstechen‹ (unterbieten), noch Geld hierfür austun«.[90] Es bleibt zu vermuten, dass genau dies in früheren Jahren vorgekommen war und die Anweisungen eine Reaktion hierauf darstellten. Seit dem Beginn des 18. Jahrhunderts gewann auch Schlesien als Garnland an Bedeutung für die Wuppertaler Kaufleute.[91] Zu dieser Zeit wickelten die Wuppertaler Kaufleute den Garneinkauf auch nicht mehr als Sammelbestellung ab, sondern kauften direkt bei Zwischenhändlern in den Leinengegenden, mit denen sie langfristige Geschäftsbeziehungen verband. Der Leinenbandverleger und Kaufmann Abraham Frowein bezog sein Garn in den 1780er Jahren beispielsweise ausschließlich von einigen wenigen Kaufleuten in Hildesheim, Wolfenbüttel und Braunschweig, mit denen er regelmäßige und langfristige Geschäftsverbindungen unterhielt.[92]

Das Verfahren des Bleichens blieb über die Jahrhunderte mehr oder weniger gleich.[93] Das rohe Garn wurde in einem kupfernen Kessel in einer Lauge aus Pottasche eingeweicht und für zwölf Stunden gekocht. Danach wurde es gespült und vorsichtig ausgewrungen. Es folgten weitere Kochvorgänge mit Lauge. Anschließend lag das Garn, je nach Grobheit, für drei bis zehn Tage auf dem Rasen zur eigentlichen Rasenbleiche aus, wo es regelmäßig befeuchtet werden musste. Anschließend wurde es wieder mit Lauge gekocht, bevor es erneut auf dem Rasen ausgelegt wurde. Dieser Vorgang wurde bis zu zwölfmal wiederholt, so lange bis das Garn weiß war. Anschließend wurde das Garn noch gebläut, das heißt durch Wasser gezogen, das mit einer blauen Farbe und Seife versetzt war, wieder getrocknet, in Strängen verpackt und gewogen. Das ganze Verfahren dauerte,

89 Zur Bedeutung des Wuppertaler Bedarfs für die westfälischen Flachsanbaugebiete vgl. *Kuske*, Wirtschaftsgeschichte, S. 90. Zu Hessen-Kassel vgl. *Dascher*, Textilgewerbe, S. 29 f.

90 Die Bestimmungen von 1632 sind in modernisierter Form wiedergegeben bei *Dietz*, Garnnahrung, S. 78.

91 Der Elberfelder Kaufmann Gerhard Werner Teschemacher kaufte beispielsweise erstmals 1712 in Breslau Garn. In den Folgejahren wurde Schlesien zu Teschemachers Haupteinkaufsgebiet. Vgl. *Dietz*, Garnnahrung, S. 100–107.

92 Abraham Froweins Memorial für das Jahr 1780 weist als Garnlieferanten zwei Firmen in Hildesheim und eine Firma in Wolfenbüttel auf. 1785 kaufte Abraham Frowein weiterhin dort sowie in Braunschweig Garn ein. Vgl. FAF Nr. 1351, 1357. Ausführlich zu Abraham Frowein s. 3.2.1.

93 Für eine zeitgenössische Schilderung des Verfahrens vgl. Art. »Leinengarnbleiche«. Für eine Schilderung des Bleichverfahrens, die auf zusätzlichen Quellen beruht, vgl. *Schlicht*, Textilbleichen, S. 59. Ebenfalls eine Darstellung des Verfahrens bietet *Dietz*, Garnnahrung, S. 40–47.

je nach Feinheit des Garns, zwischen zwei und drei Monaten. Gebleicht wurde für gewöhnlich über einen Zeitraum von fünf Monaten.[94] Die Schilderung des Vorgangs macht deutlich, wie viel Wasser für das Bleichen benötigt wurde und dass für das Bleichgewerbe das Vorhandensein ausreichender Rasenflächen in Wassernähe unabdingbar war. Beides war im Wuppertal in ausreichendem Maße gegeben. Allerdings mögen die Rasenflächen nicht ausgereicht haben, um fertig gewebte Leinwand zu bleichen, so dass man es bei dem Bleichen des Garns beließ.

Wie aus den Unterlagen zur Garnnahrung hervorgeht, nahm die Menge des gebleichten Garns im Laufe der Jahrhunderte deutlich zu. Allerdings sind nur wenige konkrete Zahlen überliefert. Um die Wende des 16. zum 17. Jahrhundert wurden jährlich circa 5.100 Zentner Garn gebleicht, wobei der überwiegende Teil (3.600 Zentner) den Barmer Mitgliedern der Garnnahrung zugerechnet werden kann.[95] Bereits zu dieser Zeit wurde nur noch ein Fünftel des Garns auf eigene Rechnung gebleicht, die überwiegende Menge des Garns wurde von Lohnbleichern für vermögende Kaufleute bearbeitet, bei denen die Kapitalakkumulation weit fortgeschritten war.[96] Dieser Trend setzte sich im Laufe des 17. Jahrhunderts fort und die vermögenden Kaufleute konnten ihre Interessen innerhalb der Garnnahrung durchsetzen: die Mengen, welche die Garnnahrungsmitglieder gegen fremde Rechnung bleichen lassen durften, wurden immer weiter erhöht. 1698 wurde es jedem Kaufmann gestattet, 300 Zentner auf Rechnung bleichen zu lassen.[97] Die Aufhebung der Quoten 1764 erlaubte einzelnen Mitgliedern der Garnnahrung, Garnmengen in vorher nicht gekannten Mengen auf die Bleiche zu bringen. 1787 verzeichneten die Unterlagen der Garnnahrung eine Höchstmenge des gebleichten Garns von 43.336 Zentner (davon Barmen: 23.861 Zentner).[98] Zu diesen Mengen trugen einige Kaufleute in besonderem Maße bei: die Elberfelder Kaufleute Caspar vom Rath, Jakob Lüttringhausen und Johann Plücker Witwe ließen beispielsweise 1787 jeweils 765, 903 und 1.126 Zentner bleichen. In Barmen hatten Johann Wortmann & Comp. mit 1.668 Zentnern und Wortmann & Frowein mit 1.540 Zentnern ebenfalls Garnmengen auf der Bleiche, die im 17. Jahrhundert nicht vorstellbar gewesen wären.[99]

Viele der Garnnahrungsmitglieder, welche derartig große Mengen bleichen ließen, veredelten das gebleichte Garn noch und ließen es zu Zwirn, Bändern oder Leinwand verarbeiten. Nur die vermögenden Mitglieder der Garnnahrung konnten sich dies allerdings leisten: schließlich wurde das Garn gegen Barzah-

94 Vgl. *Gebhard*, Bericht, S. 23.

95 Vgl. *Dietz*, Garnnahrung, S. 54.

96 Vgl. *Bredt*, Lohnindustrie, S. 24.

97 1606 hatte es nur ein Garnnahrungsmitglied gegeben, dass hundert Zentner Garn auf der Bleiche hatte. Vgl. *Dietz*, Garnnahrung, S. 56.

98 Vgl. LA NRW R JB II 1807, fol. 143–148.

99 Vgl. ebd., fol. 143 (Elberfeld), fol. 146 (Barmen).

lung im »Leinenland« eingekauft, im Wuppertal in einem mehrmonatigen Prozess veredelt und dann gegen Kredit weiterverkauft. Daraus ergibt sich bereits für das gebleichte Garn eine Kapitallaufzeit von einem Jahr und länger. Wurde das gebleichte Garn noch weiterverarbeitet, blieb das Kapital entsprechend länger gebunden. Da Arbeitslöhne ebenfalls gleich entrichtet wurden, erhöhte sich der Kapitaleinsatz so zusätzlich.

Im Laufe der Jahrhunderte wandelte sich die Garnnahrung von einem Kontrollgremium zu einem Interessenverband ihrer vermögenden Mitglieder. Zunächst war die Begrenzung der Bleichmengen nach und nach abgeschafft worden. Im 18. Jahrhundert schließlich war die Garnnahrung ein Gremium, in dem allgemeine kaufmännische Angelegenheiten des Textilgewerbes verhandelt wurden.[100] Nicht zuletzt diente sie der überregionalen Interessenvertretung der Kaufleute, beispielsweise bei Streitigkeiten mit dem Rat der Stadt Frankfurt/Main über Messegebühren oder wenn es darum ging, gegen hohe Importzölle in Frankreich zu intervenieren.[101] Die Belange der Bleicher spielten dagegen in späterer Zeit kaum noch eine Rolle, wenngleich die Erhebung des Zentnergeldes, einer Umlage auf das gebleichte Garn, weiterhin die Finanzierung der Garnnahrung sicherstellte. Welchen geringen Einfluss die Bleicher als Mitglieder der Garnnahrung hatten, zeigt sich nicht zuletzt daran, dass auch lokale Konflikte innerhalb der Garnnahrung im 18. Jahrhundert allein von Angehörigen der Kaufmannschaft ausgetragen wurden.[102] Die Leitidee einer gleichberechtigten Nahrung für alle Beteiligten, die am Anfang der Garnnahrung gestanden hatte, war damit dem auf Wachstum ausgerichteten Gewinnstreben einer deutlich geringeren Anzahl von Garnnahrungsmitgliedern gewichen. Für diese stellte allerdings das Fortbestehen der Garnnahrung sicher, ein Forum zum Austausch wirtschaftspolitischer Fragen zu haben. Entsprechend ablehnend standen sie Plänen der Regierung gegenüber, die Garnnahrung abzuschaffen.[103] Das Ende der Garnnahrung kam erst 1809, als im Zuge der napoleonischen Reformen alle Korporationen aufgelöst wurden. Ihren ursprünglichen Zweck, die Regulierung des Wuppertaler Bleichgewerbes, hatte die Garnnahrung zu diesem Zeitpunkt bereits lange überlebt. Die Wuppertaler Kaufleute schufen sich rasch neue Organisationsformen, indem sie erst einen Handlungsvorstand, später die Börse und schließlich die Handelskammer gründeten.[104]

100 Vgl. STAW J I 6, J I 13. Die fragmentarisch im Stadtarchiv Wuppertal erhaltenen Protokolle der Garnnahrungssitzungen vom Ende des 18. Jahrhunderts dokumentieren Garndiebstähle, Bemühungen um die Qualität des Rohgarns sowie die Anfrage eines Düsseldorfer Beamten, die Insassen der bergischen Zuchthäuser mit Webarbeiten zu beauftragen.

101 Zu den Streitigkeiten mit dem Frankfurter Rat vgl. *Dietz*, Garnnahrung, S. 84f.

102 Vgl. hierzu 4.1.2.

103 Vgl. STAW J I 1.

104 Vgl. *Zeyss*, Handelskammern; *Schell*, Handelsbörse; *Industrie- u. Handelskammer Wuppertal*, Festschrift.

3. Das Wuppertal im Prozess der globalen Kommerzialisierung – Produkte und Märkte der Wuppertaler Verlagsindustrie

Als der Reisende Philip Andreas Nemnich am Anfang des 19. Jahrhunderts ins Wuppertal kam, beeindruckte ihn der seit Jahrhunderten gepflegte Gewerbefleiß und daraus gewonnenen Wohlstand sehr. Das Wuppertal erschien ihm als ein »England im Kleinen«, ein immer wieder vorgebrachter Vergleich, der auf die als vorbildlich wahrgenommene wirtschaftliche Entwicklung des Inselstaates rekurrierte.[1] Nemnichs ausführliche Schilderungen des »angenehmen Tals« widmeten sich entsprechend den verschiedenen Gewerbezweigen in ihrer historischen Abfolge und ihrer wirtschaftlichen Bedeutung:

> Eines der ersten aus dem Leinengarn entsprossenen Nahrungszweige, bestand im Weben des Leinen und Wollenbandes, wozu weiterhin die Schürriemen und Schnüren gekommen sind. Diese Artikel stiegen in der Folge zur höchsten Wichtigkeit. [...] Frankreich, Italien, Spanien, Rußland, Amerika, fast die ganze bekannte Welt bezieht diese Waare in unglaublicher Menge. [...] Die sogenannten Bonten oder Bunten, gehörten ebenfalls zu den zuerst entstandenen Fabrikaten der hiesigen Gegend. [...] In vorigen Zeiten waren die obigen Leinwandarten beträchtliche Handlungsartikel für Elberfeld und große Sendungen davon giengen über Hamburg, Kopenhagen, Amsterdam usw. vornämlich nach Westindien, wo man sie in den Plantagen als Hemder gebraucht. [...]. Der jährliche Umsatz des gesammten hiesigen Spitzen-Produkts, beträgt wenigstens 150.000 Rthlr. Die Waare geht vornämlich ins Reich, nach Leipzig, Frankfurt an der Oder, Hamburg, auch nach Amerika. [...] Die hiesigen baumwollenen Fabrikate, gehen theils nach vielen Gegenden Deutschlands und nach Italien; sonst auch nach Frankreich, Amerika, Westindien, Holland u.s.w. [...]. Fast alle Fabrikanten in Elberfeld und Barmen sind zugleich Kaufleute, und versenden selbst ihre Waaren zum Debit ins Ausland.[2]

Wie hier zu lesen, waren für Nemnich und andere Zeitgenossen, die das Wuppertal Ende des 18. und Anfang des 19. Jahrhunderts besuchten, die Absatzweisen und -märkte der Wuppertaler Textilgewerbe ein offensichtlicher Teil ihrer Beschreibung der jeweiligen Gewerbezweige. Für sie bestand ein integraler Zusammenhang zwischen der Emsigkeit, die entlang der Wupper herrschte,

1 Vgl. *Nemnich*, Chronik. Zum Englandbild in der Aufklärung und vor allem zu Englands Vorbildfunktion vgl. *Maurer*, Aufklärung und Anglophilie.

2 *Nemnich*, Chronik, S. 150–155.

und der regen Außenhandelstätigkeit der Wuppertaler Kaufleute.[3] Mit großer Selbstverständlichkeit nannten sie auch ferngelegene Erdteile wie »Westindien« oder »Amerika« als Warenabnehmer des Wuppertals. Zeitgenössische Beobachter wie Nemnich lenken damit den Blick auf einen Zusammenhang, der im Rahmen der Diskussion um die Industrialisierung und der ihr vorausgehenden Proto-Industrialisierung in vielen Darstellungen aus dem Blick geraten ist: der Bedeutung der Absatzmärkte für wirtschaftliches Wachstum. Zwar hatten bereits die ursprünglichen Protagonisten der Proto-Industrialisierungsdebatte, die Göttinger Historiker Peter Kriedte, Jürgen Schlumbohm und Hans Medick, auf die Bedeutung des Weltmarkts für die Schaffung einer verlässlichen Nachfrage und damit für ein säkulares Wachstum hingewiesen, doch sind diese Zusammenhänge in den Detailstudien zur Proto-Industrialisierung, auch bei den drei genannten Forschern selbst, kaum systematisch untersucht worden.[4] Der Konnex von Außenhandel und Proto-Industrialisierung ist, wenn überhaupt, eher von der Handelsgeschichtsschreibung eingehend beleuchtet worden.[5]

Auch in der Forschung zur Industrialisierung liegt das Augenmerk weiterhin deutlich auf Veränderungen im Produktionsprozess und nicht so sehr auf der Bedeutung des Vertriebs der nun massenhaft fabrizierten Waren für einen sich im Laufe des 19. Jahrhunderts rasant steigernden Wachstumsprozess.[6] Denn allein die dank technologischer Innovationen fallenden Preise, die bereits Jules Michelet in den 1840er Jahren beobachtete, schienen Generationen von Forschern eine hinreichende Begründung für die Entstehung von Massenmärkten

3 Für weitere zeitgenössische Beschreibungen des Wuppertals vgl. die beiden Bände *Huck/Reulecke*, Reisen; *Dietz/Reulecke*, Kutsche.

4 »Indem ein Land in Außenhandelsbeziehungen eintrat, erschloß sich ihm eine effektive Nachfrage, welche die Ausbeutung ungenutzter Ressourcen erlaubte, deren Verwertung bisher an der Inelastizität der Binnennachfrage gescheitert war. Auf diese Weise konnte ein Land, an dem bis zu diesem Zeitpunkt der Welthandel weitgehend vorbeigegangen war, seine Außenhandelsposition und zugleich auch seine interne ökonomische Leistungsfähigkeit stärken, ohne daß damit ›Kosten‹ auf es zukamen.« *Kriedte/Medick/Schlumbohm*, Industrialisierung, S. 58. In ihren Detailstudien konzentrierten sich die drei Forscher jedoch eher auf demographische Strategien, alltags- und kulturgeschichtliche Fragestellungen sowie die entstehende Organisation der Arbeiterschaft innerhalb eines proto-industriellen Produktionsregimes. Vgl. *Kriedte*, Stadt; *Schlumbohm*, Lebensläufe; *Medick*, Weben.

5 Vgl. *Weber*, Deutsche Kaufleute; *Schulte Beerbühl*, Kaufleute; *Schulte Beerbühl/Weber*, Westphalia; *Aristizábal*, Hacer las Americas.

6 An Ausnahmen vgl. *Schäfer*, Industrialisierung; *Berg*, Markets Die Forschung zu den treibenden Kräften der Industrialisierung hat ansonsten einen hohen Grad an Ausdifferenzierung erreicht und das Feld der reinen Technikgeschichte längst verlassen. Vgl. mit einem Überblick über die relevanten Forschungsfelder *Hahn*, Industrielle Revolution. Doch selbst so ausgefeilte Studien wie die von Joel Mokyr setzen weiterhin auf der Seite der Produktion an. Vgl. *Mokyr*, Enlightened Economy.

sowie für eine mehr und mehr elastisch werdende Nachfrage.[7] Die sich ändernde und vor allem wachsende Nachfrage ist vor dem Hintergrund der entstehenden Konsumgesellschaft untersucht worden.[8] Jan de Vries schließlich hat den Ansatz zur Untersuchung der proto-industriellen Produktionsweise und die Herausbildung breiter Käuferschichten als Teil einer neu entstehenden Konsumgesellschaft zusammengebracht und diesen Nexus als »Revolution des Fleißes« neu interpretiert. Die diese Revolution des Fleißes möglich machenden Vertriebswege sind jedoch nicht Teil seiner Studie.[9]

Doch bereits im späten 18. Jahrhundert mussten die im Wuppertal jährlich produzierten Waren – etwa 25.000 Zentner an Stoffen und Bändern – an den Mann und an die Frau gebracht werden, damit die Produktion auf hohem beziehungsweise einem sich steigernden Niveau aufrecht erhalten werden konnte und die von den Verleger-Kaufleuten beschäftigten Arbeiter von ihrem Lohn all die neuen Konsumartikel wie Kaffee, Tee oder bunt bedruckte Baumwollstoffe kaufen konnten.[10]

Die Textilwaren des Wuppertals waren modeunabhängige Artikel, das heißt, die Wuppertaler Verlagskaufleute konnten sich auf einen stabilen Absatz ihrer Waren verlassen und waren nicht dem Diktat der Mode ausgeliefert, das kurzfristig die Verkaufszahlen in die Höhe schießen und dann wieder abstürzen ließ. Vielmehr wurde der Großteil der Textilien, welche im Wuppertal produziert wurden, über Jahrzehnte in den gleichen Mustern, Farben und Qualitäten hergestellt. Gerade die Schmalwaren dienten selten als Schmuckbänder, sondern wurden im Handel, von verschiedensten Gewerbezweigen und in der Landwirtschaft als unerlässliches Verbrauchsmaterial genutzt.[11]

Um Wachstum zu generieren, galt es zum einen bestehende Märkte möglichst weit zu durchdringen, zum anderen neue Abnehmer und neue Vertriebsmöglichkeiten zu erschließen. Daraus ergeben sich folgende Fragen: Auf welchen Märkten agierten die Wuppertaler Verleger? Gab es branchenspezifische Unterschiede? In welcher Reihenfolge und auf welche Weise wurden Märkte erschlossen? In welchem Verhältnis standen nahe und ferne Märkte zu einander? Welchen spezifischen Chancen und Risiken standen die Wuppertaler Verleger-

7 Vgl. die Schilderung Michelets zur Entstehung einer massenhaften Käuferschicht, zitiert bei *Braudel*, Sozialgeschichte, Bd. 2, S. 194.

8 Vgl. *Brewer/McKendrick/Plumb*, Consumer Society; *Brewer/Porter*, Consumption; *Prinz*, Weg.

9 Vgl. *Vries*, Industrious Revolution.

10 Vgl. hierzu etwa *Ludwig*, Kolonialwaren; *Albrecht*, Kaffeetrinken.

11 Somit liefert die »Schmuck- und Bänderfreudigkeit des Barock«, welche Walter Dietz in seinem Standardwerk zur Wuppertaler Garnnahrung als Grund für die hohen Wachstumszahlen seit dem späten 17. Jahrhundert anführt, keine hinreichende Erklärung. Vgl. *Dietz*, Garnnahrung, S. 49. Zum Gebrauch der Schmalwaren vgl. etwa LA NRW R Großherzogtum Berg Nr. 5609, Begleitadresse des Unterpräfekten Schleicher, 15.4.1812.

Kaufleute gegenüber? Welche Veränderungen ergaben sich in der Zeitspanne von der zweiten Hälfte des 18. Jahrhunderts bis zum ersten Drittel des 19. Jahrhunderts? Waren die Wuppertaler Verlagskaufleute typische Vertreter einer proto-industriellen Region auf dem Weltmarkt?

Die Beantwortung der hier vorgestellten Fragen versteht sich zum einen als Beitrag zur Handelsgeschichte, stellt diese jedoch in den größeren Diskussionszusammenhang der Proto-Industrialisierung. Vor allem die Möglichkeiten und Grenzen der Einbindung einer proto-industriellen Region in den Weltmarkt und seine verschiedenen Bereiche sollen erörtert werden und damit natürlich auch die Bedingungen für das Entstehen von »gebildeten Ständen« in Gewerberegionen. Die Ausführungen stellen auch einen Beitrag zur Untersuchung der Integration des Weltmarktes im 18. und frühen 19. Jahrhundert, vor allem innerhalb der atlantischen Welt, dar und erhellen die damit untrennbar verknüpften gesamtgesellschaftlichen Transformationsprozesse.[12] Mit einem Ausblick ins 19. Jahrhundert für die vier beispielhaft untersuchten Kaufmannsfamilien und die von ihnen betriebenen Firmen wird auch der Übergang zur Industrialisierung im Wuppertal angeschnitten und eine vorläufige Antwort auf die Frage gegeben, warum sich das Wuppertal als eine der wenigen proto-industriellen Regionen den Herausforderungen der Mechanisierung erfolgreich stellen konnte.

3.1 Die Wuppertaler Textilwirtschaft im 18. Jahrhundert

3.1.1 Die Wuppertaler Textilwaren und ihre Produktion

1527 verlieh der bergische Herzog den Bewohnern der beiden Ämter Elberfeld und Barmen ein Monopol für das gewerbliche Bleichen von Garn. Dies bildete die Basis für das schnell expandierende Wuppertaler Textilgewerbe, das in rascher Folge um Produkte wie Zwirn und Leinenband erweitert wurde. Zur Herstellung des Bandes wurde im Wuppertal bald nach ihrer Erfindung die mehrgängige Bandmühle eingeführt: ein Bandwebstuhl, auf dem sich in einem Arbeitsgang bis zu zwanzig Bänder auf einmal weben ließen. In den für die Wuppertaler Gewerbetreibenden wichtigen Handelsorten Frankfurt/Main, Köln und in den Niederlanden war die Bandmühle dagegen auf Betreiben der Zünfte verboten worden.[13] Die zügige Einführung der Bandmühle, der im zunftfreien Wuppertal kein nennenswerter Widerstand entgegengebracht wurde, bedeutete für die Wuppertaler Verleger-Kaufleute einen erheblichen Wettbewerbsvorteil

12 Zum Atlantik als Handelsraum vgl. die in der Einleitung genannte Literatur, zur Integration des Weltmarkes vgl. grundlegend *Wallerstein*, World-system.

13 Vgl. *Dietz*, Garnnahrung, S. 49–54.

und bestätigt die Prämissen der Proto-Industrialisierungsforschung.[14] Die kostengünstige Produktion verschaffte ihnen schnell einen wachsenden Anteil auf den auswärtigen Märkten, und sie konnten die Gewerbeentwicklung nicht nur im Umland, sondern auch innerhalb der beiden Orte ohne Einschränkungen vorantreiben. Die gewerbliche Dynamik wird auch anhand der Berufsstruktur innerhalb des Wuppertals sichtbar: so lebten anfangs des 18. Jahrhunderts in Barmen und Elberfeld zusammen 105 Bandwirker und damit bereits mehr Wirker als Bleicher – das weiterverarbeitende Gewerbe hatte sich durchgesetzt. Auch vierzig Leinenweber waren bereits in den beiden Orten ansässig.[15]

Diese Wirker und Weber fertigten, zusammen mit Lohnarbeitern im Umland, ein ausgesprochen breites Sortiment an Textilwaren an. So konnten die Kunden der Wuppertaler Verleger-Kaufleuten gebleichtes Garn in unterschiedlichen Qualitäten und Bleichgraden erhalten (halb-gebleicht, voll-gebleicht, Kronen- und Moltgarn) sowie zu Zwirn verdrehtes Garn. Auch gemusterte Leinenstoffe (einfach, gestreift und kariert) und Baumwoll-Mischgewebe (sogenannte Siamosen) waren im Angebot. Doch es war vor allem der Bereich der Schmalweberei, in dem das sich Wuppertal besonders hervortrat. So fertigten die Lintwirker im Auftrag der Elberfelder und Barmer Verleger glattgewirktes und geköpertes Leinenband in etwa dreißig verschiedenen Breiten, Riemen, Gurt-, Hosen- und Hutbänder unterschiedlicher Façon sowie eine Vielzahl gemusterter Bänder, in die häufig bunt gefärbtes Wollgarn miteingewebt wurden. An speziellen Riementischen wurden außerdem Kordeln, Litzen und Schnüre geflochten, die es ebenfalls in unterschiedlicher Dicke und Ausführung gab. Außerdem gehörten bereits in der ersten Hälfte des 18. Jahrhunderts Wollband (auch als Sayettlint beziehungsweise Bratten bezeichnet) und einfaches Seidenband (sogenanntes Florettband) zur Palette der Wuppertaler Erzeugnisse , über deren Vielfalt auch der Preiskurant der Elberfelder Firma Abr. & Gebr. Frowein Auskunft gibt. (Abb. 1).

All diesen Artikeln war eigen, dass es sich bei ihnen nicht um wechselnde Modeartikel handelte, die wegen ihres schönen Aussehens Abnehmer fanden, sondern dass die Elberfelder und Barmer Artikel zu dieser Zeit hauptsächlich

14 *Kriedte/Medick/Schlumbohm*, Industrialisierung, S. 260 f. Auch im englischen Lancashire hatte die Einführung der Bandmühle einen erheblichen Wettbewerbsvorteil gegenüber anderen Standorten bedeutet und proto-industrielle Prozesse in Gang gesetzt. Vgl. *De Lacy Mann/Wadsworth*, Cotton Trade.

15 In Barmen wurden 1709 15 Kaufleute, 48 Lintwirker, zwei Zwirner, vier Leinenweber, 41 Lohnbleicher und 21 Bleicherknechte gezählt. Vgl. *Langewische*, Doppelstadt, S. 228. In Elberfeld lebten 1702 57 Bandwirker, 29 Wirker von Borten und Tressen verschiedenster Art, acht Spitzenmacherinnen, neun Färber, ein Lintenstreicher, acht Garnzwirner, 36 Leinenweber, ein Gebildweber, aber nur sechs Bleicher. Ein Großteil der Elberfelder Bleicherei wurde im Kirchspiel Elberfeld betrieben. Die dortige Bevölkerung war nicht Teil der Aufstellung. Vgl. *Muthmann*, Einwohnerbuch. Zur Abmachung mit den niederländischen Kunden vgl. *Dietz*, Garnnahrung, S. 47 f.

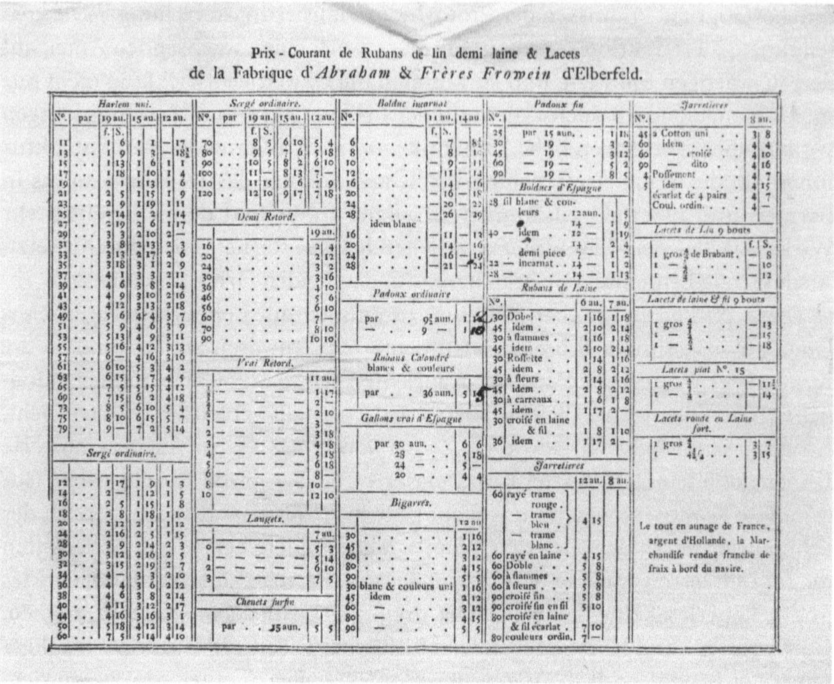

Prix - Courant de Rubans de lin demi laine & Lacets
de la Fabrique d'*Abraham* & *Frères Frowein* d'Elberfeld.

Harlem uni.

N°.	par	19 au. f.	19 au. S.	15 au. f.	15 au. S.	12 au. f.	12 au. S.
11	. . .	1	6	1	1	—	17
13	. . .	1	9	1	3	—	18½
15	. . .	1	13	1	6	1	1
17	. . .	1	18	1	10	1	4
19	. . .	2	1	1	13	1	6
21	. . .	2	5	1	15	1	9
23	. . .	2	9	1	19	1	11
25	. . .	2	14	2	2	1	14
27	. . .	2	19	2	6	1	17
29	. . .	3	3	2	10	2	—
31	. . .	3	8	2	13	2	3
33	. . .	3	13	2	17	2	6
35	. . .	3	18	3	1	2	9
37	. . .	4	1	3	3	2	11
39	. . .	4	6	3	8	2	14
41	. . .	4	9	3	10	2	16
43	. . .	4	12	3	13	2	18
49	. . .	5	6	4	4	3	7
51	. . .	5	9	4	6	3	9
53	. . .	5	13	4	9	3	11
55	. . .	5	16	4	12	3	13
57	. . .	6	—	4	16	3	16
61	. . .	6	10	5	3	4	2
63	. . .	6	15	5	7	4	5
65	. . .	7	5	5	15	4	12
69	. . .	7	15	6	2	4	18
73	. . .	8	5	6	10	5	4
75	. . .	8	10	6	15	5	7
79	. . .	9	—	7	2	5	14

Sergé ordinaire.

12	. . .	1	17	1	9	1	3
14	. . .	2	—	1	12	1	5
16	. . .	2	5	1	15	1	8
18	. . .	2	8	1	18	1	10
20	. . .	2	12	2	1	1	12
24	. . .	2	16	2	5	1	15
28	. . .	3	9	2	14	2	3
30	. . .	3	12	2	16	2	5
32	. . .	3	15	2	19	2	7
34	. . .	4	—	3	3	2	10
36	. . .	4	4	3	6	2	12
38	. . .	4	6	3	8	2	14
40	. . .	4	11	3	12	2	17
44	. . .	4	16	3	16	3	1
50	. . .	5	18	4	12	3	14
60	. . .	7	5	5	14	4	10

Sergé ordinaire.

N°.	par	19 au. f.	19 au. S.	15 au. f.	15 au. S.	12 au. f.	12 au. S.
70	. . .	8	5	6	10	5	4
80	. . .	9	5	7	6	5	18
90	. . .	10	5	8	2	6	10
100	. . .	11	—	8	13	7	—
110	. . .	11	15	9	6	7	9
120	. .	12	10	9	17	7	18

Demi Retord.

		19 au.	
16	. . . .	2	4
20	. . . .	2	12
24	. . . .	3	2
30	. . . .	3	16
36	. . . .	4	10
46	. . . .	5	6
56	. . . .	6	10
60	. . . .	7	—
70	. . . .	8	10
90	. . . .	10	10

Vrai Retord.

		11 au.	
[illegible]	— — — — —	1	17
[illegible]	— — — — —	2	—
[illegible]	— — — — —	2	10
1	— — — — —	3	—
2	— — — — —	3	18
3	— — — — —	4	18
4	— — — — —	5	18
5	— — — — —	6	18
6	— — — — —	8	—
8	— — — — —	10	—
10	— — — — —	12	10

Laugets.

		7 au.	
0	— — — — —	5	3
1	— — — — —	5	14
2	— — — — —	6	10
3	— — — — —	7	5

Chenets surfin

	par . . 35 aun.	5	5

Bolduc incarnat

N°.		11 au. f.	11 au. S.	14 au	
6	. . . . . .	—	7	—	8½
8	. . . . . .	—	8	—	1[illegible]
10	. . . . . .	—	9	—	11
12	. . . . . .	—	11	—	14
16	. . . . . .	—	14	—	16
20	. . . . . .	—	16	—	18
24	. . . . . .	—	20	—	22
28	. . . . . .	—	26	—	29
	idem blanc				
16	. . . . . .	—	11	—	13
20	. . . . . .	—	14	—	16
24	. . . . . .	—	16	—	19
28	. . . . . .	—	21	—	24

Padoux ordinaire

par . . 9½ aun.	1	14
— . . 9 —	1	10

Rubans Calandré blancs & couleurs

par . . 36 aun.	5	15

Gallons vrai d'Espagne

par 30 aun. . .	6	6
28 — . .	5	18
24 — . .	5	—
20 — . .	4	4

Bigarrés.

		12 au	
30	. . . .	1	16
45	. . . .	2	12
60	. . . .	3	12
80	. . . .	4	15
90	. . . .	5	5
30	blanc & couleurs uni	1	16
45	idem	2	12
60	—	3	12
80	—	4	15
90	—	5	5

Padoux fin

N°.			
25	par 15 aun. . .	1	11
30	— 19 — . .	3	2
45	— 19 — .	3	12
60	— 19 — . .	5	2
90	— 19 — . .	8	5

Boldues d'Espagne

28	fil blanc & couleurs . . 12 aun.	1	5
	14 —	1	9
40	— idem . . 12 —	1	19
	14 —	2	4
	demi piece 7 —	1	2
22	— incarnat . . 14 —	1	2
28	— . . . . . 14 —	1	13

Rubans de Laine

N°.		6 au. f.	6 au. S.	7 au. f.	7 au. S.
30	Dobel . . .	1	16	1	18
45	idem . . .	2	10	2	14
30	à flammes . .	1	16	1	18
45	idem . . .	2	10	2	14
30	Rossette . .	1	14	1	16
45	idem . . .	2	8	2	12
30	à fleurs . .	1	14	1	16
45	idem . . .	2	8	2	12
30	à carreaux . .	1	6	1	8
45	idem . . .	1	17	2	—
30	croisé en laine & fil . .	1	8	1	10
36	idem . . .	1	17	2	—

Jarretieres

		12 au.		8 au.	
60	rayé trame rouge . — trame bleu . — trame blanc .	4	15		
60	rayé en laine .	4	15		
60	Doble . . .	5	8		
60	à flammes . .	5	8		
60	à fleurs . . .	5	8		
90	croisé fin . .	5	8		
90	croisé fin en fil	5	10		
80	croisé en laine & fil écarlat .	7	10		
80	couleurs ordin.	7	—		

Jarretieres

N°.		8 au.	
45	à Cotton uni . .	3	8
60	idem	4	4
60	— croisé . .	4	10
90	— dito . .	4	16
4	Possement . . .	4	7
5	idem	4	15
	écarlat de 4 pairs .	4	7
	Coul. ordin. . . .	4	—

Lacets de Lin 9 bouts

	f.	S.
1 gros 4/4 de Brabant .	—	8
1 — [illegible]	—	10
1 — [illegible]	—	12

Lacets de laine & fil 9 bouts

1 gros [illegible]	—	13
1 — [illegible]	—	15
1 — [illegible]	—	18

Lacets plat N°. 15

1 gros [illegible]	—	11½
1 — [illegible]	—	14

Lacets ronde en Laine fort.

1 gros 4/4	3	7
1 — 4¼/4	3	15

Le tout en aunage de France, argent d'Hollande, la Marchandise rendue franche de frais à bord du navire.

Abb. 1: Preiskurant der Elberfelder Firma Abr. & Gebr. Frowein (Ende 18. Jh.). FAF Nr. 1354 (Foto: Verf.)

Ge- beziehungsweise Verbrauchswaren waren, die über einen langen Zeitraum unverändert hergestellt wurden. Dies galt sowohl für ihre Machart als auch für die verwandten Farben und Muster.[16] Der ausgesprochen große Absatz der Artikel lässt sich somit kaum mit barocker Kleiderpracht erklären, zumal der Großteil der Bandwaren so schlicht war, dass sie sich kaum zur Verzierung von Kleidungsstücken eigneten.[17] Ihre Verwendungsmöglichkeit müssen an anderer Stelle gesucht werden und offenbaren sich häufig erst auf den zweiten Blick. So wurden die schlichten, zum Großteil aber zumindest reinweiß gebleichten Leinenbänder durchaus für die Herstellung von Kleidung verwandt, jedoch häufig an von außen unsichtbaren Stellen: als Bindebändchen von Unterhemden, als Tunneldurchzug für Fischbein in Reifröcken, zur Befestigung der dreieckigen

16 Vgl. STAW J II 1; STAW NDS 12. Die Warenmuster, welche in dem Bestellbuch eines unbekannten Kaufmanns von 1763 abgeheftet sind (STAW J II 1) gleichen denen auf der Musterkarte von Joh. Pet. von Eynern & Söhne (STAW NDS 12) vom Anfang des 19. Jahrhunderts sowohl in der Bezeichnung als auch in Farbe und Musterung.

17 Die »barocke Kleiderpracht« nennen *Dietz*, Garnnahrung, S. 49; *Gorißen*, Gewerbe, S. 431.

Miedereinsätze, der sogenannten Stecker, zum Schnüren der Mieder, auf der Innenseite von Hauben, zur Versteifung von Herrenröcken, als Rockbund, als Stoßkante, und so weiter und so fort. Wuppertaler Bandwaren fanden außerdem Verwendung bei der Herstellung von Gardinen und Vorhängen, deren Kanten häufig mit einem Leinenband verstürzt wurden. Bei der Bespannung von Stühlen und anderen Polsterarbeiten bestand eine Lage ebenfalls aus grobem Leinenband. Die gemusterten Leinen-Wollbänder mögen als Zierborte auf Stühlen, Sessel und weiteren gepolsterten Sitzmöbeln gedient haben. Auch in der Segelfabrikation, in der Buchbinderei und anderen Handwerken benötigte man schlichtes, belastbares und preisgünstiges Band. Ebenso erwarben Krämer und kleine Handeltreibende meterweise preiswerte Bänder und Schnüre, um beispielsweise für ihre Kunden Warenbündel zu verpacken. Viele dieser Verwendungsmöglichkeiten waren auf Verschleiß und Verbrauch angelegt, welches den kontinuierlich hohen Absatz der Wuppertaler Schmalwaren erklären kann, was aber für die Nachlebenden den Zugriff auf materielle Quellen erschwert.[18]

Die meisten der hier aufgeführten textilen Artikel konnten von wenig geübten Arbeitern hergestellt werden. Sowohl das massenhaft fabrizierte Leinenband als auch die Leinenstoffe wurden im einfachen Kette-Schuss-Verfahren gewebt; ein Webverfahren, das auch in der Selbstversorgung mit Textilien meist eingesetzt wurde und keine handwerkliche Ausbildung voraussetzte. Eine Ausweitung der Produktion ließ sich daher auch ohne das Vorhandensein einer ausgebildeten Arbeiterschaft leicht umsetzen.

Getragen wurde diese Ausweitung von einer starken Zuwanderung ins Wuppertal selbst wie auch von der Beschäftigung der Menschen im weiteren Umland. Wenngleich exakte Zahlen für die Mitte des 18. Jahrhunderts für Elberfeld fehlen, wird die Bevölkerung für diese Zeit auf 5.500 Personen geschätzt. In Barmen wurden 1740 3.800 Einwohner gezählt. Im Jahr 1785 lebten in Elberfeld knapp 9.000 Personen, eine Zahl, die sich bis 1810 noch einmal mehr als verdoppelte (19.000). In Barmen lebten Anfang des 19. Jahrhunderts 14.300 Menschen. Die Wachstumskurve stieg also bereits in vorindustrieller Zeit stark an; innerhalb von sechzig bis siebzig Jahren verdrei- bzw. vervierfachte sich die Bevölkerung der beiden Orte.[19] Elberfeld und Barmen gehörten damit zu den kleinen Flecken und Orten, die sich im Laufe der Proto-Industrialisierung zu »machtvollen gewerblichen Zentren« entwickelten, und »ihrerseits ihr Umland in den Prozeß der gewerblichen Warenproduktion hineinzogen«.[20] Der größte Teil der Zuwanderer, die sich einbürgern ließen, stammte aus dem Kirchspiel Elberfeld, das heißt aus dem un-

18 Diese Zusammenstellung beruht auf der Untersuchung materieller Artefakte, der Auswertung zeitgenössischer Abbildungen sowie auf Auskünften von Museumsangestellten und Restauratoren. Die Auflistung von Verwendungsmöglichkeiten ließe sich noch erweitern.

19 Vgl. *Goebel/Knierim/Schnöring/Wittmütz*, Stadt Wuppertal.

20 *Kriedte*, Prozeß, S. 36.

mittelbaren Umland der Stadt, wozu auch Unterbarmen gezählt werden muss.[21] Etwas entfernter liegende Landstriche des Bergischen Landes stellten einen weiteren Teil der Wuppertaler Zuwanderer.[22]

Maßgeblich für die starke Zuwanderung war das ländliche Bevölkerungswachstum und die Größe der zur Verfügung stehenden Höfe: die im Herzogtum Berg herrschende Realerbteilung brachte eine immer weiterreichende Zersplitterung der Höfe mit sich, so dass der immer kleinere Landbesitz für viele keine ausreichende Lebensgrundlage mehr bot. Es bestand die Möglichkeit, entweder auf dem Land zu bleiben und während der arbeitsärmeren Monate im Verlag ein Zubrot zu verdienen, oder aber gleich sein Glück im Wupperviereck zu versuchen. Das in der angrenzenden Grafschaft Mark herrschende Anerbenrecht setzte ebenfalls eine bedeutende Anzahl von Arbeitskräften frei, denn hier wurde allein der älteste Sohn bei der Erbteilung berücksichtigt, während die jüngeren Kinder eines Bauern nur als Knecht oder Magd auf dem elterlichen Hof bleiben konnten. Auch bei dieser Variante des Erbrechts wurden somit potenzielle Arbeitskräfte für die Lohnarbeit freigesetzt; die Art des Erbrechts war somit weitgehend irrelevant. Für viele junge Männer mag der Werbezwang des preußischen Heeres noch ein zusätzlicher Grund gewesen sein, die Grafschaft Mark zu verlassen und »über die Wupper zu gehen«.[23]

Darüber hinaus bezogen die Wuppertaler Verleger-Kaufleute das Umland auch direkt in den Herstellungsprozess mit ein. Diese Ausstrahlung des Wuppertaler Gewerbes blieb auch den Zeitgenossen nicht verborgen: »In diesem Land [dem Bergischen Land, A. S. O.] hat kein Einwohner vor den Häusern zu betteln nöthig, Kinder von Fünff bis sechs Jahren können ihr Brod von der Bergischen Haupt-Stadt Lennep mit Wolle-lesen, kratzen und spinnen, so wol als auch von der Stadt Elberfeldt, mit Garn-spuhlen, bleichen, streichen und haspelen verdienen.«[24] Getragen von den deutlich niedrigeren Lebenshaltungskosten außerhalb des gewerblichen Ballungsraumes, konnten die Bewohner der ländlichen Bezirke im Herzogtum Berg und der Grafschaft Mark trotz der Transportkosten mit den im Wuppertal ansässigen Bandwirkern und Leinenwebern konkurrieren sowie sich mit vorbereitenden Arbeiten wie Garn spulen oder Haspeln ein Zubrot verdienen. Im Märkischen arbeiteten in den 1730er Jahren immerhin

21 Die Unterbarmer Bevölkerung war 1702 in Elberfeld eingepfarrt. Vgl. *Knierim*, Neubürger.

22 Vgl. *Goebel*, Zuwanderung.

23 In der Forschung haben vor allem die Neuhinzugezogenen Berücksichtigung gefunden, die mit Firmengründungen Erfolg hatten und einen entsprechenden quellenmäßigen Niederschlag gefunden haben. Für eine Zusammenstellung von Familien, die in der zweiten Hälfte des 18. Jahrhunderts aus der Grafschaft Mark ins Wuppertal einwanderten und als Verleger-Kaufleute reüssierten, vgl. *Hoth*, Industrialisierung, S. 94.

24 *Wülfing*, Beschreibung, S. 130.

651 Personen an 279 Webstühlen ausschließlich für Wuppertaler Verleger.[25] Der Elberfelder Verleger-Kaufmann Ullenberg beschäftigte um die Mitte des 18. Jahrhunderts im Gladbach-Rheydter Bezirk ständig 100 Baumwollhandspinner und 200 Handweber.[26] 1767 beaufsichtigten die Wuppertaler Kaufleute inner- und außerorts die Arbeit von insgesamt 32.000 Personen an 5.500 Webstühlen für Breit- und Schmalgewebe.[27] Damit ist die gewerbliche Verdichtung des Wuppertals und seiner Umgebung vergleichbar mit dem schlesischen Kreis Hirschberg, wo 1750 ein Höchstwert von 5.745 Webstühlen erfasst wurde.[28] Das Wuppertal gehörte damit zu den dynamischsten und erfolgreichsten proto-industriellen Regionen Mitteleuropas.[29]

Diese Dynamik setzte sich auch in der zweiten Hälfte des 18. Jahrhunderts fort. So steigerte sich die Zahl der von den Wuppertaler Verleger-Kaufleuten betriebenen Bandwebstühle von 2.000 Stück im Jahr 1774 um 25 Prozent auf 2.540 Stück knapp zwanzig Jahre später. Noch eindrucksvoller war das Wachstum der Breitwebstühle: 1774 liefen im Auftrag der Wuppertaler Verleger-Kaufleute etwa 3.500 Stühle, 1792 waren es allein innerhalb Elberfeld und Barmens 4.200 Stühle, deren Ausstoß an Siamosen, Doppelstein und Bonten von den 3.400 Webstühlen im Umland noch weiter erhöht wurde.[30] Da für den Betrieb von Siamosen- und Doppelstein-Webstühlen eine deutlich höhere Anzahl an Arbeitskräften benötigt wurde als für den Betrieb von Bandwebstühlen, lässt sich die oben angeführte Bevölkerungszunahme im Tal vor allem auf das Anwachsen dieses Sektors zurückführen. Das Verspinnen der Rohbaumwolle, die für die Siamosen ein ebenso wichtiger Rohstoff war wie das Leinen, sorgte für zusätzliche Arbeit. Wiebeking schätzte, dass allein in den Gemeinden Steinbach, Hückeswagen und Much 7.244 Personen (»Alte und Kinder«) mit dem Verspinnen von Baumwolle für die Wuppertaler Verleger beschäftigt waren.[31]

Welche eindrucksvollen Dimensionen das Wuppertaler Textilgewerbe in der zweiten Hälfte des 18. Jahrhunderts erreicht hatte, wird besonders deutlich, wenn man sich den Materialbedarf der Industrie vor Augen führt. So berechnete der Hofkammerrat Jacobi 1773/1774 den jährlichen Materialbedarf von 2.000 Bandstühlen mit insgesamt 12.728 Zentnern Leinengarn und 360 Zentner Woll-

25 Vgl. *Spannagel*, Gründung, S. 192. Zur Wuppertaler Leinenweberzunft s. 4.1.1.

26 Vgl. *Adelmann*, Strukturwandlungen, S. 167.

27 Herbert Kisch hat bereits darauf hingewiesen, dass diese im Vergleich zur Gesamtbevölkerung des Wuppertals (20 bis 25.000 Personen) wie auch des Herzogtum Bergs (215.000 Personen) unwahrscheinlich hohe Zahl dadurch zu erklären sei, dass im Rahmen der Hausindustrie nicht nur alle Familienmitglieder an der Arbeit beteiligt waren, sondern viele der Arbeit im Textilgewerbe nur als Nebenerwerb nachgingen. Vgl. *Kisch*, Textilgewerbe, S. 220 f.

28 Vgl. *Boldorf*, Leinenregionen, S. 47.

29 Vgl. *Ogilvie*, Proto-industrialization, S. 125.

30 Vgl. *Gebhard*, Bericht; *Wiebeking*, Beiträge.

31 Vgl. *Wiebeking*, Beiträge, S. 19.

garn (Sayett).[32] Für den Betrieb der 3.500 Webstühle wurden an Leinengarn (Kette und Schuss) 10.350 Zentner, an Baumwollgarn 6.500 Zentner benötigt.[33] Die eingeführten Garne wurden häufig auf der Bleiche veredelt (auch die Baumwolle!), teils gefärbt und dann zu den Endprodukten weiterverarbeitet. Jacobi ging im Übrigen von der Existenz von 100 Bleichen aus, die meist nur noch Zuliefererbetriebe für die anderen Textilgewerbe waren.[34]

Ganz generell nahm die Bleicherei im Vergleich zu anderen Veredelungsbetrieben an Bedeutung ab. Kurz nach der Jahrhundertwende waren bereits mehr Menschen im Färbereiwesen beschäftigt als in der Lohnbleicherei. Vor allem in Elberfeld hatte die Färberei einen Aufschwung erlebt: 1804 gab es im Wuppertal neben weiteren Färbeanstalten allein 15 Türkischrotfärbereien (drei in Barmen, zwölf in Elberfeld).[35] Auch die Seidenweberei wurde zu einer Wachstumsbranche im Wuppertal. 1785 gab es in Elberfeld vier Geschäftshäuser, die in der Seidenweberei tätig waren, 1804 waren es bereits 21 sowie eine Seidenfärberei.[36]

All die produzierten Waren gingen in den Export. Hierdurch wurden bereits im letzten Viertel des 18. Jahrhunderts enorme Summen erwirtschaftet. Nach Schätzung des Hofkammerrats Jacobi betrug der Wert der jährlich exportierten Schmalgewebe, veredelten Garne und Zwirn 1,6 Millionen Reichstaler. Den jährlichen Exportwert der Breitgewebe gab Jacobi mit 1,5 Millionen Reichstalern an.[37] Die Exporte des Wuppertals erreichten somit eine Höhe, die vergleichbar ist mit dem ungleich viel größeren schlesischen Kreis Hirschberg. Hier wurden zwischen 1773 und 1774 Leinenwaren im Wert von zwei Millionen Reichstalern exportiert.[38]

32 Der bergische Zentner entsprach 51,5 kg. Vgl. *Huck/Reulecke*, Reisen, S. 261.

33 Vgl. *Gebhard*, Bericht, S. 30–32. Jacobi macht keine einheitlichen Gewichtsangaben. Zur besseren Vergleichbarkeit sind diese hier berechnet. Ein Sack Moltgarn wog nach den Angaben zu den Bandwebstühlen fünf bergische Zentner. 110 bergische Pfund entsprachen einem Zentner, woraus sich für die bei Jacobi angegebenen 715.000 Pfund Baumwolle ein Gewicht von 6.500 Zentner ergibt. Zu Maßen und Gewichtseinheiten im Herzogtum Berg vgl. *Huck/Reulecke*, Reisen, S. 260 f.

34 Vgl. *Gebhard*, Bericht, S. 23. Zum nachteiligen Einfluss des Garnnahrungsmonopols vgl. ebd., S. 59 f. Eine überzeugende Interpretation von Jacobis Auslegung des von ihm zusammengetragenen Zahlenmaterials sowie seiner wirtschaftspolitischen Überzeugungen bei *Kisch*, Textilgewerbe, S. 224 ff. Zu Friedrich Heinrich Jacobi und seinen wirtschaftspolitischen Ansichten vgl. *Hammacher/Hirsch*, Wirtschaftspolitik.

35 Vgl. *Kermann*, Manufakturen, S. 238. Kermann weist außerdem nach, dass die oft zitierte Zahl von 150 Türkischrotfärbereien im Wuppertal im ersten Jahrzehnt des 19. Jahrhunderts viel zu hoch gegriffen ist und vermutlich alle Färbereien der Stadt mit einschloss.

36 Vgl. *Kermann*, Manufakturen, S. 277.

37 Für die im Märkischen gewebten Bettziechen wurden außerdem noch 1.781 Zentner Garn benötigt, der Wert der exportierten Waren belief sich auf 135.128 Rtlr. Bei den Wuppertaler Kaufleuten verblieben als Reingewinn 10.008 Rtlr.

38 Vgl. *Boldorf*, Leinenregionen, S. 56, Grafik 4. Vgl. zu Schlesien auch *Steffen/Weber*, Spinning, sowie das Dissertationsprojekt von Anka Steffen an der Europa-Universität Viadrina, Frankfurt/Oder »Linen Weaving and Social Change in Silesia – a World Wide In-

Auffallend ist die anhaltende Bedeutung und Lukrativität der Wuppertaler Bandwirkerei. Bei geringerem Material- und Arbeitskräfteeinsatz erwirtschafteten die Kaufleute hier ähnlich hohe Überschüsse wie bei den Breitgeweben. Die in der Forschung gern zitierten Wachstumszahlen der Siamosenweberei, die als Indikator für die wirtschaftliche Dynamik des Wuppertals gelten sollen, verdecken, dass die Bandweberei bis spät ins 18. Jahrhundert hinein eine herausragende wirtschaftliche Bedeutung innerhalb der Wuppertaler Textilindustrie besaß. Noch dazu hatten die Wuppertaler Verleger-Kaufleute auf diesem Gebiet innerhalb Deutschlands eine marktbeherrschende Stellung erreicht: so nennt das 1798 erschienene Fabriken- und Manufakturenverzeichnis von Johann Christian Gädicke 44 Leinenbandfirmen in Barmen und zwanzig in Elberfeld, als sonstigen möglichen Lieferanten innerhalb der deutschsprachigen Territorien jedoch nur noch eine einzige Firma in Breslau.[39]

Im Wuppertal dieser Zeit muss ein ständiges Kommen und Gehen geherrscht haben. Je näher man dem Wuppertal kam desto häufiger begegneten einem die schwer beladenen Frachtwagen, »die sich mühsam aus einem engen Thale heraufziehen, um den größten Theil Deutschlands mit dessen Produkten zu versehen, und selbst in die entferntesten Weltgegenden Proben der regen Spekulation und des unermüdlichen Fleißes seiner Bewohner zu versenden«.[40] Die Wuppertaler Kaufleute erwirtschafteten dank dieses Fleißes trotz der geringen Marge von durchschnittlich acht Prozent einen jährlichen Gewinn in Höhe von etwa 250.000 Reichstalern – eine ungeheure Summe: das jährliche Steueraufkommen des gesamten Herzogtums Berg lag bei 600.000 bis 700.000 Reichstalern.[41] Nur durch schiere Masse ließen sich bei der geringen Marge solch hohe Gewinne erzielen, woraus sich nicht zuletzt ergibt, dass vor allem kapitalkräftige Kaufleute hohe Renditen erwirtschaften konnten.

3.1.2 Absatzwege und -märkte in der ersten Hälfte des 18. Jahrhunderts

Bereits zu Beginn des 18. Jahrhunderts korrespondierten die Wuppertaler Verleger-Kaufleute in einem weit gespannten Handelsnetz und verfügten über gute Beziehungen zu den wichtigsten Handelsplätzen in Europa. Von besonderer

tegrated Proto-Industry in Eastern Central Europe« https://www.kuwi.europa-uni.de/de/lehrstuhl/kg/wisogeschi/forschung/Globalized-Periphery/Teilprojekte/Projekt-A/index.html (02.10.2019).

39 Vgl. *Gädicke*, Fabriken-Lexicon, S. 10 f.

40 *Gruner*, Wallfahrt, S. 354.

41 Vgl. *Croon*, Stände und Steuern, S. 190. Wie eingangs erläutert, beruhte das Steueraufkommen des Landes weitgehend auf der Besteuerung von Landbesitz. Die Kaufleute konnten ihre Gewinne nahezu unversteuert genießen.

Bedeutung waren für sie die großen Messen im Alten Reich, Frankfurt/Main und Leipzig, aber auch die kleineren Messen in Braunschweig, Mainz, Straßburg und Frankfurt/Oder wurden von ihnen bedient. Auf der Messe am Main waren die Wuppertaler Kaufleute seit dem 16. Jahrhundert vertreten.[42] Auch die Leipziger Messe war für die Wuppertaler Kaufleute ein fester Handelsplatz, der so regelmäßig aufgesucht wurde, dass einige von ihnen dort ein dauerhaftes Warenlager einrichteten.[43] Die Kaufleute verkauften auf den Messen sowohl das gebleichte Garn als auch Endprodukte wie Leinwand und Leinenband, Schnürriemen, Schustergarn (Spinal) oder Zwirn in großen Mengen. Bereits Anfang des 18. Jahrhunderts überwogen die Fertigprodukte das Zwischenprodukt Garn.[44]

In der ersten Hälfte des 18. Jahrhunderts kam auch dem Direkthandel mit Kunden im europäischen Ausland größere Bedeutung zu, der über die in der Literatur für gewöhnlich genannten Abnehmergebiete Frankreich und Niederlande weit hinausreichte. Der Elberfelder Kaufmann Johannes Plücker etwa hatte bei seinem Tod 1710 Forderungen an Kunden in Köln, Antwerpen, Amsterdam, Rouen und London.[45] Außerdem lagerten noch zwei Fässer Band und vier Ballen Garn sowie eine beträchtliche Summe Bargeld bei dem Kaufmann Levino Thercy in Sevilla, was den frühesten Beleg für Geschäftsbeziehungen Wuppertaler Kaufleute auf der Iberischen Halbinsel darstellt.[46] Der Garn- und Leinenbandhändler Conrad Kersten besaß in den 1720er Jahren direkte Geschäftsbeziehungen nach Troyes, Rouen, Lyon, Paris, Reims, Amsterdam und Lüttich und damit in die traditionell genannten Absatzgebiete für Wuppertaler Textilerzeugnisse.[47] Der Elberfelder Verlagskaufmann Gerhard Werner Teschemacher wiederum, der zwischen 1700 und 1740 mit Garn, Zwirn und Leinenband handelte, verkaufte seine Waren hauptsächlich in die Niederlande (Amsterdam, Rotterdam, Harlem und Eindhoven), ins heutige Belgien (Antwerpen, Brüssel, Gent, Brügge und Tournai) sowie nach Frankreich (St. Omer, Lille, Reims,

42 Vgl. *Dietz*, Garnnahrung, S. 84.

43 So besaß der Elberfelder Kaufmann Johannes Plücker bei seinem Tod 1710 ein Lager im Wert von 3.272 Rtlr. in Leipzig. Der Wert der vorrätigen Textilprodukte in Plückers Haus in Elberfeld belief sich auf 4.454 Rtlr. und war damit nur wenig höher als der des auswärtigen Warenlagers. Vgl. *Schell*, Inventarium.

44 1717 transportierten dreißig Wuppertaler Kaufleute 364 Packen Lint- und Schnurerzeugnisse, 263 Packen Garn und 134 Stück verschiedene Leinenzeuge zur Frankfurter Messe. Insgesamt hatten die zur Frankfurter Messe transportierten Waren einen Wert von etwa 150.000 Rtlr., so dass ein Händler im Mittel Waren für 5.000 Rtlr. zum Verkauf mitbrachte. Vgl. *Dietz*, Garnnahrung, S. 93 f.

45 Vgl. *Schell*, Inventarium, S. 175. Bei dem Londoner Geschäftspartner handelte es sich um den gebürtigen Elberfelder Joh. Wilhelm Teschemacher. Bei ihm lagerten 22 Ballen Saflor für Plücker. Vgl. zu den Teschemachers und anderen Elberfelder Kaufleuten in London *Schulte Beerbühl*, Kaufleute, passim.

46 Vgl. *Schell*, Inventarium, S. 177.

47 Vgl. *Krause*, Geld, S. 11 f.

Rouen und Lyon). Außerdem hatte er etliche Geschäftskontakte in London.[48] Die Warenmessen scheinen dagegen für Teschemachers Absatz keine Rolle gespielt zu haben.[49] Nichtsdestotrotz war in den meisten Fällen eine Kombination aus Messe- und Direkthandel ins deutsche und europäische Ausland die Norm für die Wuppertaler Kaufleute.

Dieses Muster hatte auch über den Siebenjährigen Krieg hinaus Bestand. Die Messen waren weiterhin bedeutende Absatzmärkte, und die Wuppertaler Kaufleute schickten zentnerweise ihre Textilfabrikate nach Frankfurt/Main, Leipzig, Mainz oder Straßburg. Immer häufiger lieferten sie darüber hinaus zu den Messeterminen Direktbestellungen an Kaufleute aus, die von Messe zu Messe zogen und die eine bestimmte Messe als Clearingstelle benutzten.[50] Teils mögen die Wuppertaler Waren auch gezielt bestellt worden sein, um das Warenangebot eines Händlers auf der Messe zu vervollständigen oder um als Retourfracht von den Messen zu dienen.[51] Der Transport der Waren und der allgemeine Ablauf des Handels war so gut organisiert, dass viele der Wuppertaler Kaufleute nur noch ausgewählte Messeorte besuchten – für gewöhnlich Frankfurt/Main oder Leipzig.

Auch der Direkthandel bewegte sich in den beschriebenen Bahnen. So bediente beispielsweise ein Barmer Kaufmann auf direktem Wege Kunden in Paris, Luxemburg, Basel, Lausanne, Prag und Lissabon – ein weiterer Beleg für die Bedeutung der Iberischen Halbinsel als Absatzort.[52] Außerdem lieferte er beträchtliche Mengen an Bandwaren für die drei Remscheider Handelshäuser Peter Hasenclever & Sohn, Peter & Arnold Hasenclever sowie Wittib Johann Busch & Söhne direkt nach Nijmegen, von wo diese den Weitertransport, vermutlich ebenfalls auf die Iberische Halbinsel, übernahmen.[53]

48 Hier scheint Teschemacher den Namen der Geschäftspartner nach zu schließen vor allem mit französischen und niederländischen Häusern gehandelt zu haben, jedoch nicht mit alteingesessenen englischen Kaufleuten Vgl. *Dietz*, Garnnahrung, S. 103.

49 Es geht aus Dietz' Auswertung allerdings nicht hervor, ob Teschemacher nicht ggf. die Waren auch zu den Messeterminen lieferte.

50 Diese Art von umherziehendem Messehandel ist eingehend untersucht für die Iserlohner Kaufleute. Vgl. *Reininghaus*, Iserlohn, S. 282–310. Auch Kaufleute aus Neuenrade betrieben diese Art von Messe-Wanderhandel. Sie sind als Kunden Wuppertaler Bandverleger bis in die 1790er Jahre hinein belegt und sorgten ebenfalls in großem Stil dafür, dass die Wuppertaler Waren in den Messehandel eingespeist wurden. Zu den Kaufleuten aus Neuenrade und ihrem Handel vgl. *Stievermann*, Neuenrade, passim.

51 Dies legt das Notizbuch eines unbekannten Barmer Kaufmannes für die Jahre 1763 und 1764 nahe. In dem Notizbuch sind auch Warenmuster eingeklebt, die zu den frühesten materiellen Zeugnissen der Wuppertaler Bandwaren gehören. Vgl. STAW J II 1.

52 Vgl. ebd. Der in diesem Notizbuch genannte Lissabonner Kunde, Jacob Franz Gilardi, gehörte später auch zu den Kunden Abraham Froweins (s. 3.2.1).

53 Diese Verbindungen der Remscheider Häuser sind auch im Kontext der Geschäfte Abraham Froweins von Bedeutung und werden dort noch einmal ausführlicher behandelt. Vgl. 3.2.1.

Für die erste Hälfte des 18. Jahrhunderts lässt sich zusammenfassend festhalten, dass eine zunehmende Individualisierung, Intensivierung und Flexibilisierung des Handelsverkehrs stattfand.[54] Die Garneinkäufe wurden nicht mehr durch Abgesandte der Garnnahrung bei den Produzenten direkt vorgenommen, sondern einzelne Wuppertaler Kaufleute bezogen das Rohgarn von Handelshäusern in den Leinengegenden. Die Bezugsorte waren, mit dem Aufkommen Schlesiens als neuem Rohstofflieferanten, nun stärker differenziert sowie die Handelsbeziehungen dorthin individualisiert. Auf der Absatzseite wich das termingebundene Messegeschäft mehr und mehr dem ständigen Handel mit Direktkunden. Auch änderten die Messen ihre Funktion; sie dienten nur noch teilweise dem direkten Verkauf, sondern bildeten eher Sammelpunkte zur Auslieferung von spezifischen Aufträgen.[55] Als Absatzmarkt spielten neben den deutschsprachigen Territorien, die weiterhin hauptsächlich über die Messen versorgt wurden, vor allem Frankreich, die Niederlande und Belgien eine große Rolle. Von Bedeutung waren außerdem Geschäftsbeziehungen nach England und auf die Iberische Halbinsel.

Die Wuppertaler Verleger-Kaufleute waren somit bereits in der ersten Hälfte des 18. Jahrhunderts unmittelbar in eine Vielzahl von Handelsbeziehungen eingebunden, die aus drei sich überlappende Kreisen bestanden: der Handel vor Ort und in der nächsten Umgebung, der Handel innerhalb des Alten Reiches, vor allem auf den Messen, und der internationale Fernhandel. Für letzteren nutzten die Wuppertaler Kaufleute sowohl direkte Geschäftsverbindungen zu französischen, niederländischen und spanischen Firmen, Absatzmöglichkeiten durch Remscheider und Solinger Handelshäuser sowie Kontakte zu deutschen Kaufleuten, die sich im Ausland etabliert hatten. Diese miteinander verschränkten Handelsbeziehungen bildeten die Grundlage für die stetige Ausweitung des Wuppertaler Handels in der zweiten Hälfte des 18. Jahrhunderts.

3.2 Wuppertaler Firmen im Porträt

Die in 3.1.1 angeführten Zahlen vermitteln eine erste Vorstellung von der großen wirtschaftlichen Dynamik, die in der zweiten Hälfte des 18. Jahrhunderts im Wuppertal herrschte. Sie verraten jedoch nur wenig über das Innenleben des Gewerbes und über die beteiligten Akteure. Wer waren die treibenden Kräfte hinter dem massiven Wachstum? Auf welchen Märkten bewegten sich die Wuppertaler Kaufleute besonders intensiv? Wurden gezielt neue Produkte eingeführt

54 Vgl. hierzu auch *Häberlein/Jeggle*, Praktiken; *Denzel*, Commercial Communication.

55 Das Nebeneinanderbestehen des Direkt- und Messehandels spricht gegen Kisch' These, dass es bereits im 18. Jahrhundert Kartellabsprachen gegeben hätte und die Wuppertaler Kaufleute die Märkte untereinander aufgeteilt hätten. Vgl. *Kisch*, Textilgewerbe, S. 188.

oder durch bestimmte Strategien gefördert? Welche Bedeutung hatte die Gemeinschaft der Kaufleute für die Akteure? Wie gestaltete sich der Übergang zur Mechanisierung?

Um Antwort auf diese und weitere Fragen zu erhalten, werden im Folgenden vier Wuppertaler Verleger-Kaufleute und ihre Firmen näher betrachtet. Die Firmen Abraham & Gebrüder Frowein, Johann Peter von Eynern & Söhne, Johann Friedrich & Friedrich Wilhelm Bredt sowie die Firma Wuppermann in ihren unterschiedlichen Zusammensetzungen dienen dabei als Sonde, um unterschiedliche Aspekte der oben beschriebenen Dynamik herauszuarbeiten. Schon aufgrund des unterschiedlich gelagerten Quellenmaterials soll nicht versucht werden, für jede Firma eine umfassende Gesamtdarstellung zu liefern. Vielmehr stehen die vier Firmen *pars pro toto* für unterschiedliche Schwerpunkte und Entwicklungspfade.

3.2.1 Ausweitung der Märkte – die Firma Abr. & Gebr. Frowein

Als der Elberfelder Kaufmann Abraham Frowein 1763 seine ersten Geschäfte auf eigene Rechnung tätigte, verfügte er nur über einige hundert Reichstaler Startkapital sowie einen wohlwollenden Arbeitgeber, der ihn bei den ersten Schritten in die Selbständigkeit unterstütze. 25 Jahre später, bei der Aufnahme seiner beiden Neffen Kaspar und Abraham Frowein in die Firma, summierte sich der Wert der Firma samt ihren Warenbeständen und ausstehenden Forderungen auf 70.000 Reichstaler.[56] Und nochmals vierzig Jahre später belief sich das Geschäftsvermögen auf über 350.000 Taler preußisch Courant. Wie war ein solches Wachstum ausgehend von einer äußerst geringen Kapitelbasis in dieser verhältnismäßig kurzen Zeit möglich? Die hier detailliert dargestellte Entwicklung der Firma Abr. & Gebr. Frowein beantwortet nicht nur diese Frage und zeigt auf, wie die Neugründung eines Bandverlags im 18. Jahrhundert auch mit bescheidenen Mitteln funktionieren konnte. Vielmehr offenbaren die Absatzstrategien der Firma Abraham Froweins (seit 1787 Abr. & Gebr. Frowein) die strukturellen Voraussetzungen für die wirtschaftliche Dynamik des Wuppertals und dessen erfolgreicher Teilhabe am Welthandel des 18. Jahrhunderts. Da die Firma bisher noch nicht Gegenstand einer umfassenden Darstellung geworden ist und das Quellenmaterial außerordentlich reichhaltig vorliegt, werden im Folgenden die Firmengeschichte und vor allem die Erschließung der unterschiedlichen Märkte eingehend nachgezeichnet. Das detaillierte Vorgehen scheint auch deshalb gerechtfertigt, weil für das Wuppertal keine vergleichbaren archivalischen Bestände bekannt sind und die Untersuchung der Firma Abr. & Gebr. Frowein

56 Vgl. FAF Nr. 1344, fol. 20.

somit auch genaueren Aufschluss über Handel und Praktiken der Wuppertaler Bandindustrie im Allgemeinen verspricht.

3.2.1.1 Die Anfänge einer traditionellen Bandfirma im Zusammenspiel von lokalen und fernen Märkten

Abraham Frowein, der Gründer der Firma, wurde 1734 in Unterbarmen geboren. Sein Vater, ein Garnbleicher, war bereits 1743 gestorben. Die Mutter Abraham Froweins, Anna Gertrud Brückenberg (1706–1792), besann sich auf verwandtschaftliche Beziehungen und brachte ihren Sohn bei der Elberfelder Garnhandelsfirma Joh. Peter & Joh. Caspar Cappel Ende der 1740er Jahre als Lehrling unter.[57] Wenngleich hierüber keine weiteren Informationen vorliegen, so kann anhand von Abraham Froweins späteren Geschäftsbüchern davon ausgegangen werden, dass er bei der Firma Cappel eine gründliche Ausbildung durchlief und das Rüstzeug des Kaufmanns erlernte. Nach Beendigung der Lehre scheint er weiterhin als Handlungsdiener in Cappels Diensten geblieben zu sein, allerdings mit dem Ziel, sich in absehbarer Zeit als Kaufmann selbständig zu machen.[58]

Die anfänglichen Geschäfte Abraham Froweins machen deutlich, mit welch geringen Kapitalien solche erste Schritte unternommen werden konnten, wenn diese von einem wohlwollendem Umfeld begleitet wurden. So unterstützen ihn seine Arbeitgeber, indem sie ihm Garn im Wert von 182 Reichstalern zum Selbstkostenpreis überließen.[59] Die Cappels folgten dabei guter kaufmännischer Praxis, denn es wurde gerade auch in den Normen festschreibenden Kaufmannshandbüchern vom Lehrherrn erwartet, dass er seinen Angestellten beim Gang in die Selbständigkeit zur Seite stand.[60] Die ersten Verkäufe erfolgten

57 Die Firma Cappel wurde von den Brüdern Johann Peter Cappel (1711–1792) und Johann Caspar Cappel (1710–1764) gemeinsam geführt und handelte zu diesem Zeitpunkt wohl hauptsächlich mit Garn. Die beiden Brüder waren Söhne des Elberfelder Bürgermeisters von 1715, Johann Peter Cappel, und beide mit Frauen aus der einflussreichen Familie Carnap verheiratet. Johann Peter Cappel der Jüngere wurde 1754 ebenfalls zum Bürgermeister gewählt. Die Familie Cappel gehörte damit zur Elberfelder Führungsschicht, wenngleich sich keine konkreten Aussagen über ihre wirtschaftliche Bedeutung machen lassen. Laut Strutz ging Abraham Frowein erst um 1755 in die Garnhandlung der Gebrüder Cappel, um dort das Kaufmannsgeschäft zu erlernen. Vgl. *Strutz*, 175 Jahre, S. 25. Aussagen von Abraham Frowein in seinem Briefkopierbuch lassen allerdings darauf schließen, dass er bereits in den 1740er Jahren bei Cappel angefangen hatte, wie es auch seinem Alter entsprochen hätte.

58 Das Jahr 1763 gilt als Gründungsjahr von Abraham Froweins Firma. Der erste Geschäftseintrag in seinem Firmenbuch ist allerdings vom 10.4.1764. Das Buch ist mit folgender Widmung versehen: »Mein Anfang stehet im Nahmen des Allerhöchsten. Er wolle mich segnen zu allen Zeiten. Abraham Frowein junior«. Vgl. FAF Nr. 1350, fol. 1.

59 Vgl. ebd.

60 »Edle, rechtschaffene Principale thun daher gewiß immer alles mögliche ihren guten treuen Bedienten das eigne Etablissement zu erleichtern. Sie rathen, helfen und unterstützen den jungen Anfänger, wo sie nur können. Und sie thun dieses alles aus keiner an-

anderthalb Jahre später, als Abraham Frowein kleinere Mengen von Langetten und geköpertem Leinenband an zwei Elberfelder Kaufleute liefern konnte.[61] Beide Kunden zahlten relativ kurzfristig und Frowein erhielt sein Geld drei bis sechs Monate nach Lieferung der Ware. Während dieser Zeit war er weiterhin bei Cappels beschäftigt gewesen, so dass er nicht allein auf den Verdienst durch die Verlegertätigkeit angewiesen war.

In den folgenden Jahren konnte Frowein seine Tätigkeit als Verleger-Kaufmann langsam, aber beständig ausweiten. Er profitierte dabei von den eingespielten Verfahren und Abläufen der Wuppertaler Textilindustrie. So nahmen ihm anfangs vor allem Kaufleute aus Elberfeld und Barmen Leinenband ab. Seine Sendungen zu Messeterminen konnte er wiederum den Lieferungen anderer Kaufleute, die zu den Messen fuhren, beipacken, so dass er keinen eigenen Transport für seine bescheidenen Mengen organisieren musste. Auch in Bezug auf die Bezahlung konnte Frowein auf eine etablierte Infrastruktur zurückgreifen. So erhielt er die Zahlung entweder durch Fuhrleute oder Kaufleute, die von den Messen zurückkamen, oder sie wurden per Postwagen als versiegelte Münzrolle übersandt. Die Zahlung erfolgte meist mit Rabatt in Höhe von drei bis vier Prozent für sofortige Zahlung, nur wenige Kunden schöpften die Zahlungsfrist von sechs bis neun Monaten aus. Wechsel erhielt Frowein in dieser Zeit keine, so dass auch die Buchhaltung sehr einfach blieb. In den meisten Fällen bestellten die Kunden weißes Band in Leinwand- oder Köperbindung in vielen verschiedenen Breiten, vereinzelt lieferte Frowein auch gefärbtes Band. Die Anforderungen an Froweins Lager und an seine Bandwirker waren demnach ebenfalls überschaubar.

Auch wenn Frowein seinen Kundenkreis in den folgenden Jahren ausweiten und Kunden in Neuenrade und Iserlohn hinzugewinnen konnte, die regelmäßig und auch größere Mengen bestellten, blieben doch die lokalen Geschäftspartner seine wichtigsten Kunden. Jacob Wortmann aus Elberfeld beispielweise kaufte von Dezember 1767 bis November 1769 für 1.170 Reichstaler Band; Wittenstein & Heilenbeck in Gemarke bestellten regelmäßig zu den Messen und kamen in dem Zeitraum September 1766 bis Januar 1770 auf einen Gesamtbetrag von 2.735 Reichstalern. Sie gehörten damit zu Abraham Froweins besten Kunden.

Froweins erstaunlich reibungslos verlaufender Anfang als selbständig handelnder Kaufmann verweist auf die wirtschaftliche Dynamik des Wuppertals. Die Nachfrage nach Leinenband war hoch genug, dass auch die bereits bestehenden Wuppertaler Häuser durch eine Ausweitung des Angebots keinen

dern, als der Ursache, um ihre bewiesene Treue zu belohnen.« *Meyer*, Kunst, S. 28f. Andere Kaufleute waren allerdings nicht so glücklich bei der Wahl ihres Lehrherrn. Vgl. *Stölzer*, Lebensbeschreibungen.

61 Im September 1765 und im Mai 1766 liefert er an Wilhelm Deus Langetten im Wert von 65 Rtlr. sowie geköpertes Leinenband an die Elberfelder Kaufleute Jacobi & Sombart im Wert von 44 Rtlr. FAF Nr. 1350, fol. 2, 3.

Schaden erlitten. Vielmehr nutzten sie vor Ort die Möglichkeit, ihr Sortiment bei anderen Anbietern zu komplettieren und so die eigene Lagerhaltung zu reduzieren.[62] Die Wuppertaler Kaufmannschaft erweist sich somit als eine in sich verbundene Gruppe, die in der Lage war, Neuanfänger schnell und erfolgreich in die bestehenden Strukturen zu integrieren und sogar zu fördern. Anfängern wurde der Weg geebnet, nicht etwa verstellt. Dass die rasche und willige Aufnahme nicht nur Anfängern zuteilwurde, die aus dem Tal stammten, beweisen auch die zahlreichen Erfolgsgeschichten von Zugewanderten wie etwa dem Wollbandverleger Johann Peter von Eynern, der aus dem Märkischen kam, oder dem Bankhaus der Familie Kersten, die ihre Ursprünge im Hessischen hatte.[63] Inwieweit dies als typisches Merkmal für die Dynamik in proto-industriellen Gewerberegionen anzusehen ist, müsste noch vergleichend untersucht werden.

Für Abraham Frowein bot der lokale Handel letztendlich jedoch nur geringes Wachstumspotential und niedrige Gewinnspannen.[64] Auch war der Erfolg auf den einzelnen Messen durchaus unterschiedlich und stark konjunkturabhängig. Wie Abrahahm Frowein 1772 an einen Geschäftsfreund berichtete, war die damalige Messe nicht gut ausgefallen: »Anjetzo empfinden man mehr schlegte Zeit als vorm halben Jahr, hoffen doch der gütige Gott wirds bald beßern die ffurther Meß ist noch so mittelmäßig außgefallen sonderlich von die Siamoisen Fabriquate was unsere Lint Waar anlangt ist nicht übermaßig gewesen.«[65]

Der weitere Erfolg Abraham Froweins war daher auch seiner Bereitschaft geschuldet, bereits fünf Jahre nach Beginn seiner Handelstätigkeit seine Absatz-

62 Auf einem Preiskurant der Firma Abr. & Gebr. Frowein vom Ende des 18. Jahrhunderts ist das lieferbare Angebot der Firma aufgeführt: Die Firma bot insgesamt 19 verschiedene Bandsorten aus Leinen, Baumwoll-Leinen-Gemisch und Wolle an. Allein das einfache Leinenband (Harlem uni) wurde in 29 Breiten zu je drei verschiedenen Längen angeboten. In dem etwa zur gleichen Zeit erstellten Inventar der Firma waren aber nur 18 verschiedene Breiten zu unterschiedlichen Längen im Lager der Firma vorrätig. Um kurzfristig Bestellungen ausliefern zu können, war es häufig nötig, bei anderen Firmen Bandsorten zuzukaufen. Vgl. FAF Nr. 1344; FAF Nr. 1454.

63 Zu Johann Peter von Eynern und seinen Anfängen s. 3.2.2.1. Zu den Anfängen der Familie Kersten vgl. *Krause*, Geld, S. 11–17.

64 Aus Froweins Unterlagen lassen sich keine Aussagen über die erzielten Gewinne machen. Friedrich Jacobi ging, wie gesagt, in seinem Bericht über die Industrie des Herzogtum Bergs von einem Reingewinn von acht Prozent aus. Das mag für Froweins Geschäfte, zumindest beim Zwischenhandel, durchaus zutreffen. Im April 1767 kaufte er beispielsweise Nr. 80 Keperlint bei Cappel ein, wohl weil er den Artikel nicht selbst herstellte oder vorrätig hatte. Frowein zahlte für das Dutzend, jedes Stück zehn brabantische Ellen lang, 1 Rtlr. 34 Str. Vgl. FAF Nr. 1350, fol. 31. Im gleichen Monat lieferte er Nr. 80 Keperlint (gleiche Länge) an die Barmer Firma Wittenstein & Heilenbeck, das er ihnen mit 1 Rtlr. 42 Str. pro Dutzend berechnete. Vgl. ebd., fol. 16. Seine Handelsspanne betrug damit acht Stüber pro Dutzend, das sind 8,5 Prozent. Bei eigener Herstellung müssen die Spannen höher gelegen haben, sonst hätten sich Rabatte von vier bis sechs Prozent kaum aufrechterhalten lassen.

65 FAF Nr. 1345, Brief an C. W. Hoemann in Amsterdam, 22.9.1772.

märkte geografisch deutlich auszudehnen. Abraham Frowein verband hierbei persönliche Risikobereitschaft mit der Möglichkeit, bereits existierende Handelsnetze zu nutzen. Die Wege, welche er dabei beschritt, sagen einiges aus über die Einbindung der Wuppertaler Textilindustrie in den damaligen Fernhandel und die Organisation des Handels allgemein.

Am 11. April 1769 schrieb Abraham Frowein einen ersten Akquisebrief, der über die Grenzen Deutschlands hinausging. Dabei schrieb er allerdings nicht an einen potenziellen Kunden in den Nachbarländern Niederlande oder Frankreich, sondern der Brief war an Peter Forstall in Santa Cruz auf Teneriffa gerichtet. In seinem Brief, der laut Inhaltsangabe auch eine Preisliste und ausgewählte Muster enthielt, bezog sich Abraham Frowein auf einen Freund, der bei Emyan (Amyand) & Siebel in London in Stellung war und der ihn auch empfehlen würde. Damit sind in dieser ersten Aktion bereits zwei Regionen berührt, deren Bedeutung für die kontinentaleuropäische Wirtschaft im Allgemeinen und die Wuppertaler Wirtschaft im Besonderen bisher eher unterschätzt wurden: London und Spanien. Erst in jüngerer Zeit ist herausgearbeitet worden, wie sowohl durch Kettenwanderung nach London als auch durch die Etablierung von Kaufmannssozietäten mit deutscher Beteiligung in Cádiz und Bordeaux proto-industrielle Regionen auch auf direktem Wege in den internationalen Handel eingebunden waren. Dies gilt vor allem für die Regionen Westfalen und Schlesien.[66]

Froweins Geschäftstätigkeit rückt jedoch noch ein weiteres Zentrum des damaligen Welthandels in den Blick: die niederländische Hafenstadt Amsterdam.[67] Zwar hatten die Niederlande ihr »goldenes Zeitalter« im 17. Jahrhundert erlebt und das 18. Jahrhundert gilt allgemein als Zeit des Niedergangs, doch blieb der Handel mit Spanien von diesem Niedergang weitgehend unberührt. Spanien blieb ein wichtiger Markt für niederländische Textilwaren und die Niederländer konnten sich weiterhin einen wertvollen Anteil am spanischen Amerikahandel sichern.[68] Amsterdam konnte außerdem seine Bedeutung als ein Informationszentrum ersten Ranges halten, dem nur London das Wasser reichen konnte. Für den Fernhandel grundlegende Dinge wie Warentransport, Versicherung und Wechselgeschäfte wurden in Amsterdam weiterhin im großen Maßstab abgewickelt. Im Laufe des 18. Jahrhunderts hatte sich die Amsterdamer Kaufmannschaft vermehrt auf solche Dienstleistungen verlegt statt auf den eigentlichen Warenhandel. Dies spiegelte sich auch in der gewachsenen Bedeutung des Kommissionshandels wider, in dem Kaufleute gegen eine prozentuale

66 Vgl. *Weber*, Deutsche Kaufleute; *Schulte Beerbühl*, Kaufleute; *Schulte Beerbühl/Weber*, Westphalia. Vgl. auch Tab. 3 und 11 sowie die Karten 2 und 3 in *Weber*, Deutsche Kaufleute.

67 Zu Amsterdam im 18. Jahrhundert vgl. *Diederiks*, Amsterdamer Kaufleute; *Vries/Woude*, Modern Economy; *Lindemann*, Merchant Republics.

68 Vgl. *Vries/Woude*, Modern Economy, S. 422, 487.

Gebühr die Vermittlung von Waren übernahmen, die im Besitz dritter, in der Regel entfernt residierender Kaufleute waren.[69]

All dies machte sich auch in Abraham Froweins Versuchen bemerkbar, in den Spanienhandel einzusteigen. Seine Bemühungen über London und Santa Cruz blieben nämlich erst einmal ohne Erfolg.[70] Stattdessen versuchte er vermehrt, in den Niederlanden Abnehmer für seine Waren zu finden, hatte allerdings auch die spanischen Kolonien in Übersee im Blick.[71] So offerierte Frowein im Juni 1770 Pieter Herm. Khuysen in Utrecht seine Dienste, gepaart mit der Bitte, ihm die gewünschten Ellenmaße zu nennen. Wenn die Ware nach Westindien gehen sollte, würde Abraham Frowein ihm die Bänder zu 24 brabantischen Ellen Länge machen, für den holländischen Handel aber zu 34 brabantischen Ellen.[72] Frowein war also zumindest in Grundzügen über die auf den verschiedenen Märkten herrschenden Usancen informiert.[73]

Eine wirklich dauerhafte Geschäftsbeziehung konnte Frowein jedoch nur mit Kommissionshändlern in Amsterdam aufbauen. Bereits im Frühjahr 1770 hatte der aus Remscheid stammende Kaufmann Carl Wilhelm Hoemann in Amsterdam Frowein angeboten, Waren für ihn in Kommission zu nehmen. Nachdem Hoemann ihm im Frühjahr 1772 ausdrücklich mitgeteilt hatte, dass in Spanien eine starke Nachfrage nach Bandwaren bestünde, entschloss sich Frowein, ihm eine größere Lieferung zu schicken.[74] Sie umfasste Bandwaren im Wert von insgesamt 1.800 Gulden. Das enthaltene glatte Leinenband stammte ausschließlich aus Froweins eigener Fabrikation, das Köperband hatte er zum Teil kaufen müssen. Er war damit nicht nur mit der Investition in eigenes Material und Arbeitslohn in Vorleistung getreten, sondern hatte auch bei anderen Händlern

69 Vgl. etwa die zeitgenössische Einschätzung: »Der Fracht und Zwischenhandel Amsterdams ist bis zum Ausbruch der letztern Revolution im Staat, überaus groß und ausgebreitet gewesen; er hat jährlich viele Millionen eingebracht. Mit diesen war ein unermeßlich gewinnreicher Kommissionshandel verknüpft.« Art. »Amsterdam«, Sp. 724f.

70 Dies ändert sich auch zwei Jahre später nicht, als Frowein sein Angebot an Peter Forstall wiederholte und ihm sogar acht Prozent Rabatt anbot. Möglicherweise waren auch Sprachprobleme ein Hindernis, denn Frowein wies in seinem Brief darauf hin, dass man in Elberfeld der englischen Sprache unkundig sei. Vgl. FAF Nr. 1345, Brief an Peter Forstall in Santa Cruz, 3.5.1771.

71 Am Ende des Jahrzehnts verfügte Frowein außerhalb Amsterdams auch nur über eine geringe Anzahl von Kunden (in Emden, Rotterdam, Utrecht und Loon), die außerdem in großen Abständen und vergleichsweise geringe Mengen bestellten. Der niederländische Markt hatte demnach nur eine untergeordnete Bedeutung für Froweins Geschäfte.

72 Vgl. FAF Nr. 1345, Brief an Pieter Herm. Khuysen in Utrecht, 22.6.1770.

73 In späteren Jahren wies er beispielsweise ausdrücklich darauf hin, dass er die Appretur der Bänder an die verschiedenen Märkte anpassen könne – ein Umstand, der ihm anfangs möglicherweise nicht bekannt war. Vgl. FAF Nr. 1345, Brief an J. G. Fredericks in Amsterdam, 23.10.1772.

74 Vgl. FAF Nr. 1345, Brief an C. W. Hoemann in Amsterdam, 27.3.1772.

zugekauft, um seine Lieferung zu komplettieren. Die gesetzten Preise machten ihm wegen der Unkosten, vor allem den Frachtkosten, etwas zu schaffen. Wie Frowein freimütig einräumte, war er auf baldige Zahlung angewiesen: »Ich bin noch nicht so bestellt daß tausende kann aus der Hand wißen und doch meine Fabrique instand halten.«[75]

Hoemann entwickelte sich über die folgenden Jahre und Jahrzehnte zu einem der zuverlässigsten Geschäftspartner, der zwar die Waren hauptsächlich auf Kommissionsbasis vertrieb, aber regelmäßig Abschlagszahlungen an Frowein leistete, auch wenn Abraham Frowein sich immer wieder beklagte, dass die Zahlungen zu schleppend eingingen – eine Dauerklage von Kaufleuten. Für gewöhnlich gab Frowein in regelmäßigen Abständen Wechsel auf Hoemann bei dem Elberfelder Bankhaus Gebrüder Kersten ab, die zwischen 200 und 600 Gulden betrugen und die von Hoemann prompt bedient wurden. Die Jahresabrechnung für das Jahr 1774 zeigt beispielsweise, dass Hoemann für Frowein Bänder im Wert von 2.283 Gulden verkaufte, für die Frowein nach Abzug der Unkosten sowie Hoemanns Kommission in Höhe von drei Prozent 2.165 Gulden als Reinerlös verbuchen konnte.[76] Die über Hoemann vermittelten Verkäufe entsprachen damit in Froweins Büchern denen eines seiner guten Kunden in Frankreich.[77]

Eine deutliche Ausweitung erfuhr Froweins Handel über Amsterdam in Folge seines Besuchs in der Hafenstadt im Sommer 1772. Im Mai 1772 hatte Abraham Frowein Anna Christina von Carnap (1748–1799) geheiratet. Das Paar machte seine Hochzeitsreise nach Amsterdam, wo Frowein nicht nur Carl Wilhelm Hoemann seine Aufwartung machte, sondern auch weitere Kontakte knüpfte, auf die er sich in der folgenden Korrespondenz immer wieder beziehen konnte. Zu seinem wichtigsten Kontakt und nachgerade Mentor entwickelte sich Reinhard Scherenberg, mit dem er ab November 1772 eine geschäftliche Korrespondenz führte. In den folgenden Jahren fungierte Scherenberg immer wieder als wichtiger Mittelsmann: er übernahm für Frowein die Versendung von Waren nach Spanien, nahm Zahlungen für ihn entgegen und besorgte für ihn Farbstoffe und andere Kolonialwaren. Der Ton der Briefe war äußerst freundschaftlich, schloss familiäre Mitteilungen und auch den einen oder anderen Rat von Seiten Scherenbergs ein. Außerdem versorgte Scherenberg Frowein regelmäßig mit Informationen über andere Kaufleute. Scherenberg hatte Frowein anscheinend auch angeboten, ihm, sollte es nötig sein, über einen finanziellen Engpaß hinweg zu helfen.[78] Durch die Wahrnehmung dieser verschiedenen Funktionen wurde

75 FAF Nr. 1345, Brief an C. W. Hoemann in Amsterdam, 28.4.1772.

76 Vgl. FAF Nr. 1348, fol. 161 f.

77 Der Lyoner Kaufmann Jean Ernst bestellte beispielsweise 1780 für 6.835 livres Bandwaren bei Frowein. Das waren etwa 2.300 Rtlr. Vgl. FAF Nr. 1357, fol. 159, 209, 253, 314.

78 Vgl. FAF Nr. 1345, Brief an Reinhard Scherenberg in Amsterdam, 5.8.1774.

Scherenberg Froweins wichtigster Broker in Amsterdam, der ihm den Zugang zum Welthandel erheblich erleichterte.[79]

Scherenberg hatte, wie auch alle anderen Geschäftspartner Froweins in Amsterdam, einen deutschen Hintergrund. Die meisten von ihnen stammten sogar aus dem Bergischen Land. Carl Wilhelm Hoemann beispielsweise war gebürtiger Remscheider und wählte auch eine Ehefrau aus seiner Heimatstadt, Goddert Cappel war vermutlich ein Verwandter von Froweins ehemaligen Arbeitgebern in Elberfeld und der Amsterdamer Bankier Johann Peter von Carnap, dessen Dienste Frowein auch einige Male in Anspruch nahm, war mit den Elberfelder Carnaps verwandt. Froweins Amsterdamer Handelsbeziehungen ordnen sich damit ein in bekannte Muster frühneuzeitlicher Handelsbeziehungen: eine gemeinsame regionale Identität, Sprachgemeinschaft, verwandtschaftliche Beziehungen und, wenngleich hier nicht explizit, die gleiche Konfession sorgten als Bindemittel und Rückversicherungsmechanismen im Fernhandel; sie schafften das unverzichtbare Vertrauen in die weit entfernt wohnenden Handelspartner. Auch halfen sie dabei, eine verbindliche, international gültige Kaufmannskultur, beispielsweise in Bezug auf die Abwicklung von Zahlungen, aufrecht zu erhalten.[80]

Diese Mechanismen griffen auch bei Froweins Versuchen, seinen Handel mit der Iberischen Halbinsel nicht über Amsterdamer Kommissionäre, sondern direkt anzugehen. Bereits im August 1772, verstärkt dann im Lauf des Jahres 1773, fing er an, deutsche, niederländische, französische und englische Handelshäuser in Spanien anzuschreiben.[81] Die Adressen hatte er teilweise von seinen Amsterdamer Kontakten, teilweise auch von Wuppertaler Geschäftsfreunden. Antwort erhielt er vor allem von den deutschen Häusern, die ihm anboten, Waren in Kommission zu nehmen, nicht jedoch, diese verbindlich zu kaufen. Unter ihnen befanden sich auch die Firmen Siemers, Hohmann & Comp. in Cádiz und die gebürtigen Westfalen Ellermann & Schlieper in Sevilla. Sie alle waren Teil der Kolonien von Kaufleuten und Händlern aus anderen europäischen Ländern, welche sich in den spanischen Hafenstädten, vor allem in Cádiz und Sevilla, niedergelassen hatten und einen Großteil des iberischen Handels abwickelten.[82]

79 Zur Funktion von Brokern in den Handelsmetropolen vgl. *Gorißen*, Fernhandel; zur generellen Bedeutung von (Handels-)Agenten vgl. *Cools/Keblusek/Noldus*, Your Humble Servant.

80 Vgl. grundlegend hierzu *Curtins*, Cross-Cultural Trade, sowie die Forschung resümierend *Trivellato*, Introduction. An Fallstudien vgl. *Gorißen*, Vertrauen; *Trivellato*, Familiarity; *Haggerty*, Merely for Money.

81 Das Sprachproblem bestand weiterhin. Bei seinem Brief an Paul Aheran in Cadiz vom 12.10.1773 vermerkte Frowein beispielsweise in seinem Briefkopierbuch »habe diesen teutschen Brief auf Englisch übersetzen lassen« und bat um Antwort auf Französisch. Vgl. FAF Nr. 1345.

82 In Cádiz kamen fast fünfzig Prozent aller Kaufleute aus dem Ausland. Sie erwirtschafteten zudem deutlich größere Gewinne als die einheimischen Kaufleute. Vgl. *Wiecker*, Atlantikhandel, 145 f. Zum iberischen Transatlantikhandel vgl. auch *Lamikiz*, Trade.

Sie versorgten die iberischen und vor allem die kolonialen Märkten mit Manufakturerzeugnissen wie Eisenwaren und Textilien – Artikel, die, auch wenn sie aus weiter entfernt liegenden Regionen wie dem Herzogtum Berg, der Grafschaft Mark oder aber aus Schlesien kamen, wegen des Preisgefälles in hohem Maße wettbewerbsfähig waren.[83] Die spanische Gewerbeentwicklung war dagegen weit hinter derjenigen Englands, Frankreichs oder auch proto-industrieller Zentren in Mitteleuropa zurückgeblieben; der Agrarsektor dominierte allen Reformbemühungen zum Trotz weiterhin die spanische Wirtschaft.[84]

Das Geschäft in Spanien gestaltete sich trotz der prinzipiellen Aufnahmefähigkeit der Märkte schwierig, denn aufgrund der Konkurrenzsituation zwischen den verschiedenen Kaufmannskolonien und dem wechselhaften Geschäft mit den spanischen Kolonien blieb der Markt äußerst volatil. Vor allem in Cádiz konnten Froweins Agenten kaum einen dauerhaften Absatz für seine Bandwaren garantieren. Schwierigkeiten ergaben sich auch bei Froweins Versuch mit dem Versand von Waren mit einer der letzten spanischen Flotten nach Amerika, kurz bevor das Flottensystem unter Karl III. abgeschafft wurde.[85] Das Flottensystem war etabliert worden, um die in den iberischen Kolonien geförderten Edelmetalle auf der Fahrt nach Europa vor Überfällen zu schützen. Die mit Silber beladenen Schiffe segelten zu einem festgelegten Termin im Verbund mit schwer bewaffneten Kriegsschiffen. Auch aus Europa segelten die Schiffe gemeinsam, in diesem Fall beladen mit Manufakturerzeugnissen, die in Übersee nur in bestimmten Häfen und meist als Gesamtladung verkauft wurden.[86] Das Verfahren war wenig flexibel, bei den Preisen stark schwankend und mit langen Umschlagzeiten verbunden. Bei Froweins Bemühungen, Waren auf diese Weise in Übersee abzusetzen, wartete er nach fünf Jahren immer noch auf eine Erfolgsmeldung.[87]

Mit seinem Kommissionär in Sevilla, dem Kaufmann Augustin L. van Hee, gestaltete sich Froweins Geschäftsbeziehung deutlich einfacher.[88] Bereits die

83 Das Preisgefälle resultierte aus der Inflationsrate, die von den Silberminen in den spanischen Kolonien in Amerika über Spanien entlang der Ströme des spanischen Silbers bis hin nach Asien reichte. Vgl. hierzu *Braudel*, Sozialgeschichte, Bd. 2, S. 207–216. Vgl. zu den negativen Auswirkungen des amerikanischen Silbers auf die spanische Gewerbeentwicklung *Forsyth/Nicholas*, Decline.

84 Vgl. *Lynch*, Bourbon Spain, v. a. Kap. 6; *Gittermann*, Ökonomisierung, S. 235–285.

85 Vgl. *Pietschmann*, Organisation, S. 78–94; *Gittermann*, Ökonomisierung, S. 228.

86 Vgl. zum Flottensystem und dessen Evolution *Stein/Stein*, Silver, S. 8–19, 77–86, 180–199.

87 Die gebürtigen Hanseaten Hohmann, Sylingk & Mutzenbecher hatten für Frowein die Waren auf einem der Flottenschiffe untergebracht und dafür eine Kommissionsgebühr erhalten. Die Waren scheinen letztendlich verkauft worden zu sein. Vgl. FAF 1355, Brief an Hohmann Sylinck & Mutzenberger in Cádiz, 18.12.1781.

88 Van Hee war vermutlich holländischer Abstammung. Seine Nationalität lässt sich aus der Korrespondenz nicht erschließen. Frowein korrespondierte auf Niederländisch und auf Französisch mit ihm. Der erste Brief auf Französisch ist vom 23.3.1776.1775 war Kaspar

erste, umfangreiche Lieferung im Gesamtwert von über 2.000 Gulden konnte dieser zügig absetzen.[89] In den Folgejahren entwickelte sich zwischen ihnen eine dauerhafte Geschäftsbeziehung. Eine jährliche Lieferung von zwei bis drei Fässern mit Band im Wert von gut 2.000 Gulden scheint bis 1780, als der Import von Leinenband nach Spanien verboten wurde, die Regel gewesen zu sein. Dabei waren durchaus Schwierigkeiten zu überwinden gewesen. Einmal konnte in Amsterdam ein Schiff mit Bandwaren an Bord zwei Monate lang nicht auslaufen. Als die Waren endlich Monate später in Sevilla eintrafen, waren sie in keinem guten Zustand und van Hee konnte sie nur mit Rabatten losschlagen. Frowein beklagte, er hätte zwei Prozent Verlust gemacht.[90] Teilweise konnte van Hee aber auch bessere Preise als erwartet erzielen.[91] Als Nicht-Deutscher blieb van Hee aber eine Ausnahme unter Froweins Geschäftspartnern. Denn wenngleich Frowein immer wieder versuchte, auch mit anderen niederländischen, englischen oder französischen Häusern in Spanien in Verbindung zu treten, blieben seine Offerten ohne Antwort. Dass sich so eindeutig regional identifizierbare Netzwerke herausbildeten, war also eher auf der Seite der Abnehmer begründet. Ihnen mag eine enge Vertrautheit mit den angebotenen Warengruppen, für deren Absatz sie schließlich sorgen mussten, wichtiger gewesen sein als die Akquise neuer Handelspartner.

Allgemein erscheint an dieser Stelle als bemerkenswert, dass Frowein in die hier beschriebenen iberischen Handelsnetze nur über Vermittler eingebunden war, aber nicht über eigene Verwandtschaftsbeziehungen, sogenannte *strong ties*.[92] Für Frowein bedeutete dies auf der Sollseite, dass es länger dauerte, sich in einem Netzwerk zu etablieren, auf der Habenseite jedoch, dass das Gefüge seiner Geschäftsbeziehungen einen höheren Grad an Diversität besaß, als wenn er sich allein auf Verwandtschafts-, religiöse oder regionale Beziehungen hätte verlassen können. Froweins Risiko war somit deutlich breiter gestreut als dies bei Kaufleuten mit zwar in ihrer Intensität hoch integrierten, in ihrer Ausdeh-

Frowein, ein Neffe Abrahams, in die Firma eingetreten. Möglicherweise verfügte er über bessere Sprachkenntnisse als sein Onkel. 1774 hatte Frowein noch abgelehnt, van Hee auf Französisch zu schreiben, mit der Begründung, dass er diese Sprache nicht gut beherrsche. Vgl. FAF Nr. 1345, Brief an van Hee in Sevilla, 18.1.1774.

89 Vgl. FAF Nr. 1348, Eintrag vom 17.8.1773, fol 19f.

90 Vgl. FAF Nr. 1348, Briefe an Augustin van Hee in Sevilla, 24.2.1775, 29.9.1775.

91 So hatte Frowein ihm im Oktober 1778 mitgeteilt, dass er farbige Bänder nicht für unter 5 ⅛ Reales verkaufen sollte und das incarnat-farbene für nicht weniger als 6 ¼ Reales pro Dutzend. Anders könne er nicht bestehen. Die von van Hee erzielten Preise lagen bei 5 ½ bzw. 6 ¾ Reales und damit über den von Frowein genannten. Vgl. FAF Nr. 1355, Brief an van Hee in Sevilla, 27.10.1778; FAF Nr. 1357, fol. 1, Verkaufsrechnung vom 3.4.1779 für die im Brief benannten Fässer Nr. 316 und 317.

92 Zur Bedeutung von *weak ties* und *strong ties* für die Herstellung von Netzwerkbeziehungen vgl. grundlegend *Granovetter*, Strength; *Granovetter*, Strength Revisited.

nung jedoch schwachen Netzwerken der Fall war.[93] Vor allem in Krisenzeiten erwiesen sich die breitgespannten Geschäftsnetze von Binnenland-Kaufleuten wie Abraham Frowein als widerstandsfähig gegen Kreditausfälle und ähnlichen Belastungen.[94]

3.2.1.2 Markterschließungen in Europa und Übersee

In der Literatur zum Wuppertaler Bandhandel werden als Absatzmärkte besonders die Niederlande und Frankreich hervorgehoben.[95] Insofern ist es erstaunlich, dass Frowein erst recht spät, nämlich ab Oktober 1772 und dann auch nur zögerlich, versuchte, Kunden in Frankreich zu akquirieren. Der Grund für seine Zurückhaltung lag vermutlich darin, dass er seinem Lehrherrn keine Konkurrenz machen wollte. Erst als dieser die Leinenbandfabrikation aufgegeben hatte, konnte Frowein sich ohne schlechtes Gewissen (und möglicherweise ohne Vertragsbruch zu begehen) auch dem französischen Markt zuwenden.[96] Ein weiterer Grund für Froweins Zögern lag womöglich in seiner begrenzten Beherrschung der französischen Sprache. In seinen frühen Briefen an französische Kunden wies er wiederholt auf mangelnde Sprachkenntnisse hin, und in der Tat sind die von ihm auf Französisch geschriebenen Briefe recht fehlerhaft, wenn auch verständlich. Auch behinderte ihn das fehlende Vokabular dabei, seine Waren anzupreisen: »Excusez moi que j'ecris si peu je suis un allment et ne savais la langue de françois bien.«[97] Frowein musste außerdem feststellen, dass in Frankreich neben Leinenband vor allem Wollband gefragt war, ein Artikel, den er erst in seine Produktion aufnehmen musste und für den teilweise das Rohmaterial schwieriger zu beschaffen war.[98]

In den folgenden Jahren entwickelte sich dennoch Lyon zu einem wichtigen Handelsort. Den ersten regelmäßigen und guten Kunden dort, Schallheimer & Comp., verdankte Abraham Frowein der Vermittlung der Barmer Firma Joh.

93 Vgl. hierzu auch die vergleichende Untersuchung von vier Kaufmannsnetzwerken bei *Haggerty*, Merely for Money, Kap. 6, welche einen ähnlichen Schluss nahelegt.

94 Von den Kreditkrisen, welche sich durch die zweite Hälfte des 18. Jahrhunderts zogen, war Frowein demnach kaum getroffen. Er musste nur geringe Abschreibungen durch Bankrotte vornehmen.

95 Vgl. etwa in dem Standardwerk *Dietz*, Garnnahrung, Kap. 18, 19, 22, 27.

96 Lehr- und Angestelltenverträge schlossen in Kaufmannskreisen häufig Klauseln ein, die es Angestellten verboten, auf dem gleichen Gebiet wie der ehemalige Arbeitgeber tätig zu werden. Vgl. *Bruchhäuser/Bruchhäuser*, Quellen, Dok. 28, 29. Frowein erwähnte in seinen Akquisebriefen häufiger, dass Cappel kein Leinenband mehr herstellen würde. Vgl. FAF Nr. 1345, Brief an Claude Sonnaret in Lyon, 29.10.1773; Brief an Willermont Orsel Simonet & Comp. in Lyon, 22.10.1775, Brief an Frères Virnal in Ambert, 12.11.1775.

97 FAF Nr. 1345, Brief an Jean Mante et fils in Lyon, 11.2.1774.

98 Vgl. FAF Nr. 1345, Brief an Schallheimer & Comp. in Lyon, 1.11.1774: »Ich glaube gerne daß E[euer] E[hren] Mühe gehabt das weiße Lint loszuwerden [...] muß auf ein mahl diesen Handel adieu sagen. [...] Die wollen Garne sind so rar das sie vor Gelt nicht haben sind.«

Ab. Siebel, die ihm auch noch einen zweiten Kontakt in Lyon nannten. An Schallheimer schickte Frowein im November 1773 eine kleine Kiste mit einfachem Leinenband, mit der Bitte dieses schnell und gegen sofortige Zahlung zu verkaufen, denn er sei »noch ein anfänger in der handlung und darzu nicht von großem Vermögen«.[99] In den folgenden Jahren bestellte Schallheimer vor allem Wollband in vielen verschiedenen Farben, ein Artikel, der in Frankreich dem traditionellen Handelsgut Leinenband in diesen Jahren den Rang abzulaufen begann. Die verstärkte Nachfrage machte sich auch auf den Messen bemerkbar. So versicherte Frowein Schallheimer, dass er sich über die gestiegenen Preise für das Rohmaterial Wolle keine Sorgen machen müsse, denn die Ware hätte auf der letzten Messe in Frankfurt/Main reißenden Absatz gefunden.[100] Weitere regelmäßige Kunden in Lyon wurden ab Mitte der 1770er Jahre die Häuser Jean Ernst sowie Willermont Orsel Simonet & Comp., die ebenfalls hauptsächlich Wollbänder, sogenannte Sayettriemen, in einer breiten Farbpalette bei Frowein bestellten. An Schallheimer lieferte Frowein im Jahr 1775 Wollbänder im Wert von 3.939 livres, an Claude Charlet et Fils, Morel & Nodet, die es allerdings bei dieser einmaligen Lieferung beließ, Leinenband für 4.452 livres. Die Lieferungen für die größeren Kunden lagen damit in der gleichen Größenordnung wie die an van Hee in Sevilla und an Hoemann in Amsterdam.

Neben den genannten Häusern in Lyon bediente Frowein in den 1770er Jahren hauptsächlich Kunden in Rouen, Saumur, Paris und Sedan, die ihm sowohl Woll- als auch Leinenband in größeren Stückzahlen abnahmen. Seine Kunden saßen somit überwiegend in französischen Orten des Textilgewerbes. Es scheint wahrscheinlich, dass diese von dem europäischen Preisgefälle profitierten und mit den preisgünstigen Wuppertaler Artikeln das eigene Sortiment für den Weiterverkauf komplettierten und dabei noch einen kleinen Gewinn als Zwischenhändler einstrichen. Der Handel nach Frankreich war vom Wuppertal aus gut organisiert; Wuppertaler Fuhrleute brachten die Ware bis nach Sedan, von wo sie meist über Orléans an ihren französischen Bestimmungsort gebracht wurden. Die Preise der Waren wurden gleich in livres tournois gestellt und die Bänder in französischen Ellen abgemessen und abgepackt.[101] Die Zahlung erfolgte in den meisten Fällen über Häuser in Amsterdam oder Paris, wobei einige der französischen Kunden auch Wechsel auf sich selbst ausstellten, die nach einigen Monaten eingelöst werden konnten.

99 FAF Nr. 1345, Brief an Schallheimer & Comp. in Lyon, 18.11.173.

100 Vgl. FAF Nr. 1345, Brief an Schallheimer & Comp. in Lyon, 28.5.1775.

101 In einem Fall bat Frowein ein Haus in Lyon darum, ihm einen Faden zuzuschicken, der exakt einer französischen Elle entspräche. Der Kunde hatte angegeben, die Bänder seien zu kurz gewesen und hatte deshalb einen Rabatt von zehn livres berechnet. Frowein wies nach Zusendung des Fadens die Rabattierung als ungerechtfertigt zurück, die gesandte Elle hätte mit seiner übereingestimmt. Vgl. FAF Nr. 1345, Briefe an Willermont Orsel Simonet & Comp. in Lyon, 28.6.1776, 25.8.1776.

Nach Froweins zögerlichem Einstieg entwickelte sich der Verkauf von Bandwaren nach Frankreich zu einem sehr soliden Standbein, vor allem nachdem er seine Produktpalette um die gefragten Wollbänder erweitert hatte. Dieser Vorgang lässt sich übrigens auch auf der Einkaufsseite nachvollziehen. 1775 ging Frowein dazu über, Sayettgarn (Wolle) direkt bei Lieferanten in Eisenach zu ordern, da sich sein Bedarf daran deutlich vergrößert hatte. In den Jahren zuvor hatte er sich bei anderen Wuppertaler und Schwelmer Kaufleuten damit eingedeckt. Im Übrigen hatten ihm Joh. Peter & Joh. Caspar Cappel auch hier den Start erleichtert – der erste Beleg von Sayettgarn in Froweins Büchern ist bezeichnenderweise die Notiz eines Einkaufs bei Cappels im August 1768.[102] Nichtsdestotrotz blieb der Schwerpunkt der von Frowein verlegten und gehandelten Waren das Leinenband.

Dass räumliche Distanz bei Froweins Versuchen, neue Kunden zu gewinnen, keinen Hinderungsgrund darstellte, zeigen auch seine Bemühungen um Kunden in Norddeutschland und im Baltikum. Seinen ersten Versuch in dieser Region Europas unternahm Abraham Frowein 1773, als er einen Brief mit Preisen und Mustern an Johannes Troost in Sankt Petersburg richtete. Johannes Troost war gebürtiger Elberfelder. Frowein nahm in seinem Brief explizit auf Johannes' Bruder Engelbert Troost Bezug und empfahl sich als guten Bekannten und Nachbarn. Eine weitere Personalisierung erfuhr dieser Akquisebrief durch Grüße an Troosts Frau und dessen Bruder Friedrich. Frowein wollte hier also vor allem einen bereits bestehenden Kontakt nutzen, um sich ein neues Absatzgebiet zu erschließen. Troost war Teil einer größeren Kolonie von Deutschen in Sankt Petersburg, zu denen sowohl Kaufleute, Ingenieure, Gelehrte und andere Fachkräfte gehörten, die im Zuge der Reformen unter Peter I. und Katharina II. ins Land geholt worden waren.[103] Das Land importierte im 18. Jahrhundert vor allem Konsumgüter für die Oberschicht und Fertigwaren wie Baumwollstoffe und andere Textilwaren. Es war damit für Frowein ein interessanter Markt. Frowein erhielt jedoch zunächst keine Bestellung aus Sankt Petersburg; erst ab 1790 konnte er Handelsbeziehungen in die Stadt aufbauen.

Erfreulicher verlief für ihn das Geschäft mit Danzig. Der dort ansässige Kaufmann Abraham Gottlieb Schmidt wandte sich im Februar 1774 mit einer Anfrage nach Preisen und Mustern an ihn. Frowein schickte ihm das Gewünschte, bat Schmidt allerdings, ihm ein Haus in Amsterdam zu nennen, bei dem er sich nach ihm erkundigen könne, »welches bitte mir nicht übel zu nehmen, weil ich in Ihren quartiren nicht viel bekannt«.[104] Die Zahlungen sollten ebenfalls

102 Frowein erhielt die bescheidene Menge von 27 Pfund Wollgarn. Vgl. FAF Nr. 1350, fol. 31.

103 Vgl. *Scharf*, Katharina II., S. 148 ff.

104 FAF Nr. 1345, Brief an Abraham Gottlieb Schmidt in Danzig, 4.2.1774.

über Amsterdam laufen; die Preise setzte Frowein daher auch in holländischen Gulden und die Länge der Bänder in Brabanter Ellen fest. Schmidt entwickelte sich in der Folge zu einem regelmäßigen Kunden, der im Mittel für 1.000 bis 1.200 Gulden im Jahr Woll- und Leinenband bestellte. In Danzig sah Frowein auch Möglichkeiten für einen intensiveren Handel, wovon ihn auch der etwas kompliziertere Transportweg über Lübeck und die im Winter unpassierbare Ostsee nicht abhielten. Im Januar 1776 schrieb er entsprechend an zehn Kaufleute in Danzig und bot seine Dienste an. In seinem Schreiben wies er darauf hin, dass er zwanzig Jahre bei Cappel gedient hätte und dass er auch immer Ware bei Cappel beipacken könne. Auch lagen seinem Brief nicht nur eigene Warenmuster, sondern auch Muster von Cappels Florett- und Seidenband bei.[105] In diesem Fall benutzte Frowein seine Tätigkeit bei Cappel also nicht nur als Empfehlung, sondern versuchte für beide Firmen neue Kunden zugleich zu gewinnen. Dies zeigt auch, wie eng Frowein seinem ehemaligen Lehrherrn weiterhin verbunden war. Erfolg war dieser Initiative allerdings nicht beschieden; Schmidt blieb Froweins einziger Kunde in Danzig.

Näher gelegen waren Kopenhagen und Hamburg, wohin er sich ebenfalls um die Mitte der 1770er Jahre herum wandte. Auch in Kopenhagen blieben Froweins Angebote erst einmal ohne Beachtung, erst 1780 konnte er einen Kunden für seine Leinenbänder dort gewinnen. In Hamburg war ihm größerer Erfolg beschieden. Ab 1775 handelte er recht regelmäßig mit verschiedenen Hamburger Häusern, auch wenn diese nur verhältnismäßig kleine Bestellungen (für gewöhnlich zwischen vierzig bis achtzig Reichstaler) bei ihm tätigten. Auch wenn Hamburg für einen Großteil des deutschen Binnenlandes das »Tor zur Welt« darstellte, spielten die Handelsbeziehungen in diese Stadt für Frowein in dieser Zeit nur eine untergeordnete Rolle. Dies sollte sich erst mit der Sperrung des Zugangs nach Amsterdam während der Revolutionskriege und als Teil von Napoleons Blockadestrategie ändern.

3.2.1.3 Marktverschiebungen in den letzten Jahrzehnten des 18. Jahrhunderts

Seit 1775 beziehungsweise 1781 waren Abraham Froweins Neffen Kaspar und Abraham Frowein (Abb. 2) in der Handlung tätig, erst als Lehrlinge für jeweils sechs Jahre, dann als Handlungsgehilfen, bevor Abraham Frowein sie schließlich 1787 als Teilhaber aufnahm. Der Name der Firma änderte sich in diesem Jahr entsprechend zu Abr. & Gebr. Frowein. Die Firma war personell nun besser aufgestellt, was sich nicht zuletzt an den in der Firma vorhandenen Sprachkenntnissen positiv bemerkbar machte. Wie aus den Briefkopierbüchern ersichtlich ist, stellte das Verfassen von Geschäftskorrespondenz auf Französisch ab Ende der 1770er Jahre kein Problem mehr dar.

105 Vgl. FAF Nr. 1345, Brief an zehn Kaufleute in Danzig, 19.1.1776.

Abb. 2: Abraham Frowein (1766–1829), gemalt von H. Ch. Kolbe, 1816. Privatbesitz (Foto: Verf.)

Die größte Herausforderung dieser Jahre entstand 1780, als Spanien ein Einfuhrverbot für Leinenband und andere Textilprodukte verhängte. Das Verbot war eine Konsequenz von Spaniens Eintritt in den Amerikanischen Unabhängigkeitskrieg und zielte darauf, die englische Wirtschaft zu treffen, denn Textilien wurden in Spanien überwiegend aus England importiert. Damit war Froweins Handel mit Cádiz und Sevilla unmöglich geworden. Auch mussten die Firmeninhaber Auswirkungen auf die Bestellungen aus Amsterdam fürchten, die zum Teil nach Spanien weitervertrieben wurden. Anfangs hofften sie noch, dass es möglich wäre, Waren erst nach Portugal zu verschiffen und sie dann über Land ins spanische Königreich transportieren zu lassen, doch bald mussten die Elberfelder einsehen, dass auf diesem Wege keine großen Erfolge erzielt werden konnten. Stattdessen gewannen sie beim Ausloten dieser Möglichkeit Kunden in Lissabon und Porto hinzu, die ihre Schmalwaren in den folgenden Jahren regelmäßig abnahmen und sich zu äußerst dauerhaften Kunden entwickelten.[106]

Daher entschlossen sich die Froweins zu dem direkten Transport von Waren in die Karibik, um sie dort über verschiedene Kanäle, das heißt vor allem auch über Schleichhandel, in Spanisch-Amerika direkt abzusetzen.[107] Diese Variante bedeutete natürlich ein deutlich größeres Risiko, doch scheint man sich einiges von dieser Option versprochen zu haben. Kurz nach dem Importverbot für Leinenband und dem Scheitern des Überlandtransports auf der Iberischen Halbinsel begannen sie, diesen Versand in die Wege zu leiten. Abr. & Gebr. Frowein nutzte dabei sowohl Agenten vor Ort, so beispielsweise auf der niederländischen Insel Curaçao, wie auch Kommissionäre, die in Amsterdam größere Lieferungen zusammenstellten, um sie dann auf der anderen Seite des Atlantischen Ozeans gegen eine Kommissionsgebühr zu verkaufen. Für beide Optionen war die Vermittlung durch Amsterdamer Kaufleute zentral. Hierbei griffen die Froweins einmal auf bereits etablierte Kontakte zurück. So organisierte Reinhard Scherenberg für sie den Versand von Waren nach Charleston, South Carolina, sowie nach St. Thomas (Dänisch-Westindien). Bei der Kontaktaufnahme mit Agenten auf Curaçao war ihnen dagegen der Amsterdamer Kaufmann Pieter Lendert Beckmanns behilflich, der für sie auch den Transport dorthin sowie den Verkauf der Rückfracht organisierte. Der auch im Transatlantikhandel engagierte Elberfelder Kaufmann Daniel Schönian hatte ihnen wohl den Kontakt sowohl zu Beckmanns vermittelt als auch die Namen von möglichen Kommissionären auf Curaçao genannt.[108]

1782 schickte Abr. & Gebr. Frowein fünf Fässer mit Bandwaren im Wert von 3.112 Gulden an Kommissionäre auf Curaçao, zwei Fässer an Agenten auf St. Domingue (Wert 789 Gulden) und ein Fass und eine Kiste nach St. Thomas (Wert 1.213 Gulden). Bei all ihren Sendungen hofften die Firmeninhaber, dass die Kommissionäre auf den karibischen Inseln diese im Schleichhandel an Kunden aus Spanisch-Amerika verkaufen könnten.[109] Hier sahen sie den erfolgversprechendsten Absatzmarkt. Die Hoffnung auf einen zügigen Verkauf wurde allerdings enttäuscht. Nur ein einziges Fass mit Bandwaren konnte von den Kommissionären auf Curaçao losgeschlagen werden. Und obwohl der Preisauf-

106 Abr. & Gebr. Froweins Kunden in Portugal waren sowohl deutsche Firmen als auch Kaufleute anderer Nationalitäten. Mit letzteren korrespondierte die Firma Frowein ausschließlich auf Französisch. Die Beziehungen blieben bis weit in die 1820er Jahre hinein bestehen.

107 Zum karibischen Schleichhandel vgl. *Klooster*, Smuggling; *Rupert*, Creolization; *Goebel*, Shipping; *Dookhan*, Virgin Islands

108 Frowein revanchierte sich, indem er bei seiner Lieferung nach Curaçao Muster von Schönian beilegte. Vgl. FAF Nr. 1349, fol. 38.

109 Bereits 1781 hatte Abraham Frowein sich bei Geschäftsfreunden in Kopenhagen nach dem Schleichhandel über St. Thomas erkundigt. Vgl. FAF Nr. 1355, Brief an Ludwig Henr. Thomsen in Kopenhagen, 23.11.1781.

schlag von fünfzig Prozent eigentlich die hohen Unkosten und die langen Umlaufzeiten hätte abdecken müssen, machten die Froweins mit der Rückfracht von 263 Rinderhäuten – ein gängiges Exportgut aus dem spanischen Amerika – ein Verlustgeschäft. Nach Abzug aller Unkosten – beispielsweise der hohen Frachtkosten und anteiligen Hafengebühren – blieben für sie noch 932 Gulden und damit 253 Gulden weniger als der ursprünglich notierte Warenwert.[110]

Mit ihren übrigen Lieferungen erging es den Elberfeldern noch schlechter, da diese überhaupt keinen Käufer fanden. Stattdessen ließen sie die Waren wieder zurücktransportieren und musste feststellen, dass sie einen Großteil der Waren als unverkäuflich abschreiben mussten. Teilweise hatten sie fünf Jahre in den Fässern gelegen, und einzig das weiße Band war noch in einigermaßen gutem Zustand.[111] Noch vor dieser Erfahrung reagierten die Geschäftsinhaber allerdings zögerlich auf weitere Angebote, Waren über den Atlantik schicken. Sie ließen sich jedoch überzeugen, noch einen Versuch über Charleston zu unternehmen, ebenfalls mit Kunden aus Spanisch-Amerika als Ziel.[112] Die beiden Lieferungen dorthin übertrafen im Umfang sogar noch die Einzellieferungen auf die karibischen Inseln. Anscheinend hatten die Kommissionäre sehr überzeugend auf die Elberfelder eingewirkt. Die eine Firma, Scriba, Schrop (oder Schroppel) & Starmann, besaß bereits eine Niederlassung in Philadelphia und konnte so auf eine gewisse Expertise in Nordamerika verweisen. Mit den anderen Kommissionären, Graff, Seibels & Braselmann, verband die Froweins eine persönliche Bekanntschaft.[113] An Scriba, Schropp & Starmann schickten sie im Sommer 1783 zwei Fässer im Wert von 2.216 Gulden, an Graff, Seibels & Braselmann über Rotterdam im Herbst 1783 zwei Fässer im Wert von 2.937 Gulden.[114] Enthalten war das übliche Sortiment an Bandwaren (einfaches und geköpertes Leinenband, Strumpfband, Wollband und -riemen). An Graff, Seibels & Braselmann wurden darüber hinaus auch Seidenriemen geschickt.

Doch auch in Charleston blieben die Elberfelder Waren ohne Nachfrage, so dass diese ebenfalls zurück über den Atlantik transportiert werden mussten. Ob dies an fehlender Kundschaft, schwankenden Märkten oder auch unfähigen Agenten lag, kann nicht abschließend geklärt werden. Für letztere blieb es trotz

110 Der Inhalt der ursprünglichen Lieferung und ihr Wert sind aufgeführt in FAF Nr. 1349, fol. 33–37. Die Details des Verkaufs in Curaçao finden sich ebd., fol. 273. Die Abrechnung für die Häute ebd., fol. 379.

111 Vgl. FAF Nr 1356, fol. 142 f.

112 Warum Frowein so große Hoffnungen auf Charleston setzte, ist nicht ganz klar. Zwar gab es dort auch einige deutsche Einwanderer, aber für den Handel mit Spanisch-Amerika waren die Karibikinseln von deutlich größerer Bedeutung. Zu Charleston vgl. *Hart*, Charleston.

113 Frowein bezog sich in einem Schreiben vor ihrer Abreise nach Charleston auf ihre letzte mündliche Unterredung sowie sein Versprechen, ihnen einige gute Sachen zu schicken. Vgl. FAF Nr. 1355, Brief an Graff, Seibels, Braselmann in Amsterdam, 4.11.1783.

114 Die Details sind aufgeführt in FAF Nr. 1349, fol. 267 f., 389.

allem noch ein lohnendes Geschäft, da sie auch bei unverkaufter Ware immerhin die Hälfte der Kommission, in diesem Fall 2,5 Prozent des Warenwerts, kassierten. Abr. & Gebr. Frowein dagegen hatte die transatlantischen Bemühungen insgesamt 3.000 Gulden gekostet.[115]

Mit diesen Misserfolgen endeten die Bemühungen der Elberfelder Firma um Geschäftsbeziehungen auf der anderen Seite des Atlantiks fürs Erste, doch bereits Ende der 1780er Jahre – nach dem Ende des Amerikanischen Unabhängigkeitskrieges – bemühten sie sich erneut um Kontakte sowohl in der Karibik, in der holländischen Kolonie Demerara (heute Guyana) als auch in den jungen Vereinigten Staaten. Vor allem in Bezug auf letztere konnten die Froweins Erfolge verbuchen und feste Kunden in Baltimore, Philadelphia und New York gewinnen, die ihre Waren nicht auf Kommissionsbasis orderten, sondern gleich bezahlten – wenn auch mit langen Zahlungsfristen. Die Bemühungen auf Curaçao blieben dagegen unbeantwortet und die eine Lieferung nach Demerara, die sie 1790 dorthin schickte, scheint ebenfalls unverkauft geblieben zu sein.[116] Das direkte Karibikgeschäft blieb demnach für Abr. & Gebr. Frowein risikoreich und ohne große Erfolgsaussichten.

Dafür konnte die Firma seit Ende der 1780er Jahre wieder größere Lieferungen bei Kaufleuten in Spanien platzieren. Viel wichtiger als Direktlieferungen dorthin wurde in dieser Zeit jedoch der Handel durch Solinger und Remscheider Häuser, die in großem Stil Bandwaren für die Iberische Halbinsel bei den Froweins bestellten. Die Bestellungen gingen gleich in holländische Seehäfen, von wo aus die Zwischenhändler den Weiterversand nach Spanien und Portugal besorgten. 1785 bestellte beispielsweise der Remscheider Kaufmann Peter Busch für den spanischen Markt eine Lieferung im Wert von 1.480 Reichstalern. Das Geschäft wurde auch nach seinem Tod von seiner Witwe fortgesetzt, die bei der Elberfelder Firma regelmäßig Waren in großer Menge bestellte. 1790 lieferte Abr. & Gebr. Frowein für Wittib Peter Busch seel. in den Monaten Januar, März, April, Mai, Juni, Juli, August, Oktober und November Bandwaren nach Holland. Busch remittierte allein in diesem Jahr 7.800 Gulden mit Wechseln auf Amsterdam.[117] Ein ebenfalls guter Kunde aus Remscheid war Johann Peter Hasenclever, wenngleich seine Bestellungen nicht das Volumen von Witwe Busch erreichten. Noch übertroffen wurden die Geschäfte mit den Remscheider Häusern durch Johann Wilhelm Engels & Sohn aus Solingen, die 1790 solche großen Mengen an Band vor allem für Kunden in Portugal orderte, dass sie Abr. & Gebr. Frowein in

115 Darin enthalten sind die Frachtkosten, die Provision der Agenten, die Abschreibung verloren gegangener Waren beziehungsweise verdorbener Bändern sowie weitere Unkosten.

116 Im Oktober 1793 wartete Frowein immer noch auf eine Vergütung durch den Handelsagenten in Demerara. Vgl. FAF Nr. 1341, Brief an Jan Heuberts in Demaray, 12.10.1793. Zu der Kolonie Demerara vgl. *Oest*, Forgotten Colonies.

117 Vgl. FAF Nr. 1353, 1356.

diesem Jahr 10.000 Gulden in Wechseln auf Amsterdam ausstellte.[118] Daneben nehmen sich die Mengen, die Abraham Frowein in früheren Jahren über seine Kommissionäre in Amsterdam und Spanien absetzen konnte, bescheiden aus.

Neben den nicht nachlassenden Bemühungen um Kunden auf interessanten Märkten waren also auch andere Kaufleute, die in deutlich bessere Netze eingebunden waren als die Froweins, eine Bedingung für den großen Erfolg dieser und anderer Wuppertaler Firmen. So setzten die Remscheider und Solinger Häuser regelmäßig verkehrende Handlungsreisende auf der Iberischen Halbinsel ein, die mit Musterkarten Aufträge akquirierten. Über ein ähnliches Geschäftsmodell verfügten auch Iserlohner Häuser, welche die Elberfelder ebenfalls mit Waren für den iberischen Markt bedienten, darunter vor allem Rupe & Co (später Joh. Rupe Wittib) und Lappenberg & Keutgen. Abr. & Gebr. Frowein wie auch andere Wuppertaler Verleger-Kaufleute wurden so zunehmend unabhängig von den Kommissionären und konnten vielmehr direkte Geschäftskontakte zu ausgewählten Abnehmern pflegen.[119]

Was die sonstigen Aktivitäten der Firma in diesen Jahren anbelangt, so vertieften die Inhaber vielfach bestehende Geschäftsbeziehungen, wenn auch mit leichten Schwerpunktverlagerungen. In Amsterdam gewannen sie einige neue Kunden hinzu, dafür nahmen die Lieferungen auf Kommissionbasis an Carl Wilhelm Hoemann ab. Reinhard Scherenberg, jetzt Teil der Sozietät Scherenberg, Dettmar & Gildemeister, war für die Elberfelder Firma nicht mehr von vergleichbarer Bedeutung wie in den Anfangsjahren. Stattdessen nahm sie nun auch häufiger die Dienste des großen Bankhauses Sigrist & Boninger in Anspruch. 1790 verfügte Abr. & Gebr. Frowein auch über Kunden in Den Haag, Groningen, Rotterdam, Leiden, Emden und Luxemburg; sie konnte also ihren eigenen Kundenstamm in den Niederlanden erweitern.

Ähnliches lässt sich für Frankreich sagen. Die Bedeutung der Kunden in Lyon nahm dem Volumen nach ab, dafür wurden Kunden wie Chalon fils und Jacques de la Haye in Rouen sowie H. Henry und Vachon l'ainé in Saumur zu festen Größen unter Abr. & Gebr. Froweins französischen Kunden. Über die Jahre gelang es den Inhabern, den Kreis der Städte mit verlässlichen Abnehmern deutlich zu erweitern. So gehörten zu Beginn der 1790er Jahren auch Kaufleute in den Hafenstädten Bordeaux, Nantes, Marseilles, St. Malo und St. Lo zum festen Kundenstamm. Möglicherweise konnten sie so den Zwischenhandel durch Kaufleute in den Textilien produzierenden Gewerberegionen umgehen.

Was die übrigen Regionen Europas angeht, so wurde oben schon angesprochen, dass die Firma ab 1790 einen festen Kunden in St. Petersburg besaß. Auch italienische Kunden bediente sie nun, nämlich in Genua und Siena. Nach Livorno wandten sich Abraham Frowein und seine Neffen, um von dort größere Mengen

118 Vgl. ebd.
119 Zum Spanienhandel Iserlohner Handelshäuser vgl. *Reininghaus*, Iserlohn, S. 247–255.

des Farbstoffs Safflor direkt zu beziehen und so den Amsterdamer Zwischenhandel zu umgehen. Vereinzelte Geschäftsbeziehungen bestanden außerdem nach Kopenhagen und nach Århus. Generell ging der Trend also dahin, direkte Geschäftsverbindungen in eine möglichst große Anzahl von Handelsstädten zu etablieren und zu pflegen und den Zwischenhandel, sei dies für die Beschaffung von Rohstoffen oder für den Absatz von Waren, auszuschalten.

Wie bereits für das Jahrzehnt zuvor ist es wichtig festzuhalten, dass der örtliche Markt auch weiterhin eine nicht zu unterschätzende Rolle für Abr. & Gebr. Frowein spielte. So bestellte der Elberfelder Kaufmann Daniel Schönian über das Jahr 1775 Bandwaren für insgesamt 2.172 Reichstaler, während der Barmer Friedrich Overbeck sich im gleichen Jahr für fast 600 Reichstaler Waren zu den verschiedenen Reichsmessen liefern ließ. Johann van der Beeck aus Elberfeld, der 1775 für 490 Reichstaler Waren bei Frowein geordert hatte, bestellte fünf Jahre später sogar Bandwaren im Wert von etwa 1.780 Reichstalern. Zu den Messen im Alten Reich, ehemals eine der wichtigsten Absatzmöglichkeiten, lieferte die Firma dagegen nur noch vorher aufgegebene Bestellungen, diese jedoch sehr regelmäßig. Kaufleute aus der näheren Umgebung wie den Orten Lennep, Langenberg oder Ronsdorf nahmen ebenfalls regelmäßig Bandwaren ab. In regionale Zentren wie Köln, Düsseldorf, Dortmund und Essen vergrößerte sich der Kundenstamm der Firma noch. Damit wird deutlich, dass trotz der Außenorientierung der Binnenmarkt – sowohl innerhalb des Wuppertals als auch des Alten Reiches – weiterhin von erheblicher Bedeutung für die Geschäfte von Abr. & Gebr. Frowein war und bei einer Würdigung der verschiedenen Märkte nicht vergessen werden sollte.

3.2.1.4 Die langfristige Entwicklung der Firma

Von der Firma Abr. & Gebr. Frowein ist nur das erste Hauptbuch aus den 1760er Jahren erhalten. Die Geschäftsentwicklung der Firma lässt sich daher für die ersten Jahrzehnte ihres Bestehens kaum quantitativ darstellen. Dies ist, bei allen Einschränkungen durch die Quellen, wohl aber seit dem Ende des 18. Jahrhunderts dank der in unregelmäßigen Abständen erstellten Inventare möglich. Bilanzen wurden in den Jahren 1787, 1799, 1813, 1820, 1826, 1829 und 1832 erstellt. Allerdings folgen sie nur bedingt einem einheitlichen Schema, und auch die Währung, in welcher die Werte erfasst sind, ändert sich im Lauf der Zeit von der Rechnungswährung Reichstaler zu preußische Taler. In den jüngeren Inventaren (1826, 1829 und 1832) wurden außerdem auf die lagernden Waren pauschal Abschreibungen (45 bis sechzig Prozent) vorgenommen, ein Vorgang, der in den älteren Inventaren nur bei einzelnen Posten zum Tragen kam, etwa wenn diese durch Lagerung verdorben waren. Auch hier sind also gewisse Einschränkungen bei einer quantitativen Bewertung zu beachten. Nichtsdestotrotz geben die Inventare schlaglichtartig Einblick in den Gang der Geschäfte und zeigen vor allem, wie sich die Herausforderungen der napoleonischen Zollpolitik, der Kontinentalsperre sowie der nach dem Zusammenbruch des napoleonischen Frankreichs plötzlich wieder offenen Märkte auf die Firma Abr. & Gebr. Frowein auswirkten.

Tab. 1: Inventare der Firma Abr. & Gebr. Frowein, 1787–1832[120]

Jahr	*1787*	*1799*	*1813*	*1826*	*1832*
Währung[1]	*Reichstaler*			*Taler pr. Ct.*	
Garn und Zwirn auf der Bleiche	17.334	66.273	57.241	63.095	20.446
Rohes, gebleichtes und gefärbtes Leinengarn, Zwirn, Wollgarn, Baumwollgarn	12.387	12.519	29.539	48.415	47.780
Garn unter den Arbeitern	k. A.	12.796	5.859	k. A.	k. A.
Vorrätige Bänder und Schnürriemen in Halben	18.945	43.927	140.577	73.018	33.007
Vorrätige Bänder und Riemen in Packen	k. A.	7.374	18.935	23.043[2]	15.976
Kommissionslager	n. v.	n. v.	6.148	76.000[3]	33.185
Farbstoffe, Papier, Wein, Korn etc.	k. A.	3.258	630	1.234	745
Debitoren[4]	21.032	88.240	165.372	101.374	197.946
Vorrätige Retouren (Kaffee, Zucker, Tabak)	n. v.	n. v.	n. v.	9.975	93
Diverse Posten	415	n. v.	2.579	1.600	n. v.
Bargeldbestand	375	k. A.	1.560	820	814
Im Portefeuille (Wechsel etc.)	k. A.	7.776	706	7.410	5.934
Gesamtwert nach Abzug der Passiva	**70.700**[5]	**242.163**	**429.147**	**405.984**	**355.926**

k. A.= keine Angabe
n. v.= nicht vorhanden
[1] Zur groben Orientierung: 1 Reichstaler entspricht aufgerundet etwa 1,2 Taler pr. Ct.
[2] Enthält die Kommissionslager in Lyon und Bayonne
[3] Nur Kommissionslager in Nord- und Südamerika
[4] Nach Abzug der Kreditoren. Debitoren- und Kreditoren werden in den Inventaren jeweils in der jeweiligen Währung miteinander verrechnet. Die jeweilige Bilanz wird dann in die Rechnungswährung des Inventars konvertiert.
[5] Der Endwert von 70.700 Reichstalern kommt zustande, weil Abraham Frowein noch Geld (210 Reichstaler) hinzugab, um eine runde Summe zu erhalten. Das Inventar wurde anlässlich der Aufnahme der beiden Neffen als Teilhaber erstellt.

120 FAF Nr. 883, 1342, 1433, 1374. Die Inventare sind nicht nach einem einheitlichen Schema angefertigt worden, auch wenn sich die Posten weitgehend ähneln. Die hier vorgelegten Werte beruhen teils auf eigenen Berechnungen, teils konnten sie aus den Schlussbilanzen der Inventare übernommen werden. Alle Werte sind wegen der besseren Lesbarkeit auf die

Die in den Inventaren festgelegten Zahlen belegen eindrucksvoll den Geschäftserfolg der Firma Abr. & Gebr. Frowein. Dies gilt vor allem für die in den ersten drei Inventaren festgehaltenen Gewinnrechnungen: in den zwölf Jahren zwischen 1787 und 1799 lag der durchschnittliche »Gewinn« pro Jahr bei 13.684 Reichstalern, in den wirtschaftlich schwierigen Jahren zwischen 1799 und 1813 immer noch bei 8.525 Reichstalern.[121] Allerdings wurde der Gewinn oder Verlust des Unternehmens durch die Gegenüberstellung der Bilanz aus allen Aktiva und Passiva eines früheren Inventars mit der eines späteren Inventars ermittelt. Die sich hieraus ergebende Differenz galt dann als Gewinn oder Verlust der Firma. Eine Gewinnrechnung im modernen betriebswirtschaftlichen Sinn ist dies nicht. Ein Teil der erwirtschafteten Überschüsse blieb in der Handlung und vergrößerte die Kapitalbasis des Unternehmens. Für den großen Wertzuwachs der Handlung zwischen 1787 und 1799 war aber vermutlich die Heirat Abraham Froweins mit Luise Weber 1794 entscheidend, denn deren Mitgift umfasste auch erhebliche Geldmittel, die dem Handlungsvermögen zugeschlagen wurden.[122]

Das Inventar von 1813 weist auf die wirtschaftlichen Herausforderungen der napoleonischen Zeit hin. Zwar besaß die Firma nominell mehr, aber der Großteil der Firmenwerte bestand in unverkauften Waren und Halbfertigprodukten, von denen der größte Teil auf Lager produziert worden war: die vorrätigen, ungeschnittenen Bänder machten 33 Prozent der Firmenaktiva aus, im Vergleich zu 18 Prozent im Jahr 1799.[123] Gleichzeitig hatte Abr. & Gebr. Frowein deutlich geringere Mengen an Garn im Umlauf unter den Wirkern, die es in Heimarbeit im Wuppertal und in den umliegenden Dörfern zu neuen Waren verarbeiteten.[124] Die Absatzmöglichkeiten waren zu schlecht, um immer weitere Vorräte anzulegen. Bereits die Revolutionskriege hatten eine Stockung des Handels entstehen lassen. Zwar profitierten die Wuppertaler Kaufleute in den Folgejahren auch von

nächste volle Zahl ab- bzw. aufgerundet worden. Die Inventare für die Jahre 1820 und 1829 sind reine Bestandsaufnahmen der Warenlager, die Werte von Debitoren und Kreditoren sind nicht enthalten. In einigen Jahren sind auch die Vermögensanteile der einzelnen Firmeninhaber mit in die Gesamtbilanz der Firma aufgenommen worden. Für eine bessere Vergleichbarkeit sind diese aus den hier vorgelegten Zahlen herausgerechnet.

121 Vgl. FAF Nr. 1342, fol. 1 f.

122 Vgl. FAF Nr. 1342, fol. 3.

123 Die ungeschnittenen Bänder wurden erst nach Eingang von Bestellungen in die gewünschten Ellenmaße geschnitten und aufgewickelt. Die in den Inventaren genannten Bänder in Packen waren dagegen schon in gängige Maße geschnitten und im Dutzend zu Bündeln geschnürt. Da die Kundenwünsche variierten, bestand der größte Teil des Lagers aus ungeschnittenen Bändern.

124 Auch wenn die Inventare nur eine Momentaufnahme darstellen, deckt sich Froweins geringeres Engagement mit der Kenntnis von der zunehmenden Arbeitslosigkeit im Wuppertal und der Umgebung. Die schlechte Lage der Textilarbeiter war einer der Gründe für den sogenannten Knüppelrussenaufstand. Vgl. *Kandil*, Protest.

Napoleons Versuchen, den englischen Manufakturbetreibern die Märkte Kontinentaleuropas zu versperren. Vor allem Italien bildete zeitweilig einen wichtigen Markt, da hier die englische Konkurrenz fast völlig ausgeschaltet war.[125] Die Zollpolitik Napoleons und das Primat des Schutzes der französischen Industrie versperrten den Bergischen jedoch wichtige Absatzmärkte.[126] Auch litten die bergischen Fabrikanten unter einem Mangel an Rohstoffen. Vor allem die aus Übersee importierten Farbstoffe stiegen entsprechend im Preis.[127]

Die Korrespondenz dieser Jahre ist geprägt von Unsicherheit, wo und wie sich die Waren absetzen lassen. Ehemals große Kunden wie die Remscheider Handelshäuser Joh. Peter Hasenclever seel. Wb. & Sohn oder Joh. Bernh. Hasenclever & Sohn konnten den Froweins nur Aufträge mit geringem Volumen vermitteln.[128] Auch bei Zahlungen für bereits georderte Waren mussten sie die Elberfelder vertrösten: »Unser dortiges [in Spanien, A. S. O.] beträgliches Waarenlager [ist] noch fast alle unverkauft, Sie haben leider das Beyspiel an Ihren eigenen Waren. [...] In dieser Hinsicht müssen wir Sie bitten, lieber Hr. Frowein, sich zu gedulden, wir werden die schuldigen Posten sobald als nur möglich abführen.«[129]

Auch Transportschwierigkeiten machten der Firma zu schaffen. 1813 lagerten immer noch Lieferungen für portugiesische Kunden, die sie bereits 1807 nach Amsterdam hatte bringen lassen, in der Hafenstadt. Sie konnten erst in den Folgejahren verschifft werden.[130] Wiederholt musste Abr. & Gebr. Frowein zudem

125 Vgl. *Fischer*, Nachrichten, S. 49–52, wo Fischer über seine Geschäftserfolge als Reisender in Italien 1803–05 schreibt: »Ich hatte auf obiger Tour soviel Kommissionen in *toile de coton* und *mouchoirs fond rouge*, Siamosen, Nanquinet usw. erhalten, daß die Fabrik in Elberfeld um das Doppelte vergrößert werden konnte.« (Zitat S. 49).

126 Zur Kontinentalsperre und Napoleons Zollpolitik vgl. an jüngeren Arbeiten *Marzagalli*, Boulevards; *Aaslestad/Joor*, Continental System. Zu den Auswirkungen auf die bergische Wirtschaft vgl. immer noch und mit zahlreichen Detailangaben *Schmidt*, Grossherzogtum, Kap. X, XI.

127 Vgl. die Liste von bergischen Waren auf Schiffen, die von den Engländern beschlagnahmt wurden in LA NRW R Grossherzogtum Berg Nr. 5578. Auf den Schiffen waren ausschließlich Farbstoffe und Zutaten für die Färberei geladen: Krapp, Safflor, Indigo, Alizarin für die Türkischrot-Färberei sowie zwei Sorten Seife (Marseiller Seife und bleuvif-Seife).

128 Vgl. FAF Nr. 55, Briefe von Joh. Pet. Hasenclever seel. Wb. & Sohn an Abr. & Gebr. Frowein in Elberfeld, Remscheid, 11.1.1813, 19.1.1813, 28.5.1813. Abr. & Gebr. Frowein erhielt darin eine Bestellung über 68 Dutzend Band von der spanischen Firma Jean Dufeau in Vitoria, die Joh. Pet. Hasenclever noch dazu als »langsamen Bezahler« charakterisierte. Im Mai kam eine Bestellung über 300 Dutzend Packen weißes Band hinzu. Im Vergleich: 1790 lieferte Abr. & Gebr. Frowein für die Solinger Firma Joh. Wm. Engels mehrmals im Jahr Band für Kunden in Spanien und Portugal. Eine einzige Lieferung konnte 1.667 Dutzend Band umfassen (8.5.1790). Vgl. FAF Nr. 1353, fol. 82 f.

129 FAF Nr. 55, Joh. Pet. Hasenclever seel. Wb. & Sohn an Abr. & Gebr. Frowein in Elberfeld, Remscheid, 15.5.1813.

130 Vgl. FAF Nr. 1342, fol. 32. Es handelte sich dabei um Waren für insgesamt elf Kunden in Lissabon und Porto.

Versicherungen für havarierte Schiffe in Anspruch nehmen.[131] Zudem wurden immer wieder Schiffe, auf denen sie Waren verladen hatte, von den Engländern gekapert. Dazu gehörten auch Schiffe, auf denen Waren für die Remscheider Firma P. J. Diederichs an ihre Zweigstelle in New York gingen. Zwischen 1804 und 1813 wurden 15 Schiffe mit Waren von und für Diederichs von den Engländern gekapert, wovon die Remscheider das meiste abschreiben mussten: »Das Unglück trift uns Schlag auf Schlag. Kaum daß wir die Reclamation eines vor einigen Wochen vom Prisen Gericht in Flensburg condemnirten Schiffes samt Ladung eingeleitet haben, erhalten wir vor wenig Tagen von Bordeaux die traurige Nachricht, daß uns abermahlen ein von Newyork für uns und unsern Verwandten H[errn] P. J. Diederichs & Söhne dahin abgeladenes Schiff von den Engländern genommen und nach Plymouth gebracht worden sey.«[132] Die Firma ging samt der New Yorker Zweigstelle 1815 in Konkurs. Für Abr. & Gebr. Frowein bedeutete dies einen Verlust von über 10.000 Reichstalern, für die bergische Wirtschaft allgemein eine Kapitalvernichtung sondergleichen mit, wie Ralf Banken gezeigt hat, weitreichenden Folgen für die Modernisierung von Produktion und Handel.[133]

Die besten Geschäfte machte Abr. & Gebr. Frowein in diesen Jahren mit Kunden in den Vereinigten Staaten von Amerika, welche die Wuppertaler Schmalwaren sowohl für den Binnenmarkt als auch für den Weiterverkauf nach Westindien bestellten. So belieferten die Elberfelder in diesen Jahren Häuser in New York, Baltimore und Philadelphia, an die sie beträchtliche Mengen absetzen konnten. Allerdings mussten sie die eigenen Preise deutlich senken, um angesichts der hohen Transportkosten und Einfuhrgebühren wettbewerbsfähig zu bleiben.[134] Als Verladehafen nutzten die Froweins vor allem Bordeaux, dessen Kaufleute sich seit den 1790er Jahren verstärkt auf den Handel mit den USA konzentrierten.[135] Denn während des in den Jahren von der Französischen Revolution bis 1815 fast kontinuierlich ausgetragenen Krieges zwischen Großbritannien und Frankreich galten US-amerikanische Schiffe als neutral und konnten die englischen Blockaden ungehindert passieren.[136] Hiervon profitierten die

131 Teilweise zahlten die Versicherungen jedoch nicht, da sie selbst in geschäftlichen Schwierigkeiten waren. Generell gestaltete sich das Einsammeln der Prämien sehr langwierig und unerfreulich. Vgl. Froweins Korrespondenz mit seinem Hamburger Makler Chr. Matthias Schröder 1812–1815 in FAF Nr. 39.

132 FAF Nr. 57, Joh. Pet. Diederichs an Abr. & Gebr. Frowein in Elberfeld, Remscheid, 10.6.1812. Für eine Aufstellung der Diederich'schen Schiffe und ihrer Verlade- und Bestimmungshäfen vgl. *Ringel*, Bergische Wirtschaft, S. 112 f., Anlage 15.

133 Vgl. *Banken*, Bergische Waren.

134 Vgl. FAF Nr. 74, Joh. Ritter an Abr. & Gebr. Frowein in Elberfeld, Philadelphia, 30.9.1812.

135 Vgl. *Marzagalli*, Transatlantic Trade.

136 Zwischen 1812 und 1815 befanden sich allerdings die Amerikaner und die Briten selbst miteinander im Krieg, und auch amerikanische Schiffe wurden nun von den Briten aufgebracht.

US-amerikanischen Kaufleute im großen Stil, da sie nicht nur europäische Manufakturwaren wie die Wuppertaler Textilerzeugnisse, schlesische Leinwand oder Metallwaren nach Übersee brachten, sondern vielmehr auch den Transport von asiatischen Reexporten (Tee!) und westindischen Kolonialwaren (Zucker, Kaffee, Indigo, Baumwolle, Tabak) nach Europa übernahmen. Außerdem versorgten die amerikanischen Fernhandelskaufleute die europäischen Armeen mit Getreide – Mehl wurde in den 1790er Jahren zum wichtigsten Exporterzeugnis der USA, noch vor Tabak und Reis.[137] Die andauernden Kriegshandlungen beeinflussten somit nicht nur den Gang der Industrialisierung in Europa, sondern bewirkten auch sich verschiebende Muster im globalen Handel.[138]

Sich verschiebende Muster lassen sich auch bei der Firma Abr. & Gebr. Frowein beobachten. Schließlich waren ihr gerade die in die USA geknüpften Geschäftsbeziehungen behilflich, nach 1815 das gefüllte Warenlager zu reduzieren. Allerdings verblieb nur ein kleiner Teil der nach Philadelphia, Baltimore oder New York gelieferten Waren in den USA; vielmehr ging der Großteil hiervon wiederum in den Reexport nach Lateinamerika. Folgerichtig pflegte Abr. & Gebr. Frowein nicht nur Kontakt zu ihren Geschäftspartnern in diesen nordamerikanischen Hafenstädten, sondern knüpften entlang der gesamten amerikanischen Atlantikküsten ein dichtes Netz von örtlichen Kommissionären.[139] Dabei vertrauten die Froweins wie auch ihre Agenten vor allem auf ihre Erfahrungen aus dem Iberienhandel; schließlich war ein Großteil der Waren von dort nach Lateinamerika weiter verschifft worden.[140] So zeigt das Debitorenverzeichnis von 1832, dass die Kundschaft auf der Iberischen Halbinsel weitgehend von Handelspartnern in Mittel- und Südamerika ersetzt worden war. In Europa lieferte Abr. & Gebr. Frowein weiterhin nach Frankreich in die bereits bekannten Orte (Rouen, Paris, Nantes, Saumur, Montpellier, allerdings nicht mehr Lyon) sowie vereinzelt nach Spanien und Portugal. Die alten Geschäftsbeziehungen nach Solingen, Remscheid und Iserlohn waren dagegen völlig abgebrochen, ebenso wie die nach Amsterdam. Die Kontinentalsperre hatte für die niederländische Hafenstadt desaströse Auswirkungen gehabt, und Bremen und Hamburg hatten sie für die Elberfelder Kaufleute als Hafen, Handels- und Informations-

137 Vgl. *Sturm-Lind*, Actors, S. 75–85.

138 Zur Industrialisierung vgl. *Crouzet*, Wars; zum Zusammenhang von Krieg und Fernhandelsmustern vgl. *Findlay/O'Rourke*, Power.

139 Zwischen 1815 und 1820 korrespondierte Abr. & Gebr. Frowein mit zumeist deutschstämmigen Kommissionären in New Orleans, Charleston, Kuba, St. Thomas, Haiti, Rio de Janeiro und Bahia. In vielen Orten hatte die Elberfelder Firma zudem mehrere Geschäftspartner.

140 Diese Einschätzung wird von den Kommissionären geteilt: »Da Sie früher so bedeutende Geschäfte mit Portugal gemacht haben und daher die hier gangbarsten Sorten von Bändern genau kennen, so zweifeln wir nicht, daß Sie uns auch ein [kurantes] Sortiment ausgewählt haben werden.« FAF Nr. 500, Carlos Joest an Abr. & Gebr. Frowein in Elberfeld, Rio de Janeiro, 10.2.1819.

zentrum völlig ersetzt.[141] Enge Geschäftsbeziehungen unterhielt Abr. & Gebr. Frowein zumindest nach der Vielzahl von Namen auf der Debitorenliste weiterhin mit anderen Firmen innerhalb des Wuppertals. Welche Bedeutung dies jedoch noch für die Gesamtbilanz der Firma hatte, lässt sich schwer abschätzen. Abr. & Gebr. Frowein hatte sich auf jeden Fall auch an den konzertierten Überseeunternehmungen der rheinischen Kaufmannschaft beteiligt und sowohl Aktien der Rheinisch-Westindischen Kompanie erworben (und an diese auch Waren geliefert) als auch des Deutsch-Amerikanischen-Bergwerkvereins.[142] Generell gelang es ihr nach 1815, einen Großteil des Zwischenhandels auszuschließen beziehungsweise ein eigenes Netz an Handelsagenten aufzubauen und somit den überseeischen Fernhandel in Eigenregie zu betreiben – ein Ziel, das auch den Gründer der Rheinisch-Westindischen Kompagnie, Johann Jakob Aders, angestrebt hatte.[143]

An ihre Kunden lieferte Abr. & Gebr. Frowein weiterhin die bewährten Produkte: glattes und geköpertes Leinenband, Riemen, Stiefelband, Wollband in den bekannten Mustern (Dobel, Flammes, Espagnolettes) und Hosenträgerband. Hinzugekommen waren Bänder aus Leinen-Baumwollgemisch sowie reine Baumwollbänder, zu deren Herstellung Abr. & Gebr. Frowein nun auch maschinengesponnenes Baumwollgarn (sog. Water- und Muletwist) einkaufte.[144] Doch auch handgesponnene Rohbaumwolle lag noch für Abr. & Gebr. Froweins Rechnung auf der Bleiche, welche anschließend ebenfalls zu Band weiterverarbeitet wurde. Die Produktpalette der Firma hatte also in den ersten siebzig Jahren ihres Bestehens nur eine geringfügige Veränderung erfahren.

Erst in den 1840er Jahren sollten die Firmeninhaber beginnen, das Sortiment deutlich umzustellen. Sie verabschiedeten sich in diesen Jahren weitgehend von den jahrzehntealten Mustern und lang eingeführten Artikeln aus Leinen und Baumwolle und setzten vermehrt auf die Herstellung von Seidenbändern. Hierbei blieb die Firma Abr. & Gebr. Frowein ihrer hohen Marktorientierung treu und produzierte einige der Artikel länderspezifisch. Ende der 1870er Jahre wurde eine Tochterfirma in den USA gegründet, die vor Ort produzierte. Damit sollten die hohen Importzölle vermieden werden. Ostasien entwickelte sich in

141 Zu den Auswirkungen der Kontinentalsperre auf Amsterdam als Hafen und Handelszentrum vgl. *Joor*, Significance.

142 Vgl. *Oehm*, Kompagnie; *Zeuske*, Preußen und Westindien. Hier mussten die Inhaber der Firma allerdings herbe Verluste hinnehmen. Beim Tod Luise Froweins 1834 wurden die Aktien des Deutsch-Amerikanischen Bergwerkvereins bei der Ermittlung ihres Nachlasses als »zweifelhaft« eingestuft. Luise Frowein hatte Aktien in Höhe von 35.756 Talern pr. Ct. besessen.

143 Vgl. hierzu *Boch*, Wachstum, S. 60–70.

144 Ob das Maschinengarn aus England oder von einer Wuppertaler Spinnerei stammte, kann nicht bestimmt werden. Unter Abr. & Gebr. Froweins Debitoren und Kreditoren waren auch drei Firmen in Manchester aufgelistet, dem weltweit wichtigsten Produktionsstandort für Maschinengarn. Vgl. FAF Nr. 882, fol. 103.

der zweiten Hälfte des 19. Jahrhunderts ebenfalls zu einem wichtigen Markt der Firma.[145]

Bereits 1826 hatte Abraham Frowein jr., der die Firma zu diesem Zeitpunkt alleine führte, in eine Dampfmaschine investiert, welche nun statt Pferdekraft die schwere Kalandermaschine antreiben sollte.[146] Eine Mechanisierung der Webstühle blieb allerdings bis in die späten 1860er Jahre aus. Erst dann wurden zwei neue Fabrikationsgebäude errichtet, in denen etwa hundert Bandstühle betrieben wurden.[147] Die Firma beschäftigte jedoch weiterhin hauptsächlich Heimarbeiter, die an technisch verbesserten, aber weiterhin handbetriebenen Webstühlen Bandartikel produzierten. Diese Mischung in der Produktion stellte in der Wuppertaler Bandindustrie bis zur Wende zum 20. Jahrhundert die Regel dar, da sich für die aufwändig gemusterten, dabei jedoch kurzlebigen Modebänder die komplizierte Einrichtung der mechanisierten Webstühle nicht lohnte.[148]

Die Inhaber der Firma Abr. & Gebr. Frowein schafften es durch diese Mischung von Maßnahmen – Änderungen der Produktsorte, der Produktionsweise und Anpassung der Marktausrichtung – den Geschäftserfolg der Firma auch in Zeiten der Mechanisierung langfristig zu sichern. Inwieweit ihnen dabei das Know-how, das sie in Zeiten der Proto-Industrialisierung erworben hatten, dienlich war, müsste Gegenstand einer eigenen Untersuchung sein.[149] Das in diesen Zeiten akkumulierte Kapital bildete auf jeden Fall die Basis für die Investitionen in zukunftsträchtige Technologien. Was sich generell durch die Firmengeschichte zieht und einen Erklärungsansatz für den dauerhaften Erfolg der Froweins liefert, ist die Tatsache, dass die Firmeninhaber es immer wieder verstanden, die Unwägbarkeiten volatiler Märkte vor allem in Übersee durch das Bedienen beständigerer Märkte auszutarieren und somit das Firmenkapital, gerade auch in Zeiten erhöhter Fixkosten, nur einem überschaubaren Risiko auszusetzen. Damit hatten sie nicht nur Gelder für nötige Investitionen zur Hand, sondern konnten auch konjunkturell schwierige Zeiten mit eigenen Mitteln überbrücken.[150]

145 Vgl. *Strutz*, 175 Jahre, S. 62–68.

146 Auf der Kalander wurden die Bänder geglättet und appretiert. Es handelte sich also hierbei um den letzten Schritt bei der Veredelung der Ware. Zur Errichtung der Dampfmaschine bei der Firma Abr. & Gebr. Frowein vgl. *Hoth*, Industrialisierung, S. 150 f., sowie FAF Nr. 1528.

147 Vgl. *Strutz*, 175 Jahre, S. 67.

148 Vgl. *Köllmann*, Barmen, S. 17 f.

149 Für die sächsische Textilwirtschaft wurde der Übergang von der proto-industriellen zur industriellen Wirtschaftsweise jüngst eingehend untersucht bei *Schäfer*, Industrialisierung. Eine eingehende Würdigung des Know-hows einzelner Unternehmer und ihrer Disposition gegenüber dem Industrialisierungsprozess ist jedoch nicht Teil der Studie und weiterhin ein Forschungsdesiderat. Vgl. ebd., S. 447.

150 Wie sich dies nach der Wende zum 20. Jahrhundert gestaltete, als das fixe Kapital einen immer größeren Anteil am Firmenvermögen einnahm, müsste gesondert untersucht werden.

3.2.2 Produktspezialisierung vor Ort – die Firma Joh. Peter von Eynern & Söhne

Der Name Eynern ist im Wuppertal nicht unbekannt. Dies ist weniger den wirtschaftlichen Erfolgen des Firmengründers Johann Peter von Eynern geschuldet, als vielmehr der (wirtschafts-) politischen Tätigkeit von nachfolgenden Mitgliedern der Familie.[151] Im Mittelpunkt der folgenden Darstellung wird herausgearbeitet, wie Johann Peter von Eynern den Grundstein für den wirtschaftlichen und sozialen Aufstieg der Familie legte und wie dies, ganz im Gegensatz zu Abraham Frowein und dessen Familie, dank einer deutlichen Spezialisierung und Konzentration auf naheliegende Märkte gelingen konnte. So wird deutlich, dass die Dynamik der Wuppertaler Wirtschaft im 18. und frühen 19. Jahrhundert auf deutlich mehr Faktoren beruhte als nur der starken Außenhandelskonzentration, wie sie oben dargestellt wurde. Die Untersuchung der Firma Johann Peter von Eynerns bietet zudem einen Einblick in die Ausdifferenzierung der Wuppertaler Textilindustrie und in die Spezifika der verschiedenen Zweige des Bandgewerbes.

3.2.2.1 Wolle statt Leinen – die Gründung einer spezialisierten Verlagshandlung

Johann Peter von Eynern wurde 1735 ganz in der Nähe des Wuppertals geboren, allerdings auf einem Hof, der sich bereits jenseits der märkischen Grenze auf preußischem Gebiet befand. Er war das jüngste von sieben Kindern. Der familiären Überlieferung zufolge wanderte er, wie auch drei seiner Brüder, zwischen 1760 und 1765 ins Wuppertal aus. Unter anderem hatten sie Angst davor, in den preußischen Militärdienst gepresst zu werden und zogen es daher vor, »über die Wupper zu gehen«.[152] Johann Peter von Eynern fand Anstellung bei der Bandfirma Wuppermann & Söhne, für die er sieben Jahre lang als Handelsreisender auf den Leipziger Messen tätig war.[153] 1768 heiratete er Maria Magdalena Egeldick, die Tochter eines Barmer Bauern und Bleichers, die nach der Auszahlung

151 Vgl. *Eynern*, Friedrich von Eynern.

152 Über die drei anderen Eynern-Brüder gibt es nur spärliche Nachrichten. Für einen von ihnen, Johann Heinrich von Eynern, ist eine Zwirnfabrik in Barmen belegt. Vgl. *Mannes*, Kaufmannskalender. In einem Bilanzbuch hielt Johann Peter von Eynern außerdem einen Kredit in Höhe von 300 Rtlr. an die Witwe seines Bruders Peter Caspar in Wichlinghausen fest. Vgl. STAW NDS 12 Firmenbuch, fol. 3. In der handschriftlich verfassten Familiengeschichte von Ernst von Eynern wird außerdem noch Johann Carl von Eynern an der Dickenstraße (ebenfalls Wichlinghausen) erwähnt. Vgl. HZW Bestand Eynern Nr. 112. Es scheinen also vier der Eynern-Brüder ins Wuppertal ausgewandert zu sein. Der erfolgreichste unter ihnen war Johann Peter.

153 Vgl. *Fischer*, Nachrichten, S. 94. Es ist davon auszugehen, dass Johann Peter von Eynern bei der Firma Wuppermann & Söhne auch seine kaufmännische Ausbildung erhalten hat. Über die frühere Schulbildung ist nichts bekannt.

einer Erbschaft die nicht unbeträchtliche Summe von 1.100 Reichstalern als Kapital mit in die Ehe brachte – eine Summe, die vermutlich den Grundstein für Eynerns Selbständigkeit legte und einmal mehr die Bedeutung von weiblichem Kapital für die Wirtschaft allgemein unterstreicht.[154] Denn um 1770 gründete er zusammen mit einem Kompagnon, Peter Wolff, einen Verlag für wollene Bandartikel. Für die Produktion ihrer Waren bedienten sich Eynern und Wolff des bewährten Verlagssystems – sie beschafften die Rohstoffe, ließen die Wolle, teils in Kombination mit Leinen, von Lohnarbeitern zu Bandwaren verarbeiten, und sorgten anschließend für den Vertrieb der Waren. 1785 trennten sich die beiden Geschäftspartner und setzten nun die Geschäfte auf eigene Rechnung fort, beide mit einer Firma für wollene Bandartikel.[155]

Johann Peter von Eynern gelang es, auch selbständig erfolgreich zu sein. Bereits in den 1790er Jahren hatte seine Firma einen beträchtlichen Umfang erreicht.[156] Er kaufte im großen Stil Rohwolle ein, die er anschließend zu Wollband, sogenannte Bratten, weiterverarbeiten ließ. Allein im Jahr 1794 bestellte er bei seinen Lieferanten im Thüringischen und Hessischen 111 Zentner mittelfeines und 59 Zentner extrafeines Wollgarn (sogenannter Sayett). Die Bestellmengen erhöhten sich in den folgenden Jahren noch; 1797 bestellte Eynern 96 Zentner mittelfeines und 132 Zentner extrafeines Garn. Bereits der Vergleich mit der von Friedrich Heinrich Jacobi angenommenen Menge an Wollgarn, die jährlich im Wuppertal für die Bandherstellung benötigt würde, zeigt an, in welch großer Menge Johann Peter von Eynern Rohmaterial orderte. 1774 war Jacobi nämlich noch von einem jährlichen Bedarf von 360 Zentner Wollgarn für alle betriebenen Bandstühle (2.000 Stück) ausgegangen.[157] Zwanzig Jahre später bestellte allein Johann Peter von Eynern mehr als die Hälfte dieser Menge.[158]

Das Wollgarn orderte Eynern fast ausschließlich in einem Zentrum der Tuchherstellung, nämlich in Eisenach bei den Firmen Benjamin & Christian Eichel, Johannes Justinus Bohr und Simon Jungherr (bis 1795 als Sozietät Bohr & Jung-

154 Vgl. HZW Bestand Eynern Nr. 112 B, sowie *Laurence/Maltby/Rutterford*, Women.

155 Von der Firma Eynern & Wolff sind keine Unterlagen erhalten. Aber die Firma ist nicht zuletzt in den Geschäftsbüchern Abraham Froweins dokumentiert. Hier erscheint sie seit 1775 als Lieferant für wollene Bandartikel. Frowein setzte auch nach der Trennung der beiden Associés die Geschäfte mit ihnen fort und bezog weiterhin ähnliche Artikel von ihnen. Vgl. FAF Nr. 1348, fol. 173; FAF Nr. 1351, fol. 162, 310.

156 Quellengrundlage der folgenden Ausführung ist vor allem das Briefkopierbuch, das Johann Peter von Eynern zwischen 1793 und 1800 führte. Vgl. HZW Bestand Eynern Nr. 132.

157 Zu Jacobis Bericht vgl. 3.1.1.

158 Er mag damit einen Großteil der Nachfrage abgedeckt haben. Nach Gädickes Fabrikenlexikon vertrieben zwar allein in Barmen zwanzig Kaufleute wollenes Band und in Elberfeld weitere zehn. Unter ihnen sind jedoch einige, die zu Eynerns Kunden gehörten und die möglicherweise das wollene Band nicht selbst herstellten. Vgl. *Gädicke*, Fabriken-Lexicon, S. 8 f.

herr) sowie Johann Sebastian Gottlob Trunk und Tobias Hill. Kleinere Lieferanten saßen im Hessischen, in Eschwege, Hersfeld und Rothenburg. Generell zeigte sich Eynern aber deutlich zufriedener mit den thüringischen Garnqualitäten, da es besser gewaschen und fester gesponnen war. Mittler in diesem Geschäft war hauptsächlich das Bankhaus Gebr. Schmöle in Frankfurt/Main, die für Eynern den Weitertransport des Garns besorgten. Über Gebr. Schmöle, die ursprünglich aus Iserlohn stammten, wickelte Eynern auch den Großteil seines Zahlungsverkehrs ab: wie das Leinengarn musste die Wolle gleich bezahlt werden.[159]

Neben gutem Wollgarn war ein weiterer Rohstoff für Eynerns Geschäftserfolg entscheidend: Cochenille, ein roter Farbstoff, der aus der in Mittel- und Südamerika lebenden Cochenilleschildlaus gewonnen wurde. Diesen Rohstoff, ein wichtiges Exportgut der amerikanischen Kolonien, bezog Johann Peter von Eynern hauptsächlich über Amsterdam, ab 1799 dann über Hamburg. Die Herkunft des Stoffes wurde jedoch nicht weiter thematisiert, wichtig war es für Eynern einzig, gute Qualität zu einem günstigen Preis zu erhalten. Leinengarn und andere Farbstoffe scheint er sich auf dem lokalen Markt besorgt zu haben und ohne dass dies Niederschlag in den vorhandenen Quellen gefunden hätte. Das scharlachfarbene Wollband, gefärbt mit südamerikanischer Cochenille, war Eynerns Spezialität, mit der er sich auch gegen andere Wollbandproduzenten durchzusetzen wusste. So betonte er wiederholt in Briefen an lokale wie auswärtige Geschäftspartner die hohe Qualität, die sie bei ihm erhielten, welche auch den höheren Preis rechtfertigte.[160]

Eynerns rotes Band ist im Übrigen ein überzeugendes Beispiel für die Art von materiellem Transfer als Kulturtransfer innerhalb der atlantischen Beziehungen, auf die Jutta Wimmler hingewiesen hat.[161] Heimische und exotische Rohstoffe wurden zu einem neuen Produkt verbunden, welches die materielle Alltagskultur, wenn im vorliegenden Fall auch in bescheidendem Maße, veränderte. Zu den Besonderheiten von Eynerns Bändern gehört, dass sie auch in den Handel über den Atlantik hinweg eingespeist wurden und somit auch die materielle Kultur jenseits des Atlantiks beeinflussten.[162] Eynerns Bänder verweisen zudem auf das transatlantische Preisgefälle, welches letztendlich verhinderte, dass sich ein lokales Manufakturwesen weder in Spanisch-Amerika noch auf der Iberischen Halbinsel entwickeln konnte. Die in Lateinamerika geförderten Silber-

159 Zu Gebr. Schmöle vgl. *Dietz*, Handelsgeschichte, Bd. IV, Teil 2, S. 421, 462.

160 Wie aus einer Kostenkalkulation am Ende Eynerns Briefkopierbuch hervorgeht, war das scharlachrotgefärbte Band fünfmal so teuer wie andersfarbiges (dunkelblau ausgenommen).

161 Vgl. *Wimmler*, Material Exchange.

162 Vgl. hierzu die grundlegenden Überlegungen bei *Yun-Casalilla*, History of Consumption.

mengen bewirkten, darauf wurde oben bereits hingewiesen, inflationär steigende Preise; ein Effekt der sich über den Atlantik nach Europa und bis hin nach Asien ausbreitete. Eine besondere Pointe des Wollbandes ist, dass eines der spanischen Hauptexportgüter die Wolle des sogenannten Merinoschafes war, die von hervorragender Qualität war, jedoch auf der Iberischen Halbinsel nicht konkurrenzfähig zu Bandwaren oder Wollstoffen verarbeitet werden konnte.[163] Denn das Lohngefälle innerhalb Europas war so stark, dass, ähnlich wie beim Leinenband, die Wuppertaler Wollbandprodukte, trotz der Transportkosten für das Rohmaterial (Wolle und Farbstoff) und der Endprodukte, auch auf dem spanischen und lateinamerikanischen Markt bestehen konnten.

Neben dem scharlachrot gefärbten Band gehörte auch einfaches Wollband in vielen verschiedenen Farben zu Eynerns Sortiment sowie gemustertes Wollband in verschiedenen Mustern und Breiten. Das erhaltene Musterbuch, eines der wenigen seiner Art, weist für das einfache Wollband immerhin 81 Farbvarianten auf, was nicht zuletzt auf den hohen Stand des Wuppertaler Färbewesens verweist.[164] Die Firma vertrieb auch Leinenband, eine einfache Sorte Seidenband (sogenanntes Lothband) sowie Baumwollband – Artikel, die vermutlich zugekauft wurden. Die Grundlage des Geschäftes bestand aber aus den wollenen Bändern, und es war vor allem dieser Spezialisierung zu verdanken, dass Johann Peter von Eynern sein Geschäft immer weiter ausdehnen konnte. Zusammen mit seinem ehemaligen Associé Wolff gehörte er neben Wilhelm Osterroth über mehrere Jahrzehnte zu den drei marktbeherrschenden Anbietern von Wollband im Wuppertal.[165]

Produziert wurde das Band von in den vorhandenen Quellen nicht genauer benannten Arbeitern beziehungsweise Wirkern, die über eine gewisse Spezialisierung verfügten und für Eynern wichtige Fachkräfte darstellten, so dass er versuchte, sie auch in Zeiten schwacher Konjunktur zu halten. Außerdem achtete er darauf, den Arbeitern möglichst einwandfreies Rohmaterial zu liefern.[166] Ihre Klagen über zu schlecht gesponnene Wolle gab er wiederholt an seine Lieferanten im Thüringischen weiter und machte sich damit zu ihrem Beschwerdeführer. Den Wirkern gewährte Eynern auch wiederholt Vorschüsse bis zu einer Höhe von achtzig Reichstalern, einer beachtlichen Summe, was zum einen auf die Langfristigkeit der Arbeitsbeziehung verweist, zum anderen auf ein gewisses

163 Außerdem bemühte man sich beispielsweise in Sachsen darum, ebenfalls in die Merinozucht einzusteigen. Vgl. *Ludwig*, Wissen.

164 Das Musterbuch ist ausgestellt im HZW. Es ist datiert auf den Anfang des 19. Jahrhunderts.

165 Wolff, Osterroth und Eynern konnten es sich beispielsweise 1821 erlauben, einer Preisabsprache der übrigen Bandverleger nicht beizutreten, da sie mit ihrem Produkt eine Nische innerhalb der Wuppertaler Bandartikel belegten. Vgl. FAF Nr. 1528, Übereinkunft der Wuppertaler Bandverleger vom 13.12.1821.

166 Vgl. etwa HZW Bestand Eynern Nr. 132, Brief an Melchior Gau in Eisenach, 22.6.1799.

paternalistisches Verhalten seitens Eynerns.[167] Auf jeden Fall trug er Sorge, dass ihm die Arbeiter erhalten blieben, vielleicht auch, weil sie sich ebenfalls auf das Wollband spezialisiert hatten. Denn Eynerns Bemühen um gleichbleibend hohe Qualität bei einem spezialisierten Artikel – eine der Grundlagen für seinen Geschäftserfolg – ließ sich nur dank dieser Fachkräfte in die Tat umsetzen.

3.2.2.2 Lokaler Absatz und Fernhandel – die zwei Standbeine der Firma

Trotz der hohen Bestellungen an Rohmaterial finden sich in den erhaltenen Quellen für die erste Hälfte der 1790er Jahre kaum Hinweise auf Käufer von Eynerns Waren. Es überwiegen vielmehr Nachrichten über die Beschaffung der Rohstoffe. Erst ab 1797 sind größere Lieferungen nach Amsterdam und an Kunden in Frankreich dokumentiert. Die Amsterdamer Kunden waren Johann Peter Müncker und Peter Haarkamp & Sohn, die beide deutscher Herkunft waren und auch zu Abraham Frowein Geschäftsbeziehungen unterhielten, im Falle der Firma Peter Haarkamp & Sohn sogar schon seit den 1770er Jahren. Sie gehörten damit zu einem Kreis von Handelshäusern, die bereits seit langem mit Wuppertaler Kaufleuten Geschäfte tätigten. Hier war das Risiko für Johann Peter von Eynern vermutlich gering, denn die Abwicklung verlief trotz der größeren Entfernung in etablierten Bahnen.[168]

Generell weitete Eynern seine Fernhandelstätigkeit am Ende der 1790er Jahre deutlich aus und baute Geschäftsbeziehungen nach Frankreich, in die Niederlande, ins heutige Belgien, Dänemark und ins Alte Reich auf. Dabei partizipierte er an Verschiebungen im Organisationswesen des Fernhandels, denn den Anfang seiner Geschäfte mit französischen Kunden scheint Eynern vor allem den Vermittlungen eines Handlungsreisenden namens Bröker zu verdanken.[169] Bröker hatte Muster von Eynerns Waren im Gepäck und leitete die Anfragen interessierter Kaufleute an ihn weiter. Ab 1797 konnte Eynern große Lieferungen an die Firma Appert in Angers absetzen (für 7.000 bis 8.000 livres im Jahr) sowie an sechs Firmen in Rouen. Unter ihnen war auch die Firma Chalon, die bereits seit langem Geschäftsbeziehungen zu Abraham Frowein unterhielt. Ein weiterer wichtiger Kunde wurde die Firma Vauquelin, Poisson & Roeuoux, die im Jahr für gut 5.000 livres bestellte. In einer ähnlichen Größenordnung bewegten sich die Bestellungen des Hauses Mayaud Frères aus Saumur, das ab 1799 zu Eynerns Kunden zählte. Am Ende des Jahrzehnts unterhielt Eynern außerdem noch Geschäftsbeziehungen zu Kunden in Nancy, Paris, Balingen, Verviers, Mons, Meppel und in Kopenhagen. Im Februar 1800 unternahm er eine konzertierte Aktion, um Kunden in Deutschland für sich zu gewinnen und schickte seine

167 Vgl. STAW NDS 12, Inventarbuch, fol. 18.

168 Vgl. hierzu auch 3.2.1.2.

169 Vgl. hierzu *Häberlein/Jeggle*, Praktiken.

Preisliste und Warenmuster an Geschäftshäuser in Augsburg, Nürnberg, Reutlingen, Meiningen und Passau.

Der Großteil von Eynerns Kunden lässt sich jedoch in seinem Briefkopierbuch nur zwischen den Zeilen beziehungsweise in Einzeldokumenten finden. So findet sich zwar kaum Korrespondenz über Bestellungen, aber es sind einige Briefe erhalten, in denen Eynern Zahlungsausstände anmahnte. Diese richteten sich zum einen an Kunden in der näheren Umgebung (in Lüttringhausen, Langenberg, Sonnborn), zum anderen aber auch an solche, die zwar mehr als eine Tagesreise entfernt wohnten, aber dennoch enge Geschäftsbeziehungen ins Wuppertal unterhielten (Wesel, Köln, Greven, Dillenburg, Neuwied). In diesen Ermahnungen ging es für gewöhnlich jedoch auch eher um kleinere Beträge.

Die wirklich großen Geschäfte machte Johann Peter von Eynern vielmehr mit Kunden in seiner unmittelbaren Umgebung – das heißt mit Kaufleuten in Elberfeld und vor allem in Barmen. So erhielt Eynern regelmäßig große Bestellungen von den Barmer Kaufleuten Wuppermann & Springmann, Johann Gottfried Rübel, David Wuppermann, Caspar & Abraham Rübel, Bredt & Brass und weiteren mehr, die sich auf etliche hundert Reichstaler beliefen.[170] Sie bestellten meistens Bratten, das einfache ungemusterte Wollband, sowie wollene Strumpfbänder und gemustertes Wollband (Dobbel, Rosetten, Flammen) in vielen verschiedenen Breiten. Der endgültige Bestimmungsort bestimmte die Länge des Zuschnitts, den Eynern den Kundenwünschen gemäß anpasste. Seine Kunden erhielten also ein gezielt abgestimmtes Produkt. Eynerns Kunden verließen sich außerdem darauf, dass er an gewissen Bandwaren einen ständigen Vorrat hielt, so dass sie auch kurzfristig von ihm bedient werden konnten. Manchmal musste er sie allerdings auch enttäuschen. So schrieb Eynern beispielsweise an W. Wilckhaus: »Was die Com[mission] betrifft, wobei sich N 0/4W. sich befindet, so ist es mir unmöglich, solche bis künftige Woche zu besorgen. Solche ist zwar in stetiger Arbeit und allenfals wäre es möglich, die N 0/4 bis dahin fertig zu schaffen, allein die andern Articeln als N 30 & N 45 [...] nicht, u eins ohne das andere kann Ihnen auch ja nichts nützen!«[171]

Trotz oder vielleicht auch gerade wegen der engen örtlichen Beziehungen pochte Johann Peter von Eynern seinen Geschäftspartnern gegenüber entschieden auf die Einhaltung guter kaufmännischer Praxis. Vor allem verwahrte er sich dagegen, erst bezahlt zu werden, wenn die Endabnehmer Gelder eingesandt hätten:

170 Vgl. HZW Bestand Eynern Nr. 132. Von Johann Gottfried Rübel erhielt Eynern beispielsweise am 16.12.1797 eine Bestellung in Höhe von 747 Rtlr. Wuppermann & Springmann tilgte am 24.1.1798 die ausstehende Rechnung vom Juni 1797 mit einem Wechsel über 715 fl. Weitere Beispiele ließen sich anführen.

171 HZW Bestand Eynern Nr. 132. Brief an W. Wilckhaus o. O., 10.5.1797.

Daß Sie mir aber die Posten vom 30 April u. 10 July noch nicht zahlen wollen, u mir darauf weisen, was Baseler sagen, kommt mir wunderlich vor. Ich habe Ihnen auf 6/M [mit sechsmonatiger Zahlungsfrist, A. S. O.] verkauft u Sie versprachen mich noch dabey mit 2 Prozent Sconto in 3/M zu bezahlen. Muß mich also bloß an Ihnen halten, da es mir einerley seyn kann, ob Sie die von mir gekaufte Waare, nach Osten oder Westen gesandt, ob Sies auf 12 o. 18 Monath verkauft, oder einen Baseler Hause übergaben, mit dem bedeuten solche Ihrem franz. Freunde gegen bare Zahlung zu übergeben.[172]

Dabei scheute er sich auch nicht vor deutlichen Worten und der Aufforderung zur Auseinandersetzung von Angesicht zu Angesicht: »Verschonen Sie mich nun [hinfort] mit Ihren Briefen von solchem Inhalt, ich habe an dem wenigen was ich von Ihrer Hand gesehen hinlänglich genug, was Sie uns in dieser Rücksicht zu sagen haben, können Sie ja mündlich thun, ich stehe Ihnen Stündlich mit Antwort zu diensten.«[173]

Für die kaufmännische Praxis machte Eynerns Konzentration auf den lokalen Markt keinen Unterschied. Denn auch wenn Eynern sich vorerst auf den Handel mit benachbarten Kaufleuten spezialisierte, stimmen die erhaltene Korrespondenz, die Art der Rechnungsstellung und die von ihm gewährten Konditionen in den Usancen mit jenen des Fernhandels überein.[174] Somit bedeutete auch die Ausweitung seiner Geschäfte Richtung Frankreich und die Niederlande seit der Mitte der 1790er Jahre für ihn nur eine geringfügige Veränderung der Praktiken, beispielsweise beim Sprachgebrauch.[175] Die nahezu weltweit verbindlich angewandten Regeln des Handels und des kaufmännischen Umgangs miteinander griffen sowohl in der unmittelbaren Nachbarschaft als auch im Fernhandel, wozu beispielsweise auch zählte, seine Geschäftspartner als »Freund« zu titulieren.[176]

Die besondere Stellung, die Eynern mit seinen spezialisierten Artikeln innerhalb des Wuppertals einnahm, zeigt sich im Übrigen auch in anderen erhalten Geschäftsbüchern. Abraham Frowein bestellte seit den 1770er Jahren regelmäßig Wollband, erst bei von Eynern & Wolff, nach dem Ende der Partnerschaft dann sowohl bei Eynern als auch bei dessen ehemaligem Associé Peter Wolff. Bis auf einen einzigen Brief ist allerdings in Eynerns Briefkopierbuch kein Hin-

172 HZW Bestand Eynern Nr. 132, Brief an Gebr. Pauls in Barmen, 21.12.1795.

173 HZW Bestand Eynern Nr. 132, Brief an Friedrich Grothaus in Barmen, 12.11.1799.

174 Vgl. *Hoock/Reininghaus*, Kaufleute; *Häberlein/Jeggle*, Praktiken.

175 Möglicherweise unterstützten ihn, ähnlich wie im Falle Abraham Froweins, seine Söhne mit besseren Sprachkenntnissen bei der Ausdehnung der Geschäftsfelder. Friedrich von Eynern beispielsweise hatte ein Kaufmannsinstitut besucht, in dem Französisch, Englisch und Italienisch gelehrt wurde. S. 5.2.3.

176 Vgl. als Beispiel eines wahrhaftig weltweiten Handels und die über alle (Kultur-)grenzen verbindende Kaufmannskultur *Trivellato*, Familiarity. Das von Trivellato untersuchte Geschäftsgebaren inklusive den in der Korrespondenz gebräuchlichen Grußformeln entspricht dem der Wuppertaler Kaufleute in vielen Einzelheiten. Vgl. ebd., S. 177–193.

weis auf eine enge Geschäftsbeziehung mit Abr. & Gebr. Frowein zu finden.[177] Die Geschäftsbeziehung zu Eynerns ehemaligem Arbeitgeber Wuppermann & Springmann ist dagegen in dem Briefkopierbuch besser dokumentiert und wird auch durch Unterlagen der Firma Wuppermann & Springmann bestätigt. In dem Inventar, das bei Wuppermann & Springmann 1780 angefertigt wurde, sind von Eynern & Wolff mit 110 Reichstalern als Kreditoren verzeichnet, im darauffolgenden Inventar von 1793 hatte Wuppermann & Springmann sogar noch Außenstände in Höhe von fast 500 Reichstalern bei Johann Peter von Eynern. Im gleichen Inventar wurden beim Verzeichnis der vorrätigen Waren außerdem eine Sorte bestimmte Strumpfbänder (Nr. 60 Posamenterie), hergestellt von der Firma von Eynern, aufgeführt.[178]

Der Verlag Johann Peter von Eynerns war somit deutlich stärker spezialisiert als beispielsweise derjenige Abr. & Gebr. Froweins: er diente vor allem anderen Wuppertaler Firmen als Lieferant und hatte sich damit eine ganz eigene Position innerhalb der Wuppertaler Kaufmannschaft geschaffen. Eynerns starke Konzentration auf den lokalen Markt mag die vergleichsweise bescheidene Marge von acht Prozent erklären, denn auf Eynerns Verkaufspreis schlugen seine Wuppertaler Kunden wiederum ihre Marge auf.[179] Für Eynern rechnete sich das Geschäft vor allem aufgrund der geringen Transaktionskosten, der engen Beziehung zu seiner Kundschaft und der Möglichkeit einer vergleichsweise engmaschigen Kontrolle. Auch war der örtliche Zahlungsverkehr, der meist über die beiden im Tal ansässigen Bankhäuser Gebr. Kersten und Achenbach & Brüninghaus lief, deutlich weniger kompliziert und störungsanfällig als der internationale Zahlungsverkehr, der unter anderem den Schwankungen der Wechselkurse unterlag und für den deutlich höhere Bearbeitungsgebühren anfielen. Die genannten Kostenvorteile ließen sich jedoch nur realisieren, wenn Eynerns Kunden sich an die getroffenen Vereinbarungen hielten. Dies mag auch die teils recht scharfen Töne in den Briefen an säumige Geschäftspartner im Tal erklären.

3.2.2.3 Vom Spezialhersteller zum Händler – der Strukturwandel der Firma in der ersten Hälfte des 19. Jahrhunderts

1801 nahm Johann Peter von Eynern seine beiden Söhne Wilhelm und Friedrich, die zuvor an einem Kaufmannsinstitut ausgebildet worden waren und bereits bei ihm im Geschäft mitgearbeitet hatten, als Teilhaber in seine Firma

177 Am 6.1.1792 lieferte Eynern beispielsweise 15 Dutzend Nr. ½ Bratten und sechs Dutzend Posamentierstrumpfbänder im Wert von insg. 55 Rtlr. an Abr. & Gebr. Frowein. Vgl. FAF Nr. 1353, fol. 662. Der einzige erhaltene Brief von Johann Peter von Eynern an Abr. & Gebr. Frowein ist in HZW Bestand Eynern Nr. 132 (29.8.1798).

178 Vgl. FAW Nr. 21–8.

179 An einer anderen Stelle wird der Verdienst an den Waren mit zwölf Prozent vermerkt. Vgl. STAW NDS 12, Inventarbuch, fol. 22.

auf.[180] Daraufhin wurde die Firma in »Joh. Peter von Eynern & Söhne« umbenannt. Er selbst schied bereits zwei Jahre später mit dem Wunsch aus der Firma aus, »ruhig und zufrieden die Tage meines Alters verleben zu können« (er war zu diesem Zeitpunkt 68 Jahre alt).[181] In Bezug auf seine wirtschaftliche Leistung konnte Johann Peter von Eynern durchaus zufrieden sein, denn er hatte sein Vermögen deutlich mehren können: zum Zeitpunkt seines Ausscheidens lag seine Kapitaleinlage in der Firma bei gut 51.000 Reichstaler.[182] In den drei Jahren zwischen 1800 und 1803 hatte die Firma außerdem einen Reingewinn von 31.610 Reichstalern verbuchen können.

Dieses hohe Niveau ließ sich trotz aller wirtschaftlichen Herausforderungen auch in den Folgejahren halten: Die schwierige Zeit der napoleonischen Kriege und der Kontinentalsperre überstand die Firma nicht nur unbeschadet, sie konnte ihre Gewinne teilweise noch steigern. Die in der Geschichte des Wuppertals als wirtschaftlich besonders herausfordernd geltenden Jahre nach 1809 schlugen sich beispielsweise in den Bilanzen der Eynernschen Firma nicht negativ nieder; der Gewinn der Dreijahresspanne von 1809 bis 1812 betrug 36.035 Reichstaler; für den Zeitraum von 1812 bis 1815 41.285 Reichstaler.[183] Der von Joh. Peter von Eynern & Söhne hauptsächlich vertriebene Artikel, Wollband in zahlreichen Farben, scheint damit ein ungewöhnlich krisenfestes Produkt gewesen zu sein, von dem sich zu jeder Zeit bedeutende Stückzahlen absetzen ließen. Denn wie die Bilanzen zeigen, lagen in dieser Zeit die Verkaufszahlen deutlich über den Einkaufszahlen: zwischen 1809 und 1812 kaufte die Firma Materialien im Wert von 182.165 Reichstaler, verkaufte aber Waren im Wert von 275.659 Reichstalern.[184] Von Eynern & Söhne musste also längst nicht so viel auf Lager produzieren lassen wie beispielsweise Abr. & Gebr. Frowein. Und bei ihr schlugen auch die »zweifelhaften Schulden«, welche in diesen Jahren wiederholt abgeschrieben werden mussten, nicht sonderlich zu Buche, nicht zuletzt, weil es sich bei der überschaubaren Zahl von Zahlungsausfällen eher um kleinere Beträge handelte.[185] Damit spricht die wirtschaftliche Entwicklung der Firma Joh. Peter von Eynern & Söhne durchaus dafür, die gängige Interpretation der napoleonischen Blockade des Kontinents als störend bis lähmend für die Wirtschaft zu hinterfragen.[186]

180 Der älteste Sohn, Peter, hatte sich mit einem Associé selbständig gemacht und handelte unter dem Namen Dürholt & von Eynern mit Siamosen.

181 STAW NDS 17, Zirkular der Firma Joh. Peter von Eynern & Söhne, 31.5.1803.

182 Vgl. STAW NDS 12, Inventarbuch, fol. 23. Johann Peter von Eynern starb sechs Jahre später. Sein Vermögen betrug zu diesem Zeitpunkt 91.360 Rtlr. Vgl. HZW Bestand Eynern Nr. 32.

183 Vgl. STAW NDS 12, Inventarbuch, fol. 63, 70.

184 Vgl. ebd., fol. 63.

185 Vgl. ebd.

186 Die Bewertung der Kontinentalsperre und den damit verbundenen wirtschaftlichen Herausforderungen ist seit einiger Zeit unter Revision. Vgl. *Marzagalli*, Boulevards; *Aaslestad/Joor*, Continental System; *Spaulding*, Changing Patterns.

Die 1820er Jahre bildeten eine viel größere Herausforderung für die Firma. Zwar konnte die Firma ihren Umsatz bis 1827 kontinuierlich steigern, tat dies aber insgesamt bei stagnierenden oder sinkenden Gewinnen, wie die folgende Tabelle zeigt:

Tab. 2: Bilanz der Firma Joh. Peter von Eynern & Söhne, 1818–1830

*JAHR**	*Einkauf in Taler pr. Ct.*	*Verkauf in Taler pr. Ct.*	*Gewinn in Taler pr. Ct.*[187]
1818/19	68.361	108.060	
1819/20	73.223	104.976	
1820/21	68.989	100.098	
1818–21	**210.573**	**313.134**	**41.430**
1821/22	87.891	124.621	
1822/23	96.128	120.776	
1823/24	70.520	111.462	
1821–24	**254.539**	**356.859**	**23.552**
1824/25	102.769	154.489	
1825/26	106.684	126.181	
1826/27	98.910	127.226	
1824–27	**308.363**	**407.896**	**23.862**
1827/28	81.917	115.114	
1828/29	91.327	119.591	
1829/30	91.982	105.204	
1827–30	**265.226**	**339.909**	**18.032**

* Die Bilanzen wurden immer am 1. Mai jedes dritten Jahres angefertigt. Die Einkaufs- und Verkaufszahlen beziehen sich auf den Zeitraum 1. Mai bis 30. April eines Geschäftsjahres. Die Gewinne sind nur für den Drei-Jahres-Zeitraum ausgewiesen.

Wie für viele andere Firmen auf dem Kontinent stellten damit für die Firma Joh. Peter von Eynern & Söhne die 1820er Jahre den wahren wirtschaftlichen Einbruch dar, der für viele Branchen zu einer Neuausrichtung führte und den

187 Zu den »Gewinnen« gilt, was bereits oben in Bezug auf die Firma Abr. & Gebr. Frowein gesagt wurde: Es handelt sich hierbei um positive Differenzbeträge, nicht um Gewinne im modernen betriebswirtschaftlichen Sinn.

Gang der Industrialisierung beeinflusste.[188] Deutsche Textilfabrikanten und -verleger hatten dabei besonders mit der starken englischen Konkurrenz zu kämpfen, die ihre Waren nach dem Ende der napoleonischen Blockadepolitik zu Kampfpreisen auf dem Kontinent absetzte. Allgemein geschwächt wurde die Wirtschaft in diesen Jahren außerdem durch die südamerikanisch-englische Spekulationskrise 1825, die eine Vielzahl von Bankhäusern in London zu Fall brachte und auch auf dem Kontinent zahlreiche Bankrotte auslöste.[189] Mit der neugewonnenen Unabhängigkeit der iberischen Kolonien in Amerika hatte sich ein wahrer Investitionsboom entwickelt. An der Londoner Börse wurden eine Unmenge von Papieren lateinamerikanischer Unternehmungen gehandelt und englische Industriefabrikate in Massen in die südamerikanischen Häfen verschifft. Der Kauf der Waren wurde wiederum mit südamerikanischen Staatsanleihen finanziert. Jedoch war der Markt nur begrenzt aufnahmefähig und auch viele der Unternehmungen, für die an der Londoner Börse das Geld eingesammelt worden waren, erwiesen sich als nicht tragfähig. Der Aktienmarkt in London brach zusammen, und die Kommissionäre in den lateinamerikanischen Häfen versuchten vergeblich, die Schiffsladungen aus Europa zu verkaufen. Auch die Wuppertaler Kaufleute wurden hiervon in Mitleidenschaft gezogen.[190] Zwar konzentrierte sich die Firma Joh. Peter von Eynern & Söhne weiterhin vor allem auf den europäischen Markt, doch wie die schwindenden Verkaufs- und vor allem Gewinnzahlen gegen Ende der 1820er Jahre zeigen, war auch dies zunehmend mit Schwierigkeiten verbunden. Häufig mussten deutlich höhere Rabatte als früher üblich gewährt werden, um die Waren an den Kunden zu bringen.

Es ist den Bilanzen nicht zu entnehmen, mit welchen Anteilen die unterschiedlichen Geschäftszweige zum Firmenerfolg beitrugen. Seit 1821 importierte die Firma nämlich vermehrt maschinengesponnenes Baumwollgarn aus England (sogenannter Watertwist), von dem nur ein kleiner Teil für die Fabrikation von Bandwaren im eigenen Verlag verwandt wurde. Vielmehr bauten die Inhaber der Firma einen bedeutenden Handel mit Watertwist auf, so dass ab 1824 bei den vorrätigen Waren etwa 35 bis vierzig Prozent der erfassten Werte aus verschiedenen Sorten Maschinengarn bestand. Außerdem investierten Wilhelm und Friedrich von Eynern in eine Farbstoffhandlung, die sie gemeinsam mit einem Dritten, Carl Abel, führten. Die Fabrikation der Bandwaren nahm dagegen seit den 1830er Jahren deutlich ab; sie wurde nach dem Eintritt der dritten Generation in die Firma, den Vettern Friedrich und Wilhelm von Eynern, nur

188 Vgl. *Hahn*, Industrielle Revolution.

189 Vgl. *Neal*, Financial Crisis.

190 Abr. & Gebr. Frowein schrieb in diesen Jahren auf lagernde Waren in Übersee teils bis zu 68 Prozent ab. Vgl. 3.2.1.4. Vor allem die oben erwähnte Rheinisch-Westindische Kompagnie litt unter der Krise von 1825. Vgl. *Oehm*, Kompagnie.

noch von deren weiterhin aktiven Vätern fortgeführt.[191] Die jüngeren Teilhaber konzentrierten sich dagegen auf den Import von Baumwollgarn und von Indigo; ab 1853 stellte letzteres das alleinige Handelsgut der Firma dar.

In der Mitte des 19. Jahrhunderts war somit aus dem Wollbandspezialisten unter den Wuppertaler Bandherstellern ein reiner Handelsbetrieb geworden. Statt wie die Firma Abr. & Gebr. Frowein die ursprünglichen Geschäftszweige bei gleichzeitiger Umstellung von Produktart und Produktionsweise zu pflegen, wandten die Erben der Firma Joh. Peter von Eynern & Söhne dem produzierenden Gewerbe gänzlich den Rücken. Dass die endgültige Aufgabe der ursprünglich hergestellten Artikel in den 1840er Jahren stattfand, die auch für die Firma Abr. & Gebr. Frowein eine Zäsur darstellten, ist sicherlich kein Zufall und verweist auf einen einschneidenden Strukturwandel der Wuppertaler Textilindustrie in den 1840er Jahren.[192] Ähnlich wie beim Leinenband, das durch Baumwollbänder ersetzt wurde, fand in den 1840er Jahren nach mehr als einhundert Jahren der dauerhafte Absatz der gemusterten Wollbänder, die vor allem auf dem iberischen und lateinamerikanischen Markt nachgefragt worden waren, ihr Ende, jedoch ohne dass es so eindeutig einen Ersatz für sie gegeben hätte wie bei den Leinenbändern. Bei den Wollbändern wäre es somit lohnenswert, ihre Verwendung und Verbreitung konsumgeschichtlich und modehistorisch weiter zu untersuchen.[193] Schließlich dienten bei der Firma von Eynern die noch vorhandenen Reste der Produktion nunmehr den Kindern zum Spielen, statt ihren Weg auf den Markt zu finden.[194]

3.2.3 Neues Produkt, neue Märkte – die Firma Joh. Friedrich & Friedr. Wilhelm Bredt

3.2.3.1 Vom Leinenband zur Seidenproduktion – die Neuausrichtung eines traditionellen Verlags

Anders als Abraham Frowein und Johann Peter von Eynern waren die beiden Brüder Johann Friedrich (1751–1810) und Friedrich Wilhelm Bredt (1755–1806) in der komfortablen Lage, bereits zu Anfang ihrer Geschäftstätigkeit eine etablierte Firma mit einem festen Kundenstamm zu übernehmen. Sie stammten aus einer alteingesessenen Familie, die bereits seit dem 16. Jahrhundert im

191 Nach dem Tod Wilhelm von Eynerns d .Ä. 1845 wurde die Fabrikation der Bandwaren ganz aufgegeben. Sein Bruder Friedrich zog sich ein Jahr später aus der Firma zurück. Vgl. HZW Bestand Eynern Nr. 112.

192 Vgl. hierzu auch *Industrie- und Handelskammer Wuppertal*, Festschrift, S. 25 ff.

193 Publikationen und Museumsausstellungen, die sich mit Bandwaren befassen, tun dies meist ausschließlich mit den deutlich glamouröseren Seidenbändern. Vgl. etwa *Schaltenbrand Felber*, Modeband.

194 Vgl. HZW Bestand Eynern Nr. 112.

Wuppertal dokumentiert ist. Spätestens seit dem Beginn des 17. Jahrhunderts beteiligten sich Mitglieder der Familie am aufblühenden Bleichgewerbe und dem Textilhandel im Tal.[195] Der Vater der beiden Brüder, Johann Bredt, hatte von seinen Eltern eine florierende Bandhandlung übernommen und mit Erfolg fortgeführt. Darüber hinaus gehörte er zu den angesehensten Einwohnern des Amtes Beyenburg.[196] Johann und Anna Maria Bredt hinterließen nach ihrem frühen Tod (1763 beziehungsweise 1766) den vier überlebenden Kindern ein stattliches Vermögen, das sich sowohl aus wirtschaftlichem als auch kulturellem und sozialem Kapital zusammensetzte. Der leichter messbare wirtschaftliche Erbteil von Friedrich und Wilhelm belief sich auf jeweils gut 32.000 Reichstaler. Den Großteil davon machte das Geschäftsvermögen (Warenlager, ausstehende Forderungen, Barbestand in der Kasse) mit fast 25.000 Reichstalern aus, der restliche Betrag errechnete sich aus ihrem jeweiligen Anteil an zwei Höfen.[197] Die beiden anderen überlebenden Geschwister, Johanna Maria Bredt und Johann Bredt, ließen einen Teil ihres Erbes in der Firma stehen, so dass Johann Friedrich und Friedrich Wilhelm Bredt die Leinenbandfirma mit einem soliden Geschäftsvermögen weiterführen konnten.

Allerdings waren die beiden Brüder beim Tod ihrer Eltern noch zu jung für die sofortige Übernahme der Firma. Ihr Onkel, Friedrich Bredt (1724–1771), betrieb jedoch ebenfalls einen Bandverlag. Es ist gut möglich, dass er als einzig überlebender Bruder ihres Vaters die Kinder aufzog und auch für den Weitergang der Geschäfte sorgte, zumindest in einem gewissen Umfang. Die beiden Jungen erhielten in diesen Jahren auf jeden Fall eine gründliche kaufmännische Ausbildung, die es ihnen erlaubte, die elterliche Firma schließlich zu übernehmen. Geschäfte auf eigene Rechnung scheinen sie ab Juli 1774 getätigt zu haben.[198]

Anfangs traten die beiden Brüder in die Fußstapfen ihrer Eltern, doch bereits nach wenigen Jahren stellten sie das Geschäft auf ganz neue Füße. So belieferten sie zwischen 1774 und 1778 ausschließlich Kunden, zu denen bereits Geschäftsverbindungen bestanden. Diese saßen hauptsächlich in Frankreich. Die Lieferungen dorthin erreichten beträchtliche Höhen; so betrug der Gesamtwert der gelieferten Waren an die Firma Veuve Seignoret & Clair in Lyon zwischen September 1775 und Dezember 1776 respektable 21.000 livres.[199] Ein ähnlich

195 Vgl. *Bredt*, Familie Bredt. Zu den hier erwähnten Mitgliedern der Familie vgl. ebd., S. 110 ff., 192 ff.

196 Johann Bredt wurde während des Siebenjährigen Krieges wiederholt von den preußischen Truppen als Geisel genommen, um Kontributionen zu erpressen. Auch die zahlreichen Kirchenämter zeugen von seinem hohen Ansehen. Vgl. ebd., S. 110 f.

197 Vgl. LVR RA 04 100, fol. 1, 2.

198 Vgl. ebd., fol. 2. Friedrich Bredt hatte im Jahr zuvor seine Kusine Sophie Katharine Bredt (1757–1815) geheiratet. Eheschließung und Selbständigkeit waren in Kaufmannskreisen häufig miteinander verknüpft. Vgl. dazu 5.1.1.

199 Vgl. LVR RA 04 100, fol. 12.

guter Kunde war in der gleichen Stadt das Haus Willermont, Orsel & Simonet, an das zudem noch Forderungen in Höhe von 11.345 livres offen waren, als die Brüder die Firma übernahmen.[200] Auch die anderen Kunden, die von der Firma Bredt in den Jahren 1775 bis 1776 mit Lieferungen bedient wurden, befanden sich ausschließlich in Frankreich, nämlich in Ambert, Chartres, Paris, Orfoy, Nîmes und Morges, wobei die Lyoner Kunden ein deutliches Schwergewicht bildeten. Das Rohmaterial, Leinengarn, bezogen die beiden Bredts wie ihr Vater aus Hildesheim und Braunschweig. Für Wechselgeschäfte bedienten sie sich Bankiers in Amsterdam und Paris und setzten beträchtliche Summen um. Bei Johann Friedrich Motte in Amsterdam, ihrem wichtigsten Bankhaus, gingen beispielsweise im Laufe des Jahres 1775 insgesamt 29.264 Gulden ein.[201] Alles in allem scheint die von den Eltern geerbte Firma also geradezu idealtypisch für eine Leinenbandfirma des 17. und 18. Jahrhunderts zu sein, wie sie in der älteren Forschungsliteratur zum Wuppertal beschrieben wurde.[202] Gerade aus diesem Grund ist es äußerst aufschlussreich, dass die beiden Brüder das Geschäft mit dem Leinenband nicht fortsetzten, sondern sich einem völlig anderen Geschäftszweig, der Fabrikation von Seidenzeugen, zuwandten.[203]

Johann Friedrich und Friedrich Wilhelm Bredt ergriffen bei der Neuausrichtung ihrer Firma eine Gelegenheit, die erst kurz zuvor durch erfolgreiches Prozessieren Elberfelder Kaufleute gegen das Monopol des Mülheimer Verlegers Christoph Andreaes geschaffen worden war. 1764 hatte nämlich der bergische Herzog dem Unternehmer Christoph Andreae für die Dauer von fünfundzwanzig Jahren ein Privileg für die Produktion von Seiden- und Samtstoffen im Herzogtum Berg verliehen.[204] Der Elberfelder Kaufmann J. H. Simon, vormals als Werkmeister bei Andreae in Mülheim tätig, hatte dessen ungeachtet einen Verlag für Seidenwaren in Elberfeld aufgebaut und damit gegen dieses Privileg verstoßen. Unterstützt von der wirtschaftspolitisch mächtigen Garnnahrung, konnten die Elberfelder Kaufleute bei der bergischen Regierung ihre Interessen so weit durchsetzen, dass das bereits verliehene Privileg relativiert wurde: den Elberfelder Kaufleuten wurde die Herstellung von seidenen Hals- und Schnupf-

200 Vgl. ebd., fol. 15. Dieser hohe Ausstand wurde bis April 1775 ausgeglichen.

201 Sie entnahmen in diesem Zeitraum 25.573 Gulden. Vgl. ebd., fol. 13.

202 Vgl. etwa *Dietz*, Garnnahrung.

203 1778 erscheinen die Bredts zwar auf dem Zentnerzettel der Garnnahrung, allerdings nur mit einer äußerst geringen Menge von 15 Zentnern. Vgl. STAW J I 6, fol. 115. Dem Hauptbuch ist außerdem zu entnehmen, dass sie im Februar 1779 die letzte größere Charge nach Lyon lieferten. Diese Art der Neuausrichtung lässt sich auch bei Abraham Froweins ehemaligem Lehrherrn und Arbeitgeber Cappel beobachten. Hier stand ebenfalls ein über Jahrzehnte akkumuliertes Geschäftsvermögen zur Verfügung, das von den Erben der Cappels für den Einstieg in den Verlag von Seidenwaren benutzt wurde. Nähere Unterlagen zu der Cappelschen Firma sind jedoch nicht erhalten.

204 Vgl. hierzu und dem Folgenden mit Nennung der relevanten Literatur *Gorißen*, Interessen, S. 301–314.

tüchern gestattet und das Privileg der Firma Andreae auf die Herstellung von Samtstoffen begrenzt. Der neue Gewerbezweig lockte viele Kaufleute – bereits wenige Jahre später waren 130 Seidenwebstühle für Wuppertaler Verleger in Betrieb, 1793 waren es 500 Stühle.[205]

Den Einstieg in das neueröffnete Geschäftsfeld bereiteten die Bredts längerfristig vor. So bestellten sie bereits erhebliche Mengen an Seidengarn, während sie noch mit der Auslieferung größerer Leinenbandbestellungen beschäftig waren.[206] Einer ihrer Hauptlieferanten, Gebrüder Herstatt in Köln, lieferte beispielsweise zwischen Mai und Dezember 1776 Seidengarn für 5.574 Reichstaler. Wie auch bei Leinengarn musste der Rohstoff prompt bezahlt werden; die Bredts leisteten regelmäßig Abschlagszahlungen, entweder in bar oder per Wechsel auf Paris, so dass Ende Januar 1777 der Saldo wieder ausgeglichen war.[207] Dieses Muster setzte sich in den folgenden Jahren fort und erklärt, warum für die Aufnahme der Fabrikation von Seidenwaren ein viel höheres Startkapital von Nöten war als für die Einrichtung eines Geschäfts mit Leinenband. Weniger wohlhabenden Anfängern wie Abraham Frowein oder Johann Peter von Eynern war dieser Geschäftszweig demnach mehr oder weniger verwehrt.

Weitere Lieferanten für Seidengarn fanden die Bredts in Frankfurt/Main, Köln, Lugano, Zürich und Gallarate (Italien). Auch bestellten sie kleinere Mengen bei Johann Wilhelm Rasch im nahegelegenen Solingen. Gebrüder Herstatt in Köln und vor allem Caspar Schulthess & Comp. in Zürich bildeten allerdings die Hauptlieferanten der Bredts. Bei Schulthess bestellten sie zwischen 1777 und 1780 Seidengarn im Wert von gut 37.000 Gulden; zwischen September 1781 und Februar 1784 lieferte die Zürcher Firma sogar Seidengarn im Wert von 43.655 Gulden.[208] Die Bredts bezogen für ihre Produktion demnach ausschließlich italienisches Seidengarn, kein asiatisches, welches für gewöhnlich über Amsterdam bezogen wurde und häufig noch gezwirnt werden musste.[209] Dies verdeutlicht die hohen Vorabinvestitionen, die in der Seidenweberei nötig waren. Denn die Umlaufzeiten des Kapitals waren für Seiden- und Leinenverleger gleich lang, im Falle der Seidenverleger jedoch bei deutlich höheren Rohstoffpreisen, die nur zum Teil durch etwas geringere Lohnkosten ausgeglichen wurden.

205 Vgl. *Schumacher*, Untersuchung, S. 14.

206 Im Hauptbuch sind die beiden Garnsorten, wie allgemein üblich, als Trama und Organzin bezeichnet. Die Bredts bezogen ausschließlich bereits gezwirnte Seide, die gleich weiterverarbeitet werden konnte.

207 Die Bredts hatten zu diesem Zeitpunkt aufgrund eines größeren eingeschickten Wechsels ein Guthaben von 197 Rtlr. bei Herstatt. Vgl. LVR RA 04 100, fol. 36.

208 Vgl. ebd., fol. 37, 148. Die Lieferungen erfolgen fast jeden Monat und hatten meist einen Wert von 1.300 Gulden. Die Bredts schickten ebenso regelmäßig Wechselbriefe als Abschlagszahlungen.

209 Peter von der Leyen in Krefeld deckte sich dagegen hauptsächlich in Amsterdam mit Rohseide ein. Vgl. *Kriedte*, Taufgesinnte, S. 193–202.

Aus den erhaltenen Unterlagen lassen sich keinerlei Rückschlüsse auf die Produktion der Seidenwaren ziehen. An den erforderlichen Fachkräften, den sogenannten Werksmeistern, welche die einheimischen Arbeiter in die Techniken der Seidenweberei einwiesen, herrschte im Tal jedenfalls kein Mangel. Sie wanderten nicht nur aus nahegelegenen Produktionshochburgen wie Krefeld oder eben Mülheim ein, sondern teils auch aus Frankreich.[210] Was die eigentlichen Arbeitskräfte angeht, so lässt sich nicht mehr ermitteln, ob die Bredts hauptsächlich Weber in Barmen beschäftigten oder aber im Umland nach Arbeitskräften suchten. Aufgrund der größeren Spezialisierung und des Werts des Rohstoffes scheint es jedoch wahrscheinlicher, dass die Bredts hauptsächlich Weber im Wuppertal mit der Herstellung der seidenen Tücher betrauten. Auch hier konnten sie auf eine stetige Zuwanderung von Facharbeitern zählen.[211] Deren Expertise wurde allerdings anscheinend geringer angesetzt als die eines Bandwirkers; der Wochenlohn eines Seidenwebers im Wuppertal lag bei vier bis fünf Reichstalern, Bandwirker konnten im Vergleich bis zu sieben oder acht Reichstaler verlangen. Der Lohnanteil bei glatten Stoffen lag etwa bei einem Fünftel der fertigen Ware.[212]

Über die von den Bredts hergestellten und vertriebenen Waren sind nur summarische Angaben bekannt: im Hauptbuch werden sie als »seidene Tücher« bezeichnet, ohne dass sie genauer nach Farben oder Muster oder auch Preisen differenziert wären. Im Messschema der Frankfurter Messe von 1779 lautete der Eintrag für die beiden Brüder immerhin etwas genauer: »Brett junior, von Barmen, handelt mit seidenen Sacktüchern, und Atlaß, halbseidenem Zwillich, leinem Band und Spinal.«[213] Es handelte sich dabei also um eher einfache Seidenwaren, die nicht aufwändig gemustert waren und die vielfach mit anderen, günstigeren Rohmaterialien verwebt waren. Andere Seidenwarenhersteller wie etwa die Krefelder Firma von der Leyen konnten mit einer deutlich breiteren und in der Herstellung deutlich komplizierteren Produktpalette aufwarten, zu der neben allen Arten von Seidenstoffen auch Samtstoffe und -bänder gehörten.[214]

Die Herstellung von Samt war innerhalb des Wuppertals aufgrund der oben erwähnten Privilegienregelung weiterhin verboten, doch scheinen sich die Wuppertaler Verleger generell eher auf das untere Marktsegment konzentriert zu

210 Die Krefelder Verleger klagten sehr über die »fabriquen-desertionen«. Vgl. ebd., S. 284. Zur Zuwanderung ins Wuppertal vgl. *Goebel*, Zuwanderung; zur Migration aus entfernteren Gegenden vgl. auch *Kisch*, Textilgewerbe, S. 227.

211 1780, kurz nachdem die Bredts mit ihrer Produktion gestartet waren, erwarben beispielsweise drei Seidenweber das Elberfelder Bürgerrecht. Vgl. *Knierim*, Neubürger, S. 45 (Nr. 803, 810, 820).

212 Vgl. *Schumacher*, Untersuchung, S. 18 f.

213 *Schröckh*, Meß-Schema, S. 25. Ende der 1770er Jahre hatten die Bredts vermutlich noch einiges an Leinenband im Lager, das sie auf der Messe losschlagen wollten.

214 Vgl. *Kriedte*, Taufgesinnte, S. 263, Tab. 2.6.7 (Produktionsprogramm der Krefelder Seidenverlage im Jahre 1785).

haben.[215] Sie folgten damit der Vorgehensweise der Krefelder und Mülheimer Seidenverleger, die französische Seidengewebe zwar imitierten, beim Qualitätsanspruch aber weit hinter diesen zurückblieben.[216] Dafür konnten sie ihre Waren deutlich günstiger anbieten und damit die wachsende Nachfrage auch nach preiswerten Seidenstoffen bedienen. Seit den 1770er Jahren leisteten sich nämlich immer größere Käuferkreise die ehemals sehr exklusiven Seidenstoffe.[217] Die Wuppertaler Verleger scheinen zumindest am Anfang Seidenwaren produziert zu haben, die preislich noch unter denen der Krefelder Anbieter lagen, nicht zuletzt da sie auch die bereits erwähnten Mischgewebe im Angebot hatten. Für die Bredts bedeutete dies wachsende Märkte und wachsende Möglichkeiten. Um diese zu nutzen, bedienten sie sich verschiedener Strategien, wie das folgende Kapitel ausführt.

3.2.3.2 Neues und Bewährtes – die Bedeutung von Handelsreisen, Messegeschäften und Direktgeschäften

Wie die Forschung der letzten Jahre herausgearbeitet hat, änderten sich die Rahmenbedingungen des Fernhandels dank der Entstehung neuer Handelsinstrumente und des Gebrauchs neuer Praktiken wie der Termingeschäfte, des europäischen Messekalenders, der Transportversicherungen oder dem Entstehen von Musterbüchern.[218] Letztere standen in enger Verbindung zu einem weiteren Handelsinstrument, das auch für die Bredts von großer Bedeutung war, vor allem um Absatzmöglichkeiten in der näheren Umgebung und in angrenzenden Territorien zu erschließen: dem Einsatz von Handelsreisenden.

Die Handelsreisenden gehörten zu der Vielzahl von Reisenden, die in jener Zeit in Europa unterwegs waren.[219] Sie profitierten von einer deutlich verbesserten Infrastruktur in Form von Straßen, Reiseverbindungen und Gasthäusern. Dennoch blieb das Reisen zeitraubend und anstrengend. Vor allem für die sogenannten Reisediener, das heißt Firmenangestellte, die fast ausschließlich auf Reisen waren, galt eine »starcke Leibes-Complexion« als unerlässlich. Darüber

215 Vgl. die Einträge für andere Wuppertaler Firmen in den Frankfurter Messschemata der Jahre 1775, 1776, 1783, 1787, 1788. Hier ist bei den angebotenen Waren für gewöhnlich die Rede von »seidenen Tüchern«, in einem Fall wird genauer spezifiziert: Abraham Beckmann hatte 1788 auch schwarzen Taft, Hosen- und Westenzeuge aus Seide im Angebot. Es handelte sich hierbei aber weiterhin um eher schlichte und einfach zu webenden Seidenwaren.

216 Vgl. *Kriedte*, Taufgesinnte, S. 184.

217 Zur Verbreitung seidener Kleidungsstücke auch innerhalb einkommensschwächerer Schichten vgl. *Styles*, Dress; *Roche*, Culture, v.a. S. 119–148. Wie Roche zeigt, änderten sich die Distinktionsmechanismen der oberen Schichten, indem diese nicht mehr besonders exklusive Materialien für ihre Garderobe verwandten, sondern sich vielmehr durch einen ständigen Modewandel und Austausch der Garderobe von den übrigen Schichten absetzten.

218 Vgl. *Dascher*, Feld; *Denzel*, Commercial Communication; *Häberlein/Jeggle*, Praktiken.

219 Vgl. hierzu *Bausinger/Beyrer/Korff*, Reisekultur.

hinaus mussten sie über Fremdsprachenkenntnisse sowie Expertise im ausländischen Münz- und Handelswesen verfügen.[220] Reiten können mussten sie auch, da die Reisen häufig per Pferd zurückgelegt wurden, was sie umso ermüdender machte. Die Stellung eines Reisedieners galt demnach auch als wenig erstrebenswert und als eine Aufgabe, derer man sich spätestens nach einigen Jahren wieder zu entziehen suchte. Häufig bildeten sie jedoch für Handlungsdiener die ersten Stellenangebote nach ihrer Ausbildung.[221] Für die Kunden, oft Ladenbesitzer, bedeuteten die Vertreterbesuche eine Arbeitsentlastung, denn sie konnten bei diesen gleich Warenmuster einsehen, Waren bestellen und mit ihnen Preise und Lieferbedingungen aushandeln. Die Anwesenheit der Handelsreisenden wurde außerdem dazu genutzt, Zahlungen zu leisten sowie für bereits gelieferte Waren, welche Mängel aufwiesen, Abschläge auszuhandeln.[222] Für beide Seiten galt, dass die Handelsreisen bei allen Strapazen durchaus zweckmäßig waren, denn »persöhnliche Bekanntschaft und eine mündliche Unterredung nützt mehr, als wenn ich 10 Briefe schreibe, man sieht und hört was man sonst nicht erfährt«.[223]

In den Anfangsjahren nahm Friedrich Wilhelm Bredt die mühsame Reisetätigkeit auf sich. 1777 besuchte er beispielsweise im Mai Kunden in Orsoy, Rees, Kleve, Elten, Zevenaar, Emmerich und Kalkar; im darauffolgenden Monat reiste er wieder an den Niederrhein nach Nijmegen, Wesel, Boxmeer, Goch und Xanten. Ende Oktober besuchte er außerdem noch Kunden in Maastricht.[224] Im Frühjahr des folgenden Jahres ritt Friedrich Wilhelm Bredt wieder an den Niederrhein, während er im Sommer mit einer Reise über Münster nach Bremen, Hamburg und Lübeck neue Absatzmöglichkeiten in Deutschland für die Firma erschloss. Anfang November ging es dann wieder nach Maastricht und Lüttich. Im August 1781 zog sich Friedrich Wilhelm Bredt aus der gemeinsamen Handlung zurück und betätigte sich als Bankier und Garnfabrikant.[225]

In der Folgezeit schickte der nun alleinige Inhaber Johann Friedrich Bredt Angestellte aus, um die Bedienung bestehender Kunden zu gewährleisten und neue Kunden zu gewinnen. Dabei folgten sie den Mustern, die Friedrich Wilhelm Bredt etabliert hatte. Der Handelsreisenden G. W. Bäseke reiste etwa im Januar

220 Vgl. *Neutsch/Witthöft*, Kaufleute. Die »starcke Leibes-Complexion« dort zit. n. Paul Jacob Marperger, Getreuer und Geschickter Handels-Diener, Nürnberg 1715, S. 8.

221 Vgl. *Stölzer*, Lebensbeschreibungen.

222 Vgl. *Schwanke*, Corespondenz, S. 613 f.

223 So die Einschätzung des Kaufmann Johann Wilhelm Colsmann 1810, der im benachbarten Langenberg ebenfalls mit Seidenwaren handelte. Zit. n. *Groppe*, Geist, S. 271.

224 Bei Kunden in diesen Städten hatte Friedrich Wilhelm Bredt Barzahlungen erhalten, die entsprechend ins Hauptbuch übertragen wurden. Er mag auf seiner Reise noch weitere Orte oder mögliche Kunden besucht haben, ohne dass sich daraus ein Geschäft ergeben hat. Ein Reisejournal Friedrich Wilhelm Bredts ist nicht erhalten.

225 Er besaß zuerst in Düsseldorf, dann in Barmen ein Bankhaus – das erste in der Stadt. Dort betrieb er außerdem für einige Jahre eine Baumwollspinnerei. Vgl. *Bredt*, Familie Bredt, S. 194.

1781 an den Niederrhein und im Februar nach Münster. Die Monate Mai, Juni und Juli verbrachte Bäseke in wichtigen belgischen, niederländischen und niederrheinischen Handelsstädten (Lüttich, 's-Hertogenbosch, Utrecht, Gorchum, Rotterdam, Delft, Amsterdam, Leiden, Harlem und Nijmegen), während er im September zur Braunschweiger Messe reiste. Im Oktober war er in Holzminden und Paderborn, Ende November schließlich in Hamburg. Im Dezember reiste Bäseke für Johann Friedrich Bredt noch einmal in die Niederlande nach Arnheim, Zütphen, Deventer, Zwolle und Utrecht. Da die bereisten Gegenden nicht allzu weit vom Wuppertal entfernt waren, dauerten die Reisen häufig nur ein bis zwei Wochen; einzig im Sommer war Bäseke für gut anderthalb Monate am Stück auf Reisen.

Auch in den folgenden Jahren waren Handelsreisende für die Firma unterwegs und bescherten der Firma eine solide Geschäftsbasis. Die Schwerpunkte der regelmäßig durchgeführten Reisen lagen weiterhin im niederrheinischen und niederländischen Raum sowie in Norddeutschland. So bereiste beispielsweise im Dezember 1782 der Handlungsdiener Gmelin die deutsch-flämische Grenzregion, Ende Dezember 1783 dehnte Maquinot diese Tour bis in den Januar des folgenden Jahres aus. Die Kunden in Norddeutschland wurden eher in den Sommermonaten bedient.[226] Den Reisenden gelang es, einige Kunden zu gewinnen, die kontinuierlich und auch größere Mengen bestellten, aber bei vielen Kontakten blieb es bei ein bis zwei Bestellungen, bevor die Geschäftsbeziehung wieder abbrach. Häufig bewegten sich diese Bestellungen auch nur in einer Größenordnung von dreißig bis fünfzig Gulden. Bestellungen aus kleinen Orten wie Rees, Gorchum, Boxmeer oder Kalkar wurden vermutlich von Ladenbesitzern getätigt, welche die bestellten Stoffe *en detail* weiterverkauften.[227]

Wenngleich in der Forschungsliteratur der vermehrte Einsatz von Handelsreisenden als ein Indikator für den Strukturwandel des frühneuzeitlichen Fernhandels gewertet wird, machen die Zahlen in den Kundenkonten deutlich, dass die Reisen der Handlungsdiener nur für einen kleinen Teil des Warenabsatzes sorgten.[228] Die anderen Einträge in Johann Friedrich Bredts Hauptbuch verweisen vielmehr darauf, dass es weiterhin die Reichsmessen waren, denen er seinen hauptsächlichen Absatz verdankte. Allerdings bildete sich auch hier ein spezifischer geographischer Schwerpunkt heraus, der auf Verschiebungen im Marktgeschehen verweist.

226 Auch die Angaben zu den Reisen der Handlungsdiener ergeben sich nur aus den Angaben im Hauptbuch über bar eingesammelte Gelder. Die Dokumentation der Reisen ist demnach möglicherweise nicht vollständig.

227 Zum breitgemischten Warenangebot eines solchen Ladens an einem kleineren Ort vgl. *Selheim*, Inventare.

228 Die Krefelder Firma F. & H. von der Leyen schickte erst Anfang des 19. Jahrhunderts *commis-voyageurs* auf Reisen. Vgl. *Kriedte*, Taufgesinnte, S. 385.

Die Messen waren den Geschäftsinhabern von Anfang an als Absatzmöglichkeit präsent: neben seinen Reisen am Niederrhein besuchte der reisende Bruder Friedrich Wilhelm bereits 1779 beide Braunschweiger Messen diesen Jahres sowie die in Frankfurt/Oder. 1780 war er wieder auf beiden Braunschweiger Messen präsent; 1781 reiste er zur Leipziger Messe. Diese Messereisen wurden nach seinem Ausscheiden von den Handelsdienern fortgesetzt. Zu den Messen erhielt die Firma häufig spezifische Bestellungen, die gleich dorthin ausgeliefert wurden – ein Verfahren, das bereits in der Mitte des 18. Jahrhunderts unter den Bandverlegern üblich war.[229] So stellte Johann Friedrich Bredt beispielsweise dem Kaufmann Mathias Asmussen aus Tondern zusätzlich zu seinen sonstigen Bestellungen noch Waren direkt auf der Braunschweiger und auf der Leipziger Messe zu. Das Gleiche gilt für die Iserlohner Firma Riedel & Volckmann (ab 1780 Riedel & Comp.), die zu Johann Friedrich Bredts besten Kunden gehörte und welche über die genannten Messeorte hinaus auch noch Waren zur Messe in Frankfurt/Oder bestellte.[230]

Dass die Bredts beziehungsweise ihre Kunden große Stückzahlen an Seidenwaren über die Messen in Braunschweig, Leipzig und Frankfurt/Oder absetzen konnten, ist nicht verwunderlich. Schließlich galt vor allem die Leipziger Messe als wichtigster Umschlagsort im Ost-West-Handel. Die Länder Ost- und Südosteuropas hatten während des 18. Jahrhunderts einen bedeutenden wirtschaftlichen Aufschwung erfahren und »erwiesen sich stärker als in früheren Jahrhunderten aufnahmefähig für ausländische Fertigwaren«.[231] Auch wenn gemeinhin hochwertige Seiden aus Lyon als besonders gefragt galten, konnten auch die Anbieter von etwas einfacheren Stoffen offensichtlich ihre Produkte mit Gewinn absetzen.[232] Die auf der Leipziger Messe angebotenen Seidenstoffe wurden fast in ihrer Gesamtheit von jüdischen und »griechischen« Händlern aufgekauft und nach Polen, Russland sowie nach Galizien und Moldawien vertrieben. Auf letzterem Wege wurden die Waren bis ins Osmanische Reich verschickt, welches ebenfalls einen bedeutenden Absatzmarkt für Seidenwaren

229 Vgl. STAW J II 1.

230 Riedel & Volckmanns Bestellungen zu den Messen waren beträchtlich, vor allem zur Leipziger Messe. Im September 1779 bestellten sie beispielsweise Waren für 1.955 Rtlr., die nach Leipzig geliefert werden sollten. Ähnliche Summen waren auch in den anderen Jahren keine Seltenheit. Die Bedeutung der Leipziger Messe wird noch unterstrichen durch die Tatsache, dass Riedel & Volckmann bzw. Riedel & Comp. zu allen drei Messeterminen in Leipzig Waren bestellten. Vgl. LVR RA 04 100, fol. 56. Zu Iserlohner Kaufleuten auf der Leipziger Messe vgl. *Reininghaus*, Iserlohn, S. 292–300.

231 *Reinhold*, Polen/Litauen, S. 20.

232 Die in Johann Friedrich Bredts Hauptbuch belegten Lieferungen auf die Messe und deren Bedeutung für den Warenabsatz ergeben damit ein etwas anderes Bild, als das, was Peter Kriedte zum Absatz der Krefelder Seidenfirmen herausgearbeitet hat. Die Krefelder waren auf der Messe in Frankfurt/Main persönlich präsent, bereisten aber die östlichen Messeorte nicht. Vgl. *Kriedte*, Taufgesinnte, S. 316 ff.

darstellte.[233] Zwar war vor allem dieser Messeort bei der Erschließung neuer Absatzmärkte für die west- und mitteleuropäischen Kaufleute von Bedeutung. Doch auch die kleinere Messe in Frankfurt/Oder sollte, gerade für den Absatz von Seiden- und Samtwaren, nicht unterschätzt werden.[234] Sie wurde hauptsächlich von polnischen Juden, aber nicht den sogenannten griechischen Händlern frequentiert. Die jüdischen Händler verkauften Leder, Felle und andere Güter, die vor allem aus Russland stammten, und deckten sich im Gegenzug mit Textilien und Metallwaren ein. In den 1770er Jahren kamen bis zu 2.000 Messebesucher aus Polen-Litauen auf die Messe nach Frankfurt/Oder und setzten dort Bargeld im Wert von einer Million Reichstalern um. Auch wenn die Frankfurter Messe hinter derjenigen in Leipzig zurückblieb, bildete sie, gerade für preiswerte Seidenwaren, einen bedeutenden Markt.[235] Die Braunschweiger Messe schlussendlich, die neben den Messen in Frankfurt/Main und Leipzig den wichtigsten deutschen Messeplatz bildete, wurde dagegen hauptsächlich von Einkäufern aus der näheren Umgebung besucht. Sie war damit vor allem für die Versorgung Mitteldeutschlands mit Fertigwaren von Bedeutung.[236] Dieses geografisch deutlich stärker eingeschränkte Absatzgebiet erklärt auch die geringeren Volumina, die Johann Friedrich Bredt über die Braunschweiger Messe absetzen konnte. Für Seidenstoffe bildeten Mittel- und Osteuropa den deutlich größeren Markt.

Über die Messen hinaus gelang es Johann Friedrich Bredt mit der Zeit, viele weitere Kunden zu gewinnen. Die mit den größten Auftragsvolumina (Seidenwaren für 500 bis 1.000 Gulden im Jahr) saßen in Amsterdam, Berlin, Bremen, Hamburg und Lüttich. Diese Kontakte verdankte er sowohl den Reisen der Handelsdiener als auch dem Versand von Briefen zur Akquise neuer Kunden. Dies galt auch für die Kaufleute in weniger zentral gelegenen Städten, so zum Beispiel Peter Hiort in Hadersleben, Matthieu Deby in Herve oder Christian Leopold

233 Vgl. *Sammler*, Leipziger Messen. Anfang des 19. Jahrhunderts hieß es in einem Bericht für die französische Regierung, dass der Großteil der bergischen Seidenwaren nach Russland und Polen exportiert würde. Vgl. LA NRW R Großherzogtum Berg Nr. 5609, fol. 7. Käufer in diesen Ländern blieben also auch nach einem Rückgang des Messehandels für die bergische Seidenindustrie die wichtigsten Abnehmer.

234 Ob die Bredts auf eigene Kosten Waren nach Frankfurt/Oder schickten, ist nicht zu ermitteln. Unklar ist auch, inwieweit ihre Waren auch von Einfuhrverboten der preußischen Regierung betroffen waren. Dies war nämlich für die Krefelder Seidenverleger ein Grund, die Messe in Frankfurt/Oder nicht zu bedienen. Vgl. *Kriedte*, Taufgesinnte, S. 317. Dagegen hatten sich die Iserlohner Kaufleute geradezu auf den Handel mit Seidenwaren auf der Frankfurt Oderaner Messe spezialisiert. Johann Friedrich Bredts Iserlohner Kunde Riedel & Volkmann etwa blieb bis nach 1800 mit einem bedeutenden Warenangebot auf der Messe in Frankfurt/Oder präsent. Vgl. *Reininghaus*, Iserlohn, S. 305, FN 668.

235 Zu Frankfurt/Oder als Messestandort vgl. *Straubel*, Frankfurt (Oder); *Knabe*, Messen; *Meier*, Frankfurt, S. 117–121. Zu den Messegästen aus Polen-Litauen vgl. *Reinhold*, Polen/Litauen, S. 75–83, die Zahlen in der Tab. auf S. 83.

236 Zum Verteilungsgebiet der Braunschweiger Messe vgl. *Brübach*, Reichsmessen, S. 546–563.

Ising in Zwolle. Des Weiteren lassen sich in den Einträgen in Johann Friedrich Bredts Hauptbuch viele mittlere Kunden erkennen, die eher für einige hundert Gulden oder Reichstaler bestellten. Viele von ihnen saßen ebenfalls in den bereits genannten Städten sowie in Tondern und Christiansfeld, also Dänemark, und in der benachbarten Benelux-Region (Eindhoven, Hasselt, Luxemburg, Maastricht, 's-Hertogenbosch, Utrecht und Zütphen). Johann Friedrich Bredt vernachlässigte jedoch auch die vielen kleineren Kunden nicht, die zwar geringe Mengen, diese aber sehr regelmäßig bestellten wie etwa C. L. Lüders aus Düsseldorf, der mit zwanzig Bestellungen im Zeitraum von vier Jahren immerhin Waren im Wert von 751 Reichstalern bezog.[237] In anderen Fällen konnte Johann Friedrich Bredt zwar immer wieder Waren in bestimmten Städten absetzen, aber keine kontinuierlichen Kontakte aufbauen. So lieferte er an sieben verschiedene Kunden in Rotterdam Waren, teils auch für mehrere hundert Gulden, aber wirklich langfristige Geschäftsbeziehungen konnte er dorthin nicht etablieren.

Zusammenfassend lässt sich sagen, dass es Friedrich Wilhelm und Johann Friedrich Bredt gelang, das Leinenbandgeschäft ihrer Eltern erfolgreich abzuwickeln und sich in einem neuen Geschäftszweig zu etablieren. Damit einher ging sowohl die Erschließung neuer Rohstoffquellen als auch die Veränderung der Absatzstrukturen. Der Direktverkauf an etablierte Kunden in Frankreich wurde abgelöst durch eine dreifache Erschließung neuer Absatzmärkte. Zum Ersten setzten die Bredts auf Handlungsreisen, sowohl durch einen der Geschäftspartner selbst wie auch später durch Handlungsdiener. Bei diesen Reisen suchten sie in den angrenzenden Territorien große Handelsstädte wie Amsterdam, Bremen und Hamburg auf, vernachlässigten aber auch die kleineren Orte am Niederrhein nicht. Zum zweiten konnten sie sich mittelbar den mittel- und osteuropäischen Raum als Absatzmarkt erschließen. Hierbei spielten vor allem die Messen in Leipzig und Frankfurt/Oder eine wichtige Rolle, zu denen sie auch Direktbestellungen von Kunden aus so geographisch weitgestreuten Orten wie Iserlohn oder Tondern ausliefern konnten. Um ihren Kundenstamm zu erweitern, setzten die Bredts zum Dritten auch auf die übliche Methode, ihre Waren per Brief möglichen Interessenten anzupreisen und auf diesem Weg Kunden auch in so weit entfernt liegenden Orten wie Stockholm oder Königsberg zu gewinnen.[238] Was eine Wertung dieses direkten Kundenstamms angeht, vor allem in Bezug auf die Frequenz, Kontinuität und Höhe der Bestellungen, so gehörten auch hier Kunden in der Benelux-Region (und hier vor allem Amsterdam und Lüttich) sowie in Norddeutschland (besonders Kunden in den Städten Bremen, Berlin, Hamburg und Lübeck) zu den besten Abnehmern für die Seidenwaren

237 Vgl. LVR RA 04 100, fol. 107.

238 Ein Briefkopierbuch der Firma ist nur für die Jahre 1795–1798 erhalten, also für eine Zeit, als die Firma schon fest etabliert war. Vgl. ZRA 2001–35.

der Bredts. Dass diese die Seidenwaren der Bredts wiederum in den dynamischen Atlantikhandel einspeisten, ist eine nicht ganz unwahrscheinliche Annahme.[239]

Es ergibt sich somit ein völlig anderes Bild sowohl zu den früheren Absatzmärkten der Bredts als auch zu den Handelsbeziehungen, die Abraham Frowein für den Vertrieb seiner Bandwaren aufbaute. Statt Frankreich, der Iberischen Halbinsel und Gebieten in Übersee überwogen der Niederrhein, Norddeutschland und, dank der Messen, Ost- und Südosteuropa unter den Absatzgebieten. Nichtsdestotrotz weisen die Kundenkreise der Bredts und Abraham Froweins eine Gemeinsamkeit auf. Diese liegt nicht in der geografischen Ausdehnung, sondern in der bewusst angestrebten Mischung von etablierten und dynamischen Marktsegmenten, welche ein kontinuierliches Wachstum der Firmen erlaubte.

Dieses Wachstum fand bei Johann Friedrich Bredt allerdings in den 1790er Jahren ein Ende. Die Briefe der Jahre 1797 und 1798 zeugen von der deutlich schwieriger werdenden wirtschaftlichen Lage, welche die Absatzmöglichkeiten seiner Firma deutlich einschränkten. Er scheint das Geschäft, möglicherweise auch aus Altersgründen, kurz darauf aufgegeben zu haben.[240] An der weiteren Entwicklung der Wuppertaler Seidenweberei, die vor allem mit Westenzeugen weltweit führend werden sollte, nahmen auch die Nachkommen Johann Friedrich Bredts nicht teil.[241] Friedrich Wilhelm Bredt (1781–1839) führte das Geschäft des Vaters nicht fort, sondern widmete sich in den Folgejahren mit einem Kompagnon, wie sein Onkel, dem Bankgeschäft, welches er mit einer Handlung für Rohseide verband. In dieser Hinsicht wenigstens blieb er dem vom Vater neu erschlossenen Geschäftszweig treu. Einen Sinn für die Herausforderungen und Chancen der um 1800 sich anbahnenden Mechanisierung entwickelte vor allem Johann Friedrich Bredts Tochter Sophie Brügelmann (1775–1851), die nach dem frühen Tod von Schwiegervater und Ehemann die Cromforder Baumwollspinnerei, welche als erste mechanische Spinnerei auf dem Kontinent gegründet worden war, geschäftsführend übernahm. Die hierfür nötigen Kenntnisse hatte sie im Seidenverlag ihres Vaters erworben.[242]

239 Preiswerte Seidenwaren gehörten nach 1815 zu den europäischen Manufakturprodukten, mit denen Lateinamerika gerade auch von den hanseatischen Händlern überschwemmt wurde. Vgl. beispielweise die Korrespondenz zwischen Abr. & Gebr. Frowein und ihrem Kommissionär Holler in Havanna (1816–1818) (FAF Nr. 264).

240 Die letzte Erwähnung von Johann Friedrich Bredts Handlung für Seidenwaren findet sich in *Gädicke*, Fabriken-Lexicon, S. 225. Die nach der Jahrhundertwende erschienen Fabrikanten- und Kaufmannsverzeichnisse nennen die Firma nicht mehr.

241 Zur Entwicklung der Wuppertaler Seidenweberei im 19. Jahrhundert vgl. *Hoth*, Industrialisierung, S. 158–165, 182 f. Die Mechanisierung der Seidenweberei im Wuppertal verlief aufgrund der hohen Betriebskosten eher langsam. Vgl. ebd. S. 182, Tab. 7.

242 Zur Baumwollspinnerei in Cromford vgl. *Mildner-Flesch*, Macht der Maschine; zu Sophie Brügelmann vgl. *Syré*, Brügelmann. Zur Ausbildung der Bredt-Töchter vgl. auch 5.1.1.2.

3.2.4 Sicherung des Erreichten – die Firma Wuppermann

3.2.4.1 Wuppermann & Co. als Prototyp einer traditionellen Band- und Garnhandlung

Die Familie Wuppermann gehörte, wie die der Bredts, zu den alteingesessenen Familien im Tal der Wupper.[243] Teile der Familie waren seit dem Ende des 17. Jahrhunderts auf dem oberen Scheurener Hof ansässig, einem ansehnlichen Bauernhof, der Acker- und Buschland sowie großzügige Bleichwiesen entlang des Mühlengrabens umfasste.[244] Die Familie nutzte die Bleichen gewerbsmäßig und betrieb einen umfangreichen Garnhandel. Peter Engelbert Wuppermann (1707–1779) intensivierte das Geschäft und investierte vor allem in die Weiterverarbeitung: er errichtete ein Streichhaus, wo das von Bandwirkern auf Rechnung der Firma hergestellte Band gepresst, glattgerollt und zu Bündeln gepackt wurde. Auch eine eigene Färberei gehörte unter seiner Ägide zu der Firma, die als eine der führenden im Tal galt.[245] Bis zum Ende des Jahrhunderts gehörten die Wuppermanns mit ihrer Firma in den kleinen Kreis von etwa einem Dutzend Firmen, die jährlich mehr als 500 Zentner Garn auf den Wiesen entlang der Wupper bleichte.[246]

Der Geschäftserfolg und die Nachfolge in der Firma wurden vor allem über Heiratsbeziehungen gesichert. So wählten drei der vier Töchter Peter Engelberts Kaufleute zum Ehemann: die älteste, Maria Catharina, heiratete den Monschauer Tuchfabrikaten Paul Christoph Scheibler, die mittlere, Christine, den aus Essen gebürtigen Johann Henrich Müller und die jüngste, Catharina Margarethe, ihren Vetter Johann Carl Wuppermann.[247] Bei ihrer Hochzeit wurden Johann Henrich Müller und Johann Carl Wuppermann jeweils als Teilhaber in die Handlung aufgenommen und führten die Firma nach dem Tod des Schwiegervaters fort unter dem Namen »Wuppermann & Müller«. Die Firma blieb auch in den darauffolgenden Jahrzehnten eine familiengeführte Unternehmung, in welche die Schwiegersöhne erfolgreich integriert wurden. 1793 schied

243 Zur Geschichte der Familie Wuppermann vgl. *Macco*, Wuppermann; *Dietz*, Familie Wuppermann.

244 Zur Geschichte des Hofs »Zur Scheuren« vgl. *Wiescher*, Hof zur Scheuren.

245 Vgl. ebd., S. 68.

246 1774 hatte Wuppermann & Müller 540 Zentner auf der Bleiche, 1784 waren es 640 Zentner und 1787 662 Zentner. 1793 hatte sich die Menge erstmals auf 378 Zentner verringert. In Ober- und Unterbarmen hatten meist acht Firmen mehr als 500 Zentner auf der Bleiche; drei bis vier Firmen bleichten mehr als 1.000 Zentner Garn. Das Gros der etwa 140 Barmer Mitglieder der Garnnahrung bleichte deutlich geringere Mengen. Vgl. STAW J I 6 (Zentnerzettel für die Jahre 1774, 1784 und 1793); LA NRW R JB II 1807 (Zentnerzettel 1787).

247 Die vierte Tochter, Johanna Magdalena, heiratete den Wichlinghauser Pfarrer Theodor Arnold Müller.

Johann Henrich Müller aus und Johann Carl Wuppermanns Schwiegersohn Johann Heinrich Springmann trat in die Firma ein; 1799 wurde noch ein zweiter Schwiegersohn, Carl Cramer, Teilhaber der Firma. 1810 verstarb Johann Carl Wuppermann, doch sein Sohn Reinhard Theodor übernahm seinen Anteil am Geschäft. Bis 1813 firmierte die Firma unter dem Namen Wuppermann, Springmann & Cramer, nach dem Rückzug Johann Heinrich Springmanns dann (bis 1832) nur noch unter dem Namen Wuppermann & Cramer.[248]

1780 hatte die Firma eine ansehnliche Größe erreicht. Ein Inventar gibt Aufschluss über die beträchtlichen Warenvorräte und den Umfang der geschäftlichen Aktivitäten.[249] In diesem Jahr besaß die Firma Garn- und Bandvorräte im Wert von knapp 100.000 Reichstalern und damit doppelt so viel wie die Firma Abraham Froweins in ihrem ersten Inventar 1787.[250] Dazu kamen die Investitionen für Fabrikationsgebäude und Gerätschaften, die mehr als 4.500 Reichstaler ausmachten. Neben ihren Bleichern und Färbern beschäftigte die Firma Wuppermann darüber hinaus mindestens 67 Wirker und Dreher in Barmen, Elberfeld und in der näheren Umgebung, welche die verschiedensten Sorten von Bändern, Riemen, Kordeln und Litzen für sie anfertigten.[251] Im Vergleich zu Abr. & Gebr. Frowein fällt allerdings auf, dass im Warenvorrat deutlich größere Mengen an gebleichtem Leinengarn (siebzig Prozent des Wertes aller Warenvorräte) vorhanden war als bei den Froweins (etwa fünfzig Prozent). Es scheint plausibel, dass die Firma Wuppermann auch weiterhin mit gebleichtem Garn handelte, was Abr. & Gebr. Frowein nie in größerem Stil getan hatte. Die Firma Wuppermann & Müller war um 1780 von den beiden Firmen also noch deutlich stärker dem traditionellsten Geschäftszweig des Wuppertals verbunden.

Über die Kundenkreise der Firma kann keine genauere Aussage getroffen werden, da in dem Inventar keine Debitoren- und Kreditorenliste der Handelspartner enthalten ist. Einzig eine Liste von 76 Kunden, für die noch eine Spesenabrechnung durchgeführt werden musste, ist erhalten. Dabei handelte es sich ausschließlich um französische Firmen. Es scheint plausibel, dass Frankreich den bedeutendsten Markt der Firma darstellte, zumindest was den direkten

248 Wie die im Firmenarchiv Frowein erhaltenen Briefe der Firma zeigen, sind die Angaben bei *Dietz*, Familie Wuppermann, Bd. 2, S. 44, nicht ganz korrekt. J. H. Springmann zog sich nicht erst 1820 aus der Firma zurück, sondern schon sieben Jahre früher. Seit April 1813 wurde die Korrespondenz nur noch mit »Wuppermann & Cramer« unterzeichnet.

249 Vgl. FAW Nr. 21–8, sowie die kommentierte Auswertung des ersten Inventars bei *Dietz*, Garnnahrung, S. 120–126.

250 Die Garn- und Bandvorräte der Firma Abraham Froweins waren in dem Inventar von 1787 mit 48.667 Rtlr. angegeben. Vgl. FAF Nr. 1344, fol. 20.

251 19 Arbeitsleute hatte noch ein Guthaben bei der Firma, 58 standen dagegen mit kleineren Positionen im Soll. Vgl. FAW Nr. 21–8; *Dietz*, Garnnahrung, S. 123. Dietz führt alle Namen der Wirker und Dreher auf.

Absatz von Waren anging.[252] Für Wuppermann & Cramer ergibt sich nach der überlieferten Quellenlage in Hinsicht auf die Absatzmärkte ein ähnliches Bild wie für die Firma von Johann Friedrich & Friedrich Wilhelm Bredt Mitte der 1770er Jahre.[253] Damit wird noch einmal unterstrichen, welches Volumen die alteingesessenen Wuppertaler Bandhandelsfirmen mit ihrem traditionellen Artikel, dem Leinenband, sowie ihrer Tätigkeit als Veredler eines Rohstoffs, das heißt dem Bleichen von Rohgarn, bei der Konzentration auf nur einen Absatzmarkt erreichen konnten.

Gegen Ende des Jahrhunderts nahm der Handel mit den fertig gewebten Waren bei Wuppermann & Müller einen größeren Anteil innerhalb des Geschäftsvolumens ein: 1793 bestanden 63 Prozent des Warenvorrats aus fertig gewebten Bändern, 1799 waren es 57 Prozent und damit fast doppelt so viel wie zwanzig Jahre zuvor. Das Sortiment war dabei weiterhin sehr beständig, auch bei Wuppermann & Müller lag das Hauptaugenmerk auf dem einfachen gebleichten Leinenband (Harlem uni). Allerdings befanden sich in ihrem Sortiment auch speziellere Sorten von Bändern wie Schnürriemen, deren Enden bereits mit Metall beschlagen waren, oder Spitzen, die von der Barmer Firma Engels zugekauft wurden. Daneben führte die Firma vor allem ganz dünnes Band (sogenanntes Padoux), Strumpfbänder und gemusterte Bänder, die auch bei Abr. & Gebr. Frowein Teil des Sortiments waren.

Anders als bei Abr. & Gebr. Frowein, in deren Inventaren der Wert der vorrätigen Waren zwischen 1787 und 1799 um mehr als das Vierfache anstieg und die sich in diesem Zeitraum von einer kleineren zu einer großen Bandhandelsfirma entwickelte, fiel das Wachstum des Wuppermannschen Warenlagers deutlich bescheidener aus: der Wert der vorrätigen Waren war mit 157.400 Reichstalern nun etwa anderthalb mal so hoch wie zwanzig Jahre zuvor.[254] Auch wenn die Aufnahmen zur Höhe der Warenlager aufgrund ihres statischen Charakters nur begrenzt Auskunft geben können über die eigentlichen Geschäftserfolge, lassen die Zahlen immerhin zu, die Firma Wuppermann in ihren unterschiedlichen Besetzungen als eine der großen und soliden Barmer Bandhandelsfirmen zu charakterisieren, die ihre Geschäfte dauerhaft erfolgreich betrieb und auch auf

252 Unter den 76 französischen Kunden sind im Übrigen zwei, die sich auch in Abr. & Gebr. Froweins Büchern wiederfinden lassen: Lusseau le jeune aus Nantes und Jamet aus Saumur. Sie gehörten jedoch erst 1790 zu den Kunden der Elberfelder. Vgl. FAF Nr. 1353.

253 Die Kundennamen der französischen Kunden stimmen in den Büchern von Johann Friedrich & Friedrich Wilhelm Bredt und Wuppermann & Müller außerdem zum Teil überein: Beide tätigten Geschäfte in Lyon mit den Firmen Duveret, Rast père et fils und Luc Candy sowie, in unterschiedlicher Zusammensetzung der Teilhaber, mit den Firmen Orsel und Fabre, ebenfalls Lyon.

254 Damit lag der Wert der vorrätigen Waren immer noch etwa 17.000 Rtlr. über dem der Firma Abr. & Gebr. Frowein. Um den wirklichen Wert der Firma Wuppermann zu ermitteln, wäre es nötig, auch die Debitoren- und Kreditorenwerte, so wie bei Abr. & Gebr. Frowein, zu ermitteln. Dies erlaubt jedoch die Quellenlage nicht.

hohem Niveau noch wachsen konnte. Das Sortiment erfuhr dabei nur geringe Veränderungen, was erneut auf die geringen modischen Anforderungen an die Wuppertaler Bandwaren hinweist. Doch bei aller Beständigkeit der Artikel erforderten der Markt und die sich ändernden wirtschaftlichen Rahmenbedingungen eine ständige Anpassungsleistung, der sich auch die Firma Wuppermann zu stellen hatte. Allerdings suchten die verschiedenen Inhaber der Firma, diesem Diktat durch ein koordiniertes, gemeinschaftliches Vorgehen zu entgehen und sich durch die kaufmännische Gemeinschaft gegen die Unwägbarkeiten des Marktes abzusichern. Dieses Vorgehen wird im Folgenden näher beleuchtet.

3.2.4.2 Absicherung durch Gemeinschaft – die Firma Wuppermann als Teil der Kaufmannschaft

Die Gemeinschaft der Wuppertaler Kaufleute war eng. Dies ist oben deutlich geworden anhand der Hilfestellungen, die Abraham Frowein bei der Gründung seines Geschäftes erhielt. Die Geschäfte Johann Peter von Eynerns haben gezeigt, wie sehr die Geschäfte der verschiedenen Bandverleger zudem miteinander verquickt waren. Diese besondere Nähe innerhalb der Wuppertaler Kaufmannschaft führte dazu, dass immer wieder Absprachen innerhalb des Tals getroffen wurden – ein Verfahren, an dem Wuppermann & Cramer nicht nur beteiligt war, sondern das die Inhaber auch ganz gezielt einzusetzen suchten, um den Geschäftserfolg der Firma langfristig zu sichern.

Vor allem kartellartige Absprachen waren über einen langen Zeitraum üblich. Mindestens seit den 1790er Jahren fanden regelmäßig Treffen der großen Barmer und Elberfelder Bandverleger statt, bei denen sie sich sowohl über die gezahlten Löhne verständigten als auch über die geforderten Preise. 1795 wurde beschlossen, eine gemeinsame Preisliste für den französischen, spanischen, portugiesischen und amerikanischen Markt abzufassen.[255] Festgelegt wurden neben den Preisen für die vielen unterschiedlichen Bandsorten die Zahlungsfristen und möglichen Abschläge, die Rechnungswährung ebenso wie Fracht- und Spesenregelungen. Abweichungen wurden nur in einem Umfang von zwei Prozent auf die gesetzten Preise akzeptiert und auch nur, wenn es darum ging, mit Firmen, die nicht Teil der Preisabsprachen waren, konkurrenzfähig zu bleiben. Johann Henrich Müller, Teilhaber der damals unter den Namen Wuppermann & Müller firmierenden Firma, war ein wichtiger Akteur bei diesen Abmachungen – er wurde von den beteiligten Parteien zum Schiedsrichter ernannt, der über die Gewährung solcher Rabatte und damit eine Abweichung von den

255 Das Original der Übereinkunft scheint nicht erhalten zu sein. FAF Nr. 1484 enthält einen Zusatz zu der Preiskonvention vom 9.5.1796, welcher die Punkte der Absprache vom 18.6.1795 rekapituliert. Zu den Unterzeichnern gehörten Vertreter der Firmen Wülfing & Comp., Abr. & Gebr. Frowein, Wuppermann & Springmann, Joh. Wilh. Siebel sen., Caspar & Abraham Rübel, Joh. Wortmann Söhne, Gebr. Bockmühl, Wortmann & Frowein, Gebr. Pauls, Carl Lüttringhausen, Söhne & Comp. und Johann Gottfried Rübel.

festgelegten Preisen entscheiden sollte. Hieran zeigt sich wohl auch das Ansehen, welches die Firma und ihre Teilhaber in der örtlichen Kaufmannschaft genossen. Weitere Vereinbarungen folgten. In Barmen projektierte man 1807 gar »an einem großen Plan zur Verschmelzung aller Fabriken in eine einzige wodurch alle Konkurrenz gehemmt und die Fortdauer des Geschäftes für alle Kinder und Kindeskinder jedes Actionaire gesichert werde«, ein Vorhaben, das allerdings nicht realisiert wurde.[256] Stattdessen vereinbarten die Wuppertaler Bandverleger auch noch in den Jahren 1814, 1820 und 1830 formale Absprachen.[257]

Obwohl diese Kartellvereinbarungen meist nur von kurzer Dauer waren, verweisen diese schriftlichen Absprachen der Wuppertaler Bandverleger miteinander auf längerfristig bedeutsame Sachverhalte. Zum Ersten schätzten die Wuppertaler Verleger ihre Position als stark genug ein, ihren Kunden in Frankreich, Spanien, Portugal, Italien und Amerika Preise diktieren zu können und deren Verhandlungsspielraum exakt zu begrenzen. So schrieb Johann Peter von Eynern an einen Kunden in Rouen: »Je vous dis en reponse de votre lettre du 9 d.c.m [de cet mois] qu'il me n'est pas permis a vous accorder une terme. Les marchands d'ici ont fait entre eux une convention par la quelle il est conclu de ne donner pas credit a personne de votre pays, et celui qui le faisait pourtant, est condamné pour payer une certain somme.« Wenn Vauquelin, Poisson & Roeoux den Zahlungsbedingungen (comptant Zahlung bei sechs Prozent Rabatt) nicht zustimme, könne er die Bestellung nicht ausführen.[258]

Zum Zweiten konnten die Wuppertaler Bandverleger sich fast sicher sein, dass ihren Kunden kaum andere Bezugsquellen für die im Wuppertal verlegten Bandwaren offenstanden: Das Fabrikenlexikon von Johann Christian Gädicke nennt innerhalb des Heiligen Römischen Reiches Deutscher Nation neben einem Hersteller in Breslau keine andere Bezugsquelle für Leinenband als die Fabrikanten in Elberfeld und Barmen.[259] Und mit Herstellern von Bandwaren in anderen Ländern, etwa in Frankreich, waren sie aufgrund des bereits oben erwähnten Preis- und Lohngefälles innerhalb Europas allemal konkurrenzfähig.

Zum Dritten sahen sich die Verleger auch ihren Arbeitskräften gegenüber in der stärkeren Position. Denn auch auf der Produktionsseite versuchten die Bandverleger die Kosten zu fixieren. Teil der Absprachen war nämlich auch eine Tabelle von »vereinbarten Preisen über den Wirklohn«, welche für jede Bandbreite den Lohn bis auf den letzten Stüber festlegte.[260] Die Einhaltung dieser Ab-

256 FAF Nr. 34, Gebr. Bockmühl an Abr. & Gebr. Frowein in Elberfeld, Barmen, 26.8.1807.

257 Vgl. FAF Nr. 1528.

258 HZW Bestand Eynern Nr. 132, Brief an Vauquelin, Poisson & Roeoux in Rouen, 19.11.1797. Eynern konnte seine Bedingungen bei dem französischen Kunden allerdings nicht durchsetzen. Im Januar 1798 schickte er ihm die gewünschte Ware mit einer Zahlungsfrist von sechs Monaten. Vgl. ebd., Brief an Vauquelin, Poisson & Roeoux in Rouen, 23.1.1798.

259 Vgl. *Gädicke*, Fabriken-Lexicon, S. 10 f.

260 Vgl. FAF Nr. 1528. Die Tabelle ist auf den 8.10.1799 datiert.

sprachen wurde dabei innerhalb der Kaufmannschaft argwöhnisch beobachtet, wie etwa Wuppermann & Cramer Abr. & Gebr. Frowein zu verstehen gab: »Gestern wurden wir auf der Börse wieder angesprochen eine Preisnota für Spanien zu drucken mit der Bemerkung, Sie müßten viele Bestellungen haben, denn Sie ließen zu No. 30 buntg[estreift] die Wirker aufsuchen und hätten Langerfeldern dafür Rtlr. 3 à 3.1/8 Lohn versprochen. Ist dem so, dann verderben Sie [...] die Wirker, die ohnedem immer von mehr Lohn sprechen.«[261]

Die Bildung des Wuppertaler Bandverlegerkartells, mit welchem der Wettbewerb zwischen selbständigen Unternehmen derselben Branche beschränkt werden sollte, um so die Markt- und im hier vorliegenden Fall auch noch die Produktionsverhältnisse zu ihren Gunsten zu beeinflussen, war vor allem eine Antwort auf die krisenhafte Situation, welche von den andauernden kriegerischen Handlungen auf dem europäischen Kontinent seit dem Ende des 18. Jahrhunderts hervorgerufen wurde.[262] Gründe für die Kartellvereinbarungen lagen vor allem in den recht geringen Margen – Johann Peter von Eynern schlug, wie oben erwähnt, acht Prozent auf die Rohstoff- und Lohnkosten als Gewinnmarge auf –, so dass den Wuppertaler Verlegern sehr daran gelegen war, sich vor Ort vor einem zerstörerischen Preiskampf zu schützen, der sie leicht in eine Zwangslage brachte: »Es ist eine wahre Schande für den der angefangen hat, diese Artikel unter dem eigentlichen Werth zu verkaufen, ein anderer ist dadurch gezwungen ein gleiches zu tun.«[263] Teilweise sahen sich die Wuppertaler Verleger dann nämlich sogar zu einem Zuschussgeschäft gezwungen: »Sie werden leicht einsehen, dass ich bei solchen Preisen Geld zusetze u. ich würde sie nicht offeriert haben, wenn die dermalige Conjunctur es nicht erforderte.«[264] Vor allem den großen und etablierten Firmen war daran gelegen, die Preise und Kosten unter Kontrolle zu halten, um sich auch in wirtschaftlichen Zwangslagen einen gewissen Spielraum zu erhalten.

Über solche formalen Absprachen hinaus versuchten die alteingesessenen Wuppertaler Verleger-Kaufleute wie die Wuppermanns außerdem, durch enge bilaterale Absprachen den Kunden und Mitbewerbern gegenüber im Vorteil zu bleiben. Die Korrespondenz, die innerhalb des Tales ausgetauscht wurde, ist voll von Auskünften zu Kundenanfragen, Aufträgen, Zahlungsbedingungen und Rabattregelungen:[265] »Wir sind mit der Antwort, die Sie nach Lissabon gegeben

261 FAF Nr. 1, Wuppermann & Cramer an Abr. & Gebr. Frowein in Elberfeld, Barmen, 14.3.1815.

262 Zur generellen Bedeutung von Kartellen als Krisenreaktion vgl. *Schröter*, Kartelle. Zu Kartellen in historischer Perspektive vgl. *Müller/Schmidt/Tissot*, Regulierte Märkte, wenngleich sich die Beispiele dort auf das 19. und 20. Jahrhundert beschränken.

263 HZW Bestand Eynern Nr. 132, Brief an Caspar & Abr. Rübel [Barmen], 20.1.1800.

264 Ebd.

265 Im Folgenden wird vor allem aus der Korrespondenz der Firma Wuppermann & Cramer zitiert, da sie im Mittelpunkt dieses Kapitels steht. Ähnlich Aussagen finden sich in der

haben ganz zufrieden, denn auch wir haben einem Freund, dem wir unlängst einmal schrieben, und noch die alten Rabatte anzeigten, jetzt die nemliche Anzeige gemacht wie Sie, und wir werden dabei stehen bleiben bis es erforderlich ist mehr zu geben, und dann sprechen wir weiter davon.«[266] Der Austausch ging dabei bis ins Detail. So heißt es im gleichen Brief weiter: »Wie machen Sie es mit dem incarnat und meliert, werden Sie die 40 br[a]b[an]t[er] [Ellen] voll geben oder abkürzen? Dieses zeigen Sie uns gefälligst umgehend an.«[267]

Vor allem neue Kunden hatten dabei wenig Chancen, die Wuppertaler Verlagskaufleute gegeneinander auszuspielen. Dies musste beispielsweise Jacob Sperry erfahren. Auf seiner ersten Reise nach Deutschland als Teilhaber der gerade gegründeten Firma Sperry & Kintzig in Philadelphia versuchte er bei seinen Bestellungen im Wuppertal günstige Lieferkonditionen zu erreichen (vier Prozent Rabatt plus sieben Monate Zahlungsziel und dann eine ratenweise Bezahlung). Wuppermann & Cramer blieb von den Wünschen erst einmal ungerührt und machte ihrerseits ein Angebot (vier Prozent Rabatt bei viermonatigem Zahlungsziel und Festsetzung des Bankhauses, über welches der Wechsel laufen sollte). Gleichzeitig schrieb sie an Abr. & Gebr. Frowein und teilte ihr den Auftrag und die gewünschten sowie die angebotenen Konditionen mit. »Sagen Sie uns gefälligst mit umgehenden Boten, ob Sie damit einerley Meinung mit uns sind. [...]. Daß er sagt, er habe diese Bedingungen auch von anderen ist wohl nicht wahr, und er will uns damit nur locken.«[268] Abr. & Gebr. Frowein und Wuppermann & Cramer konnten durch die enge Absprache bei ihren Lieferungen in der Tat die von ihnen gewünschten Konditionen durchsetzen, auch wenn Sperry an der Fiktion festhielt, dass sie nicht dem Angebot anderer Geschäftsfreunde entsprächen.[269]

Argwöhnisch beäugt wurden darüber hinaus die Aktivitäten von Konkurrenten sowohl im Tal als auch von außerhalb. So gaben beispielsweise Mitbewerber aus Krefeld Anlass zum engen Informationsaustausch: »Vorgestern war Herr Hoeninghaus von H[oeninghaus] & de Greiff von Crefeld bey uns u. fragte nach den Preise von Harlem, Sergé etc. Wir sprachen ihm von 12 Prozent rabatt, müssen aber freylich näher schreiben. Was dünkt Ihnen, wieviel Rabatt bewilligt man? – Es wäre bey diesen Herren wohl besonders nötig wenn wir uns einig blieben. Könnten Sie nicht ohngefähr erfahren, was Gebr. Bockmühl ihnen ge-

im Firmenarchiv Frowein erhaltenen Korrespondenz auch in den Briefen anderer Wuppertaler Bandverleger.

266 FAF Nr. 1, Wuppermann & Cramer an Abr. & Gebr. Frowein in Elberfeld, Barmen, 15.2.1814.

267 Ebd.

268 FAF Nr. 1, Wuppermann & Cramer an Abr. & Gebr. Frowein in Elberfeld, Barmen, 10.8.1815.

269 Vgl. FAF Nr. 76, Sperry & Kintzig an Abr. & Gebr. Frowein in Elberfeld, Hamburg, 23.8.1815.

boten haben?«[270] Und gerade im Lissabongeschäft, in dem Abr. & Gebr. Frowein und Wuppermann & Cramer nach eigener Einschätzung von allen Wuppertalern Häusern »die mehrsten Geschäfte machten«, wurden Veränderungen und mögliche Konkurrenten von diesen beiden eng beobachtet: »Wir müssen uns gewiß in Acht nehmen, sonst bekommen wir viele Nebenbuhler. Wir wissen, dass auch Crefelder Reisende in Lissabon sind, welches uns mit der Zeit nachtheilig wird.«[271] Auch Hamburger Firmen versuchten, in den Bandhandel mit Portugal einzusteigen: »Es ist jetzt ein Reisender von Hamburg hier, den Sie ja auch kennen. Dieser verlangte von uns eine Musterkarte für Lissabon. Da er mit anderen, wie wir wissen, Geschäft gemacht hat und mit uns nichts, so vermuthen wir, daß man uns die Muster herauslocken will. [...] Wir haben uns aber dumm angestellt, und ihm geantwortet, dass wir diesen Artikel nicht kennten, und ihm keine Muster erteilen könnten.«[272] Die etablierten Wuppertaler Bandverleger suchten also die von ihnen belieferten Märkte möglichst exklusiv zu bedienen.

Trotz aller internen Absprachen erstreckte sich die Wachsamkeit gegenüber möglichen Konkurrenten auch auf die örtlichen Akteure. Dabei ging es Wuppermann & Cramer wiederum vor allem um den Portugalhandel: »Auch bei uns haben H[erren] Dellenbusch & Bergfeld wegen Bigarré für Portugal angefragt; wir antworteten denselben, so wie Sie, dass wir davon keinen Vorrath hätten; gewiß müssen wir alles thun um dergleichen Herrn die Concurrenz mit uns zu erschweren.«[273] Dellenbusch & Bergfeld waren weder ein unbedeutendes Haus noch ein Neuankömmling. Sie gehörten vielmehr zu den Handelshäusern, die Teil nahmen an der internen Preisregulierung im Wuppertal.[274] Einige der Märkte beanspruchten jedoch die großen Häuser wie Wuppermann & Cramer geradezu exklusiv für sich und verweigerten möglichen lokalen Konkurrenten die sonst übliche Hilfestellung.

Generell war die Hilfsbereitschaft der Kaufleute von einem langfristig aufgebauten und sorgfältig austarierten Gleichgewicht des Gebens und Nehmens abhängig. Größere Geschäfte und Aufträge blieben innerhalb des Tals nicht lange ein Geheimnis, da meist kein Kaufmann allein in der Lage war, wegen der Vielzahl der verschiedenen Bandsorten und -breiten, die ein solcher Auftrag enthielt, einen solchen alleine zu bedienen. Ob man allerdings dem anderen

270 FAF Nr. 1, Wuppermann & Cramer an Abr. & Gebr. Frowein in Elberfeld, Barmen, 20.4.1814.

271 Ebd., Wuppermann & Cramer an Abr. & Gebr. Frowein in Elberfeld, Barmen, 14.3.1815. Die Selbsteinschätzung zum Lissabongeschäft in FAF Nr. 1, Wuppermann & Cramer an Abr. & Gebr. Frowein in Elberfeld, Barmen, 7.8.1815.

272 Ebd., Wuppermann & Cramer an Abr. & Gebr. Frowein in Elberfeld, Barmen, 14.3.1815.

273 Ebd., Wuppermann & Cramer an Abr. & Gebr. Frowein in Elberfeld, Barmen, 20.4.1814.

274 Vgl. ebd., Wuppermann & Cramer an Abr. & Gebr. Frowein in Elberfeld, Barmen, 12.1.1814: Dellenbusch & Bergfeld sollten gemeinsam mit fünf anderen Barmer Kaufleuten zu den Regulierungsgesprächen eingeladen werden.

Kaufmann, der eine große Bestellung erhalten hatte, aushalf, hing von der miteinander gepflegten Geschäftsbeziehung ab. Dazu gehörte zum einen, ausgewählten Geschäftspartnern mitzuteilen, wenn man von der ein oder anderen Bandsorte besonders große Mengen auf Lager hatte.[275] Zum anderen gehörte dazu die kurzfristige Bereitstellung von Waren, die einem anderen Händler noch für die Komplettierung einer Lieferung fehlten. Damit konnten auch Schwierigkeiten mit den Bandwebern abgefedert werden: »Wir [wollten] fragen, ob Sie uns wohl 150 à 200 d[u]tz[end] Stück N. 30 faconné à fleur assortiert überlassen könnten, diese fehlen uns an einer sehr eiligen Bestellung, unser Wirker lässt uns sitzen.«[276]

An diesem innerhalb der Handelshäuser des Tals wohl ausbalancierten System nahmen jedoch nicht alle teil. Das Handelshaus Lang & Dickmann etwa, das erst seit Kurzem Handel mit Bandwaren betrieb und das wohl eine außergewöhnlich große Bestellung erhalten hatte, konnte auf viel weniger Unterstützung zählen: »Lang & Dickmann [...] haben von Thür zu Thür um No. 23 und 25 Harlem geschickt und wollten 20,000 d[u]tz[end] St[ück] No. 23 haben.«[277] Zwei Wochen später suchten diese immer noch nach einem willigen Lieferanten für die genannten Waren, wie Wuppermann & Cramer dem Geschäftspartner ungerührt berichtete – ohne die geringste Bereitschaft erkennen zu lassen, dabei auszuhelfen.[278]

Für die Firma Wuppermann & Cramer ermöglichten die engen Absprachen innerhalb der Kaufmannschaft und ihre Teilnahme an dem örtlichen System des Gebens und Nehmens der Bandverleger untereinander vor allem eine Sicherung der Geschäfte und ein Bewahren des bisher Erreichten. Die Ausweitung ihrer Absatzgebiete war dagegen nicht Teil ihrer Geschäftsstrategie. Während Abr. & Gebr. Frowein ihre Erfahrungen im Portugalhandel nutzte, um in den 1820er Jahren auch dauerhaft nach Brasilien, der ehemaligen portugiesischen Kolonie, Geschäftsbeziehungen aufzubauen und so ihre Bandwaren direkt in Übersee abzusetzen, fokussierte Wuppermann & Cramer weiterhin auf die bereits erschlossenen Märkte. Auch ihre Warenpalette blieb sehr beständig und auf das traditionelle Sortiment konzentriert.[279] Überhaupt spiegelt sich in der Korrespondenz mit Abr. & Gebr. Frowein ein gewisser Mangel an unternehmerischem Schwung wie auch Weitsicht auf Seiten Wuppermann & Cramers. Nicht nur ist

275 Vgl. etwa ebd., Wuppermann & Cramer an Abr. & Gebr. Frowein in Elberfeld, Barmen, 15.12.1815.

276 Ebd., Wuppermann & Cramer an Abr. & Gebr. Frowein in Elberfeld, Barmen, 16.11.1814.

277 Ebd., Wuppermann & Cramer an Abr. & Gebr. Frowein in Elberfeld, Barmen, 2.5.1815.

278 Vgl. ebd., Wuppermann & Cramer an Abr. & Gebr. Frowein in Elberfeld, Barmen, 16.5.1815.

279 Abr. & Gebr. Frowein experimentierte wiederholt mit dem Verkauf von Seidenwaren in Übersee. Diese erhielten die Firmeninhaber meistens von einem verschwägerten Seidenverleger, der ebenfalls nach neuen Absatzmöglichkeiten suchte.

in den Briefen dieser Firma keine Rede von anderen möglichen Absatzgebieten, sondern die Inhaber verließen sich außerdem häufig darauf, dass Abr. & Gebr. Frowein ihnen prompt Waren liefern konnte, die sie für ausstehende Bestellungen noch benötigten: »Wir bitten Sie uns durch Bringer dieses die Ihnen bestellte Superfein zu senden, die Bestellungen wozu solche bestimmt sind, stehen fertig und müssen noch heute verladen werden.«[280] Häufig waren sie in diesen Fällen darauf angewiesen, dass eine Bestellung rasch ausgeführt wurde, da sie sonst ihre Kunden nicht fristgerecht bedienen konnten. Solche dringlichen Bestellungen wurden von der Firma Abr. & Gebr. Frowein weit seltener aufgegeben.

Die enge Gemeinschaft und die hierdurch erreichte Absicherung innerhalb des Wuppertals bewirkte im Falle der Firma Wuppermann letztendlich einen gewissen Verlust an Schwung und Dynamik, was sich auf den Geschäftserfolg der Firma im weiteren Verlauf negativ auswirken sollte. Hierzu kam noch, dass Reinhard Theodor Wuppermann (1782–1858), der die Firma nach 1832 alleine und unter seinem Namen leitete, allen Veränderungen, seien sie politischer, gesellschaftlicher oder geschäftlicher Natur, mit entschiedenem Misstrauen entgegentrat.[281] Dies ging so weit, dass er alle Neuerungen und eigenständigen Ideen sowohl innerhalb der Familie als auch bei seinen Arbeitern schroff unterdrückte. Die Zusammenarbeit mit dem ältesten Sohn Carl Theodor, der gerade seine Ausbildung bei dem auch wirtschaftspolitisch engagierten David Hansemann in Aachen abgeschlossen hatte, scheiterte bereits wenige Monate, nachdem dieser in die väterliche Firma eingetreten war. Dafür nahm Reinhard Theodor Wuppermann seine pekuniären Verpflichtungen der Familie gegenüber sehr ernst und ließ eine Großzügigkeit ihr gegenüber walten, welche dem Geschäftserfolg nicht immer angemessen war.[282] 1846 wies die Firma beispielsweise nur einen geringen Warenvorrat im Wert von 20.000 Talern pr. Ct. auf, der Nettoüberschuss, der in diesem Geschäftsjahr erwirtschaftet worden war, belief sich gerade einmal auf 2.636 Taler pr. Ct. Wenngleich die Firma auch noch nach Reinhard Theodor Wuppermanns Tod Bestand hatte, gehörte sie schon längst nicht mehr zu den wichtigen Akteuren unter den Wuppertaler Bandverlegern. Die Firma wurde schließlich in den 1870er Jahren liquidiert.

Der langsame Niedergang der Wuppermannschen Firma zeigt deutlich, dass allein durch die Beibehaltung etablierter Märkte und das Vertrauen auf das eingespielte Miteinander innerhalb der kaufmännischen Gemeinschaft im Tal der Bestand einer Firma nicht dauerhaft gesichert werden konnte. Erstaunlich

280 FAF Nr. 1, Wuppermann & Cramer an Abr. & Gebr. Frowein in Elberfeld, Barmen, 20.4.1814.

281 So die Charakterisierung durch seinen Sohn Ernst Wuppermann in dessen »Erinnerungen an unseren lieben Vater«. Vgl. *Dietz*, Familie Wuppermann, Bd. 2, S. 47 f.

282 Der Schwager Carl Cramer erhielt etwa nach dessen Ausscheiden aus der Firma 1832 weiterhin ein Jahresgehalt in Höhe von 1.000 Talern. Vgl. ebd., S. 45.

ist jedoch, wie lange eine traditionelle Wuppertaler Bandfirma bei geringer Anpassungsbereitschaft an die sich stark verändernden wirtschaftlichen Verhältnisse und die Herausforderungen der Mechanisierung bestehen konnte. Dies unterstreicht einmal mehr, trotz der zunehmenden Integration der Weltwirtschaft und der Ausweitung der globalen Kommerzialisierung, die Langlebigkeit bestehender Produktionsverhältnisse und den bis zur Mitte des 19. Jahrhunderts geringen Anpassungsdruck in der Bandweberei. Zwar wurde der Jacquardwebstuhl, mit dessen Lochkartensystem sich Muster programmieren ließen, auch in der Bandindustrie in den 1840er Jahren eingeführt, doch gelang es erst 1873, Bandwebstühle für Dampfantrieb zu entwickeln.[283] An solchen Neuerungen nahm die Firma Wuppermann nicht mehr teil. Anders als die Familien von Eynern und Bredt, welche ihre Geschäftstätigkeit auf den Handel verlegten und in späteren Jahren ein Rentiersdasein pflegten, blieben die im Tal verbliebenen Wuppermanns ihrem Geschäftszweig und der althergebrachten Produktionsweise bis zum bitteren Ende treu.

Durch die vier hier exemplarisch betrachteten Firmen mit ihren Unterschieden und Gemeinsamkeiten lässt sich ein differenziertes Bild der Wuppertaler Textilindustrie in der zweiten Hälfte des 18. und dem ersten Drittel des 19. Jahrhunderts zeichnen. Die Wuppertaler Verleger-Kaufleute verfügten durch stetige Zuwanderung sowie die Möglichkeit, auf die Bevölkerung in den umliegenden ländlichen Gebieten zuzugreifen, über einen kontinuierlichen Pool an Arbeitskräften. Auch die Versorgung mit den Garnsorten Leinen, Wolle und Seide sowie Farbstoffen stellte dank etablierter Handelsnetze und -abläufe kein Problem dar. Diese Voraussetzungen waren auch in anderen proto-industriellen Regionen gegeben und gehören mehr oder weniger zu den Grundbedingungen proto-industriellem Wachstums. Für den dauerhaften und in seiner langen Dauer ungewöhnlichen wirtschaftlichen Erfolg des Wuppertals waren andere Faktoren entscheidender.

Dieser wirtschaftliche Erfolg lag einmal in der Art der Produkte begründet. So gelang es in der Bandindustrie, lange Zeit das Herzstück der Wuppertaler Textilindustrie, die Artikel zu standardisieren. Die Abnehmer konnten sich sicher sein, bei der Bestellung von beispielsweise »Harlem uni [glatt gewebtes Leinenband] No. 13 zu einer Länge von 19 Ellen« das gewünschte Produkt dutzendfach und über Jahre beziehungsweise Jahrzehnte hinweg in der erwarteten Qualität und Machart zu erhalten. Dies galt sogar für die gemusterten und gefärbten Bänder, auch wenn für diese Artikel ab und zu Monita bei den Wuppertaler Verleger-Kaufleuten eingingen. Die Tatsache, dass auch diese stärker differenzierten Artikel mindestens über achtzig Jahre, wenn nicht noch länger, in der gleichen Façon geliefert wurden, verweist darauf, dass es sich hierbei eben-

283 Vgl. *Köllmann*, Barmen, S. 17.

falls um standardisierte Produkte handelte. Damit konnten die Wuppertaler Bandverleger eine »Achillesferse« der Hausindustrie umgehen – die Bandwaren ließen sich auch auf der Grundlage von Proben und Musterbüchern vertreiben und die Bindung an Handkauf und Partienlieferung umgehen.[284] Damit stand auch in dieser Hinsicht einer Ausweitung und Intensivierung der Produktion nichts im Wege.

Darüber hinaus wurde die Textilproduktion im Wuppertal immer weiter ausdifferenziert. Hierbei profitierte die Wuppertaler Kaufmannschaft davon, dass ihre Mitglieder weitgehend als Verleger tätig waren und nicht etwa nur als Zwischenhändler wie im Kaufsystem fungierten.[285] So konnte jemand wie Johann Peter von Eynern gezielt die Produktion eines Nischenartikels wie Wollband ausbauen. Kapitalkräftige Kaufleute wie die hier exemplarisch angeführten Brüder Bredt stießen wiederum in neue, lukrative Bereiche der Textilwirtschaft vor und bauten neue Produktionszweige auf, die sich für das 19. Jahrhundert besonders zukunftsträchtig erweisen sollten. Die zunehmende Urbanität des Wuppertals erlaubte darüber hinaus die steigende lokale Integration verschiedener Produktionsprozesse in einem so spezialisierten Textilgewerbe wie der Seidenfabrikation. Die Ausdifferenzierung der Wuppertaler Textilgewerbe lässt sich zum einen als Auswuchs der langen Vorgeschichte der kommerziellen Produktion verstehen, zum anderen verweist sie auf die Bedeutung des urbanen Raumes für die Verstetigung proto-industrieller Prozesse.[286]

Die Frage nach dem Übergang in die Mechanisierung lässt sich für die hier untersuchten Firmen nicht pauschal beantworten. Der Anpassungsdruck für die Wuppertaler Verleger war gering, denn technische Neuerungen fanden erst nach und nach Eingang in der Bandindustrie. Die allmähliche Mechanisierung der Produktion bei Abr. & Gebr. Frowein verweist darauf, wie schleichend dieser Prozess in der Wuppertaler Bandfabrikation vonstattenging. Für viele der Verleger-Kaufleute war auch eine Neuausrichtung ihrer Geschäfte hin zu Handel und Bankwesen eine Option, andere zogen sich ins Rentiersdasein zurück. Andere wiederum, wie Friedrich August Jung, im Übrigen der Schwiegersohn des oben erwähnten Johann Carl Wuppermann, oder die Familie Engels investierten in die Anlage von voll mechanisierten Baumwollspinnereien und vollzogen am deutlichsten den Schritt hin zur Industrialisierung. Auch in der Seidenzwirnerei und -weberei investierten häufig Unternehmer, die sich ihre Meriten als Verleger-Kaufleute verdient hatten, kräftig in die Mechanisierung.[287] Generell bildete die jahrzehnte- bis jahrhundertelange Tätigkeit als Verlagskaufleute, die

284 Vgl. zu diesen vielerorts limitierenden Faktoren *Ebeling/Mager*, Einleitung, S. 24.

285 Vgl. hierzu etwa die Entwicklung in Schlesien dargestellt bei *Boldorf*, Leinenregionen, S. 78 f., 89–92, 177.

286 Vgl. hierzu auch *Lis/Soly*, Städtische Industrialisierungswege; *Kriedte*, Prozeß.

287 Vgl. *Hoth*, Industrialisierung, S. 94, 164–167.

hierbei gesammelten Wissensbestände und das dadurch akkumulierte Kapital eine gute Ausgangslage für die Herausforderungen der Mechanisierung. Wie die einzelnen Kaufleute letztendlich auf die sich verschärfenden Bedingungen des Wettbewerbs in den Zeiten der Industrialisierung antworteten, blieb abhängig von persönlichen Entscheidungen. Eine wichtige strukturelle Voraussetzung blieb jedoch für sie alle bestehen, und das war die unmittelbare Einbindung in den Weltmarkt.

Im Gegensatz zu anderen proto-industriellen Regionen wie Schlesien oder der Schwäbischen Alb war das Wuppertal dank seiner geografischen Lage immer schon gut an den Weltmarkt angebunden. In der Frühen Neuzeit bildete vor allem Amsterdam das Tor zur Welt. Der nach der Jahrhundertwende nahezu reibungslos verlaufende Wechsel hin nach Hamburg und Bremen und zu der dort befindlichen Infrastruktur verweist allerdings darauf, dass nicht allein geografische Voraussetzungen für die dauerhafte Anbindung des Wuppertals an den Weltmarkt ausschlaggebend waren. Vielmehr spielten auch die Bereitschaft, sich auf neue Situation und Herausforderungen einzulassen, sowie die aktive Nutzung bereitstehender Handelstechniken eine wichtige Rolle für den dauerhaften Erfolg des Wuppertals. Eine nicht zu unterschätzende Rolle kam zudem der allgemein verbindlichen Kaufmannskultur zu, mithilfe derer sich Verbindungen zu kaufmännischen Netzwerken in bedeutenden Handels- und Hafenstädten schaffen und aufrechterhalten ließen. Besonders mobile Verwandte oder Bekannte aus dem Tal wie auch aus den benachbarten Städten Solingen und Remscheid erleichterten den daheimbleibenden Kaufleuten dabei den Anschluss. Es waren nicht zuletzt deren Handelsnetze, welche das Wachstum der Wuppertaler Textilindustrie ermöglichten.

Ganz allgemein ist die rasante wirtschaftliche Dynamik des Wuppertals im 18. und frühen 19. Jahrhundert nur zu verstehen, wenn die Einbindung des Tals in den Welthandel, und hier insbesondere in den Atlantikhandel, genügend berücksichtigt wird. Schließlich bildete sich durch diesen ein einheitlicher europäischer und tendenziell überseeischer Markt aus, auf dem die Produkte konkurrieren mussten. Der atlantische Kontext spielte dabei für die Leinen- und Wollbänder der Froweins, Wuppermanns und Eynerns sowie die Produkte der Leinen- und Siamosen-Verleger die entscheidende Rolle, während die Seidentücher der Bredts und der anderen Seidenfabrikanten vor allem im mittel- und osteuropäischen Raum in unmittelbare Konkurrenz zu anderen deutschen, schweizerischen und französischen Erzeugnissen gerieten. Die Integration der Weltwirtschaft und damit der Prozess der globalen Kommerzialisierung reichten somit weit über prominente Zentren wie Hafen- und Messestädte in das europäische Binnenland hinein und setzte auch hier Prozesse der ständischen Ausdifferenzierung in Gang, die schließlich zur Auflösung der ständischen Ordnung führten. Verleger-Kaufleute aus proto-industriellen Regionen wie dem Wuppertal waren in diesen Prozess an vorderster Front miteinbezogen. Er bildete die Grundlage dafür, dass sie alte ständische Wertvorstellungen und traditionelle Produktionsweisen hinter sich ließen. Die Entstehung der »gebildeten Stände« im Wuppertal ist nicht zu verstehen ohne diese wirtschaftlichen Makroprozesse. Welche weiteren Auswirkungen die globale Kommerzialisierung auf das Wuppertal, seine Kaufleute und sonstigen Bewohner hatte, wird im folgenden Kapitel behandelt.

4. Kommerzialisierung und Rationalität – Werte und Einstellungen Wuppertaler Kaufleute

Wirtschaftliches Handeln entsteht weder im luftleeren Raum noch folgt es den rationalen Prinzipien des idealtypischen *homo oeconomicus*.[1] Vielmehr ist es bedingt durch von außen gesetzten Rahmenbedingungen, etwa durch Institutionen sowie durch persönliche Einstellungen und Werte. Dies gilt auch für das Agieren von Wirtschaftsakteuren im Wuppertal, das im Folgenden genauer unter die Lupe genommen wird. Der Fokus liegt dabei im ersten Abschnitt auf Konfliktsituationen und dem Handeln der Akteure, das je nach Konfliktlage unterschiedliche, auch widersprüchliche Züge offenbart. Die Betrachtung dieser Konflikte lädt dazu ein, einseitige Zuschreibungen von »Dynamik« oder »Retorsion« zu hinterfragen und vielmehr die Spannungsverhältnisse sichtbar zu machen, welche den Alltag der Akteure unter den Bedingungen der in Kapitel 3 bereits im Ansatz beschriebenen »globalen Kommerzialisierung« bestimmten. Im zweiten Abschnitt werden anhand des Umgangs mit Bankrotten und Konkursen innerhalb der Wuppertaler Kaufmannschaft verschiedene Aspekte einer spezifischen Kaufmannskultur herausgearbeitet. Dabei wird vor allem auch die Rolle thematisiert, welche die Kaufmannsfamilie als kleinste Einheit für das Funktionieren der Wirtschaft spielte, und wie sie als Institution dazu beitrug, abstrakte Vorstellungen wie Vertrauen, Ehre und Reputation zu verbindlichen Handlungsmustern zu machen. Im dritten Abschnitt schließlich werden die Werthaltungen einzelner Kaufleute sowie persönliche Überzeugungen von gutem kaufmännischem Gebaren und christlichen Werten untersucht. Diese werden in Beziehung gesetzt zu allgemeinen kaufmännischen Praktiken und der Herausbildung einer spezifischen, kaufmännischen Rationalität. Das Kapitel dient auch als Beispiel dafür, wie innerhalb der »gebildeten Stände« Wertvorstellungen vermittelt wurden und welche Rolle Institutionen wie das Gesetz oder die Familie hierbei spielten.

1 Vgl. hierzu etwa *Barber*, Economies; *Engel*, Homo oeconomicus; *Berghoff/Vogel*, Wirtschaftsgeschichte.

4.1 Konfliktsituationen im Wuppertal

4.1.1 Die Auseinandersetzung mit der Weberzunft

Wie bereits oben geschildert, erlebte die Wuppertaler Textilwirtschaft seit dem Beginn des 18. Jahrhunderts ein außergewöhnliches Wachstum, das eng mit der regen Zuwanderung, gerade auch von Textilhandwerkern, verschränkt war. 1738 lebten in den beiden Ämtern Elberfeld und Barmen bereits 280 Leinenweber. Mit dem Wachstum einher ging ein Institutionalisierungsprozess, der auch die Handwerker erfasste. Schon seit den 1720er Jahren hatten die Leinenweber auf die Gründung einer Zunft gedrängt, um sich besser gegen die Interessen der Kaufleute absichern zu können.[2] Denn wie sie bereits in ihrem ersten Gesuch an den Kurfürsten klarmachten, waren sie völlig abhängig von den Aufträgen der Kaufleute, da keiner mit eigenem Garn webe und sie für ihren Lebensunterhalt auf die Lohnzahlungen der Kaufleute angewiesen seien. Aufgrund der Tatsache, dass die meisten Leinenweber zugewandert waren, besäßen sie weder »Land noch Sand«, wie es an einer Stelle hieß.[3] Die Subsistenzsicherung bei schlechter Auftragslage durch die eigene Landwirtschaft sei ihnen also verwehrt. Die Weber waren bereits zu dieser Zeit faktisch Lohnarbeiter, selbst wenn sie als Meister ihre eigenen Werkstätten und Werkzeuge besaßen. Auch waren sie der Konkurrenz durch Weber im Märkischen ausgesetzt, die aufgrund geringerer Lebenshaltungskosten für einen niedrigeren Lohn weben konnten. In ihrem Gesuch wiesen die Wuppertaler Leinenweber ausdrücklich auf den großen Schaden hin, welcher der kurfürstlichen Steuerkasse von »fremden und ausländischen« [das heißt den märkischen Webern] zugefügt würde, während »viele aber indeßen hieselbst ohne Lebens Unterhalt sitzen, und ihre Werckgezauen oder Weberstühle ledig stehen zu laßen, wo nicht gar endtlich zu demigrieren und das land zu verlassen gezwungen werden«.[4] Dieser Verweis auf zwei wichtige Ecksteine merkantilistischer Politik – Peuplierung und das Verhindern des Geldabflusses – brachte jedoch erst einmal nicht das gewünschte Resultat. Dass die Wuppertaler Leinenweber ein gutes Jahrzehnt später doch noch das gewünschte Zunftprivileg erhielten, ist aber vermutlich auf diesen Zusammenhang zurückzuführen. Schließlich sollen zu diesem Zeitpunkt allein im benachbarten

2 Zur Geschichte der Leinenweberzunft vgl. *Spannagel*, Gründung, sowie mit sehr ausführlichen Quellenzitaten, teils jedoch recht polemischen Schlussfolgerungen *Henkel*, Zunftmissbräuche.

3 Vgl. *Henkel*, Zunftmissbräuche, S. 264.

4 Zit. n. ebd., S. 157. Das Gesuch der Weber befindet sich in STAW J VIII 1.

märkischen Schwelm 651 Personen an 279 Webstühlen für Wuppertaler Verleger gearbeitet haben.[5]

An der Abhängigkeit der Weber von den Kaufleuten änderten die 1738 schließlich verliehenen Zunftprivilegien allerdings nicht viel. Bereits vier Jahre nach Gründung der Zunft konnten die Kaufleute mit einem Verweis auf ihr eigenes landesherrliches Privileg, dem Garnnahrungsprivileg, erwirken, dass die Weber zu Stückpreisen arbeiten mussten, wie sie auch außerhalb des Zunftbezirks, das heißt vor allem im Märkischen, gängig waren.[6] Durch die hohen Transportkosten ins Märkische und wohl auch dank der Vorzüge einer Produktion vor Ort konnten die Wuppertaler Leinenweber jedoch ihre etwas höheren Löhne halten. Generell scheinen sich Kaufmannschaft und Weber auf ein für beide Seiten erträgliches Lohnniveau haben einigen zu können, kleinere Konflikte um Lohnfragen konnten nicht zuletzt durch das Eingreifen der Zunftmeister beigelegt werden.[7] Der Zunft kam damit eine wichtige stabilisierende Funktion im Verhältnis von Webern und Kaufleuten zu.

Generell privilegierte die Zunft die Leinenweber nur dahingehend, dass ausschließlich zünftige Weber innerhalb der Stadt Elberfeld und der beiden Ämter Elberfeld und Beyenburg beschäftigt werden durften. Alle zugewanderten Weber mussten sich also in die Zunft aufnehmen lassen. Eine Beschränkung auf eine bestimmte Anzahl von Meistern wurde jedoch nicht festgesetzt und verweist darauf, dass die dynamische Wirtschaftsentwicklung im Wuppertal auch von den Zünften mitgetragen wurde. Die in Kapitel 3 skizzierte günstige wirtschaftliche Entwicklung und die damit zusammenhängende starke Zuwanderung schlug sich vielmehr auch in den Mitgliedszahlen der Zunft nieder: bis Ende der 1770er Jahre war sie auf 980 Weber angewachsen, wozu noch mindestens die gleiche Anzahl von Gesellen und Lehrjungen zu zählen ist.[8] Offenbar war die Nachfrage nach ihren Geweben, hauptsächlich einfachen Leinenstoffen sowie Leinen-Baumwoll-Gemischen, so groß, dass weder die gestiegene Anzahl an lokalen Arbeitskräften noch die märkische Konkurrenz, welche ebenfalls sowohl durch lohnabhängige Weber als auch durch ein sich selbstän-

5 Vgl. *Henkel*, Zunftmissbräuche, S. 159; *Spannagel*, Gründung, S. 192. Spannagel deutet außerdem einen religionspolitischen Schachzug der Weber an, die sich verpflichtet hätten, einen erheblichen finanziellen Beitrag zum Bau der neuen katholischen Kirche in Elberfeld zu leisten. Ebd., S. 183.

6 Zu diesem »Widerstreit der Privilegien« vgl. *Gorißen*, Interessen, S. 296 f.

7 Vgl. beispielsweise die bei *Henkel*, Zunftmissbräuche, S. 251 f., zitierten Eingaben von Kaufleuten, in denen sie die Zunftmeister in Lohnfragen und bei unzuverlässigen Webern um Hilfe bitten.

8 Ich folge hier der Zahl von *Henkel*, Zunftmissbräuche, der die für gewöhnlich genannte Zahl von 1.100 Webern nach Prüfung der Quellen etwas nach unten korrigiert hat. Vgl. ebd., S. 347, FN 65.

dig entwickelndes Gewerbe charakterisiert war, größere Verteilungskämpfe hervorriefen.[9]

Für die Aufnahme in die Zunft musste weiterhin ein Meisterstück vorgelegt werden, so dass die Zunft eine gewisse Qualitätskontrolle ausübte – eine stabilisierende Maßnahme, die auch den Kaufleuten zugutekam. Außerdem regulierte sie den Wettbewerb der Weber auf ein für diese erträgliches Maß, da alle zum gleichen Lohn arbeiten mussten. Die Zunftstatuten sahen außerdem vor, dass Meister mit einer größeren Anzahl an Webstühlen verpflichtet waren, die Zahl der Webstühle bei schlechter Auftragslage zu verringern. Die Zunftregeln hielten damit eine Möglichkeit bereit, auf die Elastizität der Märkte zu antworten und Konjunkturschwankungen auszugleichen; sie ließen es dem einzelnen Mitglied jedoch frei, bei guter Gelegenheit wirtschaftliche Chancen auch zu nutzen. Der Zunft kam eine wichtige Funktion sozialer Sicherung zu, denn die Weber und vor allem die Gesellen waren über die Zunft beispielsweise im Krankheitsfall abgesichert.

Die Wuppertaler Leinenweberzunft besaß somit sowohl dynamische als auch limitierende Charakteristiken, welche in einem laufenden Aushandlungsprozess zu einem Ausgleich zwischen individuellen wirtschaftlichen Interessen und allgemeinen sozialen Fragen beitrugen. Dieser anpassungsfähige und dynamische Charakter der Wuppertaler Zunft deckt sich mit neueren Erkenntnissen, welche die Anpassungsbereitschaft der Zünfte sowie die Bandbreite ihrer Erscheinungsformen betonen und sich klar von der älteren, negativen Bewertung der Zünfte als einem Hort der Erstarrung und Marktfeindlichkeit distanzieren.[10]

Dennoch stieß das diffizile Gleichgewicht zwischen Kaufmannschaft und Weberzunft Ende der 1770er Jahre an seine Grenzen. Vordergründig ging es dabei um die angemessene Lohnhöhe, um allgemeine Arbeitsbedingungen und um Fragen der zuständigen Gerichtsbarkeit. Je länger der Streit sich allerdings hinzog, desto mehr traten tiefer liegende Konflikte zwischen den Kaufleuten und ihren Arbeitern hervor, zu denen die Obrigkeit Stellung beziehen musste.[11]

Auslöser des Konflikts war die Forderung der Weber nach einer Lohnerhöhung, mit der sie an der guten Konjunktur und Auftragslage zu partizipieren gedachten, sowie die Anpassung der Konditionen, zu denen sie arbeiten wollten.

9 Konflikte wie beispielweise die sogenannte »Kaffee- und Suppenfrage«, bei der die größeren Meister versuchten, kleineren Meistern Gesellen mithilfe besserer Verpflegung abspenstig zu machen, konnten relativ zügig beigelegt werden und verweisen darauf, dass die Selbstregulierungsmechanismen funktionierten. Zu dem Konflikt vgl. *Thun*, Industrie, S. 183, sowie *Henkel*, Zunftmissbräuche, S. 177–180. Zur Schwelmer Siamosen- und Ziechenweberei vgl. *Helbeck*, Schwelm, S. 527 f.

10 Vgl. *Ehmer*, Traditionelles Denken; *Haupt*, Ende der Zünfte; *Brandt/Buchner*, Nahrung; *Strieter*, Aushandeln von Zunft; *Pfister*, Handwerkszünfte.

11 Die Auseinandersetzung zwischen den Kaufleuten und Leinenwebern wird auch behandelt bei *Mohrmann*, Organisatorische Bestrebungen, welche die Vorgänge allerdings in ein marxistisches Geschichtsbild einordnet.

Die Weber fühlten sich ihrer Sache recht sicher, hatten doch etliche von ihnen mehr Kettbäume angenommen, als sie auf einmal abarbeiten konnten, und verfügten so über ein probates Druckmittel. Die Kaufleute reagierten abwehrend, indem sie ihrerseits Absprachen trafen, um nicht miteinander in eine lohntreibende Konkurrenz um Arbeitskräfte zu geraten, und setzten eine interne Lohnobergrenze fest.[12] Außerdem wollten sie Fälle solcher Weber, welche ihrer Ansicht nach zu viele Ketten angenommen hätten, vor dem Stadtgericht verhandeln. Dieses sahen die Weber aber nicht als die geeignete Instanz an, hatten sie doch bereits kurz nach der Gründung der Zunft für die Einrichtung einer Kommission gesorgt, damit Angelegenheiten der Zunft nicht vor dem mit Kaufleuten besetzten Stadtgericht, sondern vor Vertretern der Landesregierung verhandelt würden.[13]

Eine weitere Eskalationsstufe erfuhr die Auseinandersetzung, als sich ein Jahr später, im Herbst 1780, die beiden Weber Kippener und Günneman bei der Zunft beschwerten, dass ihre Auftraggeber ihnen Lohn vorenthalten hätten. Der eine, der Kaufmann Johann Gottfried Brügelmann, habe moniert, das gewebte Stück sei zu leicht gewesen, er habe aus diesem Grund keinen Lohn ausgezahlt; der andere, der Kaufmann Meisenburg, habe das abgelieferte Stück als zu kurz befunden und einen halben Reichstaler Lohn abgezogen. Auf Beschwerden der Weber reagierten die Kaufleute nicht, so dass die Zunft die Angelegenheit in die Hände der oben erwähnten Kommission legte. Die beiden Kaufleute, Brügelmann und Meisenburg, erschienen jedoch nicht zu dem anberaumten Verhandlungstermin, sondern ließen vielmehr durch ein Schreiben ausrichten, dass die ganze Angelegenheit eine Privatsache zwischen den betreffenden Webern und ihnen sei. Des Weiteren sprachen sie sowohl der Zunft als auch dem der Zunft beigestellten Schiedsgericht die Zuständigkeit für Angelegenheiten ab, die Unstimmigkeiten zwischen Kaufleuten und Webern betrafen. Es könne nicht angehen, dass »der Fabrikant lediglich von seinem Weber, und seinen Zunftmeisteren anhangen und diesen untergeben seyn« solle.[14] Damit nahmen die Kaufleute nicht nur eine Hierarchisierung des Verhältnisses zwischen sich und der Zunft vor, sondern positionierten sich auch gegenüber den lokalen Vertretern der Regierung. Amtmann und Amtsrichter blieb nichts anderes übrig, als die Sache nach Düsseldorf weiterzuleiten, wo sie von höherer Instanz geregelt werden sollte.

12 Vgl. LA NRW R JB II 1806 vol. 1, fol. 181–198, hier fol. 191 f., zit. n. *Henkel*, Zunftmissbräuche, S. 226.

13 Die Kommission bestand aus dem Amtsverwalter des Amtes Elberfeld und dem Amtsrichter. Die beiden Kommissare wiesen dann auch die Pastoren an, das Verbot Ketten auf Vorrat anzunehmen, von den Kanzeln zu verkünden. Vgl. *Henkel*, Zunftmissbräuche, S. 252.

14 LA NRW R JB II 1803, fol. 58, zit. n. ebd., S. 208.

Hier erhielt Vizekanzler von Knapp den Auftrag, sich der Angelegenheit anzunehmen. In den Prozessakten wird deutlich, dass die Leinenweber auf eine schnelle Regelung der Angelegenheit drängten, die Kaufleute die Sache jedoch immer wieder verzögerten. Sie nahmen den Streit zum Anlass, eine Grundsatzentscheidung herbeizuführen und sich der weitgehenden Unterstützung der Regierung für ihre Interessen zu versichern. Sowohl Weber als auch Kaufleute argumentierten in ihren Eingaben unter Berufung auf allgemeine, sich jedoch widerstreitende wirtschaftspolitische Ordnungsvorstellungen, welche während der Auseinandersetzung wie unter dem Brennglas hervortraten.

Die Zunft betonte wiederholt, sie sichere gerechte Nahrung, Produktqualität und damit allgemeinen Wohlstand. Auch sei die Zunft dank dieser Zusammenhänge dafür verantwortlich, dass stetig neue Arbeitskräfte ins Wuppertal gekommen seien, womit wiederum der Flor des Landes gesteigert worden sei. Sie argumentierten im Sinne einer älteren kameralistischen Vorstellung, nach der Bevölkerungszahl und Wirtschaftslage in direktem Zusammenhang stehen. Vor allem die Vermehrung der Gewerbetreibenden galt als Möglichkeit zur Steigerung der Nahrung, das heißt des standesgemäßen Auskommens aller im Land.[15] Für diese Position konnten sie sich auch der Unterstützung der adeligen Landstände versichern, die sich mit einem Schreiben im Februar 1783, als der Streit schon weit fortgeschritten war, an den Kurfürsten wandten. Darin baten sie, den Bitten der Weber Gehör zu schenken, um mit ihnen »den gantzen gewerbstand dasiger großer Lands-districkten von den äußersten Verderb zu erretten«.[16]

Für den Kurfürsten, beraten von Vizekanzler von Knapp, waren jedoch die Kaufleute die deutlich wichtigeren Akteure. Auf den Vorstoß der Landstände beschied der Kurfürst kühl, dass die Landstände mit ihrer unhinterfragt von den Webern übernommenen Einschätzung, dass diese und nicht der »Handels- und Fabrikenstand« der »vorzüglichste und solcher Theil sey, von wessen Erhörung die Rettung des ganzen Gewerbes in befraglichem Districte abhange« irrten, und dass diese unkritische Bevorzugung einer Partei ihm »sehr missfallen müsse«. Nach Überzeugung des Kurfürsten wäre es für »weise und unternehmende Handelsleute« ein leichtes, geeignete Arbeitskräfte herbeizuziehen. Für den Wohlstand des Landes sei daher die Anwesenheit der Handelsleute entscheidend, während deren Fehlen weder durch viele noch besonders geschickte Handwerker ausgeglichen werden könne.[17]

Es zeigt sich hier eine deutliche Wandlung im wirtschaftspolitischen Verständnis der Landesherren. Hatten die Weber in den 1730er Jahren mit ihren

15 Vgl. hierzu ausführlich *Nipperdey*, Bevölkerungspolitik, v.a. S. 308ff. Zum Begriff der Nahrung und seiner zeitgenössischer Bedeutung vgl. *Brandt/Buchner*, Einleitung; *Reith*, Abschied.

16 LA NRW R JB II 1806 vol. IV, fol. 4, zit. n. *Henkel*, Zunftmissbräuche, S. 245.

17 Vgl. LA NRW R JB II 1806 vol. IV, fol. 1f., zit. n. ebd., S. 246.

merkantilistischen Argumenten – Peuplierung und Abfluß von Bargeld – noch die Erteilung des Zunftprivilegs herbeiführen können, zeugte die Argumentation des Kurfürsten jetzt von wirtschaftsliberalen Vorstellungen, welche den Handel treibenden Kaufleuten ein Primat einräumte. Bestimmend für diesen Sinneswandel war wohl der Hofkammerrat Friedrich Heinrich Jacobi. Dieser hatte bereits in seinem »Bericht über die Industrie der Herzogtümer Jülich und Berg« 1774 gegen die »irrige Annahme« der Staatsmänner argumentiert, dass Population die Quelle der Wohlfahrt eines Staates sei, sowie ausgeführt, dass Geldabfluss nicht schädlich sein müsse, sondern vielmehr die Zirkulation des Geldes wichtig sei. Darüber hinaus hatte Jacobi in seinen Ausführungen die Bedeutung des Kaufmannsstandes für den Wohlstand eines agrarisch schwachen Landes betont.[18] Geteilt wurden Jacobis Ansichten von dem mit der Streitschlichtung beauftragten Vizekanzler von Knapp. Der hatte nicht zuletzt wiederholt auf eine Überprüfung aller Privilegien gedrängt, da diese dem »Flor des Landes« hinderlich seien.[19] Damit waren auch die Privilegien der Zünfte gemeint.[20]

Theoretiker und Praktiker bestärkten sich hier gegenseitig. Den Kaufleuten war an der völligen Aufhebung der Zünfte gelegen, denn deren regulierenden Statuten waren ihrer Ansicht nach dem Zuzug neuer Arbeitskräfte nur hinderlich. Die von der Zunft betriebene Qualitätskontrolle und Regulierung der Ausbildung wurde als nebensächlich beiseite getan, allein die Höhe eines möglichst niedrigen und dem freien Wettbewerb unterworfenen Arbeitslohns war für sie entscheidend. Sie verwiesen in ihren Eingaben auf die große Marktabhängigkeit der von ihnen vertriebenen Produkte sowie auf die breitgefächerte und überregionale Konkurrenz, der sie ausgesetzt seien:

> Gleichwohl ist und bleibt es eine ewige Wahrheit, daß dadurch, daß wir so großen Lohn zahlen, und in der Schweitz, Schlesien, Sachsen, Heßen und andern Orten weit wohlfeiler gearbeitet wird, eine Ursache mit abgibt, daß wir nicht vermögend sind, mehrere Fabricken, welche in obrigen Orten vorhanden sind, hier einzuführen. Denn der Fabrikant und Kauffmann kann vor sich den Preiß seiner Waaren nicht bestim-

18 Vgl. *Gebhard*, Bericht, S. 8–12. Zu Jacobis wirtschaftspolitischen Vorstellungen, welche eine eigentümliche Synthese aus physiokratischen Grundsätzen und Adam Smiths Wirtschaftsliberalismus bildeten, vgl. *Hammacher/Hirsch*, Wirtschaftspolitik.

19 Vgl. LA NRW R 1806 vol. II, fol. 242 f., zit. n. *Henkel*, Zunftmissbräuche, S. 278. So radikal wie von Knapp anvisiert, der im Übrigen auch die Garnnahrung wiederholt auf den Prüfstand stellte, gestaltete sich auch im Folgenden die Politik im Herzogtum Berg jedoch nicht. Zur bergischen Privilegienpolitik und den unterschiedlichen Zielsetzungen der Landesregierung vgl. *Gorißen*, Interessen.

20 Vgl. hierzu auch die Vorgänge in Düren im letzten Viertel des 18. Jahrhunderts, wo Konflikte zwischen zünftigen Tuchmachern und Tuchscherern und Textilunternehmern von der jülich-bergischen Regierung im Sinne der letzteren entschieden wurden. Vgl. *Saldern*, Netzwerkökonomie, S. 166–170.

men, selbiger wird von dem Käuffer bestimmt, und kann dieser anderwärts wolfeiler kauffen, so läßt er unsere Waaren fahren.[21]

Sie hätten sich nach den Erfordernissen des Marktes zu richten. Die Lohnfrage war somit für die Kaufleute keine Frage der gerechten Nahrung, sondern des Bestehens auf fremden Märkten. Um diese kostengünstig bedienen zu können, forderten sie eine Ausweitung des Arbeitskräfteangebots, dem jedoch die Zunft in ihrer bisherigen Form entgegenstünde. Die Kaufleute stellten in ihrer Argumentation also einen Kausalzusammenhang her zwischen großer Bevölkerungszahl und damit einem großen Arbeitskräfteangebot, niedrigen Löhnen und Wettbewerbsfähigkeit auf entfernten Märkten – ein Denken, welches der älteren kameralistischen Literatur noch völlig fremd war.[22]

Betrachtet man das Anwachsen der Zunft während der knapp vierzig Jahre ihres Bestehens, so wirkt die Argumentation der Kaufleute wenig überzeugend. Schließlich hatte sich die Zahl der zünftigen Meister innerhalb dieser Zeit verdreifacht und es stand den Kaufleuten außerdem noch frei, gleichermaßen im Märkischen weben zu lassen. Die Effekte des Zunftzwangs waren für die Kaufmannschaft also äußerst gering. Sie nahmen die Auseinandersetzung mit der Zunft vielmehr zum willkommenen Anlass, ihre starke Position weiter auszubauen und für sie hinderliche Regularien von der Regierung auf den Prüfstand stellen zu lassen. Auch hatte sich ihr Verhältnis zu den für sie arbeitenden Webern geändert. Diese sahen sie kaum noch als selbständige Handwerker, als ebenbürtige Partner in einem gemeinsamen Geschäftsvorgang, sondern betrachteten sie als abhängige Lohnarbeiter. Johann Gottfried Brügelmann etwa äußerte sich fast verächtlich: »Was sind das für Herren von der Zunft? Sind es Herren? Leinenweber sind es, Handwerksleute, die von mir und anderen Kaufleuten ihr Brot haben.«[23]

Mit ihrer Auffassung konnten die Kaufleute sich durchsetzen und Vizekanzler von Knapp entwickelte ganz in ihrem Sinn eine neue Zunftordnung, welche die Zunft quasi handlungsunfähig machte: Die Kaufleute durften weben lassen, wo sie wollten und im Zunftbezirk einen beliebigen Lohn zahlen. Die Exemtion der Zunftangehörigen wurde aufgehoben, so dass alle Rechtsangelegenheiten

21 LA NRW R JB II vol. 1, fol. 181–198, hier fol. 190–191, zit. n. *Henkel*, Zunftmissbräuche, S. 224.

22 Vgl. *Nipperdey*, Bevölkerungspolitik, S. 317 ff.

23 Zit n. *Dietz*, Garnnahrung, S. 115. Diese Äußerung Brügelmanns rief bei den Webern übrigens lautstarken Protest hervor. Der Weber Johann Georg Klöckner bestand darauf zu Protokoll zu geben, »daß er keinen Brodherren erkenne, als nächst seinen Gott seinen g[nädi]gsten LandesHerrn, und seine verstorbene Eltern; die Herren Fabrikanten, und Kommerzianten könne er aber nicht als Brodherren erkennen, weilen diese verschuldet seyen, den verdienten Lohn ihme zu begeben, gleichwie er solchen seinen Gesellen geben müste«. LA NRW R JB II 1803, fol. 29, zit. n. *Mohrmann*, Organisatorische Bestrebungen, S. 209.

von nun an in die Zuständigkeit des Stadtgerichts fielen. Das Meistergeld wurde von zwölf auf sechs Reichstaler gesenkt, um den Zuzug weiterer Arbeitskräfte zu befördern. Außerdem wurde die Zunft dreigeteilt: die Stadt Elberfeld sowie die beiden Ämter Elberfeld und Beyenburg erhielten jeweils ihre eigene Zunft. Damit war die Bedeutung der Zunft deutlich eingeschränkt und eine Sicherung der Zunftgenossen durch die gemeinsame Kasse mangels Masse kaum noch gegeben. Ein gewaltsamer Protest gegen die neuen Regelungen verhallte ungehört beziehungsweise resultierte für einige der Weber in einem Gefängnisaufenthalt, denn die Kaufleute hatten gleich militärische Unterstützung gegen die aufgebrachten Weber angefordert und so erneut ihre Überlegenheit demonstriert.[24] Die Weber, vor die Wahl gestellt, entweder die neue Zunftordnung anzunehmen oder der Auflösung der Zunft zuzustimmen, votierten für letzteres. Eine Organisation der Lohnarbeiter gegenüber der Kaufmannschaft war somit nicht länger gegeben. Ähnlich wie die Bandweber waren auch die Leinweber von nun an völlig von den Kaufleuten als ihren Arbeitgebern abhängig – ein Verhältnis, welches diese mal mehr, mal weniger wohlwollend ausgestalteten.

An dieser Stelle wäre es jedoch verfehlt, der Kaufmannschaft ein liberalen Prämissen verpflichtetes wirtschaftspolitisches Ordnungsdenken zu unterstellen, wie es beispielsweise Vizekanzler von Knapp antrieb. Ihnen ging es hauptsächlich um die Wahrung und Förderung ihrer Interessen: freier Handel und den Zugriff auf einen möglichst großen Arbeitsmarkt mit niedrigem Lohnniveau.[25] Die Auseinandersetzung zwischen Kaufmannschaft und Weberzunft lässt sich daher auch nicht etwa als eine Auseinandersetzung zwischen rückwärtsgewandten Kräften – der Zunft – und fortschrittlichen Kräften – der Kaufmannschaft – werten. Teile der Kaufmannschaft konnten vielmehr genauso »traditionsbewusst« argumentieren wie die Handwerker oder der Adel, wenn es um die Wahrung andersgelagerter Interessen ging. Dies führte zu heftigen Auseinandersetzungen, auch in den eigenen Reihen.

24 Der Abstimmung waren noch weitere Verhandlungsversuche sowie tumultartige Versammlungen vorausgegangen. Als sich die Verhältnisse weiter zuspitzten und die Weber den Elberfelder Bürgermeister zwingen wollten, die alte Zunftordnung wiederherzustellen, rief dieser das Militär. Etliche Weber wurden festgenommen und nach Düsseldorf ins Gefängnis gebracht. Vgl. *Kisch*, Textilgewerbe, S. 257.

25 Auch in den Zeiten der Industrialisierung drängte die Kaufmannschaft vor allem auf ein niedriges Lohnniveau als Wettbewerbsvorteil und leistete damit der Pauperisierung weiter Teile der Bevölkerung Vorschub. Vgl. *Boch*, Wachstum.

4.1.2 Auseinandersetzungen in den eigenen Reihen

Nahezu seit ihrem Beginn waren die Gewerbetreibenden der Wuppertaler Textilwirtschaft in der Garnnahrung organisiert.[26] Diese war ursprünglich als Regulierungsinstanz für das landesherrliche Monopol des Garnbleichens gegründet worden, hatte sich im Laufe der Zeit aber immer mehr zu einer Vertretung der Kaufmannschaft entwickelt. Daher erlangte der Garnnahrungsvorstand bis Mitte des 18. Jahrhunderts auch eher den Charakter eines Handlungsvorstandes, der vor allem die Interessen der vermögenden Garnnahrungsgenossen wahrnahm, wenngleich alle Garnnahrungsmitglieder mit ihrem Zentnergeld zur Finanzierung der Institution beitrugen.[27] Die vielen Querelen innerhalb der Garnnahrung, die sich in den letzten vierzig Jahren ihres Bestehens häuften, zeigen aber auch, dass die Garnnahrung in ihrer damaligen Form an ihre Grenzen stieß. Die Konfliktlinie verlief dabei sowohl zwischen der Elberfelder und der Barmer Abteilung der Garnnahrung wie auch zwischen der Garnnahrung als Gesamtheit und einzelnen Mitgliedern. Die hier vorgeschlagene Lesart dieser in der Forschung bereits an verschiedenen Stellen behandelten Konflikte soll vor allem die in sich keineswegs widerspruchsfreie Haltung der Wuppertaler Kaufmannschaft aufzeigen, dabei jedoch gleichzeitig die bisher vorgenommene Einteilung in progressive und retardierende Kräften innerhalb dieser Gruppe hinterfragen.

Die erste große Auseinandersetzung innerhalb der Garnnahrung wurde in den 1770er Jahren aktenkundig, als sich die Barmer Mitglieder bei der Landesregierung beklagten, dass mit den gemeinsamen Mitteln der Garnnahrung eine Angelegenheit geklärt worden wäre, die allein den Elberfeldern zugutekäme.[28] Die Elberfelder würden ihre Vorrangstellung in der Garnnahrung ausnutzen, die aus dem alleinigen Versammlungsort Elberfeld resultierte. Schließlich hätten die Elberfelder Kaufleute einen kürzeren Weg, würden daher zahlreicher erscheinen und so Dinge in ihrem Sinne entscheiden. Sie nahmen die Sache zum Anlass, ein Pro Memoria an die Landesregierung zu richten, in dem sie unter Ver-

26 Zur Geschichte der Garnnahrung vgl. 2.4.

27 Vgl. *Bredt*, Lohnindustrie, S. 18. Auch die an der Gründung der Handelskammer beteiligten Männer nannten die Garnnahrung als eine Vorläuferinstitution und bezeichneten sie als Handelsvorstand. Vgl. *Industrie- u. Handelskammer Wuppertal*, Festschrift, S. 15.

28 Es handelte sich hierbei vermutlich um die Intervention der Garnnahrung zugunsten der Firma Simons, die 1770 mit der Produktion von Seidentüchern in Elberfeld begonnen hatte und darüber in Konflikt mit der Firma Andreae in Mülheim geraten war. Letztere besaß nämlich ein Privileg für die Produktion von Seidenwaren innerhalb des Herzogtums Berg. Die Garnnahrung konnte erreichen, dass Elberfelder Handelshäusern die Herstellung von Schnupf- und Halstüchern zugestanden wurde. Vgl. *Gorißen*, Interessen, S. 306, und 3.2.3. In den Aktenstücken zur Auseinandersetzung innerhalb der Garnnahrung ist nur pauschal von der »Seidenfabrique Sache« die Rede.

weis auf verschiedene juristische Literatur und Gebräuche ihrem Wunsch nach Gleichberechtigung Ausdruck verliehen.[29] In dem folgenden Vergleich, der durch die Oberamtleute von Schirp und Bellentz vermittelt wurde, behielt allerdings Elberfeld erst einmal die Oberhand: jede dritte Versammlung der Garnnahrung sollte zwar fortan in Barmen stattfinden, aber die gemeinsame Kasse der Garnnahrung sowie alle Urkunden wurden weiterhin in Elberfeld aufbewahrt.[30]

Der tiefergehende Grund für die Streitigkeiten lag in der unterschiedlichen Ausdifferenzierung der Gewerbe und damit den Anforderungen, welche die Kaufleute an die Garnnahrung als die sie vertretende Institution stellten: die Elberfelder Kaufleute konzentrierten sich eher auf die Herstellung von Breitgeweben, den Handel und das Bankwesen, die Barmer Kaufleute expandierten dagegen beständig in der Herstellung der traditionellen Bandartikel. Diese unterschiedliche Schwerpunktlegung zeigt sich nicht zuletzt an dem Handel, den die Wuppertaler Kaufleute auf der Frankfurter Messe trieben:[31] Mehr als die Hälfte der anwesenden Elberfelder Kaufleute handelte ausschließlich mit Breitgeweben wie Bettzwillichen und später auch Siamosen. Einige boten ausschließlich außerhalb des Wuppertals fabrizierte Textilien an und waren damit vom Garnnahrungsprivileg unabhängig.[32] Die traditionellen Schmalgewebe sowie gebleichtes Garn spielten bei den Händlern aus Elberfeld nur noch eine untergeordnete Rolle. Die Messefahrer aus Barmen dagegen hatten in ihrem Sortiment überwiegend Bänder und Besatzartikel, die sie im Laufe der Jahre um weitere Variationen und neue Arten, wie zum Beispiel gewebte Spitzen und Langetten, ergänzten.[33] Für sie spielten die erprobten Rohstoff- und Absatz-

29 Vgl. STAW J I 11, fol. 2f. Zu den Konfliktem innerhalb der Garnnahrung vgl. auch *Dietz*, Garnnahrung, S. 126–133. Dietz vertritt allerdings die etwas fragwürdige Interpretation, dass es eines »starken Mannes« bedurft hätte, die auseinanderstrebenden Glieder der Garnnahrung zusammenzuhalten. Auch hätte die Garnnahrung beim »Eintritt des liberalistischen Zeitalters notwendig versagen« müssen. Ebd., S. 133.

30 Der Vergleich vom 26.3.1776 ist in mehreren Abschriften enthalten in STAW J I 11, beispielsweise fol. 34–35.

31 Vgl. die erhalten gebliebenen Messschemata von 1775, 1776, 1779 im Stadtarchiv Frankfurt. Zum Quellenwert der Messschemata resümiert *Reininghaus*, Iserlohn, dass die Messschemata trotz einiger Lücken die Trends richtig wiedergeben. Ebd., S. 284.

32 Zu diesen Textilien gehörten Augsburger Zitz, Mailander Seide, Brabanter Spitzen sowie schlesische und sächsische Leinenwaren.

33 Das Sortiment des Hauses Peter Brögelmann junior mag als Beispiel für die Bandbreite dieser Artikel gelten: Er bot an »alle Sorten feinen weissen und gefärbten Zwirn, Sparseide oder Seidengarn, Stickgarn, Spinal, Pöpges oder Lückergarn, und brabandter Bett- und Schuhzwillich.« *Schröckh*, Meß-Schema, S. 25. Die erwähnten Langetten waren dagegen ein Alleinstellungsmerkmal des Verlegers Caspar Engels, was auch die Innovationskraft der Wuppertaler Bandverleger unterstreicht. In den 1780er Jahren zeigen die drei erhaltenen Messschemata eine etwas größere Differenzierung des Angebots bei den Barmer Kaufleuten, da auch Barmer Häuser jetzt Seidenstoffe (drei Anbieter), Samt (ein Anbieter) und Hosen- und Westenzeuge anboten (ein Anbieter). Insgesamt sind in den drei Messschemata 31 Händler aus Barmen und dreißig aus Elberfeld verzeichnet.

märkte sowie die hauptsächlich im Heimgewerbe organisierten Arbeitskräfte weiterhin die größte Rolle.

Elf Jahre später trat der Konflikt zwischen den Kaufleuten aus den beiden Orten offen zutage. Der Amtmann von Stadt und Amt Elberfeld, Freiherr von Bentinck, musste an die Regierung nach Düsseldorf berichten, dass beim sogenannten »An- und Abtritttag«, welcher sowohl der Jahresabrechnung als auch der Wahl des neuen Garnnahrungsvorstandes diente, von den Barmer Genossen niemand erschienen war. Der Amtmann in Barmen hatte dagegen für den gleichen Tag eine Einladung von den Barmer Garnmeistern zu dieser Zeremonie erhalten.[34] Den Affront, denn um einen solchen handelte sich, begründeten die Barmer in der geforderten Stellungnahme damit, dass sie inzwischen finanziell einen größeren Beitrag zur Garnnahrung leisteten, sich dies aber nicht in einer gleichberechtigten Stellung innerhalb der Organisation niederschlüge.[35] Auf ihre Forderungen hätten die Elberfelder nicht reagiert, daher wären sie nicht zum An- und Abtritttag erschienen. In dem ursprünglichen Privileg stünde ja schließlich nirgends, dass dieser immer in Elberfeld stattzufinden habe.

Auf die mit großem Selbstbewusstsein agierenden Barmer, die sich laut eigener Aussage durch »Fleiß und Betriebsamkeit« in den vergangenen zehn Jahren mit einer »beispiellosen Schnelligkeit emporgeschwungen« hätten, antworteten die Elberfelder erbost und forderten den Landesherrn auf, die Barmer in die »Schranken des alten Herkommens« zu verweisen.[36] Gleichzeitig wiesen sie dem für Barmen zuständigen Amtmann eine Mitschuld an den Streitigkeiten zu und forderten dessen Maßregelung:

> [Wir können den] Wunsch nicht bergen [...], daß dieses unverantwortlich-eigenmächtige Verfahren der Barmer Beamten nicht ungeandet [sic] durchgehen mögen, damit wir in Zukunft dergleichen Eigenthaten nicht mehr ausgesetzt sein mögen, dann hätten Beamten die Barmer auf Recht und Ordnung hinzuweisen und wären sie Beamte schuldigermaßen in den Ab- und Antritts Termin erschienen, so würden alle diese gehässigen Zwistigkeiten unter uns Handelsgenossen nicht erfolgt.[37]

Trotz der Unterstützung durch den Elberfelder Amtmann von Bentinck und einer gewissen Bevorzugung durch den zuständigen Regierungsbeamten in Düsseldorf, Vizekanzler von Knapp, vermochten die Elberfelder ihre Vorstellun-

34 Vgl. LA NRW R JB II 1807 vol. 1, fol. 1–13.

35 In dem Aktenkonvolut zu den Garnnahrungsstreitigkeiten befindet sich auch die Abrechnung des Zentnergelds von 1787, die den Barmern Recht gibt. So hatten die Barmer Mitglieder in dem Jahr 23.835 Zentner Garn gebleicht und einen Beitrag von 596 Rtlr. gezahlt; die Elberfelder dagegen nur 19.474 Zentner, was ein Zentnergeld von 436 Rtlr. ergab. Vgl. ebd. vol. II, fol. 143–147.

36 Vgl. ebd. vol. I, fol. 72.

37 Ebd. vol. I, fol. 59.

gen nicht durchzusetzen.[38] Dafür war ihre Argumentation zu einseitig, beharrten sie doch darauf, dass »Privilegien und dieses alte Herkommen die einzigen Quellen [sind], denen Elberfeld und Barmen ihren blühenden Zustand zu verdanken haben«. Daher wollten sie diese »unsern Nachkommen eben so unversehrt belassen als wir dieselben von unseren Voreltern überkommen haben«.[39]

Die Barmer dagegen operierten mit einem deutlich dynamischeren Argumentationsmuster. Die Elberfelder Vorrechte wären kein wirklich erworbenes Recht, sondern lägen in den Zeitumständen der Gründungszeit der Garnnahrung begründet; jetzt hätten die Umstände, wodurch die Vorrechte entstanden seien, »ihre Gestalt völlig verloren«.[40] Auch ließen sich Rechtsbegriffe wie Herkommen, Verjährung, Besitzstand und weiteres mehr nicht auf Dinge anwenden, die dem Wechsel unterworfen seien. Elberfeld könne sich nicht auf Herkommen berufen, wenn es um wirtschaftliche Dinge ginge, da gerade diese der Veränderung unterlägen.[41] In ihrer Forderung um Gleichberechtigung ging es ihnen sowohl um Symbolisches wie die abwechselnde Ausrichtung des An- und Abtritttages, die abwechselnde Aufbewahrung der Kasse und der Garnnahrungsunterlagen als auch um Praktisches wie die Unterstützung durch einen eigenen Syndikus, das heißt einen Rechtsbeistand in Handelsangelegenheiten.

Wie wichtig sowohl die Barmer als auch Elberfelder Mitglieder der Garnnahrung die Angelegenheit nahmen, zeigt die Tatsache, dass im Laufe der Auseinandersetzung beide Seiten Deputierte an den kurfürstlichen Hof nach Mannheim schickten, um dort Einfluss zu nehmen.[42] Jede der beiden Parteien hatte Erfolg: Erst erhielten die Barmer ein Reskript, das ihnen die gewünschten Forderungen weitgehend zugestand, dann wurde es auf Betreiben der Elberfelder anschließend wieder ausgesetzt. Überhaupt ist den Akten zu entnehmen, wie schwer es der Obrigkeit fiel, sich zu einer ordnungspolitischen Maßnahme durchzuringen. Gegenüber den wohlgesetzten Argumenten und der Beharrlichkeit beider Seiten wirkten die Beamten fast hilflos, fehlte es ihnen doch an einer klar vorgegebenen Linie.[43]

38 Dass Knapp eher die Elberfelder Kaufleute, die ihm vermutlich auch dank ihrer Teilnahme an der Elberfelder Stadtverwaltung als verlässliche Partner bekannt waren, bevorzugte, lassen zumindest Knapps Zusammenfassungen und Anmerkungen in dem dicken Aktenbündel zu den Streitigkeiten der Garnnahrung vermuten. Vgl. ebd., v. a. vol. III, fol. 98–138.

39 Ebd. vol. I, fol. 72 f.

40 Ebd. vol. I, fol. 81.

41 Vgl. ebd. vol. I, fol. 31.

42 Vgl. ebd. vol. II, fol. 7 f.

43 So bat beispielsweise der Beyenburger Amtmann im Juni 1788 die kurfürstliche Regierung um Anweisung, wo er dem An- und Abtrittstag in diesem Jahr beiwohnen solle, da noch keine endgültige Entscheidung in der Angelegenheit getroffen worden sei. Vgl. ebd. vol. I, fol. 115. Die wenig hilfreiche Antwort lautete, der Amtmann solle sich laut dem Vergleich von 1776 verhalten. Ebd., fol. 116. Die Barmer regelten die Sache, indem sie wieder ihren eigenen An- und Abtritttag abhielten und damit dem Amtmann eine Entscheidung aufzwangen. Ebd., fol. 135 f.

Wie selbst Vizekanzler von Knapp resignierend feststellen musste, sei mit Zwang in dieser Sache nichts auszurichten.[44] Der Regierung war vor allem an einem reibungslosen Ablauf der Wirtschaft gelegen.[45] Auch die Auflösung der Garnnahrung oder die Teilung der Garnnahrung in einen Elberfelder und Barmer Teil wäre bei der Regierung wohl auf Zustimmung gestoßen.[46] Dabei ging es ihr nicht zuletzt darum zu verhindern, dass einige der Barmer Kaufleute sich durch Prämienzahlungen des preußischen Königs dazu verleiten ließen, gänzlich ins Märkische abzuwandern.[47]

Das finale Reskript der Regierung vom 23. Mai 1791 ermahnte die Garnnahrungsgenossen, sich wieder ihren Geschäften zuzuwenden. Die Garnnahrungsglieder der beiden Orte sollten sich ab sofort mehr oder weniger selbständig verwalten, nur schriftliche Erklärungen sollten vorher abgestimmt und gemeinsam veröffentlicht werden. Für solche Abstimmungen sollten aber nur die größeren Mitglieder der Garnnahrung erscheinen, das heißt solche, die mindestens vierzig bis fünfzig Zentner im Jahr bleichten. In dem Reskript wurde sowohl dem Symbolischen wie dem Praktischen Rechnung getragen und den Forderungen der Barmer weitgehend nachgegeben: Die An- und Abtrittstage sollten wechselweise in Elberfeld und Barmen stattfinden. Jeder Distrikt hatte seine eigene Kasse und bewahrte seine eigenen Dokumente künftig selbst auf. Die alten Originale blieben in Elberfeld, die Barmer erhielten eine beglaubigte Abschrift. Außerdem wurde den Barmern ein eigener Syndikus zugestanden.[48] In dieser Weise bestand die Garnnahrung bis zu ihrer Auflösung 1808 während der napoleonischen Herrschaft fort. Sie nahm in den beiden Orten weiterhin die Aufgaben eines Handlungsvorstandes wahr: so kümmerte sie sich um Qualitätskontrollen beim Garneinkauf, diente auswärtigen Institutionen als Ansprech-

44 Dieses Fazit zog Knapp am 31.3.1789 in einem Vermerk für die kurfürstliche Regierung. Vgl. LA NRW R JB II 1804, fol. 91.

45 Als Frankreich im Januar 1789 die Zölle auf gebleichtes Garn deutlich erhöhte, setzte die kurfürstliche Regierung nach einem ausführlichen Pro Memoria der Barmer die diplomatische Maschinerie in Gang, um beim französischen Hof Zollerleichterungen zu erreichen. Der kurpfälzische Gesandte hatte bereits einen Erfolg in dieser Sache erzielt, während sich die Elberfelder und Barmer Mitglieder der Garnnahrung noch darüber stritten, ob ein solcher Alleingang der Barmer gerechtfertigt war oder nicht und ob in dieser Angelegenheit ein gemeinsames Treffen stattfinden müsse oder ob die Dinge per Brief geklärt werden könnten. Vgl. ebd.

46 1801 forderte die Landesregierung erneut eine Aufstellung aller existierende Privilegien und Zünfte im Herzogtum Berg und bat dabei um eine Einschätzung, »in welcher maße die allenfallsige Beschränkung oder gänzliche Aufhebung statt haben möge«. Vgl. STAW J I 1.

47 Die Elberfelder hatten den Barmern wiederholt vorgeworfen, gegen die Garnnahrungsstatuten zu verstoßen, indem sie im Märkischen bleichen ließen. Vgl. LA NRW R JB II 1807 vol. III, fol. 131–138.

48 Vgl. STAW J I 11, fol. 58–59.

partner, ergriff Maßnahmen gegen Garndiebstähle von den Bleichen und setzte Verordnungen der Landesregierung um.[49]

Zeitgleich zu den Auseinandersetzungen zwischen den Barmer und Elberfelder Abteilungen beschäftigten die Garnnahrungsgenossen auch noch die Vorstöße zweier einzelner Mitglieder, nämlich der Kaufleute Johann Gottfried Brügelmann und Johann Peter Schlickum. Diese Vorgänge geben ebenfalls Aufschluss über die Konkurrenz traditioneller und zukunftsweisender Vorstellungen innerhalb der Wuppertaler Kaufmannschaft und über die Komplexität, diese Verhaltensweisen bestimmten Gruppen zuzuweisen.

Johann Gottfried Brügelmann (1750–1802) ist in die Geschichte eingegangen als Gründer der ersten mechanischen Spinnerei auf dem Kontinent und gilt in der älteren Geschichtsschreibung geradezu als Prototyp des visionären Unternehmers, der die Zeichen des sich anbahnenden Industriezeitalters erkannte und umsetzte.[50] Brügelmann, ein Elberfelder Siamosen-Verleger, hatte es geschafft, eine englische Spinnmaschine für die Produktion hochwertigen Baumwollgarns mit Hilfe eines englischen Technikers nachbauen zu lassen. Um in großem Stil Maschinengarn produzieren zu können, ließ er in Ratingen zwei große Gebäude errichten und eine Spinnmaschine mit 1.600 Spindeln installieren.[51] Um diese beträchtliche Investition abzusichern, bemühte sich Brügelmann 1783 um ein Privileg seitens der Landesregierung, welches ihm, so der Antrag, für vierzig Jahre das Recht zusichern würde, innerhalb des Herzogtums Berg exklusiv eine maschinenbetriebene Spinnfabrik zu betreiben.[52]

Dagegen erhob die Garnnahrung Einspruch, betonte dabei jedoch ausdrücklich ihre positive Einstellung gegenüber technologischen Neuerungen:

Weit entfernt, daß wir etwas der Aufrichtung einer solchen Spinn-maschine nachteilliges sagen sollten, wir würden sonst die Industrie, die Verfeinerung der würcklichen und Einführung anderer Fabriquen tadelen; Nur dieses müßen wir unterthänigst

49 Vgl. hierzu die Protokolle der Barmer Abteilung der Garnnahrung für die Jahre 1800/01 in STAW J I 14.

50 Vgl. beispielsweise *Schulte*, Entwicklung, S. 86. Bei Kisch heißt es: »J. G. Brügelmann war das Muster eines Pioniers im Sinne von Schumpeter«. *Kisch*, Textilgewerbe, S. 250. Allgemein zu Brügelmann vgl. *Baum*, J. G. Brügelmann; *Bolenz*, Brügelmann; zu der von ihm gegründeten Spinnfabrik in Ratingen *Mildner-Flesch*, Macht der Maschine; *LVR-Industriemuseum*, Cromford Ratingen.

51 Für die Wahl Ratingens scheinen vor allem günstige Standortfaktoren wie die Anbindung an den Düsseldorfer und Duisburger Rheinhafen gesprochen zu haben. Brügelmann konnte dort vom Grafen Spee ein Grundstück günstig pachten, auf welchem das Flüsschen Anger die benötigte Antriebskraft für die Maschinen lieferte. Es kann nur spekuliert werden, inwieweit die Auseinandersetzung mit der Leinenweberzunft, in welche Brügelmann wortführend involviert war, sowie eine etwaige Ablehnung seitens der Garnnahrungsgenossen für die Wahl eines Standorts außerhalb von Elberfeld eine Rolle gespielt haben mögen. Vgl. *Gorißen*, Interessen, S. 313 f.

52 Vgl. *Kisch*, Textilgewerbe, S. 251; *Ebeling*, Brügelmann, S. 64.

bemerken, daß ein, einem einzigem garnNahrungsglied, oder individuo in diesem Sache zu verleihendes ausschließliches Privilegium unsern ganzen Handels- und Fabriquestand höchst nachtheilig seyn, ihn äußerst drücken, und dadurch selbigen eben da angetastet werden würde, wo es ihm am empfindlichsten wäre.[53]

In der Tat experimentierten auch andere Wuppertaler Kaufleute mit Verfahren, um die Qualität des Baumwollgarns zu verbessern.[54] Schließlich eignete sich die handgesponnene Baumwolle nicht für Kettfäden, sondern ließ sich nur als Schussfaden verwenden, so dass mit der händisch gesponnenen Baumwolle keine reinbaumwollenen Gewebe hergestellt werden konnten. Den Vertretern der Garnnahrung ging es in ihrer Eingabe also vornehmlich darum, dass der Wettbewerb nicht zugunsten eines Einzelnen verzerrt würde. Von »kleinbürgerlichen Befürchtungen« gegenüber den »revolutionären Anforderungen« maschinenbetriebener Produktion kann keine Rede sein.[55] Trotz der oben angesprochenen, sich wandelnden Einstellung gegenüber Privilegien und Monopolen entschied die Landesregierung positiv für Brügelmann, da sie dessen Investitionen für die Wirtschaft des ganzen Landes als bedeutsam und zielführend ansahen, und bewilligte Brügelmann ein Privileg für den Zeitraum von zwölf Jahren.[56] Das Brügelmannsche Privileg kam dabei eher einem zeitlich befristeten Technologie-Patent gleich denn einem Absatzmonopol, da es den bergischen Kaufleuten freigestellt war, weiterhin aus dem Ausland Maschinengarn zu beziehen. Brügelmann war jedoch ohnehin mit seinem Maschinengarn sehr erfolgreich, das er sowohl innerhalb des Herzogtums Berg wie auch über die Frankfurter Messe und Handelspartner in den Nordseehäfen vertrieb.[57]

Brügelmann blieb trotz seiner neuen Rolle als Fabrikherr weiterhin Kaufmann und Verleger. Für den Einkauf und Verkauf der Ratinger Fabrik nutzte Brügelmann auch künftig das Elberfelder Handelshaus, das er gemeinsam mit seinem Bruder Karl von den Eltern übernommen hatte. Mit diesem zusammen betätigte er sich zudem wie bisher als Verleger und ließ Garn weiterhin von

53 LA NRW R FAB Nr. 43.

54 Am weitesten fortgeschritten waren wohl Versuche der Gebrüder Bockmühl, welche bereits Ende der 1770er Jahre eine wassergetriebene Schnürriemenmaschine betrieben. Diese erregte auch bei Reisenden Aufsehen. Vgl. *Anonym*, Emigrant, S. 67; *Pogt*, Brügelmann.

55 So die Zuspitzung bei *Kisch*, Textilgewerbe, S. 251.

56 Das Privileg ist abgedruckt in *Bolenz*, Brügelmann, S. 29. Das Gesuch der Elberfelder Witwe von Carnap für die Erteilung eines Monopolprivilegs zur Betreibung einer Farbstoffmühle wurde beispielsweise 1799 mit der Begründung abgewiesen, dass es »die höchste Willensmeynung ist, ausschließliche Privilegien nicht anders, als blos in solchen Fällen zu ertheilen, wo ohne diesselbe eine gemeinnützige, zum Besten des Staats gereichende Anstalt nicht zu Stande gebracht werden könnte. In eben dieses mit der Anlage zum Farbenstoffen Mühln keineswegs der Fall zu seyn scheint, so ist eingangs erwähnten Wittwe ihr Ansuch um eine ausschliesliche Erlaubnis abzuweisen.« LA NRW R JB II 1856.

57 Vgl. *Gorißen*, Interessen, S. 317.

Hand spinnen sowie Stoffe in Heimarbeit weben. Räumlichkeiten in der Fabrik dienten dabei dazu, die Webketten vorzubereiten beziehungsweise einen Teil des maschinell gesponnen Garns gleich vor Ort zu verweben und dabei modische Baumwollstoffe wie Nanking herzustellen.[58] Kontinuität spricht auch aus den weiterhin engen familiären Bindungen ins Wuppertal. Brügelmann übernahm beispielsweise die Nachlassregelung seines in Elberfeld verstorbenen Schwagers Johann Gerhard Teschemacher (statt des in Elberfeld lebenden Schwagers Karl), und sein Sohn, Johann Gottfried junior, heiratete noch nach dem Tod des Vaters 1804 eine Barmer Kaufmannstochter.[59]

Die Ratinger Brügelmanns blieben also sowohl ihren angestammten sozialen und familiären Kreisen wie auch der alten Produktions- und Wirtschaftsweise in vielem treu. Die Errichtung der Spinnfabrik mag demnach auch weniger einem ausgeprägten Pioniergeist geschuldet gewesen sein, der Brügelmann vor allem ex post zugeschrieben wurde, als dem eher kaufmännischen Wunsch, eine Ware, das heißt Maschinengarn, exklusiv anbieten zu können, die der Markt in hohem Maße nachfragte.[60] Gegen dieses Exklusivrecht protestierte dann auch folgerichtig die Garnnahrung als die Interessenvertretung aller, nicht aber gegen Brügelmanns innovativen Impuls. Eine einfache Zuschreibung von progressiven und retardierenden Kräften kann auch hier nicht stattfinden; feststellen kann man eigentlich nur, dass unter den Wuppertaler Kaufleuten Brügelmann der Schnellste und anfangs der Erfolgreichste bei der Realisierung technischer Innovationen war, nicht aber dass er ein Pionier allein auf weiter Flur gewesen sei, der sich gegen eine ängstliche, fortschrittsfeindliche Umgebung hätte durchsetzen müssen.[61]

Im Falle der Auseinandersetzung zwischen Mitgliedern der Garnnahrung und Johann Peter Schlickum, einem Elberfelder Siamosenkaufmann, lagen die Sachverhalte wiederum etwas anders; hier stand nicht technische Innovation im Vordergrund, sondern Wettbewerbsbedingungen.[62] 1792 wandte sich die

58 Vgl. *Syré*, Cromforder Produkte.

59 Vgl. zum Nachlass Johann Gerhard Teschemachers 6.3. Johann Gottfried Brügelmann junior heiratete 1804 Sophie Bredt (1775–1851).

60 Ebeling kommt entsprechend, wenn auch weniger pointiert, zu dem Schluss: »Brügelmann war kein Industrieller wie z. B. die Poensgens, die Begründer der Düsseldorfer Stahlindustrie. Er war stets auch Verleger und Kaufmann.« *Ebeling*, Brügelmann, S. 64.

61 Diese Einschätzung vertritt etwa *Kisch*, Textilgewerbe, S. 251: »Aus ihrer kleinbürgerlichen Perspektive [d. h. die der Wuppertaler Kaufmannschaft] schienen die revolutionären Anforderungen der wasserbetriebenen Mulemaschine hinsichtlich Energie und Fabrikorganisation bedenklich.« Im Übrigen blieb es für lange Zeit in Ratingen bei der ursprünglichen Investition. 1816 waren die anfangs eingerichteten Spinnmaschinen immer noch in Betrieb, trotz der fortschreitenden Entwicklung auf diesem Gebiet. Die Maschinen wurden erst in den 1820er Jahren erneuert. Vgl. *Harzheim*, Spinnmaschinen, S. 51–67.

62 Der Fall fand auch in zeitgenössischen Publikationen seinen Widerhall. Vgl. den Artikel »Ehrenrettung eines nützlichen und thätigen Handelsmannes« in: Politische Gespräche

Barmer Abteilung der Garnnahrung an die Landesregierung mit der Klage, Schlickum habe bei einem Schreiner in Wichlinghausen einen Bandwebstuhl anfertigen lassen, wohl mit dem Ziel, diesen nach Rappoltsweiler im Elsaß zu transportieren, um so jenseits der französischen Grenze Band zu fabrizieren.[63] Hintergrund für die Klage der Barmer war »der gemeine Ruf, daß schon seit einiger Zeit auf die Verbringung der Bandfabrikation spekuliert, Bandmühlen oder Gezauhen aus dem Nahrungsbezirk ins Ausland versandt, und mehrere Fabrikarbeiter debauchiert, theils zu debauchieren versucht worden«.[64] Die Barmer Verlagskaufleute fürchteten also den Aufbau konkurrierender Produktionsstätten im Ausland samt der Abwerbung von Facharbeitern. Ein ehemaliger Mitarbeiter Schlickums hatte sich kurz zuvor in Rappoltsweiler selbständig gemacht, wobei Schlickum eine Beteiligung an der Firma hielt.[65] Da Frankreich den Hauptabsatzmarkt für die Barmer Bandartikel bildete, registrierten die Barmer Kaufleute solche Firmengründungen jenseits der Zollgrenze sehr genau.

Wie Schlickum in seiner Verteidigungsschrift jedoch darlegte, gab es keine rechtliche Grundlage für eine strafrechtliche Verfolgung. Weder war der Mechanismus der Bandstühle ein Geheimnis noch war es gesetzlich untersagt, mit Geschäftspartnern im Ausland eine Kommanditgesellschaft zu gründen. Auch habe er nicht gegen den Garnnahrungseid verstoßen, da sich die darin festgelegte monopolartige Beschränkung nur auf das Bleichen des Garnes bezog, nicht aber auf die Weiterverarbeitung des Garnes. Und in der Tat folgte auch die Landesregierung in Gestalt von Vizekanzler von Knapp nicht der Barmer Interpretation des Eides im Sinne eines sehr viel weiter gefassten Nahrungsbegriffs, welcher jedwede Art von textiler Verarbeitung umschloss.[66] Vielmehr wurde die Klage der Barmer Garnnahrungsgenossen gegen Schlickum, trotz des von ihnen betriebenen Aufwandes, die aufgestellten Anschuldigungen mit Zeugenaussagen und weiteren Dokumenten zu untermauern, von verschiedenen Instanzen als haltlos zurückgewiesen.

Warum verfolgten die Barmer Garnnahrungsgenossen diese anscheinend aussichtslose Sache dennoch mit so großer Vehemenz, so dass sie trotz der kaum haltbaren Vorwürfe auch den beträchtlichen Kostenaufwand für juristische Expertise und verschiedene Gesandtschaften zu den Entscheidungsträgern nicht

der Todten (7) 1792, S. 190–91, sowie den Artikel »Eine merkwürdige Geschichte kaufmännischer Verfolgung« in: Journal von und für Deutschland 9 (1792), S. 1008–1018. Letzterer Artikel ist eine wörtliche Übernahme des ersten Teils von Schlickums Verteidigungsschrift *Schlickum*, Merkwürdige Geschichte. Zur Historiographie vgl. *Mohrmann*, Organisatorische Bestrebungen; *Kisch*, Textilgewerbe.

63 Von der Elberfelder Abteilung der Garnnahrung wurde der Antrag nicht unterstützt, sei es weil diese mit den Barmern über Kreuz lagen oder weil ihre Mitglieder weniger in die Bandfabrikation involviert waren.

64 *[Schlickum]*, Actenmäßige Ausführung, S. 42.

65 Vgl. *Schlickum*, Merkwürdige Geschichte, S. 9.

66 Vgl. *Kisch*, Textilgewerbe, S. 249.

scheuten? Bosheit und Konkurrenzneid, wie es Schlickum in seiner Verteidigungsschrift vermutete, dürften nicht der entscheidende Grund gewesen sind. Auch erscheint es wenig überzeugend, den Streit wie Mohrmann allein als eine Auseinandersetzung zwischen dem »Festhalten an alten Privilegien und Streben nach freier Konkurrenz« zu deuten.[67] Diese Deutung ergibt sich vor allem aus der Perspektive dessen, was noch kommt beziehungsweise noch kommen muss – zumindest in der marxistischen Deutung Mohrmanns: der Durchbruch der kapitalistischen Produktionsweise. Schlickum erscheint dann, ähnlich wie Brügelmann, als Vorreiter der neuen Zeit, die Garnnahrung als Hemmschuh und als Bewahrer der alten.

Dabei speiste sich die scharfe Reaktion der Barmer sicherlich zum einen aus den seit dem Ausbruch der Französischen Revolution ausgesprochen unsicheren Handelsbedingungen: Die Einführung des Papiergelds in Frankreich, den Assignaten, sowie die Festlegung neuer Zolltarife sorgten für große Unruhe unter den Kaufleuten.[68] Dies stellte das bisher praktizierte Geschäftsmodell der Barmer in Frage, die dank der niedrigen Lohnkosten und der im Laufe der Jahrzehnte erreichten Expertise bei der Herstellung von kostengünstigem Leinenband innerhalb Europas eine führende Marktstellung erworben hatten. Schlickums Vorstoß nach Frankreich, wenn auch nicht illegal, bedeutete eine unwillkommene Konkurrenz: In ihrer Rhetorik zogen die Barmer dabei alle Register und warnten vor einer »allgemeinen Gefahr« für das Land und seinen Wohlstand, worüber sich Schlickum in ironischer Manier lustig machte: »Man sieht, wie die Bärmer hier wieder ihr Privatinteresse zum allgemeinen machen wollen. [...] Höchstens bestand die allgemeine Gefahr darin, daß Schlickum ihnen einige Kundschaften hätte rauben können.«[69]

Mehr noch ist die Auseinandersetzung zwischen der Garnnahrung und Schlickum jedoch den strukturellen Bedingungen frühneuzeitlichen Wirtschaftens geschuldet. Diese Bedingungen waren alles andere als statisch, sondern hochdynamisch und von ständiger Unsicherheit geprägt. Dies ergab sich nicht nur aus Problemen der Informationsbeschaffung, großen Entfernungen und fehlenden Kontrollmöglichkeiten über Handelspartner und Waren. Vielmehr waren

67 *Mohrmann*, Organisatorische Bestrebungen, S. 249. Dieser Deutung schließt sich *Kisch*, Textilgewerbe, freilich mit etwas anderer Akzentuierung, an.

68 Die von der Nationalversammlung verfolgte Zollpolitik war in den Augen der bergischen Kaufleute geradezu prohibitiv. Schlickum spekulierte im Übrigen auf die Festsetzung der Zolltarife und schickte vorsorglich große Warenmengen nach Straßburg. Statt nach dem Verkauf der Waren Verluste bei den dafür erhaltenen Assignaten hinzunehmen, setzte er die Papiere ein, um einen Anteil an der Firma in Rappoltsweiler zu erwerben. Vgl. *Schlickum*, Merkwürdige Geschichte, S. 9.

69 Ebd., S. 120. Nichtsdestotrotz wurde auch Schlickum nicht müde, auf seine Bedeutung für die Wirtschaft des Landes hinzuweisen. So führte er beispielsweise die jährlich von ihm ausgegeben Lohnkosten in Höhe von 25.000 Rtlr. und die Beschäftigung von Hunderten von Menschen zu seinen Gunsten an. Vgl. *Kisch*, Textilgewerbe, S. 248.

auch die politischen wie institutionellen Rahmenbedingungen häufigem Wechsel und einem ständigen Aushandlungsprozess unterworfen, in welchen die historischen Akteure immer wieder eingriffen.[70] Durch aktive Einflussnahme suchten die Akteure nicht nur individuelle Vorteile, sondern vielmehr auch ein Maß an Stabilität für ihre wirtschaftlichen Aktivitäten zu erhalten. Genau dies ist auch der Hintergrund für den Versuch der Barmer, das Garnnahrungsprivileg über seinen ursprünglichen Inhalt hinaus auf die gegenwärtige Situation interpretativ anzupassen und auch die Bandfabrikation von diesem erfassen zu lassen.

Es wäre daher zu einfach, aus dem Verhalten der Barmer einfach eine statische, dem Konkurrenzdenken fremde Wirtschaftsauffassung ableiten zu wollen. Schließlich hatten die Barmer in der Auseinandersetzung mit der Elberfelder Abteilung der Garnnahrung darauf hingewiesen, dass die Wirtschaft dauerhaft der Veränderung unterliege und demnach Begriffe wie Tradition und Herkommen keine Anwendung fänden. Die Auseinandersetzung mit Schlickum ist vielmehr ein Hinweis darauf, dass die Rahmenbedingungen frühneuzeitlichen Wirtschaftens immer wieder eine situative Anpassung der Akteure erforderten sowie eine rhetorisch geschickte Vertretung der eigenen Interessen.

Welche Schlüsse lassen sich nun aus den hier beschriebenen Konfliktsituationen ziehen? Es scheint bemerkenswert, dass in den Streitigkeiten zwischen der Barmer und der Elberfelder Sektion der Garnnahrung ausschließlich die Barmer Kaufleute in ihren Eingaben an die Landesregierung Argumente des wirtschaftlichen Fortschritts verwandten, die Elberfelder dagegen argumentativ auf Tradition und Herkommen beharrten. Keineswegs entspricht dies dem in der Literatur vermittelten Eindruck, dass Elberfeld aufgrund der vorangetriebenen Produktdiversifikation in kaufmännischen Dingen fortschrittlicher gewesen sei. Noch deutlicher gesprochen: das Festhalten an traditionellen Produkten (und auch Produktionsweisen) geht nicht zwingend einher mit einer traditionellen Wirtschaftsauffassung. Die in der Forschung nicht nur, aber vor allem in Bezug auf den Prozess der Industrialisierung gerne gemachte Gleichsetzung von Neuerungen oder Innovationen mit Fortschrittlichkeit beziehungsweise von Beharrung auf Vorhandenem mit Rückwärtsgewandtheit lässt sich damit auf die Wuppertaler Kaufmannschaft nicht anwenden und wirft generell ein Licht darauf, dass die »gebildeten Stände«, zu denen im Übrigen natürlich auch Friedrich Heinrich Jacobi oder Vizekanzler von Knapp gezählt werden müssen, nicht per se progressiv waren. Diese Erkenntnis lässt im Übrigen auch die Mechanisierung des Wuppertals wie auch anderswo deutlich differenzierter erscheinen. Schließlich war es, so Michael Schäfer, häufig kaufmännisch rational, an den hergebrachten Produktionsweisen festzuhalten:

70 Vgl. *Diest*, Wirtschaftspolitik; *Garner*, Ökonomie.

Eine Verzögerung der Industrialisierung, das Ausweichen in Nischen, das Festhalten an hergebrachten Produktionssystemen und ›alten‹ Technologien sollte man nicht von vornherein als Irrweg oder Holzpfad beurteilen. Unter den gegebenen Rahmenbedingungen und Handlungsspielräumen konnten solche Strategien vielmehr eine erfolgsversprechende unternehmerische Option darstellen – immer vorausgesetzt, Erfolg wird nicht am jeweils erreichten Grad der Industrialisierung gemessen, sondern *am wirtschaftlichen Ergebnis* [Hervorhebung A. S. O.].[71]

Gleichzeitig lassen die Auseinandersetzungen innerhalb der Kaufmannschaft den Streit der Elberfelder Verleger – denn diese waren trotz der Unterstützung der gesamten Garnnahrung hauptsächlich involviert – mit der Leinenweberzunft in einem anderen Licht erscheinen. Dieser gegenüber hatten die Kaufleute argumentiert, dass der Handel mit Siamosen und Leinenwaren schwankender Konjunktur und dem Druck der Märkte ausgesetzt wäre, das heißt dynamischen Elementen, denen sie machtlos gegenüberstünden. Und in ihren Eingaben an die Regierung hatten sie argumentiert, dass nur mit Hilfe von Flexibilisierung die Ansiedelung von neuen Arbeitskräften und damit weiteres Wachstum möglich wäre. Von »Tradition« und »Herkommen« war an dieser Stelle nicht viel zu hören. Die Wuppertaler Kaufleute setzten also jeweils situativ auf die passende Argumentationsstrategie. Eine eindeutige Zuweisung von »progressiv« und »retardierend« lässt sich hier nicht vornehmen, sondern es lässt sich nur beobachten, wie geschickt die Kaufmannschaft in verschiedenen Situationen unterschiedliche Argumentationsstrategien verfolgte, um ihre Interessen wahrzunehmen. Insofern lässt sich hier auch nicht der diametrale Gegensatz beobachten, den Hans-Ulrich Wehler in seiner Beschreibung zeitgenössischer Unternehmer aufgemacht hat: Auf der einen Seite hätte die etablierte Kaufmannschaft gestanden, die im Althergebrachten verharrt und staatliche Privilegien zu verteidigen gesucht hätte, auf der anderen Seite aber der »moderne«, »fast schrankenlos autonome Bourgeois« wie beispielsweise die Krefelder Unternehmerfamilie von der Leyen.[72]

Darüber hinaus vermochten es auch die Regierungsbehörden nicht, ihren wirtschaftsliberalen Kurs, der sich etwa in der Abschaffung der Weberzunft manifestierte, gegen die Interessen der Kaufleute durchzuhalten. So lehnte die Kaufmannschaft alle Vorstöße der Regierung, die Institution und damit auch das Monopol der Garnnahrung aufzulösen, klar ab. Eine solch deregulierende Maßnahme hätte massiven Widerstand erzeugt, dem die Regierung lieber aus dem Weg ging. Von einer einheitlichen Wirtschaftspolitik und einem überzeug-

71 *Schäfer*, Industrialisierung, S. 444 f.

72 Vgl. *Wehler*, Gesellschaftsgeschichte, S. 204–209, Zitat S. 208. Zur Krefelder Seidenindustrie und der seitens der mennonitischen Unternehmer angeblich abgelehnten staatlichen Unterstützung vgl. *Kriedte*, Taufgesinnte.

ten *Laissez faire* der Landesregierung kann also keine Rede gewesen sein, vielmehr handelten auch die zuständigen Behörden situations- und akteursbezogen.[73]

Den Kaufleuten kam dabei zugute, dass ihnen in der sich allmählich verändernden politischen Ökonomie eine herausragende Rolle als Träger der sich vollziehenden Kommerzialisierung zugeschrieben wurde. Dies versuchten sie sowohl im Kollektiv als auch individuell für sich zu nutzen, und sie bedienten sich dabei, trotz divergierender Einzelinteressen, rekurrierender Muster, Erfahrungen und Vorstellungen, die sie situativ anzupassen verstanden. Insofern lässt sich auch die ältere Vorstellung von besonders visionären, zukunftsgewandten Kaufleuten, welche die Mechanisierung gegen den Widerstand eines reaktionären Kollektivs in Einzelfällen vorweggenommen hätten, kaum aufrechterhalten. Wie im Folgenden gezeigt wird, war die Kaufmannschaft des Weiteren geeint durch gemeinsame Vorstellungen von Ehre und gutem kaufmännischen Gebaren, welche das Funktionieren des Handels erst möglich machten.

4.2 Die Handhabung kaufmännischen Scheiterns im Wuppertal

Es mochte [...] in den [17]80–90er Jahren sein, da brach in Elberfeld der erste Bankrott aus, das war damals etwas ganz Unerhörtes. Die Verluste blieben meistens im Thal. Die reichen Gläubiger traten zusammen, und strichen die fehlenden Summen, damit nur ja nicht lang und viel darüber geredet werde und das ehrenhafte Wupperthal nur keinen bösen Leumund bekomme. Nicht lange darnach kam der zweite Bankrot [sic]; das war aber ein betrügerischer von einem Franzosen, der hatte sich heimlich durchgemacht und man war allgemein froh, daß es kein Einheimischer und kein Deutscher war. Nachdem blieb es eine Zeit ruhig. Darnach aber, in der Kriegszeit fielen mehrere vor, und seitdem – wer kann sie auch im Wupperthal alle zählen?[74]

In diesen Erinnerungen eines anonymen Wuppertalers Mitte des 19. Jahrhunderts sind bereits mehrere Themen enthalten, denen sich auch die in den vergangenen zehn Jahren erschienenen Publikationen zu wirtschaftlichem Scheitern angenommen haben:[75] Die Konstituierung der Kaufmannschaft als Gruppe

73 *Gorißen*, Interessen, dekonstruiert Vorstellungen von der angeblichen *Laissez faire* Politik der bergischen Landesregierung. Dass die bergischen Behörden hierbei keinen Einzelfall darstellen, sondern sich die Dinge auch in einem vorgeblich absolutistisch regierten Staat, welcher den Direktiven des »Merkantilismus« gehorchte, nicht anders verhielt, dazu vgl. *Diest*, Wirtschaftspolitik. Nach Diest ist das Merkantilismus-Paradigma gänzlich in Frage zu stellen.

74 Elberfelder Zeitung, 27.05.1855.

75 Im Folgenden wird bei wirtschaftlichem Scheitern von Konkursen, Insolvenzen oder Zahlungsschwierigkeiten gesprochen, das Wort Bankrott aufgrund seiner negativen Konnotation im zeitgenössischen Kontext jedoch vermieden und nur da verwandt, wo über einen betrügerischen Bankrott verhandelt wurde. Vgl. zu den Begriffen auch *Schulte Beerbühl*, Introduction, S. 11 f.

(»die reichen Gläubiger traten zusammen«), die Bedeutung des Leumundes nicht nur für den Einzelnen, sondern gleichfalls für die Gemeinschaft der Kaufleute, und die Bereitschaft, die (Gruppen-)Reputation auch durch finanzielles Engagement zu schützen.[76] Was jedoch völlig in den Erinnerungen fehlt, ist die Dimension des Rechts und der staatlichen Gewalt, denn in dem obigen Zitat wirkt es so, als hätten sich die Wuppertaler Kaufleute in einem rechtsfreien Raum bewegt, in dem sie nach Gutdünken darüber entschieden hätten, ob ein Konkurs oder gar ein Bankrott zugelassen wird oder nicht.[77] Angedeutet sind in den Erinnerungen jedoch immerhin Konjunkturschwankungen, hervorgerufen etwa durch kriegerische Handlungen, und damit eine Objektivierung wirtschaftlichen Scheiterns.[78]

In kritischer Bezugnahme auf die vorliegende Literatur werden im Folgenden Zahlungsschwierigkeiten, Konkurse und Bankrotte mit Blick auf die Wuppertaler Kaufmannschaft untersucht. Anders als in den zitierten Memoiren wird dabei auf den ersten Blick deutlich, dass diese sich keineswegs in einem rechtsfreien Raum ereigneten. Vielmehr hatten Fragen der Zahlungsunfähigkeit die Gesetzgeber seit frühester Zeit beschäftigt; auch im Herzogtum Berg bestanden hierzu ausführliche Regelungen, die für die stark expandierenden Gewerbe des Territoriums einen gesetzlichen Rahmen vorgaben und eine gewisse Rechtssicherheit garantierten, zumindest auf dem Papier. Doch wie weit diese reichte, ist in der Tat zu untersuchen.

So geht dieses Kapitel von der These aus, dass bis ins 19. Jahrhundert ein Spannungsverhältnis zwischen (gesetzlicher) Norm und (kaufmännischer) Praxis bestand – ein Spannungsverhältnis, das so tief reichte, dass, so die konsequente Auslegung der These, kaufmännisches Handeln nur möglich war, wenn es neben dem Gesetz und Einrichtungen wie der Garnnahrung auch über weitere, eher informelle Institutionen abgesichert war. Um dies genauer auszuführen, werden erst überblicksartig die gesetzliche Bankrott- und Konkursregelungen im Herzogtum Berg erläutert und dann in Bezug gesetzt zu den sich im Handeln der Kaufleute offenbarenden Praktiken. Hierfür werden in einem zweiten Schritt die Wahrnehmung, Beurteilung sowie die Handhabung von insolventen Geschäftspartnern in der Korrespondenz Wuppertaler Kaufleute untersucht. Drittens steht der Umgang mit einem besonders schwerwiegenden Fall von kaufmännischem Scheitern im Fokus. An diesem Fall lässt sich exemplarisch zeigen, wie sehr die Gruppe der Wuppertaler Kaufleute von einem betrügerischen Bankrott in den eigenen Reihen getroffen wurde und welche Rolle

76 Vgl. hierzu die Beiträge in *Safley*, Bankruptcy, sowie die Ausführungen bei *Haggerty*, Merely for Money, passim; *Lindemann*, Merchant Republics, v. a. Kap. 6.

77 Die rechtsgeschichtlichen Aspekte betont der Band *Cordes/Schulte Beerbühl*, Economic Failure. Vgl. außerdem *Meier*, Konkursrecht.

78 Zur Beziehung von Konjunktur und Bankrotten beziehungsweise Konkursen vgl. die Fallbeispiele in den Bänden *Gratzer/Stiefel*, Insolvency; *Köhler/Rossfeld*, Pleitiers.

der gute Ruf als informelle Institution spielte. Abschließend wird untersucht, wie Wuppertaler Kaufmannsfamilien mit Familienmitgliedern in wirtschaftlichen Schwierigkeiten umgingen und wie die Familie als Institution zum Gelingen wirtschaftlichen Handelns beitrug. Wenngleich es sich hierbei um spezifisch kaufmännische Sachverhalte handelt, gewährt das Kapitel zudem eine Vorstellung davon, wie sich für die »gebildeten Stände« generell Norm und Praxis zueinander verhielten und wie Wertvorstellungen vermittelt und durchgesetzt wurden.

4.2.1 Die gesetzlichen Bankrott- und Konkursregelungen im Herzogtum Berg

Im 18. Jahrhundert wurden im Herzogtum Berg kaufmännische Angelegenheiten hauptsächlich durch die 1726 erlassene ausführliche Wechsel-Ordnung sowie die 1731 erlassene »Normalordnung, die Banqueruten, und Zahlungsfristen (moratoria) betref[fend]« geregelt. Letztere bezog sich dabei in einzelnen Punkten auf die bereits fünf Jahre zuvor erlassene ausführliche Wechselordnung.[79] Von Bedeutung war außerdem die Verordnung vom 1. Dezember 1716 zur Beweiskraft von Kaufmannsbüchern und Annotationen, die 1786 erneuert wurde. Gegen Ende des Jahrhunderts sah sich die Regierung genötigt, die Gesetzgebung weiter zu ergänzen, da zum einen die Edikte »fast ganz außer Obacht gelassen worden« seien, und zum anderen den alten Verordnungen mit Erläuterungen und Zusätzen in der »praktischen Anwendung eine bessere und bestimmtere Richtung« gegeben werden sollte. Die schlechte wirtschaftliche Lage und die damit verbundenen Firmenzusammenbrüche nötigten die Regierung außerdem, am 8. Juli 1800 eine Verordnung zur Abkürzung der Konkursverfahren zu erlassen und auf eine schleunige Erledigung der Verfahren zu drängen.[80]

Die bergische Regierung griff in diesen Erlassen teils auf Grundsätze zurück, die bereits im Römischen Recht formuliert worden waren.[81] So gab es auch im Herzogtum Berg das Instrument des *cessio bonorum*, der freiwilligen Vermögensabtretung, mit Hilfe dessen der Schuldner zu einem Vergleich mit seinen Gläubigern kommen konnte. Darin eingeschlossen war der Verzicht, auf die Person des Schuldners zuzugreifen sowie auf Zuchthaus-, Leib- und Ehrenstrafen (den sogenannten »infamen Strafen«). Auch privilegierte Ansprüche,

79 Die Verordnung von 1731 wurde 1750 und 1799 erneuert. Vgl. *Scotti*, Sammlung, Bd. 1, S. 337 f.

80 Die Verordnungen sind alle abgedruckt bei *Bewer*, Sammlung. Die Verordnung vom 1.12.1716 ist zu finden in Bd. 1, S. 46 f. Die erweiterte Bankrott-Ordnung wurde am 5.1.1799 erlassen und ist in Bd. 5, S. 208–227 abgedruckt sowie eine Erläuterung dazu in Bd. 6, S. 79–88. Die Verordnung vom 8.7.1800 findet sich in Bd. 6, S. 49–69, das Zitat in Bd. 5, S. 209 f.

81 Vgl. *Meier*, Konkursrecht, S. 13 ff.

zum Beispiel die Bedienung von Hypotheken im Falle eines Konkurses, waren fest in der römischen Rechtstradition verankert. Wie in anderen deutschen Territorien machte sich im Herzogtum Berg aber auch die Rezeption spanischer Autoren in der Gesetzgebung bemerkbar, zu nennen ist hier vor allem der Autor Salgado de Samoza.[82] Dies spiegelt sich hauptsächlich in der Tatsache, dass im Herzogtum Berg alle Insolvenzen innerhalb einer Frist von zwei Monaten der Obrigkeit anzuzeigen waren und die Gerichte damit eine absolute Vorrangstellung genossen. Weitere Anhaltspunkte für die bergischen Erlasse zu Bankrotten und Konkursen waren die diversen Reichspolizeiordnungen, Reichsabschiede und Reichsabschlüsse, auf welche sich der Gesetzestext zum Teil auch explizit bezog.[83] Die sächsische Prozess- und Gerichtsordnung von 1622, welche eine Fünfklasseneinteilung der Gläubiger vorsah, scheint ebenfalls einen gewissen Einfluss auf das bergische Recht gehabt zu haben, da auch in letzterem das Prioritätsverfahren zur Anwendung kam.[84]

Die Verordnungen der bergischen Regierung sahen vor, dass alle Untertanen den Eintritt von Zahlungsunfähigkeit der Obrigkeit anzuzeigen hatten, damit diese das Vermögen beschlagnahmen und unverzüglich die Anfertigung einer Bilanz veranlassen konnte.[85] Wer dagegen seine Insolvenz verschwieg, sollte verhaftet und erst freigelassen werden, wenn sämtliche Kreditoren dem zugestimmt hatten. Mutwillige Bankrotteure sollten, so das Gesetz, zu lebenslänglicher Haft verurteilt werden. Die Strafe wurde noch insofern verschärft, als diese »frevelhaften Fallierten« weder durch Abtretung ihrer Güter noch durch Einwilligung der Kreditoren oder einen Vergleich mit ihnen einen Strafnachlass erwirken konnten. Diese strenge Bestrafung war keine Eigenheit des bergischen Gesetzestextes, sondern drückte vielmehr eine in vielen europäischen Staaten vertretene Auffassung aus, dass ein vorsätzlicher Bankrott als Diebstahl zu ahnden und mit großer Härte zu unterdrücken sei.[86] Doch blieb die juristische Anwendung weit hinter den scharf formulierten Gesetzen zurück und war für die Schuldner häufig unbefriedigend. In einer Einschätzung des Vizekanzlers von Knapp hieß es: »Kommt es dann endlich zum Konkurs Proceß, so trift die Creditoren durchgehends das leidige Schicksaal, daß solche selten zum Ende beförderet werden, und wann dieses geschehen, daß so viele Gerichts und sonstige Kosten aufgetrieben werden, daß denen Chirographariis wenig oder nichts übrig verbleibe daß mithin die mehresten leer ausgehen.«[87]

82 Zu Salgados Einfluss auf die europäische Rechtspraxis vgl. ebd., S. 59 f.; *Gratzer*, Default.

83 Vgl. die »Normalordnung, die Banqueruten, und Zahlungsfristen (moratoria) betref[-fend]« von 1731, abgedruckt in *Bewer*, Sammlung, Bd. 3, S. 154–166.

84 Zum Prioritätsverfahren vgl. *Meier*, Konkursrecht, S. 70 f.

85 Vgl. *Scotti*, Sammlung, Bd. 1, S. 337 f. Im Herzogtum Berg war es demnach möglich, sich selbst für insolvent zu erklären.

86 Vgl. beispielsweise *Hoppit*, Risk, Kap. 2.

87 Zit. n. *Jung*, Insolvenzen, S. 77.

Für vorübergehende Zahlungsschwierigkeiten bestand die Möglichkeit eines Moratoriums, das heißt eine verlängerte Zahlungsfrist, innerhalb derer der Schuldner hoffen konnte, seine Geschäfte so weit in Ordnung zu bringen, dass er eine Insolvenz vermeiden konnte. Ein solches Moratorium konnte für ein, zwei oder sogar mehrere Jahre von der Landesregierung als Gnadensache gewährt werden, allerdings wurde später ergänzt, dass der Großteil der Gläubiger dem Moratorium zustimmen musste und eine Bilanz bei Antritt des Moratoriums vorzulegen sei.[88] Offensichtlich war die Regelung missbraucht worden; Insolvenzen wurden verschleppt und Verluste noch vergrößert.

Das in der Kaufmannschaft am häufigsten praktizierte Verfahren bei Insolvenzen war der außergerichtliche Vergleich, welcher häufig ein erheblich schnelleres Verfahren bedeutete und für die Schuldner deutlich kostengünstiger ablief.[89] Hierbei wurde nach Eingestehen der Zahlungsunfähigkeit aus dem Kreis der Gläubiger ein *curator bonorum* ernannt, der für ein detailliertes Güterverzeichnis, die Eintreibung ausstehender Forderungen und die sorgfältige Verwaltung der Güter des Falliten zuständig war. Er hatte alle halbe Jahr Bericht zu erstatten. Des Weiteren wurde ein Advokat zum *curator ad lites* ernannt, der für den Schriftverkehr zuständig war. In wenig komplizierten Fällen konnten der *curator bonorum* und der *curator ad lites* auch in derselben Person bestehen. Die Vermögensgegenstände des Falliten wurden in dieser Zeit vom *curator bonorum* verwaltet, der sie möglichst gewinnbringend verkaufen sollte. Persönliche Wertgegenstände, aber auch Immobilien, wurden für gewöhnlich versteigert.[90]

Nach der erfolgten Versilberung der Masse war der *curator bonorum* für die gesetzmäßige Verteilung der Gelder zuständig. Dazu musste er den Gläubigern gegebenenfalls Eide abnehmen, Einsicht in ihre Handlungsbücher nehmen sowie letztendlich die Summen ausrechnen, die jedem aus der Konkursmasse zukam. Auch war er für die Auszahlung der Gelder zuständig. Zwar erhielt der *curator bonorum* für seine Arbeit die Gerichtssätze als Aufwandsentschädigung zuerkannt, doch blieb es eine mühselige und wenig einträgliche Arbeit. Bei »gewöhnlichen Konkursen«, das heißt wenig komplizierten Sachverhalten, rechnete der Gesetzgeber, dass der Konkurs innerhalb eines Jahres abgewickelt wäre, bei den »wichtigeren Konkursen« sollte das Verfahren innerhalb von höchstens zwei Jahren beendet werden. Wahrscheinlich dauerten die Verfahren aber häufig deutlich länger.[91]

88 Vgl. *Bewer*, Sammlung, Bd. 3, S. 168ff.

89 Vgl. *Jung*, Insolvenzen, S. 52f.

90 Ob der Fallit Gegenstände des persönlichen Bedarfs wie Kleidung behalten durfte und in welchem Umfang, lassen die bergischen Gesetzestexte offen.

91 In dem Erlass »Die Abkürzung der Concurs Processe betreffend« wird als Druckmittel zur Beschleunigung der Prozesse nur angeordnet, dass die Untergerichte den Obergerichten Bericht zu erstatten hätten, wenn das Verfahren länger dauerte. Vgl. *Bewer*, Sammlung, Bd. 6, S. 49–69.

Für den unschuldig Fallierten, etwa durch Unglücksfälle oder dem nachweislichen Ausfall von Zahlungen durch seine Schuldner, stand nach Abschluss des Konkursverfahren einem geschäftlichen Neuanfang eigentlich nichts mehr im Wege. Ob ein solcher Neuanfang gelang, hing allerdings auch von der moralischen Bewertung eines geschäftlichen Zusammenbruchs ab. Die ältere Rechtsprechung hatte immer wieder einen Zusammenhang hergestellt zwischen moralischem Fehlverhalten und wirtschaftlichem Misserfolg. So bezog sich auch die bergische Verordnung von 1731 noch auf die älteren Reichsgesetze des 16. und 17. Jahrhunderts und bestimmte, dass Kaufleute, die »den Abfall ihres Vermögens durch Unglücks-Fälle Rechts-begnügig nicht darthun und erweisen können, sondern etwa aus einem müssiggängigen, verschwenderisch- und wollüstigen Leben, mithin aus Unfleiß oder sonstigem Verschulden in den Insolventz-Stand und Banquerout gesetzet [wird], sollen [...] Zeit Lebens zum Personal-Verhaft und Gefängnis gebracht [werden]«.[92]

Über die Zeit wurde zwar das Vokabular abgeschwächt und die biblische Referenz (Faulheit und Wollust gehören in der katholischen Glaubenslehre immerhin zu den sieben Todsünden) gestrichen, die Unterscheidung zwischen einem ehrlichen und einem unehrlichen Konkurs blieb aber bis weit ins 19. Jahrhundert bestehen.[93] Bis an das Ende der hier betrachteten Zeit hatte sich, zumindest beim Gesetzgeber, kaum ein tiefergehendes Verständnis von wirtschaftlichen Zyklen, Risikobereitschaft oder Fehlkalkulationen durchgesetzt. Noch Napoleon wünschte bei der Neuformulierung des *Code de Commerce* 1807, dass Bankrotteure schärfer bestraft würden, um so auf die Moral der Kaufleute einzuwirken.[94] Wie dagegen die Kaufmannschaft auf Konkurse und Bankrotte reagierte und sie bewertete, ist Gegenstand des nächsten Kapitels.

92 *Bewer*, Sammlung, Bd. 3, S. 159 f.

93 Auch die Diskussion im damals wirtschaftlich fortschrittlichen England zeigt, dass Konkurse weiterhin mit einem Stigma behaftet blieben. So war in den Gesetzen von 1706 und 1732 nicht nur weiterhin der betrügerische Bankrott titelgebend, sondern es musste auch der ehrliche Fallit einen quasi-kriminellen Akt begehen (Fliehen oder sich weigern, seinen Gläubigern die Tür zu öffnen), damit das von ihm angestrebte Konkursverfahren eingeleitet werden konnte. Der freiwillige Bankrott wurde erst in den 1820er Jahren eingeführt. Vgl. *Hoppit*, Risk, S. 22 ff. Zur Abnahme moralischer Bewertungen innerhalb der französischen Rechtsprechung im Laufe der Zeit vgl. *Coquery/Praquin*, Règlement.

94 In anderen Belangen stellt der *Code de Commerce* aber ein sehr modernes Gesetzeswerk dar, das vor allem die Konkursverfahren deutlich beschleunigte. Die Modernität des Gesetzes war auch der Grund, warum die Kaufleute der preußischen Rheinprovinz darauf drängten, die französische Gesetzgebung nach der Vereinigung mit Preußen 1815 beizubehalten. Bei der Neugestaltung des preußischen Konkursrechtes (1855) war der *Code de Commerce* dann auch das große Vorbild. Vgl. *Meier*, Konkursrecht, Kap. 4.

4.2.2 Der allgemeine Umgang mit Zahlungsschwierigkeiten im Wuppertal

In den Aufzeichnungen Abraham Froweins findet sich die erste Erwähnung eines Konkurses 1773, als er an seinen Geschäftsfreund Reinhard Scherenberg in Amsterdam berichtete: »Mitt nicht geringem Leidweßen wollte E[uer] E[hren] melden daß allhier Pet. Lausberg von seiner Mutter von 22 a 23000 und von sein Schw. [Vorwerck] in Iserlohn 5000 gerichtlich inskribiert ist geworden vorgestern nachmittag. Seine schulden so viel man weiß sind 84000 rt.«[95] Für Lausbergs Schwierigkeiten findet sich allerdings nicht viel Mitleid, denn er sei »ein korn wucher geweßen und daß auf den höchsten Grad« und hätte »viele tausend flüche und seuffzer armer Leute auff sich geladen«.[96] Wenngleich Lausberg in der Folge kein betrügerischer Bankrott nachgewiesen werden konnte, hatte sein Ansehen in Froweins Augen deutlich gelitten. Dieses geringe Ansehen war bereits in seinen wucherischen Geschäften begründet, erfuhr aber noch weitere Akzentuierung durch Lausbergs Verhalten nach der Insolvenz: »Traf Ihn daß er 3 bouteillen auffm Tisch hate und sagte ich hate von Ihnen Anweisung fl 115 ob er die beliebte zu zahlen. [Er] fragte mit einem schwartzen Gesicht waß ich wiederholte […]. Er sagt daß was er nicht habe, ich bezahle kann.« Lausberg wird von Frowein also als Trinker geschildert, der sich zudem äußerst grober Umgangsformen befleißigte. Froweins abschließendes Urteil lautete vernichtend: »Man hat noch wohl einmahl Banqu[rotteu]rs die Sagen wenn wir wieder beykommen so wollen noch alles bezahlen, allein von der Gattung ist er nicht wenn er auch wieder im guten Stand wär, Er thut zwar wieder Geschäfft, allein wer solchen Sprung gethan, muß sich öfter mit leuten abgeben welche Ihn auffs Blut zwacken. Gleich sucht sich gleich findet sich.«[97]

Aus Froweins Worten spricht ein gehöriger moralischer Rigorismus. Lausberg scheint sich sowohl durch seine Geschäftspraktiken vor der Insolvenz als auch mit seinem Verhalten danach außerhalb der Gemeinschaft der ehrenwerten Kaufleute gestellt zu haben. Dass man ihn nicht mehr als einen der Ihren akzeptieren wollte, war jedoch nicht so sehr dem wirtschaftlichen Scheitern an sich geschuldet als vielmehr der Tatsache, dass er sich in seiner Reaktion darauf außerhalb der Norm bewegte: er trank, war grob und wies jede Verantwortung von sich. In Froweins Briefen wird außerdem die Erwartungshaltung deutlich, dass ein ehrenwerter Kaufmann entstandenen Schaden wieder gut macht, sei der Konkurs jetzt selbst- oder unverschuldet. Von einer objektiven Bewertung

95 FAF Nr. 1354, Brief an Reinhard Scherenberg in Amsterdam, 23.4.1773.
96 Ebd., Brief an Ernst Christian Jasche in Regensburg, 12.10.1773.
97 Ebd., Brief an Ernst Christian Jasche in Regensburg, 6.2.1779.

ist hier (noch) nicht viel zu spüren. Dies mag jedoch auch der Person Lausbergs und seinem spezifischen Verhalten geschuldet gewesen sein.

Allgemein wurden Konkurse, von denen man nicht selbst betroffen war, in der kaufmännischen Korrespondenz eher beiläufig erwähnt. Über die Insolvenz eines Elberfelders Bankiers 1776 schrieb Abraham Frowein beispielsweise:

Vor zwey Tagen hat allhier Phillip Goldenberg Banquier [einen] freyen Geleit vorweisend gesagt, daß er nicht mehr bezahlen könte [...] wohl ein Banquerott [...] von 8000. man kann es noch nicht fest bestimmen weil noch erstaunlich viel brieff lauffen, einen Johann Sch[obska] ist daran 4000 f[lorin]. ich hoffe und wünsche daß E[uer] E[hren] wie ich mit diesem nichts zu schaffen haben wofür dem Himmel gedanket sey.[98]

Man wollte möglichst nicht involviert sein, denn ein Konkurs bedeutete immer Verluste. Einen Sturm der Entrüstung oder sofortige moralische Urteile löste die Zahlungsunfähigkeit nicht aus. Vielmehr wurden sie von den Kaufleuten in ihrer Korrespondenz im Rahmen des allgemeinen Informationsflusses erwähnt, mit dem sie einander Auskunft gaben über den Zustand des Handels in ihrer jeweiligen Gegend. Sie scheinen als genereller und unvermeidlicher Bestandteil des Handelsgeschäfts wahrgenommen worden zu sein, nach deren Ursachen für gewöhnlich nicht weiter geforscht wurde.

Bei einer Häufung von Konkursen wurden allerdings externe Gründe angeführt. Dies wird ersichtlich beim Ausbruch der Französischen Revolution und der daraus resultierenden instabilen politischen Lage, die sich auch negativ auf die Handelsbeziehungen auswirkte. Für die Jahre nach 1789 häufen sich in den Briefkopierbüchern Abraham Froweins und Johann Peter von Eynerns die Hinweise auf Zahlungsschwierigkeiten, Geldmangel und Insolvenzen. Im Allgemeinen wird dabei auf die schwierige politische Lage verwiesen, und Froweins und Eynerns Geschäftspartner durften auch durchaus auf ein gewisses Verständnis bei Zahlungsschwierigkeiten zählen. Der Kaufmann J. A. Vigneron in Nangis beispielsweise konnte aufgrund der »französischen Unruhen« 1790 die ausstehende Forderung von immerhin 6.490 livres nicht begleichen. Durch die Vermittlung eines Geschäftsfreundes in Reims organisierte Frowein eine Ratenzahlung, denn »nous n'aimons pas aussi de le mettre hors d'état«. Ohne großes Zögern akzeptierte Frowein außerdem den Rat des eingeschalteten Vermittlers, dass die von ihm angesetzte Summe von 500 livres als monatliche Rate zu hoch sei und zeigte sich mit 300 livres zufrieden. Allerdings bestand er auf pünktliche und regelmäßige Zahlung.[99]

98 Ebd., Brief an Reinhard Scherenberg in Amsterdam, 29.3.1776.

99 FAF Nr. 1341, Brief an Heidsiek & Co. in Reims, 24.5.1790, Briefe an Lucian, directeur de poste, in Nangis, 3.6.1790, 12.7.1790. Wenn auch die ersten Raten pünktlich eingingen, schleppten sich die Zahlungen in den folgenden Monaten hin, so dass Frowein auch eine Reduzierung der Raten auf 200 livres hinnahm. Durch den schlechten Kurs der Assignaten,

Häufig warfen Konkurse bereits ihre Schatten voraus, und es gehörte daher zu den notwendigen Eigenschaften eines Kaufmanns, Anzeichen für einen drohenden Konkurs baldigst zu bemerken und die notwendigen Schritte einzuleiten, das heißt auf Zahlung zu drängen. Schließlich wollte jeder so viel von seinem Geld erhalten wie möglich. Dieses Verhalten war auch nach Ansicht des Hofrats legitim: »Nach den gemeinen Rechten ist es klar: daß, alslang kein Concurs erwecket, oder kein allgemeiner Argwohn, daß solcher ehestens erfolgen werde, vorhanden ist, alsdann jeder Gläubiger gefügt seye, sich befriedigen zu lassen, wenn auch die übrige säumige Gläubiger dabei Schaden leiden sollten.«[100] Ein Kaufmann, der bei einem Geschäftspartner, der sich anscheinend in Zahlungsschwierigkeiten befand, auf baldige Zahlung drang, nahm sich zum einen sein gutes Recht. Zum anderen konnte es jedoch geschehen, dass zu starkes Drängen den anderen Kaufmann erst recht in Schwierigkeiten brachte. Damit lässt sich auch ein gewisses Maß an Geduld und die Gewährung weiterer Zahlungsfristen erklären. Johann Peter von Eynerns Umgang mit der Firma Daniel & Wilhelm Lenhartz aus Lüttringhausen 1797 ist hierfür ein gutes Beispiel.

Die beiden Lenhartz-Brüder hatten Johann Peter von Eynern Anfang des Jahres bereits einen Wechsel auf Basel geschickt, um die gelieferten Waren im Wert von 1.122 Reichstalern zu bezahlen. Dieser wurde protestiert. Im August wurde Eynern ungeduldig, nachdem die Brüder bereits im Mai versprochen hatten, bald zu zahlen. Aus diesem Grund entnahm er auf sie die Summe, die durch die Kosten des protestierten Wechsels auf 1.138 Reichstaler angewachsen war, mit der sehr kurzen Zahlungsfrist von acht Tagen zugunsten des Elberfelder Bankhauses Achenbach & Brüninghaus. Eynern rechtfertigte seinen Schritt mit dem Hinweis, dass er seine Geschäftsfreunde prompt bezahlen wolle, daher könne er auf das Geld nicht länger warten. Eynern wollte also wiederum den Anschein vermeiden, er brauche das Geld dringend, vielmehr verwies er auf seine eigenen untadeligen Geschäftspraktiken und auf seine Verpflichtungen anderen gegenüber. Lenhartz reagierten auf Eynerns Schreiben prompt und konnten einen weiteren Zahlungsaufschub erwirken, da einer der beiden Brüder im Begriff war, auf Reisen zu gehen und dabei Gelder einzusammeln. Sie stellten zwei Wechsel auf sich selbst aus, zahlbar Mitte Oktober und Mitte November des Jahres, welche sie allerdings wieder nicht einlösten.

Eynern suchte nun nach anderen Möglichkeiten. Von dem daheimgebliebenen Lenhartz hatte er erfahren, dass der reisende Bruder, Wilhelm, über Köln heimkehren wollte, um dort eingesammelte Rimessen in Bargeld umzutauschen. Eynern nutzte sein Netzwerk und bat seine Kölner Geschäftsfreunde Kern & Brüninghaus, sich bei dem Kaufmann David Herstatt in Köln nach den

mit denen die Zahlungen später übermittelt wurden, verlor er letztlich fünfzig Prozent der geschuldeten Summe.

100 *Bewer*, Sammlung, Bd. 6, S. 81.

Lenhartzschen Geldern zu erkundigen und sich gegebenenfalls dort der ihm geschuldeten 1.150 Reichstaler zu versichern. So hoffte er, noch vor Lenhartz' Rückkehr nach Lüttringhausen die ihm zustehenden Gelder zu erhalten. Außerdem bat Eynern Kern & Brüninghaus nach Lenhartz Ausschau zu halten, damit sie ihn in Köln abfangen könnten. Dazu lieferte er ihnen auch eine Personenbeschreibung: Lenhartz sei von mittlerer Statur und ziemlich untersetzt.[101] Der andere Lenhartz-Bruder, Daniel, hatte sich mittlerweile nach Düren begeben, so dass Eynern seiner nicht mehr habhaft werden konnte. Dafür bat er Geschäftspartner in Lüttringhausen ebenfalls nach Wilhelm Lenhartz Ausschau zu halten und ihn per Express über dessen Ankunft zu benachrichtigen. Eynern war besorgt, dass ihm andere Gläubiger zuvorkommen könnten und dass die mitgebrachten Gelder nicht ausreichten, um alle ausstehenden Forderungen zu begleichen.

An dieser Stelle wird eine der vielen Grauzonen erkennbar, in der gängige kaufmännische Praxis und gesetzliche Regelungen nur bedingt übereinstimmten. Wäre nämlich ein offizielles Konkursverfahren gegen die Lenhartz-Brüder eröffnet worden, dann hätten gegebenenfalls zum einen Transaktionen, die kurz vor dem Eintreten des Konkurses ausgeführt worden waren, rückgängig gemacht werden müssen. Zum anderen genoss im Rahmen eines Konkursverfahrens kein Gläubiger Vorrang vor einem anderen, mit Ausnahme des Fiskus und der Tilgung von Hypotheken oder Pfandbriefen. Eynern ging es also darum, von dem mitgebrachten Bargeld eine möglichst große Summe zu erhalten, da er befürchten musste, in einem Konkursfall deutlich weniger zu bekommen. Dabei hoffte er wohl darauf, dass auch bei einem möglichen Konkurs die Transaktion mit barem Geld nicht rückgängig gemacht werden würde.

Wilhelm Lenhartz machte zwar nicht in Köln Station, aber Eynern erhielt zumindest nach Lenhartz' Rückkehr nach Lüttringhausen Mitte Dezember 1797 einen Teil seines Geldes. Wegen der noch fehlenden Gelder schrieb er, sichtlich entnervt, im Februar 1798 erneut an die beiden Brüder: »Denn wahrlich, Sie haben solche [Rimessen aus Paris] schon so lange erwartet, daß sie freylich hätten 3 a 4 mal hin u her können gesandt werden. Hat man bey solchen Umständen nicht alle Ursache zu muthmaßen, daß hinter der Sache Unwahrheit stehe? Durch beständige Versprechungen welche Sie aber noch nie erfüllt haben, haben Sie meine Geduld dergestalt gemißbraucht, daß solche jetzt rein zu Ende ist.«[102] Lenhartz stellten Eynern erneut einen Wechsel aus, diesmal auf den Barmer Kaufmann Friedrich Wilhelm Moll, der ihn allerdings aus »bekannten Ursachen« nicht bezahlen wollte. Eynern war nicht der einzige Gläubiger, denn im Mai 1798 erwähnt er in Briefen an seinen Frankfurter Bankier nur noch die Insolvenz der beiden Brüder. Auch sei für die Kreditoren wenig zu erwarten,

101 Vgl. HZW Bestand Eynern Nr. 132, Brief an Kern & Brüninghaus in Köln, 1.12.1797.
102 Ebd., Brief an Daniel & W. Lenhartz in Lüttringhausen, 10.2.1798.

denn Wilhelm Lenhartz hätte eine Hypothek, die erst einmal gedeckt werden müsse.[103] Damit hatten sich Eynerns schlimmste Befürchtungen bewahrheitet.

Eynerns lange Geduld, unterbrochen von deutlichen Briefen und Zahlungsaufforderungen, gegenüber den Lenhartz-Brüdern war nicht ungewöhnlich. Die meisten Kunden Eynerns erhielten eine Zahlungsfrist von sechs, manche sogar von neun oder zwölf Monaten. Sofortige Zahlung oder comptant-Zahlung, wie es im zeitgenössischen Sprachgebrauch hieß, wurde mit kräftigen Rabatten, meist sechs Prozent, belohnt. Auch dass Wechsel platzten, kam hin und wieder vor, auch wenn das kein besonders gutes Licht auf den betreffenden Kaufmann warf und Kosten verursachte. Eine Möglichkeit, lang ausstehende Zahlungen zu beschleunigen, bestand darin, Waren entweder als Sicherheit oder anstelle von Zahlungen zu akzeptieren. Eynern ließ beispielsweise bei dem Hattinger Kaufmann Heinrich Bröcker Zichorien einsammeln, die dieser von Heinrich Lucas Tiemann aus Langenberg erhalten hatte. Bröcker hatte Eynern die Zichorien anstelle von Geld angeboten, da Bröcker einen Wechsel Tiemanns nicht akzeptieren wollte. Dieser sei zu kurzfristig ausgestellt gewesen. Eynern drohte nun Tiemann, die Zichorien höchstbietend zu verkaufen, Tiemann jedoch nur den geschuldeten Betrag gutzuschreiben. Es scheint doch noch zu einer gütlichen Einigung gekommen zu sein, wenngleich Eynern Tiemann im Dezember 1799 wieder ermahnen musste: »Und wenn also noch Rechtschaffenheit und Billigkeit Ihnen leitete dann werden Sie endlich mein jezige Abgabe bezahlen.«[104]

Wenngleich es in der untersuchten Korrespondenz an der Androhung rechtlicher Schritte nicht fehlte – oft wurden sie nur verklausuliert angeführt als »Schritte, die Sie nicht wünschen werden« – war dies eine nur selten wahrgemachte Drohung, da sie mit Kosten verbunden war und auch nicht immer ans gewünschte Ziel führte. Johann Peter von Eynerns Geschäftsfreund Johann Melchior Gau aus Eisenach etwa hatte ihn beauftragt, bei J. A. Brüning in Barmen Gelder für ihn einzutreiben. Eynern versprach, den Fall wie seinen eigenen zu behandeln und behelligte nach eigenen Angaben Brüning fast täglich, um ihn mit seinen Forderungen mürbe zu machen.[105] Unter anderem drohte Eynern Brüning mit gerichtlichen Schritten, warnte aber zugleich Gau vor zu großen Erwartungen: »Mit den gerichtlichen Anklagen hat es viele Schwierigkeiten, und nur im äußersten Fall möge ich rathen damit einen Versuch zu machen.«[106] Eynern zog einen Advokaten zu Rat, der als Nachbar Brünings auch Einblick in dessen persönliche Lage hatte und ihm verriet, dass Brüning »so tief in Schulden steckt, die er unmöglich bezahlen kann«. Weiterhin »hat er mir wohlmeinend

103 Vgl. ebd., Briefe an Gebr. Schmöle in Frankfurt/Main, 21.5.1798, 25.5.1798.

104 Ebd., Brief an Heinrich Lucas Tiemann in Langenberg, 16.12.1799. Bei der Angelegenheit ging es um die vergleichsweise bescheidene Summe von 61 Rtlr.

105 Vgl. ebd., Brief an Joh. Melchior Gau in Eisenach, 20.3.1799.

106 Ebd., Brief an Joh. Melchior Gau in Eisenach, 12.1.1799.

abgerathen es nicht durchs Recht mit ihm zu treiben, weil ich doch dadurch nichts erlangen würde und mir noch Geld dabey aufopferte. Er hielt es fürs beste ihm brav zu leibe zu gehen«.[107]

Gerade bei kleineren Summen waren die »Verdrießlichkeiten« einer Rechtssache den geschuldeten Betrag nicht wert. So riet Eynern in einem anderen Fall seinen Geschäftsfreunden Benj. & Christ. Eichel in Eisenach, die Sache auf sich zu beruhen lassen, wenn der Barmer Kunde Scheuermann die noch ausstehenden sechs Reichstaler nicht zahlen könne oder wolle. Eynern war in der Angelegenheit von den Eichels um Hilfe gebeten worden und hatte Scheuermann auch mit rechtlichen Schritten gedroht, doch meinte er: »Es ist beßer ein mager Vergleich als ein fetter Prozeß.« Sie sollten lieber nehmen, was Scheuermann ihnen anböte.[108]

Der Umgang mit Zahlungsschwierigkeiten und Konkursen war also weitgehend von Pragmatismus geprägt. Insolvenzen wurden als Teil des Kaufmannsdaseins betrachtet, wenngleich man möglichst nicht involviert sein wollte, da sie immer mit Verlusten verbunden waren. Um einen Konkurs aufzuhalten, waren die Wuppertaler Kaufleute zu weitgehenden Zugeständnissen bereit, indem sie entweder Zahlungsfristen verlängerten oder Waren in Zahlung nahmen. Kam es doch einmal zu einem Konkurs, behandelten die Kaufleute diesen häufig ebenfalls pragmatisch. Entscheidend war vor allem das Einhalten spezifischer, jedoch selten explizit ausgesprochener kaufmännischer Normen. Dies beeinflusste auch die Chancen eines Kaufmanns für einen Neuanfang nach einer Insolvenz.

Anders als die normative Literatur, welche Konkurse häufig in dem Kontext individueller Moral verhandelte, beurteilten die Kaufleute Zahlungsschwierigkeiten oder Insolvenzen innerhalb eines weiter gefassten Bewertungsrahmens, nämlich des kaufmännischen Ehrenkodex. Dieser ließ kleinere Verstöße durchaus mal zu und war weit entfernt von moralischem Rigorismus. Obwohl sich Abraham Frowein beispielsweise 1776 bei seinem Kunden Peter Neef in Hamburg beschwerte, dass dieser noch Waren bei ihm bestellt hatte, als er sich schon in Zahlungsschwierigkeiten befand, wurde die Geschäftsbeziehung später wieder aufgenommen.[109] Frowein hatte nämlich einfach die bereits gesandten Waren wieder bei Neef abholen lassen (der sie auch ohne Widerstreben herausrückte) und so keinen Verlust erlitten. Trotz seiner Insolvenz scheint Neef weiterhin als ehrenwerter Kaufmann gegolten zu haben und konnte die alten Geschäftsverbindungen wieder reaktivieren, nachdem seine Zahlungsunfähigkeit geklärt war. Durch bisher pünktliche Zahlung und die relativ saubere Abwicklung seiner Zahlungsschwierigkeiten blieb ihm das Wohlwollen seiner Geschäftspartner erhalten. Neef mag in Hinsicht auf seine bergischen Kontakte

107 Ebd., Brief an Joh. Melchior Gau in Eisenach, 23.7.1799.
108 Ebd., Brief an Benj. & Christ. Eichel in Eisenach, 14.11.1797.
109 Vgl. FAF Nr. 1355, Brief an Peter Neef in Hamburg, 18.6.1776.

geholfen haben, dass er aus dem benachbarten Cronenberg stammte und mit der Wuppertaler Kaufmannschaft durch ein enges Netz persönlicher Bekanntschaften verwoben war. In der späteren Korrespondenz findet sich kein Hinweis mehr auf Neefs frühere Schwierigkeiten. Er blieb bis zum Abbruch von Froweins Aufzeichnungen 1794 dessen Kunde.

Ganz anders gestaltete sich Abraham Froweins Beziehung zu dem Rotterdamer Kaufmann Stephan Gremme. Hier lehnte Frowein es vehement ab, nach einem abgeschlossenen Konkursverfahren wieder mit ihm in Verbindung zu treten. Erst waren Gremmes Wechsel mehrfach protestiert worden, und er hatte schließlich seine Zahlungsunfähigkeit einräumen müssen. Für eine schnelle Lösung der Situation einigten sich die Gläubiger mit ihm auf einen Vergleich, bei dessen Aushandlung ein gewisser Spielraum erkennbar wird. Gremme bot seinen bergischen Gläubigern erst 35 Prozent der geschuldeten Summe, was diese jedoch als nicht akzeptabel empfanden. Sie wollten sechzig Prozent, mindestens aber fünfzig Prozent. Schließlich hätte er noch kürzlich viele Waren empfangen, so ihre Begründung, und könne demnach mehr als 35 Prozent der geschuldeten Summe bieten. Letztendlich einigte man sich auf vierzig bis fünfzig Prozent.[110] Trotz dieser rechtlich bindenden Einigung, welche Gremme vor weiteren Nachstellungen der Gläubiger schützte und ihm eigentlich einen Neuanfang erlauben sollte, war für Frowein die Sache damit nicht geklärt. Frowein hielt Gremmes Konkurs nämlich für vorsätzlich und bezeichnete ihn in seiner Korrespondenz als »schlechte Seele«.[111] So erklärte Frowein trotz des auch von ihm angenommen Vergleichs, dass Gremme ihm erst den gesamten Schaden ersetzen müsse, den er durch Gremmes Konkurs erlitten hätte, bevor er wieder mit ihm in Verbindung träte.[112] Froweins Vertrauen in Gremmes Ehrenhaftigkeit war so nachhaltig zerstört, dass nur klingende Münze dieses zumindest teilweise wieder hätte herstellen können.

Auch bei anderen blieb die Insolvenz eines Kaufmanns lange im Gedächtnis haften, wenn dieser sich nicht ehrenhaft verhalten hatte. Abraham Frowein etwa sollte für einen Geschäftsfreund einige Jahre nach der Insolvenz des Kaufmanns Peter Lausberg noch weitere Gelder bei diesem eintreiben. Lausberg verwies ihn höhnisch an das Recht, wohl wissend, dass er nicht mehr zu belangen war. Nach einer Konsultation mit dem Bürgermeister musste Abraham Frowein dann auch dem Geschäftsfreund mit Bedauern mitteilen:

110 Vgl. FAF Nr. 1341, Briefe an D. Madri in Rotterdam, 30.7.1790, 10.8.1790. Außergerichtliche Verfahren waren in Europa weit verbreitet. Vgl. *Coquery/Praquin*, Règlement; *Meier*, Konkursrecht, S. 87–91; *Hoppit*, Risk, S. 29 f. Auch wenn die bergische Rechtsprechung solche außergerichtlichen Vergleiche, nicht zuletzt aufgrund des Einflusses spanischer Vorbilder, nicht vorgesehen zu haben scheint, gehörten sie, mit all ihren Vor- und Nachteilen, doch zur gängigen kaufmännischen Praxis im Herzogtum Berg.

111 Vgl. FAF Nr. 1341, Brief an Piet. Haarkamp & Sohn in Amsterdam, 30.11.1790.

112 Vgl. ebd., Brief an Stephan Gremme in Rotterdam, 7.9.1790.

Wenn Sie so viel bekommen hätten als Lausberg accordierte so könnten sie nicht mehr fordern welches Sie durch den [beweisung] mit H. van Offen in Ffurt wieder erhalten haben, daß Sie des Lausbergs accord nie angenommen hülfft nichts was allhier die mehrsten zufrieden sein müssen weniger annehmen. H. Motte von Amsterdam hatte wohl 6000 fl zu fordern wollte absolut nicht den accord annehmen hat dagegen procediert aber doch alles mit Schaden und Unkosten verlohren. Sehe also kein Mittel von demselben was zu erhalten.[113]

Die besondere Hartnäckigkeit der Gläubiger im Falle Gremme und Lausberg war dabei wohl dem fragwürdigen Geschäftsgebaren der Schuldner zuzuschreiben. Durch möglicherweise betrügerische oder zumindest anstößige Geschäftspraktiken bereits in der Zeit vor dem Konkurs hatten sich beide Kaufleute außerhalb der gültigen Normen gestellt, so dass auch die allgemein anerkannten Verfahren in ihrem Fall zumindest für die Gläubiger weniger Verbindlichkeit besaßen. Juristisch bindend und damit ein Schutz für die Schuldner blieben sie trotzdem. Entscheidend für das Bestehen innerhalb der Kaufmannschaft und vor allem den Neuanfang blieb jedoch die Performanz kaufmännischer Tugenden, wie sie von der Mehrheit der Kaufmannschaft verstanden wurde, und nicht so sehr die Übereinstimmung mit rechtlichen Regelungen. Dass dies auch an den häufig nur unvollständig durchgesetzten juristischen Normen lag, zeigen die im folgenden Kapitel ausgewerteten Unterlagen zum Konkurs des Barmer Kaufmanns Wilhelm Lebret. In diesem Fall offenbart sich deutlich das Spannungsverhältnis von juristisch gesetzten Normen, der Anwendung dieser Normen und den Praktiken der darauf reagierenden Akteure.

4.2.3 »Der allerabscheulichste Bankrott dieses Jahrhunderts« – Der Konkurs Wilhelm Lebrets 1798

Im Mai 1798 musste der Barmer Kaufmann Wilhelm Lebret sein Fallissement eingestehen und seine Zahlungsunfähigkeit gegenüber seinen Gläubigern erklären.[114] Der Lebretsche Konkurs belief sich auf die erhebliche Summe von 108.197 Reichstalern und übertraf damit bei weitem die Insolvenzen, die im gleichen Jahr in Elberfeld und Umgebung stattgefunden hatten.[115] Was die Gemüter bei dem Lebretschen Konkurs besonders erregte, war die Frage, ob es sich hierbei um einen betrügerischen Bankrott handelte.

113 FAF Nr. 1355, Brief an Ernst Christian Jasche in Regensburg, 6.2.1779.

114 Diese und alle weiteren Angaben sind der umfangreichen Akte LA NRW R JB II Nr. 4776 entnommen. Der Fall Lebret wird auch behandelt bei *Jung*, Insolvenzen, S. 172–180. Jungs Darstellung reicht jedoch über eine bloße Schilderung des Falles nicht wirklich hinaus.

115 Johann Peter von Eynern kommentierte: »Die Falimente von C. Luttringhaus Sohn & Co. und Daniel & W. Lenhartz scheinen fast über diesen vergessen zu werden.« HZW Bestand Eynern Nr. 132, Brief an Gebr. Schmöle in Frankfurt/Main, 21.5.1798.

Wilhelm Lebret stammte nicht aus einer der alteingesessenen Wuppertaler Familien, sondern war aus Schwaben ins Wuppertal gekommen. Er war einige Jahre bei dem Barmer Kaufmann und Verleger Friedrich Wilhelm Teschemacher als Handlungsdiener beschäftigt gewesen, bevor er sich 1794 selbständig machte. Er handelte hauptsächlich mit Baumwollstoffen, scheint aber auch andere Textilien im Angebot gehabt zu haben.[116] Lebret war anfangs sehr erfolgreich und konnte etablierte Kaufleute als seine Bürgen gewinnen.[117] Wie die Untersuchung seiner Bücher ergab, war Lebrets Erfolg jedoch einem Schneeballprinzip geschuldet, denn er hatte wiederholt Waren unter Einkaufspreis losgeschlagen. Im Laufe der Befragungen musste er außerdem Versäumnis und Nachlässigkeit einräumen, vor allem was das Führen seiner Bücher anging. Die Kaufmannschaft warf ihm zudem vor, hohe Risiken eingegangen zu sein, zu denen er, wenn es sich um sein eigenes Vermögen gehandelt hätte, sicher nicht bereit gewesen wäre. Es gelang Lebret nicht, sein Fallissement mit einem erwiesenen Unglücksfall zu rechtfertigen. Die von ihm vorgebrachten Argumente und Entschuldigungen wurden als nichtig beziehungsweise falsch erklärt, zum Teil auch völlig widerlegt.[118]

In den Augen der Wuppertaler Kaufmannschaft diskreditierte sich Lebret weiter durch sein Verhalten: Nachdem er seine Zahlungsunfähigkeit erklärt hatte, schwor Wilhelm Lebret einen Eid, dass er sich nicht entfernen würde, dass er keine Waren beiseite geschafft hätte und dass er seinen Kreditoren über alles Auskunft geben wolle. In allen Punkten wurde er eidbrüchig. Anfang Juni floh Lebret und kehrte erst einen Monat später unter Zusicherung freien Geleits durch eine Verordnung des Hofrats ins Wuppertal zurück. Wie eine Untersuchung seiner Bücher ergab, hatte Lebret bereits im März etliche Dinge ins Märkische verbracht, um sie dort verstecken zu lassen. Darunter waren neben Waren auch persönliche Dinge wie Kleidungsstücke, Leinwand und Bettzeug. Außerdem hatte er die Bücher manipuliert: zum einen hatte er seine Schwiegermutter allem Anschein nach nachträglich als Gläubigerin mit einem Betrag von 2.400 Reichstalern eingetragen, zum anderen hatte er in den Büchern höhere Werte für versandte Waren eingetragen als tatsächlich verschickt wurden und retournierte

116 *Gädicke*, Fabriken-Lexicon, S. 233, führt Lebret unter den Siamosenkaufleuten auf. Friedrich Wilhelm Teschemacher, sein ehemaliger Arbeitgeber, handelte ebenfalls mit Siamosen. Unter den Gläubigern war allerdings auch Johann Peter von Eynern, der Wollbandverleger.

117 »Er [Lebret, A. S. O.] dehnte in der kurzen Zeit seinen Credit und Handel so aus, daß der Wechseler Wichelhaus in Elberfeld den um Lebret sich erkundigenden Kaufleuten versichere dieser seine gantze Kasse stünde zu dessen Disposition offen.« LA NRW R JB II Nr. 4776, fol. 135.

118 Lebret hatte beispielsweise erklärt, dass er einen Verlust in Assignaten in Höhe von 164.633 livres gemacht hätte. 1794, als die Assignaten weithin in Gebrauch waren, hatte Lebret allerdings noch gar nicht mit Frankreich gehandelt, sondern erst 1795 damit angefangen. Laut seinen Büchern hatte er außerdem alle Geschäfte mit Frankreich in bar oder über Wechsel abgewickelt. Ebd., fol. 151.

Waren nicht ordnungsgemäß verbucht. Des Weiteren hatte er dem Geschäft Gelder entzogen, um sie gegen den extrem niedrigen Zinssatz von 0,5 Prozent in Straßburg und Köln zu deponieren, als sein Konkurs bereits absehbar war. Außerdem hatte er kurz vor Erklärung der Zahlungsunfähigkeit noch einige Ausstände beglichen und damit die Vermögensbasis weiter geschmälert. Überträge aus dem Reisebuch und dem Klattbuch der letzten Straßburger Messe ins Hauptbuch waren nicht vollständig gemacht worden.

Für die Kaufmannschaft war vor allem die »Unordnung der Bücher« ein Beweis für die »ungeeigneten Absichten des Lebret, und daß er im Trüben haben fischen wollen«, denn von korrekt geführten Büchern hinge das Geschäft des rechtschaffenen Kaufmanns ab.[119] Die ordentliche Führung der Bücher diente dabei indirekt auch als Ausweis für moralisch einwandfreies Verhalten. Über das von Lebret zu Protokoll gegebene Bekenntnis, »daß derselbe forderungs Posten von 20, 30 und 45 Rthl anstatt in die Bücher auf die wand mit Kreide und Bleyfeder geschrieben habe« konnten die Elberfelder Kaufleute nur staunen, beziehungsweise sie hielten es schlicht für gelogen, da sie Lebret weiterhin zu den »Handlungsverständigen« zählten.[120] Auch Lebrets sich widersprechende Angaben vor allem zu noch ausstehenden Forderungen und Lieferungen bekräftigte die Kaufmannschaft in der Annahme, dass es sich hierbei um einen betrügerischen Bankrott handele, bei dem Lebret versuchte, mit Verschleierungen zu retten, was zu retten war.

Mehrmals verwiesen die Kaufleute in ihrer Eingabe an die Regierung, mit der sie auf eine Strafverfolgung Lebrets drängten, auf die »Ehrenkränkung« sowie die »Kränkung von Verfaßung und Ehre« des hiesigen Handelspublikums. Damit war nicht so sehr die persönliche Ehre eines jeden Einzelnen gemeint, obwohl die auch einbezogen war, sondern vielmehr auch die innere Verfasstheit des Handlungsstandes, der sich selbst als ehrlich begriff. »Ehrlicher Kaufmann« war eine gängige Selbstzuschreibung und diente nicht zuletzt der Herstellung von Vertrauen, der *conditio sine qua non* frühneuzeitlicher Geschäftsbeziehungen.[121] Vertrauen war dabei nicht nur nötig für auswärtige Geschäfte, sondern auch für die örtlichen Geschäfte, vor allem von jungen Kaufleuten: »Und sehen wir auf die innere Verbindung, und die einheimische Betriebsamkeit, wie wird es nur gedenkbar seyn, daß in Zukunft ein junger Kaufmann welcher eben kein übergroßes Kapital einzulegen hat, mithin in jedem Betracht Kredit suchen und

119 Ebd., fol. 153

120 Ebd., fol. 156. Diese Art der Aufzeichnung wurde zwar in der Frühen Neuzeit praktiziert, aber für gewöhnlich nur für Klein- und Kleinstkredite. Vgl. *Lipp*, Aspekte, S. 16.

121 Dies wird nicht zuletzt sichtbar in den Briefen Johann Peter von Eynerns, der wiederholt »auf seine Ehre« beteuert, seinen Geschäftspartner nicht übervorteilt zu haben. Vgl. zur Kategorie des Vertrauens *Muldrew*, Anthropologie; *Gorißen* Vertrauen; *Haggerty*, Merely for Money, Kap. 3, 4.

erhalten, und dadurch sich emporbringen muß, Zutrauen erhalten werde, wenn der Gläubiger sich gegen muthwilligen Falliten nicht geschüzt sieht.«[122]

Der Unmut der Kaufmannschaft über Lebrets unehrliches Betragen und die sich hinziehende Ahndung seiner Vergehen wurde noch verschärft durch Sorge um den Ruf des Herzogtum Bergs als Handelsplatz. Sie bat die kurfürstliche Regierung darum, die bestehenden Gesetze in all ihrer Härte anzuwenden, denn »wenn muthwillige Faliten [...] nicht nach dem bestehenden heilsamen Gesezen behandelt werden, aller innere und äußere Kredit, die Seele des gantzen Handlungssystems scheitern und verschwinden wird«.[123] Der »Handel mit einem auswärtigen Publikum« könne nicht fortbestehen, wenn man sich des Vorwurfs nicht erwehren könne, »Mitglied eines Publikums [zu sein], welches seine Handlungen nicht nach gerechten billigen Gesetzen abzumeßen trachte«. »Zutrauen« sei das eigentliche Leben der Handlung, aber dieses Leben könnte nur durch wirksame Gesetze erhalten werden. Durch sie müsste »jedem Gläubiger zu einem vorenthaltenen gekränkten Eigenthum auf die geschwindeste Art verholfen werden«.[124] Auch sollte der Konkursprozess zu diesem Zweck möglichst bald beendet werden.[125]

Trotz der ausführlichen Dokumentation des Falles und den vorgelegten Beweisen scheint die kurfürstliche Regierung keine weiteren Schritte zur Verurteilung Lebrets vorgenommen zu haben. Zwar wurde der Fall mit unterschiedlichen Streitpunkten gleichzeitig beim Stadtgericht, Hofgericht und Oberappellationsgericht verhandelt, da diese verschiedene Zuständigkeiten hatten, doch kam keines von den Gerichten zu einer endgültigen Lösung des Falles.[126] Hierzu hätte die kurpfälzische Regierung eingreifen müssen. Von der könne man jedoch, so Vizekanzler von Knapp, »bei jetzigen leidigen Zeiten dergleichen Entscheidung wohl nicht erwarte[n]«.[127] Die »leidigen Zeiten« der Revolutionskriege scheinen Wilhelm Lebret vor weiteren Nachstellungen geschützt zu haben, und die Wuppertaler Kaufleute mögen zähneknirschend die Verluste getragen haben. Wilhelm Lebret konnte damit wohl der strafrechtlichen Verfolgung und einer Verhandlung vor dem Kriminalgericht entgehen, nicht jedoch der Insolvenz und dem dazugehörigen Verfahren.

So nahm zumindest das Konkursverfahren gegen Lebret nach den allgemein üblichen Grundsätzen seinen Gang. Johann Peter von Eynern machte im Namen der Gläubiger Wilhelm Lebrets Zahlungsunfähigkeit einer größeren Öffentlich-

122 LA NRW R JB II Nr. 4776, fol. 131.
123 Ebd., fol. 130 f.
124 Ebd., fol. 132.
125 Ebd., fol. 133. Dass diese Ermahnung nicht von ungefähr kam, zeigt auch die Verordnung des bergischen Herzogs Maximilian Josephs vom 8.7.1800 »Die Abkürzung der Concurs-Prozesse betreffend«, abgedruckt in *Bewer*, Sammlung, Bd. 6, S. 49–69.
126 Vgl. *Jung*, Insolvenzen, S. 77.
127 Zit. n. ebd.

keit bekannt, »um sich dessen Waaren, Schuldforderungen u.s.w. vorerst, so viel möglich, auf eine freundschaftliche Art zu versichern«. Dazu bat er unter anderem den Remscheider Kaufmann Böcker, einen gedruckten Zettel auf der Straßburger Messe zu verteilen, und »gefäl[ligst] zu sorgen, daß die le Bretschen Debitoren, welche Ihnen bekannt sind oder bekannt werden könnten von dem Falissement unterrichtet und auf eine freundschaftl. Art angehalten werden den Wünschen der Deputirten, der Zettel gemäß zu entsprechen«.[128] Anfang des folgenden Jahres erschien dann in den »Gülich und Bergischen wöchentlichen Nachrichten« eine Edictal-Ladung, mit der alle Gläubiger Lebrets aufgefordert wurden, ihre Forderungen binnen einer Frist von sechs Wochen unter Beibringung von Belegen zu melden. Die Kreditoren Lebrets wurden dagegen ermahnt, ihre Schuldigkeiten an Waren, Geld oder Geldeswert ebenfalls anzuzeigen.[129]

Damit bricht die Überlieferung des Falls Lebret ab. Welche Vermögenswerte die Gläubiger letztlich retten konnten, ist nicht bekannt. Wilhelm Lebret blieb trotz des sicherlich unangenehmen Konkursverfahrens im Wuppertal. In den Adressbüchern der folgenden Jahre ist er weiterhin als Kaufmann verzeichnet. Später wurde er Agent der Feuerversicherung, so dass es wahrscheinlich scheint, dass ihm als Kaufmann kein großer Erfolg beschieden war, was auch an fehlendem Rückhalt in der Kaufmannschaft gelegen haben dürfte.[130]

Alles in allem erscheint auch »der allerabscheulichste Bankrott des Jahrhunderts« nur als einer unter vielen, wenngleich sich an diesem Fall die Gemüter besonders heftig entzündeten. In späteren Jahren findet der Fall keine Erwähnung mehr. Auch der regionalen Presse ist er keine Zeile wert, trotz der zur gleichen Zeit im »Westphälischen Anzeiger« veröffentlichten Aufforderung, alle Arten von Bankrotten bekannt zu machen, um durch abschreckende Beispiele kaufmännisches Fehlverhalten einzudämmen.[131]

Der Fall Lebret macht eindringlich klar, wie schwach die juristisch gesetzten Normen trotz der eingangs erwähnten zahlreichen Erlasse und Gesetzesvorgaben waren und welche geringen Einflussmöglichkeiten die Kaufmannschaft auf eine strafgerichtliche Verfolgung seitens der Obrigkeit hatte. Es wird deutlich, dass die Kaufleute auf eine institutionell verfasste Einrichtung wie die Justiz nicht sicher bauen konnten, damit eine den Handel ermöglichende Ordnung

128 HZW Bestand Eynern, Nr. 132, Brief an Böcker, Winkler & Diedrichs in Remscheid, 14.6.1798. Straßburg war anscheinend ein wichtiger Handelsort für Lebret, wo er auch regelmäßig die Messe besucht hatte.

129 Vgl. Gülich und Bergischen Wöchentlichen Nachrichten Nr. 4, 22.1.1799.

130 Er wird in den Adressbüchern der Jahre 1803, 1804, 1809 und 1812 als Kaufmann für Seiden- und Baumwollstoffe genannt; 1820 wird er als Agent der Feuerversicherungsgesellschaft aufgeführt. Geburten seiner Kinder sind in den Barmer Kirchenbücher in den Jahren 1799, 1801, 1803, 1805 und 1808 verzeichnet. Er scheint also keine Gefängnisstrafe abgesessen zu haben.

131 Vgl. Westfälischer Anzeiger Nr. 9, 31.7.1798, Sp. 141 ff.

hergestellt würde. Vielmehr waren sie auf andere, informelle Institutionen wie etwa den guten Ruf angewiesen, der vom »kaufmännischen Publikum« inner- wie außerorts als ein relativ festes Normierungssystem und Ordnungsmuster anerkannt wurde.[132] Es verwundert daher nicht, dass noch bis weit ins 19. Jahrhundert informelle Institutionen wie persönliche Reputation und ein durch wiederkehrende Praktiken hergestelltes Vertrauensverhältnis für Kreditbeziehungen fundamental blieben.[133] Dass die Obrigkeit so wenig Gespür oder Interesse für die Sorgen der Kaufleute um den Ruf der Gesetzgebung in ihrem Land zeigte, bestärkte die Kaufmannschaft außerdem darin, ihr Heil weiterhin in einer anderen Institution als Garantin für (kaufmännische) Ordnung zu suchen: der Familie. Dem Umgang mit wirtschaftlich scheiternden Familienmitgliedern kam hierbei eine besondere Bedeutung zu. Dies steht im Fokus des folgenden Kapitels.

4.2.4 »Um die Ehre unserer Familie aufrecht zu erhalten« – Wuppertaler Kaufmannsfamilien und Konkurse in den eigenen Reihen

Die Familie eines Kaufmannes spielte eine, wenn nicht die, entscheidende Rolle für seine Wahrnehmung als verlässliches Mitglied der Kaufmannschaft. Dies wird gerade in wirtschaftlich schwierigen Lagen deutlich. Wenn etwa in der Kaufmannskorrespondenz Konkurse Erwähnung fanden, geschah dies häufig mit der gleichzeitigen Nennung der Genealogie des betroffenen Kaufmanns. Zu dem oben erwähnten Peter Lausberg schrieb beispielsweise Abraham Frowein: »J. E. Lausberg ist ein Vater von obigen, so viel als man weiß treibt er seine Suche guth, handelt mit wein und farbstoffen, große mitteln sollen wohl nicht seine sein, Eltern und der Frau Eltern leben noch.«[134] Und in ähnlicher Weise berichtete Helena Teschemacher vierzig Jahre später über den Barmer Kaufmann Friedrich Blank:

> Was Blank betrifft, so war seine erste Frau eine von Carnap in El[berfel]d, die nach der Niederkunft starb. Die Großältern haben das Mädgen bey sich. Diese von Carnaps sollen dem Bl. rf 20,000 als Mitgabe gethan haben, u sind ja nicht geneigt, nun noch mehr zuthun. Bl. heyratete Jgf. Osterroth, Schwester dessen, der die [Witwe] Peter Bredts zur Frau hat. Diese sind sehr genau, u werden sich schon hüten u die Mutter Osterroth hat solch Reichthum nicht.[135]

132 Vgl. hierzu *Rehberg*, Institutionen, S. 47–55.
133 Dies betont auch *Häberlein*, Kreditbeziehungen, S. 48.
134 FAF Nr. 1345, Brief an Ernst Christian Jasche in Regensburg, 12.10.1773.
135 WWA Dortmund, Bestand Harkort N 18, Nr. 151 Brief 48, Helena Teschemacher an Johann Caspar Harkort o. O., Barmen, 31.3.1817, fol. 81 r.

Hierbei ging es zum einen um die familiären Mittel, mit der möglicherweise Gläubigerinteressen befriedigt werden konnten (»große Mittel«, »nicht geneigt, noch mehr zu tun«, »hat solchen Reichtum nicht«), zum anderen aber auch eine kaufmännische Bewertung verwandter Familienmitglieder (»treibt seine Sache gut«, »sind sehr genau«), der eine moralische Wertung implizit war. Schließlich konnte das Geschäftsgebaren des einen Familienmitglieds durchaus auch auf seine Verwandten zurückwirken. So lehnte es Johann Peter von Eynern beispielsweise ab, mit einem Wilhelm Tiemann geschäftlich in Verbindung zu treten – weil ihn dessen Bruder geschädigt hatte.[136] Es wäre verkürzt, dies als nachtragendes Verhalten oder gar als Sippenhaft zu deuten. Reputation und Vertrauen waren vielmehr, dies wurde oben bereits angedeutet, eng miteinander verknüpft und bestimmten zudem über den geschäftlichen Spielraum in Form des kaufmännischen Kredits.

Kredit muss in der frühen Neuzeit stets in seiner doppelten Bedeutung von Glaubwürdigkeit und Zahlungsaufschub verstanden werden. In einer zeitgenössischen Enzyklopädie etwa heißt es zu Kredit, er sei »die Ueberredung [das heißt die Überzeugung] anderer von unserer Glaubwürdigkeit, im gemeinen Leben. **Seine Erzählungen finden bey mir keinen Credit,** [Hervorhebungen im Original, A. S. O.] keinen Glauben. […] In noch engerer Bedeutung, der Borg, oder die Handlung, da man in dieser Ueberredung einem andern sein Gut anvertrauet. **Jemanden Credit geben,** ihm Waaren borgen. **Auf Credit Waaren nehmen,** *(prendre à credit)* **oder geben, kaufen oder verkaufen,** d. i. auf Borg.« Glaubwürdigkeit und Kredit standen weiter in einem reziproken Verhältnis: »Nach den Regeln der Klugheit, **soll man vorzüglich mit Menschen handeln, die selbst in gutem Credit stehen.** Und eben der Handel und der Umgang mit Menschen, die in gutem Ruf stehen, vermehren den Credit, insonderheit wenn es redliche Freunde sind.«[137] Kredit war in der Frühen Neuzeit somit sozial bedingt und häufig von familiären oder nachbarschaftlichen Beziehungen abhängig.[138] Insofern verwundert es nicht, dass die Wuppertaler Kaufmannsfamilien bereit waren, beträchtliche Mittel auch für andere Familienmitglieder aufzuwenden, um so ihren Kredit in der doppelten Bedeutung von Glaubwürdigkeit und Zahlungsaufschub aufrechtzuerhalten. Dies galt, wie die folgenden drei Beispiele zeigen, auch für Schwiegersöhne.

136 Dabei meinte Eynern allerdings: »Es ist zwar nicht recht, daß die Vergehungen Ihres Bruder Ihnen zur Last mit fallen«, doch ließen ihn die Vorfälle in der Vergangenheit auch für zukünftige Geschäfte in einem schlechten Licht erscheinen. Er war nur bereit mit Tiemann Geschäfte zu machen, wenn er sich von seinem Bruder lossagte oder dafür sorgte, dass dieser seine Schulden bei Eynern beglich. HZW Bestand Eynern Nr. 132, Brief an Wilhelm Tiemann in Langenberg, 24.1.1799.

137 Art. »Credit«, Zitate S. 424, 437.

138 Vgl. hierzu grundlegend *Muldrew*, Economy of Obligation.

1805 übernahm Johann Carl Wuppermann für den Ehemann seiner Tochter Carolina, Wilhelm Wuppermann, alle Verbindlichkeiten von dessen Handlung »Wuppermann & Söhne«, einer Bandfabrik und Garnhandlung, die sich auf die beachtliche Höhe von 25.160 Reichstalern beliefen.[139] Zusätzlich erklärte Johann Carl Wuppermann sich zu weiteren Vorschüssen bereit, um gegebenenfalls noch offene Rechnungen und Forderungen zu begleichen, so lange diese ein gewisses Maß nicht überstiegen. Diese Bereitschaft der Schuldübernahme sollte auch durch eine Zeitungsannonce öffentlich gemacht werden. Johann Carl Wuppermanns Entgegenkommen war jedoch an vertraglich fixierte Gegenleistungen gebunden. Erstens wurden die Schulden Wilhelms in die Bücher der Firma des Schwiegervaters eingetragen und damit rechtmäßig verbrieft. Zweitens mussten Wilhelm und seine Frau den Schwiegereltern beziehungsweise Eltern ihr gesamtes Vermögen übertragen. Das beinhaltete alle vorhandenen Waren der Firma, ein persönlich erhaltenes Legat in Höhe von 5.000 Reichstalern sowie zu erwartende Erbschaften genauso wie die Möbel des Ehepaares, die versteigert werden sollten. Dafür versprach Johann Carl Wuppermann dem Schwiegersohn, ihn nicht weiter für die Schulden zu belangen, sondern diese stehen zu lassen und sie gegebenenfalls mit dem Erbteil der Tochter zu verrechnen. Außerdem wurden Wilhelm Wuppermann, seiner Frau und ihren Kindern für ihren Unterhalt und die Erziehung der Kinder ein jährliches Einkommen von 400 bis 500 Reichstalern zugesichert, das aber bei Fehlverhalten jederzeit entzogen werden konnte. Einzig für die Erziehung der Kinder sollte auf jeden Fall gesorgt werden. Schließlich musste Wilhelm Wuppermann außerdem »durch die Zeitungen unter seinem Namen bekannt machen, dass er aus der unter der Firma Wuppermann & Söhne geführten Handlung ausgetreten seyn und diese Handlung ihm nicht mehr angehe«.[140]

Die Familie Rübel traf es mit ihren Schwiegersöhnen finanziell noch schlimmer. Johann Friedrich Wülfing (1775-?) hatte 1797 Johanna Maria Gertraud Rübel (1778–1811) geheiratet, sein Bruder Johann Abraham (1766–1838) war seit 1800 mit deren Cousine Wilhelmine Rübel (1782–1852) verheiratet. Die Rübels gehörten zu den wohlhabendsten Familien Barmens, nicht zuletzt dank ihrer Verbindungen zu der Elberfelder Familie Honsberg. Auch die Wülfings können zum Kreis der führenden Elberfelder und Barmer Kaufmannsfamilien gezählt werden.[141] Nichtsdestotrotz geriet die gemeinsame Firma der beiden Brüder, die

139 Vgl. FAW Nr. 22–12. Wilhelm Wuppermann (1766–1815) war seit 1791 mit seiner Kusine Carolina verheiratet. Das Ehepaar hatte zur Zeit des Konkurses vier überlebende Kinder. Vgl. *Dietz*, Familie Wuppermann, Bd. 1, S. 308–314.

140 FAW Nr. 22–12.

141 Die Schwester Johanna Maria Gertraud Rübels, Johanna Charlotte, heiratete 1809 Friedrich Wilhelm Bredt, den Sohn des in 3.2.3 erwähnten Seidenverlegers Joh. Friedrich Bredt. Die Familien Bredt und Rübel waren mehrfach miteinander verschwägert. Vgl. *Strutz*, Geschichte der Rübel; *Bredt*, Haus Bredt-Rübel; *Bredt*, Familie Bredt.

Bandhandlung Wülfing & Comp., 1803 in erste Schwierigkeiten. Im Oktober des gleichen Jahres erhielt sie eine Kapitaleinlage in Höhe von 5.000 Reichstalern durch die Schwiegermutter Johann Friedrichs, Maria Getrud Rübel (genannt Witwe Rübel).[142] Die Einlage sollte mit den üblichen vier Prozent verzinst werden. Im April 1806 war die nächste Finanzhilfe von Nöten, diesmal gut 8.000 Reichstaler, welche Wülfing & Comp. versprach, noch im gleichen Jahr zurückzuzahlen.[143] Die Finanzeinlagen reichten aber nicht aus, um die Firma aus ihren Schwierigkeiten zu befreien. Stattdessen halfen die Eltern beider Ehefrauen noch einmal mit erheblichen Summen beziehungsweise Bürgschaften aus und verschafften Wülfing & Comp. damit einen Handlungsspielraum in Höhe von 40.000 Reichstalern. Diese Leihgaben sollten so bald wie möglich, aber spätestens in zwei Jahren zurückgezahlt werden.

Mit solch hohen Bürgschaften war allerdings auch der Moment gekommen, an dem die Leihgeber sich größere Sicherheiten verschaffen wollten. So mussten die beiden Wülfing-Brüder zustimmen, dass ihr Vermögen »mit Bewilligung zur Inscription« verpfändet wurde. Das bedeutete, dass sie mit ihrem gesamten Hab und Gut für diese Schulden haftbar gemacht werden konnten. Es wurde allerdings versprochen, davon keinen Gebrauch zu machen, wenn sie sich an gewisse Bedingungen hielten. Darunter fielen nicht nur Vorschriften, die das Geschäft betrafen, sondern auch zum persönlichen Betragen. Johann Friedrich Wülfing musste sich beispielsweise verpflichten, seiner Schwiegermutter Einblick in seine Haushaltsausgaben zu gewähren, nicht näher bestimmte kostspielige Vergnügen aufzugeben und sich bei seinen privaten Ausgaben an eine vereinbarte Obergrenze zu halten.[144] Was das Geschäft anging, so erhielt der Schwiegervater von Abraham Wülfing Einsicht in die Bücher – die beiden Brüder mussten also einen Teil ihrer geschäftlichen Autonomie aufgeben. Das Geschäft sollte verkleinert und eine Bestandsaufnahme des Warenlagers sowie der Aktiva und Passiva angelegt werden, damit die Familie schließlich entscheiden konnte, ob die Firma letztendlich aufrechterhalten werden konnte oder ob das Geschäft abzuwickeln sei.

Dieses Muster von geschäftlicher und privater Kontrolle gegen finanzielle Hilfe setzte sich auch in den folgenden Monaten fort. Wie spezifisch gerade die Reglementierung des privaten Bereichs sein konnte, zeigt sich an den Bedingungen, welcher ein Freund der Familie, Staatsrat Theodor Ark, Johann Friedrich Wülfing einige Monate später im Gegenzug für weitere finanzielle Hilfe diktierte: »Herr Wülfing hört auf an seinem Garten zu bauen, reduziert in

142 Der Vater der beiden Wülfings, Johann Abraham Gerhard Wülfing, war 1776 gestorben, die Mutter, Johanna Gertrud Christina Wülfing, geb. Wortmann, 1802. Von den eigenen Eltern konnten die beiden Brüder also keine Unterstützung mehr erhalten.

143 Vgl. STAW NDS 263–221.

144 Vgl. ebd., Erklärung Joh. Abraham und Joh. Friedrich Wülfings vom 3.5.1806.

2 längstens 3 Monaten seinen Stall bis höchstes auf 3 Pferde, u schaft die Hunde bis auf 1 Hühnerhund, u – allenfalls 2 Bräckchen wenn es seyn muß – ab.« Dabei lag auch ein Augenmerk auf der folgenden Generation, allerdings nicht so sehr auf der Tatsache, dass deren finanzielles Auskommen gefährdet sein könnte, sondern dass vielmehr der übertriebene Aufwand des Vaters einen schlechten Einfluss ausüben könnte: »Daß H[err] W[ülfing] die Musick u. übrige Liebhabereien in die seiner Lage angemessenen Reduktion bringen, u alles was aus dem Verhältniß dieser Lage steht, abzuschaffen und auf das künftige Glück seines durch dies fatale Beyspiel gereizt werdenden Kindes zu wirken suchen werde, wird von seiner Vernunft erwartet.«[145]

Aus dem Umgang mit Johann Friedrich Wülfing klingt an, wie wenig Privat- und Geschäftsleben voneinander getrennt waren. Nicht nur hatte in den Augen der Zeitgenossen das persönliche, möglicherweise verschwenderische Verhalten Wülfings Auswirkungen auf die Erziehung seines Kindes. Auch seine Reputation als Geschäftsmann konnte davon betroffen sein. Doch auch ganz praktische Gründe sprachen für Ark und die Schwiegerfamilie dafür, Wülfing zu drängen, seine persönlichen Ausgaben einzuschränken: Es bestand keine Trennung zwischen Privat- und Geschäftsvermögen, so dass Wülfings hohe private Ausgaben auch eine Schwächung der Firma bedeuten mussten beziehungsweise seine Fähigkeit zur Tilgung der Schulden beeinträchtigten. Die Tatsache, dass nur für Johann Friedrich Wülfing solche genauen Anweisungen existieren, deutet darauf hin, dass er im Gegensatz zu seinem Bruder und Kompagnon den für seine Verhältnisse akzeptablen Lebensstandard überschritten hatte.

Trotz der eigentlich positiven Vermögensbilanz der Firma, die aus dem im Juli 1806 angefertigten Inventar hervorgeht, besserte sich die Lage der Fima auch im folgenden Jahr nicht. Die hohe Volatilität, verbreitete Zahlungsausfälle und vor allem das unsichere Russlandgeschäft machten den beiden Wülfings weiterhin zu schaffen. Für die Familie ging es nun darum, zu retten, was zu retten war, und nach Möglichkeit Kontrolle über den Gang der Geschäfte zu gewinnen. Es sollten »die äußersten Kräfte zum Versuch angespannt werden, ob die Ehre des Hauses und der Familie, ob noch einige Fonds gerettet werden können«.[146] Aus diesem Grund wurde im März 1807 bestimmt, dass der Schwiegervater, Abraham Rübel, die Direktion der Wülfingschen Handlung übernahm. Die Lage der Geschäfte sei zu misslich, als dass auf die Befindlichkeiten der beiden Wülfing-Brüder Rücksicht genommen werden könnte.

Dabei urteilte nach Wülfings Ansicht die Familie ungerecht und zu hart über ihn und seinen Bruder: »Sie sagen, weil uns das Glück nicht gesegnet oder vielmehr unserer Unternehmung nicht gekrönet hat, kein einziger von uns besize

145 STAW NDS 263–258, Erklärung Friedrich Wülfings vom 14.12.1806.

146 STAW NDS 263–221, Vertrag zwischen Joh. Abr. Wülfing, Joh. Friedr. Wülfing, Caspar & Abraham Rübel u. Staatsrath Ark vom 28.3.1807.

die nöthigen Handlungskenntnisse. Es gehe in unserm Haus alles unordentlich, es herrsche keine Aufsicht. Ich behaupte das Gegentheil.«[147] Für Johann Friedrich Wülfing stand nicht nur seine geschäftliche Reputation auf dem Spiel. Vielmehr fühlte er durch die familiären Aufsichtsmaßnahmen sein Selbstverständnis als Kaufmann und damit seiner ganzen Person bedroht:

> Allein unsere Geschäftskenntnisse sowohl als hinlängliche Fabrikkenntnisse, um unserer hiesigen Fabrike selbst vorzustehen – und sie selbst dirigieren zu können – werden besagte Männer [ein von Wülfing ins Spiel gebrachtes Gremium von Experten, die seine Bücher untersuchen sollten, A. S. O.] wohl schwerlich in Zweifel zu ziehen vermögen. [...] Drum – ich schrecke es auszusprechen – lieber von der Welt gebrandmarkt – und das Schiff selbst gerudert – bis es entweder gerettet oder zu Grunde geht – als vor der Welt wie Esel erscheinen, die nicht fähig seyen ein Geschäft zu führen – was ihnen von der Muttermilch gleichsam [ein]gesogen wurde.[148]

Wülfings Protesten zum Trotz wurde ein familieninternes Insolvenzverfahren eingeleitet: Alle eingehenden Gelder sollten zur Tilgung von Verbindlichkeiten verwandt und nur die Gelder, die nötig waren, um die Waren in den Verkauf zu bringen, sollten investiert werden. Das Lager sollte kontinuierlich abverkauft werden. Abraham und Johann Friedrich Wülfing wurde ein Unterhalt zugeteilt, der wöchentlich aus der Kasse entnommen werden sollte. Da half es auch nichts, dass Johann Friedrich Wülfing als Grund für ihre geschäftlichen Schwierigkeiten hauptsächlich extrinsische Faktoren anführte: die jetzige Konjunktur mit ihren schleppenden Zahlungseingängen, die Unterbrechung der Post von und nach Russland und damit der Überbringung von Geldern, fallende Wechselkurse, die Kriegsereignisse, die ihrem guten Willen Schranken setzten, kurz: »Wie konnten wir aber gleichsame gegen unaufhörliches unversöhnliches Unglück in Vereinigung mit allen Elementen kämpfen, konnten wir die Folge unabwendbarere Umstände vermeiden? Wir sind bey Gott so sehr strafwürdig nicht, als wir es in Ihren Augen scheinen!«[149] Hätten sie Erfolg gehabt bei ihren Unternehmungen, so hätte man ihren »unternehmenden Geist« gelobt, aufgrund des »üblen Zeitpunktes« aber erschienen ihre Entreprisen nun strafbar.

Die allgemeine wirtschaftliche Lage führte jedoch auch dazu, dass trotz aller stützenden Maßnahmen ein Konkurs nicht abgewendet werden konnte. Rohstofflieferanten aus dem Preußischen wollten sich nicht länger vertrösten lassen; der Kredit der Wülfing-Brüder war in jeder Hinsicht verbraucht. Ende November 1807 mussten die beiden Brüder ihre Zahlungsunfähigkeit erklären.

147 STAW NDS 263–258, Joh. Friedr. Wülfing an Staatsrat Ark o. O., Barmen, 14.10.1806.

148 Ebd., Joh. Friedr. Wülfing an Staatsrat Ark in Düsseldorf, Barmen, ohne Datum [vor Ostern 1807]. Wie sehr die persönliche und die Geschlechts-Identität von einer positiven Beurteilung des kaufmännischen Sachverstandes abhingen, vgl. dazu auch den erhellenden Aufsatz *Ditz*, Masculinity Imperiled.

149 STAW NDS 263–258, Joh. Friedr. Wülfing an Staatsrat Ark o. O., Barmen 13.3.1807.

Die Schulden bei ihren Verwandten und dem Familienfreund Ark waren auf 53.000 Reichstaler angewachsen. Dazu kamen noch ausstehende Forderungen von Geschäftspartnern. Wenn es Johann Friedrich Wülfing auch gelang, einen Teil der geschuldeten Summe zurückzuzahlen, blieben nach seinem Tod bei seiner Schwiegermutter weiterhin Schulden in Höhe von 28.000 Reichtaler stehen.[150] Für die Familie bedeutete der geschäftliche Zusammenbruch der Firma Wülfing & Comp. also einen schweren finanziellen Verlust, der das Erbe der beiden Ehefrauen zu einem großen Teil aufzehrte.[151]

Im Falle der Familie Eynern konnte der Konkurs des Schwiegersohns noch abgewendet werden, wohl auch weil er sich geschäftlich nicht so weit verstrickt hatte wie die beiden Wülfing-Brüder. Im Dezember 1836 kam Elise Aschenberg, geb. Eynern, zu ihren Eltern, weil ihr Ehemann ihr jetzt erst mitgeteilt hatte, dass er kurz vor dem Konkurs stünde. Aschenberg verdiente mit seinem kleinen Bandgeschäft nicht genug, um für den standesgemäßen Unterhalt seiner Familie mit drei Kindern zu sorgen. Beim Abschluss der Bilanz hätte sich ein Defizit von fünf- bis sechstausend Talern ergeben. Das Bankhaus von der Heydt-Kersten forderte außerdem die Begleichung einer Schuld von 1.800 Talern pr. Ct. bis Ende des Jahres. Der Schwiegervater notierte in seinem privaten Notizbuch: »In dieser traurigen und grämlichen Lage musste nun geholfen werden, wenn A. sich nicht falliert erklären wollte, welches wir auch, um die Ehre unserer Familie aufrecht zu erhalten, nicht zugeben durften, noch würden zugegeben haben.«[152]

Die Familie ergriff dementsprechend Maßnahmen zur Rettung der Firma des Schwiegersohnes. Auch hier wurde die Kontrolle durch die Familie vergrößert, indem vereinbart wurde, dass Julius Aschenberg mit seinem Schwager Wilkhaus in Rechnung trat. Die Schwiegereltern Eynern bürgten und übernahmen den Kaufpreis für das Haus in Wupperfeld, so dass Elise und ihr Mann dort weiterhin gegen Zahlung einer Miete wohnen konnten. Die ausgelegten Summen sollten nach dem Tode der Eltern mit dem Erbe verrechnet werden. Wie Wilhelm von Eynern in seinem Notizbuch festhielt, halfen die Eltern ihrer Tochter und deren Familie mit insgesamt 10.000 Taler aus.[153]

In allen drei Fällen – Wuppermann, Wülfing, Aschenberg – war die Schwiegerfamilie bereit, hohe finanzielle Belastungen auf sich zu nehmen, teils bis an

150 Vgl. STAW NDS 263–221, Verzeichnis über die Vorschüsse, die Friedrich Wülfing und seine Frau erhalten haben, 26.11.1827. Theodor Ark hingegen erließ in seinem Testament Wülfing dessen Schulden.

151 Friedrich Wülfings Frau starb bereits 1811, wenige Jahre nach der Insolvenz. Wülfing ging danach zuerst »zur Armee in Spanien«, später nach Rio de Janeiro, wo er verschollen ist. Sein Bruder Abraham lebte von 1809 bis 1818 in Köln und hat wahrscheinlich in der Kölner Firma Wichelhausen, Rübel, Bünger & Comp., an der die Schwiegermutter beteiligt war, mitgearbeitet. Anschließend kehrte er mit seiner Familie wieder nach Barmen zurück und lebte dort als Rentier. Vgl. *Strutz*, Geschichte der Rübel, S. 203, 214.

152 STAW NDS 12, Notizbuch von Wilhelm von Eynern 1802–1845, fol. 40.

153 Vgl. ebd., fol. 42.

die Belastungsgrenze, um eine drohende Zahlungsunfähigkeit abzuwenden. Die Bereitschaft, sich finanziell zu engagieren, ging aber immer einher mit der Möglichkeit von Kontrolle: durch Einsicht in die Bücher beziehungsweise Übernahme der Geschäftsführung, den Eingang einer Partnerschaft oder die Aufgabe der Firma. Sicherlich sollte der Einblick der Schwiegerfamilie in die Bücher auch ermöglichen zu entscheiden, ob die ungünstige Geschäftslage persönlichem Fehlverhalten geschuldet war oder aber den allgemeinen wirtschaftlichen Umständen. Damit ähnelt das familieninterne Verhalten dem offiziellen Vergleichsverfahren, in dem die Gläubiger zusammentraten, um nach Einsicht in die Bücher über Fortgang oder Beendigung des Geschäfts zu entscheiden. Im Falle Julius Aschenbergs scheint den Eltern Eynern auch daran gelegen gewesen zu sein, ihrer Tochter weiterhin ein standesgemäßes Auskommen zu sichern, was mit der kleinen Bandfabrikation des Schwiegersohnes wohl nicht möglich gewesen war. Ähnliches lässt sich bei der Familie Rübel beobachten.

In allen drei behandelten Fällen ist jedoch auch klar erkennbar, dass die finanziellen Hilfen eigentlich nur als Vorschuss auf das Erbe gewährt wurden. Das Gedächtnis der Familien war in dieser Hinsicht sehr lang und einem unverrückbaren Gerechtigkeitsdenken unterworfen – auch in dieser Hinsicht war man Kaufmann. So hieß es in Johann Carl und Catharina Margarethe Wuppermanns Testament ausdrücklich: »Dasjenige was uns unser Schwiegersohn und Tochter Eheleute Wilhelm Wuppermann schuldig sind und etwa werden schulden mögten, soll an der Erbportion dieser unsrer Tochter aufgerechnet werden, damit unsre übrigen Kinder und Erben keinen Nachtheil leiden.«[154]

Gleichzeitig wurde für die unverschuldet in Not Gekommenen gesorgt. So setzten die Großeltern in ihrem Testament fest, dass Wilhelm und Carolina von dem ihnen zugedachten Erbteil nur die Abnutzung, das heißt die Zinsen, genießen sollten. Das Kapital aber, abzüglich der Summe, die Wilhelm den Schwiegereltern schuldete, sollte direkt an die Enkel gehen. Und sollten die Schulden Wilhelm Wuppermanns den Erbteil der Ehefrau überschreiten, so sollten die Kinder auf jeden Fall 3.000 Reichstaler erben wie auch die Summe von 5.000 Reichstalern, die Wilhelm Wuppermann einmal als Legat erhalten hatte. Den Geschwistern Carolinas wurden dagegen Grundstücke im Wert von 13.300 Reichstalern zugedacht, die nicht in die allgemeine Erbmasse einfließen und damit die Geschwister für die Zahlung an die Enkel entschädigen sollten. Auch Karl Wülfing, der Sohn Johann Friedrich Wülfings, konnte auf seine Großmutter zählen. 1826 übernahm sie für ihn die notwendige Bürgschaft in Höhe von 3.000 Reichstalern, als er zum Steuerempfänger ernannt wurde. Außerdem schoss sie ihm bei dieser Gelegenheit eine Summe von 2.000 Reichstalern vor. Diese Summe, wie auch die Schulden des Vaters, sollte ihm allerdings auf seinen Erbteil angerechnet werden.

154 FWA 22–12.

Zusammenfassend lässt sich sagen, dass die Wuppertaler Kaufmannsfamilien Konkursen innerhalb der Familie als nüchtern kalkulierende Kaufleute begegneten. Um Schaden von der Familie und vor allem von ihrer Reputation abzuwenden, waren die Familien bereit, große Summen aufzubringen, die zumeist aus der zu erwartenden Erbmasse stammten. Die geschäftlichen Schwierigkeiten der Familienmitglieder wurden so lange intern gehalten, wie es nur ging. Allerdings waren diese Hilfen nur gegen Kontrolle und Zugeständnisse auch privater Natur erhältlich. Vor allem übernahm die ältere Generation das Management der Firma, um kontrollierend eingreifen und auch so auf den Ruf der Familie achten zu können.

Für eine allgemeine Stabilisierung der Wirtschaft war langfristig jedoch entscheidend, dass im Falle einer Insolvenz, sei sie familienintern wie im Falle der Wuppermanns, sei sie öffentlich wie im Falle der Wülfings, die Familien dafür sorgten, dass den (Schwieger-)Söhnen von Seiten der Familie für zukünftige Unternehmungen keine größeren Fonds mehr zur Verfügung standen. Sie wurden geschäftlich unselbständig gemacht, wenngleich für ihr Auskommen weiterhin gesorgt war. Diese harten Maßnahmen blieben auch bestehen, wenn äußere Umständen wie etwa die allgemeine schlechte Konjunktur von den Falliten zur Entlastung vorgebracht werden konnten. Nach einem Zusammenbruch wurde innerhalb der Familie kein Risikokapital mehr gewährt, der familieninterne Kredit war auch bei einwandfreiem Geschäftsgebaren verbraucht. Die gescheiterten Kaufleute wurden als unzuverlässig angesehene Mitglieder aus dem familiären Kreditverbund ausgeschlossen. Der persönliche Lebenswandel, über den die Familie natürlich sehr genau informiert war, wurde hierbei mit in Rechnung gestellt. Da es vor allem die Familie war, welche größere Geldsummen, häufig in Form von Erbschaft und Mitgift für die Geschäftstätigkeit, zur Verfügung stellte, waren die Folgen für die Beteiligten besonders gravierend, denn sie konnten kaum wieder als selbständige Kaufleute Fuß fassen. Eine von der Familie unabhängige Finanzierung etwa durch eine Bank war kaum zu bekommen. Und wenn die Familie nicht für einen bürgte, waren auch kaum größere Kredite von anderen Kaufleuten zu erhalten. Die Familie sanktionierte somit schärfer als die größere Gemeinschaft der Kaufleute und trug damit zur Stabilisierung des »Kommerziums« entscheidend bei.

Anders als formale Institutionen wie Justiz und Verwaltung, die auf einem schriftlich fixierten Regelwerk basierten, entpuppt sich somit die informelle Institution Familie als besonders effektiver Mechanismus bei der Stabilisierung wirtschaftlicher und sozialer Beziehungen. Es war gerade die Institution Familie, die, in den Worten Karl-Siegbert Rehbergs, eine Synthese »zwischen den personellen und sozialstrukturellen Voraussetzungen eines Ordnungsarrangements« schaffte und damit eine Ordnungsleistung ersten Ranges vollbrachte.[155]

155 Vgl. *Rehberg*, Institutionen, S. 56.

Insofern ist es nicht verwunderlich, dass die Einheit von Familie und Firma bis weit ins 19. Jahrhundert bestehen bleiben und für viele verschiedene Lebensbereiche der hier betrachteten Akteure wie auch für andere Teilgruppen der »gebildeten Stände« konstitutiv bleiben sollte.[156] Die Einbeziehung der Familie in das Geschäftsleben kann somit als rationales Handeln begriffen werden. Wie der anschließende Abschnitt zeigt, galt dies auch für religiöses Handeln, nicht unbedingt aber für die Einführung der doppelten Buchhaltung.

4.3 Kaufmännische Rationalitäten und handlungsleitende Werte

Rationalität wird im Duden als »auf Einsicht gegründetes Verhalten« definiert, es ist demnach wohlüberlegtes, abwägendes Verhalten.[157] Im allgemeinen Sprachgebrauch wird rationales Verhalten auch synonym zu vernünftigem Verhalten gebraucht. Es ist ein Verhalten, dem nicht zuletzt eine Affektkontrolle vorhergeht. Sinn und Zweck der Handelstätigkeit ist es wiederum, Geld zu verdienen, kurzum Profit zu machen. Kaufmännische Rationalität bezeichnet daher ein Verhalten, welches unter Einsicht in die Umstände den Gewinn des Kaufmanns befördert und auf Dauer stellt.

Wie Craig Muldrew herausgearbeitet hat, konnte in der Frühen Neuzeit jedoch individueller Profit nicht ohne die »direkte Kooperation von Nachbarn erreicht werden«.[158] Wirtschaftliches Handeln war in ein Gewebe interpersonaler Beziehungen eingebunden, das sich am deutlichsten in der reziproken Beziehung von persönlicher Reputation und wirtschaftlichem Kredit zeigte. Daraus folgt: »Making a distinction between economically rational transactions and other social transactions such as courtship, sex, patronage or parenthood, does not make sense.«[159] Wirtschaftliches Handeln ist nur als soziales Handeln verständlich. Auch die vermeintlich überzeitliche kaufmännische Rationalität ist demnach immer sozial und kulturell eingebettet, schließlich ändern sich die Umstände und damit die Art und Weise von kaufmännisch profitablem Verhalten.

Teil dieser veränderlichen Umstände sind auch die von den Akteuren nicht weiter hinterfragten Werturteile, Ansichten, Denkweisen und Überzeugungen, kurz: das einen jeden leitende System von Normen, das wissenssoziologisch auch als Ideologie bezeichnet wird. Je näher sich die Ideologien verschiedener Akteure sind, desto geringer die Reibungsverluste zwischen ihnen, oder im Sinne der mit einem weiten Kostenbegriff operierenden Neuen Institutionenökonomie, desto

156 Vgl. hierzu *Habermas*, Frauen; *Brakensiek*, Fürstendiener; sowie ausführlich Kap. 5.
157 https://www.duden.de/rechtschreibung/Rationalitaet (19.01.2019).
158 *Muldrew*, Anthropologie, S. 178.
159 *Muldrew*, Economy of Obligation, S. 149.

geringer die Transaktionskosten ökonomischen Handelns.[160] Teil ökonomisch rationalen Handelns muss demnach immer auch die Verständigung über die dem Handeln zugrundeliegenden Normen und Werte sein. Dies konnte beispielsweise über das Beschwören gemeinsamer Tugenden und Werte in der Korrespondenz, also innerhalb eines diskursiven Rahmens, geschehen.

Der kaufmännischen Rationalität der Wuppertaler Verlagskaufleute und ihrem sie bestimmenden sozialen und kulturellem Umfeld soll im folgenden Kapitel anhand von zwei Themenkomplexen nachgegangen werden. Zum Ersten werden kaufmännisches Wissen und Buchführung behandelt, wobei die ältere These von der Herausbildung der doppelten Buchführung als Kennzeichen »moderner« rationalistischer Verfahrensweisen aufgegriffen und kritisch hinterfragt wird. Zum Zweiten wird nach der handlungsleitenden Funktion von Religion und den durch sie vermittelten Werten und Tugenden als Teil einer spezifischen kaufmännischen Rationalität gefragt. Hierbei wird besonders deutlich, inwiefern soziales und kulturelles Umfeld darüber bestimmen, was als rationales Handeln bezeichnet werden kann.

4.3.1 Weltkenntnis und Buchführung

Die Handlungswissenschaften und die ihnen zugrunde liegenden Rationalitäten wurden ausformuliert in der Kaufmannsliteratur, den sogenannten *Ars Mercatoria*. Bereits im 16. und 17. Jahrhundert nicht arm an Titeln, nahm diese Literaturgattung im 18. Jahrhundert nochmals einen enormen Aufschwung. Die Zahl der im 18. Jahrhundert gedruckten Werke wird auf 8.000 geschätzt.[161] Einflussreich war vor allem das Werk »Le parfait négociant« des Franzosen Jacques Savary, erschienen 1675 und bereits 1676 ins Deutsche übersetzt, das bis 1800 in immer wieder neuen Auflagen erschien. Savary zeigt darin die verschiedenen Entwicklungsstufen im Leben eines Kaufmanns auf und fragt, welcher Ausbildungsstufe (Lehrling, Gehilfe, Meister) welche Lernziele angemessen seien. Enthalten waren neben Anweisungen für die Buchführung auch Angaben zur Ladeneinrichtung, dem Einkauf und Messebesuchen sowie dem Versandhandel – das Werk richtete sich also sowohl an den noch lernenden als auch an den bereits selbständigen Kaufmann.

Innerhalb Deutschlands wurden die Schriften des Nürnbergers Paul Jacob Marperger (1656–1730) besonders einflussreich. In engem Bezug zu dem Werk Savarys setzte er sich in rund dreißig Schriften mit den »kaufmännischen Wissenschaften« auseinander und betonte dabei die Notwendigkeit des lebenslangen Lernens. Praktischer ausgerichtet als Marpergers Schriften, der sich auch

160 Vgl. *North*, Transaction Costs, S. 11.
161 Vgl. *Hoock/Jeannin*, Ars Mercatoria, sowie weiterhin *Weber*, Handelbetriebslehre.

mit volkswirtschaftlichen Themen beschäftigte, war das ebenfalls langlebige Werk Gottfried Christian Bohns, »Der wohlerfahrene Kaufmann«. Es erlebte insgesamt fünf Auflagen bis zum Ende des 18. Jahrhunderts und fand auch im Wuppertal seine Abnehmer.[162] Des Weiteren erschien eine Reihe von enzyklopädischen Werken, die sich speziell an die Bedürfnisse der Kaufmannschaft richteten. Zu nennen sind hier vor allem »Die eröffnete Akademie der Kaufleute, oder vollständiges Kaufmannslexikon« von Carl Günther Ludovici in fünf Bänden, sowie die »Oekonomische Encyklopädie oder allgemeines System der Staats- Stadt- Haus- und Landwirthschaft« von Johann Georg Krünitz, erschienen zwischen 1773 und 1858 in 242 (!) Bänden.

Den in diesen Werken verbreiteten Wissensanforderungen entsprach die Wuppertaler Kaufmannschaft durchaus. Die Wuppertaler Kaufleute verfügten über eine große Bandbreite an geografischen Kenntnissen. Diese reichten von der unmittelbaren Region, erworben durch Kontakte mit den in der Umgebung verlegten Arbeitern genauso wie durch Verwandten- und Bekanntenbesuche, über die etwas weiter entfernt liegenden Gebiete, die auch schon einmal für Bäderkuren aufgesucht wurden, bis hin zu den einige Tagesreisen entfernten Messeorten und Handelsplätzen. Gerade Messeorte wie Frankfurt/Main, Leipzig, Braunschweig und Frankfurt/Oder suchten die Kaufleute sehr regelmäßig auf, manchmal über Jahrzehnte.[163] Diese Reisen wurden in der ersten Hälfte des 18. Jahrhunderts teils noch zu Fuß zurückgelegt, in späterer Zeit jedoch vor allem mit dem Pferd. Dies galt auch für die Reisen zu Geschäftskunden, welche beispielsweise Friedrich Wilhelm Bredt in dem 1780er Jahren regelmäßig absolvierte.[164]

Diesen Radius überschritten die Kaufleute im 18. Jahrhundert, vor allem nach Abschluss der Lehrjahre, nur gelegentlich. Für Abraham Frowein stellte seine Hochzeitsreise nach Amsterdam den einzigen Auslandsaufenthalt dar; von Johann Peter von Eynern sind außer seinen Messereisen nach Leipzig als Handelsdiener keine weiteren Reisen bekannt. Seine Frau besuchte allenfalls Verwandte in Düsseldorf.[165] Personen wie Johann Rütger Siebel, der viele Jahre in London lebte, stellten im 18. Jahrhundert unter den Wuppertaler Kaufleuten eher eine Ausnahme dar. Nach der Jahrhundertwende gingen jedoch vermehrt Kaufmannskinder für einige Zeit nach London oder absolvierten ausgedehnte Handelsreisen nach Italien.

162 Zu Marperger vgl. *Dauenhauer*, Kaufmännische Erwachsenenbildung; *Klein-Blenkers*, Materialien; zur Kaufmannsliteratur allgemein vgl. Gebele, Kaufmannsbrief. Bohns »Der wohlerfahrene Kaufmann« war Teil des Nachlasses von Johann Gerhard Teschemacher. Vgl. 6.3.

163 Maria Bredt etwa bereiste die Frankfurter Messe 36 Mal. Vgl. *Bredt*, Familie Bredt, S. 102. Abraham Beckmann aus Barmen wiederum war laut den erhalten gebliebenen Messschemata zwanzig Jahre lang auf den Messen präsent.

164 Vgl. 3.2.3.

165 Vgl. HZW Bestand Eynern Nr. 112A.

Nichtsdestotrotz besaßen auch die älteren Angehörigen der Wuppertaler Kaufmannschaft erstaunlich genaue Kenntnisse über andere Weltgegenden. Sie korrespondierten mit großer Selbstverständlichkeit mit Kaufleuten in Seehäfen wie Bordeaux, Bilbao, Sevilla und Cádiz. Auch weit entfernt liegende Inseln wie Teneriffa, Hispaniola oder Curaçao waren den Elberfelder und Barmer Kaufleuten zumindest so weit vertraut, dass ihnen sowohl die territoriale Zugehörigkeit wie auch besondere klimatische Verhältnisse bekannt waren.[166] Änderungen der politischen Verhältnisse, etwa der Ausbruch von Kriegen, wurden immer sehr schnell übermittelt, da dies etablierte Handelsrouten beeinträchtigen konnte. Sie waren also auch über das politische Tagesgeschehen meist wohlinformiert.[167]

Die geografischen Kenntnisse der Kaufleute erstreckten sich auch auf die günstigsten Routen und Transportwege. Der Versand nach Frankreich erfolgte beispielsweise immer über Frankfurt/Main, Sedan und dann direkt nach Paris, Lyon oder Rouen oder aber weiter über Orléans nach Angers. Der Versand in den Norden war stark von den Jahreszeiten abhängig, beispielsweise wenn es um den Transport nach Danzig über die Ostsee ging und der Winter den Schiffsverkehr behinderte.[168] Doch auch hier gab es feste Routen, sei es über Ruhrort und Nijmwegen in die Niederlande oder über Kiel und Altona nach Dänemark. Kenntnisse über günstige Verladezeiten und witterungsbedingte Schwierigkeiten betrafen vor allem den Handel mit der Iberischen Halbinsel und mit Amerika, da zu erwartende Stürme die Überfahrt länger und unsicherer machten und die Versicherungsprämien in die Höhe trieben.[169] Auch im Binnenland beschäftigte man sich mit den klimatischen Zyklen der atlantischen Schifffahrt!

Kurz gesagt, die Wuppertaler Kaufleute hatten Teil am kaufmännischen Wissensfundus ihrer Zeit. Sie kannten sich aus mit ihren Waren und Rohstoffen, beherrschten Wechselrechnung und Münzkunde und erweiterten ihre Kenntnisse durch persönliche Reisen genauso wie durch die Lektüre von Büchern, Tageszeitungen und Wochenschriften. Doch was hat dies nun mit kaufmännischer Rationalität zu tun, abgesehen davon, dass es wirtschaftlich opportun ist, seinen Geschäftspartnern an Kenntnissen ebenbürtig zu sein? Die hier ausgebreiteten vielfältigen Kenntnisse der Wuppertaler Kaufleute dienen vor allem als Kontrast für etwas, was sich in den überlieferten Büchern der Wup-

166 Vgl. etwa FAF Nr. 1345, Brief an J. G. Fredericks in Amsterdam, 23.10.1772. Hier spricht Abraham Frowein von der anderen Art der Appretur, wie sie in »Westindien« benötigt werde.

167 Vgl. FAF Nr. 1355, Brief an C. L. Steding in Wolfenbüttel, 22.2.1780: »Holland bleibt nicht aus dem Krieg, und wenns auch draus bleibt, so ist Schifffahrt unsicher, also daß unsere mehrsten Waaren nicht können durchgebracht werden.«

168 Vgl. FAF Nr. 1345, Brief an Abraham Gottlieb Schmidt in Danzig, 7.2.1775.

169 Vgl. ebd., Brief an Reinhard Scherenberg in Amsterdam, 8.12.1772: Bei dieser Witterung wage Frowein es nicht, die Sendung unversichert zu lassen.

pertaler Kaufmannschaft nicht finden lässt, was aber gemeinhin als Zeichen avancierter Rechnungslegung und damit als Ausweis besonderer kaufmännischer Rationalität gilt: das System der doppelten Buchführung, welches in den Worten Werner Sombarts geradezu eine Grundbedingung des modernen Kapitalismus darstellt.[170] Es stellt sich die Frage nach dem Warum und damit nach einer Neubewertung kaufmännischer Rationalität, welche im Folgenden beantwortet werden soll.

Die Wuppertaler Kaufleute bedienten sich trotz ihrer sorgfältigen Ausbildung und vielfältigen Kenntnisse durchgängig der einfachen Buchführung. Dies heißt allerdings nicht, dass diese nicht durchaus komplex und auf verschiedene Haupt- und Nebenbücher verteilt sein konnte.[171] Die Unterscheidung ist vielmehr, dass ein Buchungsvorgang nicht, wie bei der doppelten Buchführung, jeweils doppelt als Aktiv- und als Passiv-Buchung durchgeführt wird, so dass jederzeit eine Gewinn- und Verlustrechnung gemacht werden kann, sondern dass jede Buchung nur einfach auf der Haben- oder auf der Sollseite verbucht wird. Auch wurden keine Sachkonten, sondern nur Personenkonten geführt.[172] Die Konten der Kunden wurden dabei als Kontokorrent-Konto geführt, bei dem sich die Passiv- bzw. Debet-Seite und die Aktiv- bzw. Credit-Seite gegenüberstanden. Die Saldierung eines Kundenkontos konnte dabei jederzeit, beispielsweise auf Wunsch des Geschäftspartners, oder zu einem fixen Zeitpunkt, etwa bei der Erstellung einer Gesamtbilanz, erfolgen. Für eine Berechnung des eigenen Vermögensstandes musste jedoch eine Gesamtbilanz gezogen werden, welche eine Postenaufstellung aller Konten, Warenvorräte, Ausstände etc. beinhaltete und damit ein aufwändiges und zeitraubendes Verfahren darstellte. Gewinne und Verluste der

170 »Man kann schlechthin Kapitalismus ohne doppelte Buchhaltung nicht denken: sie verhalten sich wie Form und Inhalt zueinander. [...]. Durch die doppelte Buchhaltung [wurden] Möglichkeiten und Anregungen geschaffen, damit die dem kapitalistischen Wirtschaftssystem innewohnenden Ideen zur vollen Entfaltung kommen konnte: die Erwerbsidee und die Idee des ökonomischen Rationalismus.« *Sombart*, Kapitalismus, Bd. 2, S. 118 f.

171 Zur Untersuchung herangezogen wurden die Journale, Haupt- und Geheimbücher der Firma Abr. & Gebr. Frowein aus dem Zeitraum von 1764 bis 1824 (FAF Nr. 1343, 1348–53, 1356–58), weitere Hauptbücher und Inventare von Verwandten der Froweins (geführt 1778–1787) (FAF Nr. 1359, 1363–66), das Inventarbuch der Firma Abr. & Casp. Rübel (geführt 1776–1789) (STAW NDS 263–233), das Hauptbuch von Friedr. & Wilhelm Bredt (geführt 1774–84) (LVR RA 04 100), das Hauptbuch der Firma Hölterhoff (geführt 1770–1783) (HZW Nachlass Boeddinghaus) sowie das Bilanzbuch (geführt 1803–30) und das Kalkulationsbuch (geführt 1811–45) der Firma Joh. Pet. von Eynern & Söhne (STAW NDS 12; HZW Bestand Eynern).

172 Der zeitgenössische Handelslehrer Stricker formulierte es so: »Die einfache Art beschäftigt sich nur mit Personen, die doppelte Art aber mit Personen und Sachen. Bei der einfachen Art kommt bei einer jeden Post nun entweder ein Debitor, oder Creditor; bei der doppelten aber Debitor und Creditor, oder Debitores und Creditores beisammen vor; wodurch also die Beiwörter einfach und doppelt entstanden sind.« *Stricker*, Erklärung, S. 9.

ganzen Firma konnten nur im Vergleich von zwei, mit einem gewissen zeitlichen Abstand zueinander erfolgten Gesamtbilanzen ermittelt werden.[173]

Im Wuppertal war es im 18. Jahrhundert generell üblich, solche Bilanzen anzufertigen, wenn eine Veränderung der Geschäftsverhältnisse anstand. Für die Firma Abr. & Gebr. Frowein wurde etwa in dem Zeitraum 1787 bis 1832 sieben Mal ein Inventar durchgeführt. Anlass hierfür gab immer das Ausscheiden beziehungsweise die Aufnahme eines neuen Geschäftspartners aus dem Kreis der Familie.[174] Dank des Inventares konnten die Vermögenswerte der Firma genau bestimmt und die Anteile der Teilhaber berechnet und festgelegt werden. Wie sich diese entwickelten, konnte jedoch während des laufenden Geschäftsjahres kaum festgestellt werden.

Einige wenige Firmen gingen daher dazu über, in regelmäßigen Abständen Schlussbilanzen durchzuführen. Die Firma Abraham & Caspar Rübel beispielsweise zog bereits in den 1770er Jahren jedes Jahr eine Schlussbilanz. Die Bilanz der Firma zeigte unter anderen, wie schwankend die Überschüsse der Firma sein konnten. Sie bewegten sich im Zeitraum 1777 bis 1789 zwischen 480 Reichstalern (1787) und 16.500 Reichstalern (1783).[175] Diese regelmäßigen Bilanzen hatten jedoch keinen erkennbaren betriebswirtschaftlichen Zweck wie etwa eine bessere Kostenkalkulation oder das Abschreiben einmaliger Investitionen wie etwa von Gerätschaften und Gebäuden zur besseren Vermögensübersicht.[176] Die seit 1803 in dreijährigen Abständen durchgeführten Schlussrechnungen der Firma Johann Peter von Eynern & Söhne erlaubten es den Teilhabern immerhin, in relativ engen Abständen darüber Auskunft zu erhalten, wie hoch ihr jeweiliger Anteil am Überschuss war und wie sich das Firmenvermögen entwickelte. Wenngleich die erwirtschafteten Überschüsse deutlich weniger stark schwankten als bei der Firma Rübel, mögen die engmaschig durchgeführten Bilanzen dennoch dazu geführt haben, dass die Söhne der beiden Teilhaber sich stärker auf andere Geschäftszweige verlegten. Durch die regelmäßigen Bilanzen wurde nämlich sichtbar, dass die Rendite des eingesetzten Kapitals sank: nimmt man

173 Auch bei Firmen, die dem angeblich überlegenen und fortschrittlicheren System der doppelten Buchhaltung folgten, wurde nicht regelmäßig Bilanz gezogen. Die Ermittlung von Gewinn- und Verlustrechnung stand also auch hier nicht mit Vordergrund. Vgl. *Ramsey*, Unimportance; *Yamey*, Bookkeeping.

174 Auch bei den Wuppermanns gab dies jeweils den Anlass zum Erstellen eines Inventars. Hier wurden 1780, 1793 und 1799 Inventare angefertigt.

175 Im Mittel lagen sie in diesem Zeitraum bei 8.170 Rtlr. Vgl. STAW NDS 263–233.

176 Vor allem bei letzterem fällt auf, dass die in den Inventaren aufgeführten Werte sowohl für die Handlungsgerätschaften und Gebäude als auch für das von der Firma gehaltene Pferd eher Schätzwerte waren. Sie schwankten stark und wurden mal höher, mal geringer angegeben. Wie mit schwankenden Werten und der daraus resultierenden fehlenden Stringenz bei der Abschreibung von Anschaffungen oder Investitionen umzugehen sei, wurde zwar von der zeitgenössischen Fachliteratur bereits beschrieben, aber in der Praxis kaum umgesetzt. Vgl. *Penndorf*, Buchhaltung, S. 241.

das Kapital der beiden Teilhaber, welches in den Bilanzen gesondert ausgewiesen ist, und den erwirtschafteten Überschuss der Firma zum Ausgangspunkt, so ergibt sich, dass die Rendite von 36 Prozent im Jahr 1821 auf zwölf Prozent (1830) sank. Ob die Bilanzen für solche Überlegungen wirklich herangezogen wurden, ist jedoch aufgrund der Quellenlage nicht zu entscheiden.

Neben den Kontokorrentbüchern, den Memorialen oder Journalen, in denen alle Geschäftsvorgänge tageweise und der Reihe nach eingetragen wurden, sowie den mehr oder weniger detaillierten Inventaren zur Bilanzziehung, führten die Wuppertaler Kaufleute eine Reihe von Nebenbüchern. Dazu gehörten zum einen die Briefkopierbücher, in welchen die ausgehende Korrespondenz kopiert wurde. Die Briefkopierbücher waren als Beweismittel vor Gericht zugelassen und waren nicht zuletzt wichtig, um geschäftliche Abmachungen über längere Zeiträume nachvollziehen zu können.[177] Zum anderen führten die Teilhaber der verschiedenen Firmen sogenannte Geheimbücher, welche Aufschluss gaben über die Anteile der Teilhaber und der externen Kapitalgeber.[178] In ihnen wurden auch Geldentnahmen der Teilhaber verzeichnet, etwa für Hausbauten oder Kosten der Lebensführung. In Einzelfällen erhalten haben sich auch spezielle Bücher wie Auftrags- und Reisebücher, in welchen Bestellungen von einem Handelsreisenden aufgenommen wurden, oder ein sogenanntes Farbbuch, in welchem im Kontokorrentverfahren die Käufe von Farbstoffen abgerechnet wurden.[179] Die Firma Johann Peter von Eynern & Söhne besaß außerdem ein Kalkulationsbuch, in welchem in regelmäßigen Abständen die Herstellungskosten der verschiedenen Bandbreiten in unterschiedlichen Farben festgehalten wurden. Dieses Buch diente vor allem als Grundlage für die Preiskalkulation.[180]

Nebenbücher waren weit verbreitet und wurden von jedem Kaufmann nach seinen Bedürfnissen angelegt, so dass sie sich einer übergreifenden Systematik entziehen. Grundlegend für jeden kaufmännischen Betrieb mit einfacher Buchführung waren die beiden oben angesprochenen Buchsorten Memorial oder Journal und das Hauptbuch.[181] Wenngleich die Aussagekraft der Bücher vor

177 Allerdings ging die Firma Abr. & Gebr. Frowein bereits Ende des 18. Jahrhunderts dazu über, ausgehende Briefe hauptsächlich mit Durchschlägen zu kopieren. Über den fertig geschriebenen Brief wurde ein Seidenpapier gelegt, welches die Tinte aufsaugte und ein Faksimile des Briefes erstellte. Diese Durchschläge sind im Firmenarchiv als lose Blattsammlungen erhalten. Sie sind deutlich schlechter lesbar als die Originale, scheinen aber für die Zwecke der Dokumentation ausgereicht zu haben. Vgl. FAF Nr. 909–15, 916, 918.

178 Vgl. FAF Nr. 1343.

179 Vgl. HZW Bestand Boedinghaus, Auftragsbuch; FAF Nr. 1346, Farbbuch 1785–86.

180 Vgl. HZW Bestand Eynern Nr. 133.

181 Manchmal wird zwischen Memorial und Journal noch unterschieden; im Wuppertal scheint der Gebrauch der beiden Worte austauschbar gewesen zu sein. Beide Bezeichnungen bezogen sich auf das Buch, in das tageweise alle laufenden Geschäftsvorgänge eingetragen wurden, bevor sie auf die Konten des Hauptbuches übertragen wurden. Ein zusätzliches »Durchstreich-Buch«, das heißt ein Memorial im engeren Sinne, welches dem Journal vorge-

allem für den quantitativ denkenden Historiker unbefriedigend bleibt und die Bücher wenig Informationen über kaufmännische Strategien in einem betriebswirtschaftlichen Sinne bereithalten, scheint die einfache Buchhaltung auch für größere Firmen eine ausreichende Basis für ihre Geschäfte dargestellt zu haben. So unterhielt zwar die Hagener Firma Harkort gleich mehrere Hauptbuchserien und ein ganzes System von Nebenbüchern, doch wich auch sie nicht von der Praxis der einfachen Buchführung ab. Das Gleiche gilt für die Firma Joh. Bernhard Hasenclever & Söhne aus Remscheid, zahlreiche Iserlohner Firmen oder die Schoeller-Häuser in Aachen und Düren.[182] Gemein ist allen diesen Firmen, dass sie proto-industrielle Verlagsunternehmen waren, die sowohl in der Produktions- als auch der Distributionssphäre zu Hause waren. Eine engmaschige Berechnung der verschiedenen Kostenpunkte auf dem langen Weg vom Einkauf der Rohmaterialien über die Produktion hin bis zum Vertrieb an den Endabnehmer wäre also aus moderner betriebswirtschaftlicher Sicht durchaus im Sinne der Verlagskaufleute gewesen.

Die hier untersuchte Art der Buchführung diente jedoch nicht einer Gewinnmaximierung im engen betriebswirtschaftlichen Sinn. Vielmehr benötigten die hier untersuchten proto-industriellen Kaufleute ihre Geschäftsbücher zum Nachvollziehen der vielen Geschäftsvorgänge: »It was the detail, not the over-all picture, that mattered.«[183] Buchhaltung diente vor allem der Dokumentation der vielfältigen und langfristigen Kreditbeziehungen, die eigentlich mit jedem Geschäftspartner eingegangen werden mussten. Für die Analyse eines wie auch immer gearteten Profits wurden sie dagegen nicht benutzt, selbst nicht von Kaufleuten, welche das deutlich aufwändigere System der doppelten Buchhaltung praktizierten.[184] Dies lag auch daran, dass zwischen Privat- und Geschäftsvermögen nicht geschieden wurde. Denn wie Julia Düncker in Bezug auf die Remscheider Firma Joh. Bernhard Hasenclever & Söhne feststellen musste, verstanden die Inhaber die Firma kaum als eigenständigen Organismus:

> Sie war weniger ein autarkes Bündel von Vermögen und Kapital, das an seiner periodengenau abgegrenzten Wirtschaftskraft gemessen wurde, sondern war vielmehr Teil des familiären Lebens der Hasenclever, in das selbstverständlich Familienvermögen eingebracht wurde […]. Um den Firmenbestand zu gewährleisten und damit die Familie zu ernähren, kam es weniger darauf an, den Gewinn der Firma periodengenau zu ermitteln, als vielmehr Liquidität und Bonität gegenüber den Geschäftspartnern zu wahren.[185]

schaltet war, ist nicht Teil der Überlieferung. Vgl. zu den verschiedenen Buchsorten *Stricker*, Erklärung, S. 4 f.; *Yamey*, Bookkeeping, S. 165 f.

182 Vgl. *Gorißen*, Handelshaus, S. 333–340; *Dünkel*, Hasenclever, S. 641–675; *Reininghaus*, Iserlohn, S. 342–346; *Saldern*, Netzwerkökonomie, S. 99 f.

183 *Yamey*, Bookkeeping, S. 184.

184 Vgl. *Gervais*, Profit and Loss.

185 *Dünkel*, Hasenclever, S. 675.

Die Art und Weise, wie die hier untersuchten Wuppertaler Kaufmannsfamilien ihre Geschäfte betrieben, lassen ganz ähnliche Schlussfolgerungen zu. Auch für sie war vor allem der Erhalt der Familie der Hauptzweck der geschäftlichen Unternehmungen. Die hier zusammengetragenen Ergebnisse von Untersuchungen zu Kaufmannspraktiken legen demnach einen ganz anderen Schluss nahe als das von Sombart scharf formulierte Postulat: »Ich begreife nicht, wie man überhaupt über kapitalistische Wirtschaftsweise etwas Vernünftiges aussagen will, ohne daß man diese Trennung von Unternehmer und Unternehmung zum Ausgangspunkt seiner Betrachtung macht.«[186] Denn gerade die fehlende Trennung von Privat- und Geschäftsvermögen beziehungsweise von Unternehmer und Unternehmung ist ein bleibendes Charakteristikum frühneuzeitlicher Geschäftspraktiken. Die Wirtschaftsweise frühneuzeitlicher Kaufleute lässt sich nur durch die mühselige Untersuchung der Überreste erschließen, nicht durch die normativen Quellen, welche ihnen gleichwohl zur Information und Weiterbildung dienten.[187] Dies gilt vor allem auch für die doppelte Buchführung und die ihr angeblich innewohnende, überlegene kapitalistische Rationalität.

Die Beibehaltung der einfachen Buchführung innerhalb des Wuppertals war im Übrigen nicht etwa einer gewissen Rückständigkeit der Peripherie geschuldet. Sie wurde vielmehr in Kontoren in ganz Europa weiterhin praktiziert.[188] Erst der Übergang zur industriellen Fertigung und die dazu benötigten hohen Investitionskosten brachten die Unternehmer in breiter Masse dazu, das bisher praktizierte System der einfachen Buchhaltung aufzugeben und mehr in Sachwerten denn in Personenkonten zu denken und dementsprechend die doppelte Buchführung einzuführen.[189] Die Geschäftsbücher der Wuppertaler Kaufleute und die sich darin spiegelnde kaufmännische Praxis ordnen sich somit ein in eine weitreichende kaufmännische Tradition, welche vom späten Mittelalter bis ins 19. Jahrhundert reichte und deren praktische Ausprägung von den norma-

186 *Sombart*, Kapitalismus, Bd. 2, S. 124.

187 Für eine Kritik an Sombarts Schlussfolgerungen zur »kapitalistischen Wirtschaftsweise« vgl. auch *Braudel*, Sozialgeschichte, Bd. 2, S. 633–641.

188 Vgl. *Coquery/Menant/Weber*, Écrire; *Angiolini/Roche*, Cultures Negociantes. Die weite Verbreitung der einfachen Buchführung auch in großen Handelshäusern des Bergischen Landes, immerhin eine der bedeutendsten Gewerberegionen im Heiligen Römischen Reich, brachte auch den Lehrbuchautor Stricker dazu, ein Unterrichtswerk über die einfache und nicht etwa über die doppelte Buchführung für besonders gewinnbringend zu halten. Vgl. *Stricker*, Erklärung, S. 4.

189 Vgl. *Lemarchand*, Operating Costs. An anderer Stelle argumentiert Lemarchand gemeinsam mit weiteren Autoren, dass bereits die Komplexitätssteigerung im Überseehandel des 18. Jahrhunderts die Einführung der doppelten Buchführung erfordert hätte. Zielsetzung der Buchführung sei es aber vor allem gewesen, durch die Verlässlichkeit der Bücher und durch die Nachvollziehbarkeit der Transaktionen trotz großer Distanzen Vertrauen zwischen den Geschäftspartnern herzustellen. Die doppelte Buchführung diente, so die Argumentation, auch hier nicht der Gewinnmaximierung. Vgl. *Lemarchand/McWaters/Pineau-Defois*, Current Account.

tiven Annahmen führender Theoretikern des »Kapitalismus« nicht abgebildet werden.[190] Vielmehr müssen grundsätzlich moderne Vorstellungen von »Rationalität« in Frage gestellt und historisiert werden.[191] Dies gilt insbesondere auch für die Rolle »irrationaler« Praktiken wie den im Folgenden behandelten religiösen Überzeugungen.

4.3.2 Kaufmännische Tugend als religiöse Praxis

»Mit Gott« – diese schlichte, aber vielsagende Aussage findet sich als Überschrift des Inventars, welches die Barmer Kaufleute Johann Carl Wuppermann, Carl Cramer und Heinrich Springmann im Dezember 1799 für die gemeinsame Firma anfertigten.[192] Sie stellten damit ihre geschäftliche Tätigkeit in einen engen Bezug zu ihrem christlichen Glauben. Nur »mit Gott« wollten und konnten sie ihren Geschäften nachgehen; göttlicher Segen galt ihnen als unerlässlich für das Gelingen kaufmännischer Unternehmungen. Sie ordneten sich dabei gleichzeitig einem Wertesystem unter, welches diesem Glauben geschuldet war. Denn nur wer den christlichen Geboten gehorchte, konnte für sich reklamieren, »mit Gott«, das heißt im Sinne Gottes tätig zu sein.[193]

Ziel der folgenden Ausführungen ist es zu klären, ob dies eine Eigenheit der als ausgesprochen gläubig überlieferten Wuppermanns mit ihren engen Verbindungen zu pietistischen Kreisen war, oder ob nicht vielmehr allgemein davon ausgegangen werden muss, dass Werthaltungen und persönliche Überzeugungen von gutem kaufmännischen Gebaren in christlichen Überzeugungen wurzelten und handlungsleitend waren, selbst da, wo sie nicht mehr explizit benannt wurden. Denn was in der hier zitierten kurzen Formel aufblitzt, wurde auch von zahlreichen Autoren gängiger Kaufmannshandbücher als unerlässliche Voraussetzung für eine erfolgreiche kaufmännische Tätigkeit betrachtet: »Fangen Sie ihre eignen Geschäfte mit Gott, und mit Vernunft an; dann, nur allein dann werden solche gelingen.«[194] Zu den unerlässlichen Eigenschaften eines Kaufmanns gehörte daher auch ganz selbstverständlich »Gottesfurcht«, womit er »Glück und Segen in seinen Geschäften erlangt«.[195] Der Bezug zu und

190 Zur langwährenden Diskussion um die Rolle der doppelten Buchhaltung, meist explizit in Auseinandersetzung mit den Thesen Max Webers und Werner Sombarts, vgl. auch die ausführlichen Literaturangaben bei *Lemarchand/McWaters/Pineau-Defois*, Current Account.

191 Vgl. hierzu auch, wenngleich mit einer wissenshistorischer Perspektive, *Daston*, Wunder.

192 Vgl. FAW Nr. 21–8.

193 Die in dem Sammelband mit demselben Titel versammelten Aufsätze beziehen sich alle aufs 19. und 20. Jahrhundert und behandeln eher Fragen des Vertrauens denn die Bezugnahme auf christliche Werte in der Wirtschaft. *Hillen*, »Mit Gott«.

194 *Meyer*, Kunst, S. 11.

195 Art. »Kaufmann«, hier S. 545.

auf Gott stellte also innerhalb von Kaufmannskreisen das Fundament dar, auf welchem gehandelt wurde.

Insofern ist es nur folgerichtig, dass sich in den meisten Geschäftsbüchern eine Widmung finden lässt, welche den Geschäftserfolg Gott anempfiehlt. Abraham Frowein schrieb beispielsweise am 1. Januar 1790: »Fangen wiederum durch Gottes Hülfe ein neues Jahr an. Der Himmel begleite es mit seinem besten Seegen, und laß uns darin waß schaffen, nicht allein zum besten vor dies sondern vornehmlich fürs zukünftige.«[196] Einem Geschäftspartner wünschte er anlässlich dessen Geschäftsgründung: »Gratuliere Sie zu Ihrem Anfang und wünsche daß der Seegen des Herrn Sie möge reich machen ohne Mühe, damit diese Sorgen nicht das Übergewicht haben Sie vom wahren Reichtum abzuhalten.«[197] Die Geschäfte dienten entsprechend nicht nur dem Leben im Diesseits, sondern hatten stets auch einen Bezug zum Jenseits.

Die verbindende Kraft des christlichen Glaubens innerhalb der Kaufmannschaft fand ihren Ausdruck auch in den elaborierten Neujahrswünschen, welche zu Jahresbeginn untereinander ausgetauscht wurden. Diese Briefe gingen häufig über Inhalte der eigentlichen geschäftlichen Korrespondenz hinaus und setzen beide Geschäftspartner in einen Bezug zum Allerhöchsten: »Übrigens empfehle ich mich und wünsche zum angetrettenen Neuen Jahr allen erdencklichen Seegen von oben, der Himmel segne Sie nach Leib und Seel, laße Ihre Handlung blühen und grünen, damit auch unsere Geschäfte groß mögen werden.«[198] Auch besondere Jahreszeiten konnten Anlass für den Austausch christlicher Gesinnung geben: »Die so erfreuliche Weihnachtszeit ist vor der Thür und ich wünsche von Herzen daß die Feyer desselbe für uns alle gesegnet seyn möge, es wird mich sehr angenehm seyn, wenn Sie Ihren Briefen jedesmahl ein Sprüchelchen aus dem Schatzkästchen zufügen so wie es Ihnen am ersten aufstößt, denn es hat allemal etwas erfreuliches.«[199] Ein solch enger gegenseitiger Austausch war allerdings auf wenige Geschäftsfreunde beschränkt und ließ auf eine besondere Vertrautheit schließen.

Die Berufung auf Gott sowie das Beschwören seiner Hilfe waren ebenfalls Teil der Geschäftskorrespondenz. Dazu gehören formelhafte Bezüge, wie wenn beispielsweise Abraham Frowein einem Geschäftspartner anlässlich einer Reise schrieb: »Übrigens segne der Herr dero Reise und seye Ihr Geleit, damit Sie ihn Gesundheit retournieren mögen«, oder wenn eine Sendung von Waren mit den

196 FAF Nr. 1356, fol. 750.

197 FAF Nr. 1345, Brief an J. Jacob Kühnen in Wesel, 14.4.1770.

198 Ebd., Brief an Jean Ernst in Lyon, 2.1.1776.

199 HZW Bestand Eynern Nr. 132, Brief an Tobias Hill in Eisenach, 12.12.1797. Mit dem »Schatzkästlein« könnte folgendes pietistisches Werk gemeint sein: Wenzel Ludwig Henckel, Herrn W. Ludwigs Grafen Henckels Schatz-Kästlein: Bestehend In auserlesenen Göttlichen Verheissungen, deren gläubiger Zueignung, und beygefügten Reimen, Nebst einer Vorrede von dem kindlichen Wesen der Kinder Gottes, Halle 1743.

Worten begleitete wurde: »Im Namen und Geleit Gottes sende E[eur] E[hrwürden] ein Kistgen mit nebiger Sig. durch H[errn] Funcke.«[200] Diese feststehenden Formeln mit ihrem Bezug auf den Allmächtigen hielten sich in der kaufmännischen Korrespondenz bis ins 19. Jahrhundert.[201] Doch auch abseits solcher Formeln überließen sich die Wuppertaler Kaufleute dem Beistand des »Himmels«. Dieser war sowohl zuständig für allgemeine Konjunktur: »Anjetzo empfanden man mehr schlechte Zeit als vorm halben Jahr, hoffen doch der gütigen Gott wird's bald beßern«, wie auch für gute Wetterbedingungen beim Transport: »Wann mit der himmel glucklich ist so kann es unversichert so glucklich überkommen als versichert.«[202] Die Vorstellungswelt der Kaufleute war eingebunden in den christlichen Kosmos, der sie sowohl Schicksalsschläge als auch glückliche Gelegenheiten als gottgegeben hinnehmen ließ.

Der überweltliche Bezugsrahmen bildete auch den Hintergrund für Ermahnungen an Geschäftspartner, »christlich« zu handeln. Johann Peter von Eynern etwa beschwerte sich über die gesetzten Preise bei seinem Eisenacher Geschäftsfreund mit den Worten: »Als Sie dieses niederschrieben, haben Sie gewiß den Christlich denkenden Kaufmann beiseite gesetzt und mich ein bisschen zu vervortheilen gedacht. Dieses ist gewiß nicht brav von Ihnen.«[203] Ein anderer Geschäftspartner, der Garn geschickt hatte, ohne wie versprochen die Qualität zu kontrollieren, erhielt den Vorwurf: »Mißbrauchen Sie so mein Zutrauen welches ich in Ihre Ehrlichkeit gesezt hatte? dieses hätte ich nicht von Ihnen erwartet, von einem Mann welcher auf Rechtschaffenheit u. Christenthum Anspruch macht.«[204] »Christliches Betragen« wurde dabei in der Korrespondenz häufig in enger Verbindung gebraucht mit Begriffen wie Rechtschaffenheit, Anstand und Billigkeit. Die Bezüge auf christliches Verhalten schufen so einen gemeinsamen Werteraum und generierten allgemeingültige Normen.

Was diese Passagen offenbaren, ist ein eindeutiges Verhältnis zum Glauben, welcher das Leben und die berufliche Tätigkeit begleitete und formte. In der Korrespondenz von Abraham Frowein und Johann Peter von Eynern ist die für Religionswissenschaftler so entscheidende subjektive Gewissheit göttlichen Wirkens klar erkennbar.[205] Die göttliche Vorsehung ist die entscheidende Macht. Emphatisch formuliert findet sich das bei Abraham Froweins Geschäftspartner

200 FAF Nr. 1345, Briefe an Peter Verhoef in Ronsdorf, 26.1.1768, und an Gerhard Wieler, derzeit in Frankfurt/Oder, 14.10.1769.

201 Vgl. hierzu auch die bei *Gebele*, Kaufmannsbrief, abgedruckten Musterbriefe, die alle noch religiöse Geleitformeln beinhalten. Ebd., S. 200.

202 FAF Nr. 1345, Brief an W. Hoemann in Amsterdam, 22.9.1772; FAF Nr. 1355, Brief an Reinhard Scherenberg in Amsterdam, 31.5.1776.

203 HZW Bestand Eynern Nr. 132, Brief an Tobias Hill in Eisenach, 8.2.1798.

204 Ebd., Brief an Joh. Georg Selligmüller in Vacha an der Wera, 24.3.1798.

205 Vgl. *Graf*, Wiederkehr der Götter, S. 100.

Johann Arnold Diederichs aus Remscheid, welcher in geschäftlichen Schwierigkeiten steckte:

An Fleiß u Mutes mit Rechtschaffenheit verbunden haben es doch niemals fehlen lassen und dennoch ist aller Segen seit längerer Zeit von uns gewichen so daß wir von der Fürsehung hart geprüft werden. Was die Ursachen u Folgen sein mögen können wir nicht durchschauen, aber noch behalten wir Muth u Vertrauen mit dem Schicksal zu kämpfen und Hofnung ! [sic] das der liebe Gott es dennoch mit uns wohl machen wird.[206]

Die Überlieferungslage für die nachfolgende Generation, geboren nach 1770, ist deutlich schlechter. Von ihrer Korrespondenz und anderen Geschäftsunterlagen ist sehr viel weniger erhalten, so dass die Analyse nicht die gleiche Dichte erreichen kann. Erkennbar ist, dass formelhafte Bezüge auf Gott weiterhin reichlich vorhanden waren. Der 1793 geborene Adolf Weber etwa schrieb an seinen Onkel: »Der Himmel gebe es daß es Ihnen & den werthen Ihrigen stets so wohl gehen möge als mein heutiges es Ihnen wünscht.«[207] In den überlieferten Geschäftsbüchern fehlen jedoch christliche Widmungen sowie ein Bezug zum Jenseits. Auch lassen die erhaltenen Briefe, über die üblichen Segenswünsche zum neuen Jahr oder zu besonderen Anlässen hinaus, keine Neigung erkennen, mit den Geschäftspartnern durch christliche Inhalte in einen persönlicheren Kontakt zu treten und diese so auf einen gemeinsamen, christlichen Wertekanon einzuschwören. Der gelebte Glaube ist in den Hintergrund gerückt und scheint aus den geschäftlichen Belangen, abgesehen von fast floskelhaft gebrauchten Wendungen, weitgehend verschwunden.

In wirtschaftlich bedrängten Zeiten wurde jedoch wieder der gemeinsame christliche Glaube bemüht, um bei den Geschäftspartnern um (christliche) Nachsicht zu bitten. Der vor der Insolvenz stehende Lenneper Kaufmann J. G. Kirberg schrieb 1823 beispielsweise an Abr. & Gebr. Frowein: »Dies ist gewiß alles, was ich thun kann, der Allwissende ist mein Zeuge. Die Alternative ist gestellt, handeln Sie nun, wie Ihr Interesse es erfordert, aber lassen Sie Ihren harten Gesinnungen nicht die Oberhand und bedenken Sie, daß ein gnädiger Gott über uns waltet, der es ungern sehen wird, wenn Sie die Familie eines Mannes in's Unglück stürzen, der willig und ergeben eine sorgenvolle Existenz übernimmt, um seine Schulden bis auf den rothen Heller zu tilgen.«[208] Dem Interesse der Froweins, das heißt dem in der zeitgenössischen Debatte so viel diskutierten Eigennutz, stand also der Glaube an Gott und die christlichen Werte Nächsten-

206 FAF Nr. 57, P. J. Diederichs & Söhne an Abr. & Gebr. Frowein in Elberfeld, Remscheid, 10.6.1814.

207 FAF Nr. 310, A. Weber an Abr. & Gebr. Frowein in Elberfeld, Port au Prince, 12.10.1819.

208 FAF Nr. 2423, J. G. Kirberg an Abr. & Gebr. Frowein in Elberfeld, Lennep, 6.7.1823.

liebe und Barmherzigkeit gegenüber, welche sich, so die Hoffnung Kirbergs, handlungsleitend auswirken könnten.

Doch weder Kirberg noch der ebenfalls in argen wirtschaftlichen Schwierigkeiten steckende Johann Friedrich Wülfing verwiesen auf die Vorsehung als schicksalshafte Macht. Für Wülfing war »Gott«, anders als für den dreißig Jahre älteren Diederichs, vor allem eine Beschwörungsinstanz, welche er wiederholt in Wendungen wie »weiß Gott«, »bei Gott« oder »so Gott will« anbrachte. Die Rolle Gottes beziehungsweise der Vorsehung für geschäftlichen Erfolg oder Misserfolg wurde dagegen stark relativiert. Für Wülfing war es vielmehr der tätige Geschäftsmann, der für seinen Erfolg verantwortlich zeichnete: »Unser Geschäfte ist jezt [sic] durch unsere schöne Verbindungen auf solchem Fuße – daß wir uns *so mehr ein Gott im Himmel ist* [Hervorhebung, A. S. O.] aus dem Labyrinth herausarbeiten, wenn man uns nur in Ruhe lässt.«[209] Das vormals mit großer Selbstverständlichkeit thematisierte Eingreifen der Vorsehung in geschäftliche Belange war verschwunden. Und auch von einer subjektiven Heilsgewissheit ist in diesen geschäftlichen Korrespondenzen kaum mehr etwas zu spüren.[210]

Damit soll jedoch nicht einer vermeintlichen Säkularisierung oder Entchristianisierung das Wort geredet werden.[211] Schließlich bildeten auch in der Ratgeberliteratur um 1800 Gott und der christliche Glaube weiterhin den Bezugsrahmen. Der Autor Johann Christian Büsch etwa fragte: »Was soll ihn [den Kaufmann, A. S. O.] Mäßigung im Glück, Trost und Muth im Unglück lehren, wenn es die Religion nicht thut?« und meinte: »Der Kaufmann ohne Religion und Gottesfurcht ist ein gefährliches Glied der menschlichen Gesellschaft.«[212] Der »niedrige Eigennutz« wurde zusammen mit »Habsucht« als Antrieb kaufmännischen Treibens verworfen, stattdessen sollte der Kaufmann sich von »wahrer allgemeiner Menschenliebe« und »Bruderliebe« leiten lassen. Fleiß, Ordnung, Geduld, Vorsicht, Klugheit, Welt- und Menschenkenntnis waren dabei Teil einer als moralisch richtig verstandenen Weltauffassung.

Dass jedoch Religiosität, Gottesfurcht und Profitmaximierung durchaus zusammengehen, ist ein altes Thema und hat nicht zuletzt Max Weber in seinem einflussreichen Aufsatz »Die Protestantische Ethik und der Geist des Kapitalis-

209 STAW NDS 263–258, Joh. Friedrich Wülfing an Theodor Ark in Düsseldorf, Barmen, 14.10.1806. Weitere Briefe Wülfings in STAW NDS 263–228.

210 Eine Ausnahme unter den jüngeren Kaufleuten bildet Reinhard Theodor Wuppermann. Er verrichtete seine Geschäfte weiterhin mit Berufung auf die göttliche Fügung und den himmlischen Segen für das Gelingen seiner Unternehmungen. Vgl. FAF Nr. 355, Wuppermann & Cramer an Abr. & Gebr. Frowein in Elberfeld, Barmen, 25.9.1820. Wuppermann schrieb hier über die geschäftlichen Aussichten in Portugal: »Gebe der Himmel, daß ferner alles gut gehe.« Dass es sich bei Wuppermann nicht nur um floskelhafte Beschwörungen handelt, zeigen seine sonstigen Überzeugungen, welche denen der vorhergehenden Generation entsprachen. Vgl. *Dietz*, Familie Wuppermann, Bd. 2, S. 436–53.

211 Vgl. hierzu auch *Wehling*, Konfession; *Graf*, Wiederkehr der Götter, v. a. Kap. 1.

212 *Büsch*, Moral für Kaufleute, S. 41.

mus«, erstmals erschienen 1904/05, beschäftigt.[213] Hierin unternahm Weber den Versuch, die Entstehung der modernen Wirtschaftsgesinnung und damit eine spezifische Disposition zu rationaler Lebensführung, aus der rationalen Ethik des asketischen Protestantismus heraus zu erklären. Er war auf der Suche nach dem »Geist des Kapitalismus« als Teil des die Neuzeit durchziehenden Rationalisierungsprozesses. Unter der modernen, kapitalistischen Wirtschaftsgesinnung verstand er das rastlose Streben nach immer weiteren Gewinnen, die jedoch nicht dem sofortigen Genuss zugeführt, sondern der weiteren Akkumulation dienen sollten. Dieses – in Webers Auffassung irrationale – Verhalten habe zutiefst religiöse Wurzeln, denn erst mit der Reformation sei die Idee von der Berufspflicht in die Welt gekommen. Berufspflicht heiße dabei in der gemäßigteren lutherischen Variante, der Mensch bewähre sich in der Welt und in seinem weltlichen Beruf, um den Segen Gottes zu erlangen. In der radikaleren Auslegung des Calvinismus, für die seine Prädestinationslehre eine entscheidende Rolle spielte, gebe jedoch der sichtbare ökonomische Erfolg in der Welt bereits Auskunft über die göttliche »Auserwähltheit« des Einzelnen. Arbeitseifer, Akkumulationsbereitschaft und ständige Selbstdisziplinierung seien die Folge, und so habe die calvinistische Ethik den Grundstein für den »Geist des Kapitalismus« gelegt.

Dieser Ansatz ist auch für das Bergische Land im Allgemeinen und das Wuppertal im Besonderen aufgegriffen worden. Bereits Weber war die Häufung protestantischer Unternehmer dort aufgefallen: »Die ›reformierte‹ Konfession scheint, im Wuppertal ebenso wie anderwärts, im Vergleich mit anderen Bekenntnissen der Entwicklung des kapitalistischen Geistes förderlich gewesen zu sein. Förderlicher als z. B. das Luthertum wie der Vergleich im großen ebenso wie im einzelnen, insbesondere im Wuppertal, zu lehren scheint.«[214] Zwar ist Weber dabei entgangen, dass ein Großteil der erfolgreichen Unternehmer im Wuppertal eben doch Lutheraner waren (wie zum Beispiel die hier untersuchten Familien Wuppermann und Eynern), doch waren die konfessionellen Unterschiede im Wuppertal kleiner als anderswo und verwischten noch zusätzlich, als die protestantischen Kirchen in der preußischen Kirchenunion 1817 zusammengeschlossen wurden.[215] Auch fand sich sowohl unter den Reformierten als auch unter den Lutheranern eine Neigung zum Pietismus und zu pietistischer Literatur. Der Pietismus gehörte in Webers Lesart ebenfalls zu den Wegbereitern

213 Der Aufsatz ist inzwischen, vorzüglich ediert, wieder erschienen als Teil der Max Weber Gesamtausgabe (MWG I/9). Seit ihrem Erscheinen hat die »Protestantische Ethik« wie kaum ein zweiter Text die Wissenschaft bewegt. Vgl. aus der Fülle der Literatur den einschlägigen Sammelband *Lehmann/Roth*, Weber's Protestant Ethic, sowie an neueren Titeln *Steinert*, Fehlkonstruktionen; *Ghosh*, Max Weber. Zur zeitgenössischen Rezeption vgl. *Schluchter*, Einleitung.

214 MWG I/9, S. 144.

215 Vgl. *Köllmann*, Barmen, S. 198 f. Vgl. dazu auch 7.1.

des kapitalistischen Geistes, da sich mit ihm die Vorstellung der von Weber sogenannten innerweltlichen Askese verbreitete und Selbstdisziplinierung und -beobachtung Teil pietistischer Praktiken war.

Rudolf Boch kommt zu dem Schluss, dass die Weber-These für die rheinischen und insbesondere die Wuppertaler Unternehmer zwar schlüssig sei, dass sie aber sozialgeschichtlich differenziert werden müsse.[216] Schließlich hätten nicht nur zahlreiche, von Boch so genannte Handwerker-Arbeiter, sondern auch viele der streng orthodox-reformierten Verleger sich lange, bis in die 1830er Jahre hinein, gegen scharfe Konkurrenz und den Ruf des »Immer-Mehr« gewehrt. Gleichwohl hätte »der Calvinismus gewisse Verhaltensdispositionen, wie etwa das ›rastlose Bewährungs- und Erfolgsstreben‹ über Generationen kultiviert, und dadurch die Herausbildung von Persönlichkeitsstrukturen begünstigt, die immer wieder [...] als ›Motoren‹ ökonomischer Neuerungen wirkten«.[217]

Jörg Engelbrecht spricht vorsichtiger von einer Korrelation zwischen Konfession und wirtschaftlichem Erfolg, verneint aber das Vorhandensein eines monokausalen Wirkungsverhältnisses zwischen Calvinismus und Kapitalismus. Er differenziert Webers These mit Werner Sombart vor allem dahingehend, dass die bergischen Protestanten gegenüber der katholischen Landesregierung in einer von ihm so genannten Minderheitenposition gewesen seien und sich ihr daraus besondere, wirtschaftlich günstige Freiräume ergeben hätten. Die bergischen Unternehmer hätte darüber hinaus eine spezifische Ethik ausgezeichnet, die auf einer Kombination von Innovationsbereitschaft und kapitalistischem Denken einerseits sowie traditionalen wirtschaftlichen Auffassungen andererseits beruht hätte.[218]

Wie allein diese beiden Positionen zeigen, ist es nahezu unmöglich, zu einem eindeutigen Schluss zu kommen und ein kausales Verhältnis zwischen protestantischen Überzeugungen und kapitalistischem Geist zu belegen.[219] Entsprechend nannte der Soziologe Heinz Steinert die »Protestantische Ethik« eine »unwiderlegbare Fehlkonstruktion«.[220] Der Theologe und Religionswissenschaftler Friedrich Wilhelm Graf meinte zu der »Dauerdebatten« um Max Webers Thesen schließlich, dass die Frage »ob er mit seiner idealtypischen Konstruktion denn tatsächlich ›Recht‹ habe, sehr viel weniger aufschlussreich ist als Versuche, die impliziten Axiome und zeitdiagnostischen Bezüge seiner Fragestellung zu erhellen«. Sehr viel fruchtbarer sei es, »die im 18. und 19. Jahrhundert geführten Diskurse über Konfession und Ökonomie konsequent zu historisieren«.[221] Dies soll im Folgenden geschehen.

216 Vgl. *Boch*, Wachstum, S. 173–176.
217 Ebd., S. 175.
218 Vgl. *Engelbrecht*, Ethik.
219 Vgl. hierzu jedoch *Jacob/Kadane*, Missing, Now Found.
220 Vgl. *Steinert*, Fehlkonstruktionen.
221 *Graf*, Weltbilder, S. 254.

Teil der oben bereits angerissenen Diskurse war die Debatte um das vermeintliche Gegensatzpaar »Gemeinnutz« versus »Eigennutz« und der sich darin offenbarende Wandel des dahinterstehenden Normensystems. Statt die Richtlinien auch für individuelles Wohlverhalten weiterhin von einer christlich definierten Vorstellung des Gemeinwohls abzuleiten, rückten vielmehr die gesellschaftlich positiven Effekte eigennützigen Verhaltens in den Blick von Staatstheoretikern und Öffentlichkeit.[222] Im engeren Zusammenhang der Diskussionen mit Bezug auf die uns hier interessierenden Kaufleute wird dieser Wandel vor allem in Hinblick auf die Frage nach dem angemessen Profit deutlich. Jahrhundertelang hatten sich Autoren, vor dem Hintergrund des christlichen Zinsverbots, mit dieser Thematik beschäftigt.[223] Noch 1745 erschien ein Buch mit dem sprechenden Titel »Der Christliche Kauffmann, oder Erweis, daß ein Kauffmann auch ein Christ seyn könne und müsse wobey zugleich erwiesen wird, wie er sein Christenthum ausüben und alle dabey vorfallende Hindernisse glücklich überwinden könne«.[224] Der Autor stellte in Abwandlung des Markus-Evangeliums die Frage: »Was hülfe mirs, wenn ich die ganze Welt gewönne, und nehme Schaden an meiner Seele?«[225] Um letzteres zu verhindern, antwortete der Autor mit einem ganzen Vorschriftenkatalog, der sich auf die Einhaltung christlicher Gebote und allgemein rechtschaffenes und ehrliches Verhalten herunterbrechen lässt. In der strittigen Frage des angemessenen Profits heißt es, der christliche Kaufmann solle »aus wohlgeordneter Selbstliebe« für seinen Erhalt und den seiner Familie sorgen, dabei jedoch das Jenseits nicht aus dem Blick verlieren. Ein »billiger Profit« sei ausdrücklich erlaubt, da er als Vergütung und Schadloshaltung für die entstandenen Kosten und Mühen anzusehen sei.[226] »Eigennutz« war also auch innerhalb ausgesprochen christlich konnotierter Argumentationszusammenhänge vorgesehen und als angemessen bewertet.

Diese Antwort wurde in der zweiten Hälfte des 18. Jahrhunderts weiter ausdifferenziert und damit auch der erweiterten Bedeutung des Begriffs »Eigennutz« Rechnung getragen. Es mehrten sich die Stimmen, die es für recht und billig hielten, bei günstigen Gelegenheiten einen etwas höheren Profit herauszuschlagen, oder aber auch das Wissen um bestimmte Umstände gewinnbringend

222 Vgl. grundlegend hierfür *Schulze*, Gemeinnutz. Zur vielschichtigen Bedeutung von »Eigennutz« und seine Kopplung an das christliche »Gemeinwohl« vgl. *Brandt/Buchner*, Nahrung, und nun auch *Garner/Richter*, Eigennutz.

223 Vgl. *Engel*, Homo oeconomicus.

224 Vgl. *Anonym*, Christlicher Kaufmann.

225 Ebd., S. 12.

226 Diese Rechtfertigung kaufmännischen Profits zieht sich seit dem Mittelalter durch die kaufmännische Literatur. Vgl. beispielsweise das Traktat »De Contractibus Mercatorum« des Dominikanermönchs Johannes Nider von 1468. Nider löste das Problem ganz ähnlich wie der anonyme Autor von 1745, indem er dem Kaufmann für seine Auslagen und Mühen einen Lohn zugestand, welcher die Grundlage seines Profits bildete. Vgl. *Engel*, Homo oeconomicus, S. 149 f.

für sich zu verwerten. Das »Publikum«, das heißt die Käuferschar, werde die Preise auf ein allgemeinverträgliches Maß regeln. Damit lag die Entscheidung nicht mehr in der Hand des Kaufmanns, der bei opportunistischem Verhalten um sein Seelenheil zu fürchten hatte, sondern in der Hand eines zwar so nicht benannten, aber doch in der Vorstellung vorhandenen Marktes.[227] In einem Ratgeber kurz nach der Jahrhundertwende hieß es entsprechend über erfahrene Kaufleute, welche die Unwissenheit von Anfängern ausnutzen: »Sage man etwa nicht: ja! so etwas ist ja nicht christlich! – ich muss sonst darauf antworten: ist es doch nicht Wille der Religion, so ist es doch Wille des Eigennutzes. Ist es auch nicht christlich, so ist es doch – kaufmännisch.«[228] Anfänger sollten nicht, so der Ratgeber, zu sehr auf die christliche Gesinnung ihrer Konkurrenten vertrauen, sondern lieber den »kaufmännischen Himmel« beobachten.[229] Dass der Autor dieses Ratgebers dies nicht moralisch verwerflich fand, sondern als normales kaufmännisches und rationales Verhalten charakterisierte, deutet auf einen sich verändernden Bezugsrahmen sowie auf eine Neuausrichtung der Bewertungsskala hin, auf welcher gutes kaufmännisches Gebaren gemessen wurde. Dass dies aber nicht das Hinnehmen schrankenloser Profitsucht bedeuten musste, sondern dass kaufmännisches Handeln weiterhin auf das Gemeinwohl bezogen wurde sowie teils auch an Vorstellungen von gerechter »Nahrung« gekoppelt war, hat Rudolf Boch in seiner Studie zur Wachstumsdebatte im rheinischen Wirtschaftsbürgertum herausgearbeitet.[230]

Am Anfang der Ausführungen standen Überlegungen, welche Wertvorstellungen für die Wuppertaler Kaufmannschaft handlungsleitend waren und inwieweit diese eine spezifische Form kaufmännischer Rationalität bestimmten. Die hier untersuchten Quellen geben einen Eindruck von den normativen Deutungsmustern, welche dem ökonomischen Verhalten der hier betrachteten Akteure zugrunde lagen. Die Quellen zeigen, dass für die in der ersten Jahrhunderthälfte geborenen Kaufleute die Bindungskraft eines religiös begründeten Systems der Lebensführung so stark war, dass das wirtschaftliche Handeln, welches im Diesseits vollzogen wurde, immer auch im Kontext des Jenseits ausgeführt wurde. Dies wurde als Widmung in den Geschäftsbüchern oder an ver-

227 »Wie viel Profit [kann] ein Kaufmann bey einem guten Gewissen nehmen? […] Meines Erachtens handelt ein Kaufmann vollkommen gewissenhaft, wenn er landüblichen Profit nimmt.[…]. Mit diesem Profite sind alle vernünftige Kaufleute und Käufer zufrieden; und man kann also sagen, daß das Publicum, durch einen stillschweigenden Vertrag, diesen Profit den Kaufleuten bewilligt hat, und also kann ein jeder Kaufmann diesen Profit mit gutem Gewissen nehmen. Die bloße Erfahrung, und der Handel und Wandel selbst, müssen also bestimmen, wie groß dieser Profit seyn dürfe, indem eine Ware bald theurer, bald wohlfeiler ist.« Art. »Kaufmann«, hier S. 504f.

228 *Meyer*, Kunst, S. 224f.

229 Vgl. ebd., S. 225.

230 Vgl. *Boch*, Wachstum, v.a. Kap. 3.

schiedenen Stellen in der Korrespondenz auch explizit ausformuliert. Darüber hinaus bildete der gemeinsame christliche Glaube eine normsetzende Kraft, über welche bestimmte Verhaltensmuster von Geschäftspartnern eingefordert werden konnten. Die das Handeln der Akteure leitende Ideologie, also ihr Normensystem, basierte ganz offensichtlich weiterhin auf ihren religiösen Überzeugungen. Sich mit ihren Geschäftspartnern darüber zu verständigen und sich so eines gemeinsamen Werteraums zu versichern, konnte dazu beitragen, die dem frühneuzeitlichen Handel in besonders hohem Maße inhärente Unsicherheit zu bewältigen.

Für die nach 1770 geborenen Kaufleute ist der Befund nicht so eindeutig. Es ist aufgrund der Quellensituation deutlich schwieriger, ihnen ins Herz zu blicken und Aussagen über den Einfluss christlicher Überzeugungen auf Werthaltungen und persönliche Überzeugungen von gutem kaufmännischen Gebaren zu erhalten. Für sie zählten die gleichen kaufmännischen Tugenden wie für die älteren Kaufleute, sie wurden jedoch weniger deutlich mit einem Verweis auf das Ideal eines christlich handelnden Kaufmanns verwandt. Stattdessen bildeten die weiterhin angeführten Tugenden – Pünktlichkeit (das heißt Exaktheit), Ordnung, Fleiß, Sparsamkeit, Ehrlichkeit – ein ideologisches Referenzsystem, das eher auf Vorstellungen einer allgemein gültigen Moral verwies, aber darum nicht weniger bindend war.

Denn die ehemals christlich begründeten kaufmännischen Tugenden durchliefen einen ähnlichen Prozess wie die für gewöhnlich knapp als »bürgerliche Tugenden« beschriebenen Normen. Die Ursprünge beider normativer Referenzsysteme lassen sich zur sogenannten Hausväterliteratur zurückverfolgen, was sie klar in einen religiösen Kontext stellt.[231] Der religiöse Ursprung der »bürgerlichen Tugenden« trat jedoch im Laufe des 18. Jahrhunderts in den Hintergrund und ließ diese zu allgemein anerkannten Regeln für eine moralisch richtige Lebensführung werden, die gerade von den akademisch Gebildeten unter den »gebildeten Ständen« publikumswirksam verbreitet wurden.[232] Doch so wie der christliche Hintergrund in diesen Tugenden weiterhin vorhanden war, bildete auch der Glaube an Gott weiterhin einen gemeinsamen Bezugsrahmen innerhalb der Kaufmannschaft, wie sich beispielsweise in den Verweisen wirtschaftlich bedrängter Kaufleute sehen lässt. Das Zurücktreten einer mit christlichen Verweisen verbrämten Sprache in kaufmännischen Normalsituationen deutet daher eher eine Formverwandlung der Religion an, nicht aber notwendigerweise ein Verschwinden religiöser Wertvorstellungen und Glaubensinhalte innerhalb der »gebildeten Stände« allgemein. Dies genauer herauszuarbeiten, wäre die Aufgabe einer detaillierten, mentalitätsgeschichtlichen Studie. Untersuchungen zu

231 Vgl. *Münch*, Ordnung, S. 9–26.
232 Vgl. hierzu ausführlich *Maurer*, Biographie.

Wuppertaler Unternehmern im 19. Jahrhundert zeigen zumindest, dass gerade beim Gegensatz von wirtschaftlichen Interessen und sozialen Belangen religiöse Werte lange handlungsleitend blieben.[233] Innerhalb welches ideologischen Referenzsystems die Wuppertaler Unternehmer in dieser Zeit wirtschaftlich aktiv waren und wie sie kaufmännische Rationalität definierten, müsste jedoch noch genauer untersucht werden.

Generell ist deutlich geworden, dass auch kaufmännische Rationalität historisch wandelbar ist und demnach zu den Zeitumständen in Bezug gesetzt werden muss. Wenngleich auch ein frühneuzeitlicher Kaufmann an der Maximierung seines Profits Interesse hatte, verstand er diesen weder in einem modernen betriebswirtschaftlichen Sinne noch konnte er ihn in einem allen menschlichen Beziehungen enthobenen Raum kalkulieren. Der Vorgang der Kommerzialisierung und die sie begleitende Rationalität waren entscheidend von den Werten und Einstellungen der Kaufleute bestimmt, vor allem auch deshalb, weil die durch formale Institutionen garantierte Ordnung nur schwach ausgeprägt war. Stattdessen mussten andere Wege gegangen werden, um die Beziehungen zwischen den Akteuren zu stabilisieren. Dazu gehörte zum einen die situative Anpassungsleistung der Kaufmannschaft an sich ständig verändernde Rahmenbedingungen. Zum anderen übernahm die Institution der Familie wichtige Strukturierungsleistungen für den sozialen und wirtschaftlichen Zusammenhalt; eine Leistung, die auch für den Bereich der Wirtschaft bis weit ins 19. Jahrhundert hineinreichte. Sich auf die Familie zu verlassen war dabei genauso Teil rationalen kaufmännischen Verhaltens wie das Ausagieren eines religiös geprägten Weltbildes. Schließlich vermittelten gerade die nicht »rationalen« Prinzipien gehorchenden religiöse Verweise zwischen den Geschäftspartnern einen Werte- und Normenkonsens und bildeten damit die Grundlage für das nach rationalen Prinzipien ablaufende, nämlich gewinnbringende, kaufmännische Handeln. All dies war Teil der »globalen Kommerzialisierung« und bedingte sie und ihre Rationalitäten mit.

Für die soziale Figuration der »gebildeten Stände« ergibt sich hieraus, dass ihre Wertvorstellungen, Normen und Praktiken nur verständlich sind, wenn sie in ein größeres Beziehungsgefüge eingeordnet werden, das zudem konsequent historisiert werden muss. Sonst bleiben die Vermittlung und Durchsetzung handlungsleitender Werte innerhalb dieser Gruppierung unverständlich und ihre Erzählung wird schnell Opfer einer teleologischen Darstellung. Gerade die geringe Rolle, die eine formalisierte Institutionen wie die Justiz bei der Vermittlung von Werten und Durchsetzung von Normen spielte, macht deutlich, dass eine akteurszentrierte Perspektive eingenommen werden muss, die je nach

233 Vgl. *Siekmann*, Religiöse Einstellungen. Friedrich Engels hatte zu der handlungsleitenden Relevanz der religiösen Werte der Wuppertaler Kaufmannschaft allerdings eine ganz eigene Meinung. Vgl. *Engels*, Briefe.

Teilgruppe der »gebildeten Stände« zu gewissen Akzentverschiebungen führen mag. Doch sorgten verwandtschaftlichen Beziehungen, gemeinsamen Vorstellungen von »Bildung« sowie die kulturelle Kommunität der »gebildeten Stände«, welche in den anschließenden Kapiteln behandelt werden, dafür, dass die hier beobachteten Prozesse als allgemein gültig für die Lebenswelt der »gebildeten Stände« und ihre Wertvorstellungen angesehen werden können.

5. »Der Stand bestimmt die Bildung« – Die dreifache Bildung der Kaufmannsfamilien

Bildung ist ein mehrdeutiges Wort – es kann sich genauso auf schulische und berufliche Bildung beziehen wie auf die Herausbildung sozialer Formationen, etwa einer Gruppe oder Familie. Bildung ist darüber hinaus auch ein Schlagwort, ein sozialer Marker, mit dem sich der oder die »Gebildete« von dem oder der »Ungebildeten« abgrenzt. Diese drei verschiedenen Bedeutungsebenen des Bildungsbegriffs sollen im Folgenden in Bezug auf die Wuppertaler Kaufmannsfamilien ausgelotet werden. Im Vordergrund stehen die Vermittlung von schulischem und beruflichem Wissen, das Heirats- und Reproduktionsverhalten sowie die Lebenswirklichkeit der Ehepaare als Arbeits- und Liebespaar. Das Kapitel untersucht Frauen und Männer gleichermaßen und will damit nicht zuletzt das sehr auf die männlichen Akteure konzentrierte Vorgehen des ersten Teils relativieren und zurechtrücken. Hierzu wird in dem Abschnitt »Frauen und Männer der Kaufmannsfamilien« auch noch einmal gesondert auf die Einbindung der Ehefrauen und Töchter in die Firma eingegangen sowie auf die Problematik, diese in der Überlieferung überhaupt zu erfassen.

Durch diese mehrschichtige Betrachtung leistet dieser Abschnitt einen grundlegenden Beitrag zur Erforschung der thesengebenden »gebildeten Stände«. Die Ergebnisse der Forschung, die sich bisher hauptsächlich auf die akademisch gebildeten Teile dieser Gruppierung konzentriert hat, werden dabei dank der hier im Fokus stehenden Kaufmannsfamilien und deren Lebenswelten erheblich erweitert und präzisiert.

5.1 Bildung und Ausbildung

Um ein Kaufmann »zu sein und zu heißen«, brauchte es im 18. Jahrhundert drei Dinge: ein Kaufmann musste erstens »die Handlung gehörig gelernt haben«, zweitens »wirklich Handlung treibe[n]« und er musste als Kaufmann in irgendeiner Form matrikuliert, das heißt registriert sein, und sei es auch nur durch den Erwerb des Bürgerrechts einer Stadt.[1] Neben diesen Basisanforderungen gehörte in den Augen zeitgenössischer Autoren jedoch noch ein ganzer Strauß an Eigen-

1 Bei diesen drei Kriterien sind sich die drei großen Lexika und Nachschlagewerken des 18. Jahrhunderts einig. Vgl. Art. »Kauffleute«; Art. »Handelsmann«; Art. »Kaufmann«. Die Zitate nach Art. »Kaufmann«, S. 495.

schaften und Kenntnissen dazu, um den »Ehrentitel eines wahren Kaufmanns« zu verdienen.[2] Neben einer gründlichen Kenntnis der Handlungswissenschaft, der Warenkunde und der Buchhaltung gehörten auch die Beherrschung von mehreren Fremdsprachen, Münz-, Maß- und Gewichtskunde, Geografie sowie rudimentäre Rechtskenntnisse zu den Voraussetzungen für das glückliche und glückende Kaufmannsdasein. Positive charakterliche Eigenschaften und Tugenden wie Beredsamkeit, Klugheit, Entschlusskraft, Ordentlichkeit, Fleiß und nicht zuletzt Gottesfurcht wurden ebenfalls als unabdingbar betrachtet.[3]

»Bildung« gehörte in den vor 1786 erschienen Werken noch nicht zu den Anforderungen des Kaufmanns. Doch innerhalb der nächsten zwanzig Jahre drang der Bildungsbegriff auch zum Kern der kaufmännischen Ausbildungsprogramme vor. So empfahl der Nürnberger Handelslehrer Ludwig Christoph Karl Veillodter 1799 dem Kaufmannsstand allgemein, sich nicht nur die Kenntnisse seines Berufs ganz zu eigen zu machen, sondern vielmehr auch all die Kenntnisse zu erwerben, »die von allen gebildeten Männern eines jeden Standes gefordert werden, und die unsere Gefühle für das Schöne und Gute beleben und stärken«. Nur über eine umfassende Bildung als Mensch könne der Kaufmann die Achtung erwerben, die seinem Stand aufgrund seiner ökonomischen Bedeutung gebühre.[4] Bildung müsse eine des Herzens und des Geistes sein, hieß es weiter nicht nur in der Ankündigung des Kaufmannsinstituts, das 1792 in Elberfeld gegründet wurde, sondern auch bei dem Hamburger Institutsleiter Wild, der sich im »Journal für Fabriken, Manufakturen, Handlung, Kunst, und Mode« mit der »Bildung des Kaufmanns« auseinandersetzte: Gefühl für das Gute und Schöne, für die reine Moral, sei die erste Zierde des »gebildeten Kaufmanns«.[5]

Das Gegenbild, das zum gebildeten Kaufmann entworfen wurde, war nicht so sehr der ungebildete Kaufmann als vielmehr »jenes maschinenmäßige Wesen, welches seine Geschäfte aus Gewohnheit betreibt«.[6] Die Autoren zur kaufmännischen Bildung griffen damit einen Topos auf, der in der romantischen Literatur jener Zeit intensiv diskutiert wurde: der Maschinenmensch.[7] Dieser hatte weder Herz noch Seele und war damit das Gegenteil desjenigen, der über Herzensbildung seine wahre Menschlichkeit ausgebildet habe. Maschinenmäßig etwas zu verrichten hieß im Duktus der Zeit seelenlos, ja kein Mensch zu sein. Es ging bei dem kaufmännischen Streben nach Bildung also nicht nur um die Teilhabe an einer bestimmten sozio-ökonomischen Figuration, dem Kreis der

2 Art. »Kaufmann«, S. 496.

3 Auch bei anderen Autoren werden diese Eigenschaften und Kenntnisse immer wieder aufs Neue gefordert, vgl. beispielsweise *Meyer*, Kunst.

4 Vgl. *Veillodter*, Ursachen, Zitat S. 13.

5 Vgl. *Wild*, Bildung, S. 183. Zum Elberfelder Kaufmannsinstitut s. u.

6 Ebd., S. 178. Dieser Topos auch bei *André*, Kaufmann, S. 20: »Die meisten [Kaufleute] haben sich maschinenmäßig zu ihren Geschäften gewöhnt«.

7 Vgl. *Sauer*, Marionetten; *Tabbert*, Maschine.

Gebildeten beziehungsweise den »gebildeten Ständen«, sondern geradezu um das Menschsein an sich.

Damit geriet die Ausbildung des kaufmännischen Nachwuchses in ein Spannungsfeld zwischen den fachlichen Erfordernissen, wie sie von den Autoren des 18. Jahrhunderts skizziert wurden und die auch im 19. Jahrhundert noch gültig blieben, und der emphatischen Überhöhung von Bildung. Denn Bildung, nach Friedrich Schlegel das Schlag- und Zauberwort der Zeit, meinte nie nur Schulbildung, sondern wurden von den Zeitgenossen als eine das ganze Leben durchdringende alltägliche Praxis verstanden, die auf den Endzweck Humanität, also Menschwerdung, hinauslief.[8] Dieses Spannungsverhältnis ist schwer aufzulösen und auch darstellerisch kaum zu bewältigen, da es die Niederungen der berufspraktischen Ausbildung ebenso wie die Idealisierung der totalisierten Form von Bildung gleichermaßen zu behandeln gilt. Außerdem beeinflussten sich diese beiden Arten von Bildung gegenseitig und hatten zudem noch geschlechtsspezifische Komponenten. Auch wenn die Komplexität des Gegenstandes damit gebrochen wird, folgt die Darstellung im Folgenden einer linearen Form und berichtet erst über die schulische und berufliche Bildung und deren praktisch ausgerichteten Inhalte für Söhne und Töchter der Kaufmannsfamilien. Anschließend wird dann vor dem Hintergrund verschiedener Schulgründungen im Wuppertal auf die Formulierung allgemeiner Bildungsziele und die Auseinandersetzung mit zeitgenössischen Bildungsidealen innerhalb der Kaufmannsfamilien eingegangen.

5.1.1 Schulische und berufliche Bildung

5.1.1.1 Männliche Bildung

Wenn der Sohn einer Wuppertaler Kaufmannsfamilie seine Handelslehre begann, hatte er für gewöhnlich acht Jahre lang eine der zahlreichen Gemeindeschulen im Tal besucht. Dort lernte er gemeinsam mit Kindern aller »Bürgerclassen« und beiderlei Geschlechts »Buchstabieren, Lesen, Schön- und Rechtschreiben, Singen und Rechnen« und wurde ferner »fleißig zum Gebet, zur Gottseligkeit und guten Sitten angehalten«. Vor allem das Singen von Psalmen und Liedern sollte mit »möglichstem Fleiß« betrieben werden.[9] Im Vordergrund des schulischen Elementarunterrichts stand kurzum der sittlich einwandfreie Lebenswandel und nicht so sehr das Anhäufen von Wissenselementen. Eine weitergehende Bildung erhielten die Kaufmannskinder innerhalb der Gemeindeschule vor allem dann,

8 Vgl. *Guthke*, Globale Bildung, die Angabe zu Schlegel auf S. 78.

9 So die Aufgabenbeschreibung für den Lehrer an der reformierten Pfarrschule in Oberbarmen. Vgl. *Werth*, Barmen, S. 35.

wenn sie die Lateinklasse besuchten.[10] Dies war allerdings den Jungen vorbehalten. Allgemein erlebten die Wuppertaler Kinder im 18. Jahrhundert einen wohl eher dürftigen schulischen Unterricht, der vor allem durch Auswendiglernen und Wiederholung geprägt war.[11] Bis in die 1780er Jahre galten die vorhandenen Schulen als wenig praktisch ausgerichtet, auch wenn in Elberfeld seit 1732 ein als »berühmter Rechenmeister« bezeichneter Lehrer der Schule der reformierten Gemeinde vorstand.[12] Über den Elementarunterricht hinausreichende Kenntnisse mussten durch Privatunterricht erworben werden. Dies galt insbesondere für Sprachen, vor allem Französisch, das für die Handelstätigkeit der Wuppertaler Kaufleute unerlässlich war.[13] Manche erhielten darüber hinaus auch Unterricht durch einen Zeichenlehrer – ebenfalls eine gute Übung für die von einem Kaufmann geforderte Lesbarkeit des Schriftbilds.[14] Die Schulzeit endete mit der Konfirmation, also im Alter von vierzehn oder fünfzehn Jahren.

An diese vor Ort genossene Bildung schloss sich die eigentliche kaufmännische Ausbildung an, die für gewöhnlich vier bis sechs Jahre dauerte. Wie zeitgenössische Autoren schildern, hing es dabei stark vom Lehrherrn und dessen Interesse und didaktischen Fähigkeiten ab, welche Kenntnisse der Lehrling während dieser Zeit erwerben konnte.[15] Viele der Wuppertaler Kaufleute scheinen für eine gute Ausbildung gesorgt zu haben. Dafür sprechen zumindest die positiven Erfahrungen Abraham Froweins mit seinem Lehrherrn, der ihn bei seiner späteren Geschäftsgründung unterstützte.[16] Auch Johann Caspar Harkort war zufrieden, für seinen Sohn Friedrich bei der Barmer Bandfirma Wuppermann & Mohl einen Ausbildungsplatz zu bekommen. Nicht nur spreche »das

10 Dies ist beispielsweise für Johann Gottfried Brügelmann (1750–1802) oder Johann Peter Bredt (1746–1820) überliefert.

11 Zur Bedeutung der Kirche für das Schulwesen vgl. *Ehrenpreis*, Kirche. Zum Schulwesen dieser Zeit allgemein und den üblichen Lehrmethoden vgl. *Neugebauer*, Niedere Schulen.

12 Vgl. *Schell*, Elberfeld, S. 96–105.

13 Bereits 1599 wurde in dem reformierten Kirchenbuch ein französischer Sprachmeister erwähnt. In der ersten Hälfte des 18. Jahrhunderts lebte und unterrichtete der Hugenotte Nicolas de Landas in Elberfeld, der auch ein Lehrwerk verfasste. Neben einer allgemeinen Grammatik und einem Wörterbuch umfasste es auch Beispiele von Handelsbriefen und die geläufigsten Gruß- und Schlussformeln solcher Briefe. Vgl. *Seitz*, Sprachmeister.

14 Das Familienarchiv Wuppermann etwa enthält einige Zeichenübungen Johann Carl Wuppermanns. Vgl. *Dietz*, Familie Wuppermann, Bd. 1, S. 182.

15 So entschied der Lehrherr darüber, welche Tätigkeiten einem Lehrjungen anvertraut wurden. In der Fachliteratur der Zeit wurde empfohlen, den Lehrjungen mit dem Kopieren von Briefen und Rechnungen beginnen zu lassen und ihn allmählich an das selbständige Arbeiten heranzuführen. Ein Vertrag zwischen Lehrling bzw. dessen Eltern und dem Prinzipal sollte zumindest formal sicherstellen, dass der Lehrjunge nicht als billige Arbeitskraft missbraucht wurde. Vgl. die Passagen zur Ausbildung bei *Stölzer*, Lebensbeschreibungen. Für eine Zusammenfassung dieser Lebenserinnerung vgl. *Redlich*, Selbstbiografien.

16 Vgl. 3.2.1.1.

ganze Publikum ehrenvoll von Ihnen«, vor allem vertraute er darauf, dass sie auf seinen Sohn auch gut aufpassen würden:

Lassen Sie mich sagen was mir noch mehr bey Ihnen gefällt. Sie wohnen auf dem Lande, genießen des schönsten häuslichen Glücks, mein Sohn wird dies Ihr Beyspiel vor Augen haben, der Natur getreu und den Lastern und Fehlern großer Oerter so viel sicherer bleiben, er wird glauben, noch immer im väterlichen Hause zu seyn, und bey Ihren Kindern unter seinen Geschwistern.[17]

Lehrjungen sollten wie Familienmitglieder behandelt werden und wohnten mit der Familie unter einem Dach. So lernten sie nicht nur die Feinheiten des kaufmännischen Geschäfts im Kontor, sondern übten sich auch gleich im gesellschaftlichen Umgang.[18] Unter den Wuppertaler Kaufleuten taucht wiederholt der Topos auf, dass das Haus des Lehrherrn ein zweites Vaterhaus geworden sei.[19] Die Söhne Wuppertaler Kaufmannsfamilien scheinen in der zweiten Hälfte des 18. Jahrhunderts bevorzugt in größeren Handelsstädten ihre Lehre gemacht zu haben, blieben dabei jedoch ausschließlich im deutschsprachigen Raum. Als Lehrorte finden sich Frankfurt/Main (mehrfach), Bremen, Aachen, Stuttgart, Berlin, Straßburg und Basel. In seltenen Fällen führte eine weiterführende Tätigkeit sie noch ins fremdsprachige Ausland.[20] Kaufmannssöhne, die in der elterlichen Firma ausgebildet wurden und im Wuppertal blieben, unternahmen häufig längere Reisen ins Ausland, um andere Handelsstädte und die dortige Kaufmannschaft kennenzulernen.[21]

17 WWA Bestand Harkort N 18 Nr. 126, Johann Caspar Harkort IV an Wuppermann & Mohl in Barmen, Hagen, 12.3.1808.

18 In weniger glücklichen Fällen waren die Lehrjungen allerdings gegen Übergriffe nicht gefeit und mussten manchmal sogar Dienstbotentätigkeiten wie Holzhacken oder Wasserholen verrichten. Vgl. *Redlich*, Selbstbiografien.

19 So beispielsweise *Fischer*, Nachrichten, S. 45. Fischer berichtet des Weiteren, dass er zu festlichen Gelegenheiten immer mit der Familie des Lehrherrn zu Tisch saß. Ebd., S. 38.

20 Bekannt ist dies für Johann Henrich Müller (1735–1825), der nach seiner Lehre in Straßburg für einige Jahre als Handlungsdiener nach Amsterdam ging, bevor er eine Stelle in Barmen bei Johann Carl Wuppermann antrat. Vgl. *Dietz*, Familie Wuppermann, Bd. 1, S. 379. Der zweite bekannte Fall ist Johann Rütger Siebel, der in London eine Partnerschaft mit dem dort ansässigen George Amyand gründete. Vgl. *Schulte Beerbühl*, Kaufleute, S. 101, passim; *Bredt*, Familie Siebel, S. 99. Im Ausland lebte außerdem noch Kaspar Wilhelm von Carnap (1749–1774), über dessen Werdegang jedoch nichts weiter bekannt ist. Er war einer der Geschäftspartner Abraham Froweins in Amsterdam und taucht wiederholt in dessen Unterlagen auf. Vgl. zu ihm die Notiz in *Weerth*, Familie de Weerth, S. 155.

21 Dies gilt zum Beispiel für Johann Gottfried Brügelmann (1750–1802), der als Zwanzigjähriger einige Monate in Basel verbrachte. *Bolenz*, Brügelmann, S. 8. Reinhard Theodor Wuppermann (1782–1852) unternahm mit 21 Jahren eine ausgedehnte Reise, um Orte und Häuser der Kundschaft in Frankreich und Italien kennenzulernen. Vgl. *Dietz*, Familie Wuppermann, Bd. 2, S. 28. Und Abraham Frowein schickte seinen jungen Neffen nach dessen Ausbildung in seiner Firma auf eine Reise zu Kunden in Holland. Vgl. FAF Nr. 1341, Eintrag vom 10.10.1793.

Junge Männer, die nicht aus einem kaufmännischen Elternhaus kamen oder aus bescheidenen Verhältnissen stammten, mussten sich dagegen häufig mit einer Ausbildung vor Ort begnügen und kamen nicht in den Genuss längerer Auslandsaufenthalte, es sei denn als Handlungsreisende. Abraham Frowein etwa lernte bei seinen Elberfelder Verwandten Joh. Peter & Joh. Caspar Cappel, bei denen er Ende der 1740er Jahre eine Stelle als Lehrling antrat.[22] Nach der Lehrzeit blieb er noch etwa 15 Jahre als Handlungsdiener in der gleichen Firma tätig.[23] Auch für Johann Peter von Eynern, der von einem märkischen Bauernhof stammte, gab es keine Lehrzeit in der Ferne. Vielmehr blieb er als Handlungsdiener bei der Firma Wuppermann in Barmen, für die er als Reisender sieben Jahre lang die Leipziger Messe besuchte.[24]

Froweins und Eynerns Geschäftsbücher zeigen jedoch, dass sie trotz des engen lokalen Bezugs das Handwerk des Kaufmanns ordentlich gelernt hatten. Sie verfügten über die nötigen Kenntnisse im Führen der Bücher, Wechsel- und Währungsrechnung, Briefstellerei sowie in den Fremdsprachen Niederländisch (gut) und Französisch (ausreichend). Froweins und Eynerns Ausbildung und spätere Tätigkeit weisen auch die von der zeitgenössischen Literatur geforderte Übereinstimmung von Herkunft, Vermögen und Lehrstelle auf, welche den beiden eine solide Grundlage für ihr späteres Geschäft ermöglichte.[25] Die Schwierigkeiten, die sich für Abraham Frowein bei dem Versuch ergaben, ohne die Hilfe von Kommissionären in den Atlantikhandel einzusteigen, weisen allerdings darauf hin, dass die in Elberfeld genossene Ausbildung zwar eine solide Grundlage bot, für komplexe und weitreichende Geschäfte aber nur bedingt ausreichte.[26] Hier war er auf die Hilfe von Agenten vor Ort angewiesen. Auch die Arten von Termin- und Wechselgeschäften, wie sie in Hamburg oder Frankfurt/Main praktiziert wurden, betrieben in Elberfeld und Barmen vor allem Kaufleute, die an diesen Orten ihre Ausbildung erhalten hatten und sich im weiteren Berufsleben zunehmend auf Bankgeschäfte spezialisierten.[27]

Wenngleich angehende Kaufleute auch um die Wende vom 18. zum 19. Jahrhundert weiterhin meist in einer Lehre die »Kenntnisse erwerben, welche für eine kaufmännische Laufbahn nöthig und nützlich« waren, so gab es doch auch in Elberfeld und Barmen immer wieder Bemühungen, dem Nachwuchs auch

22 Vgl. hierzu 3.2.1.1.

23 Er begann jedoch bereits während dieser Zeit, auf eigene Rechnung zu handeln.

24 Vgl. *Fischer*, Nachrichten, S. 94.

25 So etwa *Meyer*, Kunst, S. 87 f.

26 Vgl. 3.2.1.2.

27 Daniel Heinrich von der Heydt beispielsweise, der nach seiner Heirat mit Wilhelmina Kersten die Nachfolge in der Bank des Schwiegervaters antrat, hatte mehrere Jahre bei dem Frankfurter Bankhaus B. Metzler seel. Sohn & Cons. verbracht. Vgl. *Krause*, Geld, S. 19. Johann Jakob Aders wiederum, hauptsächlicher Gründer der Rheinisch-Westfälischen-Compagnie, hatte seine Lehrzeit in Bremen absolviert. Diese hatte ihm »tiefe Einblicke in die Bedeutung und Usancen des damaligen Transatlantikhandels gegeben«. So *Boch*, J. J. Aders, S. 216.

im Rahmen der schulischen Ausbildung praktische Kenntnisse zu vermitteln.[28] Fächer wie Geschichte, Geografie oder moderne Sprachen, die für den Kaufmann von großer Bedeutung waren, waren schließlich im Lehrplan der Gemeindeschulen nicht vorgesehen. Auch die Wuppertaler Kaufleute gingen daher vermehrt dazu über, ihre Söhne auf einschlägige Institute zu schicken.[29] Friedrich von Eynern (geb. 1778) besuchte beispielsweise von 1792 bis 1793 das Handlungsinstitut von W. A. Ising in Mülheim an der Ruhr, wo er Unterricht in Rechnen und Schreiben, den drei modernen Fremdsprachen Englisch, Französisch und Italienisch, in Musik und Zeichnen so wie auch allgemein im Handlungsfach erhielt. Ebenso vermerkt wurden auf dem Zeugnis Sekundärtugenden wie Reinlichkeit, Ordnung und Sittlichkeit.[30]

Auch innerhalb Elberfelds kam es zur Gründung eines Kaufmannsinstituts.[31] An dem Institut, das auch als Internat fungierte, wurden Handlungswissenschaften im weitesten Sinne, Schönschreiben und Zeichnen, Latein, Englisch, Französisch und Italienisch sowie Musik unterrichtet. Das Bildungsprogramm des Instituts sah neben der Vermittlung praktischer Kenntnisse alles vor, »was zur vollkommenen Bildung des Geistes und Herzens junger Leute erfordert wird«.[32] Es gliederte sich damit ein in den Schub von Institutsgründungen, welche seit den 1760er Jahren vielerorts zu verzeichnen sind.[33] Vorbild dieser Bewegung war die 1767 von dem Professor und Ökonomen Johann Georg Büsch (1728–1800) gegründete Hamburger Handlungsakademie. Neben seinen theoretischen Schriften zum Geldumlauf und Wechselrecht systematisierte Büsch in seinen Schriften die Handlungswissenschaften und formulierte ein umfangreiches Bildungs- und Weiterbildungsprogramm für Kaufleute.[34] Auch das im Weissensteinschen Institut verwendete Lehrbuch basierte auf einem Werk Büschs.[35]

28 HZW Bestand Eynern Nr. 68, fol. 39. Das Zitat aus der Hand Friedrich von Eynerns beschreibt, was sein Sohn in der Lehre bei einem Handelshaus in Gent lernen sollte.

29 Ein Zentrum für Institute dieser Art bildete in der Nähe des Wuppertals Mülheim an der Ruhr, wo es drei Knaben- und zwei Mädchenpensionate gab. Häufig wurden Söhne und Töchter in die gleiche Stadt geschickt. Vgl. *Fischer*, Nachrichten, S. 37.

30 HZW Bestand Eynern, Nr. 109B. Johann Rütger Brüning (1775–1837), der spätere langjährige Bürgermeister von Elberfeld, besuchte wiederum das Handlungsinstitut von Wilhelm Berger am gleichen Ort. Vgl. *Liedhegener*, Brüning.

31 1792 gründete der Schulmeister Heinrich Johann Weissenstein (1760–1802) das sog. Weissensteinsche Institut, das bis 1802 Bestand hatte. An seiner Seite standen als Praktiker erst der aus Hamburg gebürtige Kaufmann Kurtz, dann der Handelslehrer Christian Gottlob Friedrich Vahrenkampf. Vgl. *Schell*, Elberfeld, S. 107 f.; *Pott*, Kaufmanns-Institut.

32 *Anonym*, Emigrant, S. 79.

33 Vgl. *Pott*, Nachwort.

34 Vgl. *Zabeck*, Büsch; *Hatje/Zabeck*, Wirtschaftliches Denken.

35 Johann Weissenstein hatte für seine Unterrichtszwecke das zweibändige Werk »Theoretisch-Praktische Darstellung der Handlung in deren mannigfaltigen Geschäfte« (1792) gekürzt. Vgl. *Pott*, Kaufmanns-Institut, S. 52.

Der Besuch dieser Institute stellte einen ersten Schritt in Richtung einer formalisierten Ausbildung dar, ersetzte aber keineswegs die kaufmännische Lehre, wenngleich sich diese durch die so verbesserten Vorkenntnisse häufig etwas abkürzen ließ.[36] Und obzwar die Zöglinge der Institute teils aus dem Ausland stammten – die Hamburgische Handlungsakademie etwa hatte nicht nur Schüler aus ganz Europa, sondern sogar aus der Karibik, dem amerikanischen Festland und Asien – blieben die Söhne Elberfelder und Barmer Kaufleute auch um 1800 für ihre Ausbildung innerhalb des bekannten deutschsprachigen Raumes.[37] Auch ist nicht bekannt, dass einer von ihnen etwa eine vergleichbare Ausbildung in einer der zahlreichen englischen Lehranstalten genossen hätte, die wiederum das Vorbild für die Hamburgische Handlungsakademie abgegeben hatten.[38] Trotz den in Kapitel 3 beschriebenen globalen Verflechtungen spielte sich die Ausbildung also bis zum Ende des 18. Jahrhunderts in einem deutlich engeren regionalen Rahmen ab.

Erst nach dem Ende der napoleonischen Kriege erfuhr die Ausbildung der Jungen eine durchgängige Internationalisierung, vor allem in Bezug auf länger andauernde Auslandsaufenthalte. Bemerkenswert ist hierbei die länderspezifische Ausrichtung dieser Internationalisierung, denn im Fokus standen weniger die Länder, in denen sich traditionell die Handelspartner der Wuppertaler Kaufleute befanden (Frankreich, Italien, Spanien, Portugal), sondern vor allem England. Dies machte sich bereits im schulischen Unterricht bemerkbar. So erhielt der Sohn Wilhelm von Eynerns Wilhelm (geb. 1806) ab seinem vierzehnten Lebensjahr Englischunterricht, bevor er nach London ging, um dort in einer Firma, die mit Indigo handelte, seine Ausbildung zu machen.[39] Sein Vetter Friedrich (geb. 1805) machte zwar eine kaufmännische Lehre in Gent, ging aber anschließend für mehrere Monate nach London, um dort weiter zu lernen. Ähnliche Muster ergeben sich für die Söhne Peter de Weerths und Daniel Heinrich von der Heydts, die ebenfalls mindestens für einige Monate, häufig aber auch Jahre in London blieben und zuvor bereits zuhause durch systematischen Englischunterricht darauf vorbereitet worden waren.[40] Dabei spielte es keine Rolle, ob die Söhne eher eine Karriere als Bankier oder als Kaufmann anstrebten – London galt als das Zentrum der Wirtschaftswelt, an deren neuesten Entwick-

36 Johann Wilhelm Fischer beispielsweise, der auch in Mülheim an der Ruhr ein Handlungsinstitut besucht hatte, konnte seine Lehrzeit bei der Berliner Firma Anhalt & Wagener von sechs auf drei Jahre verkürzen. Er hatte allerdings auch zuvor 18 Monate in dem Betrieb seines Vaters mitgearbeitet. Vgl. *Fischer*, Nachrichten, S. 37.

37 Eine Aufstellung der Schüler der Hamburgischen Handlungsakademie findet sich in *Büsch*, Darstellung, S. 664f.

38 Vgl. *Hoock*, Enseignement, S. 172.

39 Seine Schwestern nahmen an diesem Unterricht nicht teil.

40 Werner de Weerth wurde außerdem für einige Monate nach Woodford geschickt, um dort noch besser Englisch zu lernen, bevor er seine Stelle bei der Firma Suse & Sibeth in London antrat. Vgl. *Weerth*, Familie de Weerth, S. 253.

lungen auch die Wuppertaler Kaufleute teilhaben wollten.[41] Länderspezifische Konditionen bei der kaufmännischen Ausbildung, die im 18. Jahrhundert teilweise noch einer Lehre im Ausland entgegenstanden, scheinen dabei kaum noch eine Rolle gespielt zu haben.[42]

Durch die zahlreichen Auslandsaufenthalte der Wuppertaler Kaufmannssöhne ergaben sich im Ausland ganz eigene Netzwerke. August von der Heydt etwa freundete sich auf der ersten Station seines mehrjährigen Auslandsaufenthalts in Le Havre mit den Kölner Bankierssöhnen Stein und Schaffhausen an, die ihm auch über ein Gefühl der Fremdheit hinweghalfen: »So gut wie ich sind wenige junge Leute in der Fremde aufgenommen, und ich hätte dieß umso weniger erwartet, als wir hier nicht nur keine Verbindungen hatten, sondern auch gar nicht hier bekannt waren. Ich habe zwar Bekannte hier, Schaffhausen und Stein von Cölln, mit denen ich Sonntags einen großen Spaziergang zu machen pflege.«[43] In London wohnte von der Heydt während seiner Zeit als Kommis bei Jameson & Aders mit Ewald Aders zusammen, der wie er aus Elberfeld stammte.[44] Werner de Weerth wiederum arbeitete in der Firma als Volontär, in welcher Wilhelm von Eynern einige Jahre zuvor seine Ausbildung absolviert hatte. So festigten die jungen Kaufleute auch in der Ferne die Geschäftsbeziehungen der Firmen in der Heimat.

Gleichzeitig nahmen sie neue Ideen mit nach Hause. Die beiden Vettern Wilhelm und Friedrich von Eynern etwa bauten nach ihrer Rückkehr aus London den Farbwarenhandel der väterlichen Firma deutlich aus und spezialisierten sich neben dem Handel mit maschinengesponnenem Baumwollgarn auf den Import von Indigo. Das alte Verlagsgeschäft überließen sie den Vätern. Die Vorreiterrolle Englands bei der Mechanisierung blieb dagegen für die hier untersuchten Familien von untergeordneter Bedeutung. Für sie war London vor allem als Zentrum des Welthandels von Interesse.[45] Für die hier untersuchten Verlagskaufleute unterstreicht dies einmal mehr das Primat des Handels über die Produktion.

41 Vgl. auch *Schumacher*, Auslandsreisen, zu den vielen Reisen deutscher Unternehmer nach England in der ersten Hälfte des 19. Jahrhunderts.

42 Vgl. *Schulte Beerbühl*, Kaufleute, S. 96.

43 HZW Bestand von der Heydt, August von der Heydt an Johanna Strauß, geb. von der Heydt, Le Havre, 8.3.1822.

44 Ewald Aders war der Sohn Johann Jakob Aders' und der Neffe von Carl Aders, einem der beiden Teilhaber von Jameson & Aders. Carl Aders hatte die Firma mit dem gebürtigen Briten Jameson gegründet. Er gehörte zu den wenigen, die sich im Ausland etablierten. Vgl. *Baum*, C. Aders.

45 Vgl. FAF Nr. 268, 310. In den dort vorliegenden Briefen Eduard Webers aus Haiti an seinen Onkel Abraham Frowein spielte London in den Geschäften, die er auf einer Europareise erledigen wollte, vor Bremen und Hamburg die führende Rolle. Aus dem gleichen Grund wollte der jüngere Bruder, Richard Weber, auch seine Stelle in Antwerpen aufgeben und lieber etwas in London suchen.

Die erst so spät einsetzende Internationalisierung der Ausbildung erscheint vor dem Hintergrund der im ersten Teil dargelegten weltweiten Handelsbeziehungen der Wuppertaler Kaufmannsfamilien überraschend. Auch entspricht sie nicht dem Bild, das in der Literatur zu den Wuppertaler Verlagskaufleuten im 17. und 18. Jahrhundert bisher gezeichnet wurde. Denn Autoren wie Walter Dietz oder Johann Viktor Bredt haben vor allem auf die Bedeutung Frankreichs als Ausbildungsplatz hingewiesen. Dies kann durch die hier vorliegenden Beispiele nicht bestätigt werden. Vielmehr scheint es so, dass die international gängigen Regeln, nach denen der Handel organisiert war, so fest etabliert waren, dass auch eine Ausbildung innerhalb des deutschsprachigen Raumes, wenngleich bevorzugt an wichtigen Handelsplätzen wie den Messestädten, ausreichend war, um an den Vorgängen der globalen Kommerzialisierung teilzuhaben und diese mitzugestalten.[46] Erst vor dem Hintergrund der sich nach dem Ende der napoleonischen Kriege klar herausbildenden Hierarchisierung des Welthandels mit London als Zentrum suchten die Wuppertaler Kaufleute an diesen Entwicklungen und dem fortgeschrittenen Kenntnisstand im Zentrum der Kommerzialisierung teilzuhaben und ihren Söhnen den Anschluss an diesen Entwicklungsvorsprung durch eine Ausbildung vor Ort zu ermöglichen.[47]

5.1.1.2 Weibliche Bildung

Im Zuge der Aufklärung hatte die weibliche Bildung eine deutliche Aufwertung erfahren, denn die Verbreitung von Vernunft und eine Verbesserung des Menschen galten den Aufklärern als ein universelles Projekt.[48] Bildung der Vernunft implizierte dabei immer auch eine Bildung der Moral. Der Frau kam als Mutter und Erzieherin eine besondere gesellschaftliche Verantwortung zu, denn sie sollte ihre Kinder von Anfang an nach »vernünftigen« Grundsätzen erziehen und damit zu im moralischen Sinne guten Menschen formen. Spätaufklärer konkretisierten darauf aufbauend den weiblichen Bildungsgang auf den »Beruf« der Frau hin, der als funktional gleichwertig zum bürgerlichen Beruf des Mannes entworfen wurde.[49] Im Zentrum stand die dreifache Bestimmung der Frau als Gattin, Mutter und Vorsteherin des Hauswesens. Die »Erfüllung aller weiblichen Pflichten« sollte jedoch »mit einem wahrhaft aufgeklärten Verstande, einem Vorrath gemeinnütziger Kenntnisse, und einer durch Wissenschaft und Kunst hervorgebrachten Cultur des Geschmacks« durchgeführt werden. Promi-

46 Zu diesen Regeln und einer allgemein verbindlichen Handelskultur vgl. *Trivellato*, Familiarity.

47 Vgl. hierzu auch *Crouzet*, Wars.

48 Vgl. zur Aufwertung der Mädchenbildung *Mayer*, Erziehung; *Martens*, Botschaft, v. a. Kap. 8.

49 Diese Gleichwertigkeit der Berufe äußert sich auch in der gleichrangigen Bewertung von weiblicher und männlicher Arbeit für den Erhalt und die Ernährung der Familie. Vgl. *Habermas*, Frauen, S. 108.

nente Unterrichtskonzepte für Mädchen aus den »gebildeten Ständen« enthielten daher neben dem Elementarunterricht, Religion und Handarbeiten als den klassischen weiblichen Bildungsfächern auch Naturlehre, Geografie, Geschichte, französische und deutsche Sprache sowie Literatur und Mythologie.[50]

Für die Töchter der Wuppertaler Kaufmannsfamilien scheint dieser Aufruf jedoch überflüssig gewesen zu sein – anders als beispielsweise in Hamburg legte man in den Wuppertaler Kaufmannsfamilien bereits Anfang des 18. Jahrhunderts großen Wert auf eine zumindest solide schulische Bildung auch der Mädchen.[51] In den Gemeindeschulen erhielten sie, mit Ausnahme des Lateinischen, die gleiche Schulbildung wie ihre Brüder, und damit die Grundlagen allgemeiner Bildung wie Lesen, Schreiben, Rechnen und religiöse Unterweisung. Darüber hinaus nahmen sie während des 18. Jahrhunderts auch an den Privatstunden teil und erhielten Unterricht in Französisch wie auch Tanz-, Zeichen- und Klavierstunden. Caroline Beckmann etwa, verheiratete Eynern, genoss nach Aussage ihres Mannes »einen ausgezeichneten Schulunterricht bei dem allseits geschätzten Lehrer Bellmann«. Außerdem wurde sie in der Musik und im Französischen, im Nähen sowie in anderen »nöthigen und nützlichen Dingen« unterrichtet. Sie spielte gut Klavier und sang auch dazu.[52]

Als nach der Jahrhundertwende vermehrt private Bildungsinstitute die schulischen Bedürfnisse der Wuppertaler Kaufmannsfamilien abdeckten, nahmen die Mädchen wiederum koedukativ an deren Unterrichtsangebot teil. Der große und langanhaltende Erfolg dieser Bildungsinstitute war nicht zuletzt der Bereitwilligkeit (und dem Vermögen) der Eltern geschuldet, das nicht unbeträchtliche Schulgeld sowohl für die Söhne als auch die Töchter aufzuwenden.[53] Dabei spielte der durchaus anspruchsvolle Unterricht, der nach der Jahrhundertwende

50 So August Hermann Niemeyer in seiner vielgelesene Schrift »Grundsätze der Erziehung und des Unterrichts« (1796). Zit. n. *Mayer*, Erziehung, S. 199.

51 Zu Hamburg vgl. *Trepp*, Männlichkeit, S. 296.

52 Vgl. HZW Bestand Eynern Nr. 68, fol. 2. Vgl. auch das Porträt der etwa 18-jährigen Susanna de Weerth, geb. Siebel (1750–84), das sie am Spinett sitzend darstellt. Das Bild ist abgedruckt in *Bredt*, Familie Siebel. Zur weiten Verbreitung von Klavieren und anderen Instrumenten in den Wuppertaler Kaufmannsfamilien vgl. auch *Speer*, Ibach.

53 Die Schulkarrieren der Kinder Wilhelm von Eyners stehen dafür exemplarisch. Die drei Töchter Nanette (geb. 1804), Elise (geb. 1807) und Adeline (geb. 1810) erhielten genauso wie ihr Bruder Wilhelm (geb. 1806) alle erst für einige Jahre Elementarunterricht an der Wupperfelder Gemeindeschule und besuchten dann anschließend für drei bis vier Jahre eine weiterführende Privatschule. Die Schulzeit endete für alle mit der Konfirmation. Neben der Schule erhielten sie alle Tanzstunden. Die Mädchen nahmen zudem noch Klavier- und Singstunden; Wilhelm erhielt weiteren Mal- und Zeichenunterricht sowie Englischunterricht. Für jedes Kind waren im Jahr etwa sechzig bis siebzig Reichstaler an Gebühren zu zahlen. Vgl. STAW NDS 12, Notizbuch für Wilhelm von Eynern 1802–1845. Die Familie Colsmann aus Langenberg zahlte für den Unterricht ihrer neun Kinder (sechs Söhne und drei Töchter) an einer Elberfelder Privatschule zwischen 1811 und 1829 knapp 2.200 Reichstaler Schulgeld. Vgl. *Groppe*, Geist, S. 417.

aber für die Mädchen weiterhin weder Griechisch noch Latein umfasste, eine ebenso große Rolle bei der Vorbereitung der Mädchen auf ihre zukünftige gesellschaftliche Rolle als Ehefrau eines Kaufmanns oder eines anderen Mitglieds der »gebildeten Stände« wie die Extrastunden in weiblichen Handarbeiten und die ebenfalls erteilten Klavier- und Singstunden.[54] Denn wie der Institutsleiter Friedrich Kohlrausch bemerkte: »Das Bedürfnis des Kaufmannsstandes gab das Gesetz«, und das bestand in gut ausgebildeten Ehefrauen, welche nicht nur die dreifache Rolle der Ehefrau, Mutter und Hausvorsteherin zu bewältigen verstanden, sondern die auch einen nicht unerheblichen Beitrag zum Geschäft des Ehemannes leisten konnten.[55]

Die eigentliche schulische Unterweisung der Töchter war, ebenso wie die der Söhne, im Alter von vierzehn bis fünfzehn Jahren mit der Konfirmation beendet. Doch auch für sie schloss sich eine weiterführende Ausbildung an, die durchaus berufsspezifisch war. Denn so wie die Söhne in einer fremden Stadt ihre Ausbildung zum Kaufmann absolvierten, so gingen die Töchter häufig in eine andere Stadt, um dort bei einer bekannten oder befreundeten, vor allem aber sozial gleich oder höher gestellten Familie als Haustochter zu leben. Dort sollten sie sich sowohl für ihren Beruf als Hausfrau und Gattin weiterbilden als auch mit gesellschaftliche Umgangsformen vertraut machen.[56]

Doch die Ausbildung der Wuppertaler Kaufmannstöchter umfasste häufig noch mehr als nur die Vorbereitung zur musisch gebildeten Hausfrau – sie wurden nämlich, ähnlich wie die Söhne, von ihren Eltern zumindest in den Grundzügen des Geschäfts ausgebildet. Dabei lernten sie die Grundlagen der Buchhaltung ebenso wie die Kalkulation von Warenpreisen und die Berechnung von Gewinn und Verlust. Abraham Kersten legte beispielsweise ein »Handlungsbüchlein für meine Kinder« an, in dem er auf Rechnung seiner zu Anfang vier- bis siebenjährigen Kinder Garngeschäfte durchführte. Sie wurden dabei an Gewinnen und Verlusten gleichermaßen beteiligt.[57] Auch Abraham Frowein führte ein Kontobuch für seine Kinder, in welchem er genau Buch führte über

54 Für die Jungen bestand an der Bürgerschule in Elberfeld zudem die Möglichkeit, Lateinunterricht zu nehmen. Die Mädchen konnten sich dagegen vom Nachmittagsunterricht befreien lassen, um zusätzliche Handarbeitsstunden zu nehmen. Am Nachmittag standen aber nicht etwa »männliche« Fächer auf dem Plan, sondern auch Singen, Zeichnen und Fremdsprachen. Handarbeiten scheint daher eher ein Zusatz- denn ein Ersatzangebot gewesen zu sein. Vgl. den bei *Groppe*, Geist, S. 436, abgedruckten Stundenplan.

55 Vgl. *Kohlrausch*, Erinnerungen, Zitat S. 125. Zur Rolle der Ehefrauen in der Firma s. 5.2.3.

56 Anna Dorothea Wuppermann (1747–1820) beispielsweise lebte nach ihrer Konfirmation für anderthalb Jahre bei entfernten Verwandten in Aachen. Vgl. *Dietz*, Familie Wuppermann, Bd. 1, S. 209. Christina Gerdrut Colsmann aus Langenberg wiederum kam für dreieinhalb Jahre nach Elberfeld. Zur Ausbildung gehörte das Erlernen von bestimmten Zubereitungsarten des Essens, die Speisefolge, Tischarrangements etc. Vgl. *Groppe*, Geist, S. 88.

57 Vgl. HAC 402–195, sowie *Krause*, Geld, S. 17.

die Erträge, die ihnen aus einem kleinen Anteil an der Handlung erwuchs. Nach dem Tod einer Tochter 1824 wurden die anderen Kinder zu deren Erben und erhielten ihr Kapital gutgeschrieben, ganz wie im »richtigen Leben«.[58] Auch hierin machten die Väter keinen Unterschied zwischen Söhnen und Töchtern.[59]

Das Verfassen geschäftlicher Korrespondenz mag ebenfalls zur Ausbildung der Töchter gehört haben, da diese hauptsächlich durch das Kopieren von Briefen gelehrt wurde – ein mühsames Geschäft, für das ein paar zusätzliche Hände im Kontor immer von Nutzen waren. Wie etwa das Briefkopierbuch Sophie Brügelmanns, geb. Bredt, belegt, das sie nach dem Tod ihres Mannes anlegte, um die Firma fortzuführen, war sie mit den Usancen geschäftlicher Korrespondenz wohlvertraut. Sie hatte, ebenso wie ihre beiden Schwestern, kaufmännisches Grundwissen durch ihren Vater erhalten.[60] Während der etwa fünf bis zehn Jahre, welche die Töchter zwischen dem Ende ihrer schulischen Ausbildung und ihrer Heirat als fast erwachsene Kinder im Haus ihrer Eltern verbrachten, war dazu auch genügend Zeit. Denn wenngleich die Frauen sicherlich einen beträchtlichen Teil ihrer Zeit mit Haus- und Handarbeiten verbrachten, so ist doch davon auszugehen, dass sie häufig im Kontor mit anwesend waren und dort zur Hand gingen.[61] Sie übernahmen dabei Muster, die ihnen von der Mutter vorgelebt wurden.[62]

Die Töchter der Wuppertaler Kaufmannsfamilien erhielten also eine umfassende, berufsspezifische Bildung, welche sie auf ihren späteren Beruf als Kaufmannsfrau, der nicht nur das Berufsfeld der Haus-, Ehefrau und Mutter, sondern auch noch das der Handelsfrau, umfasste, bestens vorbereitete. Dabei ging, wie nicht zuletzt Zeitgenossen bemerkten, ihre Bildung in ästhetischen und kulturellen Angelegenheiten häufig über die ihrer Brüder und späteren Ehemänner hinaus: »Es ist überhaupt [...] eine auffallende Erscheinung, daß das weibliche Geschlecht in diesen Handels- und Fabrikgegenden den Männern an Sinn und Bedürfnis für geistige Bildung voranstand.«[63] Die Töchter der Wupper-

58 Das Kapital der Kinder wuchs über einen Zeitraum von 21 Jahren von 271 Rtlr. auf 1786 Rtlr. Vgl. FAF Nr. 1343, fol. 8.

59 Vgl. hierzu jetzt auch *Maß*, Kinderstube.

60 Vgl. *Syré*, Brügelmann; *Bredt*, Haus Bredt-Rübel, S. 72.

61 Vgl. etwa die bezeichnende Szene, in der Johann Wilhelm Fischer das erste Mal seine spätere Frau traf. Sie saß strickend bei ihrem Vater und den beiden Brüdern im Kontor – eine wohl nicht ungewöhnliche Vermischung weiblicher und männlicher Arbeitsbereiche. Vgl. *Fischer*, Nachrichten, S. 85.

62 S. 5.2.3. Die Mitarbeit von Kaufmannsfrauen in der Firma des Ehemannes ist ein in der Frühen Neuzeit durchgängig zu beobachtendes Phänomen. Einen kursorischen Überblick gibt *Wunder*, Er ist die Sonn, S. 125–30. Vgl. auch *Hlawatschek*, Unternehmerin, S. 133. Für Beispiele aus dem Wuppertal vgl. unter anderem die Angaben bei *Bredt*, Familie Bredt, S. 109, 178.

63 *Kohlrausch*, Erinnerungen, S. 126. Zu einer ähnlichen Einschätzung kommt *Groppe*, Geist, S. 247.

taler Kaufmannsfamilien konnten damit sowohl dank ihrer Bildung als auch aufgrund ihres ökonomischen und sozialen Kapitals Anspruch darauf erheben, eine Ehe als gleichberechtigte Partnerin des Mannes einzugehen.

Diese Gleichrangigkeit der Bildung schlug sich auch darin nieder, dass parallel zu der bei den Jungen beobachtbaren Formalisierung der Bildung die Mädchen ebenfalls vermehrt eine schulische Ausbildung für ihren späteren Beruf als Ehefrau erhielten – viele von ihnen besuchten etwa seit den 1790er Jahren für einige Jahre ein Pensionat.[64] Dort lernten sie berufsspezifische Fertigkeiten wie das Führen von persönlicher Korrespondenz, Literaturunterricht in mehreren Sprachen, Konversationslehre, Handarbeiten, Tanzen, Singen und Zeichnen.[65] Im Übrigen besuchten Geschwister häufig zeitgleich Jungen- und Mädchenpensionate in einer Stadt – ein weiterer Hinweis auf die Parallelität der Ausbildung.[66] Und auch die Mädchen konnten in den Pensionaten, ähnlich wie die Jungen in der Lehre und ersten Anstellungen, Bekanntschaften knüpfen und pflegen, welche die Kaufmannsfamilien des Wuppertals und seiner Umgebung enger aneinander banden.[67]

Diese strukturelle Parallelität der Ausbildung erfuhr ab den 1810er Jahren eine Einschränkung, als die Ausbildung der Söhne zunehmend internationaler wurde und mehrere Ausbildungsstationen vorsah, während sich gleichzeitig die Ausbildungszeit der Töchter durch ein tendenziell jüngeres Heiratsalter verkürzte.[68] Denn für die Töchter war die Ausbildung nun nach der Pensionatszeit und einem möglichen, kürzeren Aufenthalt bei einer befreundeten Familie in einer großen Stadt wie Frankfurt/Main oder Bremen beendet, während ihre Brüder in die große, weite Welt ausschwärmten. Während Ewald Aders also noch nach London ging, um dort bei seinem Onkel weiter zu lernen, kehrte seine ältere Schwester Auguste nach einem Aufenthalt in Frankfurt/Main, wo sie unter der Ägide einer Frau Doktor Becher Erfahrung auf dem gesellschaftlichen Parkett gesammelt hatte, mit etwa siebzehn Jahren wieder nach Elberfeld heim.[69] Auch

64 Auch in Elberfeld wurde 1806 ein »Institut für Töchter« gegründet, dessen Lehrangebot die Elementarfächer, Französisch, Tanz und Musik umfasste. Vgl. *Wittmütz*, Schule, S. 260.

65 So das Kurrikulum in einem Düsseldorfer Mädchenpensionat, das auch von zahlreichen Wuppertaler Kaufmannstöchtern besucht wurde. Vgl. *Groppe*, Geist, S. 242 f.

66 So zum Beispiel Johann Wilhelm Fischer und seine Schwester Johanna. Vgl. *Fischer*, Nachrichten, S. 37. Die beiden Geschwister August und Johanna von der Heydt wiederum besuchten zeitgleich eine herrnhuterische Erziehungsanstalt in Neuwied.

67 So besuchten in den 1790er Jahren Caroline Heilenbeck und Carolina Wittenstein aus Barmen genauso wie H. Bönhoff und Antonnetta Siebel aus Elberfeld ein Düsseldorfer Pensionat, in dem vorrangig Töchter vermögender Kaufmanns- und Fabrikantenfamilien Unterricht erhielten. Vgl. *Groppe*, Geist, S. 242.

68 Vgl. hierzu 5.2.1.

69 Vgl. STAW J III 104a, Johann Jakob Aders an Demoiselle Auguste Aders, bei Frau Doctorin Becher an der Brücke in Frankfurt [um 1810].

Johanna von der Heydt nahm nur über die Briefe ihres Bruders August an dessen Erlebnissen in Le Havre und in London teil. In seinen Mitteilungen erinnerte sich August gerne an die gemeinsame, glückliche Zeit in Neuwied, in der sie sich so nahegestanden hätten, doch jetzt, so meinte er, hätten die Umstände sie voneinander entfernt. Johanna war zu diesem Zeitpunkt bereits seit sechs Jahren verheiratet.[70] Emilie de Weerth (1810–1847) wiederum lebte für ein Jahr bei der Bremer Kaufmannsfamilie Lürmann, in deren Firma ihr Bruder Eugen (1807–1869) zeitgleich seine dreijährige Ausbildung absolvierte. Nach seiner Rückkehr ins Wuppertal 1827 unternahm er noch eine ausgedehnte Reise nach Paris sowie gemeinsam mit seinem jüngeren Bruder eine ausgedehnte Tour durch England, Schottland und Irland.[71] Emilie heiratete dagegen kurz nach ihrer Rückkehr aus Bremen den Elberfelder Bankier Friedrich Wichelhaus. Für die oben beschriebene Einarbeitung in kaufmännische Angelegenheiten blieb für sie also auch im elterlichen Haus nicht mehr viel Zeit, geschweige denn für die Finessen des internationalen Handels. Dennoch konnten die Töchter weiterhin Anspruch auf eine zumindest sorgfältige schulische Ausbildung erheben, die sie auch mit den für die »gebildeten Stände« so wichtigen ästhetischen Fragen und der allgemeinen Menschenbildung vertraut gemacht hatte. Die Vorbereitung zur »Handelsfrau« spielte dagegen nur noch eine untergeordnete Rolle. Inwieweit dies auch mit sich verändernden Normen und geschlechtsspezifischen Bildungsvorstellungen zusammenhing, wird im Folgenden genauer beleuchtet.

5.1.2 Gehorsam und Selbständigkeit – Allgemeine Bildungsziele im Wuppertal nach 1800

Nicht nur durch die Schulwahl für ihre Kinder, auch durch die Übernahme spezifischer Ämter hatten die Wuppertaler Kaufleute Gelegenheit, auf die Bildungsangelegenheiten des Tales Einfluss zu nehmen. Denn die Gemeindeschulen, welche allen Kindern im Tal offenstanden und auch von den Kaufmannskindern für den Elementarunterricht besucht wurden, standen unter der Aufsicht der jeweiligen Presbyterien. Sie beriefen die Lehrer der Schule und bewilligten deren Besoldung. Auch die weiterführenden Lateinschulen, welche die alten Sprachen und damit gelehrte Inhalte vermittelten, standen unter ihrer Aufsicht. Innerhalb der gewählten Gemeindevertretung war insbesondere der Scholarch für Schulangelegenheiten zuständig. Er visitierte monatlich die Schule, beaufsichtigte ihre Verwaltung und überprüfte den vom Lehrer aufgestellten Lehrplan. Prüfungen

70 Vgl. HZW Bestand von der Heydt, August von der Heydt an Johanna Strauß, geb. von der Heydt, o. O., Le Havre, 8.3.1822. Johanna von der Heydt hatte bereits im Alter von 17 Jahren den Pfarrer Friedrich Strauß geehelicht.

71 Vgl. *Weerth*, Familie de Weerth, S. 238.

wurden öffentlich abgehalten und dienten nicht nur zur Examinierung der Kinder, sondern auch der Lehrer.[72] Bis ins 19. Jahrhundert hinein übernahmen viele Angehörige der Kaufmannschaft diese Aufgabe.[73]

Dieses ursprünglich im kirchlichen Rahmen stattfindende Engagement überdauerte auch die Säkularisierung des Schulwesens. Als im Zuge der territorialen Neuordnung, welche aus dem Wuppertal einen Teil der preußischen Rheinprovinz gemacht hatte, auch die Schulen einer Revision unterzogen wurden, brachten sich viele der Wuppertaler Kaufleute in die Debatten um die zukünftige Ausrichtung der örtlichen Schulen aktiv ein. In Barmen beteiligten sich vor allem J.C. Wesche und Friedrich von Eynern sowie Friedrich Siebel, Reinhard Theodor Wuppermann und Heinrich Springmann an den einberufenen Gremien und brachten dabei durchaus ihre eigene Meinung zu Gehör. So verfassten sie unter anderem Sondergutachten, die sich gegen die Auffassung der Schulbehörden wandten.[74] Vielfach wurden die Kaufleute auch aufgrund ihrer bisherigen Erfahrung in die Gremien mit einbezogen: im Elberfelder Schulausschuss, der von der neuen preußischen Landesherrschaft zur Neuordnung des Schulwesens einberufen worden war, saß etwa auch Daniel Heinrich von der Heydt in seiner Funktion als Scholarch der reformierten Gemeinde.[75] Und der im Zuge der preußischen Neuordnung gegründeten Barmer Stadtschule stand ein weiterhin hauptsächlich mit Kaufleuten besetztes Direktorium vor, dessen Mitglieder an allen Prüfungen, Konferenzen und sogar an den Disziplinarmaßnahmen teilnahmen und auch in die pädagogische Arbeit der Lehrer eingreifen konnten.[76] Die Bereitschaft, solche Ämter wahrzunehmen, rührte sowohl aus einem bürgerlichen Ethos, demzufolge es eine Pflicht war, sich an öffentlichen Angelegenheiten zu beteiligen, als auch aus der konkreten Sorge um eine gute Bildung der eigenen Kinder.

Noch direkteren Einfluss auf schulische Angelegenheiten nahmen Angehörige der Wuppertaler Kaufmannschaft durch die Gründung privater Institute. 1804 initiierten die Kaufleute Johann Jakob Aders, Jakob Platzhoff, Jakob Peltzer, Abraham Bockmühl und Friedrich August Jung das Elberfelder Bürgerinstitut, um dem Mangel einer »Lehranstalt für die Kinder aus den höheren Ständen«, so die Beschreibung der Schule, abzuhelfen. Sie beriefen Johann Friedrich Wilberg (1766–1846) zum Leiter der Schule. Wilberg war Autodidakt und hatte zunächst

72 Vgl. *Wittmütz*, Schule, S. 29, 121. Das Presbyterium der reformierten Gemeinde Elberfelds bestand im 18. Jahrhundert zu siebzig Prozent aus Kaufleuten. Vgl. *Murayama*, Konfession, S. 262.

73 Vgl. etwa die Presbyteriumsprotokolle der reformierten Gemeinde Elberfeld, in welchen die übernommenen Ämter verzeichnet wurden: KAW Nr. 91, 92, 93.

74 Vgl. *Wittmütz*, Schule, S. 71–125.

75 Vgl. ebd., S. 95, FN 64.

76 So zum Beispiel Friedrich Engels sen., der von 1823 bis 1828 im Direktorium der Barmer Stadtschule saß. Bei Eintritt seines Sohnes Friedrich Engels jun. in die Schule schied er allerdings aus dem Direktorium aus. Vgl. *Knierim*, Familie Engels, S. 50.

eine Schneiderlehre absolviert, bevor er als Hospitant an die philantropinische Modellschule des Grafen von Rochow in Reckahn aufgenommen wurde.[77] Wilberg hatte sich auch ausgiebig mit den Schriften des Philantropen Christian Gotthilf Salzmann beschäftigt, der für einen lebensnahen, anschaulichen Unterricht eintrat. Nach der bestandenen Prüfung am Berliner Lehrerseminar kam Wilberg durch Vermittlung Rochows als Lehrer an die Elementarschule auf dem Gut Overdyck des Grafen von der Reck in der Nähe von Bochum.[78] Hier verfeinerte er seine Lehrmethode des erklärenden Unterrichtsgesprächs (statt des üblichen Auswendiglernens) und machte sich auch in der Lehrerfortbildung einen Namen. 1802 erhielt er aus Elberfeld das Angebot, die Leitung der 1800 gegründeten Armenanstalt und zugleich der Armenschule mit 400 Kindern zu übernehmen. Hier sollte er, analog zu den Prämissen der philantropinischen Modellschulen, die Kinder vor allem zu einer fleißigen und rationalen Lebensführung erziehen.[79]

Das Bürger-Institut, dessen Leitung ihm zwei Jahre später angetragen wurde, richtete sich dagegen explizit an die höheren Stände und war über das Schulgeld von circa achtzig Reichstalern im Jahr recht exklusiv.[80] Durch die Aufnahme des Elementarunterrichts in den Lehrplan förderte es außerdem die soziale Abgrenzung einer gehobenen Bildungsschicht, da diese Schüler nun nicht mehr wie bisher hierfür die allen offenstehenden Gemeindeschulen besuchten. Entsprechend sollten in dem Institut führende Persönlichkeiten für Handel und Industrie ausgebildet werden. Auf dem Lehrplan der Schule standen die Elementarfächer Lesen, Schreiben und Rechnen sowie Religions- und Sittenlehre, Geschichte, Naturkunde, Geografie, Geometrie und andere Teilgebiete der Mathematik, Deutsch, Französisch, Singen und Zeichnen. Latein wurde fakultativ angeboten.[81] Mit seinem Lehrangebot stand das Wilbergsche Institut damit eindeutig in der Tradition philantropinischer Institute, die ihren Zöglingen nicht lateinische Gelehrsamkeit, sondern anwendungsbezogenes Wissen für den späteren bürgerlichen Beruf vermitteln wollten.[82]

77 Vgl. *Müller*, Wilberg; *Groppe*, Geist, S. 414–416.

78 Von der Reck war ein Vetter Friedrich Eberhard von Rochows und ebenfalls philantropisch engagiert. Die Schule auf seinem Gut sollte ähnlich wie die in Reckahn zum Vorbild des niederen Schulwesens in der Grafschaft Marden dienen. Zu Rochow vgl. *Schmitt/Tosch*, Vernunft; *Schmitt/Tosch*, Ergebnisse.

79 Zu den philantropinischen Modellschulen vgl. *Schmitt*, Philantropine.

80 Die Schule hatte einen internationalen Einzugskreis. Im angegliederten Pensionat lebten nicht nur Schüler aus verschiedenen Gegenden Deutschlands, sondern auch aus anderen Ländern Europas. Laut Wilberg kamen zwei Schüler sogar aus Moskau und Baltimore. Vgl. *Wilberg*, Erinnerungen, S. 111. Zum Bürger-Institut vgl. auch *Wittmütz*, Schule.

81 Angehende Pfarrer, Lehrer und Beamte sollten dagegen in Wilbergs Vorstellung weiterhin die Gymnasien besuchen und einen an den alten Sprachen ausgerichteten Unterricht erhalten. Vgl. *Groppe*, Geist, S. 418.

82 Vgl. *Lempa*, Bildung der Triebe.

Zugleich orientierte sich Wilberg aber an einem Humboldtschen Bildungsideal (das Motto des Bürger-Instituts lautete: »Der Mensch erzieht im Kinde den Menschen«), denn jedes Kind sollte die ihm innewohnenden Anlagen frei entwickeln: »Ich darf ihn auch nicht aus mir und nach mir und nach einem andern bilden, denn Er soll nicht Ich werden und nicht ein Anderer, der schon einmal da ist. Ich soll meinem Lehrlinge helfen, daß er, seinen Anlagen gemäß ein Mensch werde, an welchem sich sehen läßt wie ein Mensch hienieden sein soll.«[83] Im Zentrum von Wilbergs Pädagogik standen also das Individuum und die ihm innewohnenden Kräfte und Anlagen. Auch die Struktur des Unterrichts, der vom Einfachen zum Komplexen fortschreiten sollte, folgte Vorstellungen, die Wilhelm von Humboldt bereits einige Jahre zuvor formuliert hatte.[84]

Anders als Humboldt räumte Wilberg aber der religiösen Erziehung großen Raum ein, unter welcher auch die ästhetische Erziehung subsumiert wurde. Grundlage der schulischen wie auch der allgemein menschlichen Bildung war nicht die Antike und ihre Vorbildwirkung, sondern die Bibel: »Der fromme Sinn ist der sicherste, die beste Grundlage der echten menschlichen Bildung, ist der herrliche Boden, in welchem Wahrheit und Klarheit der Erkenntnis wurzelt, die zur würdigen Führung des Lebens erforderlich ist.«[85] Damit einher ging eine Erziehung zu Gehorsam und Erhalt der bestehenden Verhältnisse. Schule wurde dadurch zu einem Instrument, das es den Schülern ermöglichte, in die Ordnung des Lebens hineinzuwachsen und diese zu erhalten, und damit zum Gegenteil dessen, was Humboldt und andere Neuhumanisten im Zuge der Preußischen Reformen durch die Neuausrichtung des Bildungswesens als Endzweck von Bildung propagiert hatten: Neugestaltung des Staatswesens und der Gesellschaft.[86]

Die Schule sollte also einerseits den Schülern die natürliche, vorhandene Ordnung als Werk Gottes vermitteln und sie deren Akzeptanz lehren, sie andererseits zu selbständigem Denken anleiten. Dieser Widerspruch in Wilbergs Pädagogik blieb unaufgelöst, mag aber einer der Gründe für Wilbergs Erfolg in Elberfeld gewesen sein. Denn er verband, dank der biblischen Fundierung, eine tiefe, auch pietistisch verinnerlichte Religiosität mit einem Verständnis des schaffenden, selbständig denkenden und tätigen Menschen.[87] Dies entsprach in hohem Maße dem Selbstverständnis der Wuppertaler Kaufmannschaft.[88]

83 Johann Friedrich Wilberg, Der Schulmeister Lebrecht, Elberfeld 1820, S. 69, zit. n. *Groppe*, Geist, S. 423.

84 Vgl. *Benner/Brüggen*, Pädagogik, S. 185 f.

85 Johann Friedrich Wilberg, Der Schulmeister Lebrecht, Elberfeld 1820, S. 72, zit. n. *Groppe*, Geist, S. 425.

86 Vgl. *Jeismann*, Schulpolitik, S. 107 f.

87 Wittmütz spricht von einer Trivialisierung der Calvinistischen Prädestinationslehre in Wilbergs Pädagogik. Vgl. *Wittmütz*, Schule, S. 62. Das wäre m. E. noch genauer zu prüfen.

88 Vgl. etwa die Briefe Johann Jakob Aders an seine Frau in STAW J III 104a. Darin stellt Aders sich einerseits als rastlos schaffenden Menschen dar, andererseits artikuliert er wiederholt sein Gottvertrauen als Basis seines Daseins.

Ähnlich lange wie die Wilbergsche Schule, die 1830 in die öffentliche höhere Bürgerschule in Elberfeld überführt wurde, hielt sich das Ewichsche Institut in Barmen, dessen Leiter ähnlichen Bildungsmaximen wie Wilberg verpflichtet war.[89] Auch Johann Jakob Ewich, der das Institut 1811 übernommen hatte, sah den Menschen in das System der Ordnung Gottes eingebunden, innerhalb dessen er sich nach seiner Natur als Mensch verwirklichen sollte:

Der Mensch wird ein Mensch, wenn er, um mich zuerst ganz menschlich auszudrücken, die kindliche Frömmigkeit Gellerts, der Tugend und dem Scharfblicke Kants, der Weisheit des Sokrates, dem Hochsinne und Geschmacke Schillers, der Feinheit und dem Anmuthe Wielands, der Zartheit Petrarkas, der Kenntnisse Leibnitzes, der Willenskraft Hannibals, der Köngis- und Vaterlandsliebe Blüchers, der Kraft Cäsar, der Stärke, Behendigkeit, Ausdauer, Gewandtheit Achills mit Erfolg in Harmonie zustrebt, ja jeden Einzelnen zu übertreffen sucht; oder höher; wenn er den Charakter Jesu nach dessen Menschheit in moralischer und religiöser Hinsicht, verbunden mit demjenigen, was wir an den edelsten Menschen der Erde, in Hinsicht auf Wissenschaft, Kunst und Körper, bewundern, in sich vereinigen sucht, oder allgemein, wenn er die Ausgebildetheit des ganzen Menschen im Menschen, also Humanität im weitesten Sinne des Wortes zu erstreben sucht.[90]

Humanität war somit für Ewich Endzweck der schulischen Erziehung. Trotz der vielen Verweise auf antike Vorbilder war jedoch der Unterricht am Ewichschen Institut stark an den Realien ausgerichtet. Neuhumanistisches Gedankengut, welches die Bildung des Menschen aus seiner Differenzerfahrung mit der Antike vorantrieb, wurde hier nicht rezipiert, wenngleich Latein auch angeboten wurde.

Bezeichnenderweise blieb der Leiter des dritten Instituts, welcher am stärksten neuhumanistischen Idealen anhing, am kürzesten im Wuppertal. Der Pfarrerssohn Friedrich Kohlrausch (1780–1865) hatte eine klassische akademische Ausbildung genossen und in Göttingen Theologie studiert, durchaus mit dem Ziel Pfarrer zu werden, zusätzlich aber auch Vorlesungen über Geschichte, Mathematik, Physik und Naturgeschichte gehört.[91] Später besuchte er noch ein Kollegium über Pädagogik bei Johann Friedrich Herbart und trat auch in dessen gerade erst gegründete pädagogische Gesellschaft ein. Die dort geführten Diskussionen standen im Zeichen des Neuhumanismus; grundlegende menschliche Bildung sollte durch die Beschäftigung mit der Antike, vor allem mit den griechischen Schriftstellern im Original erworben werden.[92] Herbarts Einfluss gab für Kohlrausch den Ausschlag, sich der praktischen Pädagogik zu widmen und Lehrer zu werden. Nach einer Reise in die Schweiz, auf der er Johann Heinrich

89 Die Schule Ewichs ging 1823 in die neu gegründete Stadtschule auf.

90 Johann Jakob Ewich, Human, der Lehrer einer niederen und höheren Volksschule in seinem Wesen und Wirken, 2 Bde., Wesel 1829, Bd.1, S. 65, zit. n. *Wittmütz*, Schule, S. 62 f.

91 Vgl. *Kämmel*, Kohlrausch.

92 Vgl. *Kohlrausch*, Erinnerungen, S. 109 f.

Pestalozzi kennenlernte, gründete er 1810, ebenfalls auf eine private Initiative hin, ein Schulinstitut in Barmen.[93]

Die Verhältnisse und Anforderungen in Barmen entsprachen jedoch auf Dauer nicht Kohlrauschs Vorstellungen. Denn das Institut sollte sich nicht allein der höheren Bildung widmen, sondern das Klientel der Schule erwartete auch, dass dort ebenfalls der Elementarunterricht gehalten würde. Auch für die fortgeschrittenen Schüler bildeten vor allem die Realien, und nicht so sehr die alten Sprachen, den Kernbestand ihres Unterrichts. Die Schule wurde nur von einigen Jungen besucht, die eine Kaufmannskarriere anstrebten, dafür aber von umso mehr Mädchen, deren Schulgelder auch den Löwenanteil der Finanzierung stellten. Doch für die Mädchenbildung empfand sich Kohlrausch als überqualifiziert. Denn die weibliche Bildung sei nicht so sehr eine der Kenntnisse und des Wissens als vielmehr eine Bildung des Gemüts.[94] Dabei genoss Kohlrausch durchaus die Gesellschaft gebildeter Frauen. In seiner Zeit in Barmen unterhielt er einen Lektüre- und Vortragszirkel allein für Frauen und junge Erwachsene, in denen sie gemeinsam große Werke der Weltgeschichte lasen. Des Weiteren hielt er populärwissenschaftliche philosophische Vorträge für einen kleinen Kreis. Die in Kohlrauschs Augen echte Bildung blieb jedoch Männern vorbehalten, die Griechisch beherrschten – mit zwei weiteren Studierten gründete Kohlrausch einen Platonlektürekreis.[95] Die von den Kaufmannsfamilien geforderten umfassenden Kenntnisse in Mathematik, Länderkunde und Sprache, die ja aufgrund ihres zukünftigen dreifachen Berufs als Hausfrau, Mutter und Kaufmannsfrau gerade auch den Töchtern nahegebracht werden sollten, waren in Kohlrauschs Augen keine dem gleichgestellte Bildung. Nach seinem Fortgang aus dem Wuppertal – er nahm 1814 eine Stelle als Gymnasialprofessor in Düsseldorf an – wurde das Kohlrausch'sche Institut nicht fortgeführt.

In Übereinstimmung mit den Familienvorständen, die sie berufen hatten, orientierten sich die drei hier vorgestellten Wuppertaler Institutsleiter an dem von Wilhelm von Humboldt formulierten Bildungsideal: Ziel der Schule war eine umfassende Bildung des Menschen, keine reine Gelehrsamkeit.[96] Jedoch geschah die Vermittlung des übergeordneten Menschenbildes im Wuppertal durch andere Methoden, als sie von den Neuhumanisten propagiert wurden.

93 Eingeladen hatte ihn ein ehemaliger Studienfreund, Ernst Bischoff, der mittlerweile als Kreisarzt in Barmen tätig war. Bischoff vermisste eine Schule für die »Söhne und Töchter der gebildeten Kaufmannsfamilien« in Barmen. Die Ewich'sche Schule stand zu diesem Zeitpunkt noch unter der Direktion Riepes und richtete sich vor allem an den kaufmännischen Nachwuchs. Vgl. ebd., S. 112.

94 Vgl. ebd., S. 146f.

95 Darunter war auch der spätere Ehemann Johanna von der Heydts, der Ronsdorfer Pfarrer Strauß. Vgl. ebd., S. 126f.

96 Zu diesen Bildungsidealen vgl. *Vierhaus*, Bildung, S. 519–521; *Benner/Brüggen*, Pädagogik, S. 173–181.

Nicht die Auseinandersetzung mit der Antike und alten Sprachen stand im Vordergrund des Unterrichtes, sondern realwissenschaftliche Unterrichtsstoffe. Die sittliche Erziehung der Schüler beruhte dagegen weiterhin auf traditionellen, christlichen Inhalten. Für die Ausbildung des menschlichen Individuums anhand der Auseinandersetzung mit antiken Sprachen und Stoffen fehlte innerhalb der Wuppertaler Kaufmannschaft, die noch dazu auf einen koedukativen Unterricht bestand, das Interesse.[97] Schließlich wurde die höhere Schulbildung im Wuppertal zwar einerseits von der unveränderlichen Menschenbildung, andererseits jedoch von den Bedürfnissen der Ortsgemeinde bestimmt.[98] Und allen eingangs beschriebenen Forderungen an einen »gebildeten Kaufmann« zum Trotz bestanden diese vor allem in realwissenschaftlichen Fächern, die praktisch auf den Beruf des Kaufmannes vorbereiteten.

Hiermit standen die Wuppertaler Kaufleute nicht allein. Die neuhumanistischen Bildungsvorstellungen hatten sich schließlich nie vollständig durchsetzen können.[99] Auch andernorts war man der Meinung, dass sich das öffentliche Schulwesen aus der »Beschäftigungsweise der Männer in den gesitteten Ständen« ableiten müsse. Wissenschaftliches Denken und Handeln sei nur eine davon, daher müsse auch praxisorientiert unterrichtet werden.[100] Dies macht deutlich, dass unter den Zeitgenossen Bildung nicht nur ein äußerst fluides Konzept war, sondern zugleich ein Ideal, dem man sich über verschiedene Zugangsmöglichkeiten nähern konnte. Wahre Menschlichkeit als Endziel bemaß sich in den Augen der breiteren Gemeinschaft der »gebildeten Stände« nicht so sehr an der Beherrschung antiker Sprachen, auch wenn die Vertreter des Neuhumanismus dies zum Königsweg menschlicher Bildung erhoben hatten.[101]

Was die Bildungswege und -chancen der beiden Geschlechter angeht, so hatte die oben näher beschriebene globale Kommerzialisierung hierauf zunächst keine Auswirkung, wohl aber die sich zunehmend herausbildende Hierarchisierung und Spezialisierung des Welthandels nach dem Ende der napoleonischen Kriege.

97 Es bestand allerdings sowohl in Elberfeld als auch in Barmen weiterhin eine Lateinschule, auf der die ausdrücklich sogenannte »gelehrte Bildung« vermittelt wurde. Allerdings hatten die Kaufleute bereits in den 1780er Jahren darauf gedrängt, dass neben den alten Sprachen auch Französisch, Deutsch, Geografie, Mathematik und andere anwendungsbezogene Fächer unterrichtet würden. Vgl. *Wittmütz*, Schule, S. 118 f.

98 Vgl. ebd., S. 96.

99 Vgl. beispielsweise, mit zahlreichen Belegen aus der Höhenkammliteratur, *Guthke*, Globale Bildung.

100 Vgl. *Jeismann*, Schulpolitik, S. 108 f. Das Zitat stammt von Robert von Mohl (1832). Ebd., S. 109.

101 Dieser »Königsweg« wurde vor allem im 19. Jahrhundert wirkmächtig, als im Prozess einer Vulgarisierung und Verkürzung der Humboldtschen Bildungsidee Bildung mit der Beherrschung der alten Sprachen gleichgesetzt wurde. Damit einher ging eine Abwertung jeglichen realwissenschaftlichen Unterrichts – zum Universitätsstudium wurde nur zugelassen, wer das Abitur an einem altsprachlichen Gymnasium abgelegt hatte.

Das Auseinandertreten der weiblichen und männlichen Bildung wurde auch administrativ befördert: bei der Neuordnung der Schulverhältnisse im Wuppertal war den preußischen Behörden die Koedukation auch in den höheren Schulen zunehmend ein Dorn im Auge. Ab den 1820er Jahren florierten auch im Wuppertal einige höhere Töchterschulen. Jedoch pflegten etliche der Wuppertaler Kaufmannsfamilien weiterhin besondere Bildungsinteressen für ihre Töchter. So stellten einige von ihnen 1846 den Antrag, ihre Töchter in die Vorbereitungsklasse der Realschule geben zu können statt in die Töchterschule, damit diese mehr lernten als nur Handarbeiten.[102] Die weitgehende Gleichbehandlung der Geschlechter, zumindest in Bezug auf die schulische Bildung, blieb also weiterhin handlungsleitend für viele der Wuppertaler Kaufmannsfamilien.

5.2 Frauen und Männer der Kaufmannsfamilien

Das Leitbild der bürgerlichen Familie mit seiner Betonung der von außen abgeschirmten Häuslichkeit, mit der moralischen Aufwertung der Frau, der bewußten Zuwendung zu den Kindern, der Hervorhebung der Verbindung von Liebe und Ehe und schließlich mit der Unterdrückung sexueller Bedürfnisse [besaß] weit über die Kreise des gebildeten Bürgertums hinaus Attraktivität.[103]

Als reales Lebensmuster, so Richard van Dülmen weiter, habe sich dieses Leitbild allerdings nur im gehobenen Bürgertum gefunden, denn es setzte »eine gepflegte Häuslichkeit voraus mit hohem Wohnstandard; eine Entlastung der Frau im Haushalt durch Dienstpersonal, vor allem Bildung und geistige Beweglichkeit«.[104] Demnach ist es durchaus zu erwarten, dass sich dieses »bürgerliche« Lebensmuster innerhalb der Wuppertaler Kaufmannsfamilien finden lässt: oben wurde herausgearbeitet, wie sehr gerade die Töchter und Frauen der Kaufmannsfamilien an Bildung teilhatten, die Wohnverhältnisse der Wuppertaler Kaufleute wurden immer großzügiger (s. Kapitel 6) und Personal im Haushalt war selbstverständlich.

Die Entstehung der »bürgerlichen Gesellschaft« und der ihr innewohnenden Vorstellung von den getrennten Sphären der beiden Geschlechter, bei denen den Frauen die »private« Sphäre von Haus und Familie zugeordnet sei, dem Mann aber die »öffentliche« Sphäre von Beruf und Politik, ist verschiedentlich dargestellt worden.[105] Hervorgehoben wurden dabei die Grenzen der »klassenlosen Bürgergesellschaft« und des ihr zugeschriebenen emanzipatorisches Potenzials.[106]

102 Vgl. *Wittmütz*, Schule, S. 273.
103 *Dülmen*, Kultur, Bd. 1, S. 231.
104 Ebd.
105 Vgl. *Frevert*, Meisterdenker; *Hull*, Sexuality; *Gerhard*, Verhältnisse.
106 Vgl. *Hagemann*, Familie.

Schließlich wurde die Hälfte der Bevölkerung von der aktiven Teilnahme an der Bürgergesellschaft aufgrund ihres Geschlechts ausgeschlossen (um von der Bevölkerung anderer Weltgegenden einmal zu schweigen). Dieser Ausschluss von der (politischen) Öffentlichkeit sei von den »bürgerlichen Meisterdenkern« wie zum Beispiel Johann Gottlieb Fichte oder Georg Wilhelm Friedrich Hegel mit den sich fundamental voneinander unterscheidenden Charakteren der beiden Geschlechter begründet worden: dem Mann wurde das aktiv Tätige, der Frau das passiv Leidende zugeschrieben.[107] In den Rechtskodifikationen des 19. Jahrhunderts sei dieses Geschlechterverständnis mit weitreichenden Konsequenzen festgeschrieben worden.[108]

Doch bereits Karin Hausen hat in dem inzwischen klassischen Aufsatz zur »Polarisierung der Geschlechtscharaktere« und ihren Folgen für die »Dissoziation von Erwerbs- und Familienleben« vorsichtig angedeutet, dass die in den normativen Texten der Zeit entworfenen Vorstellungen einer »bürgerlichen« Lebensgestaltung, die hierfür fundamentale Unterscheidung der Geschlechtscharaktere und die daraus resultierende Kontrastierung von privater, weiblicher Sphäre und öffentlichem, männlichen Bereich möglicherweise eher auf Staatsbeamte zutrafen denn auf das kaufmännische Bürgertum.[109] Eine ähnliche innere Differenzierung erkannten auch Catherine Hall und Leonore Davidoff für die englischen *middle classes*: »While all groups were deeply committed to the concept of domesticity and women's sphere within it, the explicit statement of this values seems to have been somewhat greater among the households of professional men: army officers, medical mean and above all the clergy.«[110] Heidi Rosenbaum schließlich hat in ihrer einflussreichen Studie zu »Formen der Familie« deutlich benannt, dass ihre Überlegungen zur »bürgerlichen Familie« auf einer insgesamt unzureichenden Materialbasis beruhen und dass »der Versuch einer Rekonstruktion der bürgerlichen Familie nicht in allen Punkten in befriedigender Weise abgesichert« sei. Denn die Skizzierung der »bürgerlichen Familie« beziehungsweise der Idealvorstellung davon beruhte auch hier weitgehend auf Texten der sogenannten Meisterdenker und nicht auf empirischen Untersuchungen der Lebensverhältnisse und Ausgestaltung der Geschlechterbeziehung.[111] Dennoch hat die Forschung, wie eingangs mit dem Zitat von Richard van Dülmen auszugsweise demonstriert, diese »bürgerlichen« Vorstellungen für die persönliche Lebensgestaltung der Menschen als weitgehend verbindlich dargestellt.

107 Bei Fichte werden diese Eigenschaften vor allem auf den Geschlechtsakt zurückgeführt. Vgl. *Gerhard*, Verhältnisse, S. 146.

108 Vgl. *Dölemeyer*, Privatrecht.

109 Vgl. *Hausen*, Polarisierung, S. 37 ff. Der Aufsatz ist erstmals 1976 erschienen.

110 *Davidoff/Hall*, Family, S. 287.

111 Vgl. *Rosenbaum*, Formen, Zitat S. 254.

Jedoch geben die so massiv rezipierten normativen Texte nur unbedingt die Lebensrealität der Menschen wieder und lassen auch kaum Rückschlüsse auf zwangsläufige Entwicklungen zu. Denn wie Anne-Charlott Trepp betont hat: »Die öffentliche Diskussion über Frauen und der (private) Umgang der Geschlechter müssen keineswegs identisch gewesen sein.«[112] Auch Rebekka Habermas hat in ihrer geschlechtergeschichtlich orientierten Studie zu »Frauen und Männern des Bürgertums« gefordert, die Diskrepanz zwischen Normen und Werten und den tatsächlichen Praktiken zum Ausgangspunkt der Analyse zu machen, um so die historische Forschung davor zu bewahren, Leitbilder und faktische Lebensführung miteinander gleichzusetzen.[113]

Darüber hinaus müssen Annahmen zum Verhältnis der Geschlechter angemessen historisiert werden. Heide Wunder hat dargelegt, dass »in der ständischen Gesellschaft die ›Kategorie Geschlecht‹ nicht die universelle Strukturierungskraft wie in der bürgerlichen Gesellschaft des 19. Jahrhunderts besaß«. Vielmehr wäre die Wirksamkeit der Geschlechtszugehörigkeit bis weit ins 18. Jahrhundert hinein sozial differenziert gewesen.[114] Dies bedeutet zum einen, dass nicht vorschnell Kategorien und Normen der »bürgerlichen Gesellschaft« auf die Verhältnisse der ständischen Ordnung rückprojiziert werden sollten. Das heißt zum anderen aber auch, dass die seit dem Ausgang des 18. Jahrhunderts virulent auftretende Diskussion um die »Geschlechtscharaktere« nicht dazu verleiten sollte, ältere Ordnungsvorstellungen von Ehe und Geschlecht völlig zu ignorieren. Denn die Diskussion war eher Ausdruck einer massiven Verunsicherung denn Reflektion einer bereits eingetretenen Neuordnung.[115] In einer Untersuchung, deren Zeitraum in der Phase zwischen der Auflösung der »alt«-ständischen Ordnung und dem Entstehen der industriell-kapitalistischen Klassengesellschaft angesiedelt ist, gilt es somit auch ältere Ordnungsvorstellungen angemessen zu berücksichtigen.[116]

Die folgende empirische Untersuchung zu den Angehörigen Wuppertaler Kaufmannsfamilien ist den genannten Ansätzen von Trepp, Habermas und Wunder verpflichtet. Die Untersuchung folgt dabei der von Heide Wunder formulierten Einteilung der Ehepaare in Arbeitspaare und Liebespaare, um so den verschiedenen Lebenswirklichkeiten der Kaufmannsfamilien gerecht zu werden.[117] Schließlich überkreuzten sich die Lebenswirklichkeiten Firma und

112 *Trepp*, Männlichkeit, S. 15.

113 Vgl. *Habermas*, Frauen, S. 11, 14.

114 Vgl. *Wunder*, Er ist die Sonn, Zitat S. 264.

115 Vgl. hierzu auch *Davidoff/Hall*, Family, S. 18–28.

116 Vgl. zu diesen älteren Ordnungsvorstellungen in Bezug auf die Geschlechter *Wunder*, Geschlechterperspektiven; *Davis/Duby/Perrot/Farge*, Frauen, v. a. Bd. 3. Zu den unterschiedlichen geschlechtergeschichtlicher Problemlagen des 17., 18. und 19. Jahrhunderts vgl. auch *Vickery*, Golden Age.

117 Vgl. *Wunder*, Er ist die Sonn.

Familie an den verschiedensten Stellen, wobei Familie hier als die Kernfamilie des Firmeninhabers beziehungsweise der Firmeninhaberin verstanden wird.[118] Durch die integrative Untersuchung der Wuppertaler Kaufmannsfamilien als Teil der »gebildeten Stände« und die dadurch vermiedene Grenzziehung in Wirtschafts- und Bildungsbürgertum soll außerdem die Wirksamkeit der postulierten Normen für diese durch Lebensführung und geteilte Wertvorstellungen zusammengehaltene soziale Gruppierung genauer geklärt und die Annahme allgemeiner »bürgerlicher« Vorstellungen hinterfragt werden.

5.2.1 Heiratsalter und Reproduktionsverhalten

Männer aus dem Bürgertum heirateten spät, Frauen früh – auf diese knappe Formel könnte man die bisherigen Forschungsergebnisse zum Heiratsverhalten bürgerlicher Gruppen vom Ende des 18. bis zum Ende des 19. Jahrhunderts bringen.[119] Dieses als typisch bürgerlich beschriebene Heiratsverhalten wird generell mit der langwierigen Ausbildung der Männer entweder in Form eines Studiums oder einer kaufmännischen Lehre plus anschließender erster Berufstätigkeit begründet. Erst mit dem Erreichen beruflicher Selbständigkeit auf Seiten des Mannes habe dieser an eine Eheschließung denken können. Da die Frauen keine Berufsausbildung im gleichen Sinne genossen, konnten diese früher eine Ehe eingehen. Aus dem daraus entstehenden Altersunterschied zwischen den Ehegatten ist in der Forschung wiederholt auf ein geradezu natürliches Autoritätsgefälle zwischen Ehemann und Ehefrau geschlossen worden, welches eine patriarchalische Struktur der »bürgerlichen Familie« begünstigt habe.[120]

Mit der Herausbildung dieses »bürgerlichen« Heiratsmusters, so der Tenor der Forschung, ging die Wandlung von der traditionalen zur »bürgerlichen« oder modernen Familie einher, in welcher die Zahl der Kinder beschränkt wurde.[121] Denn trotz des gesunkenen Heiratsalters der Frau und der sich damit

118 Auf die vielschichtige Bedeutung des Familienbegriffs kann in dieser Arbeit nicht genauer eingegangen werden. Vgl. hierzu *Davidoff/Doolittle/Fink/Holden*, Paradox; *Gestrich/Krause/Mitterauer*, Familie.

119 Für die Männer des Bürgertums wird dabei ein durchschnittliches Heiratsalter von dreißig Jahren angegeben, für die Frauen 22 bis 23 Jahre. Vgl. *Rosenbaum*, Formen, S. 331; *Hausen*, Ulme, S. 58 ff; *Trepp*, Männlichkeit, S. 30. Vgl. auch die Einordnung der Ergebnisse zum jüdischen Bürgertum in die Forschung bei *Hopp*, Jüdisches Bürgertum, S. 206. Je nach Untersuchungsrahmen steigt das Heiratsalter bürgerlicher Frauen in der zweiten Hälfte des 19. Jahrhunderts an. Es bleibt jedoch in allen Untersuchungen im Durchschnitt deutlich niedriger als das der Männer.

120 So *Rosenbaum*, Formen, S. 289: »Die hohe durchschnittliche Altersdifferenz von zehn Jahren zwischen den Ehepartnern läßt schon auf den ersten Blick ein deutliches Autoritätsgefälle vermuten.« Vgl. auch *Budde*, Bürgerleben, S. 41.

121 Vgl. etwa *Budde*, Bürgerleben, S. 50.

verlängernden ehelichen Fruchtbarkeitsperiode sank die Zahl der Kinder innerhalb der »bürgerlichen« Familien; statt einer dichten Geburtenfolge, welche die ganze Fruchtbarkeitsperiode der Frau über anhielt, wurde die Kinderzahl nun kontrolliert und die Fruchtbarkeitsperiode der Ehefrau nicht völlig ausgeschöpft. Die Beziehung zwischen den Ehepartnern sowie Eltern und Kindern sei nun von Liebe, Innigkeit und Zuwendung geprägt gewesen.[122]

Diese gängigen Thesen zum »bürgerlichen« Heirats- und Reproduktionsverhalten, die jedoch nur schwach durch quantitative Untersuchungen abgesichert sind und vielmehr auf einer Verallgemeinerung von Einzelbeobachtungen beruhen, sollen im Folgenden vor dem Hintergrund einer quantitativen Untersuchung zum Heiratsalter und Reproduktionsverhalten der Wuppertaler Kaufmannsfamilien hinterfragt werden.[123] Dafür wurden hauptsächlich Daten der Familien Frowein, Eynern, Bredt und Wuppermann herangezogen. Ergänzt wurden diese mit den Daten anderer Familien, die häufig mit den gerade genannten verschwägert waren und die in den folgenden Abschnitten noch verschiedentlich behandelt werden.[124] Hierdurch soll ein vertiefter Einblick in die Veränderungen der Strukturen Wuppertaler Kaufmannsfamilien gegeben werden. Die überschaubare Größe der Untersuchungsgruppe von 125 Personen hat dabei den Vorteil, dass die erhobenen Daten nicht zu einer rein statistischen Masse werden, sondern signifikante Abweichungen auch individuell untersucht und erklärt werden können. Gleichwohl ist das Sample groß genug, um daraus

122 Für die Reduktion der Kinderzahl waren sowohl normative Vorstellungen wie die Propagierung einer innigeren Eltern-Kind-Beziehung als auch materielle Erwägungen entscheidend. Auch die Verringerung der Kindersterblichkeit spielte eine entscheidende Rolle. Vgl. ebd., S. 53 f. Zur »Geburt der bürgerlichen Familie« vgl. auch die Zusammenfassung bei *Dülmen*, Kultur, Bd. 1, S. 230–240.

123 Die innerhalb der Forschung zum Heiratsverhalten bürgerlicher Männer und Frauen vielfach herangezogene Untersuchung von Nell beruht für den Zeitraum 1750–1849 auf einer Samplegröße von 188 Familien, welche dem Bürgertum zugerechnet werden können. Davon gehören jedoch nur etwa 25 der Kaufmannschaft bzw. dem Wirtschaftsbürgertum an (bei Nell gekennzeichnet als Großindustrielle, Fabrikanten, Verleger, Großhändler und Rentiers). Vgl. *Nell*, Entwicklung, S. 28, Tab. II, 0.1. Für die Berechnung etwa des durchschnittlichen Heiratsalters der Großkaufleute und -unternehmer kann Nell daher für den Zeitraum 1750–1849 nur auf ein Sample von 19 Familienvorständen zurückgreifen. Vgl. ebd., Tab. II, 1.32.

124 Dies gilt vor allem für den ersten Zeitabschnitt, da die Kernfamilien der Firmengründer nur aus wenigen Personen bestanden. Hier wurden daher auch, wo vorhanden, die Angaben zu Geschwistern der Frauen und Männer aus den hier untersuchten Kaufmannsfamilien herangezogen. In den späteren Zeitabschnitten konzentriert sich die Untersuchung dagegen hauptsächlich auf die Nachkommen der Kernfamilien. Die Daten beruhen weitgehend auf Familien- und Firmenfestschriften, die bei den Familien Eynern und Carnap durch archivalische Recherchen ergänzt wurden. Bei einigen Ehepaaren waren die Daten unvollständig oder konnten nicht weiter ermitteln werden, so dass diese nicht berücksichtigt wurden. Es wurden folgende genealogische Darstellungen herangezogen: *Strutz*, Ahnentafeln; *Strutz*, 175 Jahre; *Strutz*, Geschichte der Rübel; *Dietz*, Familie Wuppermann; *Bredt*, Familie Bredt.

zumindest für die Wuppertaler Kaufmannsfamilien allgemeingültige Aussagen ableiten zu können.

Die Daten aus dem Zeitraum 1760 bis 1835 sind in drei Abschnitte gegliedert. Diese Einteilung dient vor allem dazu, Veränderungen im zeitlichen Verlauf genauer zu bestimmen. Die Arbeit orientiert sich damit an einer gewissen Generationenfolge, wobei in der historischen Demografie für reine Generationen gewöhnlich Abschnitte von 25 bis dreißig Jahre veranschlagt werden.[125] Die Zuordnung der untersuchten Personen zu einer Generation erfolgt nicht nach Geburtsjahrgängen, sondern nach dem Zeitpunkt der ersten Eheschließung, denn die Heirat markierte in der Frühen Neuzeit den Übergang von der Jugend zum Erwachsensein. Meist ging sie, für Männer wie Frauen, mit beruflicher Selbständigkeit einher und bedeutete zudem die Anerkennung als vollwertiges Mitglied der ständischen Ordnung.[126]

Die Untersuchungsgruppe ist in drei Kohorten geteilt, denen die folgenden drei Abschnitte zugewiesen sind: 1760–85, 1786–1810, 1811–35. Auch wenn diese Einteilung bis zu einem gewissen Grad arbiträr ist, ergibt sich aus den gesamtgesellschaftlichen Umständen doch eine gewisse gemeinsame Generationserfahrung:[127] 1. Die Kohorte mit Eheschließungen zwischen 1760–85 erlebte nach dem Ende des Siebenjährigen Krieges eine Phase hoher politischer Stabilität und im Wuppertal ein stetiges wirtschaftliches Wachstum. Diese Phase ist im Wuppertal außerdem gekennzeichnet durch starke Zuwanderung aus den umliegenden Regionen. 2. Für die Kohorte mit Eheschließungen zwischen 1786–1810 waren die politisch und wirtschaftlich turbulenten Zeiten der Revolutionskriege und der napoleonischen Herrschaft kennzeichnend. 3. Der Zeitraum der dritten Kohorte 1811–1835 umfasste die antinapoleonischen Befreiungskriege sowie den Übergang des Wuppertals an Preußen als Teil der Rheinprovinz, die wirtschaftlichen Herausforderungen des restaurativen Europas und die Zunahme industrieller Fertigung auch im Wuppertal.[128]

Die für das Wuppertal ermittelten Ergebnisse zum Heiratsalter bieten auf den ersten Blick wenig Überraschendes. Das Heiratsalter der Männer bei Berücksichtigung nur der ersten Eheschließung liegt im gesamten Untersuchungszeitraum im Durchschnitt bei 28 Jahren, bei den Frauen bei gut 23 Jahren (Tab. 3). Das

125 Zu den Methoden der historischen Demografie vgl. *Imhof*, Einführung; *Pfister*, Bevölkerungsgeschichte.

126 »Die entscheidende Abschlußzäsur der Jugendphase war in der alteuropäischen Gesellschaft stets die Heirat, die den wichtigsten Statusübergang im Lebenslauf markiert«. *Mitterauer*, Sozialgeschichte, S. 86. Zur Ehe als Voraussetzung für soziale Selbständigkeit vgl. *Wunder*, Er ist die Sonn, S. 58f.

127 Vgl. hierzu die Diskussion bei *Jaeger*, Generationen.

128 Vgl. auch *Trepp*, Männlichkeit, die den von ihr untersuchten Zeitraum 1770 bis 1840 in die drei folgenden Abschnitte teilt: 1770 bis 1790/95, 1790er Jahre bis 1815/20, 1815/20 bis 1840/45, dies jedoch eher geistesgeschichtlich begründet. Vgl. ebd., S. 32.

Heiratsalter ordnet sich damit in Ergebnisse ein, welche allgemein für Mitteleuropa ermittelt worden sind.[129] Vor allem zeigen sie enge Verwandtschaft zu den Daten, die Wilfried Reininghaus für Iserlohner Kaufmannsfamilien im 18. Jahrhundert erhoben hat – dort lag im 18. Jahrhundert das durchschnittliche Heiratsalter der Männer bei 28,7 Jahren und das der Frauen bei 22,4 Jahren.[130] Die für das Wuppertal ermittelten Daten zeigen allerdings eine gewisse Veränderung im historischen Verlauf, die sich von anderen demografischen Untersuchungen zu den bürgerlichen Schichten unterscheidet. Die häufig zitierte Studie von Nell etwa verzeichnet einen langfristigen Anstieg des Heiratsalters bürgerlicher Frauen seit dem Beginn des 19. Jahrhunderts.[131] Im Wuppertal aber sank das mittlere Heiratsalter der Kaufmannsfrauen ab diesem Zeitpunkt deutlich um fast zwei Jahre auf 22,3 Jahre (Tab. 4).[132] Das Heiratsalter der Wuppertaler Kaufmannsfrauen weist damit große Ähnlichkeit zu den Ergebnissen auf, die Andrea Hopp für das jüdische (Wirtschafts-)Bürgertum des späteren 19. Jahrhunderts ermittelt hat.[133]

Ähnliche Unterschiede lassen sich auch bei den Männern feststellen. Denn im Wuppertal stieg das Heiratsalter der Männer im zeitlichen Verlauf nicht an, das mittlere Heiratsalter der verschiedenen Kohorten weicht höchstens ein halbes Jahr vom Gesamtmittelwert ab. Es liegt damit deutlich unter dem allgemein angenommenen »bürgerlichen« Heiratsalter von dreißig und mehr Jahren.[134] Ein Blick auf die Verteilungshäufigkeit des Alters von Erstheiratenden zeigt außerdem, dass die meisten ersten Ehen (44 Prozent) während des gesamten Untersuchungszeitraums von Männern im Alter von 25 bis 29 Jahren geschlossen wurden (Tab. 5). Im dritten Abschnitt (1811–1835) zeigt sich eine

129 Das Heiratsalter der Frauen lag im 18. Jahrhundert in den meisten Gegenden im Mittel zwischen 25 und 27 Jahren; das Heiratsalter der Töchter aus begütertem Hause jedoch im Durchschnitt etwas niedriger. Vgl. *Pfister*, Bevölkerungsgeschichte, S. 28 f.

130 Vgl. *Reininghaus*, Iserlohn, S. 67, Tab. 4.

131 In den von ihr untersuchten niedersächsischen Familien stieg das durchschnittliche Heiratsalter der Frauen von 22 Jahren im 18. Jahrhundert auf 25 Jahre im 19. Jahrhundert an. Vgl. *Nell*, Entwicklung, S. 69 f., Tab. II, 1.31.

132 An dieser Stelle zeigt sich jedoch auch bereits, dass es sich bei den hier vorliegenden verhältnismäßig kleinen Datensätzen lohnt, das Sample genauer unter die Lupe zu nehmen. Im Zeitraum 1811–1835 finden sich unter den 42 untersuchten Frauen nämlich drei, die erst im Alter von über dreißig Jahren heirateten. Sie waren 31, 33 beziehungsweise 38 Jahre alt. Rechnet man diese drei heraus, ergibt sich für das so bereinigte Sample von 39 Frauen ein etwas geringeres durchschnittliches Heiratsalter von 21 statt von 22 Jahren. Dies entspricht den Ergebnissen, welche Löther für ein etwas größeres Sample ermittelt hat: So sank das Heiratsalter in ihrem Sample, welches die führenden Wuppertaler Unternehmerfamilien umfasst, bei den Frauen von 1750 bis 1850 (Geburtsjahrgänge, nicht Heiratsdatum) kontinuierlich von 23,7 auf 20,2 Jahre. Vgl. *Löther*, Familie, S. 224, Tab. 5.

133 Vgl. *Hopp*, Jüdisches Bürgertum, S. 206.

134 Nell hatte für die von ihr untersuchten bürgerlichen Gruppen einen Mittelwert von 32 Jahren ermittelt. Vgl. *Nell*, Entwicklung, Tab. II, 1.28.

größere Ausdifferenzierung innerhalb der Kohorte. So wurden in diesem Zeitraum bei den Männern 32 Prozent der Ehen im Alter von zwanzig bis 24 Jahren geschlossen, 37 Prozent der Ehen im Alter von 25 bis 29 Jahren und 32 Prozent der Ehen im Alter von dreißig Jahren und älter. In dem mittleren Zeitabschnitt (1786–1810) konzentrierten sich die Eheschließungen noch viel stärker auf das Alter von 25 bis 29 Jahren; diese Fälle lagen mit 57 Prozent deutlich vor den anderen Altersgruppen. Daraus ergibt sich, dass der Altersabstand zwischen den Eheleuten ab dem frühen 19. Jahrhundert eine größere Bandbreite aufwies als dies der Mittelwert von 6,7 Jahren verrät (Tab. 6).[135] Bei knapp einem Drittel der Brautpaare betrug der Altersabstand nun zehn Jahre und mehr, ein Wert, der deutlich über dem der vorigen Jahrgängen liegt.[136]

Eine Veränderung im zeitlichen Verlauf ergibt sich auch im Reproduktionsverhalten der Wuppertaler Kaufmannsfamilien (Tab. 7). Zwar kann aufgrund lückenhafter Daten für das vorliegende Sample die Geburtenzahl im letzten Zeitabschnitt nicht quantitativ verfolgt werden. Eine Durchsicht der Familienchroniken ergibt jedoch, dass in der Kohorte von 1811–1835 in keiner der Ehen, für welche diese Angaben gemacht wurden, mehr als sieben Kinder geboren wurden.[137] In den Ehen, die im Zeitraum 1786–1810 geschlossen wurden, wurden dagegen in fast fünfzig Prozent der Ehen noch acht und mehr Kinder geboren. Darüber hinaus war in dieser zweiten Kohorte die Geburtenfolge weiterhin sehr dicht und die Fruchtbarkeitsperiode lang – Anna Sophie Wuppermann (1784–1827) beispielsweise bekam in 21 Ehejahren 13 Kinder, das letzte im Alter von 41 Jahren.[138] Bis ins 19. Jahrhundert hinein folgten also zumindest einige der Wuppertaler Kaufmannsfamilien einem eher traditionalen Reproduktionsmuster.[139] Erst in den Ehen, die nach 1810 geschlossen wurden, wurde in der überwiegenden Zahl der Familien die Anzahl der Geburten bewusst kontrolliert und die Fruchtbarkeitsperiode reduziert. Dass dabei in den Wuppertaler Kaufmannsfamilien weiterhin relativ viele Kinder geboren wurden, das heißt deutlich mehr als drei, was als maximale Kinderzahl einer »modernen Familie« gilt, deckt sich auch mit den Ergebnissen anderer Untersuchungen.[140]

135 Dieser Mittelwert liegt außerdem deutlich unter den in der Forschung als üblich postulierten zehn Jahren und mehr. Vgl. etwa *Rosenbaum*, Formen, S. 289.

136 In dem Zeitabschnitt 1786–1810 kam dies bei drei von 23 Paaren (13 Prozent) vor.

137 Löther kommt für das 19. Jahrhunderte auf einen Mittelwert von etwa fünf Kindern pro Familie. Vgl. *Löther*, Familie, S. 227 f. Dies entspricht auch den Zahlen, die fürs bildungsbürgerliche Milieu ermitteln wurden. Hier lag die Geburtenzahl bei fast sechs Kindern pro Ehe. Vgl. *Gestrich*, Geschichte der Familie, S. 21.

138 Ähnliches gilt für Luise Frowein (1770–1833): Sie gebar zwischen ihrem 26. und 43. Lebensjahr elf Kinder.

139 Es ist auffällig, dass in anderen Familien nach einer dichten Geburtenfolge (alle zwei bis drei Jahre ein Kind) nach etwa vier bis sechs Kindern keine weiteren Kinder mehr geboren wurden. Hier scheint sich schon eine gewisse Geburtenkontrolle durchgesetzt zu haben.

140 Vgl. *Budde*, Bürgerleben, S. 51; *Brakensiek*, Fürstendiener, S. 251, Tab. 20.

Tab. 3: Durchschnittliches Heiratsalter Wuppertaler Kaufleute bei Erstehen

Zeitraum	*Männlich*	*n*	*Weiblich*	*n*
1760–1785	28,5	23	24,2	24
1786–1810	27,7	23	23,1	22
1811–1835	27,9	41	22,3	42
Gesamter Zeitraum	28,0	87	23,4	88

Tab. 4: Heiratsalter der weiblichen Mitglieder Wuppertaler Kaufmannsfamilien bei Erstehen

	Heiratsalter					
Zeitraum	*<20*	*20–24*	*25–29*	*30–39*	*>40*	*Sample*
1760–1785	6	7	9	1	1	24
1786–1810	5	10	5	2	0	22
1811–1835	8	24	7	3	0	42
Sample	19	42	21	6	1	88
In Prozent	21,6	47,7	23,9	6,8	1,1	100

Tab. 5: Heiratsalter der männlichen Mitglieder Wuppertaler Kaufmannsfamilien bei Erstehen

	Heiratsalter					
Zeitraum	*<20*	*20–24*	*25–29*	*30–39*	*>40*	*Sample*
1760–1785	0	5	10	8	0	23
1786–1810	0	5	13	5	0	23
1811–1835	0	13	15	11	2	41
Sample	0	23	38	24	2	87
In Prozent	0	26,4	43,7	27,6	2,3	100

Tab. 6: Altersdifferenz in Ehen von Wuppertaler Kaufleuten

		M>F		*M=F*	*F>M*	
Zeitraum	*Gesamt n*	*n*	*o*	*n*	*n*	*o*
1760–1785	24	21	6,8	1	2	5,5
1786–1810	24	21	6,5	1	2	4,5
1810–1835	42	38	6,8	2	2	7,7
Gesamter Zeitraum	90	80	6,7	4	6	5,9

Zeichenerklärung
M>F Der Ehemann ist älter als seine Ehefrau
M=F Ehemann und -frau sind im gleichen Jahr geboren
F>M Die Ehefrau ist älter als ihr Ehemann
o Durchschnittliche Altersdifferenz (berechnet wurden nur ganze Jahrgänge)
n Anzahl

Tab. 7: Geburtenraten in Wuppertaler Kaufmannsfamilien*

Zeitraum der Heirat	*Zahl der gebärenden Frauen*	*Zahl der Kinder*	*Geborene Kinder pro Frau im Durchschnitt*	*Überlebende Kinder (>14 Jahre)*	*Überlebens-rate in Prozent*
1760–1785	23	103	4,5	61	59,2
1786–1810	22	125	5,7	85	68
Gesamter Zeitraum	45	228	5,1	156	64

*Aufgrund fehlender Daten ist der Zeitraum 1811–1840 hier unberücksichtigt geblieben.

Wenngleich der Umstand, dass für den letzten Zeitraum das größte Sample vorliegt, zur Vorsicht bei der Interpretation der Daten mahnt, scheint es doch zulässig, auf ein nach 1800 sich veränderndes Heiratsverhalten innerhalb der untersuchten Kaufmannsfamilien zu schließen. Dabei lassen sich für Männer und Frauen unterschiedliche Schlüsse ziehen, die geeignet sind, einige der Annahmen zu »bürgerlichen« Lebensmustern zu korrigieren.

Zunächst steht das sinkende Heiratsalter der Frauen im Kontrast zu anderen Untersuchungen von bürgerlichen Gruppen, denen zufolge das Heiratsalter im Verlauf des 19. Jahrhunderts deutlich anstieg.[141] Denn im Gegensatz zu der Ko-

141 Vgl. *Nell*, Entwicklung, S. 70. In den von Nell untersuchten niedersächsischen Familien aus der Beamtenschicht stieg das Heiratsalter der Frauen von durchschnittlich 22 Jahren im

horte 1786–1810, in welcher noch sieben von 22 Frauen (32 Prozent) im Alter von 25 Jahren und älter das erste Mal heirateten, kam dies im darauffolgenden Zeitabschnitt nur noch in zehn von 42 Fällen (24 Prozent) vor.[142] Die formale Schulbildung und Ausbildung der Wuppertaler Kaufmannstöchter erlebte in dieser Zeit allerdings in ihrer zeitlichen Ausdehnung kaum eine Veränderung. Bei den Männern ist dagegen auffällig, dass sich bei ihnen das Heiratsalter nach 1810 deutlich auffächerte. Eine Heirat war für sie sowohl mit Anfang zwanzig, Ende zwanzig oder aber jenseits der dreißig möglich, ohne dass dies einen nennenswerten Einfluss auf ihre Partnerwahl oder das Alter ihrer Ehefrau gehabt hätte. Es ist naheliegend, diese Veränderung des Heiratsalters mit dem Wegfall ökonomischer Zwänge zu erklären. Tatsache ist, dass alle hier untersuchten Familien zu diesem Zeitpunkt zu den arrivierten Familien im Tal gehörten und sowohl die Söhne als auch die Töchter eine reiche Erbschaft beziehungsweise Mitgift erwarten durften. Die Mittel für die Gründung eines eigenen Hausstandes waren durch einen Vermögenstransfer schnell beisammen. So erhielten alle drei Kinder der Eynerns anlässlich ihrer Hochzeit 4.000 Taler.[143] Und Johann Jakob Aders meinte anlässlich der Verlobung seiner Tochter Auguste mit Karl Harkort lapidar, da dieser 10.000 Taler sein eigen nenne, solle ihre Aussteuer ebenso bemessen sein.[144] Abraham Frowein und Johann Peter von Eynern hingegen hatten Mitte des 18. Jahrhunderts erst mit 38 beziehungsweise 33 Jahren geheiratet; sie mussten das für einen eigenen Hausstand nötige Vermögen erst erwirtschaften.[145] Auch der Faktor der Selbständigkeit war anfangs des 19. Jahrhunderts weniger entscheidend für eine Heirat, denn viele der Söhne wurden bereits früh als Teilhaber ins väterliche Geschäft aufgenommen oder am Gewinn beteiligt.[146] Dies konnte direkt nach dem Ende der Ausbildung geschehen, das heißt bereits mit Anfang zwanzig.

18. Jahrhundert auf knapp 25 Jahre in der ersten Hälfte des 19. Jahrhunderts. In Bezugnahme auf Nells Untersuchung hat Hausen das Hinauszögern des Ehestandes bei den Frauen mit vermehrten Berufs- und Bildungsanstrengungen interpretiert. Vgl. *Hausen*, Ulme, S. 61.

142 Bei zwei dieser Eheschließungen waren außerdem die Ehemänner bereits 43 Jahre alt, so dass beide Parteien im Vergleich schon recht alt waren.

143 Vgl. STAW NDS 12, Notizbuch Wilhelm von Eynern.

144 Vgl. STAW J III 104a, Johann Jakob Aders an seine Ehefrau Helena, geb. Brink, nicht datiert [September 1818]. Auch die Kinder Abraham Froweins erhielten insgesamt 6.000 Taler anlässlich ihrer Hochzeit, teils in Form einer Aussteuer, teils in bar. Vgl. FAF Nr. 1445.

145 Söhne aus bereits Mitte des 18. Jahrhunderts langansässigen Kaufmannsfamilien heirateten dagegen auch in diesen Jahren schon früher. Dies gilt beispielsweise für Werner de Weerth (25 Jahre), Johann Gottfried Brügelmann (24 Jahre) und Johann Bredt (23 Jahre).

146 Der Vater des 23-jährigen Richard Wittenstein beispielsweise erklärte in einem Brief, in dem er im Namen seines Sohnes um die Hand von Berta Frowein bei ihrer Mutter anhielt, dass sein Sohn zwar nicht Associé seiner Handlung, aber am Gewinn beteiligt sei. Richard sei »dadurch hinreichend im Stande, seiner zukünftigen Gattin eine unabhängige, sorgenfreie Existenz zu verschaffen«. FAF Nr. 2443, Fr. Wittenstein Boeddinghaus an Luise Frowein in Elberfeld, Elberfeld, 13.7.1833.

Aus der unterschiedlichen Entwicklung des Heiratsalters lassen sich auch geschlechterspezifische Schlüsse ziehen. Die große Streuung beim Heiratsalter der Männer scheint sich vor allem auf die Neigung des Einzelnen zurückführen zu lassen, in welchem Alter er eine Ehe eingehen wollte. Genauer zu untersuchen wäre dabei noch, ob die Männer stärker der Idee einer Neigungsheirat anhingen und auch bereit waren, länger auf die Richtige zu warten. Sie sahen sich wohl auch weniger gesellschaftlichen Zwängen zu einer Heirat ausgesetzt als im Jahrhundert zuvor.[147] Für die Frauen scheint sich dagegen die gesellschaftliche Norm durchgesetzt zu haben, eine Ehe möglichst früh einzugehen. Dies muss nicht unbedingt als Einschränkung verstanden werden, denn eine frühe Heirat bedeutete auch die Chance, früh selbständig zu werden, sich der Autorität der Eltern zu entziehen und durch das Führen eines eigenen Haushaltes Unabhängigkeit zu erlangen.[148] Auch scheinen die jungen Frauen es sich früher als in den vorigen Jahrzehnten zugetraut zu haben, einen eigenen Haushaltes zu führen. Während die 19-jährige Caroline Beckmann ihren Verehrer Friedrich von Eynern 1804 noch mit der Begründung hinhielt, sie besäße nicht genug Erfahrung und Kenntnisse, um einem Hauswesen vorzustehen, scheint dieser Grund in späteren Jahren kaum noch eine Rolle gespielt zu haben.[149] Ob das frühe Heiratsalter mit geringeren Erwartungen an die verschiedenen beruflichen Rollen der zukünftigen Ehefrau zu erklären ist, wäre noch zu untersuchen.[150]

Durch die Ausdifferenzierung des männlichen Heiratsalters ergibt sich für die Wuppertaler Kaufmannsfamilien nach 1810 eine deutliche Abweichung von dem in der Forschung als für »bürgerliche Ehen« typisch festgehaltenen erheblichen Altersunterschied zwischen den Ehepartnern. So gibt es innerhalb der Wuppertaler Kaufmannsfamilien genauso viele Ehepaare mit fast gleichaltrigen und dabei noch sehr jungen Ehepartnern wie auch solche mit einem deutlich älteren Ehemann und einer jungen Ehefrau. Angesichts des teilweise geringen Altersunterschiedes der Ehegatten kann jedenfalls keine Rede davon sein, dass sich die Frauen zwangsläufig bei ihrer Eheschließung in eine unmündige Position begeben und sie die Autorität der Eltern gegen die des Ehemanns eingetauscht hätten.

Wenngleich es sich bei den hier vorgelegten Ergebnissen nur um eine Detailstudie handelt, die noch dazu eine ausgesprochen homogene Gruppe behandelt,

147 Zum gesellschaftlichen Druck zur Eheschließung im 18. Jahrhundert vgl. *Maurer*, Biographie, S. 530f.

148 Vgl. die Beispiele bei *Wunder*, Er ist die Sonn, S. 76.

149 Vgl. HZW von Eynern Nr. 68, fol. 4.

150 Zu diesen beruflichen Ansprüchen vgl. 5.1.1, und 5.2.3. Hopp deutet für das jüdische Bürgertum einen solchen Zusammenhang an: »Umgekehrt sank das Alter der Frauen proportional zu ihrem Ausscheiden aus der Geschäftswelt und zu ihrer alleinigen Bestimmung zur Hausfrau im gehobenen bürgerlichen Haushalt mit Dienstboten.« *Hopp*, Jüdisches Bürgertum, S. 206.

verweisen die Untersuchungsergebnisse darauf, dass sich bestehende Annahmen zum »bürgerlichen« Heiratsverhalten nicht ohne weiteres halten lassen. Vielmehr tut es not, diese auf eine deutlich breitere statistische Grundlage zu stellen und dabei auch anderen bürgerlichen Gruppen als den besonders wortmächtigen und bevorzugt untersuchten Professoren, Pfarrern und anderen Beamten verstärkt Beachtung zu schenken. Vor allem müssen die ökonomischen Bedingungen für eine Eheschließung konsequent mit in die Überlegungen einbezogen werden.[151]

5.2.2 Heiratsstrategien

Im ersten Abschnitt standen Heiratsalter und Reproduktionsverhalten der Kaufmannsfamilien im Fokus. Aufschlussreich für die »Bildung der Kaufmannsfamilien« und damit der »gebildeten Stände« allgemein ist natürlich auch die Herkunft der Ehepartner, sowohl sozial als auch räumlich. Eine erste Durchsicht der hier untersuchten neunzig Eheschließungen für den Zeitraum 1760–1835 ergibt, dass eine hohe soziale und berufsständische Endogamie innerhalb der Wuppertaler Kaufmannsfamilien herrschte. Etwa neunzig Prozent der Ehen wurden unter Kaufmannskindern geschlossen, die im Anschluss an die Eheschließung auch in diesem Berufsstand verblieben.[152] Die wenigen Schwiegersöhne und -töchter der Wuppertaler Kaufmannsfamilien, die nicht aus einer Kaufmannsfamilie stammten, gehörten sozial eng benachbarten Schichten an, die ebenfalls zu den »gebildeten Ständen« gezählt werden können: Ihre Väter waren Pfarrer, Juristen und Beamte.[153] Dies gilt auch für die Berufe der sechs Schwiegersöhne, welche nicht Kaufmann wurden: sie waren Pfarrer (3), Arzt (2) und Gymnasiallehrer (1).

151 Vgl. hierzu auch *Borscheid*, Geld; *Brakensiek*, Fürstendiener. Brakensiek weist nach, dass die Expansion des bürokratischen Apparates im Königreich Westfalen direkte Auswirkungen auf das durchschnittliche Heiratsalter der hessischen Beamten hatte. Es sank zwischen 1807 und 1813 auf 26,4 Jahre, während es in den Jahren zuvor bei 31,4 Jahren gelegen hatte. Das Heiratsalter der Frauen stieg leicht an, was nach Brakensiek »als ein erster Hinweis auf die wachsende Bedeutung partnerschaftlicher Ideale im untersuchten Personenkreis interpretiert werden kann«. Ebd., S. 228.

152 Vgl. zur hohen Selbstrekrutierung der Wuppertaler Kaufmannschaft auch *Löther*, Familie, S. 222, Tab. 3. 86,3 Prozent der von Löther untersuchten Textilfabrikanten hatten einen Kaufmann oder Textilfabrikanten zum Vater. Eine ähnliche Homogenität der Heiratskreise beobachtet Stefan Brakensiek im Übrigen für die von ihm untersuchten hessischen Ortsbeamten. Vgl. *Brakensiek*, Fürstendiener, S. 225–227.

153 Eine Ausnahme bildet der Konditormeister Johann von der Heydt, Vater des späteren Bankiers Daniel Heinrich von der Heydt. Johann von der Heydt war jedoch aufgrund seiner Investitionen in andere Firmen geschäftlich mit einigen der Kaufmannsfamilien verbunden.

Allerdings zeigt eine genauere Betrachtung der biografischen Angaben, dass sich innerhalb der Familien unterschiedliche Vorlieben herausbildeten. So waren zum Beispiel die beiden Schwiegerväter der Söhne Johann Peter von Eynerns sowohl Kaufleute als auch aktive Landwirte. Denn neben der gewerblichen Bleicherei bewirtschafteten beide weiterhin den ererbten Landbesitz.[154] Auch Johann Peter von Eynerns Frau stammte aus solch einer für das Wuppertal durchaus typischen Bleicher-Bauern-Familie, welche die Wirtschaft des Tals in früheren Jahrhunderten entscheidend geprägt hatten. Da Johann Peter von Eynern ebenfalls von einem märkischen Bauernhof stammte, mag hier noch eine besondere Nähe zur Landwirtschaft bestanden haben. Die Enkelgeneration der Familie Eynern suchte dagegen ihre Ehepartner ausschließlich in Kaufmanns- bzw. Rentierskreisen und löste sich aus diesem traditionellen Zusammenhang.

Alle drei der hier untersuchten Generationen der Familie Frowein heirateten dagegen ausschließlich Kaufleute bzw. Kaufmannskinder. Eine ähnliche Vorliebe für Ehen innerhalb der Kaufmannschaft lässt sich auch bei der Familie Bredt ausmachen. Hier gehörten zu den Ehepartnern Seidenfabrikanten, Verlagskaufleute, Bankiers und Garnhändler. Dass die eheliche Verbindung mit Angehörigen verschiedener Berufszweige irgendwelche familienstrategische Grundlagen gehabt hätte, kann allerdings nicht behauptet werden, zumal sich häufig erst im Laufe der kaufmännischen Berufstätigkeit eine gewisse Schwerpunktbildung herauskristallisierte.

Heiraten mit Pfarrern bzw. Pfarrerssöhnen lassen sich dagegen besonders häufig in den beiden als ausgesprochen religiös beschriebenen Familien Wuppermann und von der Heydt-Kersten beobachten. Dies gilt sowohl für die Wahl von Pfarrerssöhnen als Schwiegersöhne, die nach einer kaufmännischen Lehre ins schwiegerväterliche Geschäft integriert wurden, wie auch für die Wahl von bereits etablierten Pfarrern als Ehepartner für die Töchter. Dies schloss im Fall der reformiert getauften Johanna von der Heydt sogar die Ehe mit dem lutherischen Pfarrer und späteren preußischen Hofprediger Friedrich Strauß ein. In anderen Wuppertaler Familien kam es darüberhinaus zu Verbindungen mit Beamten oder Gymnasiallehrern und damit zu einer weiteren Verschwägerung mit anderen Teilgruppen der »gebildeten Stände«. Verbindungen mit Adelsfamilien kamen dagegen erst im Laufe des 19. Jahrhundert und dann auch nur vereinzelt zustande.[155]

154 Sie gehörten jedoch ebenfalls zu den führenden Kreisen im Tal. So wurde Johannes Beckmann, der Schwiegervater Friedrich von Eynerns, 1799 in das Amt des Kirchmeisters gewählt, einem sehr prestigeträchtigen Amt. Vgl. HZW Bestand Eynern Nr. 87.

155 Amalie Brügelmann (1798–1846) heiratete beispielsweise den später geadelten Geheimen Regierungsrat Heinrich (von) Sybel, Emilie Weber (1799–1880) den Gymnasialdirektor Wilhelm Kortüm und ihr Bruder Robert Weber (1795–1876) die dänische Adlige Axeline von Rosenkrantz. Vgl. *Strutz*, Ahnentafeln, S. 157, 167.

Ähnlich konstant wie die soziale Herkunft der Ehepartner blieb auch ihre geografische. Der überwiegende Teil der Ehen wurde innerhalb Wuppertaler Kaufmannsfamilien geschlossen, jedoch mit abnehmender Tendenz (1760–85: 80 Prozent, 1786–1810: 76 Prozent, 1811–35: 65 Prozent).[156] Ehepartner von auswärts entstammten häufig einer Kaufmannsfamilie in den benachbarten Territorien. Viele von ihnen waren außerdem als Handlungsgehilfen ins Wuppertal gekommen und ließen sich nach ihrer Heirat dauerhaft dort nieder, wohl nicht zuletzt aufgrund der besonderen wirtschaftlichen Möglichkeiten, die sich hier boten.[157]

Diese regionale Fokussierung nahm auch in der ersten Hälfte des 19. Jahrhunderts nicht ab. Die Kinder Daniel Heinrich von der Heydts und Wilhelmine Kerstens, geboren zwischen 1797 und 1810, heirateten alle innerhalb Elberfelder Familien.[158] Fünf der Kinder Abraham Froweins und Luise Webers wählten ebenfalls Partner aus Elberfelder und Barmer Familien, die verbleibenden zwei Töchter heirateten Brüder aus einer Nymweger Familie mit engen familiären Bindungen nach Elberfeld.[159] Auch die Enkelgeneration der Familien Eynern, Aders und Wuppermann suchte sich ihre Ehepartner aus dem Tal beziehungsweise der näheren Umgebung.[160] Die wenigen Kaufleute dagegen, die sich dauerhaft im Ausland niedergelassen hatten, kehrten auch für ihre Heirat nicht ins Wuppertal zurück.[161] Heiraten dienten also, trotz der ausgedehnten internationalen Geschäftsbeziehungen, keineswegs dazu, Geschäftsbeziehungen mit weit entfernten Partnern auch durch eine Eheschließung abzusichern. Und auch für die im Ausland sesshaft Gewordenen scheint es wenig Anlass gegeben zu haben, für die Partnerwahl ins Wuppertal zurückzukommen und so die Verbindungen in die Heimat zu stärken.

156 Vgl. hierzu auch *Löther*, Familie, S. 227. Für Iserlohn kommt Reininghaus auf etwas geringere Werte. Dort lag der Anteil interner Heiraten bis zur Mitte des 18. Jahrhunderts bei siebzig Prozent, danach sank er auf 55 Prozent. Vgl. *Reininghaus*, Iserlohn, S. 85.

157 Dies galt nicht nur für die Kaufleute Johann Heinrich Müller aus Essen, Carl Cramer aus Altenkirchen (Nassau) oder Joh. Friedrich August Jung aus Kirchen a. d. Sieg. Letzterer gründete eine große Spinnerei im nahegelegenen Hammertal.

158 Friedrich Strauß, der Ehemann von Johanna von der Heydt, war zwar kein gebürtiger Elberfelder, hatte aber zum Zeitpunkt der Hochzeit eine Pfarre in Elberfeld inne.

159 Vgl. die Angaben bei *Strutz*, Ahnentafeln, S. 183 f.

160 Diese hohe Endogamie innerhalb der Wuppertaler Kaufmannsfamilien führte Mitte des 19. Jahrhunderts die Barmer Zeitung zu dem bissigen Kommentar: »Bürger Barmens! Wählt den vervetterten, verschwägerten und verbrüderten Stadtfamilienrat von Eynern, Gauhe, Schlieper (Senioren & Junioren).« Barmer Zeitung, 25.11.1863, zit. n. *Herberts*, Kirche und Handel, S. 83.

161 Zu nennen sind hier Carl Aders (1780–1846), der seit 1808 in London lebte und dort eine Engländerin geheiratet hatte, sowie Albert Weber (1793–1875), der mit seinen Brüdern einen Kommissionshandel auf Haiti betrieb und sich dort mit einer Kreolin aus Martinique vermählte.

Dynamischer als die soziale und geografische Herkunft der Ehepartner gestaltete sich seit dem Beginn des 19. Jahrhunderts die Frage der Konfession. In der ersten Generation findet sich keine gemischtkonfessionelle Ehe, in der zweiten nur eine einzige, nämlich zwischen dem reformierten Johann Jakob Aders (1768–1825) und der lutherischen Anna Helena Brink (1770–1844), die 1793 geheiratet hatten. In der nachfolgenden Generation lassen sich jedoch immer wieder Eheschließungen zwischen den beiden protestantischen Konfessionen finden.[162] Dies schloss, wie oben erwähnt, sogar die Eheschließungen von Pfarrern mit ein.[163] Eheschließungen mit Katholiken kamen jedoch weiterhin nicht vor.

In ihrer regionalen und sozialen Begrenztheit folgte die soziale Formierung der Wuppertaler Kaufmannsfamilien damit bis weit in das 19. Jahrhundert Mustern, die für die bergisch-märkische Kaufmannschaft allgemein gelten: hohe soziale Endogamie und regionale Begrenzung.[164] Dagegen spricht auch nicht, dass die Wuppertaler Kaufmannsfamilien, vor allem in der zweiten Hälfte des 18. Jahrhunderts, bereitwillig Neuhinzugezogene in ihren Reihen akzeptierten, sobald diese ihre wirtschaftlichen Fähigkeiten unter Beweis gestellt hatten.[165] Auch im Wuppertal ist nicht davon auszugehen, dass die Eheschließungen vornehmlich betriebswirtschaftlichen Zwecken dienten. Die Heiratspolitik rheinisch-westfälischer Kaufmannsfamilien lässt sich eher als eine Investitionsstrategie zur Produktion und Reproduktion sozialen Kapitals im Sinne Pierre Bourdieus interpretieren.[166] Durch eheliche Verbindungen wurden mehr oder weniger institutionalisierte Beziehungen gefestigt und auch öffentlich sichtbar

162 Murayama kommt zu dem Schluss, dass 1816 32 Prozent der Kaufmannsfamilien in Unterbarmen und vermutlich in ähnlichem Maße auch in Elberfeld gemischtkonfessionell waren. Vgl. *Murayama*, Konfession, S. 243. Die hier untersuchten Familien weisen allerdings zu diesem Zeitpunkt noch eine deutlich geringere Tendenz zu gemischtkonfessionellen Ehen auf.

163 Wilhelmina von der Heydt (1797–1872) heiratete den reformierten Pfarrer Johannes Wichelhaus, ihre Schwester Johanna (1799–1857) dagegen den lutherischen Pfarrer Friedrich Strauß. Die von der Heydts waren reformiert.

164 Vgl. *Gorißen*, Handelshaus, S. 139–157; *Reininghaus*, Iserlohn, S. 82–95; *Saldern*, Netzwerkökonomie, S. 222–225. *Weise*, Tradition, resümiert entsprechend: »Der typisch bergisch-märkische Frühindustrielle war bodenständig, blieb am Ort seiner Geburt und machte dort Karriere – und suchte sich auch eine Frau im näheren Umkreis.« Ebd., S. 22.

165 Zur sozialen Durchlässigkeit der Elberfelder Oberschicht in der zweiten Hälfte des 18. Jahrhunderts vgl. auch *Isom*, Bürgermeisterfamilien. Isom kommt in seiner genealogischen Untersuchung zu dem Schluss, dass die Verschwägerung innerhalb der Elberfelder Bürgermeisterfamilien deutlich abnahm und vielfach Neuhinzugezogenen nicht nur in die etablierten Familien einheiraten konnten, sondern auch relativ zügig in das oberste öffentliche Amt der Stadt gewählt wurden.

166 Vgl. *Gorißen*, Handelshaus, S. 158. Ähnlich argumentiert *Kocka*, Familie, allerdings ohne Bezugnahme auf Bourdieu. Vergleichbare Heiratsmuster herrschten auch in den englischen middle classes vor: »›Free choice‹ [of marriage partners] was, however set in a carefully controlled context of mutual values and religious concerns.« *Davidoff/Hall*, Family, S. 219.

gemacht.[167] Wie wenig für die Wuppertaler Kaufmannsfamilien allein materielle Gründe den Ausschlag für eheliche Verbindungen gaben, sondern vielmehr eine allgemeine »soziale« Übereinstimmung sowie persönliche Neigung, mag abschließend ein Zitat Friedrich Engels sen. illustrieren, der eine nahezu mittellose Lehrerstochter zur Frau wählte: »Ich hoffe, daß meine Eltern einst recht mit dieser Neigung zufrieden seyn werden, denn je mehr ich darüber nachdenke, je mehr finde ich, wie so wohl die Familie als E[lise] für unser[e] Familie paßen. Und auf Geld brauchen wir ja Gott sey dank nicht zu sehen.«[168]

Die eng umgrenzten Heiratskreise der Wuppertaler Kaufmannschaft unterstreichen damit zum einen ihre Zugehörigkeit zu den »gebildeten Ständen« als einer durch Bildung und/oder Vermögen sozial herausgehobenen Schicht. Zum anderen verweisen sie darauf, dass innerhalb der Kaufmannschaft dem sozialen Kapital vor Ort die größte Bedeutung zugekommen sein muss. Trotz der zunehmenden internationalen wirtschaftlichen Verflechtung blieben auch für international handelnde Kaufleute die lokalen Netzwerke die entscheidenden. Die Zugehörigkeit zu diesen wurde durch die Wahl eines sozial gleichgestellten Ehepartners bekräftigt. Für die uns ebenfalls interessierende Ebene der Kommerzialisierung hatte die hier beschriebene Art und Weise der Partnerwahl trotz ihrer regionalen Fokussierung dennoch eine wichtige Funktion. Denn dass die enge soziale Einbettung vor Ort und die damit einhergehende Kontrolle auch den Umgang und Handel mit auswärtigen Geschäftspartnern erleichterte, ist anhand der verschiedenen Vertrauensebenen in Konkursfällen bereits herausgearbeitet worden. Gerade die Verbindung mit Pfarrersfamilien mag die Ehrbarkeit und Kreditwürdigkeit der Kaufmannsfamilien unterstrichen haben. Die Verwandtschaftsbeziehungen innerhalb des Tals und der Region sorgte auch bei den weiter entfernt lebenden Geschäftspartnern für ein Gefühl der Sicherheit und Vertrauenswürdigkeit; schließlich versprachen die größeren Familienverbünde und engen verwandtschaftlichen Beziehungen im Wuppertal, dass Investitionen oder Kredite dank diesen informellen Institutionen mehrfach abgesichert waren. Das endogame Heiratsverhalten der Wuppertaler Kaufmannsfamilien folgte somit einer innerfamiliären Rationalität, die generell für Mitglieder der »gebildeten Stände« charakteristisch war.[169] Diese Gemeinsamkeit der »gebildeten Stände« sowie ihre vielfältige Verschwägerung untereinander machen außerdem deutlich, dass es wenig sinnvoll ist, die Lebenswelten der verschiedenen Teilgruppe dieser sozialen Figuration isoliert zu betrachten.

167 Zu dieser Art der mehr oder weniger institutionalisierten Beziehungen gehörte beispielsweise auch die gegenseitige Bereitschaft zur Ausbildung von Lehrjungen oder aber, stärker institutionalisiert, das Eingehen von Geschäftspartnerschaften.

168 Friedrich Engels an seine Schwester Louise Engels in Lengerich, Düsseldorf, 7.4.1818, in: *Knieriem*, Herkunft, S. 312 f., Zitat S. 312.

169 Vgl. *Davidoff/Hall*, Family, S. 221; *Brakensiek*, Fürstendiener, S. 242.

5.2.3 Das Kaufmannspaar als Arbeitspaar

Die hier vorliegende Untersuchung beschäftigt sich mit den Lebenswelten von »Kaufmannsfamilien«. In Kapitel 3 und 4, die sich den wirtschaftlichen Beziehungen der Kaufmannsfamilien widmen, finden sich allerdings fast ausschließlich Männer wieder. Und doch geht diese Arbeit davon aus, dass die Frauen in den Kaufmannsfamilien einen erheblichen Anteil an der Lebenswirklichkeit Firma hatten. Dies soll im folgenden Kapitel dargestellt werden. Genauso wird auf den folgenden Seiten aber auch untersucht, in welche häuslichen Arbeitsbereiche die Männer der Kaufmannsfamilien eingebunden waren. Denn, dies ist hier die leitende These, für das erfolgreiche Funktionieren der Einheit von Firma und Familie war es unabdingbar, dass sowohl die Frauen als auch die Männer in der Lage waren, unterschiedliche Arbeitsrollen zu übernehmen.[170] Die männlichen und weiblichen Lebenswelten der »gebildeten Stände« müssen somit verschränkt betrachtet werden.

Der weiblichen Tätigkeit innerhalb des Lebenszusammenhangs Firma auf die Spur zu kommen, ist schwierig und von der Forschung bisher nur in Einzelfällen geleistet worden.[171] Wie bereits Heide Wunder festgestellt hat, nimmt die Sichtbarkeit der Arbeit von Handwerkerfrauen und Kaufmannsfrauen seit dem 17. Jahrhundert ab, da auch sie aufgrund einer grundsätzlich anderen Arbeitsorganisation vermehrt den Beruf der Hausfrau und Mutter ausfüllten.[172] Dennoch waren sie häufig weiterhin in die Firma eingebunden, wenngleich die Mitarbeit der Ehefrauen in der Familienfirma meist nur mühsam in den Quellen erfasst werden kann. So wird gerade in Familiengeschichten für das 18. Jahrhundert häufig über die Mitarbeit von Ehefrauen im Kontor berichtet. Angaben zu besonderen Aufgabenbereichen oder quellengestützte Belege fehlen jedoch meist.[173] In den erhaltenen Akten finden sich allenfalls Spuren der weiblichen

170 Vgl. hierzu auch mit Fokus auf den weiblichen Beitrag zur Familienökonomie *Hufton*, Frauenleben, S. 212–216.

171 Vgl. zu diesem generellen Problem *Rosenhaft*, Women: »Any attempt to survey the bases for women's financial activity in eighteenth-century Germany faces a serious problem of evidence. This is to some extent a consequence of the relatively limited historiography«. Ebd., S. 59. Vgl. an Untersuchungen für den deutschsprachigen Raum *Hlawatschek*, Unternehmerin; *Probst*, Krupp; *Kraus*, Fürstin; *Labouvie*, Frauen, sowie die Beobachtungen zur »Märckerin« bei *Gorißen*, Handelshaus. Zur Mitarbeit der Ehefrauen vgl. *Reininghaus*, Iserlohn, v. a. S. 100–105.

172 Vgl. *Wunder*, Er ist die Sonn, S. 111; *Vanja*, Verdrängung.

173 Dorothea Bredt, geb. Bürgers, (1725–1784) verheiratet mit Johann Jakob Bredt (1708–1776), galt als literarisch gebildet. Ihr Enkel schreibt über sie, dass sie viel im Kontor und in der Fabrik ihres Mannes mitgearbeitet hätte. Auch Johanna Maria Bredt (1744–1815) wird in der Familiengeschichte als sehr gebildet und belesen beschrieben, desgleichen heißt es, sie hätte viel auf dem Kontor ihres Mannes gearbeitet. Vgl. *Bredt*, Familie Siebel, S. 109, 178.

Geschäftstätigkeit, die zumindest einige Rückschlüsse zur Arbeit der Ehefrauen zulassen. Die Vermerke in Abraham Froweins Journal »zahlte an seine Frau« bei geleisteten Barzahlungen in Elberfeld und Barmen sind eine dieser Spuren, die zeigen, dass Ehefrauen mit den Geldern der Firma hantierten.[174] Auch Abraham Frowein schickte seine Frau aus, um Zahlungen an Geschäftspartner zu leisten.[175] Dies lässt vermuten, dass die Mitarbeit der Ehefrauen regelmäßig war und keineswegs nur der ökonomischen Notwendigkeit etwa beim Aufbau der Firma gehorchte.[176] Ehefrauen vertraten häufig ihre Männer, wenn diese auf Geschäfts- oder Messereisen waren. Auch bei längerer Krankheit schulterten die Ehefrauen die Leitung des Geschäfts. So führte Maria Catharina Kersten, geb. Werth, (1744–1829) beispielsweise die Firma Gebr. Kersten weiter, nachdem ihr Mann und auch ihr Schwager für das Geschäft »untauglich« geworden waren.[177] Bei der Aufnahme eines Lehrlings war die Ehefrau ebenfalls involviert und wurde auch im Vertrag genannt, nicht zuletzt weil die Lehrlinge ja bei der Kaufmannsfamilie wohnten und damit Teil des häuslichen Arbeitsbereichs waren.[178] Andere Tätigkeiten, wie beispielsweise das mühsame Kopieren von Geschäftsbriefen oder die Übertragung der Bücher, mögen auch zu den Tätigkeiten der Ehefrauen im Kontor gehört haben, lassen sich aber aus dem hier vorliegenden Quellenmaterial nicht nachweisen.[179]

Die Wuppertaler Kaufmannstöchter waren aufgrund ihrer guten Ausbildung meist zum Zeitpunkt ihrer Eheschließung in der Lage, den Ehemann auf dem Kontor zu unterstützen. Doch auch Ehefrauen ohne kaufmännischen Hintergrund wurden im Verlauf ihrer Ehe mit den Usancen der Firma vertraut. Friedrich Engels sen. etwa schrieb in der Verlobungszeit an seine Braut, die aus einem Lehrerhaushalt stammte: »Wir sind noch alle drei eifrig an der Bilanz und hoffe, diese im Laufe dieser Woche noch fertig zu bekommen. An mir ist diesmal die Reihe, sie sauber einzuschreiben, und überdem warten noch einige Calculationen auf mich«, und weihte sie so in seine kaufmännische Tätigkeit

174 Vgl. FAF Nr. 1348, fol. 281; FAF Nr. 1357, fol. 230. Zur Vertretung des Mannes bei Abwesenheit durch die Ehefrau vgl. auch die Angaben bei *Reininghaus*, Iserlohn, S. 104 f.

175 Vgl. FAF Nr. 1348, Eintrag vom 1.12.1775 für eine Zahlung an Ab. Schlieper seel Wb.: »Zahlte ihr mit meiner Frau.«

176 Dies scheint dagegen in den englischen *middle classes* häufig der Fall gewesen zu sein. Vgl. *Davidoff/Hall*, Family, S. 283 f.

177 Diese »Untauglichkeit« wird in den Quellen nicht näher ausgeführt. Vgl. HAC 402–289. Vgl. für Iserlohn *Reininghaus*, Iserlohn, S. 100–105; für die Familie Harkort *Gorißen*, Handelshaus, S. 136 f.

178 Bei dem Abschluss eines Lehrvertrags mit seinem Neffen Kaspar hieß es in Abraham Froweins Memorial entsprechend: »Ich und meine Frau haben uns zu nichts verbindlich gemacht als frey Essen und Trincken & Waschen diese benannte sechs Jahre zu geben.« FAF Nr. 1348, fol. 201.

179 Zur Mitarbeit von Frauen im Kontor und den dabei ausgeführten Tätigkeiten generell vgl. *Wiskin*, Accounting.

ein. Allerdings ging er zu diesem Zeitpunkt der Beziehung noch von einer grundlegenden Unkenntnis auf ihrer Seite aus und fügte hinzu: »Doch das ganze Zeug verstehst du wohl nicht, also laß mich Dir nur sagen, daß mit allem künftige Woche hoffen fertig zu seyn.«[180] Nach zwanzigjähriger Ehe aber war Elise Engels' Teilnahme an geschäftlichen Angelegenheiten klar ersichtlich. So schrieb ihr Friedrich von einer Geschäftsreise nach England: »Hoffentlich bist du mit den Kindern auch recht wohl; in Manchester werden wir Nachricht von Dir bekommen, worin auch wohl viele Seiden-Verkäufe angezeigt werden. Diesmal wird wohl kein Aufschlag, wohl aber eher das Gegentheil zu befürchten seyn.«[181] Auch vom Fortgang des Baus der Baumwollweberei in Engelskirchen, technischen Verbesserungen in der mechanischen Textilverarbeitung oder der allgemeinen Konjunktur berichtete Friedrich Engels seiner Frau in den späteren Jahren ihrer Ehe. Mitteilungen übers Geschäft hatten also ihren festen Platz in der ehelichen Korrespondenz und verweisen nicht nur auf das gemeinsame Interesse der Ehepartner, sondern vor allem auch auf die anhaltende aktive Teilhabe der Ehefrauen an den »öffentlichen« Geschäften.[182]

Selbständiges unternehmerisches Handeln von Frauen aus Kaufmannsfamilien ist dagegen für gewöhnlich nur sichtbar geworden, wenn diese als Witwe tätig waren.[183] Dies gilt auch fürs Wuppertal. Vielfach führten Witwen die Firma des verstorbenen Ehemanns bis zur Volljährigkeit der Söhne fort und unternahmen teils sogar deren Ausbildung. So meinte Friedrich Bredt (1724–1771) über seine Mutter Maria Bredt, geb. Abrath, (1691–1760) »daß dieselbe in ihrem 32-jährigen Witwenstande [...] den sehr mühsamen und beschwerlichen Handlungs- und dabei geführten Haushaltungsgeschäften dergestalt treulich und wohl vorgestanden, daß sonderlich mein lieber Bruder und ich an derselben nicht nur eine liebe Mutter, sondern zugleich einen treuen Vater gehabt haben«.[184] Sophie Brügelmann, geb. Bredt, (1775–1851) wiederum führte nach dem frühen

180 Friedrich Engels an seine Braut Elise van Haar in Hamm, Barmen, 10.8.1818, in: *Knieriem*, Herkunft, S. 402–404, Zitat S. 403.

181 Friedrich Engels an seine Ehefrau Elise, geb. van Haar, in Barmen, London, 26.7.1838, in: *Knieriem*, Herkunft, S. 574f., Zitat S. 575.

182 Dies war beispielsweise auch der Fall bei dem Ehepaar Mettlerkamp-Curio in Hamburg. Deren eheliche Korrespondenz drehte sich auch um Börsengeschäfte, bei denen der Ehemann explizit den Rat seiner Frau einholte. Vgl. *Trepp*, Männlichkeit, S. 307.

183 Für ähnliche Beobachtungen vgl. *Hlawatschek*, Unternehmerin; *Probst*, Krupp; *Kraus*, Fürstin; *Labouvie*, Frauen, *Gorißen*, Handelshaus.

184 Maria Bredt war mit dem deutlich älteren Johann Bredt (1665–1728) verheiratet gewesen, der nach siebzehnjähriger Ehe starb und die Witwe mit fünf Kindern im Alter von zwei bis 16 Jahren zurückließ. Nach Maria Bredts eigener Aussage, ebenfalls in der Familienbibel festgehalten, stand ihr bei den Handelsgeschäften und dem Hausbau für eine Weile ihr Schwiegersohn Johann Peter Bredt (1700–1739) zur Seite. Den weitaus größten Teil ihrer Witwenschaft scheint Maria Bredt die Geschäfte der Familie jedoch alleine versehen zu haben. Vgl. *Bredt*, Familie Bredt, S. 102. Vgl. zum Messehandel von Frauen auch die Angaben bei *Schötz*, Handelsfrauen, S. 395ff.

Tod ihres Ehemanns (gest. 1808) die Spinnereifabrik fort, die der Schwiegervater Johann Gottfried Brügelmann aufgebaut hatte, und blieb auch nach der Übergabe der Firma an ihren Sohn Moritz 1831 noch für sechs Jahre in der Firmenleitung. Das erhaltene Kopierbuch weist sie als versierte Geschäftsfrau aus.[185] Auch die Ehefrau Abraham Froweins, Luise Frowein, geb. Weber, (Abb. 3) nahm nach dem Tod ihres Mannes die ererbte Teilhaberschaft in der Firma Abr. & Gebr. Frowein an und führte die Firma bis zu ihrem Tod als bevorzugte Teilhaberin gemeinsam mit ihren beiden Söhnen.[186]

Dass die Frauen erst nach dem Tod des Ehemanns in der Firma in Erscheinung traten, lag vor allem an ihrem unterschiedlichen rechtlichen Status als Ehefrau und Witwe und dem daran gebundenen Zugriff auf Vermögenswerte.[187] Denn wenngleich die Töchter der Wuppertaler Kaufmannsfamilien ihren Brüdern materiell gleichgestellt und weder bei Erbschaften noch bei Mitgiften benachteiligt wurden, so gingen sie doch der Verfügungsrechte über ihr Vermögen bei der Eheschließung verlustig.[188] Denn im Wuppertal herrschte, wie in Gewerbe- und Handelszentren meist üblich, die allgemeine Gütergemeinschaft.[189] Das bedeutete, dass das Vermögen der Ehefrau wie auch das des Ehemannes zu einem Gesamtvermögen zusammengefügt wurde, das zwar beiden gehörte, im Allgemeinen aber hauptsächlich vom Ehemann verwaltet wurde. So flossen neben der Mitgift auch die beträchtlichen Erbschaften, die viele der Wuppertaler Kaufmannsfrauen im Laufe ihres Lebens machten, in das Gesamtvermögen ein und vergrößerten so meist die Kapital- und Investitionsbasis der Firma.[190] Im

185 Vgl. *Syré*, Brügelmann, S. 95. Auch die Schwester Sophie Brügelmanns, Johanna Bredt, führte das Geschäft ihres Vaters eine gewisse Zeit fort. Vgl. *Bredt*, Haus Bredt-Rübel, S. 72.

186 Zur Selbstverständlichkeit der Firmenübernahme durch die Witwen während der Frühindustrialiserung vgl. *Hlawatschek*, Unternehmerin, S. 144.

187 Vgl. *Wunder*, Er ist die Sonn, S. 244–246; *Buchholz*, Gesetzbuch.

188 Alle Kinder Wilhelm von Eynerns erhielten beispielsweise eine Aussteuer in Höhe von 4.000 Taler pr. Ct. Darin enthalten waren bei den Töchtern jeweils zur Hälfte Sachwerte und Geldwerte; der Sohn erhielt dagegen Geld für die Hochzeitreise inklusive einer eigenen Kutsche, Geld für Schmuck und einige Möbel. Der Großteil seiner Aussteuer bestand jedoch aus Bargeld und einem Anteil an der väterlichen Firma. STAW NDS 12, Notizbuch Wilhelm von Eynern. Bei den Kindern Abraham Froweins verhielt es sich ähnlich. Vgl. FAF Nr. 1445. Die Wuppertaler Kaufmannstöchter waren somit deutlich besser gestellt als viele adlige und auch bürgerliche Frauen an anderen Orten, die materiell hinter ihren Brüdern zurückstehen mussten, sei es weil mehr in deren Ausbildung oder in deren gesellschaftliches Fortkommen etwa in Form einer prestigeträchtigen Heirat investiert wurde. Vgl. hierzu *Hufton*, Frauenleben, S. 156–161.

189 Zu den verschiedenen Güterrechtssystemen vgl. *Buchholz*, Gesetzbuch, S. 671 f.

190 Für die Firma Abr. & Gebr. Frowein beispielsweise bedeutete die Heirat Abraham Froweins mit Luise Weber dank ihrer Mitgift und diverser Erbschaften einen enormen Vermögenszuwachs. Die Vermögenswerte der Firma stiegen von 48.667 Rtlr. im Jahr 1787 auf 142.889 Rtlr. zwölf Jahre später; ein Zuwachs, der allein durch Überschüsse aus der Verlagstätigkeit nicht zu erreichen gewesen wäre. Die Hochzeit hatte 1794 stattgefunden. Caroline Fischer, geb. Eynern, wiederum erbte nach dem Tod ihres Vaters genau wie ihre Brüder 30.000

Abb. 3: Luise Frowein, geb. Weber, (1770–1833), gemalt von H. Ch. Kolbe, 1816. Privatbesitz (Foto: Verf.)

Sinne dieser Vermögensregelungen war es daher auch nur folgerichtig, dass der Ehemann in Erbschaftsangelegenheiten die eheliche Vormundschaft für seine Frau (*uxorio nomine*) übernahm und alle Regelungen mit unterschrieb. Die Ehefrau war somit keine eigenständige Rechtsperson, eine Regelung, die bereits in der Verlobungszeit griff.[191]

Rtlr, welche die Brüder nach ihrem frühen Tod noch weiter an ihren überlebenden Ehemann auszahlten. Vgl. HZW Bestand Eynern Nr. 32.

191 Die Erbschaftsverträge sind demnach auf Seiten der verheirateten oder verlobten Erbnehmerinnen immer von der Erbin und ihrem Ehemann oder Verlobten unterschrieben, auf Seiten der männlichen Erben jedoch nur von diesen, auch wenn sie bereits verheiratet oder verlobt waren. Vgl. FAF Nr. 1479; STAW NDS 12.

Dieser Status änderte sich allerdings schlagartig mit dem Tod des Ehemanns, denn die überlebende Frau war nach geltendem Recht nicht nur die die Alleinerbin ihres Mannes, sie erhielt auch die volle Verfügungsgewalt über das Vermögen.[192] Diese Gepflogenheiten im Wuppertal gliedern sich ein in normative Vorstellungen der Zeitgenossen. So verstand auch Johann Gottlieb Fichte die Witwe als »keinem Manne unterworfen« und es bestünde »sonach gar kein Grund, warum sie nicht alle bürgerlichen Rechte, gerade wie die Männer durch sich selbst ausüben sollte«.[193] Hier wird auch klar, dass Frauen nicht per se aufgrund ihres Geschlechts die Geschäftsfähigkeit abgesprochen wurde, sondern dass die Frauen im Fall einer Verheiratung ihre Rechte an den Ehemann abtraten und fortan von diesem vertreten wurden.[194] Mit dem Tod des Ehemanns wurde die Witwe wieder eine eigene Rechtsperson.

Für die Kaufmannswitwen ergab sich daraus eine ausgesprochen starke Stellung innerhalb der Familie und auch in der Firma, die mit der von Meisterwitwen im Handwerk vergleichbar ist.[195] Denn wenn auch die Söhne beziehungsweise Schwiegersöhne häufig bereits als Teilhaber in die väterliche Handlung mitaufgenommen worden waren, geschah dies meist nur mit einer Beteiligung an Gewinn und Verlust.[196] Nach dem Tod des Firmeninhabers fiel das Kapital jedoch vollständig oder fast vollständig an die Witwe als Alleinerbin ihres Mannes. Luise Frowein etwa hielt nach dem Tod ihres Mannes 1829 an der Firma ein Kapital in Höhe von gut 300.000 Talern, ihr Sohn Abraham dagegen nur knapp 24.000 Taler.[197] Wie der kurz darauf abgefasste Gesellschaftervertrag beweist,

192 Davon ausgenommen waren häufig Vermögenswerte, welche Kindern aus erster Ehe zufließen sollten. Vgl. HZW Bestand de Weerth, Ehevertrag zwischen Daniel Camp und Anna Christina Wilhelmina Noot, 9.1.1792; FAF Nr. 1489. Abraham Frowein und seine Frau Anna Christine, geb. Carnap, erklärten in ihrem gemeinsamen Testament, dass bei seinem vorzeitigen Tod die gemeinsam besessene Handlung an die beiden Neffen fallen sollten, die bereits Teilhaber der Handlung waren (das Ehepaar hatte keine eigenen Kinder). Alle weiteren Vermögenswerte sollten jedoch erst nach Anna Christines Tod vererbt werden. Dieser Fall trat jedoch nicht ein, da Anne Christine vor ihrem Mann starb. Vgl. zu den Erb- und Rechtsansprüchen von Kaufmannswitwen auch *Labouvie*, Frauen, S. 53.

193 Johann Gottlieb Fichte, Grundlage des Naturrechts nach Prinzipien der Wissenschaftslehre (1796), zit. n. *Gerhard*, Verhältnisse, S. 147.

194 Diese starke Stellung des Ehemannes bereitete auch Rechtskommentatoren Kopfzerbrechen. Im Rahmen der gesetzlichen Neuordnungen um 1800 (Allgemeines Landrecht, *Code Civil*) wurde die rechtliche Stellung des Ehemanns jedoch noch gestärkt. Vgl. *Sabean*, Allianzen; *Dölemeyer*, Privatrecht.

195 Vgl. etwa *Werkstetter*, Frauen, v.a. Teil II.2. Zur Situation von Witwen in der Frühen Neuzeit allgemein vgl. *Ingendahl*, Witwen.

196 Wenn die Söhne oder Schwiegersöhne bei Eintritt in die Firma am Kapital beteiligt wurden, dann wurde dies häufig mit der späteren Erbschaft verrechnet. Vgl. HZW Bestand Eynern Nr. 32: Die beiden Söhne Friedrich und Wilhelm waren mit insgesamt 10.000 Rtlr. an der Handlung ihres Vaters zu dessen Lebzeiten beteiligt worden. Diese Summe wurde in der Erbmasse wie eine nicht eingelöste Schuld behandelt und ihnen von ihrem Erbteil abgezogen.

197 Vgl. FAF Nr. 882, fol. 110.

war Luise Frowein durchaus willens, ihre Position innerhalb der Firma auch wahrzunehmen und als aktive Teilhaberin aufzutreten. Der Gesellschaftsvertrag sah vor, sie mit fünfzig Prozent, ihre beiden Söhne dagegen mit 25 Prozent am Gewinn der Firma zu beteiligen.[198]

Die männlichen und weiblichen Arbeitsbereiche durchdrangen sich aber noch weiter und es lassen sich, neben der gemeinsamen Tätigkeit im Kontor, vielfältige Verbindungen zwischen ihnen erkennen. Es war beispielsweise üblich, sich unter Geschäftsfreunden kleine Gefälligkeiten zu erweisen und die gegenseitige Verbundenheit etwa mit Geschenken von Lebensmitteln zum Ausdruck zu bringen. So heißt es bei Johann Peter von Eynern inmitten eines langen geschäftlichen Briefes: »Meine frau läßt sich Ihrer frau liebsten bestens empfehlen und dankt derselben im voraus dafür daß diese gütig sein will, ihr die ausgestochenen Aepfel zu besorgen. Sie wird gerne wieder gefällig sein.« Kurz später erfolgte dann auch der Dank für die übersandten Viktualien. Im Gegenzug wollte Eynern der Ehefrau des Geschäftspartners mit Wuppertaler Fabrikwaren ein Geschenk machen, da dieser eine Bezahlung der Ware ablehnte. Eynerns Frau war dafür zuständig, die richtigen Sachen auszusuchen.[199] Auch in ganz praktischem Sinne diente die Firma der Versorgung des Haushaltes. So nutzten Abraham Frowein und Johann Peter von Eynern beide ihre Geschäftskontakte zur Beschaffung von exotischen Nahrungsmitteln wie Reis oder Kaffee, die sie gleich bei ihren Handelspartnern in Amsterdam bestellten.

Von der Forschung kaum berücksichtigt wurde bisher, dass auch Ehemänner hauswirtschaftliche Tätigkeiten verrichteten.[200] Johann Peter von Eynern, Sohn eines Landwirts, besorgte, genauso wie sein Sohn Friedrich zwanzig Jahre später, das Anpflanzen des Obstgartens und wählte aus, welche Sorten gepflanzt werden sollten. Ihre Expertise erwiesen sie dabei vor allem in der Auswahl der Sorten, die möglichst zu verschiedenen Zeiten geerntet werden sollten und zu unterschiedlichen Zwecken verarbeitet werden konnten.[201] Und so wie die Ehefrauen ihre Männer in der Firma vertraten, so übernahmen die Ehemänner auch die beruflichen Aufgaben ihrer Frauen in deren Abwesenheit und hielten

198 Vgl. *Strutz*, 175 Jahre, S. 55. In der Saarregion hatte man Kaufmannswitwen in der Rußbranche allerdings seit Ende des 18. Jahrhunderts nahegelegt, dass es sich hierbei um Geschäfte handele, »welche weder eine Frau verstehet noch für sie schicklich sei«. Vgl. *Labouvie*, Frauen, S. 54 f., Zitat S. 54.

199 Vgl. HZW Bestand Eynern Nr. 132, Briefe an Sebastian Gottlob Trunk in Eisenach, 6.11.1799, 15.1.1800 und 15.3.1800. Mit Trunk verband Eynern eine lange und ausgedehnte Geschäftsbeziehung. Französische Geschäftspartner erhielten im Übrigen häufig westfälischen Schinken.

200 In den von Maurer herangezogenen Biographien werden beispielweise einzig die Schwierigkeiten von Männern offenbar, den Haushalt nach dem Tod der Ehefrau zu versorgen. Vgl. *Maurer*, Biographie, S. 525–529.

201 Die Anzucht und Pflege von Obstbäumen scheint generell eine bevorzugte Tätigkeit von Männern im Garten gewesen zu sein. Vgl. *Dülmen*, Paradies, S. 69.

sie darüber auf dem Laufenden. Als Caroline von Eynern beispielsweise zu Besuch bei Verwandten war, organisierte Friedrich von Eynern nicht nur die Anstellung einer neuen Kinderfrau und sorgte für die Obhut eines Gastes, sondern berichtete auch über die Aussichten beim Schlachten.[202] Als sie einige Jahre später zur Kur in Unna weilte, schickte er ihr erst einmal einige Hemden nach, weil er meinte, sie habe zu wenig eingepackt, und ermahnte sie außerdem, die Hemden mindestens täglich zu wechseln und ungeachtet der Kosten regelmäßig waschen zu lassen.[203] Friedrich Engels sen. schließlich berichtete mit einem gewissen Stolz, dass er in Abwesenheit seiner Frau sogar »große Wäsche« gemacht habe: »Was sagst Du dazu, ich habe eine große Wäsche veranstaltet? Ja, es ist die Wahrheit und soll den Satz bewahrheiten, daß auch Männer dergleichen können.« Allerdings musste er zugeben, dass eine der Mägde seine rechte Hand gewesen sei.[204]

Für die hier untersuchten Ehepaare aus Wuppertaler Kaufmannsfamilien gilt somit bis weit ins 19. Jahrhundert hinein die von Heide Wunder postulierte wechselseitige Bedingtheit von Arbeiten und Leben, welche aus einem Ehepaar immer auch ein Arbeitspaar machte.[205] Dabei vereinten vor allem die Frauen immer mehrere Arbeitsrollen, nämlich eine familiale, eine häusliche und eine gewerbliche. Nur mit der gemeinsamen häuslichen und außerhäuslichen Arbeit konnte das Auskommen gesichert werden.[206] Innerhalb der Wuppertaler Kaufmannsfamilien waren die Arbeitsbereiche von Ehemann und Ehefrau nicht trennscharf unterschieden; vielmehr war die hauptsächliche Arbeitssphäre des einen Partners durch die des anderen durchdrungen. Für die hier untersuchten Kaufmannsfamilien ergibt sich somit eine deutlich größere Überschneidung des männlichen und weiblichen Arbeitsbereiches, als dies zum Beispiel in Rebekka Habermas' einschlägiger Studie zur Nürnberger Kaufmannsfamilie Merkel der Fall ist.[207]

In vielem entsprachen das Rollenverständnis und die Aufgabenbeschreibung für eine Kaufmannsfrau eher denen einer Handwerkerfrau als anderer Angehöriger des »gehobenen Bürgertums«.[208] Gleichwohl waren sie dennoch und ganz selbstverständlich Teil der »gebildeten Stände«. Dies wird auch in der normativen Literatur der Zeit sichtbar. So heißt es etwa in einem Ratgeber mit

202 Vgl. HZW Bestand Eynern Nr. 78, Friedrich von Eynern an seine Ehefrau Caroline, geb. Beckmann, in Remscheid, Wupperfeld, 30.10.1815.

203 Vgl. ebd., Friedrich von Eynern an seine Ehefrau Caroline, geb. Beckmann, in Unna, Wupperfeld, 16.7.1825.

204 Friedrich Engels an seine Ehefrau Elise, geb. van Haar, in Hamm, Barmen, 27.7.1723, in: *Knieriem*, Herkunft, S. 512f., Zitat S. 513. Zur »großen Wäsche« und ihrer Bedeutung für die Hausfrau vgl. *Habermas*, Frauen, S. 86–92.

205 Vgl. *Wunder*, Er ist die Sonn, S. 96f.

206 Vgl. zur Bedeutung der häuslichen Arbeit auch *Maurer*, Biographie, S. 523–530.

207 Vgl. *Habermas*, Frauen, S. 39–53, 93–108.

208 Vgl. *González Athenas*, Zunfthandwerkerinnen; *Werkstetter*, Frauen.

dem sprechenden Titel »Die Kunst sich glücklich als Kaufmann oder Fabrikant zu etablieren« über die »gebildete Kaufmannsfrau«:

Wenn die Frau eines Pfarrers sich in seine Predigten mischen, ihm vorschreiben, corrigieren und regieren will, so thut sie etwas was sie nicht thun sollte. [...] Wenn die Gattin dieser oder jener Exzellenz sich in die Landesregierung mischt, Dienste vergiebt, Urtheile spricht, so handelt sie unrecht, und darf es nicht thun. Wenn aber jene gebildete Kaufmannsfrau durch Artigkeit und Freundlichkeit Abkäufer zu gewinnen sucht, die Vortheile ihrer Preiße, die Güte ihrer Waaren anpreißt, und die schönsten Versprechungen gibt, so thut sie wohl, was der Mann thun muß und sollte, was sie aber eben so gut als jener thun darf.[209]

Auch die »Privatsphäre« des Hauses war deutlich weniger von den »öffentlichen« Geschäften geschieden, als dies gemeinhin für die »bürgerliche« Ordnung der Geschlechter angenommen wird.[210] Zwar hat auch Rebekka Habermas bereits darauf hingewiesen, dass selbst die oben erwähnten, für die Etablierung der »bürgerlichen« Geschlechterordnung als vorbildlich geltenden Staatsbeamten einen Teil ihrer Arbeit im häuslichen Rahmen und somit keineswegs allein in der »Öffentlichkeit« erledigten.[211] Doch für den Kaufmann galt der heimische Herd als ein Ort, um den Gang der Geschäfte noch einmal mit einem vertrauten und gleichberechtigten Partner zu reflektieren: Statt sich an der Seite seiner Ehefrau in der Ruhe des ehelichen Heimes nach einem anstrengenden Arbeitstag von den Geschäften des Tages zu erholen, sollte der Kaufmann, so die Empfehlung des bereits zitierten Ratgebers, nicht versäumen »in den traulichen Stunden des Abends, dem liebenden Weib das Gelingen oder Mißlingen seiner Arbeiten erfreulich mitzuteilen«, auf den weiblichen Scharfblick vertrauen und die Ehefrau vor allem bei Spekulationsgeschäften zu Rate zu ziehen. Dass dies nicht nur eine normative Forderung war, beweist die vertrauliche Korrespondenz von Kaufmannspaaren, in denen die Ehemänner wiederholt den Rat und die Meinung ihrer Ehefrauen einholten.[212] Eine »Dissoziation von Erwerbs- und

209 *Meyer*, Kunst, S. 377 f. Dies entspricht weitgehend der zeitgenössischen Vorstellungen von einer »guten« Handwerksfrau: »Insonderheit gehört zu einer guten Handwerksfrau als eine nöthige Eigenschaft, daß sie sich in den Kram und in das Handwerk ihres Mannes zu schicken wisse, und entweder einiges mit arbeite, oder doch die Waare geschickt und mit Nutzen verkaufen lerne. Sie muß daher gelehrig, etwas gesprächig, klug und witzig, hiernächst aber im Rechnen und Schreiben etwas unterrichtet, und vermögend seyn, mit jedermann, jedoch nach ihrem Stande, in Zucht, Ehrbarkeit und Niedrigkeit umzugehen, und denselben zu accommodiren wissen«. Art. »Frau«, S. 791.

210 Zur Kritik dieser Dichotomie gerade auch in der in dieser Hinsicht wegweisenden englischsprachigen Forschung vgl. *Vickery*, Golden Age; *Klein*, Gender.

211 Vgl. *Habermas*, Frauen, S. 319–325.

212 *Meyer*, Kunst, S. 243. Vgl. beispielsweise das oben zitierte Hamburger Ehepaar Mettlerkamp-Curio sowie das bereits erwähnte Ehepaar Engels.

Familienleben«, um die bekannte Formulierung Karin Hausens zu gebrauchen, fand also nicht statt.[213]

Auch wenn die Kaufmannsfamilien diese Charakteristik der »bürgerlichen« Familie nicht aufwiesen, bestand zwischen den Ehepartnern ein hierarchisches Verhältnis. Dieses wurde jedoch nicht mit geschlechtlichen Eigenschaften begründet; vielmehr beruhte die Untergebenheit der Frau auf der Vorstellung einer christlichen Ehegemeinschaft, in der als gottgegeben hingenommen wurde, dass die Frau dem Mann untertan sei.[214] Diese »Untergebenheit« war jedoch nicht überall und unmittelbar handlungsleitend. Im alltäglichen Geschäftsbetrieb waren Männern Frauen gleichgestellt und konnten diesen gleichberechtigt gegenübertreten. Männliche Geschäftspartner achteten durchaus die Expertise und Kenntnisse ihrer weiblichen Handelspartner und erkannten diese als vollwertig an.[215] Doch die weibliche Geschäftstätigkeit blieb immer an einen durch einen Mann hergestellten Status gebunden, sei dies als Tochter, Ehefrau oder Witwe. Eine unabhängige weibliche Geschäftstätigkeit im hier betrachteten Verlagswesen, die über stille Teilhaberschaften oder Kapitaleinlagen hinausging, ist für das Wuppertal nicht bekannt. Auch waren Frauen nicht in den Gremien der Garnnahrung vertreten, wenngleich sie das Zentnergeld bezahlten. Von den öffentlichen Gremien, welche auf die Ausgestaltung des Handels Einfluss nahmen, blieben die Frauen ausgeschlossen.[216] In dieser Hinsicht waren sie somit schlechter gestellt als beispielsweise die Kölner Zunfthandwerkerinnen. In Bezug auf die institutionalisierten Möglichkeiten der weiblichen Akteure lassen sich somit durchaus Unterschiede zwischen Handel und Handwerk erkennen und die Kaufmannsfrauen sollten, trotz vieler Gemeinsamkeiten, nicht vorschnell den Handwerkerfrauen gleichgesetzt werden.[217]

213 Vgl. *Hausen*, Polarisierung.

214 Vgl. *Maurer*, Biographie, S. 524; *Wunder*, Er ist die Sonn, S. 65–75.

215 Vgl. etwa den Briefverkehr Abraham Froweins mit der Witwe seines früheren Geschäftspartners Jean Ernst in Lyon, den er auch nach ihrer Rückkehr aus Lyon ins heimatliche St. Gallen fortführte. Darin bat er ausdrücklich um Rat und Auskunft und vertraute eher auf ihre Informationen als auf die seines neuen Geschäftspartners in Lyon, welchen sie ihm im Übrigen vermittelt hatte. FAF Nr. 1341, Briefe an Joh. Ernst Wittib vom 24.5.1794, 27.8.1794, 29.11.1794. Zur Akzeptanz weiblicher Handlungskompetenz im Zunfthandwerk vgl. *González Athenas*, Zunfthandwerkerinnen, v. a. S. 94–98.

216 Vgl. hierzu auch *Schötz*, Handelsfrauen, passim.

217 Vgl. *González Athenas*, Zunfthandwerkerinnen. Dies hinderte Frauen jedoch nicht daran, individuell vorzugehen. Eine Witwe von Carnap etwa ersuchte 1799 bei der Landesregierung das Privileg zur Errichtung einer Farbstoffmühle. Das Gesuch wurde jedoch abgelehnt. Vgl. LA NRW R JB II 1856.

5.2.4 Das Kaufmannspaar als Liebespaar

Voreheliche, romantische Liebe gehörte während der Frühen Neuzeit nicht zu den notwendigen Bedingungen für die Schließung einer Ehe. Wichtiger waren Übereinstimmung oder Angleichung der sozialen und wirtschaftlichen Positionen der Ehepartner sowie die Zustimmung der Familien zur Eheschließung. Dies bedeutete jedoch nicht zwangsläufig, dass Ehen lieblos waren. Häufig stellte sich die eheliche Liebe im Laufe der Zeit ein und hatte dann weniger mit Leidenschaft und Romantik zu tun denn mit Zufriedenheit, Einigkeit und gegenseitiger Achtung. Waren diese vorhanden, so schien alles für eine glückliche Ehe gegeben, in welcher die Ehepartner mit Liebe voneinander sprachen.[218]

Dieses Verständnis von ehelicher Liebe erfuhr mit der Aufklärung insofern eine Veränderung, als nun in den »Moralischen Wochenschriften« und anderen aufklärerischen Organen bereits bei der Eheanbahnung diese Art von »vernünftiger Liebe« gefordert wurde. Nicht allein die materiellen und sozialen Verhältnisse sollten den Ausschlag bei der Wahl des Ehepartners geben, sondern bereits im Vorfeld der Ehe sollte der Andere als liebenswert erkannt werden. Von leidenschaftlicher Liebe war hier weiterhin keine Rede, denn nach den Vorstellungen der Aufklärer sollte eine Ehe nicht im Affekt gegründet werden; ihr sollte vielmehr eine wohlüberlegte Entscheidung vorausgehen, an welcher natürlich auch die Eltern und die Familie beteiligt waren.[219]

In der Forschung ist viel diskutiert worden, ob die in der Romantik proklamierten Liebesideale, die allein die leidenschaftliche Liebe für das eine Individuum als Ehegrund zuließen, auch in der Wirklichkeit umgesetzt wurden.[220] Auf den ersten Blick nahmen die (autobiographischen) Berichte über leidenschaftliche Liebe, Zärtlichkeit und die Ausschließlichkeit der Gefühle ab dem Ende des 18. Jahrhunderts deutlich zu, bei gleichzeitiger Polarisierung der »Geschlechtscharaktere«. Es wurde nun eindeutig festgelegt, welche Eigenschaften männlich und welche weiblich seien.[221] Daraus ergab sich außerdem die Vorstellung von einer sich ergänzenden Paarbeziehung mit nach Geschlecht getrennten Sphären. Dabei wurde dem Mann die Öffentlichkeit zugeordnet, der Frau das Private. Im Ausgleich für einen Verlust an öffentlichen Betätigungsfeldern

218 Vgl. zu frühneuzeitlichen Ehevorstellungen *Duby/Perrot/Farge/Zemon Davis*, Frauen, Bd. 3; *Ariès/Duby*, Privates Leben, Bd. 3; *Hufton*, Frauenleben; *Maurer*, Biographie, S. 523–539; *Wunder*, Er ist die Sonn, S. 57–88.

219 Vgl. *Rosenbaum*, Formen, S. 263 f. Diese Ansprüche blieben auch noch in Zeiten stärker Emotionalisierung handlungsleitend. Vgl. *Habermas*, Frauen, S. 283–292.

220 Vgl. *Gay*, Leidenschaft; *Trepp*, Männlichkeit; *Habermas*, Frauen; *Maurer*, Biographie, S. 548–560; *Borscheid*, Geld.

221 Vgl. grundlegend hierzu *Hausen*, Polarisierung; vgl. auch *Frevert*, Meisterdenker.

konnten die Frauen nun vor allem durch ihre Bemühungen um die Erziehung und Ausbildung der Kinder ihren Status heben.[222]

Im Folgenden soll nun untersucht werden, ob sich diese Entwicklungslinie auch innerhalb der Wuppertaler Kaufmannsfamilien wiederfinden lässt oder ob sich die These von der Zunahme der Bedeutung der Liebe in »bürgerlichen« Ehe- und Familienidealen sowie des Auseinandertretens der Geschlechtersphären halten lässt. Hierzu werden die Ehen und die Aussagen der Ehepartner zu unterschiedlichen Zeitpunkten genauer auf Ausdrücke von Liebe und Zärtlichkeit hin untersucht und in Beziehung gesetzt zu herrschenden, normativen Vorstellungen in Bezug auf Ehe und Liebe.

Den Anfang machen Johann Peter von Eynern und Maria Magdalena Egeldick. Ihre Ehe währte von 1768 bis zum Tod der Frau 1800, ist aber trotz der langen Dauer nur spärlich dokumentiert. Nichtsdestotrotz lassen sich einige der Gefühle, welche die Ehe bestimmten, aus den Quellen herausfiltern. So schrieb Johann Peter in den einzigen zwei erhaltenen Briefen kurz nach der Eheschließung an seine Frau, dass er sie vermisse.[223] Er drückte, zwar etwas unbeholfen, doch auf jeden Fall deutlich, seine Ungeduld aus, sie endlich wiederzusehen: Sobald er gehört hätte, dass die Postkutsche aus Düsseldorf, wo sie zu Besuch weilte, ankäme, sei er gleich nach Elberfeld der Kutsche entgegen gelaufen, um sie in Empfang zu nehmen. Er unterschrieb die Briefe als »dein getreuer und lieber Mann«.[224] In der Grabrede für Maria Magdalena, die als weiteres Zeugnis herangezogen werden kann, wird deutlich, dass zwischen den Ehegatten eine achtungsvolle, herzliche Beziehung geherrscht haben muss. Denn trotz der formelhaften Sprache lassen sich gerade durch den Gebrauch der Adjektive gewisse Charakteristika der ehelichen Beziehung enthüllen. Die Ehefrau wurde gewürdigt als »eine zärtliche Gattin, sorgsame Mutter, herzliche Freundin, verständige Rathgeberin, kluge und gescheithe Hausfrau, religiöse Christin, eine zerschlagene gnadenhungrige Sünderin, fromme Dulderin und eine treue Anhängerin Jesu, deren guter Vorgang, kluger Rath, weise Anordnungen und geschickte Hausregierung die Kinder noch oft vermissen werden«.[225] Maria Magdalena hatte nicht nur ihren Aufgabenbereich als Hausfrau klug und gescheit versehen, sondern darüber hinaus ihrem Mann mit Rat und Tat zur Seite

222 Vgl. *Habermas*, Frauen, S. 365–370, *Vickery*, Golden Age.

223 Das geschieht allerdings recht verklausuliert: »Weil es mir empfindlich ist, daß ich deine angenehme Gegenwart entbehren muß, so will ich mein Herz damit befriedigen daß ich dich [sic] mit recht mehren Vergnügen wieder entgegensehe«. STAW NDS 128, Johann Peter von Eynern an seine Ehefrau Maria Magdalena, geb. Egeldick, in Düsseldorf, Wichlinghausen, 17.6.1768.

224 Der zweite Brief ist vom 20.6.1768. Die Briefe sind auch enthalten als Abschriften in der von Ernst von Eynern handschriftlich verfassten Familiengeschichte. Vgl. HZW Bestand Eynern Nr. 112A.

225 Ebd. Maria Magdalena starb am 16.11.1800. Zum Ausdruck von Emotionen in Leichenpredigten und anderen Erinnerungstexten vgl. *Maurer*, Biographie; *Jarzebowski*, Kindheit.

gestanden.[226] Vor allem die Stichworte »herzliche Freundin« und »verständige Rathgeberin« verweisen auf den Austausch der Ehepartner miteinander und auf die gegenseitige Achtung, die innerhalb der Ehe geherrscht haben muss.

Doch nicht nur »vernünftige Liebe« fand sich zwischen den Ehepartnern des 18. Jahrhunderts. Werner de Weerth, der ebenfalls Ende der 1760er Jahre geheiratet hatte, befürchtete gar, seine Frau zu sehr geliebt zu haben. Als sie bereits ein Jahr nach der Hochzeit im Kindbett starb, schrieb er: »Sie hatte [...] mit mir in der glücklichsten und vergnügtesten Ehe gelebt 1 Jahr und 14 Tage. Auf diese Art entriß mir der Tod die würdigste und von mir vielleicht zu sehr geliebte Gattin.«[227] Werner de Weerth bezieht sich hier jedoch nicht so sehr auf Vorstellungen von »vernünftiger Liebe« im Sinne der Aufklärung, sondern befürchtet vielmehr, das irdische Glück mit seiner Gattin über die Verheißungen des Himmels gestellt zu haben. Schließlich bildete die »Gottesliebe« die normative Grenze für legitime Emotionen.[228] Der Tod der zweiten Gattin und der fünf gemeinsamen Kinder ging Werner de Weerth dann so nahe, dass »der Schmerz dem ihm der frühe Tod seiner zweiten würdigen Gattin verursachte, [...] ihn immer ab[hielt], ihren Sterbetag aufzuzeichnen«.[229] Er heiratete kein drittes Mal.

Deutlich wortreicher als diese beiden Witwer aus dem 18. Jahrhundert äußerten sich zwei überlebende Ehemänner des frühen 19. Jahrhunderts, Johann Wilhelm Fischer (1779–1845) und Friedrich von Eynern (1778–1852). Fischer berichtet in seinen Lebenserinnerungen ausführlich von seinen Gefühlen und Empfindungen, vor allem auch in Bezug auf seine erste, früh verstorbene Ehefrau, während Eynern nach dem frühen Tod seiner Ehefrau eine Biographie über sie verfasste. Es ist lohnend, die beiden Schriften auf ihre rhetorische Gestaltung hin genauer zu untersuchen.

Von einem Elberfelder Reisegefährten hatte Fischer beiläufig erfahren,

> daß da, nämlich in Wupperfeld für einen jungen Mann eine liebenswürdige und gute Partie zu machen sei; er nannte den Namen Caroline von Eynern. Das war eine Aussaat, die auf ein gut Land fiel, ein Funke, der zündete. Kaum ein paar Tage von der Reise zurückgekommen [...] machte ich mich auf in der Absicht die Familie von Eynern persönlich kennenzulernen.[230]

Das erste, was der Leser über die zukünftige Ehefrau erfährt, ist somit, dass sie eine gute Partie sei. Gleichzeitig zeigt Fischer seine Ehebereitschaft an. Denn wie aus der darauffolgenden Schilderung hervorgeht, lag der Grund für Fischers Werben hauptsächlich darin, dass für ihn der Zeitpunkt gekommen war, an

226 Zu ihrer Einbeziehung in seine Geschäftstätigkeit vgl. 5.2.3.
227 HZW Bestand de Werth, Partikularbuch.
228 Vgl. *Jarzebowski*, Kindheit, Kap. 2.
229 Notiz von Peter de Werth in HZW Bestand de Werth, Partikularbuch.
230 *Fischer*, Nachrichten, S. 85.

dem eine Eheschließung auch wirtschaftlich sinnvoll war. Vor kurzem hatte ihn nämlich sein Arbeitgeber Joh. Peter Schlickum zum Teilhaber befödert.[231]

Fischer stellte sich also im Kontor der Familie unter einem geschäftlichen Vorwand vor. Die zukünftige Ehefrau, Caroline, war auch anwesend; sie saß am Kaffeetisch und strickte. Eine persönliche Ebene und vor allem auch die soziale Gleichrangigkeit unter den Männern wurde hergestellt, als der Bruder sich daran erinnerte, dass er und Fischer zur gleichen Zeit in einer Pensionsanstalt in Mühlheim gewesen seien. Zur Begegnung mit Fischers zukünftiger Frau heißt es:

> Caroline hatte an dem Gespräch keinen Anteil genommen und, mit Stricken beschäftigt, mich wenig bemerkt. Kein Blick begegnete sich, es war gleichwohl eine verhängnisvolle Stunde. War ich in früheren ähnlichen Gelegenheiten bei der zuvorkommenden Aufnahme unempfindlich und kalt geblieben, so überließ ich mir hier vom ersten Augenblicke an einem festen Entschlusse und dem stärkenden trostreichen Glauben, daß meine Absicht vom Himmel begünstigt sei.[232]

Fischer genügte der visuelle Eindruck, um seine Werbung fortzusetzen. Von seelischer Gemeinsamkeit oder der Entdeckung des Individuums als Ergänzung der eigenen Seele und somit der Idealvorstellung von empfindsamer Liebe kann hier keine Rede sein.[233]

Gleich am nächsten Tag suchte Fischer einen gemeinsamen Bekannten auf, damit dieser seine Werbungsabsichten dem Vater von Caroline schriftlich übermittle.[234] Die Eynerns zeigten Interesse und schlugen vor, sich in einem öffentlichen Gasthaus und damit auf neutralem Grund zu treffen und dort den Nachmittag miteinander zu verbringen. Das Treffen war ein Erfolg, anschließend begleitete Fischer Caroline nach Hause – wohl die erste Gelegenheit für die beiden, ein paar Worte ungestört miteinander zu wechseln. Die Unterhaltung wurde noch für »ein Stündchen am Klavier« fortgesetzt, dann nahm Fischer »mit frohen himmlischen Gefühlen« von Caroline Abschied. Der Fortgang der Werbung geschah beinahe von selbst: »Bald zerflossen unsere Herzen in Zärtlichkeit.« Wenige Monate später verlobten sich die beiden; die Heirat fand ein gutes halbes Jahr nach der ersten Begegnung statt.[235]

Das hier zu beobachtende, bemerkenswerte Auseinanderklaffen von empfindsam inspirierter Sprache und eigentlich vollzogenen Handlungen wird beim frühen Tod Carolines noch deutlicher. Sie starb bereits nach dreijähriger Ehe

231 Vgl. *Studberg*, Fischer, S. 127–130.

232 *Fischer*, Nachrichten, S. 86.

233 Vgl. zu der Umsetzung dieses Ideals dagegen die Eheanbahnungen innerhalb der Hamburger »gebildeten Stände« bei *Trepp*, Männlichkeit, S. 131–138.

234 Diese Einschaltung eines Dritten war kein ungewöhnlicher Vorgang und diente der Absicherung. Vgl. *Wunder*, Er ist die Sonn, S. 86.

235 Die Verlobungsanzeige ist auf den 15.1.1808 datiert, die Hochzeit fand vier Monate später statt. Vgl. *Fischer*, Nachrichten, S. 86, 91.

an den Folgen der zweiten Geburt. Ihr Tod wurde von Fischer gebührend in Szene gesetzt: »Nach fünf Leidenstagen [...] erblaßten ihre rosigen Wangen, schlossen sich ihre schönen Augen, ihr freundlich beredter Mund. Aber selbst im Tode behielt sie ihre zarten und sanften Züge in Engels Gestalt. [...]. Weinend kniete ich vor ihrem Bette. Ihr letzter Blick ruhte auf mir, ihr letztes Wort war: ›Wilhelm‹.«[236] In seinen Lebenserinnerungen stellte sich Fischer als ewig trauernder Gatte dar: »Viele Jahre sind schon verflossen, seit das warme gefühlvolle Herz der innigst geliebten und zärtlichen Gattin zu schlagen aufgehört hat und schon ist der Grabhügel geebnet von der Zeit, aber die Klage der Liebe und Freundschaft verhallte noch nicht und mit wehmütigem trauernden Blicke sehe nach der Stätte, wo sie ruhet und rufe mir ihr Dasein und ihr Hinscheiden in die Erinnerung zurück.«[237] Dem ungeachtet warb Fischer ein gutes Jahr später bereits wieder um eine Frau, nämlich Karolina Keuchen (1785–1858).[238] Das Bemerkenswerte daran ist, dass seine Werbung dem exakt gleichen Muster folgte: Er hörte von einem Reisegefährten von den guten Verhältnissen der Familie Keuchen, wurde bei dem Vater unter geschäftlichem Vorwand vorstellig, teilte ihm schriftlich seine eigentlichen Absichten mit und ließ sich zum Kaffeetrinken einladen. Dort lernte er Karolina etwas näher kennen. Auch diese Begegnung wurde rhetorisch überhöht: »Momente wie dieser, an welchen das Schicksal des Lebens hängt, bleiben unvergeßlich.« In all dem wies er der »gütigen Vorsehung« alle Absicht und Leitung zu, die ihm ein neues Leben und einen neuen Wirkungskreis hätte zuteilwerden lassen.[239] Über seine frühere Frau verlor er im Folgenden kein Wort mehr.

Es wäre verfehlt, Fischer Heuchelei oder Schamlosigkeit vorzuwerfen. Vielmehr hatte Fischer die rhetorischen Muster seiner Zeit, mit denen über Liebe gesprochen wurde, so sehr verinnerlicht, dass er außerhalb ihrer gar nicht mehr über Ehe und Liebe denken und schreiben konnte. Dass damit aber nicht unbedingt, wie in der Forschung unter dem Schlagwort der »Entdeckung der Liebe« postuliert, tiefere oder innigere Gefühle zwischen den Ehepartnern einhergingen, zeigt ein Vergleich mit den knappen Äußerungen Werner de Weerths, die dennoch von tiefen Emotionen sprechen. Aber es fehlten de Weerth die Worte und sprachlichen Vorbilder, um seine tiefe Verbundenheit, vor allem seiner zweiten Frau gegenüber, zum Ausdruck zu bringen.[240]

236 Ebd., S. 102.
237 Ebd., S. 101.
238 Da die beiden Kinder aus der Ehe mit Caroline von Eynern sowie der Haushalt durch Fischers jüngere Schwester versorgt wurden, war dies kein zwingender Grund für eine baldige Wiederheirat. Vgl. ebd., S. 104.
239 Vgl. ebd., S. 150.
240 Zur Forschung vgl. vor allem *Stone*, Family; *Rosenbaum*, Formen. Bei Fischer ist übrigens auch noch eine dreistrophige Elegie auf die verstorbene Caroline abgedruckt. Vgl. *Fischer*, Nachrichten, S. 101 f.

Was bedeutet diese Übernahme sprachlicher Muster und damit normativer Vorstellungen für die innereheliche Beziehung? Die Analyse der Biografie Caroline von Eynerns, geb. Beckmann, sowie Briefe zwischen ihr und ihrem Ehemann geben darüber Aufschluss. Auch hier beginnt die Schilderung mit der Brautwerbung. Friedrich von Eynern, der Sohn des oben beschriebenen Ehepaares Johann Peter und Maria Magdalena von Eynern, warb als Fünfundzwanzigjähriger um die sieben Jahre jüngere Caroline: »Ihr stilles und dabei doch stets freundliches Wesen, ihr fleißiges und sittsames Walten und eine Herzensgüte, welche aus allen ihren Handlungen und Worten so schön und unverkennbar hervorleuchteten, verliehen ihr einen Werth, der meine Neigung zu ihr immer stärker vermehrte.«[241] Es war also für Eynern geradezu rational, sich in Caroline zu verlieben, denn es war vor allem der von ihm erkannte »Wert«, der sie seiner Liebe würdig machte. Eynern bewegte sich hier also durchaus noch auf der Ebene der »vernünftigen Liebe«.

Das Kennenlernen der zukünftigen Ehegatten geschah über einen längeren Zeitraum, ging aber eindeutig von ihm aus: »Gerne ergriff ich die Gelegenheiten, welche sich im Laufe der Zeit zuweilen darboten, mich ihr zu nähern und ihr meine Achtung und Werthschätzung blicken zu lassen.« Seinen ersten Heiratsantrag lehnte Caroline ab, doch »meine Achtung und Liebe für sie blieben ungeschwächt, ich bewahrte, ich nährte diese Liebe zu ihr in einem treu beständigen Herzen«.[242] Erst durch seine Beharrlichkeit und treue Liebe kam er zum Ziel. Als er ein halbes Jahr später seinen Antrag erneuerte, willigte Caroline in die Eheschließung ein: »Sie bemühte sich nun nicht mehr, mir die Neigung zu verbergen, die ihr Herz gegen mich empfand. Sie hatte darüber ihr Innerstes gewissenhaft erforscht, sich selbst ernstlicher geprüft und es eingesehen, daß sie nur in inniger Vereinigung mit mir ihr Glück finden könne.«[243] Für die Eheschließung war also auf beiden Seiten tiefe Zuneigung von Nöten. Mit Blick auf Caroline wird diese Empfindung sogar noch gesteigert, hier ist das zukünftige Glück nur in der Verbindung mit dem geliebten Mann möglich. Bedeutsam ist hierbei, dass dem Mann eher rationale Motive zugeschrieben werden (hat den Wert ihres Wesens erkannt), während auf ihrer Seite nur die Neigung des Herzens den Ausschlag gibt. Es findet also eine Emotionalisierung der weiblichen Beweggründe statt, während die Gefühle des Mannes weiterhin im Rationalen gründen. Von überwältigender Leidenschaft ist jedoch bei keinem der beiden die Rede. Auch stellt Eynern in seinem Bericht heraus, dass die Verlobung mit dem Einverständnis der Väter geschah.[244] Bei der Eheschließung stimmten also die emotionalen, sozialen und ökonomischen Voraussetzungen, was dem Leser

241 HZW Bestand Eynern Nr. 68, fol. 4.
242 Beide Zitate ebd.
243 Ebd., fol. 5.
244 Die beiden Mütter waren bereits tot.

suggeriert, dass es sich hierbei um das Ideal einer Ehe gehandelt haben muss; ein Ideal, das nicht nur an die Übereinstimmung des Herzens gebunden war.[245]

Ähnlich wie Fischers Lebenserinnerungen zeigt Friedrich von Eynerns weitere Darstellung über das Leben und Leiden seiner Frau ein hohes Maß an Übereinstimmung mit den vorherrschenden sprachlichen Mustern und Topoi seiner Zeit. Caroline wird stets mit Adjektiven wie sanftmütig, rein, schlicht, aufopferungsvoll, bescheiden oder gütig bedacht und damit zu einem Idealbild der Weiblichkeit stilisiert. Stets sei sie auf Friedrichs häusliches Glück bedacht gewesen, dabei jedoch anspruchslos bei ihren eigenen Bedürfnissen. Sie lebte völlig für ihre Familie und blieb in ihrem Leben gänzlich auf den häuslichen Bereich bezogen: »Sie wünschte keine Zerstreuung außer ihrem Hause, nur in demselben, im geräuschlosen Wirken, in stiller treuer Erfüllung aller ihrer Pflichten fand sie Glück und Zufriedenheit. Ihr Haus war der Schauplatz ihrer Tugenden.«[246] Ob sie am heimischen Herd ihren Ehemann auch in Geschäften beriet, darüber schweigt sich der Witwer aus.

Caroline von Eynerns Rolle ist in den Schilderungen ihres Mannes, die allerdings auch an die überlebenden Kinder adressiert waren, vor allem die der Mutter. Für die Kinder opferte sie Kräfte, Ruhe und Bequemlichkeit und stand Tag und Nacht für sie bereit. Dass sie die Kinder selbst stillte, verstand sich dabei geradezu von selbst: »Mutterliebe verklärte ihr Angesicht, wenn sie ihren Säugling im Schlummer wiegte oder ihm mit zärtlichem Blick die reine Milch ihrer Brust reichte.«[247] Ihre Hingabe zu den Kindern ging so weit, dass ihr daraus der einzige Fehler erwuchs, den Eynern an ihr entdecken konnte: »Allerdings konnte sie den Kindern nichts abschlagen, diese Willfährigkeit raubte ihr oft Ruhe und Erholung und machte sie nicht selten zum Sclaven derer, welche ihre Mildthätigkeit so oft in Anspruch nahmen, weniger Gutmüthigkeit und mehr Eigenliebe hätten ihren Wert noch erhöht.«[248]

In der Biografie wird auch die Beziehung der Ehegatten untereinander klar in einer Mann-Frau-Dichotomie sowie unter Zuweisung von männlichen und weiblichen Aufgabenbereichen und Eigenschaften verhandelt: »Hatten zuweilen Arbeit und Verdruß mich verstimmt, waren mir in mancherley Verhältnissen Kränkungen erfahren [...] kam ich überhaupt gedrückt und mit unzufriedener Seele zu ihr, sie wußte unvermerkt meine Aufregung zu mildern. Einige herzliche Worte und ein Blick ihres seelenvollen Auges [...] und ich musste bald wieder ausgesöhnt sein mit mir und der Welt.«[249] Der von den Geschäften geplagte Mann erholte sich also in den Privaträumen des Hauses; seine Sorgen werden

245 Vgl. hierzu auch *Habermas*, Frauen, S. 288–292.
246 HZW Bestand Eynern Nr. 68, fol. 42.
247 Ebd., fol. 41.
248 Ebd., fol. 45. Zur Mutterrolle und den gängigen Topoi der Zeit vgl. *Budde*, Bürgerleben, S. 166–173.
249 HZW Bestand Eynern Nr. 68, fol. 42 f.

von der treusorgenden Ehefrau gelindert. Eynerns Bericht stimmt hier ganz mit der normativen Literatur seiner Zeit überein, welche den Ehefrauen genau diese Rolle und diesen Platz zuweist.[250] Bezeichnenderweise ist auch in der Grabrede für Caroline nicht mehr von einer Rolle als »kluger Freundin« oder »Ratgeberin« die Rede, wie dies bei ihrer Schwiegermutter noch zwanzig Jahre zuvor der Fall war. Sie wird stattdessen nur noch als »Gefährtin« ihres Mannes und »sorgsame Mutter« ihrer Kinder gewürdigt.[251]

Friedrich von Eynern verschweigt jedoch auch nicht die Schattenseiten im Leben seiner Frau. Deren Schilderungen erlauben zugleich einen tieferen Einblick in die narrative Konstruktion der Biografie. Nach etwa zehnjähriger Ehe erkrankte Caroline an einer schweren Depression, ein »trübsinniger Schleier« senkte sich über ihr Gemüt und machte sie teilnahmslos gegen ihren Gatten und sogar gegen ihre Kinder.[252] Eynern wusste sich keinen anderen Rat, als Caroline zur Ablenkung und Erholung zu Verwandten zu schicken. Dass er damit für einige Zeit die Sorge für den Haushalt und für die Familie übernahm (die bis dahin geborenen Kinder waren zu diesem Zeitpunkt zehn, fünf und zwei Jahre alt), erwähnt er in den Erinnerungen an sie jedoch mit keiner Silbe. In seinen Briefen an sie aus dieser Zeit spielen jedoch die Einstellung einer Kinderfrau sowie die Vorbereitungen zum Schlachten eine große Rolle und zeigen, wie sehr er in ihrer Abwesenheit in häusliche Angelegenheiten involviert war.[253] So ist es auch bei späteren Abwesenheiten seiner Frau, was sie ihm gegenüber auch bemerkte: »Nur bedaure ich von Hertzen, daß Du jetzt gewiß wieder tief in Geschäften sitzt und nicht weißt was du zuerst anfangen sollst.«[254] Für die Übernahme dieser haushälterischen Tätigkeiten, die ja, wie oben gezeigt, durchaus üblich war und von vielen Männern geleistet wurde, ist in den Erinnerungen an die Ehefrau, die geradezu hagiografisch zu nennen sind, kein Platz.

Wie herausgearbeitet wurde, ist die Beziehung des Ehepaars in den »Erinnerungen« in ein klares Schema eingeordnet, welches normativen Überlegungen zu Rolle und Position der Geschlechter folgt. Dabei kann leicht übersehen werden, dass Friedrich und Caroline von Eynern in der Praxis ihrer Ehe ihre Aufgabenbereiche weiterhin als gleichberechtigtes Arbeitspaar organisierten. Auch

250 Vgl. etwa das bei *Hausen*, Polarisierung, abgedruckte ausführliche Zitat aus L. von Stein, Die Frau, ihre Bildung und Lebensaufgabe (1851). Ebd., S. 34, FN 49.

251 HZW Bestand Eynern Nr. 109 G. Vgl. hierzu auch *Maurer*, Biographie, S. 534–539. Die »Ideale häuslichen Glücks« werden in den von Maurer untersuchten Biographien mit einem ganz ähnlichen Vokabular geschildert.

252 Friedrich gibt als Grund für die Depression Erbstreitigkeiten mit der Witwe von Carolines Bruder an. Auch Carolines Vater war in seinen letzten Jahren an einer Depression erkrankt; es lag also möglicherweise eine genetische Disposition vor.

253 HZW Bestand Eynern Nr. 78, Friedrich von Eynern an seine Ehefrau Caroline, geb. Beckmann, o. O., 30.10.1815.

254 Ebd., Caroline von Eynern, geb. Beckmann, an ihren Ehemann Friedrich in Wupperfeld, Hitdorf, 3.9.1823.

bestand weiterhin die Auffassung von ihren Aufgaben als jeweiligem »Beruf« und gleichberechtigtem Beitrag zu ihrem Lebensunterhalt. So schrieb Eynern an seine Frau, als sie mit der Tochter Julchen zur Kur in Unna weilte: »Der Geist wird wieder freier und das Gemüth heiterer, wenn man einmal der Sorgen sich entschlägt, womit unser Beruf, der deinige wie der meinige, durchflochten ist.«[255] Hinter der rhetorischen Überhöhung der aufopferungsvollen und rastlos tätigen Hausfrau und Mutter, welche die »Erinnerungen« durchzieht, verbirgt sich also noch ein älteres Verständnis von gemeinsamer, ehelicher Arbeit.

Darüber hinaus lässt sich in den Briefen ein gewisses Ungleichgewicht auf der Gefühlsebene zwischen den Ehepartnern ausmachen. So erscheint er als der inniger Liebende, der nicht müde wird, seine Sorge und Zuneigung um die geliebte Frau zum Ausdruck zu bringen, während sie sich eher um haushälterische Angelegenheiten und die Kinder sorgt.[256] Hierfür und damit für eine realitätsgetreuere Wiedergabe ist jedoch in der überhöhten Welt der Erinnerung kein Raum.

Generell lässt sich festhalten, dass in der performativ zu nennenden Literatur wie Johann Wilhelm Fischers Lebenserinnerungen oder Friedrich von Eynerns Lebensbeschreibung seiner Frau normative Vorstellungen zur Rolle der Geschlechter gänzlich übernommen wurden. Ein Vergleich mit der in den Briefen fassbaren ehelichen Praxis zeigt jedoch, dass dies keineswegs bedeutete, dass Vorstellungen von einer »bürgerlichen Ehe« und von getrennten Sphären der Geschlechter auch bereits die eheliche Wirklichkeit der Kaufmannsfamilien gestalteten.[257]

Zwei weitere Briefwechsel, von denen jedoch allein die Briefe der Männer erhalten sind, bestärken die Vermutung, dass allen normativen Formulierungen zum Trotz die Beziehung innerhalb dieser Ehen eine zutiefst partnerschaftliche blieb, in der kaum zwischen »öffentlichen« und »privaten« Angelegenheiten geschieden wurde, sondern vielmehr die Einheit von »Firma« und »Familie« für beide Ehepartner lebensbestimmend blieb.

Die Korrespondenz Peter de Weerths (1767–1855) mit seiner Ehefrau Elisabeth, geb. Wülfing, (1774–1829) entstand anlässlich einer längeren Vergnügungs- und Bildungsreise, die der Vater mit den beiden Söhnen Ernst und August unternahm, während Elisabeth zu Hause die Stellung hielt und sich dort um die

255 Ebd., Friedrich von Eynern an seine Ehefrau Caroline, geb. Beckmann, in Unna, Wupperfeld, 15.7.1825.

256 Nach ihrem Tod heiratet er nicht erneut, wenngleich er vier minderjährige Kinder zu versorgen hatte.

257 Vgl. dazu auch die Analyse von Liebesrhetorik und ihrer performativen Aspekte bei *Habermas*, Frauen, S. 266–292. Habermas weist darauf hin, dass auch Briefen ein performativer Charakter innewohnte, da sie für eine Teilöffentlichkeit bestimmt waren. Die hier untersuchten Briefe hatten jedoch nicht primär die Liebesbeziehung der Verfasser zum Thema, dies wurde vielmehr am Rande gestreift. Sie sind Überrest, nicht Tradition. Für eine ausführliche Kritik von bürgerlichen (Selbst)Biographien als Quelle vgl. *Maurer*, Biographie, S. 80–131.

anderen Kinder sowie die Geschäfte kümmerte. Er schrieb: »Von Herzen freut es mich, dass es in Geschäften alles so still ist und daß Du mir nichts unangenehmes zu berichten hast«, und setzte hinzu: »Man glaubt sich wohl sonst einmahl unentbehrlich, aber man siehet doch, daß man auf das liebe Ich nicht zu groß Werth legen soll. So wie das Weltgebäude nach des Schöpfers großen Plan seine Bahn hält, [gehet auch in kleinem Tritt der eine ab], so rückt der andere an die Stelle und [das] als am Verwinkelsten scheinend ordnet sich als besser durch das Wechseln der Personen.«[258] Was die Verwaltung der Geschäfte anging, hatte er also vollkommenes Vertrauen in seine Frau und fühlte sich durch sie nicht nur als gleichwertig, sondern sogar als besser ersetzt. All dies war Teil von Gottes Plan und Wille, innerhalb dessen Ordnung dem Ehepaar eine gemeinsame Verantwortlichkeit zukam.

Gleichzeitig drücken Peter de Weerths Briefe Sehnsucht nach der geliebten Partnerin aus: Nach 15 Tagen dachte er darüber nach, wie sich die Reise abkürzen ließe, um wieder schneller bei ihr zu sein. Es werde ihm zuweilen gar so peinlich [d.h. schmerzlich], so weit weg von ihr zu sein.[259] Um in engem Kontakt zu bleiben, bestand Peter de Weerth ebenso wie seine Frau auf engem, brieflichem Austausch, denn »der Faden unserer Unterhaltung darf nicht abgebrochen werden«.[260] Die Briefe Peter de Weerths erhellen die tiefe Verbundenheit zwischen den Ehepartnern und geben weiterhin Zeugnis von der zwischen ihnen bestehenden Einheit als Arbeits- und Liebespaar.

Ähnliches lassen auch die Briefe Johann Jakob Aders' (1768–1825) an seine Frau Helena, geb. Brink, (1770–1844) erkennen. Sie zeugen von tiefempfundenen Gefühlen wie auch Dankbarkeit auf seiner Seite: »Dir gebe ich mit Überzeugung das Zeugniß, daß du in jeder Hinsicht als Gattin u. Mutter, mehr als deine Pflicht gethan hast, habe Dank dafür, habe Dank für Deine Liebe, die mich überaus glücklich gemacht hat und die immer das Glück meines Lebens ausmachen wird.«[261] Sie enthüllen darüber hinaus, dass auch der Mann für die Qualität und das Gelingen der ehelichen Beziehung mitverantwortlich war und an sich arbeiten musste: »Möge es mir gelingen, dein Erdenleben zu verschönern u. die vielen scharfen Seiten an meinem Temperament abzurunden, womit ich noch so oft deinen Himmel trübe. Ich bitte Gott um Kraft dazu, so wie überhaupt

258 HZW Bestand de Werth Nr. 7, Peter de Werth an seine Ehefrau Elisabeth, geb. Wülfing, in Elberfeld, Hamburg, 26.7.1823.

259 Vgl. ebd., Peter de Werth an seine Ehefrau Elisabeth, geb. Wülfing, in Elberfeld, am Fuß der Feste Königstein, 10.7.1823.

260 Ebd., Peter de Werth an seine Ehefrau Elisabeth, geb. Wülfing, in Elberfeld, Berlin, 19.7.1823. Peter de Weerth teilte seiner Ehefrau immer bereits weit im Voraus die weiteren Stationen ihrer Reise mit, damit sie rechtzeitig ihre Briefe dorthin schicken konnte.

261 STAW J III 104a, Johann Jakob Aders an seine Ehefrau Helena, geb. Brink, o.O. o.D. [1810].

um Kraft zum beßer werden.«[262] Überdies deutet sich hier eine erfüllte sexuelle Beziehung an: »Ich hätte mögen Zauberer seyn um mich durchs Schlüsselloch in das liebe Schlafzimmergen an deine Seite zaubern zu können.«[263]

Trotz der eigenen glücklichen Ehe, die als interkonfessionelle Ehe zwischen einem reformierten Mann und einer lutherischen Frau wohl hauptsächlich aus Neigung geschlossen geworden war, hielt Johann Jakob Aders jedoch nichts davon, eine Ehe nur auf leidenschaftlichem Gefühl zu gründen. Vielmehr müssten Herz und Verstand übereinstimmen. Zur Verlobung seiner Tochter Auguste meinte er entsprechend: »Das Töchterlein hat nun ihrem Herzen Gehör gegeben, gewiß aber hat dieselbe auch ihrem Gotte die Entscheidung zugestanden u. erst als dieses mit der Neigung des Herzens übereinstimmte, hat sie die Wahl des Herzens gebilligt. [...] Tadel verdient das Mädchen mit Recht, die sich auf die erste Anfrage bei aufgeregten Sinnen hingiebt.«[264] Das Ideal von der »vernünftigen Liebe« als Grundlage einer Ehe hielt bis weit ins 19. Jahrhundert Bestand.[265]

Generell lässt sich für die Wuppertaler Kaufmannspaare in ihrer Eigenschaft als Liebespaare festhalten, dass sich in der emotionalen Qualität der ehelichen Beziehung keine großen Unterschiede zwischen dem 18. und dem 19. Jahrhundert ausmachen lassen. Im Vergleich mit den anfangs des 19. Jahrhunderts geschlossenen Ehen ist jedoch auffällig, dass das sprachliche Repertoire der Eheleute Mitte des 18. Jahrhundert begrenzt war, um ihre tiefempfundenen Gefühle auszudrücken. Die später Geborenen zelebrierten dagegen geradezu ihre Liebe und Zuneigung in schriftlicher Form und kommunizierten dies vor allem der Nachwelt gegenüber. Doch sind in den Schilderungen viele Regungen enthalten, welche auch der Elterngeneration nicht unbekannt waren. Sie wurden nun jedoch sprachlich anders umgesetzt und empfindsam überhöht.

Kontrastiert man die in »öffentlichkeitswirksamen« Genres wie Memoire und Biografie entfalteten Geschlechterrollen mit denjenigen, die sich in den eher als privatem Zwiegespräch verfassten Briefen verschiedener Ehepartner finden lassen, so wird deutlich, dass die Wuppertaler Kaufleute literarische Topoi und die darin verarbeiteten idealtypischen Geschlechterbeziehungen, ebenso wie die anderen Teilgruppen der »gebildeten Stände« auch, durchaus rezipierten. Dennoch lassen sich diese Ideale nur bedingt in der zeitgleichen Gestaltung ihrer Lebenswirklichkeit wiederfinden.[266] Für die Wuppertaler Kaufmannsfamilien

262 Ebd., Johann Jakob Aders an seine Ehefrau Helena, geb. Brink, o. O., 7.4.1816. Zum Prinzip der ehelichen Gegenseitigkeit vgl. auch *Trepp*, Männlichkeit, S. 284–287.

263 Ebd., Johann Jakob Aders an seine Ehefrau Helena, geb. Brink, o. O., 18.4.1810.

264 Ebd., Johann Jakob Aders an seine Ehefrau Helena, geb. Brink, o. O., o. D. [September 1818].

265 Vgl. *Borscheid*, Geld.

266 Vgl. *Habermas*, Frauen, S. 280–283.

ergibt sich damit ein Auseinanderklaffen zwischen der gelebten Wirklichkeit von Familie und Firma, die weiterhin nach den überlieferten Grundsätzen operierte, und der nach außen gerichteten Darstellung der Geschlechterverhältnisse.

Langfristig zeigte die stetige Wiederholung der weithin propagierten Normen jedoch Wirkung. So ist aus den später geschlossenen Ehen weitaus seltener bekannt, dass die Ehefrauen Einblick in die Geschäfte ihrer Männer hatten oder dass sie diese fortführten. Elise Aschenberg, geb. Eynern, (1807–1865) wurde beispielsweise von den geschäftlichen Schwierigkeiten ihres Mannes in den 1830er Jahren völlig überrascht.[267] Die Witwen der beiden Frowein-Brüder Abraham (gestorben 1848) und August (gestorben 1850) wiederum verzichteten auf eine Beteiligung an der Geschäftsführung, obwohl ihnen diese als Teilhaberinnen durchaus zugestanden hätte.[268] Dieser Rückzug der Frauen aus dem Geschäftsleben lag im allgemeinen Trend. So stellt Susanne Schötz fest, dass nicht nur zwischen 1820 und 1850 deutlich weniger Witwen in Leipzig von ihrem Recht Gebrauch machten ein Gewerbe zu betreiben als in den Jahrzehnten zuvor, sondern dass in diesen Jahrzehnten auch unter den Messehändlern der Anteil der Frauen von sieben auf zwei Prozent deutlich sank.[269] Inwieweit sich auch das innerfamiliäre Verhältnis der Wuppertaler Frauen und Männer in diesen Jahren änderte, wäre noch genauer zu untersuchen.

5.3. Die Bildung der »gebildeten Stände«

Der Begriff der »gebildeten Stände« ist von Ulrich Engelhardt einer ausführlichen Würdigung unterzogen worden. Er hat herausgearbeitet, dass in den Begriffen der »Gebildeten« und auch der »gebildeten Stände« bereits Konnotationen mitschwingen, wie die Forschung sie für das im späteren 19. Jahrhundert deutlich erkennbare »Bildungsbürgertum« herausgearbeitet habe: die Ableitung gesellschaftlicher Vorrangstellung aufgrund von Bildung, das anti-ständische und anti-traditionale Moment sowie die Vorstellung, dass Bildung auch etwas mit Lebensführung und Kultur zu tun habe.[270] Die Zuordnung von Bildung sei

267 Vgl. STAW NDS 12, Notizbuch Wilhelm von Eynern. Zu den geschäftlichen Schwierigkeiten Aschenbergs vgl. 4.2.4.

268 Vgl. *Strutz*, 175 Jahre, S. 64.

269 Vgl. *Schötz*, Handelsfrauen, S. 163 ff., 397. Vgl. dazu jedoch die Beobachtungen von *Labouvie*, Frauen, dass in der Saarregion Frauen im 19. Jahrhundert häufig im Großhandel tätig waren. Labouvie bemerkt hierzu allerdings: »Handelsfrauen im Großvertrieb waren damit anders als ihre Vorgängerinnen durch die Organisation vor Ort gebunden, im städtischen Leben sichtbar sowie nach den Maßstäben bürgerlicher Moralvorstellungen kontrollierbar.« Ebd., S. 61. Den Geschlechternormen konnten sich also auch diese Frauen nicht entziehen.

270 Vgl. *Engelhardt*, Bildungsbürgertum. Zur gesellschaftlichen Formation des »Bildungsbürgertums« vgl. *Conze/Kocka*, Bildungsbürgertum.

dabei Anfang des 19. Jahrhunderts jedoch unscharf geblieben und habe vor allem entlang der Unterscheidung gebildet/ungebildet operiert: Die Zugehörigkeit zu den »gebildeten Ständen« decke sich weder mit »traditionalen Unterscheidungsmaßstäben und Schichtungsgesichtspunkten noch mit denen, die sich in der Vorbereitungs- und Aufbauphase der industriekapitalistischen Wirtschaftsgesellschaft erst herauskristallisierte«.[271] Und sie sei nicht an Bildungspatente gebunden gewesen; der Besuch des Gymnasiums oder der Universität war keine Voraussetzung dafür, »gebildet« zu sein. In zeitgenössischen Schriften wurden vielmehr »Kapitalisten, größere Kaufleute, Güterbesitzer und Fabrikanten« gemeinsam mit Beamten, Geistlichen, Ärzten, Rechtsgelehrten und Offizieren ganz selbstverständlich zur »ersten Klasse der Bildung« gezählt.[272] Die Abgrenzung habe ausschließlich nach unten stattgefunden. Voraussetzung der Zugehörigkeit zu jeder »Bildungsklasse« und damit zu den »gebildeten Ständen« in ihrer ganze Breite sei die »geistig und materiell selbständige Existenz« gewesen, die Lothar Gall bereits in einem anderen Zusammenhang als frühliberale Idealvorstellung identifiziert hat.[273] Erst ab den 1850er Jahren sei schärfer unterschieden worden zwischen studierten und nichtstudierten Angehörigen des Bürgertums beziehungsweise der Bildungsart, wobei nun die »geistigen Berufsstände« als die oberste Klasse eingruppiert worden seien. Fabrikanten galten nun nur noch als zur dritten Bildungsklasse gehörig. Sie hätten ihren Anspruch auf Gleichrangigkeit in Sachen Bildung verloren.[274]

Engelhardts Studie ist eine begriffsgeschichtliche Untersuchung, das heißt sie basiert hauptsächlich auf gedruckten Schriften, die häufig der Selbstverständigung der gebildeten Schichten dienten. Die in der Abhandlung getroffenen Aussagen über die »gebildeten Stände« bilden dennoch einen wichtigen Ausgangspunkt für die hier unternommene sozialhistorische Untersuchung der Wuppertaler Kaufmannsfamilien und ihrer Bildung im eingangs erläuterten dreifachen Sinne: Schul- und Ausbildung, Statusmarkierung und Formierung der Familien.

Die Zugehörigkeit der Kaufmannsfamilien zu den »gebildeten Ständen« und damit zur Elite wird durch die Bedeutung von »Bildung« allgemein für die Familien unterstrichen.[275] Hierzu zählte erst einmal die Gewährleistung einer guten Ausbildung der Kinder wie auch die Übernahme bürgerschaftlicher Positionen

271 *Engelhardt*, Bildungsbürgertum, S. 87.

272 So ein Aufsatz in der *Deutschen Vierteljahrsschrift* 1839, zit. n. *Engelhardt*, Bildungsbürgertum, S. 110. Engelhardt gibt noch weitere zeitgenössische Belege. Erst ab der zweiten Hälfte des 19. Jahrhunderts findet sich verstärkt die Gleichsetzung von gebildet und hochschulmäßig studiert.

273 Vgl. *Gall*, Liberalismus.

274 Vgl. *Engelhardt*, Bildungsbürgertum, S. 116f.

275 Vgl. zum Zusammenhang von Elitenzugehörigkeit innerhalb der *middling ranks* und Mädchenbildung auch *Davidoff/Hall*, Family, S. 292.

innerhalb von Bildungsinstitutionen. Die für die Gebildeten kennzeichnende Idee von Bildung als allgemeiner Menschenbildung lässt sich zumindest programmatisch für die von den Kaufmannskindern besuchten Privatschulen und Handelsakademien nachweisen. Allerdings fanden bei den kaufmännischen Mitgliedern der »gebildeten Stände« vor allem die Bildungsideale der philantropinischen Bewegung, die praktische Kenntnisse zum Wohle der Allgemeinheit in den Vordergrund stellte, Zuspruch. Die von den Neuhumanisten propagierte Methode der allgemeinen Menschenbildung durch das Studium der alten Sprachen konnte sich in den Wuppertaler Kaufmannsfamilien nicht durchsetzen. Damit waren die Kaufmannsfamilien aber nicht bildungsfremd oder gar -feindlich.

Die Bevorzugung praktischer Lerninhalte bedeutete darüber hinaus, dass bis weit ins 19. Jahrhundert hinein Bildungsinhalte im Wuppertal koedukativ vermittelt wurden. Denn der Lateinunterricht war, bis auf ganz wenige Ausnahmen, immer schon den Jungen vorbehalten geblieben. Auch in den Wuppertaler Kaufmannsfamilien hatten im 18. Jahrhundert, wenn überhaupt, die Jungen die Lateinschule der Gemeinden besucht. Alle anderen Fächer, die sogenannten Realien, standen dagegen beiden Geschlechtern gleichermaßen offen. Die Mädchen erhielten seit dem Ende des 18. Jahrhunderts meist eine etwas anspruchsvollere musische Ausbildung, die Jungen lernten häufig noch eine Fremdsprach mehr. Sie alle konnten sich aufgrund des ihnen vermittelten Anspruches, sich selbst zu bilden, als vollwertiges Mitglied der »gebildeten Stände« verstehen.

Die Parallelität und Gleichwertigkeit der Ausbildung der Mädchen und Jungen nahm erst ein Ende, als sich die Ausbildung der jungen Männer nach dem Ende der napoleonischen Kriege internationalisierte. Entweder absolvierten sie ihre Handelslehre gleich in einem internationalen Kontext, oder an die eigentliche Lehre schloss sich noch ein Auslandsaufenthalt an, um das erworbene Wissen weiter zu vertiefen. Die Wahl von London als bevorzugtem Ort hierfür verweist auf die vorrangige Bedeutung der Handelsgeschäfte für die Wuppertaler Kaufmannsfamilien und ihre Absicht, im neuen Zentrum des Welthandels an der globalen Kommerzialisierung teilzuhaben und ihre Ausbildung weiter zu professionalisieren. Von diesem professionellen Erleben kommerzieller Zusammenhänge waren die Mädchen ausgeschlossen. Dies galt auch in vermehrtem Maße für die kaufmännische Ausbildung innerhalb der Familie. Dennoch konnten die Wuppertaler Kaufmannstöchter aufgrund ihres Bildungsstandes sowie ihrer den Söhnen gleichwertigen materiellen Ausstattung weiterhin den Anspruch erheben, eine Ehe auf Augenhöhe einzugehen.

Auch dies mag dafür gesorgt haben, dass ältere Vorstellungen von einer Ehe als Arbeits- und Lebensgemeinschaft sowie der Auffassung der geschäftlichen wie auch der häuslichen Angelegenheiten als jeweiligem »Beruf« bis weit in das 19. Jahrhundert hinein die Lebenswelt dieser »gebildeten Stände« prägte. Die Einheit von Firma und Familie bestand somit weit über die Jahrhundertwende hin fort. Die in diese Einheit integrierten männlichen und weiblichen Lebensbereiche ließen sich nicht scharf voneinander abgrenzen, dazu überlappten und bedingten sie sich gegenseitig viel zu sehr. Dass dies nicht nur für die alltäglichen Handlungen in Geschäft und Haushalt galt, sondern dass die Einheit von Familie und Firma weit darüber hinaus in ein komplexes soziales System eingebunden war, ist bereits in Kapitel 4.2 an den Ausführungen zur Kreditwürdigkeit und familiäre Reputation deutlich geworden.

Die Lebenswirklichkeit der Wuppertaler Kaufmannsfamilien richtete sich somit während des gesamten Untersuchungszeitraums an diesen traditionellen Verhältnissen aus. Sie waren prägend für die Gestaltung männlicher und weiblicher Lebensentwürfe, nicht die zeitgenössisch diskutierten »Geschlechtscharaktere« und die darin propagierten »bürgerlichen« Normen. Hieran wird deutlich, dass es verkürzt ist, die Geschichte »des« Bürgertums beziehungsweise »der« bürgerlichen Familie allein anhand einer kleinen, akademisch gebildeten Elite und deren wortgewaltigen Abhandlungen zu untersuchen. Vielmehr muss der inneren Differenziertheit der bürgerlichen Gruppen gerade auch in Hinblick auf die Geschlechterordnung Rechnung getragen werden.[276] Die Ergebnisse zur Bildung der Wuppertaler Kaufmannsfamilien verweisen nämlich zum einen auf deren Anspruch, über ihre Bildungsbestrebungen zur zeitgenössischen Elite der »gebildeten Stände« dazu zu gehören, und zum anderen auf die soziale Formierung dieser Familien, welche älteren und vor allem auch berufsspezifischen Normen gehorchte. Der begriffsinhärente Plural der »gebildeten Stände« kann helfen, diese innere Differenzierung auch analytisch besser zu fassen als dies die Rede von »dem« Bürgertum je vermocht hat. Gleichzeitig machen die Ergebnisse aber auch deutlich, dass weitere Untersuchungen nötig sind, um ein umfassenderes Bild von der Bildung der verschiedenen »Stände«, welche die »gebildeten Stände« ausmachten, zu erhalten. Denn wenngleich diese von gemeinsamen Bildungsvorstellungen in einem emphatischen Sinne zusammengehalten wurden, waren sie in sich sozial differenziert und es will scheinen, als hätte jeder »Stand« auch den Erfordernissen seines Berufs und seines sozialen Umfelds zu genügen gehabt.[277] Es waren gerade diese standestypischen Erfordernisse, welche die

276 Auf ähnliche Schwierigkeiten in Bezug auf die englischen *middling ranks* macht die Untersuchung von *Barker*, Business, aufmerksam. Anders als *Hall/Davidoff*, Family, deren Untersuchung zur Entstehung der *middle classes* in England und den sie prägenden Geschlechtervorstellungen lange Zeit richtungsweisend war, fokussiert Barker in ihrem Werk auf die *lower middling sorts*. Sie kommt aufgrund der anders gelagerten sozialen und vor allem auch ökonomischen Lage ihrer Untersuchungsgruppe gerade in Bezug auf Geschlechtszuschreibungen zu ganz anderen Schlüssen als Hall und Davidoff, die sich eher die unteren Ränge der *gentry*, wohlhabende Kaufmannsfamilien und *professionals* angeschaut haben. So kann Barker das Entstehen einer »privaten«, weiblich konnotierten Sphäre und das Verschwinden der Frauen aus der »öffentlichen« Geschäftstätigkeit viel weniger deutlich erkennen.

277 Vgl. auch *Brakensiek*, Fürstendiener, S. 243 f.

geschlechterspezifische Ausgestaltung der Ausbildung, das Heiratsverhalten und das eheliche Zusammenleben bestimmten und nicht so sehr die als allgemeinverbindlich postulierten »bürgerlichen« Wertvorstellungen und geschlechtlichen Normen. Solche allgemeinverbindlichen Vorstellungen griffen sehr viel stärker bei der Gestaltung des Wohnumfeldes, wie das folgende Kapitel zeigt.

6. Die »gebildeten Stände« daheim – Die Häuser und Gärten Wuppertaler Kaufmannsfamilien

Der erste Eintritt ins Bergische ist reizend und angenehm. Man siehet von einem Hügeldorff Rittershausen genannt herab ins Thal, wo eine erstaunliche Menge zerstreuter Häuser, welche nicht schlecht und meisten theils Fabriken, und Bleichereien sind. [...]. Die Straßen sind gerade und breit, die Häuser so schön, als sie nur immermehr in einer Stadt sein können. [...] Oft fiel es mir ein, wenn ich ihre [der Kaufleute] prächtige Häuser und Gärten ansahe ›So viel kann der Profit vom Linnenbande ausrichten‹.[1]

Für den hier zitierten Reisenden Friedrich Christoph Müller bestand ein unmittelbarer Zusammenhang zwischen der oben besprochenen regen Geschäftstätigkeit Wuppertaler Kaufleute und den in diesem Kapitel genauer untersuchten Häusern und Gärten der Kaufmannsfamilien. Der Zusammenhang liegt auch 250 Jahre später klar auf der Hand: die wirtschaftliche Tätigkeit der Kaufleute bildete die materielle Basis für den Bau und Unterhalt großer Häuser und der sie umgebenden Grundstücke. Die Häuser wiederum machten den Geschäftserfolg der Bewohner gerade auch für Außenstehende sichtbar und trugen hiermit ihrerseits zum Geschäftserfolg bei. Denn durch die Solidität der Architektur, die Großzügigkeit der Gärten und dem darin enthaltenen Verweis auf finanzielles Vermögen bildeten sie sowohl Beleg als auch Voraussetzung für die oben beschriebene Kreditwürdigkeit der Kaufleute.

Das Haus einer Kaufmannsfamilie war jedoch nicht nur materielles Zeugnis des erreichten Wohlstandes noch diente es allein als Unterkunft der Familie. Vielmehr bildete »das Haus« im frühneuzeitlichen Europa ein zentrales Element gesellschaftlicher Organisation, denn im Haus überschnitten sich die real-räumlichen, ökonomischen, sozialen und rechtlich-politischen Bereiche der historischen Lebenswelt. Diese mehrdimensionale Bedeutung des Hauses hat es zu einem bevorzugten Gegenstand der Forschung, vor allem für die Geschichte der Frühen Neuzeit, gemacht.[2] Lange Zeit richtungsweisend war hierbei das Konzept des »ganzen Hauses«, das der Sozialhistoriker Otto Brunner nach dem Ende des Zweiten Welkriegs in Anlehnung an den Volkskundler *avant la lettre*

1 *Müller*, Tagebuchaufzeichnungen, Zitate S. 27, 28.
2 Vgl. *Schmidt-Voges*, Haus in der Vormoderne.

Wilhelm Heinrich Riehl (1823–1897) entwickelt hatte.[3] Kennzeichnend für das »ganze Haus« im Brunnerschen Sinne ist die räumliche Integration aller Lebensbereiche unter einem Dach, das enge Zusammenleben von Großfamilie und Gesinde unter der Führung des »Hausvaters« sowie wirtschaftliche Autarkie. Kurz nach Brunners Tod 1982 begann allerdings vor dem Hintergrund empirischer Forschungsergebnisse eine mehr als zwanzig Jahre lang anhaltende Debatte um die Validität von Brunners Konzept, die teilweise sehr polemisch geführt wurde.[4] Viele der Annahmen Brunners haben sich nicht halten lassen, doch verdient im Rahmen dieser Arbeit darauf hingewiesen zu werden, dass die für die Häuser der Wuppertaler Kaufmannsfamilien kennzeichnende Einheit von Wohnen und Arbeiten, wie sie weiter unten dargestellt wird, gewisse Reminiszenzen an Brunners Konzept mit sich bringt. Die sozialen Beziehungen und verschiedenen ökonomischen Rollen im Haus wurden bereits oben anhand der Wuppertaler Kaufmannspaare als Arbeitspaar dargestellt. Auf die rechtlich-institutionelle Verankerung des Hauses im Gemeinwesen und damit seine rechtlich-politische Bedeutung kann dagegen im Rahmen dieser Arbeit nicht eingegangen werden.

Vielmehr nimmt das folgende Kapitel Anregungen aus der jüngeren Hausforschung und der internationalen Konsumgeschichte auf und widmet sich der materiellen Kultur des Hauses und seiner Bewohner.[5] Dieser Zugang erscheint gerade für die Analyse der Kaufmannsfamilien als »gebildete Stände« geeignet, denn, so die britischen Historiker Jon Stobart und Mark Rothery, »consumption allows us to think about individuals and groups; norms, behaviours, and practices; relationships with goods and spaces; ideas of agency and identity; and local and global links«.[6] Konsumgeschichte ist somit ein bevorzugter Zugang zur Erforschung sozialer Gruppen, der sich für die »gebildeten Stände« bereits bewährt hat: Julia Schmidt-Funke hat deutlich gemacht, dass die heterogene Gruppe der »gebildeten Stände« durch eine besondere Art des Konsums und der damit einhergehenden Lebensführung zusammengehalten wurde; sie bildeten eine Konsumgemeinschaft.[7]

Ganz allgemein verknüpft Konsumgeschichte wirtschafts-, sozial- und kulturhistorische Ansätze und ist seit dem Erscheinen des wegweisenden Werks »The Birth of a Consumer Society« von Neil McKendrick, John Brewer und J. H. Plumb

3 Vgl. *Brunner*, Landleben; *Brunner*, Das ›Ganze Haus‹.

4 Zu der Debatte vgl. mit unterschiedlicher Schwerpunktsetzung *Troßbach*, Das »ganze Haus«; *Derks*, Faszination; *Groebner*, Außer Haus; *Schmidt-Voges*, Haus in der Vormoderne; *Eibach*, Haus in der Moderne; *Hahn*, Trends.

5 Vgl. *Vickery*, Closed Doors; *Richardson*, Forschungen; *Rothery/Stobart*, Consumption; *Schmidt-Funke*, Materielle Kultur.

6 *Rothery/Stobart*, Consumption, S. 8.

7 Vgl. *Schmidt-Funke*, Kommerz.

1982 zu einem kaum überschaubaren Forschungsfeld angewachsen.[8] Während am Anfang meist Fragen nach dem Vorhandensein von häufig auch exotischen Gütern im Vordergrund standen und damit implizit die Frage nach dem Entstehen der wie auch immer definierten »Konsumgesellschaft«, hat sich die Forschung seit der Jahrtausendwende vermehrt den identitätsbildenden Prozessen durch Konsum zugewandt.[9] Damit einher ging die Entwicklung von Fragestellungen, die auf den Umgang mit den Dingen und auf die Bedeutung von deren Materialität abhoben, und die somit eine Aufwertung der konsumierten Dinge an sich vornahmen.[10]

In der englischsprachigen Forschung wurde und wird zudem die Debatte um Luxus und Konsum besonders intensiv geführt, nicht zuletzt weil hiermit an ältere, gesellschaftstheoretische Fragestellungen angeknüpft werden kann.[11] Im Vordergrund steht dabei die Frage, wie Luxus moralisch bewertet wurde. Jan de Vries hat hierbei die Unterscheidung von *old luxury* und *new luxury* eingeführt, wobei *old luxury* für einen moralisch verwerflichen, da ostentativen und vor allem den eigenen Reichtum präsentierenden Konsum stehe, während *new luxury* weniger teure und leicht reproduzierbare Objekte umfasse, deren Konsum eher mit einem fein gebildeten Geschmack konnotiert sei denn mit dem Zuschaustellen von Macht und Reichtum.[12] In einer *tour d'horizon* der wichtigsten Philosophen der französischen und englischen Geistesgeschichte im 18. Jahrhundert hat Vries zudem eine Theoretisierung von *new luxury* durch die zeitgenössischen Denker präsentiert.[13] Das Verlangen nach den vielfach reproduzierbaren Gegenständen des neuen Luxus, die vor allem Komfort und Behaglichkeit versprachen und den eigenen guten Geschmack bezeugten, wurde von David Hume und anderen als Antriebskraft des Handels und der Wirtschaft allgemein gesehen. Schließlich waren es gerade diese Güter, welche das Verlangen der Konsumenten immer weiter steigerten und so den Wirtschaftskreislauf in Gang hielten. Da den Vertretern der schottischen Moralphilosophie Handel und Gewerbe als zivilisatorische Kräfte und als Grundlage für den friedlichen Zusammenhalt der Gesellschaft galten, ließ sich so der Konsum aller Arten von Gütern moralisch rechtfertigen. Seine Ausweitung war für den Zusammenhalt

8 Vgl. *Brewer/McKendrick/Plumb*, Consumer Society; *Sandgruber*, Konsumgesellschaft; *Brewer/Porter*, Consumption; *Kaelble/Kocka/Siegrist*, Konsumgeschichte; *Prinz*, Weg. Für einen jüngeren Überblick vgl. *Trentmann*, History of Consumption; *ders.*, Herrschaft der Dinge.

9 Vgl. hierzu auch die Ausführungen bei *Schmidt-Funke*, Zur Sache, S. 13–16.

10 Vgl. *Siebenhüner*, Things That Matter; *Dies.*, Spur; *Füssel*, Materialität; *Cremer/Mulsow*, Objekte als Quellen.

11 Vgl. hierzu *Berg/Eger*, Luxury; *Ilmakunnas/Stobart*, Taste. In der deutschsprachigen Forschung wurde diese Diskussion aufgenommen bei *Meyer/Reith*, Luxus.

12 Vgl. *Vries*, Industrious Revolution, S. 44–45, 55–58. Zur Kritik hieran vgl. *Rothery/Stobart*, Consumption, S. 10f.

13 Vgl. *Vries*, Industrious Revolution, S. 58–70.

der nun so benannten *commercial society* unbedenklich.[14] Die oben beschriebenen Prozesse der globalen Kommerzialisierung waren somit aufs engste verknüpft mit dem Konsum all der (neuen) Güter, die zum Teil ja auch im Wuppertal produziert wurden.

Diese Art der Theoretisierung fand ihren Niederschlag auch in deutschen Publikationen. Friedrich Heinrich Jacobi etwa, der in seiner Eigenschaft als Hofkammerrat eine Zustandsbeschreibung der bergischen Industrie verfasste, leitete diese wie folgt ein:

> Ein Mensch, welcher sich an den nothwendigen Bedürfnissen des Lebens begnügte, sie selbst hervorbrachte und allein verzehrte, könnte ebenso wenig ein Glied derjenigen Gesellschaft genannt werden, als der Ochse, der an seiner Hütte grast. Man muß ausgeben und erwerben, man muß in das allgemeine Commerzium verwickelt seyn, um nicht in der bürgerlichen Gesellschaft noch weniger als ein Thier zu gelten: also ist das Commerzium [...] das eigentlich wahre Band der Gesellschaft.[15]

Als einer der ersten Rezipienten Adam Smiths auf dem Kontinent suchte Jacobi dessen Erkenntnisse zu verbreiten, um so, wie es in der Sprache der Zeit heißt, zur allgemeinen Glückseligkeit der Staaten und der darin lebenden Menschen beizutragen.[16] Eine deutlich breitere Leserschaft erreichte das »Journal des Luxus und der Moden«, die bedeutendste Kulturzeitschrift des ausgehenden 18. und frühen 19. Jahrhunderts.[17] In der Einleitung zum ersten Heft der Zeitschrift, erschienen 1786, setzten sich die beiden Herausgeber mit den verschiedenen Arten von Luxus auseinander.[18] Dabei unterschieden sie zwischen Wohlleben, Hochleben und Üppigkeit. Wohlleben wolle jeder Mensch und so sei dieses Bedürfnis »die mächtigste Triebfeder der Industrie, der Künste, der Erfindungen und des Geschmacks, kurz des größten Theils der menschlichen Thätigkeit«.[19] Hochleben wiederum sei etwas für die Vornehmen und Reichen, die sich vor anderen auszeichnen und besondere Empfindungen erleben wollten. Aber auch dies sei für die Gesellschaft als ganzes förderlich, da durch diesen Konsum das Geld der Reichen in den allgemeinen Umlauf käme. Luxus sei somit »eine der großen Puls-Adern in jedem Staatskörper der Leben und Kräfte hat«.[20] Die Rolle des Journals sei es nun, die Leserschaft nicht nur angenehm zu unterhalten, sondern vielmehr ihnen durch die mitgeteilten Information in Fragen des Geschmacks

14 Vgl. *Berry*, Commercial Society; *Hont*, Politics.

15 *Gebhard*, Bericht, S. 6.

16 Zu Jacobi vgl. *Hammacher/Hirsch*, Wirtschaftspolitik. Jacobis Positionen finden auch Erwähnung bei *Dipper*, Deutsche Geschichte, S. 176f.

17 Vgl. *Ackermann*, Frühe Modejournale; *Borchert/Dressel*, Journal; *Kuhles*, Journal.

18 Vgl. *Bertuch/Kraus*, Einleitung. Vgl. hierzu auch die Interpretation bei *Wurst*, Pleasure, S. 81–90. Zu Bertuch vgl. *Schmidt-Funke*, Bürgergesellschaft.

19 *Bertuch/Kraus*, Einleitung, S. 5.

20 Ebd., S. 6.

und der Mode einen Überblick über die gängigsten Trends zu verschaffen, sich von den tonangebenden Nationen Frankreich und England zu emanzipieren und dadurch, gut merkantilistisch argumentiert, das Geld im Lande zu halten. Die Debatte um Luxus und dessen moralische Bewertung prägte somit auch die deutschen Konsumenten.

Dies galt ebenso für die Bedeutung von Geschmack für den Konsum von Waren und der Erschaffung einer eigenen materiellen Welt. Denn die Ausbildung des Geschmacks war Teil des allumfassenden Bildungsprozesses, der für die »gebildeten Stände« konstitutiv war.[21] Vermittelt wurde er vor allem über das neu entstehende Genre der Modezeitschriften wie das »Journal des Luxus und der Moden«, in denen nicht nur Kleidermode verhandelt, sondern vielmehr Idealvorstellungen des gebildeten, geschmackssicheren Konsumenten entwickelt wurden.[22] Dank der breiten medialen Vermittlung, so der amerikanische Historiker Daniel L. Purdy, wäre die Teilhabe an der gehobenen europäischen Konsumkultur auch ohne den eigentlichen Besitz der in den Modejournalen illustrierten Gegenstände oder den Besuch der dort beschriebenen Veranstaltungen möglich gewesen.[23] Die Lektüre der Journale ermöglichte vielmehr auch fernab der Zentren die Teilhabe an aktuellen Trends und die Entwicklung von »Geschmack«. Zwar waren die Wuppertaler Kaufmannsfamilien dank ihrer Geschäftstätigkeit mehr als andere Angehörige der »gebildeten Stände« in der Lage, Zentren des Konsums wie die Messen oder große Städte zu besuchen. Doch zeigen einige Belege, dass auch innerhalb des Wuppertals Modejournale und andere Selbstverständigungsorgane der »gebildeten Stände« rezipiert wurden.[24]

Innerhalb der Journale kam der Gestaltung des eigenen Heims neben der Kleidermode ein herausragender Platz zu. Viele der beispielsweise im »Journal des Luxus und der Mode« enthaltenen Kupferstiche illustrieren Einrichtungsgegenstände und Möbel, die häufig auch über das durch den Verleger Friedrich Justin Bertuch betriebene Landes-Industrie Comptoir bezogen werden konnten.[25] Ganz allgemein erscheint die Wohnkultur als besonders geeignetes Feld, um Konsumgewohnheiten der »gebildeten Stände« zu erforschen; schließlich liefen hier, so Hans Erich Bödeker, »viele Züge der Einstellungen, Verhaltensweisen und Bedürfnisse der ›gebildeten Stände‹ zusammen«.[26] Sie dient im folgenden

21 Analog hierzu bestand in England eine enge Verknüpfung von »taste« und »politeness«. Vgl. *Klein*, Politeness; *Smith*, Consumption, S. 81–83.

22 Vgl. hierzu *Purdy*, Tyranny.

23 Vgl. *Purdy*, Modejournale.

24 Der Barmer Kaufmann Johann Henrich Müller etwa besaß bei seinem Tod mehrere Jahrgänge des »Journal des Dames et des Modes«. Vgl. *Dietz*, Familie Wuppermann, Bd. 1, S. 383. Die allein Männern vorbehaltene Barmer Gesellschaft Concordia wiederum abonnierte seit 1819 die »Zeitung für die elegante Welt«. Vgl. 7.2.4.

25 Vgl. hierzu *Middell*, Die Bertuchs; *Kuhles*, Journal.

26 *Bödeker*, Stände, S. 35.

Kapitel als exemplarisches Untersuchungsfeld für die Konsumgewohnheiten der Kaufmannsfamilien und der Frage, wie diese innerhalb der Konsumgemeinschaft der »gebildeten Stände« zu verorten sind.

Die Gestaltung und Anlage der Häuser geben nicht nur Aufschluss über die materielle Kultur der Familien, sondern erlauben es zudem, diese vor dem Hintergrund des für die Kaufmannsfamilien bis weit ins 19. Jahrhundert hinein konstitutiven Zusammenhangs von Familie und Firma zu untersuchen. Somit schließt das Kapitel nicht nur an die vorhergehenden Kapitel an, sondern bettet die Konsumgewohnheiten der Kaufmannsfamilien ganz allgemein wirtschafts- und sozialgeschichtlich ein. Hierzu nähert sich das Kapitel den Häusern und ihren Gärten von Innen nach Außen und berücksichtigt unterschiedliche Forschungsansätze: Im ersten Abschnitt schließt dieses Kapitel enger an die Hausforschung und Baugeschichte an und fokussiert auf die äußere Gestalt der Häuser und ihre Einbettung in die kaufmännische Lebenswelt, während der zweite Abschnitt Anregungen der Forschung zum Kulturkonsum aufnimmt und die Gärten der Häuser als doppelten Konsumgegenstand betrachtet. Der dritte Abschnitt schließlich untersucht das Interieur der Kaufmannshäuser unter Einbeziehung der Konsumgeschichte und der Forschung zur materiellen Kultur.

6.1 Eine Einheit von Arbeiten und Wohnen – Das bergische Kaufmannshaus 1770 bis 1830

Wer heutzutage im Bergischen Land ein altes Bauernhaus erbt und es im traditionellen Stil wiederherrichten will, der kann sich in jedem Baumarkt in der Region »bergisches Grün« mischen lassen, um die für den »bergischen Look« unverzichtbaren Fensterläden in eben diesem kräftigen Grün zu streichen. Teil des bergischen Farbklangs sind außerdem Schwarz und Weiß, wobei ersteres in den schwarz gestrichenen Balken des Fachwerks oder, im aufwändigeren Fall, in der Verschieferung der Fassade zum Tragen kommt, und zweites in den weißen Fächern des Fachwerks sowie den weiß angestrichenen Fenster- und Türrahmen sichtbar ist.

Dieser Farbdreiklang prägte auch die prächtigen Kaufmannshäuser, die innerhalb des Wuppertals errichtet wurden, und verweist auf deren bäuerliche Herkunft. Mit der Wende vom 17. zum 18. Jahrhundert hatte allerdings in den Orten des Wuppertals wie andernorts der Übergang vom bäuerlichen Querdeelenhaus zum traufständischen, dreigeteilten Haus, das einen städtischen Charakter hatte, stattgefunden.[27] Im Laufe der ersten Jahrhunderthälfte wurde nun häufig die Dreigliedrigkeit der Fassade betont, indem man der gesamten Fassade ein Mittelrisalit vorsetzte oder aber einen Mittelgiebel in das Dach ein-

27 Vgl. *Friedhoff*, Magnificence, hier v. a. S. 620 ff.

fügte, der im Laufe der Zeit häufig mit geschwungenen Rokokoformen verziert wurde.[28] Dieser Trend lässt sich auf einem Stadtplan von Barmen aus dem Jahr 1761 nachvollziehen. Die wichtigsten Gebäude des Ortes und die Häuser vieler Kaufleute sind hierauf mit Nummern identifiziert. Auch wenn die Darstellung schematisch ist, lässt sich klar erkennen, dass deren Häuser meist traufständisch ausgerichtet waren, die Dächer auf ein Mittelrisalit hinweisen und sie von großen Grundstücken umgeben waren. Kleinere, nicht näher identifizierte Häuser, in denen vermutlich Handwerker lebten, standen dagegen im Zentrum des Ortes dichtgedrängt nebeneinander, häufig mit der schmalen Giebelseite zur Straße.[29] Schon allein durch die aufmerksame Lektüre des Stadtplanes lässt sich also ein Distinktionsmechanismus erkennnen, der den Häusern der Kaufmannsfamilien innewohnte, und verweist einmal mehr auf die Bedeutung materieller Güter für die soziale Positionierung von Akteuren.[30]

Mit der Ausdehnung der Orte und der vermehrten Bautätigkeit in der zweiten Hälfte des 18. Jahrhunderts entwickelte sich ein eigenständiger bergischer Baustil. Dessen herausragende Repräsentanten sind unter der Stilbezeichnung »bergisches Bürgerhaus« in die Architekturgeschichte eingegangen.[31] Das charakteristische Merkmal dieser großflächigen, meist dreigeschossigen Häuser war die oben erwähnte Schieferverkleidung, eine bergische Eigenheit, die sie gegen das regnerische Klima des Wuppertals schützte: »Weil die Gebürgsluft eine besondere korrosive Eigenschaft hat, welche die bindende Kraft im Leimen und Kalck bald zerstöhret, und ganze Wände ausfallen macht, so müssen die Häuser eine kostbare Bekleidung von Schindeln und Schiefern erhalten, wenn sie dauerhaft seyn sollen.«[32] Auch ästhetischen Ansprüchen kam das Material entgegen, konnte man doch nun einheitlich wirkende Fassaden erzeugen, die sich mit Hilfe von Fenstern und Türen nach damals gängigen architektonischen Regeln rastern ließen.[33] Der eigentliche Höhepunkt in der Entwicklung des bergischen Bürgerhauses lag in den 1770er und 1780er Jahren. Nicht zu Unrecht vermutet

28 Für eine stilistische Ableitung und mögliche Vorbilder für die Fassadengliederung der bergischen Bürgerhäuser vgl. *Schmidt-de Bruyn*, Patrizierhaus, v.a. S. 29–31.

29 Vgl. Plan der Stadt Gemarke, gezeichnet von J. H. Schlieper, 1761.

30 Vgl. hierzu etwa mit Berücksichtigung der hierfür einschlägigen Theoretiker Thorstein Veblen und Pierre Bourdieu *Hellmann*, Vorüberlegungen. Noch war die »Stadt« Gemarke im Übrigen zu klein, als dass sich ein Distinktionsgewinn auch über die Ansiedelung in bestimmten Stadtteilen hätte gewinnen lassen.

31 Vgl. hierzu grundlegend *Schmidt-de Bruyn*, Patrizierhaus. Von dem von Schmidt-de Bruyn gemünzten Begriff des »bergischen Patrizierhauses« wird in der folgenden Darstellung allerdings abgesehen. Denn wie bereits Wilfried Reininghaus in Bezug auf Iserlohn bemerkte: Wo das Patriziat fehlt, und damit die sozialgeschichtliche Entsprechung, kann es auch keine »Patrizierhäuser« geben. Vgl. *Reininghaus*, Iserlohn, S. 562.

32 *Müller*, Choragraphie, S. 18.

33 Berechnungen ebensolcher Rasterungen nach geometrischen Formen finden sich bei *Schmidt-de Bruyn*, Patrizierhaus, S. 30, Abb. 128.

Weise hier einen Zusammenhang zwischen wirtschaftlichem Erfolg und Stattlichkeit der Bauten.[34] Ruft man sich das selbstbewusste Auftreten der Barmer Garnnahrungsmitglieder in den 1780er Jahren und ihre wiederholten Aussagen zu ihrem Erfolg in den letzten zehn Jahre in Erinnerung, so verwundert es nicht, dass die prächtigsten Neubauten dieser Zeit in Barmen entstanden. Durch die Parzellierung des kurfürstlichen Hofes in den Dörnen in den 1750er Jahren stand außerdem reichlich Bauland zur Verfügung. In dem Zeitraum zwischen 1774 und 1784 wurden hier gleich drei besonders prächtige Kaufmannshäuser errichtet, alle geplant und ausgeführt von dem Architekten Eberhard Haarmann (1736–1817).

Haarmann gehört zu den bedeutendsten Baumeistern im Wuppertal. Er stammte aus Holthausen bei Hagen und hatte seine Ausbildung bei dem im Bergischen sehr angesehenen Architekten Heede in Schwelm erhalten. Anschließend arbeitete er für einige Jahre in Düsseldorf, wo er möglicherweise unter der Leitung von Nicolas de Pigage am Bau von Schloss Benrath mitwirkte. Haarmann war vermutlich Anfang der 1770er Jahre ins Wuppertal gekommen, wo er 1774 eine Elberfelder Bleicherstochter ehelichte.[35] Seine Wuppertaler Bauten haben alle ein recht wuchtiges Aussehen, was vor allem den ausgebauten und in die Breite gezogenen Dachgeschossen geschuldet ist. Die Mansardendächer erinnern dabei wohl nicht von ungefähr an das ebenfalls schiefergedeckte Mansardendach von Schloß Benrath. Charakteristisch für Haarmanns Bauten war außerdem die Verlegung der Küche in eine der Seitenzonen, um einen repräsentativen Durchgang zum Garten zu erhalten. Allgemein zeichnen sich seine Häuser durch ein sehr repräsentatives Äußeres aus.

Haarmanns Baustil lässt sich exemplarisch an Haus Bredt-Rübel (gebaut 1782–84) nachvollziehen. Wie andere Häuser Haarmanns auch wurde Haus Bredt-Rübel in Fachwerkweise auf einem steinernen Gewölbekeller und einem außen sichtbaren Steinsockel errichtet.[36] Das dreigegliederte Erdgeschoss hatte eine breite Diele mit einer nach hinten verlagerten Treppe. Die beiden rechts gelegenen Räume waren durch eine breite Öffnung miteinander verbunden, dahinter lag die Küche. Auf der linken Seite befanden sich nochmals drei Zimmer. Die Gliederung des Obergeschosses sowie des Mansardengeschosses war ähnlich gehalten, denn die Fenster der einzelnen Geschosse standen symmetrisch übereinander. In den beiden oberen Geschossen waren vermutlich ebenfalls sechs bis acht Räume. Das Haus hatte wie auch die anderen genannten Haarmann-Bauten über der Mansarde noch ein vollausgebautes Dach mit einer Vielzahl von Gauben und einem großen, sorgfältig ausgeführten Giebelfenster.

34 Vgl. *Weise*, Bürgerhaus und Wohnungsbau, S. 27.

35 Zu Haarmann vgl. *Schmidt-de Bruyn*, Patrizierhaus, S. 32f.

36 Das Haus Bredt-Rübel war seit 1935 Heimatmuseum der Stadt Wuppertal. Es wurde bei einem Bombenangriff während des Zweiten Weltkriegs zerstört.

Wie der ursprüngliche Baukontrakt ausführte, musste im Giebel des Daches außerdem ein »Ausstich« eingefügt werden, der groß genug zu sein hatte, dass sich ein Sack Garn leicht hochziehen lassen würde. Der große, zweigeschossige Dachboden war nämlich vor allem als Warenlager gedacht. Auch für diesen Zweck wurde auf die ausreichende Beleuchtung durch eine entsprechende Fensterzahl geachtet. Der Zugang zum Haus führte über eine breite steinerne Freitreppe in der Mitte der zur Straße hin gelegenen Seite; hinten führte zum Garten eine kleinere Treppe. Das Haus wurde rundherum mit Schiefer verkleidet. Die mit Sprossen gegliederten Schiebefenster waren weiß gestrichen, ebenso wie die die Haustür umrahmenden Schnitzereien und die prächtige Laterne. Bis auf die Mansardenfenster verfügten alle Fenster über grüngestrichene Schlagläden und fügten sich somit ein in den oben erwähnten, charakteristischen farblichen Dreiklang.[37]

Der Bauherr des Hauses, Peter Caspar Rübel (1744–1790), war mit seinem Bruder Inhaber der Firma Caspar & Abraham Rübel, welche die traditionellen Barmer Artikel, nämlich Leinen- und Wollband sowie Leinenzwirn, verlegte und vertrieb. Sie hatten die Firma von ihren Eltern übernommen. Von ihrem Geschäft ist nur ein Heft mit jährlichen Bilanzrechnungen erhalten.[38] Daraus geht hervor, dass die Firma dauerhaft profitabel war, mit den besten Jahren in den frühen 1780er Jahren, also zu dem Zeitpunkt, als Caspar Rübel sein Haus baute. In diesen Jahren betrug der pro Geschäftsjahr erwirtschaftete Überschuss zwischen 9.000 und 16.000 Reichstalern – mit »Linnenband« ließ sich also wirklich viel Geld verdienen. Das in die Firma investierte Kapital wuchs beständig, Caspar und Abraham nahmen also nur einen Teil des Gewinns aus der Firma, um ihre Lebenshaltungskosten zu bestreiten. Neben den Überschüssen aus der Firma scheinen die beiden Brüder weitere Vermögenswerte, womöglich aus Erbschaften oder aus zwischenzeitlich wieder freigewordenem Kapital, in die Firma eingebracht zu haben. Dass Caspar noch über andere Kapitalien verfügt haben muss, zeigt auch die Tatsache, dass er für die Gesamtsumme von 16.800 Reichstalern, die der Hausbau gekostet hatte, nur 9.000 Reichstaler aus der Handlung nehmen musste. Vor allem verfügte er bereits über den Grund, auf dem das Haus gebaut wurde – ein etwa 5.200 Quadratmeter großes Grundstück direkt an der Wupper, das als Bleiche genutzt worden war.[39]

37 Vgl. *Bredt*, Haus Bredt-Rübel. Der ursprüngliche Baukontrakt befindet sich in STAW NDS 263–260.

38 Vgl. STAW NDS 263–233. Die Firma wurde 1812 nach dem Tod des jüngeren Bruders Abraham aufgelöst.

39 Caspar Rübel hatte das Gründstück von seiner ersten, bereits nach einjähriger Ehe verstorbenen Frau Beatrix, geb. Bredt, geerbt. Beatrix Bredt wiederum war es von dem Ehepaar Wortmann nachgelassen worden, das sie an Kindesstatt angenommen hatte. Vgl. *Strutz*, Geschichte der Rübel, S. 192 f.

Caspar Rübel, seine erste Ehefrau, wie auch seine zweite Frau, Gertraud, geb. Honsberg, stammten aus den alteingesessenen und wohlhabenden Familien im Tal. Dies galt auch für die Bauherren der anderen prächtigen Haarmann-Häuser, die teils in direkter Nachbarschaft zu Haus Bredt-Rübel entstanden waren (Haus Wortmann, Haus von Carnap, Haus Molineus).[40] Ungehindert von bestehender Bebauung und dank ausreichenden Grundstücksflächen konnten diese Familien ihre Vorstellungen von zeitgemäßem Wohnen ihren Wünschen gemäß umsetzen. Auch finanzielle Erwägungen spielten, wie beim Bau des Hauses Bredt-Rübel, kaum eine Rolle. Immerhin hatte Caspar Rübel den ersten Entwurf Haarmanns, der mit 6.500 Reichstalern veranschlagt war, abgelehnt und den deutlich aufwändigeren zweiten Entwurf mit Kosten in Höhe von knapp 17.000 Reichstalern vorgezogen. Die Tatsache, dass allein die hauptsächlich dekorativen Schnitz- und Panelarbeiten hierbei eine Summe von 2.000 Reichstalern verschlangen, zeigt, wie wenig bei dem Bau des Hauses die Kosten einen limitierenden Faktor darstellten.[41]

Stilistisch stellten die Wuppertaler Kaufmannshäuser eine Mischform dar, indem sie teils an älteren Stilformen festhielten, teils jüngere Entwicklungen integrierten. Bei Haus Bredt-Rübel etwa ist die geschwungene Ornamentik an den Außenwänden des Hauses noch dem Rokoko zuzuordnen. Die drei Jahre später fertig gestellte steinerne Freitreppe wies dagegen deutlich strengere, klassizistische Schmuckmotive wie Perlstab, Rosetten und Trophäen auf. Die Gitterstäbe der Freitreppe waren ebenfalls im klassizistischen Stil gehalten.[42] Der wenige Jahre später erfolgte rückwärtige Anbau ist im Empirestil ausgeführt, wobei der geradlinige Giebel nicht recht zu den geschwungenen Dachhäuschen passen will.[43] Trotz der günstigen ökonomischen Voraussetzungen blieben die Bauten in ihrer Stilmischung also hinter den in den kulturellen Zentren absolut gesetzten Stilen zurück – ein Vorgang, den man für gewöhnlich eher von jahrhundertlang bewohnten Land- oder Herrenhäusern her kennt.[44] Eine auch an der Fassade ablesbare Prachtentfaltung, wie sie die von der Leyens in Krefeld oder die Scheiblers in Monschau anstrebten, war im Wuppertal nicht Ziel der Kaufmannsfamilien.[45] Ganz generell dienten die Häuser in ihrer äußeren Erscheinung vor allem der Unterstreichung von Ehrbarkeit und angemessenem Konsumverhalten – ein paar nachträgliche Anbauten oder Verschönerungen

40 Vgl. zu diesen Bauten mit Abbildungen *Weise*, Bürgerhaus und Wohnungsbau; *Schmidt-de Bruyn*, Patrizierhaus.

41 Eine Fotografie der Endabrechnung befindet sich in STAW NDS 263-193. Für das Haus von Carnap, gebaut 1775, waren ebenfalls 1.400 Rtlr. für Planung, Bauaufsicht und Schnitzarbeiten veranschlagt. Vgl. *Weise*, Bürgerhaus und Wohnungsbau, S. 42.

42 Vgl. ebd., S. 45; *Bredt*, Bürgerhaus.

43 Eine Fotografie von der Rückseite des Hauses liegt in STAW NDS 263-192.

44 Vgl. *Rothery/Stobart*, Consumption, S. 55–63.

45 Vgl. zu Krefeld *Kriedte*, Taufgesinnte, S. 446 ff.; zu Monschau *John*, Rotes Haus.

mögen das nachhaltige Wirtschaften der Kaufmannsfamilien noch unterstrichen haben.[46]

Seit der Jahrhundertwende wurde der Baustil der Häuser immer einheitlicher, jedoch ohne dass man von der traditionellen Fachwerkbauweise abwich. An den neugebauten Kaufmannshäusern fanden sich nun vermehrt klassizistische Elemente, die Fenster wurden streng rechteckig gestaltet und in einigen Fällen mit kleinen Giebeln geschmückt. Die Ausgestaltung der Eingänge näherte sich ebenfalls den klassizistischen Vorbildern an; sie wurden streng geometrisch und mit Säulen geplant. Der eigentümliche Baustil des bergischen Bürgerhauses mit seinem »Gemisch von spezifisch örtlicher Eigenart mit den Formen der allgemeinen Stilrichtungen in der Baukunst« trat zurück, wie auch das Bestreben, mit Holzelementen Formen, die dem Stein- beziehungsweise Putzbau entnommen waren, nachzuahmen.[47] Stattdessen wurden international gängige Stilvorbilder nun konsequent umgesetzt.

Dies galt vor allem für städtische oder gesellschaftliche Repräsentationsneubauten wie das von 1828 bis 1842 gebaute Rathaus, in Planung bereits seit 1815, und das neue Gebäude des »Museums«, gebaut 1817 bis 1820, oder das Gesellschaftshaus der »Concordia«, gebaut 1818. Diese Gebäude wurden nun in Stein und im Stil des griechischen Klassizismus errichtet.[48] Privatbauten in diesem Stil wie beispielsweise die Villa Feldhoff oder das Haus von der Heydt (beide in Elberfeld) folgten in den späten 1820er und 1830er Jahren. Mit Adolph von Vagedes (1775–1846) und Johann Peter Cremer (1785–1863), die für einige dieser Bauten verantwortlich zeichneten, standen nun auch zwei geschulte Architekten bereit, die mit der international gängigen Formensprache vertraut waren. Allerdings konnten sie sich in Fragen der Stadtentwicklung mit ihren deutlich visionäreren Plänen nicht gegen lokale Größen wie den unten genannten Daniel Braches durchsetzen.[49] 1799 ließ Friedrich Bredt das erste steinerne Wohnhaus in Barmen errichten, streng geometrisch ausgerichtet im klassischen Stil mit einem mächtigen, von vier Säulen getragenen Balkon im ersten Stock. Das Haus verfügte nur über ein Erd- und ein Wohngeschoss, das Dach war stark abgeflacht und wurde vorne über dem Eingang mit einem kleinen Giebel geschmückt.[50] Später wurde das Haus als Barmer Rathaus genutzt, was wiederum auf den repräsentativen Charakter des Hauses verweist.

Fürs Erste blieben die ausgesprochen kostenintensiven Bauten aus behauenen Steinen jedoch eine Ausnahme. Auch wohlhabende Kaufleute ließen weiterhin teils sehr prächtige Wohnhäuser in Fachwerktechnik und mit Schie-

46 Vgl. hierzu auch *Eibach*, Das offene Haus, S. 638.

47 Vgl. *Weise*, Bürgerhaus und Wohnungsbau, S. 41.

48 Vgl. zu diesen und weiteren öffentlichen Bauten *Zinn*, Baukunst; zum Bau des Concordia-Hauses vgl. *Speer*, Gesellschaftshaus.

49 Vgl. *Mahlberg*, Bauliche Impulse.

50 Das Haus ist abgebildet in *Bredt*, Familie Bredt, S. 218.

ferverkleidung errichten. Denn die Fachwerkhäuser waren im Vergleich zu Steinhäusern schnell zu bauen und, auch wenn die Transportkosten für das steinerne Baumaterial inzwischen gesunken waren, deutlich günstiger. Selbst wirtschaftlich so erfolgreiche Kaufleute wie Karl Brügelmann oder Abraham Frowein ließen sich 1814 beziehungsweise 1818 noch große dreigeschossige Häuser in Fachwerktechnik errichten, wenn auch mit klassizistischen Ornamenten.[51] Dabei mag auch eine Rolle gespielt haben, dass die Kaufleute häufig auf eigenen Waldbesitz für das Rohmaterial zurückgreifen konnten. Ob hier das Kostendenken bei den Erbauern überwog oder der Wunsch, die eigene Ehrbarkeit eher durch eine gewisse Zurückhaltung beim Bau statt durch demonstrative Pracht zu unterstreichen, kann aufgrund der Quellenlage nicht entschieden werden. Die eher konservative Haltung hierbei verdeutlicht einmal mehr, wie sehr die materielle Existenz mit der sozialen Existenz verknüpft war, und das ein Haus mehr war als nur die steingewordene Demonstration von Vermögen.[52]

Das ausführliche Rechnungsbuch, das Friedrich von Eynern beim Bau seines Hauses in Wupperfeld anlegte, gibt schließlich Aufschluss über Kosten und Aufwand eines Neubaus. Der Bau des Hauses wurde nach Plänen des Elberfelder Baumeisters Braches im Herbst 1817 begonnen und im Herbst 1819 vollendet.[53] Eynern ließ das Haus von örtlichen Handwerkern zum Teil aus Ziegelsteinen errichten beziehungsweise das Fachwerk mit Ziegeln ausmauern und verabschiedete sich damit für seinen Teil von der alten, mit Lehm und Stroh ausgefüllten Fachwerkbauweise. Nur das Dach wurde verschiefert; die Außenwände wurden mit Mörtel und Haarkalk verputzt und angestrichen.[54] Was die Schlagläden anging, so blieb der Bauherr aber dem heimischen Stil treu und ließ sie an allen Fenstern anbringen. Ein streng klassizistisches Aussehen hatte das Haus wohl nicht. Das Haus maß etwa 16 × 10,5 Meter, war zwei Stockwerke hoch und hatte insgesamt 27 Fenster, 13 unten und 14 oben. Mit erbaut wurde ein Hinterhaus mit den Maßen 11 × 6,5 Meter. Zu dem Haus gehörten noch der mit Kopfsteinen gepflasterte Hof und ein Garten. Das etwa 900 Quadratmeter große Grundstück wurde an drei Seiten mit einer Mauer eingefasst und bildete damit ein abge-

51 Zum Brügelmannschen Neubau schrieb der Schwiegersohn Heinrich von Sybel in seinen Lebenserinnerungen: »Sie [die Familie Karl Brügelmanns] bewohnte ein fast noch neues, schönes großes Haus auf der Auerstraße«, als er die Familie 1816 das erste Mal besuchte. HZW Bestand Brügelmann Nr. 19. Zu Sybel vgl. *Paul*, Aufstieg. Eine Erwähnung und Abbildung des Hauses bei *Weise*, Bürgerhaus und Wohnungsbau, S. 46, Tafel XVII.

52 Vgl. *Schmidt-Voges*, Haus in der Vormoderne; *Eibach*, Das offene Haus.

53 Vgl. HZW Bestand Eynern Nr. 34. Die folgenden Angaben stammen alle aus dem Rechnungsbuch. Zu Braches vgl. *Mahlberg*, Bauliche Impulse.

54 Von dem Haus hat sich weder eine Abbildung noch ein Grundriss erhalten. Die Beschreibung ist aus dem Rechnungsbuch rekonstruiert.

schlossenes Ensemble. Die Kosten für den Bau des Hauses samt Außengelände beliefen sich auf 18.400 Taler pr. Ct.[55]

Das Rechnungsbuch erlaubt weder Rückschlüsse über den Grundriß des Hauses noch über die Nutzung der Räume oder die Innenausstattung. Gewisse Repräsentationssprüche lassen sich aus der vergleichsweise hohen Schreinerrechnung in Höhe von 400 Talern sowie der Tatsache ableiten, dass der Handlauf der Treppe im Haupthaus aus Nussbaumholz gefertigt wurde (Materialkosten 25 Taler). Außerdem erhielt der Schreiner Gill für die Bildhauerarbeit auf der Haustür gesondert acht Taler, und bei dem Elberfelder Kupfergießer Stohrberg bestellte Eynern zwei Löwenköpfe aus Kupfer mit Ringen für fast acht Taler, die möglicherweise für die Haustüre gedacht waren. Die zur Straße hin gelegenen Fenster wurden außerdem mit dem besonders qualitätsvollen, geblasenen Lohrer Glas aus der Gegend von Frankfurt/Main gefertigt. Die anderen Fenster wurden mit dem deutlich günstigeren französischen Tafelglas bestückt. Für die Inneneinrichtung orderte Friedrich von Eynern außerdem noch extra in Aachen zwölf Rollen gelb satinierte Tapeten sowie zweieinhalb Rollen Bordüren für insgesamt 58 Gulden.[56]

Der Hausbau Friedrich von Eynerns gibt Einblick in die Wohnverhältnisse und Ansprüche eines Wuppertaler Kaufmanns mittleren Vermögens. Friedrich von Eynern und seine Frau Caroline hatten nach ihrer Eheschließung 1804 fürs Erste in einem kleinen Haus in Wupperfeld gewohnt, wo auch das erste Kind geboren wurde, und waren nach dem Tod des Vaters, Johann Peter von Eynerns, in dessen nicht weit entfernt liegendes Haus gezogen. Bei der Teilung der Erbschaft 1809 wurde der Wert dieses Hauses mit 5.500 Reichstaler angegeben; der Mietwert 1811 belief sich auf 170 francs. Das Haus war damit in keiner Weise mit dem oben genauer beschriebenen Bredt-Rübelschen Anwesen zu vergleichen, für das ein Mietwert von 1.000 francs angesetzt worden war.[57] Mit dem Anwachsen der Familie war das Haus den Eynerns vermutlich zu klein geworden – zwischen 1810 und 1818 bekam Caroline von Eynern vier Töchter, die alle überlebten – und passte mit seiner bescheidenen Art nicht länger zu der erfolgreichen Kaufmannsfamilie. Das neue Haus bot Platz für die Geschäfte und für eine familiäre Gastlichkeit, ohne übertriebenen Aufwand zu treiben. Die Repräsentationsansprüche der Eynerns lagen damit, trotz der vielen öffentlichen Ämter, die Friedrich von Eynern übernahm, deutlich unter denen der Familie Bredt-Rübel und anderen Kaufmannsfamilien, die bereits im 18. Jahrhundert

55 Eigene Berechnung nach HZW Bestand Eynern Nr. 34. Friedrich von Eynerns Haus kostete damit in etwa so viel wie das seines Brudes Wilhelm. Dieser hatte zur gleichen Zeit ein Fachwerkhaus errichten lassen, dessen Kosten sich auf 20.600 Taler beliefen. Vgl. *Eynern*, Friedrich von Eynern, S. 10.

56 Vgl. HZW Bestand Eynern Nr. 34, fol. 23.

57 Vgl. HZW Bestand Eynern Nr. 32, fol. 1. Für die Mietwerte der genannten Häuser vgl. STAW F IV 71, fol. 113, 134.

fest im gesellschaftlichen Gefüge des Ortes etabliert waren. Deren Häuser boten schließlich auch für die Bewirtung gekrönter Häupter den rechten Rahmen.

Allen diesen Häusern, ob bescheiden oder prächtig, war eigen, dass sie über den gesamten Untersuchungszeitraum eingebunden blieben in den traditionellen Zusammenhang von Wohnen und Arbeiten – ein Umstand, der in der jüngeren Forschung gerade auch für jene »gebildeten Stände« herausgearbeitet wurde, denen eine Vorreiterrolle bei der Trennung von Erwerbs- und Hausarbeit zugeschrieben wird: Beamte, Professoren und Gelehrte, Pfarrer.[58] Im Inneren der Kaufmannshäuser war das augenfälligste Merkmal dieser Einheit die Widmung eines oder mehrerer Räume als Kontor.[59] Die Dachgeschosse, teils auch die Gewölbekeller der Häuser, wurden als Warenlager genutzt und verweisen darauf, wie wenig auch die Neubauten als reine Wohnhäuser konzipiert waren.

Noch deutlicher wird die Einheit von Firma und Familie in den Außenanlagen. Nicht nur wurden das Haus Bredt-Rübel ebenso wie die anderen genannten Haarmann-Bauten auf Bleichgrundstücken errichtet, sondern die Bebauungsvereinbarungen sahen für gewöhnlich neben dem Bau des Hauses auch die Ausführung von Wirtschaftsgebäuden vor. Auf dem Außengelände von Haus Bredt-Rübel etwa standen noch Gebäude mit Apparaturen zur Weitverarbeitung der Bänder sowie ein Pferdestall. Ein Gemüsegarten gehörte ebenfalls selbstverständlich zur Anlage. Eine ganz ähnliche Anordnung wies das Grundstück der Familie Frowein noch vierzig Jahre später auf, wenngleich es mitten in der Stadt in Elberfeld lag und über keine Bleichwiese verfügte (Abb. 4). Das Wohnhaus der Froweins lag mit seiner prächtigen Freitreppe dem Marktplatz zugewandt, der große, dahinter gelegene Garten war in zwei Partien – wohl ein Nutz- und ein Ziergarten – geteilt, die jeweils mit Mauern eingefasst waren.[60] Auf dem circa 3.400 Quadratmeter großen Grundstück befanden sich außerdem noch einige Außengebäude wie die Klander zum Glätten der Bänder, das Streichhaus für die Ausrichtung der Bandwaren und andere Gebäude, die dem Geschäft dienten.

Auch die Besitzung der Kaufmannsfamilie Wuppermann in Barmen umfasste neben dem Wohnhaus und dem unten näher beschriebenen, aufsehenerre-

58 Für einen Überblick vgl. *Schmidt-Voges*, Haus in der Vormoderne. An Einzelstudien vgl. *Panke-Kochinke*, Professorenfamilien; *Brakensiek*, Amtshaus; *Habermas*, Frauen. Explizit zu Kaufmannsfamilien vgl. *Trepp*, Männlichkeit: »Die Einheit von Wohnen und Arbeiten war bis weit ins 19. Jahrhundert das bestimmende Kennzeichen des Zusammenlebens. Diese traditionelle Arbeits- und Wohnform blieb innerhalb des Hamburger Bürgertums am deutlichsten in der Kaufmannschaft bestehen«. Ebd, S. 184.

59 Haus Bredt-Rübel erhielt sogar etwa zwanzig Jahre nach der Erbauung einen Umbau, damit das Kontor wieder aus einem der Außengebäude ins Wohnhaus zurückverlegt werden konnte. Dazu wurde die in den Garten führende Treppe verlegt, ein Anbau vorgenommen und für das Kontor eine eigene Tür nach außen eingesetzt. Vgl. den Grundriss des Hauses in *Bredt*, Haus Bredt-Rübel.

60 Das Haus der Froweins mitsamt der eleganten Freitreppe ist auf dem Umschlagbild zu sehen. Es ist das große, verschieferte Fachwerkhaus mit fünf Ausstichen im Dachgeschoß.

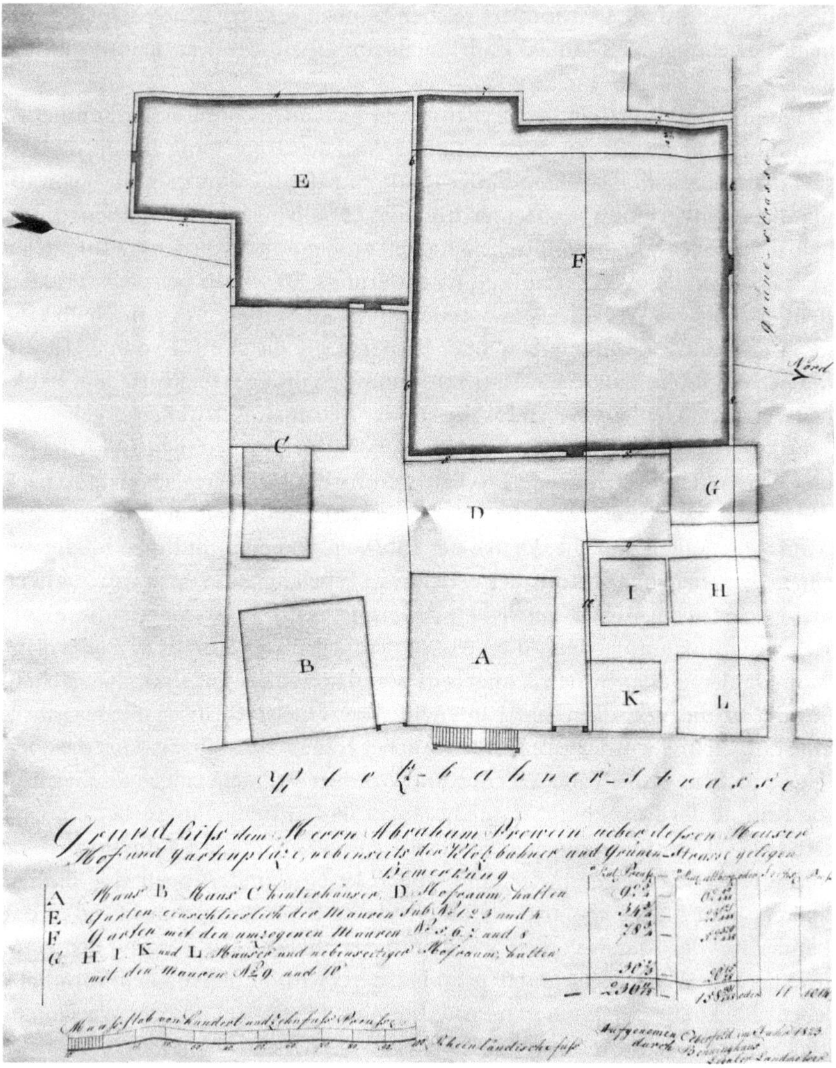

Abb. 4: Grundriß der Froweinschen Gebäude an der Klotzbahn in Elberfeld (1823). FAF Nr. 1262

genden Terrassengarten ein Bleichgrundstück, ein Bleichhaus, ein Farb- und ein Streichhaus, die Klander sowie Magazin und Stallungsgebäude.[61] Friedrich von Eynern wiederum ließ einen großen Obstgarten anlegen, der die Versorgung der Familie sicherstellte. Somit spiegeln auch die Häuser und ihre Außenbereiche die

61 Vgl. FAW Nr. 22–12.

noch bis weit ins 19. Jahrhundert reichende, oben beschriebene partnerschaftliche Beziehung der Männer und Frauen innerhalb der Kaufmannsfamilien wider.

Was die Durchsetzung »moderner« Wohnformen im Sinne einer räumlichen Trennung von beruflicher Tätigkeit und häuslicher Umgebung angeht, so lässt sich dies innerhalb der Wuppertaler Kaufmannsfamilien nur als eine sehr allmähliche Entwicklung beobachten und dies vor allem bei den Familien, innerhalb derer sich die kaufmännische Tätigkeit immer weiter von den traditionellen Verhältnissen des Verlagskaufmanns entfernte.[62] So war es beispielsweise der Rentier Peter de Weerth, der als erster die Stadt verließ, um außerhalb eine (Sommer-)Residenz zu erbauen, oder Bankiers wie die Familie von der Heydt, die sich ein Wohnhaus in gewisser Entfernung zu ihrem Arbeitsort, dem Bankhaus, errichten ließen.[63] Auch für die aus der Kaufmannschaft hervorgehenden Fabrikbesitzer lässt sich ein verändertes Verständnis von Wohnen und Arbeiten beobachten. Die zunehmende Mechanisierung des Wuppertals verlangte nach der Errichtung größerer Fabrikgebäude, die häufig außerhalb des urbanen Zentrums entstanden. Für die Anlage der Fabriken und den mit ihnen häufig auf einem gemeinsamen Grundstück errichteten Fabrikantenhäusern wurden neue architektonische Muster entwickelt.[64] Beispielhaft hierfür mögen die Firma F. A. Jung in Hammerstein, die Firma Johann Wülfing & Sohn in Radevormwald-Dahlerau oder Ermen & Engels in Braunswerth bei Engelskirchen stehen. So bildeten die prächtigen Fabrikantenvillen zwar meist stilistisch mit der Fabrik eine Einheit und wurden in enger räumlicher Nähe zu ihr gebaut, doch die oben angesprochene Einheit von Arbeiten und Wohnen war nicht länger gegeben und die Familie des Fabrikbesitzers nicht länger in den Herstellungs- beziehungsweise Veredelungsprozess eingebunden. Denn während die Kaufmannshäuser und ihre Außenanlagen im 18. und frühen 19. Jahrhundert noch eine Einheit bildeten und die Veredelung der Endprodukte (zum Beispiel das Glätten der Bänder mit der Klander), die Lagerung und schließlich der Versand der Ware in enger räumlicher Nähe und in personeller Verschränkung mit dem Familienleben abliefen, so befanden sich Produktion und Fertigstellung der Waren nun allein in der Fabrik, für deren Betrieb Fabrikaufseher zuständig waren. Auch die Gärten dienten nicht länger der Selbstversorgung, sondern eher der Abschirmung der Fabrikantenfamilie von dem Lärm der Maschinen.

Dieser Verlagerungsvorgang und Entfremdungsprozess war sehr langwierig. Dies zeigen unter anderem die Wohnverhältnisse der Familie Frowein. Bis in

62 Generell ist festzuhalten, dass das Kriterium der räumlichen Trennung wenig eindeutig und vor allem auf die männliche Berufstätigkeit gemünzt ist. Vgl. *Joris*, Profession.

63 Vgl. *Dinnebier*, Gärten. Eine solch graduelle Aufweichung der Einheit von Wohnen und Arbeiten beobachten auch *Davidoff/Hall*, Family. Vgl. ebd., S. 364–369.

64 Vgl. zur Wuppertaler Fabrikarchitektur *Mahlberg*, Heyde.

die 1860er Jahre lebten alle drei Geschäftsführer und deren Familien in unmittelbarer Nähe von Kontor und Dampfmaschine. Erst die räumliche Not, hervorgerufen durch den Platzbedarf der mehr als hundert Bandstühle, erzwang den Abriss des alten Stammhauses, das mit einem der Wohnhäuser durch einen direkten Übergang verbunden war. An der Stelle des aus dem 18. Jahrhundert stammenden Hauses und seines Gartens wurden ein Hoch- und ein Shedbau errichtet; Produktion und Verwaltung blieben damit weiterhin im Zentrum der Stadt und in unmittelbarer Nähe zur Wohnstätte der Familie. Die Verlagerung der Produktion und der Kontore an den Rand Elberfelds erfolgte erst in den 1890er Jahren, als auch die Wohnhäuser der Familie am Neumarkt der Stadtentwicklung weichen mussten.[65] Das großzügige Ensemble von (Wohn-)Haus, Garten und Produktionsstätten und der darin zu Tage tretende Zusammenhang von Arbeiten und Wohnen hörten auf zu existieren.

6.2 Wuppertaler Gärten zwischen Hauswirtschaft und Kulturkonsum

Reisende, die ins Wuppertal kamen, lobten vor allem den Fleiß und die Betriebsamkeit des Wuppertals und wurden nicht müde, dessen gewerbliche Bedeutung zu loben. Aloys Schreiber, der 1816 die »Anleitung auf die nützlichste und genußvollste Art den Rhein von Schafhausen bis Holland« verfasste, legte den Akzent auf andere Stelle und gab seinen Lesern mit auf den Weg: »In dem zu Barmen gehörigen Wupperfeld verdient der Wuppermannsche Garten besucht zu werden.«[66] Auch andere Reisende bestaunten die Anlage und beschrieben deren Besonderheiten: »Dieser Garten ist aus einem Felsen mit unglaublicher Mühe entstanden. [...] Er hat sechs bis sieben Etagen, alle mit Steinwänden wider den Einsturz gesichert. Auf den drey untersten erheben sich Fontänen und auf der sechsten ein niedliches Häuschen, von dem man zur siebenten kommt.«[67]

So spektakulär der Wuppermannsche Garten in seiner Anlage war, so wenig war er als reiner Ziergarten gedacht. Vielmehr dienten die Früchte der im ordentlichen Spalier stehenden Büsche genauso zur Nahrung wie das sorgfältig gehegte Gemüse, dessen Grün sich mit den Blüten der in Rabatten gepflanzten

65 Vgl. *Strutz*, 175 Jahre, S. 67, 72. Ein weiteres Beispiel für die auch im 19. Jahrhundert weiterhin bestehende enge räumliche Nähe von Produktion und Wohnstätte waren die Wohnverhältnisse der Familie Engels im Barmer »Bruch«. Vgl. *Knierim*, Gelebte Religion.

66 *Schreiber*, Anleitung, S. 362.

67 Magazin der Kunst und Litteratur 1 (1793), S. 55–72, hier S. 71 f. Der Artikel ist auch abgedruckt in *Dietz/Reulecke*, Kutsche, S. 61–69. Eine weitere Reisebeschreibung von 1787, die sich vermutlich auf den Wuppermannschen Garten bezieht, ist zitiert bei *Mahlberg*, Großstadt, S. 74.

Blumen abwechselte.[68] Dieser Garten konnte sowohl durch seine Früchte als auch über seine ästhetischen Reize genossen werden und zeichnete sich durch eine doppelte Konsumfunktion aus. Beide Arten des Konsums waren eng verknüpft mit kulturellen Leistungen – zum einen im Sinne einer Veredelung, das heißt Kultitivierung, der Natur, zum anderen im Sinne einer der Hochkultur zugerechneten Ästhetik, das heißt der Garten als Kunstwerk.[69] So lassen sich die Wuppertaler Gärten nicht nur als Teil der Hauswirtschaft und damit als Bestandteil der oben beschriebenen Einheit von Wohnen und Arbeiten, sondern auch unter Fragestellungen der Forschung zum Kulturkonsum betrachten.[70] An letztere lässt sich in Bezug auf die Gärten der Wuppertaler Kaufmannsfamilien auch deshalb gut anknüpfen, weil sich Kulturkonsum keineswegs ausschließlich auf die Rezeption von Produkten der Hochkultur wie etwa künstlerisch gestalteten Landschaftsparks beziehen muss. Schließlich hat sich dieses reduzierte Verständnis von »Kultur« erst im Laufe des 19. Jahrhunderts entwickelt. Vielmehr ist mit Kulturkonsum hier der Lust erzeugende Genuss kultureller Güter gemeint, die nicht in direktem Zusammenhang mit Beruf oder Geschäft des Konsumenten stehen und somit in diesem Kontext auch über den hauswirtschaftlichen Zweck der Gärten hinausweist.[71]

Die meisten Einwohner Barmen und Elberfelds verfügten Ende des 18. Jahrhundert zumindest über einen kleinen Garten. Dies belegen auch die Steuerlisten. Als wie jedes Jahr 1782 die Steuereintreiber nach Barmen kamen, zahlten 77 Prozent aller Steuerpflichtigen der zwölf Steuerbezirke, den sogenannten Rotten, Steuern für »Hof und Garten«. Dies reichte von Kleinstbeträgen in Höhe von vier Stübern, wie sie in der Gemarker Rotte etwa Godfried Beckmann oder Engelbert Bracke zahlen mussten, bis hin zu beträchtlichen Summen wie im Fall des Kaufmannes Johann Carl Wuppermann. Dieser musste für sein Gartengrundstück, dessen eindrucksvolle Anlage oben bereits erwähnt wurde, mehr als sechseinhalb Taler entrichten. Auch andere Kaufleute wie Gottfried Rübel, die Gebrüder Wichelhaus oder Peter Keuchen zahlten mehrere Taler Steuern für ihre Grundstücke.[72]

Da sich die Höhe der Steuern nach der Größe der Grundstücke und nicht nach dem Wert etwa aufgrund von Lage oder Zustand richteten, lässt die Steuerhöhe auch gewisse Rückschlüsse auf die Größe der Gärten zu. Die Größe der Wuppermannschen Grundstücke ist bekannt. 1779 erhielten Johann Carl und Catharina

68 Für eine eingehendere Beschreibung des Gartens und der darin befindlichen Pflanzen vgl. *Wuppermann*, Haus zur Schüren.

69 Zur vielfältigen Bedeutung von »Kultur« vgl. *Busche*, Kultur; *Hörning*, Kultur als Praxis.

70 Vgl. *Bermingham/Brewer*, Consumption of Culture; *North*, Genuss.

71 Vgl. *Brewer*, Konsumgeschichte, S. 52ff. Zur intensiven (haus-)wirtschaftlichen Nutzung eines Gartens durch eine Kaufmannsfamilie vgl. *Habermas*, Frauen, S. 43–45.

72 Vgl. STAW F IV 27.

Margarethe Wuppermann im Zuge einer Erbteilung einen 6 ½ Morgen großen Garten sowie ein 3 ¾ Morgen großes Feld neben dem Garten.[73] Dies entspricht einer Grundfläche von gut zwei Hektar im ersten und von 13.000 Quadratmeter im zweiten Fall. Die beiden Grundstücke korrespondieren mit den in den Hebezetteln erfassten Gartengrundstücken. Nimmt man das Verhältnis von Grundstücksgröße und Steuerlast der Wuppermanns zum Ausgangspunkt, so ergibt sich für die Gärten anderer Kaufmannsfamilien, dass diese häufig mindestens 5.000 Quadratmeter groß waren – eine Grundstücksgöße, die auch für die Gärten anderer bürgerlicher Gartenbesitzer üblich war.[74] Kleine Gartengrundstücke wie die der beiden oben zitierten Männer, für die nur geringe Steuern fällig waren, umfassten dagegen etwa 250 Quadratmeter und lassen vermuten, dass diese wohl vor allem als Nutzgärten dienten.[75] Im Falle der Kaufmannsfamilien wurde im Übrigen auch teurer Grund wie etwa Teile eines Bleichgrundstücks in der Nähe des Wohnhauses für die Gartengestaltung umgewidmet. Das verweist darauf, dass man sich die Nähe des Gartens etwas kosten ließ; schließlich gehörten die Bleichgrundstücke zu den wertvollsten Grundflächen im Wuppertal.[76]

Generell lässt sich festhalten, dass die Wuppertaler Kaufmannsfamilien über sorgfältig gestaltete Gärten verfügten, die, so der kaiserliche Kommissar Beugnot, immer mit Geschmack angelegt seien.[77] Allerdings hat sich nur von den herausragenden Beispielen eine Beschreibung erhalten, wie etwa im Falle des eingangs erwähnten Gartens der Familie Wuppermann.[78] Dieser gilt als »der letzte und großartigste Vertreter barocker Gartengestaltung im Tal«: eine regelmäßige und symmetrische Anlage mit im Spalier gepflanzten Orangenbäume und mit drei in regelmäßigen Abständen platzierten Fontänen.[79] Gekrönt wurde die Gartenanlage von einem Baumhof mit Obstbäumen, einer dichten Nussbaumhecke sowie einer hohen Pappelreihe, von wo aus man einen besonders guten Blick ins Wuppertal hatte. Eine Etage tiefer befand sich das aus massivem Stein errichtete Sommerhaus, das auch auf zeitgenössischen Darstellungen aus dem 19. Jahrhundert gut zu erkennen ist.

Als Vorbild für den Wuppermannschen Garten, der an eine Miniaturausgabe der heute noch zu besichtigenden königlichen Gärten in Sanssouci gemahnte, mag die Gartenanlage des deutlich näher gelegenen, sogenannten Wunderbaus in Elberfeld gedient haben. Dieser war der erste steinerne private Massivbau in

73 Vgl. FAW Nr. 22–2.

74 Vgl. *Ebert*, Ästhetik, S. 184.

75 Diese Werte sind nur als Annäherungswerte zu verstehen, da die Umrechnung der Flächenmaße und Währungseinheiten eine gewisse Fehleranfälligkeit besitzt.

76 Vgl. den Situationsplan des Gartens der Familie Bredt-Rübel in *Bredt*, Haus Bredt-Rübel.

77 Vgl. *[Beugnot]*, Reisetagebuch, S. 179.

78 Zu dieser Problematik allgemein vgl. *Winter*, Gartenkunst, S. 203.

79 Vgl. *Dinnebier*, Gärten, Zitat S. 59.

Elberfeld.[80] Das Haus war, wie auch die sich anschließende Gartenanlage, in den Hang hineingeschlagen. Das Gelände war markant genug, um auch in den Elberfelder Stadtplan von 1775 detailliert eingezeichnet zu werden. Auf diesem Stadtplan sind die verschiedenen Terrassenstufen gut erkennbar, die zum Teil mit Rabatten und Zierbäumen bepflanzt waren. Ein weiteres Vorbild für den Wuppermannschen Garten kann der Terrassengarten von Paul Christoph Scheibler (1726–1797) gewesen sein, den dieser in Monschau am Ufer der Rur (nicht zu verwechseln mit der rechtsrheinischen Ruhr) hatte anlegen lassen. Johann Carl Wuppermann und Paul Christoph Scheibler waren durch ihre Ehefrauen verschwägert und der Kontakt zwischen den Familien war eng.[81]

Auf jeden Fall zeigen diese beiden möglichen Vorbilder an, wie sehr diese Form der durchstrukturierten, formalisierten Gartenkultur auch in Kaufmannskreisen verbreitet war. Für Johann Carl Wuppermann war der Garten, für den er viel Zeit und auch Geld aufwendete, sicherlich eine Möglichkeit, sich von der Tätigkeit als Kaufmann zu erholen und dabei das Nützliche mit dem Angenehmen zu verbinden. In seiner formellen und regelmäßigen Anlage spiegelte der Garten nicht nur die traditionelle Lebenseinstellung der Familie Wuppermann wider, sondern kann zugleich auch als Ausdruck der klar gegliederten ständischen Ordnung des *ancien régime* gelesen werden, innerhalb derer jede Person einen klar vorgegebenen Platz, einen Stand, einnahm. Diese Ordnung löste sich allerdings in den Folgejahren auch innerhalb des Wuppermannschen Gartens auf.

Den Anfang hierfür machte die Schwiegertochter Johann Carl Wuppermanns, Anna Sophie. Sie legte eine »englische Anlage« inmitten des Gartens an, welche für die Familie zum Mittelpunkt des Gartenlebens wurde:

[Ein] lauschiges Rasenplätzchen voller Beete von Rosen und Topfblumen, dicht umschlossen und heimlich geschützt gegen alle unberufenen Blicke durch hohes blühendes Gesträuch; in der vorderen Ecke eine Laube unter einer Trauer-Esche, hinten ein kühles, dunkles Plätzchen unter zwei Linden, die breiten Wege im englischem Geschmack in Form einer Acht verschlungen. [...]. Mit diesem Gärtchen war für zwei Generationen der Inbegriff der Heimat zur Schüren untrennbar verbunden.[82]

In der Folge gewann entsprechend die Vorstellung vom Garten als Erholungsraum und Ort des zwanglosen Beisammenseins die Oberhand. So diente der weiterhin in seiner strengen, terrassierten Form erhaltene Garten den Wuppermanns in der ersten Hälfte des 19. Jahrhunderts weniger als Repräsentationsraum denn als Rückzugsort für vertrauliche Gespräche, als Ort der Gastlichkeit

80 Vgl. *Mahlberg*, Wunderbau; zum Garten ebd. ausführlich S. 25–37.

81 Zu den Gärten Paul Christoph Scheiblers vgl. *Hansmann*, Haus, S. 72 f. Maria Katharina Wuppermann (1735–1785), eine Schwester Catharina Margarethe Wuppermanns, hatte 1756 Paul Christoph Scheibler (1726–1797) geheiratet.

82 *Wuppermann*, Haus zur Schüren, S. 16.

vor allem zur Teestunde und als Tobegrund für ausgelassene Kinderspiele. Die barocken Vorstellungen verpflichtete repräsentative Gartengestaltung der vorherigen Generationen wurde ergänzt durch scheinbar zwanglos angelegte Elemente, die in ihrer Vielschichtigkeit den Garten in viele kleine, private Räume teilten und ein Gefühl von »regelloser Zufälligkeit« und »anmutiger Verwicklung« schufen.[83] Die Idee des englischen Landschaftsgartens, in welcher die Natur angeblich »natürlich« erfahrbar und welcher scheinbar Standesgrenzen entrückt war, hielt Einzug ins Wuppertal.[84]

Dies wird besonders ersichtlich im Falle der Gartenanlage, die Peter de Weerth in Auftrag gab. 1802 ließ er sich von dem Bonner Hofgärtner Peter Joseph Lenné einen englischen Landschaftspark auf einem ehemaligen Bleichergut anlegen.[85] Die Anlage war kunstvoll und dabei gleichzeitig natürlich wirkend angelegt: den Park durchzogen verschlungene Wege, Brücken überspannten Wasserläufe, und wie zufällig wirkende Baum- und Gebüschgruppen gliederten die Landschaft. Freie Rasenflächen öffneten Blickachsen, welche die Bepflanzung kunstvoll in Szene setzten. Anders als viele andere Angehörige der »gebildeten Stände« wurde Peter de Weerth allerdings nicht selbst gärtnerisch tätig; der Park diente allein dem ästhetischen Genuss und der Erholung. Die Gartenanlage war gerade in ihrer Natürlichkeit repräsentativ, diente dabei jedoch zugleich als Ort der Besinnung. Repräsentation und Kontemplation schlossen sich dabei keineswegs aus; vielmehr diente gerade die nah an der Natur gestaltete, dabei jedoch hochartifizielle Anlage dazu, sich in ihrer Betrachtung selbst zu erfahren.[86] Die eigene Empfindsamkeit, so sah man es, konnte sich in der Natur besonders gut entfalten.[87]

In Peter de Weerths Parkanlage am Brill wird dieses gefühlvolle Naturverständnis, das gleichzeitig Ausdruck bestimmter Konsumpraktiken war, noch anderweitig deutlich. 1815 ließ er erst einen Denkstein zur Erinnerung an die Befreiung von Napoleon errichten. Nach dem Tod seiner Frau kam noch ein Denkmal zur Erinnerung an sie hinzu. Das Aufstellen von Denkmalen, Monumenten

83 Vgl. zu den zeitgenössischen Prämissen der Gestaltung eines englischen Landschaftsgartens *Dülmen*, Paradies, S. 17–23; *Bosbach/Gröning*, Landschaftsgärten.

84 Dass man den englischen Landschaftsgarten nicht vorschnell als »bürgerlich« bezeichnen sollte, dazu vgl. beispielsweise *Watkin*, Influence.

85 Vgl. *Dinnebier*, Gärten, S. 60–62. Ein Situationsplan des Gartens von 1855 ist abgedruckt in: Geschichte im Wuppertal 18 (2009), S. 144 (Abb. 55).

86 Vgl. *Tabarasi-Hoffmann*, Gärten der Philosophie.

87 Vgl. hierzu auch den Brief des Kaufmanns Johann Jakob Aders an seine Ehefrau, nachdem diese ihm von der gewünschten Verlobung ihrer Tochter Auguste mit Karl Harkort mitgeteilt hatte: »Mein Herz sehnte sich nach Luft als ich deinen lieben, mit andächtigem Sinn geschriebenen Brief las, ich gieng auch in die Kirche, aber nicht in eine von Menschenhänden gebauet, in den Tempel der schönen Natur. […] Die Sonne gieng am Firmament unter, aber mir gieng die Sonne schöner Hoffnungen auf.« STAW J III 104a, Johann Jakob Aders an seine Ehefrau Helena, geb. Brink, in Elberfeld, o. O. o. D. [1818].

oder Gedenktafeln im eigenen Garten war innerhalb der »gebildeten Stände« gang und gäbe; gerade das Gedenken an Verstorbene im eigenen, als privatem Rückzugsort empfundenen Garten wurde von vielen als natürliches Bedürfnis empfunden und als ein solches auch in den zeitgenössischen Gartenjournalen thematisiert. In den Journalen wurden viele Möglichkeiten zur »geschmackvollen Gestaltung« solcher Denkmale oder Monumente vorgestellt.[88]

Neben dieser eher sinnlichen Erfahrung der Gärten und der in ihnen gestalteten Natur entwickelten nicht wenige Angehörige der Wuppertaler Kaufmannsfamilien eine wahre Passion für die praktische gärtnerische Tätigkeit. Die Schwägerin des Spinnereibesitzers Johann Gottfried Brügelmann, Johanna Charlotte Brügelmann, geb. Carnap, (1762–1816) pflegte beispielsweise in Elberfeld die Gartenleidenschaft besonders und beeindruckte den zukünftigen Schwiegersohn Heinrich Sybel mit Größe und Anlage des Gartens: »Zu demselben [dem Wohnhaus der Familie] gehörte ein drei bis vier Morgen großer Garten, der, auf das sorgfältigste gepflegt, mit zwei großen Gewächshäusern versehen war und eine so vollständige und große Gewächssammlung enthielt, wie ich selten in Privatgärten gesehen habe.«[89] Es steht zu vermuten, dass in den Gewächshäusern vor allem exotische Pflanzen gezogen und überwintert wurden. Vielen Gartenliebhabern dienten sie außerdem dazu, Blumen, Gemüse und Obst extrem früh auszutreiben und somit der Natur ein Schnippchen zu schlagen.[90] Das Vorhandensein von zwei, in ihrer Anschaffung nicht gerade günstigen Gewächshäusern weist auf jeden Fall schon einmal auf die Ambitionen der Gartenbesitzerin hin.

Doch nicht nur die Gewächshäuser wiesen Charlotte Brügelmann als eine ehrgeizige Gärtnerin aus, die sich mit ihrer Leidenschaft auf der Höhe der Zeit wähnen konnte und hierdurch nicht zuletzt ihre Zugehörigkeit zu den »gebildeten Ständen« demonstrierte. So schreibt Sybel weiter: »Sie war eine so große Blumen- und Gartenfreundin, dass sie dieses Paradies sich geschaffen und darin lebte und webte; die Pflanzen und Blumen wusste sie nach Linné alle lateinisch zu benennen und von jeder Reise kehrte sie reichbeladen mit neuen Pflanzenschätzen zurück.«[91] Diese für die Kaufmannsfrau hier angeführte theoretisch fundierte Beschäftigung mit Botanik war unter den Männern und Frauen und selbst Kindern der »gebildeten Stände« nichts Ungewöhnliches; auch im Garten

88 Vgl. *Dülmen*, Paradies, S. 206 ff. Eines der erfolgreichsten Gartenjournale war das »Allgemeine Teutsche Garten-Magazin«, welches der Weimarer Verleger Justin Bertuch seit 1804 herausgab. Vgl. hierzu *Müller*, Bertuch.

89 HZW Bestand Brügelmann Nr. 19. Heinrich Ferdinand Philipp (von) Sybel und Charlotte Amalie Brügelmann sind die Eltern des bekannten Historikers Heinrich von Sybel. Vgl. *Paul*, Aufstieg; *dies.*, von Sybel.

90 Vgl. *Dülmen*, Paradies, S. 76.

91 HZW Bestand Brügelmann Nr. 19.

offenbarte sich die Bildungsfreude der »gebildeten Stände«.[92] Andrea van Dülmen stellt in ihrer Untersuchung zur »bürgerlichen Gartenkultur« entsprechend fest: »Die wirklich passionierten Gartenbesitzer, die sich an den Forderungen der Gartentheoretiker orientierten, sich besonders um Obst- und Gemüseanbau bemühten oder speziellen botanischen Liebhabereien nachgingen, fanden sich natürlich vor allem in den gebildeten Kreisen.«[93] Die Wuppertaler Kaufleute zählten mit ihrer Garten- und Pflanzlust eindeutig dazu.

Das gilt auch für diejenigen, deren Gärten weniger dem Genuss und damit dem Kulturkonsum gewidmet waren als vielmehr der Nutznießung der Früchte des Gartens. Denn der reine Lustgarten war generell unter den »gebildeten Ständen«, ja selbst unter fürstlichen Gartenbesitzern die Ausnahme.[94] Nicht zuletzt in der zeitgenössischen Gartenliteratur wurde meist eine Verbindung von Nutz- und Ziergarten propagiert und die Bedeutung eines Gartens für die Versorgung der Familie mit frischem Obst und Gemüse unterstrichen. Johann Peter von Eynern und sein Sohn Friedrich etwa sorgten sich beide um die Anlage ihrer Obstgärten und achteten darauf, möglichst verschiedene Sorten zu pflanzen, deren Früchte zu unterschiedlichen Zeiten reif und zu verschiedenen Zwecken verarbeitet werden konnten. Wie wichtig Friedrich von Eynern den Garten nahm, wird schon allein daraus ersichtlich, dass die Gärtner Caarmann & Heykamp beim Neubau des Hauses ein höheres Honorar erhielten als der Architekt des Gebäudes.[95] Im Obsthof, der den Großteil der Gartenfläche einnahm, ließ Friedrich von Eynern folgende Bäume pflanzen: 15 Apfelbäume (zehn Sorten), neun Birnbäume (acht Sorten), neun Kirschbäume (sechs Sorten), neun Pflaumenbäume (fünf Sorten), drei Walnussbäume und eine Kastanie. Die Kosten für die Setzlinge schlugen mit 16 Taler und 44 Kreuzer zu Buche und unterstreichen die Kosten für die Anlage eines Gartens.[96] Dass Friedrich von Eynern sich ebenso wie sein Vater 15 Jahre zuvor so intensiv mit der Bepflanzung des Obstgartens beschäftigte, war im Übrigen nicht außergewöhnlich; die Anzucht und Pflege von Obstbäumen scheint fast ausschließlich Sache der Männer gewesen zu sein.[97]

92 Charlotte Brügelmanns Gartenleidenschaft und Kenntnisse verweisen im Übrigen auf die Bedeutung von Frauen in der Geschichte der Gartenkunst – ein Forschungsfeld, das noch weitgehend unbeackert ist. Vgl. *Dorgeloh*, Gartenwelten.

93 *Dülmen*, Paradies, S. 39. Vgl. auch die bei *North*, Genuss, S. 119 f., auszugsweise aufgeführten Publikationen aus dem Hause Bertuch, die sich ausdrücklich an die Laien unter den Gartenliebhabern wandten.

94 Vgl. *Ebert*, Ästhetik.

95 Braches hatte 65 Taler Lohn erhalten, die beiden Gärtner 89 Taler. Allerdings mögen bei den Gärtnern auch gewisse Erdarbeiten enthalten gewesen sein. Vgl. HZW Bestand Eynern Nr. 34, fol. 24.

96 Ebd., fol. 50.

97 Vgl. *Dülmen*, Paradies, S. 69.

Inwieweit die Wuppertaler Gärten auch zur Selbstversorgung mit Gemüse dienten, kann aufgrund der Überlieferungslage nicht geklärt werden. Ersichtlich ist auf jeden Fall, dass der Gemüseanbau von Angehörigen der Kaufmannsfamilien auch häufig als Liebhaberei betrieben wurde.[98] Reinhard Theodor Wuppermann etwa, der Ehemann der oben erwähnten Anna Sophie, führte nicht nur den Anbau der Weintrauben weiter, die in der Erinnerung des Sohnes süßer waren als »alle Trauben, die der Markt von dem berühmten Rhein hierherbrachte«, sondern sorgte sich auch eigenhändig um das Stechen des Spargels.[99] Hier stand weniger der Versorgungsgedanke im Vordergrund als die Beherrschung bestimmter gärtnerischer Techniken. Gleichwohl dienten die im Wuppermannschen Garten gepflantzen Obst- und Nußbäume ebensowie wie bei den Eynerns natürlich auch zur Versorgung mit Lebensmitteln.

Bei der Bewältigung der gärtnerischen Arbeit standen den Familien sowohl Fachkräfte zur Seite als auch kommerzielle Anbieter von Saatgut zur Verfügung. Luise Frowein etwa beschäftigte durchgängig einen Gärtner, der sich wohl um den großen Zier- und Nutzgarten kümmerte, der sich hinter dem Wohnhaus mitten in der Stadt, umgeben von hohen Mauern, erstreckte.[100] Sie selbst übernahm jedoch die regelmäßige Beschaffung von Blumenzwiebeln. Die Notierung der Ausgaben hierfür in ihrem privaten Ausgabenbuch, in dem sich sonst nur Geschenke für die Kinder, Ausgaben für deren Kleidung sowie Kollektenbeiträge finden lassen, deuten darauf hin, dass es sich bei den Käufen der Blumenzwiebeln um einen besonderen Luxus handelte, der über das rein Notwendige hinausging, den man sich aber dennoch gerne leistete.[101] Für die Beschaffung von Sämereien und Blumenzwiebeln standen seit der Jahrhundertwende in Elberfeld und Barmen einige Saatguthandlungen bereit, die auch exotische Gewächse in ihrem Sortiment führten. Allerdings wurde dieses häufig erst als Nebengeschäft betrieben, etwa im Falle des Juweliers Carl Wilhelm Rautenbach,

98 Die von Rebekka Habermas eindrucksvoll rekonstruierte Hauswirtschaft der Nürnberger Kaufmannsfamilie Merkel und der dazu beitragende Gemüseanbau verweisen darauf, dass auch an Orten, wo es auf dem städtischen Markt alles zu kaufen gab, Haushalte ihre Lebensmittel weiterhin häufig selbst zogen und die Gärten beträchtlich zur Ökonomie des Haushaltes beitrugen. Vgl. *Habermas*, Frauen, S. 43–48.

99 Vgl. *Wuppermann*, Haus zur Schüren, Zitat S. 17. Vgl. zur Kultivierung von Trauben und Spargel in Privatgärten auch *Dülmen*, Paradies, S. 71 ff.

100 Die »große statistische Tabelle« für Barmen für das Jahr 1816 verzeichnete unter den 1.741 katholischen Einwohnern der Stadt allein zwanzig Gärtner und damit in dieser Bevölkerungsgruppe mehr Gärtner als Kutscher und Fuhrknechte. Von den 704 Tagelöhnern mögen auch einige mit Gartenarbeiten beschäftigt gewesen sein. Für die anderen Konfessionen sind die Angaben zu den »Individuen nach Stand und Gewerbe« leider nicht in der Akte enthalten. Vgl. STAW E IV 3.

101 Vgl. FAF Nr. 1332. Luise Frowein notierte beispielsweise 1831 die Ausgabe von drei Talern für Blumenzwiebeln, 1832 dann die Summe von zwölf Talern für Hyazinthenzwiebeln. Zur Debatte um Luxus versus Notwendigkeiten als Teil der entstehenden Konsumgesellschaft vgl. *Beck*, Luxus.

der auch »Garten- und Blumensamen, holl. Zwiebeln und Fruchtbäume« anbot.[102] In Barmen dagegen hatte Johann Friedrich Scheidt 1813 ausschließlich »botanische Oekonomie, fremde und einheimische Gewächse, und alle Sorten Garten-Saamen« im Angebot.[103] Dass es auch in Elberfeld in diesem Jahre bereits drei Anbieter für Saatgut und Setzlinge gab, weist darauf hin, wie sehr sich dank der Gartenleidenschaft der »gebildeten Stände« auch auf diesem Gebiet neue Geschäftsmöglichkeiten eröffneten; auch die Natur und ihre gärtnerische Gestaltung wurden vom Prinzip der Kommerzialisierung erfasst.

Generell läst sich festhalten, dass die Wuppertaler Kaufmannsfamilien sich in ihren Gärten einem Kulturkonsum im doppelten Sinne hingaben: sie genossen die häufig auch eigenhändig kultivierten Früchte ebenso wie die ästhetischen Reize, welche die nach künstlerischen, teils auch philosophischen Grundsätzen gestaltete Landschaft ihnen verschafften. Diese doppelte Nutzung von Garten und Landschaft war keineswegs neu und auch nicht auf bürgerliche Kreise beschränkt. Vielmehr trafen sich in der Landschaftsgestaltung adlige und bürgerliche Vorstellungen, die sich jedoch in einer Gewerberegion wie dem Wuppertal schon allein aus Platzgründen nur begrenzt umsetzen ließen. Doch verweisen die anspruchsvollen Garten- und Parkanlagen darauf, dass selbst die hügelige Topografie des Tals die Kaufmannsfamilien nicht daran hinderte, ihre Visionen von einer nach kulturellen Prämissen gestalteten Umgebung umzusetzen. In ihrer gärtnerischen Konsumkultur erweisen sich die Wuppertaler Kaufmannsfamilien somit als genuine Vertreter der »gebildeten Stände«. Wie weit dies auch auf die Interieurs der Kaufmannshäuser zutrifft, ist Thema des anschließenden Abschnitts.

6.3 Ebenso schön als bequem – Das Interieur der Kaufmannshäuser

Als Elise von Eynern 1827 den Bandfabrikanten Julius Aschenberg heiratete, erhielt sie von ihren Eltern, ebenso wie ihre Geschwister, eine Mitgift in Höhe von 4.000 Talern. Die Mitgift setzte sich zu gleichen Teilen aus Geld- und Sachwerten zusammen. An Gegenständen erhielt Elise reichlich Tisch- und Hauswäsche aus Leinen und Damast, ein Teeservice, Silbersachen sowie verschiedene Möbel (ein Schrank, zwei Bettstätten, ein Tisch aus Tannenholz, ein Spiegel, zwölf Stühle), die bei dem örtlichen Schreinermeister Wilms in Auftrag gegeben worden waren.[104] Der Bruder Wilhelm erhielt anlässlich seiner Hochzeit mit Juliane de Weerth an Mobiliar dagegen nur zwei Kästen, das heißt Schränke,

102 Vgl. *Ohm*, Taschen Almanach.
103 Vgl. *Eyrich*, Taschenbuch.
104 Vgl. STAW NDS 12, Notizbuch Wilhelm von Eynern, fol. 29 f.

aber keinerlei Tischwäsche; die Schwester Adeline wiederum bekam bei ihrer Eheschließung von ihren Eltern vor allem textile Gegenstände, aber nur wenig Silber und Porzellan und so gut wie keine Möbel.[105] Warum die Geschwister, vor allem die beiden Mädchen, zu ihrer Hochzeit so unterschiedlich ausgestattet wurden, ist aus dem privaten Rechnungsbuch Wilhelm von Eynerns, dem diese Angaben entnommen sind, nicht zu rekonstruieren. Die detaillierte Auflistung der Gegenstände offenbart jedoch die Bedeutung, welche der materiellen Kultur zugemessen wurde, ebenso wie das genaue Registrieren ihres Geldwertes.

Doch wohnt Objekten deutlich mehr inne als nur der materielle Wert, sie sind immer auch sinnbehaftet. Der Konsum von Gegenständen wie von immateriellen Objekten, beispielsweise von »Kultur«, muss daher immer auch auf seine identitätsstiftende Funktion hin beleuchtet werden.[106] Gerade für eine Konsumgemeinschaft, wie sie hier für die »gebildeten Stände« rekonstruiert wird, ist es entscheidend, welche Zeichen den Dingen zugeordnet wurden und mit welchen Aktivitäten oder Gewohnheiten ihr Konsum verknüpft war. Denn zu postulieren, dass sich über den Konsum bestimmter materieller Objekte und immaterieller Gegenstände eine Gemeinschaft konstituiert, ist nur möglich, wenn gefragt wird, welche sinnstiftende Bedeutung diesem Konsum sowohl in der Lebenswelt des Einzelnen wie auch der Gemeinschaft zukam.[107]

Kaufleuten wird gerne der Sinn für das Poetische oder Erhabene abgesprochen, zu sehr scheinen sie auf die materiellen Güter dieser Welt bedacht zu sein.[108] Die von der historischen Forschung propagierte Scheidung in ein »Bildungs-« und ein »Wirtschafts-Bürgertum« hat ein Übriges dazu beigetragen, allein die Angehörigen der akademisch gebildeten Berufe wie Juristen, Pfarrer oder Professoren als Teilnehmer einer ästhetisch anspruchsvollen Geschmackskultur wahrzunehmen. Dabei wird gerne übersehen, dass Geschmack sozial konditioniert ist und einem Lernprozess unterliegt. Hierauf hat vor allem Pierre Bourdieu in seinen Arbeiten hingewiesen.[109] Im Folgenden soll es nun darum gehen, den Geschmacksbildungsprozess der Kaufmannsfamilien in der Zeit um 1800 nachzuvollziehen und zu zeigen, wie sie sich durch ihre materielle Kultur innerhalb der Konsumgemeinschaft der »gebildeten Stände« positionierten.

Allerdings kann im Folgenden die materielle Kultur der Wuppertaler Kaufmannsfamilien nur in ihrem häuslichen Umfeld betrachtet werden. Der Kon-

105 Vgl. ebd., fol. 6, 35.

106 Vgl. *Bermingham*, Introduction. »We need to explore the way in which individuals appropriate cultural forms to their own individual needs, as tools to construct social selves. […] Consumption has been the primary means through which individuals have participated in culture and transformed it.« Ebd., S. 14. Vgl. auch *Bosch*, Identität und Dinge.

107 Vgl. *Campbell*, Understanding; *Styles*, Dress, S. 8–16.

108 Vgl. etwa Goethes Roman »Wilhelm Meisters Lehrjahre« und die Charakterisierung von Wilhelm Meisters Cousin Werner darin.

109 Vgl. v. a. *Bourdieu*, Die feinen Unterschiede.

sum von Kleidung und Mode oder die mediale Selbstverortung der »gebildeten Stände« etwa durch die Rezeption bestimmter Genres oder der Lektüre »modischer« Schriftsteller und Werke muss hier, nicht zuletzt wegen einer unzureichenden Quellengrundlage, außen vor bleiben.[110] Doch ist die Wohnkultur für den hier verfolgten Zweck der Erforschung einer »Konsumgemeinschaft« besonders gut geeignet; schließlich stellen die von ihren Bewohnern gestalteten Häuser »die Kristallisationspunkte einer eigenständigen Selbstverortung der Hausbewohner dar«.[111] Als Quellen dienen vor allem Inventare und Nachlassverzeichnisse – eine Quellengattung, die vielfach für die Rekonstruktion von Wohnverhältnissen und dem Besitz materieller Güter herangezogen worden ist.[112] Die Überlieferungslage dieser Inventare macht sie im Wuppertal zu Zufallsfunden, da sie nicht wie beispielsweise in Münster oder Lemgo in einer zentralen Rubrik verzeichnet sind; die hier untersuchten Dokumente stammen vielmehr alle aus dem Kontext von Familienarchiven oder personenbezogenen Nachlässen. Dies macht die Suche nach ihnen zwar mühsam, erleichtert aber die für eine gesteigerte Aussagekraft grundlegende Einordnung der Quelle in den Lebenszusammenhang der untersuchten Person.[113]

Die Auswertung beruht auf den Nachlässen der folgenden Personen: Maria Elisabeth von Carnap (1724–1787), Johanna Catharina von Carnap, geb. Meyer, (1722–1793), Johanna Elisabeth von Carnap (1741–1796), Johann Gerhard Teschemacher (1743–1793), Catharina Margarethe Wuppermann, geb. Wuppermann, (1743–1813), Abraham Frowein (1734–1813), Kaspar Frowein (1759–1823), Luise Frowein, geb. Weber, (1770–1833).[114] Ergänzend hinzugezogen wurden Korrespondenzen aus der Familie Engels sowie Abrechnungen über Haushaltsgegenstände in privaten Rechnungsbüchern der Familie von Eynern. Über die Familien Frowein, Wuppermann und Eynern ist bereits oben ausführlich berichtet worden. Die anderen hier untersuchten Nachlassgeber seien kurz vorgestellt.

Johann Gerhard Teschemacher (1743–1793) stammte aus einer alteingesessenen Elberfelder Kaufmannsfamilie, deren Verwandtschaftsnetz durch Aus- und Kettenwanderung bis nach London reichte.[115] In der Stadtverwaltung bekleideten Johann Gerhard Teschemachers direkte Vorfahren die höchsten Ämter: Sein

110 Vgl. hierzu etwa *North*, Genuss.

111 *Harding*, Einführung, S. 171. Vgl. auch *Schmidt-Funke*, Handfass.

112 An jüngeren Untersuchungen aus dem deutschsprachigen Raum vgl. *Heß*, Danziger Wohnkultur; *Hochmuth*, Globale Güter; *Driesner*, Bürgerliche Wohnkultur.

113 Dies hat auch Jan de Vries ausgeführt: »Accurate projection of the material world of the deceased onto that of the living requires that the inventory be linked to other sources that reveal the age, household size, survival of parents and occupation of the deceased.« *Vries*, Purchasing Power, S. 105.

114 Die Inventare finden sich in folgenden Akten: HZW Bestand de Werth (alle drei Carnap-Frauen), STAW NDS 234 (Teschemacher), FAW Nr. 22–12 (Wuppermann), FAF Nr. 1500 (Frowein 1813), FAF Nr. 1498 (Frowein 1823), FAF Nr. 1447 (Frowein 1834).

115 Zu den Teschemachers in London vgl. *Schulte Beerbühl*, Kaufleute, S. 179 f.

Großvater Gerhard Werner Teschemacher war 1721 zum Bürgermeister gewählt worden und sein Vater Heinrich Ludwig Teschemacher war über mehrere Jahre Ratsverwandter.[116] Johann Gerhard Teschemacher war wie diese beiden ebenfalls Kaufmann, wenn auch über seine Geschäfte nichts Genaueres bekannt ist.[117] Er war von 1780 bis 1785 Mitglied des Elberfelder Rats und wurde dreimal zum Bürgermeister vorgeschlagen (1784, 1788 und 1791), jedoch nie in das Amt gewählt.[118] 1774 hatte er Elisabeth Maria Catharina Brügelmann (1748–1791) geheiratet, die ebenfalls aus einer angesehen Kaufmannsfamilie stammte. Ihre Schwägerin Johanna Charlotte Brügelmann, geb. Carnap, ist uns oben schon als passionierte Gärtnerin begegnet.[119] Auch wenn der Witwer Johann Gerhard Teschemacher bei seinem Tod Schulden hinterließ, die teils aus der Versteigerung der Nachlassenschaft getilgt wurden, weisen ihn die Größe seines Haushaltes und der Besitz gewisser Wertgegenstände als einen Angehörigen der wohlhabenderen Kreise aus.

Die drei Carnap-Frauen gehörten ebenfalls zu einer der angesehensten und wohlhabendsten Familien im Elberfeld des 18. Jahrhunderts.[120] Maria Elisabeth von Carnap (1724–1787) hatte nicht geheiratet und war bei ihrem Bruder auf dem Hofgut in der Au vor den Toren Elberfelds wohnen geblieben. Die zweite Carnap-Erblasserin, Johanna Catharina von Carnap (1722–1793), war die Tochter des Elberfelder Pfarrers Johann Anton Meyer und eine Schwägerin Maria Elisabeths, da sie seit 1740 mit deren Bruder Caspar verheiratet gewesen war. Nach Caspars frühen Tod 1749 war Johanna Catharina Witwe geblieben. Bei ihr lebte ihre Tochter, Johanna Elisabeth (1741–1796), die dritte hier behandelte Erblasserin aus der Familie Carnap. Bei den Carnap-Inventaren besteht somit die Besonderheit, dass zwei von ihnen den Nachlass lediger Frauen verzeichnen,

116 Heinrich Ludwig Teschemacher wurde zweimal (1750 und 1753) zum Bürgermeister vorgeschlagen, aber nicht gewählt. Vgl. *Strutz*, Ahnentafeln, S. 103. Das Geschäftsbuch, das Gerhard Werner Teschemacher von 1700 bis 1740 führte, ist eines der wenigen frühen Rechnungsbücher von Elberfelder Kaufleuten, das sich erhalten hat. Vgl. *Dietz*, Garnnahrung, S. 100–107.

117 Sein Name taucht weder in den ausgewerteten Frankfurter Messschemata auf noch in dem Zentnerzettel für das Jahr 1787 (LA NRW R JB II 1807) noch in dem Zentnerzettel für das Jahr 1793 (STAW J I 6). Gerhard Werner Teschemacher starb vor dem Erscheinen des ersten Elberfelder Kaufmannsverzeichnisses 1794.

118 Vgl. *Brüning*, Elberfeld, S. 130 ff.

119 Die Verbindung zwischen den Familien Teschemacher und Brügelmann war in dieser Generation eine doppelte, da die Schwester von Johann Gerhard, Anna Maria Teschemacher (1758–1803), 1777 den Bruder von Maria Catharina, Joh. Wilhelm Brügelmann (1752–1785), geheiratet hatte. Der ältere Bruder der beiden, Joh. Gottfried Brügelmann, gründete die bereits schon mehrfach erwähnte Spinnerei in Ratingen.

120 Aus der Familie Carnap wurden zwischen 1700 und 1807 elf Männer zum Bürgermeister gewählt, darunter auch der Sohn der hier behandelten Johanna Maria von Carnap. Auch der Vater Johanna Marias, Bernhard Meyer, hatte das Bürgermeisteramt bekleidet. Vgl. *Strutz*, Ahnentafeln, S. 148 f.

die ihr Heim zeit ihres Lebens mit dem Bruder (Maria Elisabeth) beziehungsweise der Mutter (Johanna Elisabeth) teilten. Auch sind die Nachlässe direkt miteinander verbunden, da die Frauen einander beerbten.

6.3.1 Die Inszenierung des Interieurs

Kurz nach der Jahrhundertwende ließ die Familie Bredt die Gesellschaftsräume ihres Hauses neu dekorieren. Das Wohn- und Esszimmer ihres Hauses in Gemarke wurde mit einer Reliefmalerei gestaltet, welche auf grauem Hintergrund Apollo und die neun Musen zeigte. Der Saal im oberen Stockwerk erhielt bunte Motive aus der griechischen Götterwelt.[121] Die Gestaltung der Räume scheint wie eine direkte Antwort auf Forderungen im »Journal des Luxus und der Moden«:

> Wünschen wir also in unsern täglichen Umgebungen Bilder aufzustellen, die uns aus dem wirklichen Leben in eine poetische Welt, aus dem Kreise des Sinnlichen in die Region der Ideen erheben sollen, so bleibt uns fast nichts übrig, als zur Sitte der Alten zurück zu kehren und uns mit allegorischen Bildern ihrer Religion zu umringen. [...] Und wo hätten wir einen bessern Raum für diese Bilder, wo könnten wir ihnen schicklichere Stellen anweisen, als auf den Wänden unserer Wohnungen?[122]

Wenngleich es fraglich bleiben muss, ob die Bredts sich mit den allegorischen Darstellungen einen Raum schaffen wollten, der sie »in die Region der Ideen« transportierte, so war die Übernahme der klassischen Motive für die Innendekoration auf jeden Fall ein bewusster Prozess, der einem sozialen Sinn unterlag. So dienten die neu ausgestalteten Räume vor allem dem Empfang von Gästen und deren Bewirtung. Die Familie Bredt konnte sicher sein, dass ihre Gäste die Dekoration der Räume als gebildet und kultiviert deuten würden; eine Deutung, die wiederum auf die Bredts als Bewohner dieser Räume zurückwirkte. Die geselligen Kreise der Besitzerin des Hauses, der Witwe Gertrud Rübel, reichten weit über das Wuppertal hinaus. Sie verkehrte mit den Jacobis in Pempelfort und war eng befreundet mit dem Gerichtsschreiber Ark. Auch der Neuhumanist Kohlrausch fand anerkennende Worte für den gebildeten Umgang der »Witwe Bredt« und sah sie ganz selbstverständlich als ein geschmackssicheres und kultiviertes Mitglied der »gebildeten Stände«.[123]

Es stellt sich an dieser Stelle allerdings die Frage, wie repräsentativ das Haus der Familie Bredt für die Wuppertaler Kaufmannsfamilien allgemein ist. Bereits oben wurde darauf hingewiesen, dass ihr in den 1780er Jahren errichtetes Wohnhaus zu den prächtigsten und, dem Mietwert nach zu schließen, geräumigsten

121 Vgl. *Bredt*, Haus Bredt-Rübel, S. 30 f.
122 JLM 23 (1808), S. 567–576, hier S. 568 f.
123 Vgl. *Bredt*, Haus Bredt-Rübel; *Kohlrausch*, Erinnerungen, S. 126 f.

Häusern des Wuppertals gehörte. Fotografien, die vor dem Zweiten Weltkrieg von den Treppenläufen, geschnitzten Innen- und Außentüren sowie gestuckten Decken Wuppertaler Kaufmannshäuser gemacht wurden, verweisen zwar auf eine sorgfältige Gestaltung des Wohnumfeldes. Doch in den Augen der Kunsthistoriker spiegeln diese Attribute der materiellen Wohnkultur nur die die gängigen technischen Fertigkeiten der Schnitzer und Stukkateure wider und seien ohne eigenen künstlerischen Wert geblieben.[124]

Für die Frage nach der materiellen Kultur der Wuppertaler Kaufmannsfamilien ist es allerdings weniger entscheidend, ob sie sich mit den Spitzenprodukten des Kunsthandwerks einrichteten, sondern vielmehr welche Gegenstände sie wo platzierten und wie sie mit den Dingen umgingen. Die Raumaufteilung spielte hierbei eine entscheidende Rolle, denn im Laufe des 18. Jahrhunderts begannen sich die Räume der Häuser immer weiter auszudifferenzieren.[125] Kennzeichnend für Häuser älteren Typs war das Vorhandensein einer großen Stube, des sogenannten Saals, der als Empfangs-, Wohn- und Schreibzimmer diente sowie als Aufenthalts- und Gesellschaftsraum. Dieser multifunktionale Raum begann im Laufe des 18. Jahrhunderts zu verschwinden und wurde stattdessen durch viele kleinere Räume ersetzt, die eine mehr oder weniger spezifische Funktion hatten:

> Der bürgerliche Mann vom Mittelstande kann sich nicht mehr mit Einer Wohnstube begnügen. Bei den vermehrten schriftlichen Verhandlungen, dem außerordentlich erweiterten Briefwechsel, und der jetzt allgemein erforderten Belesenheit braucht er ein Studier- oder Expeditions-Zimmer, in welchem er all dies ungestört verrichten kann. [...] Besuch-Zimmer hat man noch wie ehemals, nur regelmäßiger, und geschmackvoller verziert, und die Säle richtet man so ein, daß sie verschlossen und verheizt werden können, um zugleich als Speisesäle zu dienen. [...] Den größeren Kindern läßt man jetzt Unterricht in der Musik, im Briefschreiben, im Zeichnen und Sticken geben, alles dies erfordert Gerätschaften, und kann nicht wohl zugleich in der Wohnstube geschehen, wodurch besondere Zimmer für die erwachsenen Söhne und Töchter notwendig werden. [...] Alles dieses gibt unseren gegenwärtigen Haushaltungen eine andere Gestalt und erfordert deswegen eine veränderte Anlage der Wohnhäuser.[126]

Die hier im »Journal des Luxus und der Moden« beschriebenen neuen Anforderungen an Wohnhäuser des »bürgerlichen Mittelstandes« lassen sich auch an den Häusern der Wuppertaler Kaufmannsfamilien nachvollziehen. Allerdings macht die Auswertung der Inventare deutlich, dass sich zum einen die alte Weise der Raumnutzung auch in den wohlhabenden Schichten noch lange hielt, und zum anderen, wie sehr die Art und Weise des Zusammenlebens und die Raum-

124 Für eine stilkritische Untersuchung der Treppengeländer vgl. *Schmidt-de Bruyn*, Patrizierhaus, S. 47–51. Für zahlreiche Abbildungen, jedoch mit sehr ungenügenden Angaben, vgl. *Schwarze*, Wohnkultur.

125 Vgl. *Friedhoff*, Magnificence.

126 JLM 3 (1788), S. 382–401, hier S. 391 ff.

nutzung von bestehenden Gebäuden bestimmt wurden.[127] So waren in den zwei Häusern, die von den Carnap-Frauen bewohnt wurden, jeweils noch ein Saal vorhanden – ein großer, multifunktionaler Raum, der für die verschiedensten Anlässe diente. Der Saal war in beiden Fällen, soweit sich dies rekonstruieren lässt, mit sehr zahlreichen Möbeln ausgestattet, die zum Teil auch repräsentativen Charakter hatten. Die Anzahl der Stühle lässt darauf schließen, dass der Saal gerade auch für Feierlichkeiten im größeren Rahmen genutzt wurde. Maria Elisabeth und ihr Bruder hatten das Haus von den Eltern in den 1740er Jahren übernommen; Johanna Catharina ihr Haus wohl mit ihrem Ehemann um 1740 bezogen. Alle drei Frauen hatten die innere Anordnung der Häuser bis zum jeweiligen Tod in den 1780er beziehungsweise 1790er Jahren nicht verändert und waren somit, trotz der erheblichen finanziellen Mittel, die ihnen zur Verfügung standen, nicht willens gewesen, ihre Häuser den neuen Raumvorstellungen anzupassen.

Johann Gerhard Teschemacher dagegen hatte sein Haus vermutlich bei seiner Hochzeit 1774 bezogen. Es war deutlich kleinteiliger gegliedert in insgesamt elf Zimmer, von denen keines als »Saal« bezeichnet wurde. Das oben beschriebene Haus Bredt-Rübel, gebaut Anfang der 1780er Jahre, verfügte über fünfzehn Wohnräume, die alle von einem Flur aus zugänglich waren. Ein großer Gesellschaftsraum, der aus zwei verbundenen Räumen bestand, sorgte dafür, dass auch die Repräsentationsansprüche einer erfolgreichen Kaufmannsfamilie bedient werden konnten. Auch die Häuser der Froweins und das Wuppermannschen Haus waren kleinteilig gegliedert, ein Zustand, der im Falle der Wuppermanns wohl erst nach zahlreichen Umbauarbeiten erreicht wurde, der im Inventar von 1813 aber deutlich dokumentiert ist. Die schiere Zahl der Räume wie auch ihre Kennzeichnung in den Inventaren verweisen auf eine größere Differenzierung der Nutzung und ein neues Verständnis von Bequemlichkeit und Eleganz in den Häusern der Kaufmannsfamilien. Daran änderte auch die weiterhin bestehende Einheit von Arbeiten und Wohnen nichts – denn unter den vielen Räumen waren für gewöhnlich einer oder auch zwei, die, im Erdgeschoss gelegen, als Kontor genutzt wurden.

Die kleinteiligere Gliederung der Häuser erlaubte es den Bewohnern, die Zugänglichkeit des häuslichen Raumes neu auszurichten und darüber zu bestimmen, wie offen das Haus an welcher Stelle und für wen sein sollte. Auch boten die vielen Räume mit ihren spezifischen Funktionen zahlreiche Möglichkeiten zur (Selbst-)Inszenierung.[128] Dieses Verständnis des häuslichen Raumes als Bühne, um das soziale Selbst zu präsentieren, lässt das Mobiliar und andere Gegenstände des Interieurs als Requisiten erscheinen, die viel darüber aussagen,

127 Zum graduellen Wandel der Wohnkultur innerhalb der teilweise allerdings deutlich weniger begüterten englischen *middle classes* vgl. *Davidoff/Hall*, Family, S. 375–377.

128 Vgl. *Eibach*, Das offene Haus, v. a. S. 639–648; *Rothery/Stobart*, Consumption, S. 63–72.

welche Inszenierung beabsichtigt ist. Zugleich erhellen die in den Inventaren verzeichneten Gegenstände, selbst wenn ihre genaue Platzierung im Haus nicht bekannt ist, den Geschmacksbildungsprozess der Kaufmannsfamilien als »gebildete Stände«.

So macht das erste Carnap-Inventar von 1788 deutlich, wie sehr weiterhin Gegenstände, die nach Jan de Vries' Definition als *old luxury* zu werten sind, weiterhin die materielle Kultur bestimmen konnten. Maria Elisabeth von Carnap besaß nämlich nur wenige hochwertige Möbelstücke, die auf ein verfeinertes Interieur hingewiesen hätten und die es damit zur Bühne des kultivierten Selbst gemacht hätten. Die Möbel waren, bis auf eine tannene Kiste, alle aus Eiche und damit einem sehr dauerhaften Material gefertigt, allerdings befanden sich darunter immerhin drei Kommoden und ein Kabinett und damit neuere Möbeltypen.[129] Die Stühle waren in Sets von zwölf Stühlen mit Plüsch- und cachant Bezügen, was auf einen eher altmodischen Bezug hinweist. Zum demonstrativen, statusmarkierenden Konsum eignete sich schon eher der Inhalt des reich gefüllten Schmuckkästchens, dessen Wert sich zusammen mit kleineren Gegenständen aus Gold und dem Silberwerk auf gut 2.100 Reichstaler belief, und die reichhaltige Ausstattung mit Tisch- und Leibwäsche: jeder der sechs Erben erhielt 52 Bettücher, mehr als 25 Tischtücher und 140 Servietten sowie zwanzig Handtücher, zwanzig Kissenbezüge, zehn Männer- und 19 Frauenhemden und 17 Ellen friesische und zehn Ellen ordinäre Bonten.[130] Auch die anderen von Maria Elisabeth vererbten Werte weisen darauf hin, dass die altmodische Möblierung nicht finanziellem Mangel geschuldet war, sondern vermutlich eher einem geringen Interesse an dieser Art von Konsumgegenständen zuzuschreiben ist. Für die Definition ihres Selbsts war sie hierauf anscheinend nicht angewiesen.

Die Inventare der beiden anderen Carnap-Frauen zeigen dagegen, wie auch in einem älteren Gebäude das Innere wohnlich und mit großem Komfort gestaltet werden konnte. So wurde das Haus neben den Kaminen mit sechs »schönen« Öfen beheizt, die drei Himmelbetten verfügten über Matratzen, Federbetten sowie passende Vorhänge und zum Sitzen dienten vier Dutzend »gute Stühle« mit Kissen und Sessel. Auch hatte sich Johanna Catharina von Carnap nicht gescheut, kurz vor ihrem Tod noch einen neuen Krankenstuhl (Wert 120 Reichstaler) anzuschaffen und den Saal mit einer »neuen Tischuhr von Marmor« auszustatttten. Auch bei den Materialien hatte Johanna Catharina größeren Wert auf modische Aktualität gelegt als ihre Schwägerin und für den Saal ein

129 Vgl. hierzu auch die Befunde bei *Driesner*, Bürgerliche Wohnkultur. In Stralsund verzichteten viele Bürger darauf, sich die neueren und teureren Verwahrmöbel anzuschaffen. Ebd., S. 113.

130 Die Männerhemden lassen darauf schließen, dass die textile Ausstattung Maria Elisabeths zum Teil ebenfalls ererbt war.

Kabinett samt Spiegel aus Nußbaum sowie einen Kleiderschrank aus dem gleichen Holz gekauft. Allerdings fanden auch Möbelstücke aus Maria Elisabeths Besitz Eingang in das städtische Carnap-Interieur: recht sicher lassen sich das beste lackierte Tischchen, die eiserne Kiste und ein optisches Glas mit Prospekten deren Nachlass zuordnen. Die unverheiratete Tochter Johanna Elisabeth, in deren Nachlass fast alle Stücke Johanna Catharinas und die ererbten Dinge der Tante eingegangen waren, hatte sich für ihren persönlichen Gebrauch ein Klavier angeschafft – ein in den Wuppertaler Kaufmannsfamilien weit verbreitetes Instrument.[131] Dieses diente allerdings wohl weniger der sozialen Platzierung als vielmehr dem musikalischen Genuß – ein Aspekt, der bei der Analyse materieller Kultur nicht vergessen werden sollte.

Das Haus des 1793 gestorbenen Johann Gerhard Teschemachers wies bereits, darauf wurde oben hingewiesen, eine kleinteiligere Raumaufteilung auf und kam damit den neuen Vorstellungen von angemessen Wohnverhältnisse deutlich näher. Wie das Inventar, das Zimmer für Zimmer angefertigt wurde, allerdings deutlich macht, nutzten die Bewohner ihr Haus nur zum Teil. Dies mag der Lebenssituation geschuldet gewesen sein – Johann Gerhard Teschemacher war Witwer und von den Kindern des Ehepaares lebte bei seinem Tod nur noch ein siebenjähriger Sohn. Von den fünf Schlafzimmern brauchten Vater und Sohn nur zwei, doch weist die sorgfältige Möblierung von zwei der drei verbleibenden Zimmer darauf hin, dass sie jederzeit als Schlafzimmer und Aufenthaltsräume für Gäste dienen konnten. Zwei weitere Zimmer waren dagegen mit Dingen aus dem hauswirtschaftlichen Bereich vollgestellt und wohl gar nicht als Wohnräume, sondern eher als Wirtschaftsräume gedacht.[132] Ein Zimmer, vermutlich im Erdgeschoß, war die Kontorstube des Kaufmanns, denn es war mit einem Schreibpult, Kabinett und sechs Bandkasten ausgestattet. Als »Bühne« zur Inszenierung des kultivierten Selbst blieben Johann Gerhard Teschemacher somit vor allem Zimmer Nr. 10 und Zimmer Nr. 11 des Inventars sowie sein Schlafzimmer. Letzteres war mit den beiden besonders wertvollen Nußbaumkommoden ausgestattet, in denen unter anderem die Braut- und Bräutigamsspitzen verwahrt wurden. Das große Himmelbett war aus Eiche und hatte Vorhänge aus rotem Zitz, wozu die sechs vorhandenen Strohstühle mit roten Kissen gut passten. Das Vorhandensein von zahlreichen Tee- und Kaffeetassen und Zubehör in dem Zimmer verweist darauf, dass Johann Gerhard oder seine Frau es auch genutzt hatten, um Gäste zu empfangen.[133]

131 Zum Klavierbesitz der »gebildeten Stände« und dem musikalischen Leben im Wuppertal vgl. *Speer*, Ibach. Im Ostseeraum fanden sich Tasteninstrumente dagegen nur in den Nachlässen von Männern. Vgl. *Driesner*, Bürgerliche Wohnkultur, S. 149.

132 Dies war ein weit verbreitetes Phänomen. Vgl. *Schmidt-Funke*, Wohnkultur, S. 223.

133 Dass sich in dem Zimmer weiterhin zahlreiche Dinge der zwei Jahre zuvor verstorbenen Ehefrau sowie ein kleines Kinderbett befanden, lässt darauf schließen, dass der Witwer nach dem Tod der Ehefrau nur geringe Änderungen daran vorgenommen hatte.

Für geselligen Umgang standen außerdem Zimmer Nr. 10 und Nr. 11 parat. Die Fenster in beiden Räumen waren mit dekorativen Gardinen behängt, es gab mehrere große und kleine Tische, aber im Vergleich zu den Carnap-Inventaren erstaunlich wenig Stühle (neun in Zimmer Nr. 10, sechs in Zimmer Nr. 11). Berücksichtigt man die Tatsache, dass in Zimmer Nr. 11 ein Vogelkorb mit Vogel stand, dessen Gesang und Anwesenheit die Bewohner erfreuen sollte, so lässt sich vielleicht Zimmer Nr. 11 als eigentliches Wohnzimmer ansehen. In beiden Räumen war außerdem ein Glaskasten vorhanden, das wichtigste Positionsgut in Wuppertaler Haushalten im 18. Jahrhundert. Der auch als »bergischer Glasschrank« bekannte Glaskasten ist ein zweiteiliger Schrank, der unten geschlossen ist und oben einen gläsernen Aufsatz hat. Die Schränke wurden häufig mit aufwändiger Schnitzerei verziert und dienten sowohl durch ihren repräsentativen Charakter als auch durch die Möglichkeit, in der oberen Etage wertvolle Gegenstände geschützt auszustellen, als Renommierstücke in der Wohnungseinrichtung.[134] Mit ihrem ostentativen Gepräge können sie allerdings eher *old luxury* zugerechnet werden, eine Annahme, die sich auch durch die sich verändernde Platzierung des Möbelstücks bestätigt. Bei Johanna Catharina und Maria Elisabeth stand ein solcher Glaskasten im Vorhaus, bei Johann Gerhard Teschemacher diente er in den beiden »Verkehrszimmern« zur Präsentation des feinen, goldverzierten Porzellans. Im Haus von Kaspar Frowein dagegen, dessen Inventar dreißig Jahre später angefertigt wurde, hatte der Glasschrank nur noch einen Platz in der Küche gefunden, wo in ihm Zinn, Kupfer, Porzellan und sonstiger Hausrat aufbewahrt wurde. Der Platzierung im Fremdenzimmer nach zu urteilen, gehörten in Kaspar Froweins Haus vielmehr der Sekretär aus Mahagoni und die drei Tische aus Kirschholz zu den Renommierstücken.[135] Anders als die Froweins verfügte Johann Gerhard Teschemacher auch über wenig Wandschmuck; in dem Inventar ist nur eine »Schilderey« verzeichnet, aber keine Kupferstiche. Das Haus Johann Gerhard Teschemachers mag in seiner Raumaufteilung somit den sich ausdifferenzierenden Ansprüche an die gehobene Wohnkultur genügt haben, in seiner Ausstattung blieb es jedoch noch weit hinter den in den Zentren oder auch im »Journal des Luxus und der Moden« propagierten Geschmacksvorstellungen zurück.[136]

Das Inventar der Wuppermanns, aufgenommen 1813, lässt schon eher erkennen, wie sich an einem Gewerbeort wie dem Wuppertal überregionale Moden durchzusetzen begannen. Ganz deutlich wird an dem ebenfalls Raum für Raum angefertigten Inventar außerdem, welchen Stellenwert die Besuchszimmer ge-

134 Vgl. *Metschies*, Glasschrank; *Schwarze*, Wohnkultur.

135 Die gesunkene Bedeutung der Glaskästen als Positionsgut wird auch deutlich aus den bei der Teschenmacherschen Versteigerung erzielten Werten: Der Glasschrank erzielte fünf Reichstaler, während für eine Nußbaumkommode das Dreifache gezahlt wurde. Vgl. STAW NDS 234, Versteigerungsprotokoll (nicht paginiert).

136 Vgl. *Thornton*, Innenarchitektur, Kap. 4.

nossen und wie sehr diese dazu beigetragen haben müssen, die soziale Stellung der Familie durch ihre Einrichtung zu unterstreichen. Denn wenngleich der Binnenraum des Hauses für Außenstehende deutlich durchlässiger war, als dies von der Forschung lange angenommen wurde, bildeten die Besuchszimmer doch so etwas wie ein Sammelbecken für alle Arten von Besuchen – Verwandte, Freunde, Geschäftsfreunde, durchreisende Handelspartner – und in denen entsprechend Geselligkeit in größerer Runde vorrangig begangen wurde.[137] Hierauf verweist schon allein die Vielzahl an Sitzmöbeln bei den Wuppermanns: im Wohnzimmer befanden sich zwölf Stühle und Sessel, im Fremdenzimmer ein Kanapee und zehn passend bezogene Stühle und in der durch einen separaten Ofen wohl besonders gut beheizten grünen Stube nochmals zehn Stühle. Die grüne Stube mag auch als Schreibzimmer gedient haben, schließlich stand hier noch ein Nußbaumsekretär. Im Wohnzimmer befand sich dagegen das Klavier und im Fremdenzimmer ein großer Tisch mit acht Klappen, so dass dieses Zimmer wohl auch als Eßzimmer in größerer Runde gedient hat. Außerdem befanden sich in diesen Repräsentationsräume noch diverse Tische, Spucknäpfe, dekorative Uhren aus Alabster, vergoldete Spiegel und Teppiche. Der erst seit dem Ende des 18. Jahrhunderts modische Bezugsstoff Rosshaar für Kanapee und Stühle verweist darauf, dass diese Zimmer weit nach der Heirat des Ehepaares 1769 noch einmal grundlegend neu ausgestattet worden sein mussten.

Die »Privaträume« der Familie Wuppermann waren dagegen wesentlich bescheidener möbliert und gingen in ihrer Ausstattung vermutlich auf das Mobiliar zurück, was das Paar zu Beginn seiner Ehe angeschafft hatte. Hier standen hauptsächlich Eichenmöbel, die Stühle waren aus Weidengeflecht und hatten Überzüge aus Kattun. Auch das Himmelbett der Wuppermanns war nur mit Siamosenvorhängen ausgestattet – ein eher preiswerter Stoff, der auch im Wuppertal hergestellt wurde. Die als Gästezimmer hergerichteten Schlafräume verfügten dagegen über Betten mit Zitzvorhängen, also einem bunt bedruckten Baumwollstoff, der von auswärts hatte bezogen werden müssen, über Spiegel mit vergoldeten Rahmen und deutlich mehr Stühlen (zwölf in jedem Zimmer) mit passenden Bezügen. Im Kontrast hierzu stand wiederum die Vorhalle, die alle Besucher des Hauses passieren mussten. Denn dieser Eingangangsbereich war ganz traditionell und eher bescheiden eingerichtet. Hier standen die Hausuhr, eine Laterne, zwei viereckige Tische und ein großer Schrank, gefüllt mit Zinntellern und -schüsseln. Ganz zweckdienlich befanden sich in der Diele auch drei Regenschirme, zwei aus Seide, einer aus Leinen. Ein besonders eleganter Empfang wurde den Gästen somit nicht bereitet. Erst wenn sie in das Innere des Hauses vorstießen, offenbarte sich ihnen die elegante Wohnkultur der Wuppermanns.

137 Vgl. *Hatje*, Öffentlichkeit.

Die Einrichtung des Wuppermannschen Hauses enthüllt also eine Zweiteilung des Konsums und dessen mehrschichtige Bedeutung bei der Konstruktion der eigenen Identität wie des sozialen Selbsts: die vornehme Einrichtung der Fremdenzimmer und Besucherschlafzimmern weisen darauf hin, dass die Wuppermanns *en courant* waren mit den gängigen Trends. In diesen der sozialen Interaktion gewidmeten Räumen gaben sie sich als gebildete Konsumenten zu erkennen, die es auch bei der Bewirtung ihrer Gäste an nichts fehlen ließen. Im Keller lagerten schließlich Rheinwein und Champagner, und auch an Tee- und Kaffeeporzellan mangelte es nicht. Es passt ins Bild der als pietistisch gläubig geschilderten Wuppermanns, dass sich in ihrem Hausrat dagegen kaum Gegenstände finden lassen, die mit dem demonstrativen Luxus alter Art verbunden werden können. Sie besaßen bis auf einige Löffel kein Eßbesteck aus Silber, sondern nur einige wenige Gegenstände wie eine altmodische Zuckerdose aus Augsburger Silber, eine große Kaffeekanne und ein Taufkümpchen sowie einige silberne Schnallen aus diesem Material. Der Wert der Silbersachen belief sich nur auf 230 Reichstaler und nahm damit nur knapp fünf Prozent des Inventarwertes ein.[138] Teuerster Gegenstand aus Silber war eine große Kaffeekanne im Wert von 73 Reichstalern.[139] Der Schmuck, darunter eine goldene Uhr, zwei Juwelenringe und ein großes Angehänge (ein Halsschmuck) mit Edelsteinen, war mit 237 Reichstalern taxiert und rangiert damit weit hinter den Schmuckstücken der Carnap-Frauen. Die materielle Kultur der Wuppermanns erweist sich somit als äußerst vielschichtig und mehrdeutig.

Die Inventare aus dem Umfeld der Familie Frowein offenbaren wiederum, wie sich die materielle Kultur auch in den Zimmern des Binnenraums des Hauses über die Zeit veränderte. So liest sich das Inventar von Abraham und Luise Froweins Wohnhaus, das 1834 erstellt wurde, wie der Katalog einer heutigen musealen Ausstellung von Empire- und Biedermeiermöbel, welche die Spitzenprodukte einer Epoche vereint.[140] Dies gilt sowohl für die verarbeiteten Materialien wie auch für die Möbeltypen (Chiffonieren, Dutzende von kleinen Tischchen, Kanapees und sogar ein Eckkanapee, Betten mit Sprungfedermatratzen, etc.). Einen ähnlichen materiellen Wohlstand hatte der 1813 gestorbene Onkel Abraham Frowein genauso wenig gekannt wie der 1823 gestorbene Bruder Kaspar. Zwar nannten die beiden Männer zum Zeitpunkt ihres Todes jeweils ein Kanapee ihr Eigen und besaßen Möbel aus den teuren und modischen Hölzern Kirschbaum

138 Insofern gemahnt das Inventar der Wuppermanns auch zur Vorsicht bei der Annahme, dass wertvolles Mobiliar zwangsläufig mit dem Vorhandensein von Schmuck- und anderen Wertgegenstände korreliert. Diese Schlussfolgerung etwa bei *Heß*, Danziger Wohnkultur, S. 283.

139 Die große Kaffeekanne Johanna Catharina von Carnap war mit 132 Rtlr. fast das Doppelte wert.

140 Vgl. beispielsweise die Ausstellungskataloge *Ottomeyer/Schröder/Winters*, Biedermeier; *Zinnkann*, Unterschied.

und im Fall Kaspars auch aus Mahagoni. Auch hingen in ihren Räumlichkeiten etliche »Schildereien« und vergoldete Spiegel, doch entsteht bei der Lektüre der raumweise erstellten Inventare der Eindruck, dass das Mobiliar nur in wenigen Räumen sorgfältig und mit einem Bewußtsein für die äußere Wirkung ausgesucht und aufgestellt worden war. Bei Abraham und Luise Frowein dagegen erwecken die aufgeführten Gegenstände den Eindruck, alle aus einem Guß zu sein. Denn wenn auch genauere Beschreibungen zum Aussehen oder Stil der Möbel fehlen, so vermittelt die Einheitlichkeit des Materials doch den Eindruck, als wären die Möbel aufeinander abgestimmt worden oder als hätte man sie gemeinsam gekauft.

Das Mobiliar im ganzen Haus war so gut wie ausschließlich aus Mahagoni und Kirschbaum gefertigt; nur noch einige wenige Möbelstücke waren aus Nussbaum, Eiche oder gar Tanne.[141] Im besonders aufwändig ausgestatteten Besuchszimmer befanden sich etwa folgende Gegenstände: zwölf gepolsterte Stühle aus Mahagoni, ein Sekretär, ein Patenttisch aus Mahagoni, ein Kanapee aus Mahagoni, vier Kirschbaum-Tischchen, ein Mahagoni-Rahmen nebst Stickerei, ein Fußbänkchen mit neuem Überzug, ein gesticktes Fußbänkchen, ein Spiegel nebst Konsole, ein Magahoni-Blumentisch, eine goldverzierte Spieluhr aus Mahagoni, zwei Alabastervasen mit Glocken, eine Alabasteruhr, zwei Porträts mit goldenem Rahmen, zwei kristallene Vasen, ein Teekistchen, zwei Spuckkästchen, ein Teppich, eine Lampe aus Alabaster.[142] Der Wert der Gegenstände in diesem Zimmer summierte sich auf 444 Taler. Noch wertvoller waren die Möbel im Saal, in dem nicht nur 25 Mahagonistühle und ein Mahagonikanapee standen, sondern auch ein Kronleuchter hing. Der Wert der Möbel belief sich für dieses Zimmer auf 833 Taler und machte damit den Saal zum am teuersten ausgestatteten Raum im Haus. Anders als im Falle der Carnap-Fraune war der Saal jedoch nicht länger ein Multifunktionsraum, sondern ein reines Festzimmer.

Abraham und Luise Frowein hatten 1818 ein neues, dreigeschossiges Haus gebaut, das genug Platz für die neunköpfige Familie bot. Möglicherweise wurden zu dieser Gelegenheit auch viele neue Möbel angeschafft. Die Bezeichnung »alt« findet sich so gut wie nicht in dem Inventar und auch die Möbel in weniger »öffentlichen« Räumen wie im oberen Geschoss und auf den Gängen waren wertvoll. Es scheint nicht so, als hätten Abraham und Luise Möbel von Onkel oder Bruder übernommen und wenn, dann befanden sie sich 1834 nicht mehr in ihrem Besitz oder Gebrauch. Allein acht Silberleuchter lassen sich in dem Inventar anhand von Gewicht und Beschreibung recht zuverlässig als Erbstücke von Abraham beziehungsweise Kaspar Frowein zuordnen.

141 Vgl. hierzu auch das Mobiliar der Kaufmannswitwe Ewald Aders von 1832, das hauptsächlich aus Kirschbaummöbeln bestand, aber deutlich weniger umfangreich als das der Froweins war. Vgl. *Mahlberg*, Wunderbau, S. 61 ff.

142 Vgl. FAF Nr. 1447.

Im Falle Abraham und Luise Froweins lässt sich somit von einer bis in den letzten Winkel durchgreifenden Ästhetisierung des Alltagslebens sprechen, in der kein Platz mehr war für ererbte oder alt gewordene Stücke. Sie hatten damit Teil an einem grundlegenden kulturellen Prozess der Zeit um 1800, welcher zeitgenössisch unter dem Stichwort »Geschmack« diskutiert wurde.[143] Geschmack galt dabei nicht nur als die Fähigkeit, das Schöne wahrzunehmen und zu genießen. Vielmehr entwickelte das gemeinsame Geschmacksempfinden eine soziale Bindekraft, die weit über den häuslichen und familiären Raum hinauswies. Sich mit Dingen zu umgeben, die auch von anderen als schön empfunden wurden, bedeutete nicht nur persönliches Wohlbefinden, sondern war vielmehr ein Akt der Vergemeinschaftung.[144] Die hier bei einem Gang durch die Inventare Wuppertaler Kaufmannsfamilen geschilderte allmähliche Angleichung des Stils und Durchästhetisierung des Wohnraumes war somit ein gemeinschaftsbildender Akt, der es den Kaufmannsfamilien dank ihrer materiellen Kultur erlaubte, als Mitglied der sozialen Elite ihrer Zeit, das heißt der »gebildeten Stände«, aufzutreten und an deren »kultureller Kommunität« (Friedrich Tenbruck) teilzuhaben.[145] Das Interieur der Häuser bildete hierfür eine immer besser ausgestattete Bühne. Die Angleichung der Wuppertaler Wohnkultur an übergeordnete Geschmacksvorstellungen verweist darauf, wie eng die Gemeinschaft der »gebildeten Stände« jenseits der alten berufs- und geburtsständischen Gliederung miteinander verflochten waren. Dass dieser Vorgang auch mit bestimmten Praktiken verbunden war, ist Thema des folgenden Abschnitts.

6.3.2 Praktiken der Aneignung

Der Konsum von Dingen setzt ihre Aneignung durch den Konsumenten voraus. Diese Aneigung umfasst mehrere Dimensionen, nämlich den Erwerb der Güter, ihre Einbettung in bestehende Zusammenhänge und schließlich die Praktiken ihres Gebrauchs.[146] Mithilfe dieser drei Dimensionen der Aneignung wird im Folgenden genauer aufgeschlüsselt, wie sich die Wuppertaler Kaufmannsfamilien dank ihres Konsums eine eigene Welt der Wertsetzung und Normierung schafften, die eng verbunden war mit den Vergesellschaftungsprozessen, welche die »gebildeten Stände« nicht nur als Konsumgemeinschaft konstitutierten.[147]

143 Vgl. *Walter*, Geschmack.

144 Vgl. *Sedlarz*, Wohnen.

145 Vgl. *Tenbruck*, Bürgerliche Kultur. Vgl. zu Tenbrucks Positionen auch *Albrecht*, Bürgerlichkeit.

146 Vgl. *Hahn*, Konsum, S. 101–103.

147 Vgl. hierzu auch *Blänkner*, »Gebildete Stände«, sowie, wenngleich ohne Bezug auf die materielle Kultur, *Albrecht*, Bürgerlichkeit.

Im Juli 1791 bestellte Abraham Frowein jun. bei einem Braunschweiger Händler einige Objekte aus Porzellen, hergestellt von der dortigen, das heißt der heute noch bestehenden Fürstenberger Porzellanmanufaktur. Die Bestellung beinhaltete ein mehrteiliges Tee- und Kaffeeservice, das mit Kornblumen, grünen Blättern und einem gelben Rand bemalt war und aus zwei Kaffeekannen, zwei Milchkannen, einer Teekanne, einer Teedose, zwei Zuckerdose, zwei Spülnäpfen und 18 Paar Tassen bestand. Das Geschirr wurde als »antik« bezeichnet, was vermuten lässt, dass es in klassizistischer Manier gestaltet war. Außerdem orderte Abraham Frowein »1 glattes Potpourri No. 1 mit bunten Blumen, pourpour Girlanden [...] und übrigens vergoldet«, eine ebensolche Zuckerdose und zwölf Paar blau bemalte Kaffeetassen mit Henkel.[148] Die Fürstenberger Manufaktur gehörte zu den bedeutendsten Porzellanmanufakturen in Deutschland und versorgte nicht zuletzt den westfälischen Adel mit hochwertigem Porzellan.[149] Drei Jahre später, vielleicht in Anbetracht der bevorstehenden Hochzeit mit Luise Weber, orderte Abraham Frowein etliches nach und bat seinen Braunschweiger Gewährsmann, zwei Kaffekannen, drei Milchkannen, drei Spülnäpfe, drei Zuckerdosen sowie nochmals 18 Paar Tassen zu besorgen. Dabei wies er ihn an, darauf zu achten, dass das Geschirr zu der früheren Bestellung passte und vor allem in seiner Bemalung sorgfältig ausgeführt werde. Schließlich hätte bei der letzten Bestellung ein Dutzend Tassen eine abweichende Bemalung gehabt.[150]

Die Bestellung Abraham Froweins ist eines der wenigen Zeugnisse über die Beschaffung der vielen Konsumartikel, welche die Häuser der Wuppertaler Kaufmannsfamilien anfüllten. Die exakte Bestellung lässt darauf schließen, dass Abraham Frowein genaue Vorstellungen davon hatte, wie das Porzellan aussehen sollte. Dabei legte er Wert auf eine modische Form (»antik«), wählte für das Dekor aber eher ein herkömmliches Motiv mit einheimischen Blumen. Dabei lieferte die Fürstenberger Manufaktur zu jener Zeit bereits ganze Porzellanserien, die auch mit einem antikisierenden Dekor bemalt waren.[151] Anders als bei den Bredts mit ihren mit antiken Motiven ausgemalten Gesellschaftsräumen, scheint sich die Antikenbegeisterung dieses Wuppertalers Kaufmanns somit in Grenzen gehalten zu haben. Doch er wußte Qualität immerhin so sehr zu schätzen, dass er das teure Porzellan extra aus Braunschweig herbeischaffen ließ, was nicht ohne Transportschwierigkeiten zu haben war.[152]

148 FAF Nr. 1353, fol. 547.
149 Vgl. *Westhoff-Krummacher*, Westfalen als Absatzmark.
150 Vgl. FAF Nr. 1341, Brief an Ludwig Wm. Schultze in Braunschweig, 15.3.1794.
151 Vgl. die in *Landschaftsverband Westfalen-Lippe*, Weißes Gold, abgebildeten Stücke.
152 Im Dezember 1794 bat Frowein seinen Braunschweiger Kontakt, mit der Versendung des Porzellans noch etwas zu warten, da die Franzosen näher kämen und wohl bald über den Rhein gingen. Dies hielt Frowein wohl für keinen guten Augenblick für den Versand einer solch zerbrechlichen Ware. Vgl. FAF Nr. 1341, Brief an Ludwig Wm. Schultze in Braunschweig, 5.12.1794.

Dabei standen auch im Wuppertal etliche Anbieter für die anspruchsvolle Ausstattung der Kaufmannshäuser bereit. Dass man sich in den beiden Kaufmannsstädten ein gutes Geschäft versprach, zeigen die steigenden Zahlen von lokal ansässigen Künstlern, Handwerkern und Händlern. 1794 gab es in Elberfeld nur einen Anbieter für Spiegel, 1804 verzeichnete das Adressbuch schon je drei Möbel- und Spiegelfabrikanten und vier Anbieter von Tapeten sowie drei Kunstmaler und vier Instrumentenbauer. In diesen Jahren war mit acht Namen auch die größte Anzahl von Porzellan- und Glashändlern zu finden. In Barmen war das Angebot etwas bescheidener, hielt sich dafür jedoch auch in den späteren Jahren auf dem gleichen Niveau. Seit 1803 waren je zwei Lackierer und Vergolder und Anbieter von Tapeten verzeichnet. Auch die Zahl der Kunstmaler stand bei zwei. Für Klaviere und Möbel waren nur in dem Adressbuch von 1809 jeweils zwei Anbieter verzeichnet.[153]

Das Angebot dieser Dienstleister wurde stark nachgefragt. Der Kunstmaler Egidius Mengelberg (1770–1849) etwa lebte seit 1800 in Elberfeld, wo er sich in den ersten Jahren seines Aufenthalts als Porträtist der Elberfelder Kaufmannsfamilien betätigte.[154] Später malte er vor allem Zimmer-Dekorationen und betätigte sich allgemein als Dekorateur: »Edele Umrisse in hellen, munteren Farben, vieles für mässge Preise hat mich nun in den Gang schöner Geschäfte hereingebracht [...] Anordnungen der Möbel und archetecktonischer Plastik u. Bausachen u.d.g. machen meine jeziges Kirch zu einem runden Geschäftstriebe u. ich leben nun in meinem Elemente.«[155] Zu seinem Repertoire gehörten sowohl die oben beschriebenen klassisch inspirierten Darstellungen, für deren Gestaltung in Haus Bredt-Rübel er vermutlich auch verantwortlich zeichnete, wie auch arkadische Landschaften.[156]

Generell orientierten sich die Handwerker an den international gängigen Trends, wie auch der französische Kommissar Beugnot bei einer Gewerbeausstellung im Tal 1810 feststellte:

153 Die Angaben stammen aus folgenden Adressbüchern: *Mannes*, Kaufmannskalender; *Ohm*, Taschen Almanach; *Ohm*, Handbuch. Die Adressbücher sind nicht immer ganz zuverlässig: Das Adressbuch von 1809 etwa nennt den Baumeister Daniel Braches. 1812 ist er nicht aufgeführt. Fünf Jahre später beauftragte ihn jedoch Friedrich von Eynern in Barmen mit dem Entwurf für einen Neubau. Das heißt, er war höchstwahrscheinlich auch in den Jahren vor Ort, in denen er nicht im Adressbuch erschien. Generell kann jedoch davon ausgegangen werden, dass die Adressbücher die Trends präzise wiedergeben.

154 Zu Mengelberg vgl. *Baum*, E. Mengelberg.

155 Egidius Mengelberg in einem Brief vom 23.3.1818, zit. n. *Gottfried*, Gartensaal, S. 36.

156 Vgl. *Gottfried*, Gartensaal, S. 52. Mengelberg zog 1812 oder 1813 nach Düsseldorf. Zu dieser Zeit beauftrage ihn die Familie Brügelmann, die Wohnräume des Herrenhauses in Cromford bei Ratingen umzugestalten. Die dortigen Wandmalereien, eine Garten- und Parklandschaft, sind erhalten und Teil der Ausstellung im Industriemuseum Cromford.

Man hatte Mahagonimöbel ausgestellt, die aus wunderschönem Material, in ihren inneren Einzelheiten aber nur mit sehr geringer Sorgfalt gearbeitet waren. [...] Zufriedener war ich mit den Möbeln aus einheimischem Holz, die mit verschiedenfarbigen Hölzern eingelegt waren. Besser als anderswo findet man an den Ufern des Rheins diese sehr gut gearbeiteten Möbel mit ihrem vollkommenen Glanz und ihrem geschmackvollen Aussehen, die den Mahagonimöbeln in allem gleichzusetzen wären, wenn sie nur deren Beliebtheit besäßen.[157]

Die Möbelschreiner der Region beherrschten demnach die Arbeit mit den gewohnten Hölzern besser, jedoch waren diese nicht mehr so gefragt. Stattdessen bevorzugten ihre lokalen Kunden das in ganz Europa und in seinen Kolonien beliebte Mahagoni. Auch hier bestand ein globaler Konsumzusammenhang, dem sich selbst die örtlichen Handwerker nicht entziehen konnten.[158]

Für die Wuppertaler Kaufleute bestand zudem die Möglichkeit, auf Reisen oder bei Messebesuchen Gegenstände für ihr Heim zu erwerben. Johann Wilhelm Fischer etwa nutzte eine Geschäftsreise nach Paris 1808, die er kurz nach seiner Verlobung mit Caroline von Eynern antrat, für den Einkauf von Hausrat wie kristallene Glaswaren, zwei Pendules und weiteres mehr.[159] Anna Sophie Wuppermann dagegen bot ihrem Vater an, Dinge für ihn und seine Frau in Frankfurt/Main zu besorgen, wohin sie ihren Mann auf einer Geschäftsreise begleitete.[160] Denn trotz des reichhaltigen Angebots vor Ort kauften die Wuppertaler Kaufleute besonders exklusive Möbel vermutlich außerhalb des Wuppertals.[161] Auch erhielten sie Warenkataloge von Anbietern für Dekorationsgegenstände in größeren Zentren wie beispielsweise Düsseldorf.[162] Beim Erwerb von Konsumgegenständen waren die Wuppertaler Kaufmannsfamilien somit in Netzwerke eingebunden, die weit über das Tal hinauswiesen. Gleichzeitig reagierten auch die lokalen Anbieter auf überregionale Trends und suchten die Kundschaft vor Ort mit entsprechenden Angeboten zu befriedigen.

Informationen darüber, was als angemessen oder geschmackvoll galt, erhielten die Kaufmannsfamilien neben ihren Ausflügen in kulturelle Zentren über Modejournale wie das Weimarer »Journal des Luxus und der Moden« oder »Die Zeitung für die elegante Welt«. So hinterließ der Barmer Kaufmann Johann Henrich Müller bei seinem Tod mehrere komplette Jahrgänge des französischen Mode-

157 *[Beugnot]*, Reisetagebuch, S. 174.
158 Vgl. hierzu auch *Anderson*, Mahogany.
159 Vgl. *Fischer*, Nachrichten, S. 90.
160 Vgl. FAW Nr. 19–19, Anna Sophie Wuppermann an Carl Engelbert von Oven in Düsseldorf, Barmen 15.3.1819.
161 Vgl. auch *Bredt/Reiche*, Mobiliar, S. 5.
162 Im Firmenarchiv Frowein liegt ein an Abraham Frowein adressiertes Rundschreiben des Düsseldorfer Kunsthändlers Johann Wilhelm Reitz, mit dem er seine Kunden über das Erscheinen eines Kupferstichs von »Rubens großes jüngstes Gericht« informierte und weitere Stiche zur Subskription anbot (Schreiben vom 3.10.1818). Vgl. FAF Nr. 2505.

journals »Journal des Modes«, das zu den Vorbildern der Weimarer Zeitschrift gehörte.[163] Die im Übrigen ausschließlich männlichen Mitgliedern vorbehaltene Barmer Gesellschaft Concordia wiederum abonnierte seit 1819 die »Zeitung für die elegante Welt«.[164] Diese Selbstverständigungsmedien der »gebildeten Stände« wurden vermutlich in noch deutlich größerer Breite im Wuppertal rezipiert, und es kann davon ausgegangen werden, dass innerhalb der Kaufmannsfamilien die eleganten Entwürfe für Kaffeeurnen, Kandelaber, Porzellan, Mobiliar, Kutschen etc. zirkulierten, deren Betrachtung eine mediale Teilhabe an der sich herausbildenden Konsumkultur erlaubten.[165] Auf diese Weise waren selbst die Angehörigen der »gebildeten Stände«, die nicht in europäische Haupt- oder Messestädte reisten, eingebunden in »die komplizierte Kommunikationssystemen, die Waren mit Bedeutung versehen und das Verlangen nach ihnen wecken«.[166]

Doch welche Bedeutung schrieben die Angehörigen der Wuppertaler Kaufmannsfamilien den ganzen Gütern zu, mit denen sie ihre Häuser ausstatteten? Oben wurde bereits erwähnt, dass die präzise Bestellung Abraham Froweins gewisse Geschmackspräferenzen erkennen lässt, die auf eine graduelle Übernahme der Antikenbegeisterung jener Zeit hinweist und somit auf eine durchaus eigenständige Position gegenüber modischen Vorgaben. Dem Barmer Kaufmann Friedrich Engels (1796–1860) wiederum behagte die Form der Suppenterrinen des »Berliner Porcellans« nicht, das er für den gemeinsamen Hausstand geordert hatte, und schickte seiner Braut davon prompt eine Zeichnung. Rückgängig machte er die Bestellung aber wohl nicht, zumal ihm das Berliner Kaffeeservice gut gefiel; es sei alles recht fein und sehr weiß. Generell war Friedrich Engels daran gelegen, dass die Qualität seinen Ansprüchen genügte; auch über bereits gelieferte Möbel gab er ein Qualitätsurteil ab: Spiegel und Kanapee seien »recht gut gearbeitet«.[167] Das »recht hübsche Kaffeeservice«, das ihnen Frau Overbeck in Düsseldorf besorgte habe, sei dagegen von »mittlerer Güte«, aber dennoch zur allgemeinen Zufriedenheit ausgefallen.[168] Friedrich Engels äußerte Geschmacksurteile somit vor allem als Qualitätsurteile.

Generell sind die Briefe Friedrich Engels, die er an seine Braut während der offiziellen Verlobungszeit richtete, angefüllt mit Nachrichten über den Stand

163 Vgl. *Kleinert*, Konkurrenz. Müllers Großneffe, der Pfarrer Emil Springmann, verkennt völlig die kulturhistorische Bedeutung dieser Journale, wenn er daraus schließt, »daß Eitelkeit in dieser Familie nicht ganz ferngehalten wurde«. Zit. n. *Dietz*, Familie Wuppermann, Bd. 1, S. 383.

164 Vgl. *Wittmütz*, Concordia, S. 14.

165 Vgl. *Purdy*, Modejournale, sowie ausführlich *Purdy*, Tyranny.

166 *Brewer*, Konsumgeschichte, S. 65.

167 Vgl. Friedrich Engels an seine Braut Elise van Haar in Hamm, Barmen, 3. u. 4.8.1819, in: *Knieriem*, Herkunft, S. 399–402, Zitat S. 401.

168 Vgl. Friedrich Engels an seine Braut Elise van Haar in Hamm, Barmen, 31.8.1819, in: *Knieriem*, Herkunft, S. 408–410, Zitat S. 409.

der Arbeiten an ihrem gemeinsamen Haus und der Einrichtung. So beschrieb er detailliert den Fortgang der Schreiner- und Maurerarbeiten sowie der Anlage des Gartens und der von der Braut gewünschten angrenzenden Kükenmenagerie: »Es ist kaum zu glauben, wie viele Kleinigkeiten dazu gehören, ein Haus ganz in gehörigen Zustand zu setzen.«[169] Fast schämte er sich schon für die Ausführlichkeit seiner Mitteilungen: »Aber, liebe Elise, theile mir dieses umständliche Detail niemanden mit; ich glaube, ich würde ausgelacht; denn wirklich kommt sie mir selbst etwas spaßhaft vor. Aber ich kann mir nicht helfen, ich habe nun einmal meine Freude an diesen Arbeiten, und für mein Leben gerne plaudere ich so mit Dir.«[170]

Bei aller Ausführlichkeit enthielten Engels' Mitteilungen jedoch keinerlei Auskunft über Dekore und Farben der gewählten Stücke oder über die Holzart der ausgesuchten Möbelstücke wie etwa des gelieferten Kanapees und Spiegels. Mehr als die Qualitätsbezeichnungen »mittlere Güte«, »recht fein« oder »gut gearbeitet« ist als Beschreibung der angeschafften Dinge nicht zu finden. Auch über die für die Räume gewählten Farben etwa bei den Tapeten oder Vorhangstoffen schwieg Engels sich aus. Dies kann wohl kaum männlicher Ignoranz oder Unkenntnis zugeschrieben werden, bedenkt man, wie sehr er in den Fortgang der häuslichen Ausstattung eingebunden war. Und auch seine Braut Elise van Haar fragte ihn nicht nach diesen Details. Möglicherweise besprachen sie dies mündlich – Friedrich Engels besuchte seine Braut zumindest einmal für einige Wochen während der Verlobungszeit. Doch generell erweckt die Korrespondenz den Anschein, als hätte für die beiden Verlobten die qualitätvolle und angemessen Ausstattung ihres Hausstandes eine wichtigere Rolle gespielt als die eigentliche Ausgestaltung der Dinge und damit eine Anpassung an spezifische Geschmacksvorlieben.

Ähnliches lässt sich auch im Falle der Familie von Eynern beobachten. So begutachtete Johann Wilhelm Fischer für seinen Schwager Friedrich von Eynern auf der Frankfurter Messe böhmische Glaswaren, als dieser dabei war ein neues Haus zu bauen. Doch Fischer riet ab: »Von Kronleuchter habe ich in der böhmischen Glaßniederlage nichts sonderlich neues oder Schönes gesehen, u. ich glaube fast, daß man damit in Leipzig besser zurecht kommen kann.«[171] Neben »Schönheit« war also auch »Neuheit« ein Qualitätskriterium. Dass es sich dabei um Fischers subjektives Empfinden handelte, scheint beide Männer nicht gestört zu haben. Sie, wie auch das zukünftige Ehepaar Engels, scheinen darauf vertraut zu haben, dass die Dinge ihrem Geschmacksempfinden entsprechen

169 Friedrich Engels an seine Braut Elise van Haar in Hamm, Barmen 27.8.1819, in: *Knieriem*, Herkunft, S. 406f., Zitat S. 406.

170 Friedrich Engels an seine Braut Elise van Haar in Hamm, Barmen, 31.8.1819, in: *Knieriem*, Herkunft, S. 408–410, Zitat S. 409.

171 HZW Bestand Eynern Nr. 34, fol. 29.

würden, wenn die Qualität stimmte, wenn sie ihrem Stand und ihren Bedürfnissen angemessen waren.

Ähnliche Zusammenhänge hat auch Amanda Vickery für das georgianische England beobachtet.[172] Allerdings bezog sich hier die Frage nach der Angemessenheit vor allem auf die Frage nach Luxus und damit implizit einer moralisch negativ konnotierten Verschwendung. Das Vokabular, mit dem die von den *middling ranks* als akzeptabel eingestuften Konsumgüter wie Tapeten, Textilien, Kleidung, Möbel, Porzellan oder Essen beschrieben wurden, glich jedoch dem, mit dem auch die Wuppertaler Kaufmannsfamilien die von ihnen gewählten Gegenstände positiv benannten, nämlich schön (beautiful/pretty), recht fein (handsome) oder gut gearbeitet (neat).[173] Damit wird einmal mehr deutlich, dass »Geschmack« sich an übergeordneten Vorstellungen von Angemessenheit orientierte und damit vor allem eine soziale Kategorie war, über welche sich die »gebildeten Stände« integrierten. Die Aneignung der Gegenstände und Einbettung in die persönliche Konsumkultur muss somit immer auch vor dem Hintergrund der Konsumgemeinschaft der »gebildeten Stände« betrachtet und dieser Prozess als reziproker Vorgang verstanden werden – ein Vorgang, den Bourdieu für das 20. Jahrhundert analytisch klar als die Herausbildung eines spezifischen Klassengeschmacks beschrieben hat.[174]

Die ebenfalls von Vickery aufgemachte Geschlechterdichotomie des Konsums lässt sich im Wuppertal deutlich weniger gut beobachten. Denn das vorliegende Quellenmaterial lässt nicht nachverfolgen, wer über die wirklich teuren Anschaffungen innerhalb der Haushalte wie beispielsweise das Silber entschied oder ob Möbelstücke nach bestimmten, geschlechtskonnotierten Vorstellungen geordert wurden. Viele der hier angeführten Käufe wurden zwar von Männern getätigt, doch richteten sie sich dabei wenig nach persönlichen, wie auch immer maskulinen Geschmacksvorlieben.[175] Ihr Bemühen war es, wie oben ausgeführt, angemessene und damit geschmackvolle Dinge zu kaufen. Doch auch die Frauen artikulierten in ihren schriftlichen Mitteilungen keine besonderen Geschmacksvorlieben. Dass sie dies nicht nötig hatten, sondern Ehepartner und Verwandte darauf vertrauen konnten, die Ausstattung des Hauses im Sinne ihrer Angehörigen vorzunehmen, lässt darauf schließen, dass sie vor einem gemeinsamen Geschmackshorizont agierten, der weder eindeutig weiblich noch männlich konnotiert war. Vielmehr informierte er generell ihr Urteil darüber, was »recht fein« »von mittlerer Qualität« oder »schön« sei.[176]

172 Vgl. *Vickery*, Closed Doors.

173 Vgl. ebd., Kap. 6, v. a. S. 183.

174 Vgl. *Bourdieu*, Die feinen Unterschiede, v. a. Kap. 5.

175 Vgl. zu männlichen beziehungsweise weiblichen Konsumwelten auch *Rothery/Stobart*, Consumption, Kap. 4, 5.

176 Zum Geschmackshorizont der »gebildeten Stände« vgl. *Blänkner*, »Gebildete Stände«.

Was den eigentlichen, alltäglichen Gebrauch und damit eine körperliche Aneignung der Gegenstände angeht, so schweigen sich die hier konsultierten Quellen darüber weitgehend aus. Einzig über den Konsum exotischer Lebensmittel und über den Gebrauch des dazugehörigen Porzellans lassen sich einige Aussagen treffen. Hierbei ist zu betonen, dass es sich bei den Nahrungsmitteln Tee, Kaffee und Schokolade, für die sich beispielsweise Abraham Frowein das feine Fürstenberger Porzellan kommen ließ, um globale Güter handelte, deren weite Verbreitung im Wuppertal ohne den Prozess der weiter oben beschriebenen globalen Kommerzialisierung nicht denkbar wäre. Die Bereitstellung und der Konsum dieser neuer Güter bewirkte eine Veränderung der Lebensgewohnheiten und Lebensweisen, welche die gesamte Gesellschaft durchzogen. Kaum ein Zeitgenosse hat diesen Zusammenhang markanter beschrieben als der Göttinger Historiker Arnold Hermann Ludwig Heeren (1760–1842):

> Der große Einfluß, den diese Waaren [die Kolonialwaren Kaffee, Zucker und Tee, A. S. O.] auf die Politik nicht nur, sondern auch auf die Umformung des ganzen gesellschaftlichen Lebens gehabt haben, ist nicht leicht zu berechnen. Auch abgesehen von dem unermesslichen Gewinn der Völker durch Handel, der Regierungen durch Zölle, – wie haben nicht die Caffeehäuser in den Hauptstädten Europas als Mittelpuncte der politischen, mercantilischen und literarischen, Verhandlungen gewirkt? Wären überhaupt ohne jene Erzeugnisse die Staaten des westlichen Europas das geworden, was sie geworden sind?[177]

Doch auch abseits der sich in den Kaffeehäusern konstituierenden »bürgerlichen Öffentlichkeit« (Jürgen Habermas) sorgten die exotischen Genussmittel für eine neue Art der Geselligkeit, die sich im häuslichen Rahmen etwa in Form von zwanglosen Besuchen »auf ein Tässchen Kaffee« herausbildete beziehungsweise, vor allem in England, zum Entstehen einer ganz eigenen Kultur des Teetrinkens führte.[178]

Im Wuppertal lässt sich der körperliche Aneignungsprozess von Tee und Kaffee und die damit einhergehende veränderte Geselligkeitskultur an mehreren Stellen beobachten. So verweisen auf der einen Seite die zahlreichen Erwähnungen von Besuchen zum Kaffee, etwa in der hier schon mehrfach zitierten Korrepondenz der Familie Engels oder in den Briefen des in Kapitel 5.2.4 nä-

177 *Heeren*, Handbuch, S. 276.

178 Vgl. *Bödeker*, Kaffeehaus. »Der ›Kaffeebesuch‹, das ›Caffé-Cräntzgen‹ der Hausfrau und das abgegrenzte Besuchszimmer gründeten jedoch nur mittelbar in der Ausbreitung der Kaffeekultur; sie gehören vielmehr in den grundlegenden Prozeß der Auflösung der ständischen Gesellschaft, der Umstrukturierung des ›ganzen Hauses‹«. Ebd., S. 66. Zu den globalen Zusammenhängen der europaweiten, neuen Geselligkeitskultur vgl. *Fattacciu*, Exotic Products; *Berg/Gottmann/Hodacs/Nierstrasz*, Goods from the East, darin v. a. die Beiträge in der Sektion »A Taste for Tea«.

her beschriebenen Ehepaares Friedrich und Caroline von Eynern, darauf, wie selbstverständlich der gemeinsame Genuss dieser Lebensmittel geworden war, und dass er sich in der Tat in einem zwanglosen Rahmen abspielte. Ja, Kaffeebesuche waren häufig sogar spontan und damit sehr unverbindlich.[179] Auf der anderen Seite war den Angehörigen der Wuppertaler Kaufmannsfamilie diese Geselligkeitsform und der Genuss der dabei konsumierten Getränke immerhin so wichtig, dass sie sich auch mehrfach am Tee- beziehungsweise Kaffeetisch bildlich darstellen ließen und diesen somit verewigten. So waren auf den Bildnissen *Gemeinsmann Tiegler und Frau* (um 1780), *Die Familie von Carnap* (um 1785) und *Die Familie Königsberg* (Ende 18. Jahrhundert) alle Familien um einen Tisch gruppiert und wurden beim gemeinsamen Genuss von Tee beziehungsweise Kaffee gezeigt.[180] Dieses Setting hatte sich in der zweiten Hälfte des 18. Jahrhunderts in ganz Europa für Familienporträts verbreitet und verbildlicht im wahrsten Sinne des Wortes die neuen Formen der sozialen Interaktion.[181]

Im Bezug auf das Wuppertal ist noch erwähnenswert, dass die Aneignung des Konsumguts Kaffee ein eigenes Ensemble von materiellen Objekten hervorbrachte, bei dem das globale und fremde Gut Kaffee mit lokalen und althergebrachten Dingen eine neuartige Symbiose einging. Häufig wurde im Wuppertal nämlich das schwarze Getränk in einer sogenannten Dröppelmina, das heißt einer Kranenkanne aus Zinn, Messing oder Kupfer, serviert, die sich in der Folgezeit zu einem typisch bergischen Produkt entwickelte. Die Dröppelmina gilt noch heute als das Herzstück einer jeden bergischen Kaffeetafel.[182] Kranenkannen waren seit dem Beginn des 18. Jahrhunderts in Europa weit verbreitet. Sie wurden aus verschiedenen Metallen wie Zinn, Messing oder Silber und auch aus Porzellan und Fayence gearbeitet.[183] Dass sie zu dieser Zeit auch schon im Wuppertal bekannt waren, zeigt der Nachlass des 1709 gestorbenen Kaufmannes Johannes Plücker, denn unter seinen Sachen befand sich auch eine »blechen Kaffeekane ohne Krahnenbolzen«.[184] Bildlich haben Kranenkannen ihren Niederschlag auf Gemälden aus England, Holland oder Wien gefunden, häufig als Objekt der oben erwähnten Familienporträts am Tee- oder Kaffeetisch.[185] Inso-

179 Vgl. hierzu auch *Hochmuth*, Globale Güter; *North*, Genuss, Kap. 9; *Hatje*, Öffentlichkeit.

180 Die Bildnisse sind abgedruckt in *Born*, Elberfeld, S. 222, 226, 229.

181 Vgl. hierzu auch *Albrecht*, Kaffee, S. 46f.

182 Vgl. *Vollmar*, Bergische Kaffeetafel.

183 Vgl. *Viebahn*, Bergisches Zinn, S. 76–80.

184 Vgl. *Schell*, Inventarium.

185 Eine Kranenkanne ist beispielsweise auf der Gouache zu sehen, welche die Erzherzogin Marie Christina 1762 von der kaiserlichen Familie in Wien beim Nikolausfest anfertigte. Bei ihrer Darstellung kopierte die Erzherzogin eine niederländische Stichvorlage von Jacob Houbraken (1698–1780) nach einem Gemälde von Cornelis Troost (1697–1750). Vgl. https://www.oeaw.ac.at/ikm/das-institut/news-detail/article/weihnachtszeit-am-wiener-hof/ (17.02.2020).

fern befanden sich das Ehepaar Tiegler und die Familie Carnap in guter Gesellschaft, als sie sich auf ihren Bildnissen samt Kranenkanne zeigten. Vermutlich stammte die Dröppelmina auf diesen Bildern noch nicht aus bergischer Produktion – die Herstellung der ersten bergischen Dröppelmina lässt sich erst für das Jahr 1786 nachweisen, doch fertigten Kölner Zinngießer solche Kannen schon seit Ende der 1720er Jahre.[186] In den untersuchten Nachlässen befindet sich zwar einzig in dem von Abraham Frowein explizit eine »gelbe [i. e. messingene] Kaffeekanne mit Krahne«, doch kann man davon ausgehen, dass diese Art von Kannen generell unter den Kaufmannsfamilien weit verbreitet war. Schließlich ist es gut möglich, dass viele der zinnernen Kaffeekannen, die in den Inventaren aufgeführt sind – sowohl Kaspar Frowein als auch die Wuppermanns besaßen beispielsweise jeweils fünf Kaffeekannen aus Zinn – Kranenkannen waren, ohne dass dies von den Schreibern explizit vermerkt worden wäre. Freilich verfügten sie alle sowohl über metallenen als auch porzellanene Kaffeekannen, so dass sie in der materiellen Praktik des Kaffeetrinkens freie Wahl hatten und ihren Genuß den unterschiedlichen sozialen Settings – alleine, *en famille*, mit Geschäftspartner oder bei einem großen Fest – gemäß gestalten konnten.[187]

Zusammenfassend lässt sich sagen, dass die Häuser, ihre Außenanlagen und Gärten deutlich machen, wie sehr in diese Ensembles die verschiedenen Lebenswelten ihrer Bewohner eingeschrieben sind: das Kaufmannshaus blieb weiterhin eingebunden in den Zusammenhang von Wohnen und Arbeiten; die Übernahme neuer materieller Errungenschaften ließ sich auch als Ausweis eines »gebildeten« und damit allumfassend informierten Kaufmannes in Szene setzen. Die Prozesse der globalen Kommerzialisierung, welche die Kaufleute als Wirtschaftsakteure entscheidend vorantrieben, bildeten nicht nur die materielle Grundlage für Bau und Ausstattung der Häuser, sondern machten sich auch in der Art der konsumierten Lebensmittel, der verwendeten Hölzer fürs Mobiliar und in den für den Garten ausgewählten Pflanzen bemerkbar. Die Kaufmannshäuser und ihre Interieurs verliehen somit den kaufmännischen Lebenswelten und den sie bestimmenden wirtschaftlichen, kulturellen und sozialen Prozessen prägnant Ausdruck.

Ganz allgemein konnten sich die Wuppertaler Kaufmannsfamilien sicher sein, in ihrem Gebrauch der Dinge, ob mit oder ohne bergische Kranenkanne, an den materiellen Praktiken der »gebildeten Stände« teilzuhaben. Sie konsumierten die gleichen Lebensmittel von der Art von bemaltem Porzellan, wie es auch in den Hansestädten, in kulturellen Zentren wie Berlin, Leipzig und München

186 Vgl. *Viebahn*, Bergisches Zinn, S. 77, 81.

187 Diese Möglichkeit zur Differenzierung läßt sich auch daran erkennen, dass in allen Inventaren sowohl feines als auch »ordinäres« Porzellan vorhanden war. Das »feine« Porzellan umfasste häufig 18 Tassen und verweist darauf, dass es auch im Rahmen von größeren Feierlichkeiten eingesetzt werden konnte.

oder in Residenzständten wie Mannheim und Ludwigsburg in Gebrauch war.[188] Ihre Häuser erhielten die gleiche Verzierung mit Perlstäben oder Akanthusblüten, ihre Wände dieselbe Bemalung mit antiken Motiven, wie sie allenthalben nicht nur in Deutschland, sondern in ganz Europa und auch in Übersee gängig waren.[189] Wenngleich sich die Forschung hauptsächlich auf den Konsum der Mittel-, teils auch der Unterschichten konzentriert hat, machen jüngere Untersuchungen zum Konsum der Genussmittel deutlich, dass ihr Genuss ständetranszendierende Prozesse in Bewegung setzte und sich die Geselligkeitsmuster von den alten Eliten, das heißt dem Adel, und den aufstrebenden bürgerlichen Schichten in dieser Hinsicht mehr und mehr anglichen.[190] Insofern ist die Konsumkultur rund um die hier näher betrachteten Genussmittel ebenso wie der weiter oben beobachtete, doppelte Kulturkonsum im Bereich des Gartenlebens Teil eines umfassenden Prozesses kultureller Vergesellschaftung, »der bisherige regionale, soziale, ständische und religiöse Differenzen, wenn nicht ausschaltet, so überbrückt« und somit zur Herausbildung der »gebildeten Stände« als sozialer Elite entscheidend beitrug.[191]

188 Vgl. *North*, Genuss. Kap. 9; *Hochmuth*; Globale Güter, S. 139–147; *Heß*, Danziger Wohnkultur, S. 203–16.

189 Vgl. *Köster*, Palladio in Amerika.

190 Vgl. *Smith*, Consumption; *Rothery/Stobart*, Consumption.

191 Vgl. *Tenbruck*, Bürgerliche Kultur, Zitat S. 272.

7. Die »gebildeten Stände« in der Öffentlichkeit – Religion, Geselligkeit und Armenfürsorge im Wuppertal

Es ist für die Frühe Neuzeit nicht leicht zu beschreiben, was mit »Öffentlichkeit« gemeint ist und wie sich »öffentlich« und »privat« voneinander abgrenzen lassen. Schließlich waren die Menschen in verschiedene, sich häufig überlappende Lebenswelten eingebunden, die einer klaren Dichotomie von öffentlich/privat wenig entsprechen. So war der häusliche Bereich keineswegs so eindeutig ein »privater« Lebensbereich, wie wir dies heutzutage für selbstverständlich halten. Jedoch kann grundsätzlich festgehalten werden, dass Privatheit entsteht, wenn der Zugang zu Räumen oder zu Informationen begrenzt wird. Je stärker der Zugang begrenzt ist, desto privater ist ein Bereich.[1] Im Umkehrschluss heißt dies, dass all das »öffentlich« zu nennen ist, was in einem unbeschränkten, vielen zugänglichen Raum passiert.

»Öffentlichkeit« ist trotz des hier gebrauchten Singulars jedoch kein all umfassender Begriff, vielmehr besteht »die« Öffentlichkeit aus vielen verschiedenen öffentlichen Räumen, die durchaus unterschiedlich gelagert und verschiedenen Personenkreisen zugänglich sind.[2] Ausgehend von diesen Überlegungen betrachtet das folgende Kapitel daher das Agieren von Mitgliedern der »gebildeten Stände« in verschiedenen Öffentlichkeiten: Gemeinden und Konventikeln, Assoziationen und Vereinen, karitativen Einrichtungen und Selbsthilfeorganisationen. All diese Institutionen wurden getragen vom öffentlichen Umgang miteinander und trugen aufgrund dieser Form zum Vergesellschaftungsprozess der »gebildeten Stände« als einer sozial abgrenzbaren, öffentlich sichtbaren Formation bei.[3]

Den Anfang macht die Untersuchung der Religiosität Wuppertaler Kaufmannsfamilien, die zwischen kirchlicher Öffentlichkeit und privater Innerlichkeit oszillierte und die keineswegs so eindeutig benannt und beschrieben werden kann, wie es die Rede vom Wuppertal als einem »Zion der Gläubigen« vermuten lässt. Vielmehr wurden auch die Kaufmannsfamilien von einer Pluralisierung der Glaubensformen erfasst, deren Vielfalt im Folgenden genauer

1 Vgl. *Gestrich*, Privatheit; *Melville/Moos*, Das Öffentliche.

2 Insofern gilt es Jürgen Habermas These von der »bürgerlichen Öffentlichkeit« deutlich zu differenzieren. Vgl. hierzu *Schlögl*, Kommunikation.

3 Vgl. *Gestrich*, Vergesellschaftungen; *Blänkner*, »Geselligkeit«.

beschrieben wird. Dass diese Pluralisierung öffentlich jedoch kaum sichtbar wurde, war – so die hier verfolgte These – der Funktionalisierung der Kirchen und ihrer Lehren für ökonomische Zwecke geschuldet.

Die Abgrenzung von den anderen, ungebildeten Ständen wird im zweiten Abschnitt des Kapitels, welcher das Assoziationswesen behandelt, sichtbar. Denn die Lesegesellschaften und andere geselligen Vereinigungen waren, trotz ihrer ständischen Durchlässigkeit, sozial exklusiv. Mit dieser Abgrenzung trugen sie erheblich zur Vergesellschaftung der »gebildeten Stände« bei. Wie sehr diese gerade in einer Gewerberegion auf solche in der Öffentlichkeit der Assoziationen ablaufende Formen der Vergesellschaftung angewiesen waren, um sich bei der hohen Dynamik von Wirtschaft und Gesellschaft zu einer sozialen Gruppierung zu formieren, wird dabei anhand verschiedener Gesellschaften in Elberfeld und Barmen genauer ausgeführt.

Im dritten Abschnitt des Kapitels stehen schließlich Formen der Armenfürsorge und der öffentlichen Wohlfahrt im Mittelpunkt. Hieran lässt sich zeigen, wie sehr Vorstellungen von einer »bürgerlichen« Lebensweise Akzeptanz innerhalb der »gebildeten Stände« gefunden hatten. Gleichzeitig offenbart der öffentlich geführte Diskurs aber auch die Persistenz christlicher Vorstellungen und einer religiös begründeten Lebensführung, die teils auch in Widerstreit geriet mit den »bürgerlichen« Tugenden. Generell wird im Kontext der öffentlichen Wohlfahrt sichtbar, dass die christlichen Grundlagen der »bürgerlichen Gesellschaft« weiterhin ein handlungsleitendes Gerüst darstellten und dass sie, allen Auflösungsprozessen zum Trotz, aufs engste verknüpft waren mit Vorstellungen von Bildung und Bürgerlichkeit.

7.1 Die Religiosität Wuppertaler Kaufmannsfamilien zwischen kirchlicher Öffentlichkeit und privater Innerlichkeit

Die Religiosität der »gebildeten Stände« war um 1800 in Bewegung gekommen. Davon zeugen zum einen Schriften wie die des Berliner Pfarrers Friedrich Schleiermacher »Über die Religion. Reden an die Gebildeten unter ihren Verächtern«, in welcher Schleiermacher sich mit dem Wesen der Religion beschäftigt, zum anderen aber auch Selbstbeobachtungen wie die des Hamburger Juristen und Tagebuchschreibers par excellence, Ferdinand Beneke, dessen Religiosität sich zwischen traditionellem Luthertum, Frühromantik, gefühlsbetonter Frömmigkeit und aufgeklärtem Wissen bewegte.[4] Die in den Gemeindehistorien vielgerühmte, kirchentreue Religiosität Wuppertaler Kaufmannsfamilien scheint dagegen auf den ersten Blick deutlich weniger vielschichtig. Nichtsdestotrotz lässt sich auch im Wuppertal eine Pluralisierung und Individualisierung der

4 Vgl. *Schleiermacher*, Religion. Zu Benekes Religiosität vgl. *Hatje*, Diesseits und jenseits.

Glaubensformen ausmachen. Religion wurde zu einem Thema, bei dem nicht länger blind auf die heilsgeschichtlichen Versprechungen der Orthodoxie vertraut, sondern das in einem individuellen Aushandlungsprozess bearbeitet wurde. Ein Blick in die Forschungsliteratur offenbart, dass man sich bei dem Thema »Religion« in ein wahres Minenfeld an Begriffen sowie an Forschungsmeinungen begibt. Insofern seien die zentralen Begrifflichkeiten des Kapitels – Religion, Religiosität und Frömmigkeit – vorab kurz erläutert und die wichtigsten Strömungen – Säkularisierung, Aufklärung und Pietismus – erwähnt.

In der einschlägigen Literatur wird Religion als ein generelles kulturelles Phänomen verstanden, das nicht konfessionell oder an bestimmte Institutionen wie etwa die christliche Kirche gebunden ist:

> Religion arbeitet sich an der Kontingenz der Welt ab; sie lebt von der Überschreitung des als alltäglich Erfahrenen, aber auch von deren Rückbindung an die alltägliche Lebenswelt; sie operiert zwischen Transzendenz und Immanenz – wobei im Einzelnen zu bestimmen ist, was jeweils als Transzendenz und Immanenz aufgefasst wird. Religion transformiert unbestimmbare in bestimmbare Komplexität, sie stellt ›Modelle für‹ und ›Modelle von‹ Weltinterpretationen und Handlungsmustern bereit, indem sie Glaubenssysteme und Praktiken, Dogmen und Riten ausarbeitet.[5]

Religion ist somit »ein mehr oder weniger durchgearbeiteter Zusammenhang von Glaubensinhalten«.[6] Wie die Kapitelüberschrift jedoch schon sagt, geht es hier nicht um Religion an sich, sondern um die Religiosität einer spezifischen gesellschaftlichen Gruppe. Religiosität ist »die subjektive Haltung eines Gläubigen zu diesen Inhalten«.[7] Wie die Begriffsgeschichte der Worte Religion und Religiosität zeigt, wird letzteres vor allem in seiner Form als Adjektiv (»religiös«) häufig austauschbar mit fromm oder gläubig gebraucht.[8] Mit einer gewissen Vernachlässigung der semantischen Feinheiten erscheint es erlaubt, diese drei Begriffe synonym zu gebrauchen, zumal an anderer Stelle Frömmigkeit definiert wird als ein »Ensemble von religiösen Vorstellungen und Handlungsformen, die ein Individuum, eine Gruppe oder eine Institution dauerhaft pflegt«.[9] Im Vordergrund stehen also auch hier Praktiken und Aneignungsprozesse. Ferner konkretisiere sich Frömmigkeit immer aus einem aktuellen historischen Gegensatz, denn »in der Frömmigkeit verschmelzen die Wahrnehmung der äußeren Welt und deren Spiegelung im Inneren zu einer unauflösbaren Einheit«.[10] Frömmigkeit/Religiosität/Gläubigkeit ist also historisch wandelbar und kann

5 *Bock et al.*, Säkularisierungen, S. 16.
6 *Alexander/Fritsche*, »Religiosität«, S. 11.
7 Ebd.
8 Ebd., S. 13.
9 *Hölscher*, Frömmigkeit, S. 11.
10 Ebd.

ihre Gestalt ändern, ohne dass sich gleich von einer Ab- oder Zunahme von Religiosität sprechen ließe, deren Messbarkeit eh fraglich ist.

Dies hat dazu geführt, auch die Frage nach der Säkularisierung, also dem Abnehmen der Religion als prägender Kraft im öffentlichen Raum und im privaten Leben, neu zu stellen. Lange Zeit schien es, als bestimme die Frage nach der Religiosität einer Gruppe über deren Modernität. Denn religiöse Überzeugungen und Handlungsweisen vertrügen sich nicht mit rationalen, modernen Gesellschaften, auf diese knappe Aussage könnte man ältere Überlegungen zusammenfassen, welche von den Klassikern der Soziologie wie Max Weber oder Georg Simmel um die Jahrhundertwende vom 19. zum 20. Jahrhundert formuliert wurden. Modernisierung wurde mit Säkularisierung gleichgesetzt, beide Prozesse schienen sich gegenseitig zu bedingen.[11] Säkularisierung ist allerdings ein schwammiger, ungenauer Begriff, und es hat sich verschiedentlich gezeigt, dass viel genauer differenziert werden muss, ob man damit Dechristianisierung, Profanisierung oder Entkonfessionalisierung meint und an welchen Faktoren man die sogenannte Säkularisierung überhaupt festmachen will.[12] Auch ist in den letzten Jahren in den öffentlichen Debatten um das »christliche Abendland« oder »islamistischen Terror« deutlich geworden, dass moderne Gesellschaft, säkularer Staat und Religion keineswegs als Gegensatz zu denken sind, sondern vielmehr auf vielschichtige Weise miteinander verknüpft bleiben.[13]

In diesen Debatten wird gerne die »Aufklärung« als kennzeichnendes Merkmal des Westens bemüht, zu deren Erbe auch die Genese des säkularen Staates gehöre. Dabei wird meist vergessen, dass Religionskritik zwar ein beherrschendes Merkmal der Aufklärung darstellt, dass es für die Mehrheit der Aufklärer aber keineswegs darum ging, Religion schlechthin zu negieren oder sie aus dem öffentlichen Leben zu verbannen, sondern sie vielmehr von erstarrten Formen zu befreien und so ihr wahres Wesen freizulegen. Religion, Moral und Sittlichkeit blieben unverbrüchlich miteinander verbunden. Die Aufklärung war insofern auch eine Bewegung mit religiösem Gehalt. Demnach ergibt es wenig Sinn, Aufklärung und Religion gegeneinander auszuspielen.[14]

Genauso wenig sinnvoll ist es, die wichtigste geistliche Bewegung des Protestantismus im 18. Jahrhundert, den Pietismus, in diametrale Opposition zur Aufklärung zu setzen. Fundamentaler Bestandteil des Pietismus war der Wunsch

11 Vgl. *Bock et al.*, Säkularisierungen, S. 21 ff.

12 Die Debatte um die Säkularisierung und ihre vielfältige Form hat in letzter Zeit eine Fülle von Literatur hervorgebracht. Vgl. etwa die Aufsatzbände *Lehmann*, Säkularisierung; *Bock et al.*, Säkularisierungen; *Gabriel*, Säkularisierung; sowie die komparative Studie *McLeod*, Secularisation in Western Europe.

13 Vgl. *Graf*, Wiederkehr der Götter.

14 Auch das Verhältnis von Aufklärung und Religion hat in den letzten Jahrzehnten großes Interesse auf sich gezogen. Vgl. *Gründer*, Religionskritik; *Theis*, Religion; *Hofmann/Zelle*, Aufklärung; *Bremer*, Vernunft; sowie der Literaturbericht *Sheehan*, Enlightenment.

nach einer geistlichen Erneuerung der Kirche und ihrer Lehre sowie die Abkehr von der öffentlich inszenierten Religion und die Hinwendung zu einem verinnerlichten Christentum. Der Pietismus gilt mit seiner Betonung der individuellen Frömmigkeit und Glaubenspraxis als charakteristisch neuzeitlich.[15] Der Pietismus ist daher, genau wie die Aufklärung, Teil des langfristigen Modernisierungsprozesses der Neuzeit und stellt ebenso wie die Aufklärung einen Teil des »Ausgangs des Menschen aus seiner selbstverschuldeten Unmündigkeit« dar, um die berühmte Formulierung Immanuel Kants zu gebrauchen.[16] Schließlich lösten sich die pietistischen Gläubigen aus dem Bann der kirchlichen Institutionen und suchten ebenfalls »die Freisetzung und Ermächtigung des Menschen zu selbständigem Denken und Fühlen«.[17] Aufklärer wie Pietisten waren dabei in einen spezifischen Kommunikationsprozess und -raum eingebunden, innerhalb dessen sie sich über ihre Erkenntnisse, Erfahrungen und Wissensbestände austauschen konnten.[18]

Diese Kommunikationsprozesse erlauben es, über die im Titel des Kapitels angekündigte Öffentlichkeit und Innerlichkeit der Gläubigkeit Aufschluss zu erhalten. Denn Religion ist ein sozial geformtes System, das auf eine permanente Verständigung zwischen den Menschen angewiesen ist. Religion verfügt damit nicht nur über eine hohe Sinnstiftungs- und Vergesellschaftungskompetenz, sondern sie ist vor allem auch ein kommunikativer Vorgang. Kommunikation findet dabei in unterschiedlichen Zusammenhängen statt, deren Beschreibung es auch erlaubt, die für die Frühe Neuzeit so schwierig zu treffende Unterscheidung zwischen privat und öffentlich genauer auszuleuchten. Schließlich ist Religion ein fundamentaler Ordnungsfaktor der frühneuzeitlichen Gesellschaft und wirkt so selbst strukturierend ein auf das, was »öffentlich« ist, und das, was »privat« ist.[19]

Als öffentlich werden im Folgenden Kommunikationsvorgänge verstanden, in denen ein Individuum oder eine Gruppe Kommunikation ungefiltert zulässt. Hierzu zählten beispielsweise der Kirchenbesuch, die Wahrnehmung eines kirchlichen Amtes oder Publikationen. Privat sind dagegen solche Vorkommnisse, in denen versucht wird, Kommunikation nach außen zu begrenzen. Die

15 Vgl. *Brecht*, Pietismus, hier v. a. S. 606.

16 *Kant*, Aufklärung, S. 9.

17 *Vierhaus*, Kulturelles Leben, S. 26. In das gleiche Horn stößt *Brecht*, Pietismus: »Die Ausrichtung auf die Verinnerlichung des Christentums beim einzelnen Individuum kann man bereits als charakteristisch neuzeitlich bezeichnen.« Ebd., S. 606.

18 Vgl. *Bödeker*, Aufklärung; *Gierl*, Pietismus und Aufklärung; *Lächele*, Sammlung

19 Dies und das Folgende beziehen sich auf Überlegungen Rudolf Schlögls, die allerdings für die Zwecke dieses Kapitels deutlich weniger differenziert darlegt werden, als dies bei Schlögl angelegt ist. Vgl. *Schlögl*, Gottesverehrung. Zur Nutzung eines kommunikations- und medienwissenschaftlichen Ansatzes zur Beschreibung frühneuzeitlicher Vergesellschaftungsvorgänge vgl. auch *ders.*, Kommunikation.

Kommunikation per Brief wäre hierfür ein Beispiel, zumal auch der Zusatz beigesetzt werden konnte, Briefe nicht an einen größeren Leserkreis weiterzugeben. Die Begrenzung von Kommunikation kann im Übrigen auch bis zum völligen Ausschluss der Öffentlichkeit führen und nur noch die Kommunikation mit dem eigenen Selbst etwa in Form eines Tagebuchs umfassen. Allgemein ist das Verhältnis von öffentlich und privat graduell zu verstehen und muss, vor allem bei der Bewertung der benutzten Quellen, situativ angepasst werden. So diente autobiografisches Schreiben oder das Führen eines Tagebuchs innerhalb pietistischer Kreise anderen Zwecken und stand in anderen Kommunikationszusammenhängen als bei eher weltlichen Zeitgenossen.[20] Die Öffentlichkeit beziehungsweise Privatheit von Briefen als Medium erlaubt wiederum Rückschlüsse auf den sozialen Raum, innerhalb dessen sich die Religiosität der Wuppertaler Kaufmannsfamilien abspielte.

Im Kontext dieser Arbeit nun wird die Frage nach spezifischen Glaubensformen und -praktiken der Wuppertaler Kaufleute gestellt. Dabei wird wiederholt auf das Verhältnis von Pietismus und Aufklärung, von Säkularisierung und Religiosität zu sprechen kommen sein, ohne dass jedoch einer dieser Teilbereiche die leitende Fragestellung ausmachen würde oder dass sich die Glaubenspraktiken der Kaufmannsfamilien prozesshaft oder teleologisch in eine dieser Erzählungen einordnen ließen. Vielmehr soll ein Panorama der Glaubensformen entstehen, welches in seiner Vielfalt und häufig auch Uneindeutigkeit für die »gebildeten Stände« kennzeichnend war.[21] Damit soll zudem der in der Forschung häufig eng begrenzte Untersuchungsrahmen erweitert und gezeigt werden, dass sich nicht nur die Religiosität von Eliten und »Volk« deutlich unterschieden, sondern dass auch innerhalb der »gebildeten Stände« vielfältige Formen von Religiosität bestanden, deren Erforschung nicht bei der literarischen Selbstvergewisserung der Gebildeten stehen bleiben kann.[22] In dem Kapitel wird zuerst auf die Gemeindegründungen im Wuppertal und ihre interne Organisation eingegangen, danach werden die durch die kirchliche Öffentlichkeit verbindlich gemachten Glaubensformen porträtiert und schließlich einige sich im personalen Binnenraum abspielenden Formen von Religiosität Wuppertaler Kaufmannsfamilien dargestellt.

20 Zu Tagebüchern als Quelle der Pietismusforschung vgl. *Gleixner*, Pietismus.

21 Vgl. *Hatje*, Diesseits und jenseits.

22 Hans-Erich Bödeker etwa beschränkt sich in seinem Aufsatz über »Die Religiosität der Gebildeten« allein auf die Höhenkammliteratur jener Gruppe. Vgl. *Bödeker*, Religiosität. Zur Unterscheidung von Volks- und Elitenkultur in Bezug auf Religion vgl. die Überlegungen bei *Greyerz*, Religion, S. 21–28.

7.1.1 Gemeindegründungen und -organisation im Wuppertal

Trotz seines Rufs als ein Zentrum des Protestantismus hielt die Reformation verhältnismäßig spät Einzug ins Wuppertal. Zwar wurde bereits 1527 dem Reformator Adolf Clarenbach das Betreten des Amtes Beyenburg verboten, da man ihm vorwarf, Messen in deutscher Sprache gehalten zu haben, doch verbreitete sich reformatorisches Gedankengut in bedeutendem Maße erst ab den 1550er Jahren im Wuppertal. Als Reformator wirkte vor allem der Prediger Peter Lo, der ab 1552 an der größten Kirche im Tal, St. Laurentius in Elberfeld, wirkte und sowohl dort als auch in Privathäusern das Abendmahl in beiderlei Gestalt austeilte – ein sicheres Zeichen für eine reformatorische Praxis und Gesinnung. Dies führte allerdings zu Problemen mit dem Pfarrer der Gemeinde, so dass Lo 1555 nach Barmen fliehen musste, was zu diesem Zeitpunkt an den lutherischen Grafen von Waldeck verpfändet war. 1560 wurde jedoch auf Betreiben des Elberfelder Amtmannes an St. Laurentius mit Wilhelm Heimbach ein Pfarrer eingesetzt, der sich nicht nur zur Reformation bekannte, sondern sich auch darum bemühte, für seine Gemeinde eine verbindliche Kirchenordnung zu schaffen. Bereits 1570 scheint sich der Großteil der Bevölkerung zum reformierten Glauben bekannt zu haben; ein Konsistorium der Gemeinde trat erstmals in den 1580er Jahren zusammen. 1592 wurde in Elberfeld eine reformierte Lateinschule gegründet.[23]

Die Barmer reformierte Schule war zu diesem Zeitpunkt bereits 13 Jahre alt, denn auch hier hatte die Reformation, gefördert von den Grafen von Windeck, viele Anhänger gefunden. Die Unterbarmer waren in Elberfeld eingepfarrt und wie die Bewohner von Freiheit und Kirchspiel Elberfeld zum reformierten Bekenntnis übergetreten. Für die Oberbarmer bildete dagegen die Kirchengemeinde in Schwelm ihren Bezugspunkt, da sie aufgrund der größeren geografischen Nähe dort eingepfarrt waren. Dass Schwelm auf einem anderen Territorium lag, brachte es mit sich, dass in den Zeiten von *cuius regio, eius religio* der Konfessionswandel für die östlichen Bewohner des Wuppertals weitgehend eine andere Form nahm: In Schwelm teilte der amtierende Pfarrer erstmals in den 1570er Jahren das Abendmahl in beiderlei Gestalt aus, doch blieben in der dortigen Kirchengemeinde die älteren katholischen Riten noch eine Zeit lang mit denen der lutherischen Kirchenordnung vermischt. Erst in den 1580er Jahren folgen die kirchlichen Riten eindeutig lutherischer Praxis.

Aufgrund der geografischen Ausdehnung des Wuppertals und der damit verbundenen gemeindlichen Aufteilung ergab es sich also, dass sich innerhalb

23 Zur Religionsgeschichte des Tals vgl. vor allem die älteren Darstellungen *Sonderland*, Barmen; *Knapp*, Elberfeld und Barmen; *Langewische*, Doppelstadt. An neuerer Literatur zur Religionsgeschichte des Bergischen Land vgl. *Dietz/Ehrenpreis*, Drei Konfessionen.

des Wuppertals beide Spielarten der Reformation durchsetzen und heimisch werden konnten und von Anfang an ein gewisser religiöser Pluralismus im Tal herrschte; der westliche Teil des Wuppertals (Elberfeld und Unterbarmen) folgte dem reformierten, der östliche Teil (Oberbarmen) mehrheitlich dem lutherischen Bekenntnis.[24] Die Angehörigen beider protestantischen Konfessionen wussten sich in der Folge geschickt der besonderen konfessionspolitischen Konstruktion zu bedienen, nämlich dass ein extraterritorialer Herrscher als religiöse Schutzmacht fungierte. So konnten sie ihre Interessen nicht nur gegenüber dem eigenen katholischen Landesherrn verteidigen, sondern sich auch die Tatsache zu Nutzen machen, dass auch innerhalb Brandenburg-Preußens die Konfessionsverhältnisse zwischen calvinistischem Herrscherhaus und mehrheitlich lutherischer Bevölkerung nicht eindeutig waren. Dies hatte zur Folge, dass die Religionsverhältnisse im Wuppertal relativ »offen« waren und die Zuwanderung jedweder christlichen Konfession von Seiten der Obrigkeit keine Schranken auferlegt wurden.

Die konfessionspolitischen Besonderheiten bildeten auch den Rahmen für die erstaunliche Zahl von Gemeindegründungen im Laufe des 18. Jahrhunderts. Die reformierten Bewohner Barmens konnten sich Anfang des 18. Jahrhunderts aus dem Kirchenbann der Elberfelder Gemeinde lösen und gründeten 1702 die Gemeinde Barmen-Gemarke. Die Zersiedelung im Tal und das anhaltende Bevölkerungswachstum, das vor allem von der Nahwanderung aus der lutherischen Grafschaft Mark gespeist wurde, führten in der Folge zur Gründung von drei weiteren lutherischen Gemeinden, nämlich der in Elberfeld (1726), in Wichlinghausen (1746) und in Wupperfeld (1777). 1822 wurde schließlich noch die unierte evangelische Gemeinde Unterbarmen gegründet, welche den Unionsgedanken, der vor allem seitens des preußischen Königs propagiert wurde, aufnahm und sowohl für die reformierten als auch lutherischen Bewohner dieses Talabschnitts zuständig war. Angehörige anderer Konfessionen waren im Wuppertal nur schwach vertreten. Dies galt nicht nur für die Katholiken, welche beispielsweise in Elberfeld trotz kräftiger Förderung durch den Landesherrn erst 1729 ein eigenes Gotteshaus erhielten, sondern erst recht für andere Glaubensgemeinschaften: 1816 lebten neun Mennoniten und 118 Juden im Wuppertal; das war im Falle der Mennoniten ein statistisch nicht abbildbarer Teil, bei den Juden waren es 0,3 Prozent der Bevölkerung. Zum katholischen Glauben bekannten sich zu diesem Zeitpunkt 13,6 Prozent der Bevölkerung.[25]

24 Bis zur Gründung der reformierten Gemeinde in Schwelm 1655 orientierten sich die Oberbarmer Reformierten nach Elberfeld.

25 Vgl. *Murayama*, Konfession, Tab. C2. Da es hier um religiöse Praktiken der von mir untersuchten Kaufmannsfamilien geht, welche ausnahmslos Protestanten waren, werden die anderen Glaubensgemeinschaften im Folgenden vernachlässigt.

Von vorneherein waren die protestantischen Gemeinden auf die aktive Mitarbeit ihrer Mitglieder hin konzipiert und in Selbstverwaltung organisiert. Die Gemeindemitglieder wählten sowohl in den reformierten als auch den lutherischen Kirchengemeinden für gewöhnlich in einem zweijährigen Turnus einen Vorstand. Der Gemeindevorstand, das Konsistorium beziehungsweise Presbyterium, bestand aus den Kirchmeistern, den Ältesten, den Provisoren, welche sich um die Armenfürsorge kümmerten, und den Scholarchen, welche für schulische Angelegenheiten zuständig waren. Er wurde, je nach Größe der Gemeinde, für gewöhnlich aus acht bis zehn Männern gebildet, die sich in regelmäßigen Abständen zu ihren Sitzungen einfanden.[26] Das Konsistorium wählte außerdem, unter Hinzuziehung einiger herausragender Gemeindemitglieder, die Prediger.[27] Vor allem hierdurch übten die Konsistoriumsmitglieder beträchtlichen Einfluss auf die Gemeinde und ihre theologische Ausrichtung aus. Darüber hinaus wirkten bei den Reformierten die Konsistorialen durch die tätige Mithilfe bei der Überwachung der Kirchenzucht stark in die Gemeinde hinein. Außerdem nahm ein Mitglied des Konsistoriums als Deputierter neben dem Pfarrer an den Kreissynoden teil und hatte so auch Anteil an den überlokalen Beratungen und Beschlüssen. Beide Kirchen am Niederrhein besaßen somit eine presbyterial-synodale Kirchenverfassung, die eine hohe Einbindung der Kirchenmitglieder in die Angelegenheiten der Gemeinde mit sich brachte. Innerhalb der Verwaltung machten sich allerdings im Laufe der Zeit oligarchische Tendenzen bemerkbar.

Das Amt des Presbyters war hochangesehen, so dass vor allem sozial und ökonomisch herausragende Mitglieder der Gemeinde in den Vorstand gewählt wurden. Teils war auch in den Gemeindeordnungen vorgeschrieben, dass es sich bei ihnen um »Beerbte« handeln musste, das heißt um Landbesitzer. In Elberfeld wurde diese Vorstellung von Legitimation durch Landbesitz allerdings in Teilen aufgelöst, stellte doch vor allem die kaufmännische Oberschicht, die häufig nach Anfängen im eher ländlichen Kirchspiel Elberfeld in die Stadt umzog, die meisten Mitglieder des Presbyteriums. Im 18. Jahrhundert bekleideten viele von ihnen dieses Amt auch mehrmals.[28] Auffallend in Elberfeld war die enge personelle Verschränkung von kirchlichem Vorstand und örtlicher Regierung.

26 In der Elberfelder lutherischen Gemeinde wurde der Sitzungsturnus beispielsweise auf vier Wochen festgelegt. Vgl. ebd., S. 104.

27 1666 nahmen an der Wahl neben dem Presbyterium beispielsweise fünf ehemalige Bürgermeister, der Barmer Amtsrichter sowie sechs weitere Männer teil. Vgl. ebd., S. 77. An der lutherischen Gemeinde Elberfeld beteiligten sich dagegen bis zur Reform der Kirchenordnung 1787 auch zahlreiche »Meistbeerbte« an der Wahl. Nach 1787 wurde anlässlich der Predigerwahl oder anderer besonderer Entscheidungen das sogenannte »Große Presbyterium« zusammengerufen, dem nicht nur die aktuellen Gemeindevertreter, sondern auch alle gewesenen Presbyter angehörten. Vgl. *Pöls*, Lutherische Gemeinde, S. 216.

28 Vgl. *Murayama*, Konfession, S. 273 f.

Nicht nur fand die Wahl des Magistrats immer in der reformierten Kirche statt, sondern zahlreiche Ratsmitglieder waren auch als Konsistoriale aktiv.[29] Im Fall der Familie de Weerth wird dies besonders deutlich: Werner de Weerth war Elberfelder Bürgermeister in den Jahren 1770, 1779 und 1789. Seit 1773 gehörte er wiederholt dem Presbyterium an und bekleidete bis zu seinem Austritt 1797 viermal das Amt des Ältesten, einmal das des Scholarchen. Nach Werner de Weerths Ausscheiden folgte ihm sein Sohn Peter, der zwischen 1797 und 1827 ebenfalls zahlreiche Ämter in der Gemeinde innehatte. Nach der Änderung der Stadtverfassung 1807 übernahm Peter de Weerth zwar nicht das Bürgermeisteramt, saß aber viele Jahre als Abgeordneter im Stadtrat.[30]

Auch in der lutherischen Gemeinde in Elberfeld wussten die wohlhabenderen Mitglieder dank ihrer größeren finanziellen Möglichkeiten Einfluss geltend zu machen. Bei der Wahl für die erstmals zu besetzende zweite Pfarrstelle 1764 kam es zu einer heftigen Auseinandersetzung zwischen den ärmeren und den wohlhabenderen Gemeindemitgliedern. Erstere hatten sich für die Berufung des westfälischen Predigers J. G. Lohmeyer ausgesprochen, während letztere in weitgehender Übereinstimmung mit dem Konsistorium dagegen protestierten. Da die Finanzierung der zweiten Pfarrstelle noch nicht abschließend geklärt war und hierfür eine Kollekte innerhalb der Gemeinde gehalten werden sollte, machten die wohlhabenderen Gemeindemitglieder von ihrer Finanzmacht Gebrauch und erklärten, dass die anderen Gemeindemitglieder die nötigen 5.000 Reichstaler ohne sie aufbringen müssten, sie würden »nicht den Beutel ziehen«, damit ihnen »Leinweber, Schuster und Schneider den Prediger setzen«.[31] Allerdings konnten die reicheren Gemeindemitglieder ihren Kandidaten gegen den Widerstand der anderen auch nicht durchsetzen; schließlich wurde ein dritter Kandidat gefunden und einhellig angenommen. Überhaupt war die lutherische Gemeinde nicht frei von Zwistigkeiten, die beispielsweise in einem Prozess zwischen dem Konsistorium und dem Pfarrer Stephan Spitzbarth wegen seines Wohnhauses deutlich sichtbar wurden. Hier deutet sich an, mit welchem Selbstbewusstsein die Gemeinden ihren Predigern gegenübertraten. Andererseits waren viele der wohlhabenderen Gemeindemitglieder auch immer wieder bereit »den Beutel zu ziehen«, so dass die Gemeinde nach und nach finanziell gut gestellt und beispielsweise für die überlebenden Pfarrwitwen gut gesorgt war. Das Gehalt der Pfarrer wurde ebenfalls immer wieder erhöht, was die Elberfelder Gemeinde zu einem attraktiven Arbeitsplatz für die Berufenen machte.

29 Vgl. ebd., S. 260 f., Tab. C18a, Abb. 19.

30 Peter wurde 1797 zum Ältesten, 1800 dann zum Kirchmeister gewählt wurde. Er vertrat außerdem 1801 als Deputierter die Gemeinde bei der Synode, war 1803 Mitglieder der Kommission zur Beschaffung einer Orgel und 1805 Mitglied der Kommission zum Neubau der Schule. In den Jahren 1809, 1821 und 1827 wurde er ebenfalls zum Ältesten gewählt. Vgl. *Weerth*, Familie de Weerth, S. 144, 155 f.

31 Vgl. *Pöls*, Lutherische Gemeinde, S. 160.

In Barmen verhielt es sich in den Gemeinden ähnlich. Wie in Elberfeld war das Sozialprofil des Konsistoriums in den lutherischen Gemeinden gemischter als in der reformierten Gemeinde. Dies lag zum einen darin begründet, dass gerade innerhalb der lutherischen Gemeinden die Zuwanderung besonders hoch war und weniger schon seit langem etablierte Familien in diesen Gemeinden zu finden waren. Johann Peter von Eynern etwa, der 1785 zum Ältesten und 1796 zum Kirchmeister der lutherischen Gemeinde Wupperfeld berufen wurde, war um 1750 als mittelloser Lehrling ins Wuppertal gekommen und hatte sich 1770 als Kaufmann selbständig gemacht. Sein wirtschaftlich deutlich weniger prominenter Bruder Heinrich wurde 1795 ebenfalls zum Ältesten gewählt.[32] Zum anderen war Wichlinghausen, die zweite große lutherische Gemeinde, weiterhin stark agrarisch geprägt und besaß im 18. Jahrhundert noch keine ausgeprägte Kaufmannsschicht. Zu den Presbytern um die Jahrhundertmitte gehörten in dieser Gemeinde neben einigen Kaufleuten vor allem Handwerker, von denen viele noch einem landwirtschaftlichen Nebenerwerb nachgingen.[33] Allerdings waren auch hier die Bleicher- und Kaufmannsfamilien in kirchlichen Belangen oft führend. So war der Großvater von Johann Carl Wuppermann, Hildebrand Wuppermann, 1744 gemeinsam mit dem Bleicher und Landwirt Engelbert Egeldick nach Mannheim gereist, um beim Kurfürsten das Recht auf freie Religionsausübung und damit zur Gründung einer eigenen Gemeinde zu erwirken. Nach Gründung der Gemeinde wurde Hildebrand Wuppermann dann zum Kirchmeister, Engelbert Egeldick zum Ältesten gewählt. Die Familie Wuppermann übernahm in der Folgezeit eine führende Rolle in der Gemeinde, was nicht zuletzt durch die Heirat zweier Wuppermann-Töchter mit lutherischen Pfarrern bekräftigt wurde.[34]

In der reformierten Gemeinde in Barmen-Gemarke, die seit 1702 bestand, spielten dagegen die langansässigen Kaufmannsfamilien die beherrschende Rolle, ohne dass es zu Heiraten zwischen den Familien und den Pfarrern gekommen wäre. Vor allem die Familien Bredt, Siebel, Rübel und Wülfing stellten eine Vielzahl der Konsistoriumsmitglieder; viele von ihnen gehörten ihm außerdem über einen sehr langen Zeitraum an. Abraham Rübel (1746–1811) etwa wurde gleich im Jahr nach seiner Heirat 1777 zum Kirchmeister gewählt. Bis zu seinem Ausscheiden 1804 hatte er noch viermal Ämter als Presbyter inne. Der Schwiegervater von Rübels Tochter Wilhelmine, Abraham Wülfing (1734–1776), hatte ebenfalls gleich nach seiner Heirat 1761 das Amt des Kirchmeisters angetreten

32 Vgl. *Witteborg*, Barmen-Wupperfeld, S. 385.

33 Vgl. *Murayama*, Konfession, S. 284, Tab. C23.

34 Vgl. *Dietz*, Familie Wuppermann, Bd. 1, passim. Johanna Magdalena Wuppermann (1738–1801) heiratete 1763 den Wichlinghauser Pastor Theodor Arnold Müller (1732–1775), ihre Schwippschwägerin Dorothea Wuppermann (1747–1820) 1776 den Lüttringhauser Pfarrer Friedrich Wilhelm Elbers (1753–1816). Zur Geschichte der Wichlinghauser Kirchengemeinde vgl. *Helmich*, Wichlinghausen.

und bis zu seinem frühen Tod drei weitere Male der Gemeinde vorgestanden. Seine Frau wiederum stammte ebenfalls aus einer Familie von Konsistoralen, welche bis ins 19. Jahrhundert in der Kirchengemeinde Ämter versahen.[35] Diese Familienbeziehungen und Verästelungen ließen sich noch beliebig fortsetzen und zeigen nicht nur den hohen Grad von Verwandtschaft und Verschwägerung innerhalb der führenden Familien der Gemeinde an, sondern auch wie lange einige Kaufmannsfamilien die Geschicke der Gemeinde bestimmen konnten. Allerdings zeigt sich im Falle der Familie Bredt, dass die wiederholte Übernahme eines Amtes seit der zweiten Hälfte des 18. Jahrhunderts abnahm; es scheint eine gewisse Amtsmüdigkeit eingetreten zu sein. Auch übernahm nach 1752 kein Mitglied der Familie mehr das als eher mühsam geltende Amt des Provisors.[36]

Häufig wurden die Bredts wie auch andere sozial und ökonomisch privilegierte Männer gleich nach ihrer Heirat zum Kirchmeister gewählt. Die Übernahme des Amtes markierte damit vor allem den neu erworbenen Status als Familienvorstand, nicht jedoch unbedingt eine besondere Verbundenheit gegenüber gemeindlichen Angelegenheiten, wenn es zum Beispiel wie bei Peter Bredt oder Goswin Johann Peter Bredt bei einer einmaligen Amtsperiode blieb. Wie sehr man sich in kirchliche Angelegenheiten einbrachte, wurde stärker zu einer individuellen Entscheidung, was auch einen Rückschluss auf die abnehmende soziale Bindungskraft der Gemeindearbeit zulässt. Allerdings blieb die Übernahme von kirchlichen Ämtern für viele auch Teil eines sowohl im Glauben als auch im bürgerlichen Ethos verankerten Pflichtverständnisses.[37]

Auch in Barmen lässt sich eine große Übereinstimmung zwischen den Inhabern kirchlicher und weltlicher Ämter feststellen. Als Barmen im Zuge der napoleonischen Neuordnung 1808 zur Munizipalität mit stadtähnlichen Rechten erhoben wurde, gehörten dem Stadtrat zahlreiche ehemalige oder zukünftige Presbyter an. Der zum Munizipaldirektor ernannte Karl Bredt war 1786 Kirchmeister der reformierten Gemeinde Barmen-Gemarke gewesen, sein Stellvertre-

35 Christinas Vater, Peter Wortmann (1702–1762), war 1756 Kirchmeister, ihr Cousin Peter Caspar (1705–1766) 1739 Ältester, 1741 Provisor und 1755 Scholarch. Dessen Sohn wiederum, Karl Ludwig Wortmann (1756–1823), war dreimal Kirchmeister (1785, 1807, 1819), zweimal Scholarch (1802, 1815) und zweimal Ältester (1801, 1814). Vgl. *Lauffs/Werth*, Gemeinde, S. 526ff.

36 Vgl. die Aufstellung über Mitglieder der Familie Bredt als Teil des Presbyteriums von 1704 bis 1880 in *Bredt*, Familie Bredt, S. 121. Ob die Berufung von eher orthodoxen Pfarrern, die von Mitgliedern der als eher weltzugewandt geltenden Familie Bredt möglicherweise wenig goutiert wurde, hierzu beigetragen hat, kann mangels Quellen nicht geklärt werden.

37 Vgl. etwa die umständliche Entschuldigung und Bitte um Befreiung von der bevorstehenden Wahl zum Kirchmeister von Johannes Beckmann 1799, enthalten in HZW Bestand Eynern Nr. 87. Beckmann führte seinen Witwerstand, die Zahl seiner kleinen Kinder, sein Ehrenamt als Rottmeister sowie seine berufliche Tätigkeit und die daraus resultierende mangelnde Abkömmlichkeit an, um zu erklären, warum er das Amt nicht übernehmen könnte.

ter Friedrich Wilhelm Teschemacher 1794. Hermann Bünger, Peter Dellenbusch und Friedrich Siebel waren und wurden in den kommenden Jahren ebenfalls Teil des Presbyteriums. Allerdings saßen, anders als ehemals in Elberfeld, auch viele Mitglieder der lutherischen Gemeinden im Rat. Von ihnen gehörten Wilhelm Osterroth, Carl Cramer, Friedrich von Eynern und Peter Wolff dem Vorstand der lutherischen Gemeinde Wupperfeld an. Mindestens die Hälfte der in den Stadtrat berufenen Männer war also im Laufe der Zeit maßgeblich in die Leitung ihrer Gemeinden eingebunden.[38] Kirchliche und weltliche Macht ergänzten sich somit und blieben allen politischen Veränderungen zum Trotz weiterhin in den Händen der Kaufmannsfamilien.

7.1.2 Die geistige Topografie des Wuppertals

Ziel dieses Abschnitts ist es, den Wuppertaler Kaufmannsfamilien über diese formellen Aspekte von Kirchlichkeit hinaus etwas näher ans Herz zu rücken und Einblick in ihre Glaubensformen, ihre Religiosität, zu gewinnen. Da viele der Familien so bestimmend in die Geschicke der Gemeinden und dabei vor allem auch in die Pfarrerwahl eingebunden waren, wird in der Folge der Versuch unternommen, anhand der im 18. und frühen 19. Jahrhundert gewählten Pfarrer die Topografie des Glaubens innerhalb des Wuppertals zu beschreiben und so Rückschlüsse auf religiöse und theologische Trends im Wuppertal zu gewinnen. Im Vordergrund steht hierbei das Dreiecksverhältnis von Orthodoxie, Pietismus und Aufklärung.

Bei der Wahl des Pfarrers in der reformierten Gemeinde in Elberfeld 1704 zeigte sich, dass dort radikalpietistische Strömungen ihren Niederschlag gefunden hatten: die Gemeinde wollte den Isenburger Hofprediger Conrad Bröske (1660–1713) zu ihrem zweiten Prediger wählen.[39] Bröske hatte die englischen Millenaristen rezipiert und übersetzt und vertrat chiliastisches Gedankengut, was der reformierten Orthodoxie deutlich widersprach. Gegen die Wahl der Gemeinde erging Widerspruch nicht nur von Seiten des ersten Pastors, Johann Grünter, sondern auch von der reformierten Klassis als übergeordneter Instanz. Bröske lehnte den Ruf schließlich ab. Statt seiner wurde der in Glaubensfragen deutlich gemäßigtere Bernhard Meyer gewählt, der zwar auch für eine Erneuerung der Kirche eintrat, dabei aber den sicheren Boden des Heidelberger Katechismus nie verließ.[40]

38 Eingesehen wurden die Presbyterlisten für Barmen-Gemarke und Wupperfeld. Sie sind abgedruckt in *Lauffs/Werth*, Gemeinde; *Witteborg*, Barmen-Wupperfeld. Eine Aufstellung des Stadtrats von 1808 findet sich als Faksimile in *Werth*, Barmen, S. 46f.

39 Vgl. hierzu *Shantz*, Sardis, Kap. 9.

40 Zu Meyer vgl. *Eberlein*, Album, S. 326–344.

Im Untergrund der Gemeinde kursierten jedoch weiterhin deutlich radikalere Strömungen, die sich beispielsweise in der Gruppe um Anna Catharina vom Büchel und Elias Eller manifestierten. Vom Büchel erfuhr bei der Teilnahme an pietistischen Übungen Inspirationsvorgänge, die ab 1726 von Elias Eller aufgezeichnet und in der »Hirtentasche«, einer religiösen Offenbarungsschrift, gesammelt wurden. Eller war Florettbandwirker, aber durch die Heirat mit der Witwe seines ehemaligen Arbeitgebers Bolckhaus, einem Pietisten Hallenser Prägung, in Kaufmannskreise aufgestiegen. An den Versammlungen nahmen neben Laien auch die drei Pastoren Daniel Schleiermacher aus Elberfeld, Peter Wülfing aus Düsseldorf und Heinrich Rudenhaus aus Ratingen sowie Angehörige des Elberfelder Konsistoriums teil. Deren Versuch, in Elberfeld auch innerhalb der reformierten Gemeinde eine rigorose Kirchenzucht durchzusetzen, rief jedoch Streitigkeiten mit der Klassis sowie der kurfürstlichen Landesregierung hervor.[41] Der Elberfelder Pfarrer Schleiermacher, im Übrigen Großvater des berühmten Berliner Theologen, entschied sich gegen die orthodoxe Linie der Klassis, beteiligte sich 1737 an dem »Auszug aus Babel« und gründete mit Eller gemeinsam die Zionitengemeinde Ronsdorf.[42] Wie die Erinnerungen Engelbert vom Brucks an seine Jugend in Elberfeld zeigen, bestanden neben diesen radikalen Strömungen auch noch weitere pietistische Kreise, die aber nun vermehrt die Wachsamkeit der reformierten Pfarrer auf sich zogen.[43]

Die theologische Ausrichtung der Wuppertaler reformierten Pfarrer kann für die nächsten siebzig Jahre mit orthodox bis streng rechtsgläubig charakterisiert werden.[44] Sie alle hatten ihre Ausbildung an der brandenburgischen Landesuniversität Duisburg erhalten, deren Professoren im 18. Jahrhundert klar den orthodoxen Lehren folgten, dabei jedoch eher provinzielles Mittelmaß verkörperten.[45] Auch von der Aufklärung blieb die Universität Duisburg kaum berührt. Unter den Professoren verfolgte als erster der Kirchenhistoriker und Orientalist Heinrich Adolf Grimm (1747–1813) entschieden eine rationalistische Richtung. Er gab gemeinsam mit seinem Kollegen Philipp Ludwig Mützel (1756–1831) die aufklärerische Zeitschrift »Stromata. Eine Unterhaltungsschrift für Theologen« heraus. Sie wurde allerdings drei Jahre nach ihrer Gründung bereits eingestellt. Der zeitgleich lehrende Professor für Theologie, Anton Wilhelm Peter Möller

41 Vgl. *Goeters*, Pietismus, S. 413.

42 Durch gute Beziehungen zum preußischen Hof erhielt Ronsdorf bereits 1745 die Stadtrechte und wurde auch als Gemeinde anerkannt. Allerdings rissen die Streitigkeiten mit der zuständigen Synode wie auch die inneren Querelen nicht ab. Schleiermacher trennte sich bereits 1749 von der Gemeinde. In der zweiten Jahrhunderthälfte löste sich zudem das ellerianische Erbe in eine dezidiert reformierte Kirchlichkeit auf. Vgl. *Goeters*, Pietismus, S. 411–19. Zu der Bewegung um Büchel und Eller vgl. noch *Werner*, Stillen; *Wülfrath*, Bänder.

43 Vgl. *Vom Bruck*, Selbstbiographie, S. 14.

44 Vgl. die Einzelbiographien in *Eberlein*, Album.

45 Vgl. *Mennecke*, Orthodoxie; *Mehlhausen*, Duisburg.

(1762–1846), stand ebenso wie sein Nachfolger Friedrich Adolf Krummacher (1768–1845) der Erweckungsbewegung nahe. Für die ins Wuppertal berufenen Pfarrer waren sie die entscheidenden Lehrkräfte: der 1816 an die reformierte Gemeinde Elberfeld berufene Gottfried Daniel Krummacher etwa hatte sich während seines Studiums in Duisburg von den rationalistisch geprägten Lehren Grimms geradezu abgestoßen gefühlt und lieber die biblizistischen Vorlesungen Möllers besucht.[46] Die für den reformierten Pietismus maßgeblichen Universitäten Franeker oder Utrecht hatten die Elberfelder Pfarrer nicht besucht.

Dass die seit der Mitte des 18. Jahrhunderts in Elberfeld amtierenden Pfarrer alle an der Duisburger Universität studiert hatten, lässt daher sowohl bei den Seelsorgern selbst als auch bei der berufenden Gemeinde auf einen eher orthodoxen, teils auch aufklärungsfeindlichen Geist schließen. Zu den weniger prominenten Predigern als den beiden Krummachers ist es allerdings schwierig, genaueres über ihre theologische Ausrichtung zu erfahren, da auch auf den Synoden die eigentlichen theologischen Theoreme kaum berührt wurden. Hier standen vor allem praktische Probleme im Vordergrund. Die reformierte Theologie scheint als geschlossenes Lehrgebäude übernommen und der Gemeinde vor allem in Form des Heidelberger Katechismus nahegebracht worden zu sein.[47] Es verdient dabei Erwähnung, dass die Prädestinationslehre nicht Teil des Heidelberger Katechismus war. Bewegung kam in die Orthodoxie vor allem durch Auseinandersetzung mit pietistischen Strömungen.

Dass in der Elberfelder reformierten Gemeinde generell ein vorwiegend konservativer, orthodoxer Geist herrschte, zeigt auch der erbitterte Widerstand gegen die Einführung der überarbeiteten Gesangbücher, welche neben der alten Psalmenvertonung Lobwassers nun noch einen Anhang geistlicher Lieder enthielten. Die Lieder waren sprachlich modernisiert worden, damit sie »mit mehrerm Verstande können gesungen werden«, das heißt also Kopf und Herz ansprachen. Das Gesangbuch stieß jedoch gerade nach der zweiten Erweiterung von 1772 unter Einfluss der Aufklärung auf heftige Ablehnung, und in Elberfeld weigerte man sich bis zur Jahrhundertwende, trotz Anordnung der Synode, das Buch zu benutzen. Inwieweit die Aufnahme der Lieder zahlreicher pietistischer Liederdichter wie etwa Joachim Neander (39 Lieder) oder Friedrich Adolph Lampe (neun Lieder) zur Elberfelder Ablehnung des Buches beigetrugen, ist nicht ganz klar. Im Vordergrund der Auseinandersetzung stand auf jeden Fall die Sorge um die Bewahrung des Dogmas, ganz sicherlich jedoch nicht, wie andernorts, Sparsamkeit oder Bequemlichkeit.[48]

46 Vgl. *Eberlein*, Album, S. 95 f.

47 Vgl. *Mennecke*, Orthodoxie, S. 261 f.

48 Vgl. *Merx*, Gesangbücher. Das Zitat stammt aus der unpaginierten Vorrede des Gesangbuches von 1738, verfasst vom Präses der Synode, Johann Abraham Kruimel aus Kalkar. Zit. n. ebd., S. 55. Zur Ablehnung der neuen Gesangbücher an anderen Orten und den jeweiligen Motiven vgl. *Hölscher*, Frömmigkeit, S. 120.

Bei den Pfarrern der anderen Wuppertaler protestantischen Gemeinden hatte der Pietismus sehr viel deutlicher als im reformierten Elberfeld seinen Niederschlag gefunden, allerdings in der versöhnlichen innerkirchlichen Variante des Tersteegianismus. Gerhard Tersteegen, in den Worten des Kirchenhistorikers Goeters »die wichtigste Figur des reformierten Pietismus auf deutschem Boden«, wurde 1697 in Moers geboren.[49] Sein Vater, ein Kaufmann, starb früh, und nach dem Besuch einer reformierten Lateinschule, in der Tersteegen eine klassische humanistische Bildung erhielt, begann er auf das Drängen der Mutter eine Kaufmannslehre. Bereits damals bekam er Kontakt zu Erweckten und der quietistischen Mystik, die ihm half, seine Sinn- und Lebenskrise – der Kaufmannsberuf war ihm verhasst – zu bewältigen. In den folgenden Jahren arbeitete Tersteegen als Leinen- und Seidenbandweber und lebte in äußerster Askese und Zurückgezogenheit, um sich ganz seinem Glauben zu widmen. Nach einem oder mehreren Erleuchtungserlebnissen beschloss er, in die Welt zurückzukehren und begann nach außen zu wirken. Er betätigte sich ab 1725 auf privaten pietistischen Versammlungen als Redner und wirkte seit 1727 per Brief als Seelsorger. 1729 veröffentlichte er die poetische Sammlung »Geistliches Blumengärtlein inniger Seelen«, welches weite Verbreitung fand und mehrere Auflagen erlebte.[50] Die meisten von Tersteegens zahlreichen Veröffentlichungen sind der geistlichen Gebrauchs- und Andachtsliteratur zuzuordnen. Dabei handelte es sich neben eigenen Liederdichtungen zumeist um Übersetzungen von Autoren oder Zusammenfassungen, vor allem von Mystikern und Quietisten wie Labadie und Poiret, denen Tersteegen damit innerhalb des deutschen Sprachraums Geltung verschaffte. Ins Wuppertal knüpfte Tersteegen auch persönlich enge Verbindungen, vor allem durch den Barmer Kaufmann Engelbert Evertsen, der zu einem Mentor für die erweckten Kreise im Bergischen Land und dann zu Tersteegens geistigem Erben wurde.[51]

Denn die Kreise der Tersteegen-Freunde, die sich in Konventikeln zusammenfanden und gemeinsam einem verinnerlichten, stark mystifizierten Glauben huldigten, bestanden auch nach Tersteegens Tod weiter. So fanden bei Engelbert Evertsen jeden Mittwoch und Sonntag abends Versammlungen statt, bei denen in »Einfalt und Liebe« über einen Vers aus Tersteegens »Blumengärtlein« geredet und so dessen Geist wachgehalten wurde.[52] Hieran nahmen auch etliche Pfarrer teil. Das gute Verhältnis zwischen Pastorenschaft und Tersteegianern lag vor allem darin begründet, dass Tersteegen nie der Separation das Wort

49 Zu Tersteegen vgl. *Goeters*, Pietismus; *Janzen*, Tersteegen.

50 Auch in dem Nachlass des Elberfelder Kaufmanns Johann Jakob Sombard (gest. 1775) befand sich ein Exemplar von Tersteegens »Blumengärtlein« sowie ein Exemplar der später erschienenen »Geistlichen Brosamen«. Vgl. LA NRW R Berg Gerichte Amt Elberfeld Nr. 25.

51 Vgl. *Goeters*, Pietismus, S. 405. Zu Evertsen vgl. *Bredt*, Familie Siebel, S. 179–191; *Steiner*, Evertsen.

52 Vgl. *Lauffs/Werth*, Gemeinde, S. 186.

geredet und auch seinen Anhängern beispielsweise nicht von der Teilnahme an der kirchlichen Abendmahlsfeier, wie es andere geistliche Führer durchaus taten, abgeraten hatte. So nahm auch der Tersteegen-Apostel Evertsen regelmäßig am Abendmahl seiner Gemeinde teil, wenngleich er kein Kirchenamt übernahm. Von den Wuppertaler Pfarrern pflegten vor allem die Pastoren in Barmen-Gemarke enge Kontakte zu den Tersteegianern. Dies galt nicht nur für den Inhaber der ersten Pfarrstelle in Gemarke, Johann Valentin Denhard (Amtszeit 1751–1789), sondern auch für seinen Nachfolger Johann Jakob Buschmann (1790–1819). Die beiden zweiten Pfarrer der Gemeinde, Johannes Herminghaus (1784–1792) und Matthias Krall (1792–1824), gehörten ebenfalls zum Tersteegen-Kreis und hatten schon vor ihrer Berufung ins Wuppertal miteinander sowie mit Buschmann freundschaftlich verkehrt. Krall gehörte während seiner Studienzeit in Duisburg außerdem zu einem Kreis junger Männer, welche der Rektor des Duisburger Gymnasiums, Johann Gerhard Hasenkamp, um sich versammelt hatte. Hasenkamp war eng befreundet mit Samuel Collenbusch, der zweiten wichtigen außerkirchlichen geistigen Führungsfigur für die Erweckten im Wuppertal.[53]

Samuel Collenbusch (1724–1803) wurde in Wichlinghausen geboren, studierte in Duisburg und Straßburg Medizin und ließ sich, nach einigen Jahren in Duisburg, 1784 als Arzt in Barmen nieder.[54] Collenbusch blieb unverheiratet, wohl aus religiösen Gründen, und war die letzten zehn Jahre seines Lebens blind. In seinen religiösen Überzeugungen pflegte er einen strengen Biblizismus, beeinflusst von Leibniz und durch Schriften der »Württembergischen Väter« Friedrich Christoph Oetinger und Johann Albrecht Bengel, und wurde Begründer einer biblizistisch-spekulativen Sondergruppe des niederrheinischen Pietismus.[55] Er schöpfte seine Anschauungen nur aus der Bibel und prüfte mit ihrer Hilfe jede Lehrmeinung, die ihm unterkam. Dabei ignorierte er auch gegebene Widersprüche in der Heiligen Schrift.

In Barmen wurden Collenbuschs Lehren in mehreren Zirkeln rezipiert. Ein Mittelpunkt für Collenbuschs Ideen war das Haus des Kaufmanns Abraham Siebel, den auch enge verwandtschaftliche Beziehungen mit den Tersteegianern verbanden. Siebel war der Neffe Engelbert Evertsens und in erster Ehe mit Maria Elisabeth Krabb verheiratet, deren Familie in Mühlheim an der Ruhr zum Tersteegenschen Kreis gehörte. Nach ihrem Tod heiratete er jedoch in zweiter Ehe die Düsseldorferin Henrietta Katharina Hoffmann, die Tochter des dortigen Collenbusch-Freundes und Mittlers Christian Friedrich Hoffmann. Seit dem Tod seines Vaters 1776, der vermutlich eher die Tersteegensche Linie vertrat,

53 In der Gemeindegeschichte wird allerdings ausdrücklich betont, dass Krall keineswegs ein Collenbuschianer gewesen sei. Vgl. *Lauffs/Werth*, Gemeinde, S. 185.

54 Zu Collenbusch vgl. *Bautz*, Collenbusch.

55 Vgl. *Goeters*, Pietismus, S. 427.

versammelten sich bei Abraham Siebel jeden Samstag Collenbuschianer zur Besprechung der Heiligen Schrift.[56] An den geistigen Versammlungen nahmen nicht nur Angehörige der Kaufmannsfamilien teil, sondern auch Handwerker. Dies gilt besonders für das Haus der Familie Engels, das ein weiteres Zentrum der Collenbusch-Anhänger darstellte.[57] Hier versammelten sich neben den Familienangehörigen und den »Brüdern und Schwestern« aus Kaufmannsfamilien wie den Brügelmanns, Schleichers, Teschemachers, Keuchens, Lohmeyers auch Mitarbeiter der Engels. Dazu gehörten der Werkmeister Johann Melchior Kruse, der Manufakturarbeiter Wilhelm Pilgram und der bei der Wuppermannschen Färberei beschäftigte Johann Abraham Hülsberg.[58] Die Konventikel lösten also ihren Anspruch auf Ständetranszendenz zumindest teilweise ein. Anders als die Tersteegianer lebten Collenbuschs Anhänger deutlich stärker in der Welt und blieben dem Gemeindeleben eng verbunden.[59] Durch die Übernahme von Kirchenämtern gelang es den Collenbusch-Anhängern zumindest teilweise, die gemeindliche Ausrichtung in ihrem Sinne zu beeinflussen.[60]

Neben der Innerkirchlichkeit war ein weiteres wichtiges Merkmal des rheinischen Pietismus, wie hier bereits angeklungen, seine Überkonfessionalität innerhalb des Protestantismus. Die im Tal rezipierte Erbauungsliteratur von pietistischen Autoren kannte ebenso wenig konfessionelle Schranken wie diese eine Teilnahme an den genannten Konventikeln verhindert hätte. Dieses hatte im Umkehrschluss auch durchaus Einfluss auf den Umgang der protestantischen Gemeinden im Wuppertal miteinander. Die immer wieder beschriebenen Rivalitäten zwischen den Gemeinden, vor allem wenn es um die Gründung einer weiteren evangelischen Gemeinde innerhalb des Wuppertals ging, hatten ihren Grund weitaus häufiger in ökonomischen Rivalitäten denn in theologischen Differenzen. Dies ging so weit, dass erst 1816 in der reformierten Gemeinde Barmen-Gemarke die bisher übliche Verfügung aufgehoben wurde, kein Gemeindemitglied mit einer lutherischen Ehefrau zum Provisor zu wählen. Grund für die Verfügung war gewesen, dass man eine ungleiche Gabenverteilung be-

56 Vgl. *Lauffs/Werth*, Gemeinde, S. 184. Vgl. auch *Bredt*, Familie Siebel, S. 99 f., 192–203.

57 Vgl. *Knierim*, Geistliche Briefe.

58 Vgl. *Knierim*, Gelebte Religion, S. 77. Vgl. des Weiteren die Briefe Nr. 27, 29 und 191 in *Knieriem*, Herkunft.

59 Die Presbyterlisten vermerken beispielsweise zahlreiche Mitglieder der Familien Brügelmann und Teschemacher, die auch zum Collenbusch-Kreis bei den Engels gehörten.

60 Abraham Siebel etwa war 1765 Kirchmeister, 1768 und 1778 Ältester der reformierten Gemeinde in Gemarke. 1768 und 1793 vertrat er die Gemeinde als Deputierter bei der bergischen Synode. In den Jahren 1816 und 1817 diente er der Gemeinde als Ältester beziehungsweise als Scholarch. Jedoch befand er die beiden Prediger der reformierten Gemeinde Gemarke als zu orthodox, auch wenn sie vom Gemeindearchivar Adolf Werth zum Tersteegen-Kreis gezählt werden. Siebel reiste deshalb jedes Jahr in der Karwoche nach Neuwied zur dortigen Brüdergemeinde, um bei ihnen an der Abendmahlsfeier teilzunehmen. Vgl. *Bredt*, Familie Siebel, S. 99, 107 f.

fürchtet hatte.[61] Die Gründung der unierten Gemeinde Wuppertal-Unterbarmen 1822 schließlich, zu deren Pfarrbezirk fortan Reformierte und Lutheraner sowohl aus Elberfeld als auch aus Barmen gehörten, war erst möglich geworden, nachdem die neue Gemeinde sich bereit erklärt hatte, den anderen Gemeinden eine Entschädigungssumme zu zahlen. Überhaupt fand die Konkurrenz eher zwischen den Gemeinden der gleichen Konfession statt denn zwischen den reformierten und lutherischen Gemeinden. Diese konnte allerdings erbittert sein und sich über Generationen hinziehen: Johann Carl Wuppermann etwa, dessen Vater Hildebrand der Gründung der Wupperfelder Gemeinde vehement entgegengestanden hatte, ging so weit, sich an den kurfürstlichen Hof zu wenden, um mit seiner Familie das Abendmahl in Wichlinghausen statt in Wupperfeld einnehmen zu können, da er sonst fürchtete, dem Gedenken seines Vaters untreu zu werden.[62]

Generell überwogen aber, vor allem seit Ende des 18. Jahrhunderts, der Austausch und die gegenseitige Unterstützung gerade auch in der Pastorenschaft. 1805 hatte erstmals ein reformierter Pfarrer in der Elberfelder lutherischen Kirche gepredigt, im gleichen Jahr nutzten die Lutheraner für ein Vierteljahr die reformierte Kirche als Gotteshaus, während ihr eigenes Gebäude gestrichen wurde. In der Folge vertraten sich die Pfarrer beider Konfessionen auch gegenseitig, beispielsweise bei Leichenpredigten.[63] Die reformierten Gemeinden gaben außerdem ihren Widerstand gegen die Einführung einer Orgel auf und statteten ihre Kirchen nun ebenfalls mit den Instrumenten aus.[64]

Auf Betreiben des Elberfelder lutherischen Pastors Strauß gründeten die Wuppertaler Pfarrer 1817 die sogenannte Farbmühlenkonferenz, bei der sich alle protestantischen Prediger jeweils dienstags in einem zweiwöchigen Turnus trafen, um das Alte und Neue Testament im Grundtext zu lesen, gemeinsam Exegese zu üben und sich über Erfahrungen in der Amtspraxis und in Gemeindeangelegenheiten auszutauschen.[65] Dabei sei die Vereinigung keineswegs eine »pietistisch engbrüstige und anachoretisch kopfhängerische Versammlung« gewesen, sondern vielmehr »eine freie, unbefangene und fröhliche Brudervereinigung«.[66] Wenn sich auch an der Prädestinationslehre heftige Kontroversen unter den Teilnehmern entzündeten, waren die Prediger, in den Worten

61 Vgl. *Lauffs/Werth*, Gemeinde, S. 206. In der lutherischen Gemeinde Elberfeld war 1769 die Bestimmung erlassen worden, dass kein Konsistoriumsmitglied in einer gemischtkonfessionellen Ehe leben dürfe. Diese Bestimmung wurde allerdings bereits 1787 wieder aufgehoben. Vgl. *Pöls*, Lutherische Gemeinde, S. 216.

62 Vgl. *Dietz*, Familie Wuppermann, Bd. 1, S. 198.

63 Vgl. *Pöls*, Lutherische Gemeinde, S. 225.

64 Die reformierte Gemeinde Barmen-Gemarke kaufte pikanterweise eine gebrauchte Orgel der katholischen Kreuzbrüder-Kirche in Köln, die im Zuge der Säkularisation auf den Markt gekommen war. Vgl. *Lauffs/Werth*, Gemeinde, S. 192.

65 Zu den Farbmühlenkonferenzen vgl. *Krummacher*, Sander, Kap. 6.

66 Ebd., S. 83 f.

des sprachgewaltigen Friedrich Wilhelm Krummacher, doch geeint in ihrem Kampf gegen die in den »Lügensystemen einer falschen Aufklärung verschanzten Macht der Finsternis«.[67]

Es war in der Tat das Schreckgespenst des (theologischen) Rationalismus, welches von den Pfarrern des Tales und den Gemeindehagiografen immer wieder heraufbeschwört wurde. Gegen einen vernunftgeleiteten Offenbarungsglauben und einen historisch-kritischen Umgang mit der Bibel setzten sie weiterhin auf eine enge Auslegung des biblischen Wortes und einen lebendigen, stark individualisierten Christusglauben. Dem konnte sich auch der Semler-Schüler Johann Burchard Bartels, langjähriger Pfarrer in Wupperfeld (Dienstzeit 1778–1827) und Vertreter einer milden Form der Neologie, nicht entziehen.[68] Hatten die Collenbuschianer ihn anfangs noch als »Aufklärer« gescholten, dessen vernunftgeleitete Herangehensweise an die Bibel sie »rasend« machte, ging er in die Wupperfelder Gemeindegeschichte mit den die Zuhörer zu Tränen rührenden Weihnachtspredigten 1801 ein, die auch bei diesem Prediger von der im Wuppertal favorisierten gemütsvollen Ansprache zeugen.[69] Dieser stand auch der stärker an der lutherischen Orthodoxie orientierte Elberfelder Pfarrer Friedrich Wilhelm Heussler (1759–1789) machtlos gegenüber. Zwar lieferte er sich einen heftigen Schlagabtausch mit seinem Kollegen in der Gemeinde, Friedrich Wilhelm Gelshorn (1767–1776), der nicht nur Änderungen im Ritus des Gottesdienstes vornahm, sondern auch die Gemeindemitglieder zu privaten Versammlungen aufmunterte, doch zeigt die Berufung der nachfolgenden Pfarrer, dass die Gemeinde sich wohl eher Innerlichkeit denn Orthodoxie wünschte.[70]

Die lutherische Gemeinde Wichlinghausen dagegen hatte seit ihrer Gründung 1744 pietistische Prediger gewählt. Dies galt sowohl für den Gründungspastor Johann Peter Wülfing, der beispielsweise den jungen Samuel Collenbusch entscheidend prägte, wie vor allem auch für dessen Nachfolger und prägende Figur in der Gemeinde, Theodor Arnold Müller (Amtszeit 1757–1775). Müller, Sohn einer erweckten Mutter mit engen Verbindungen zum Tersteegen-Kreis, hatte in Jena und Halle studiert und enge Verbindungen mit dortigen Pietisten geschlossen. Müller war nicht nur ein Freund Collenbuschs, Hasenkamps und des Erweckungsschriftstellers und Arztes Johann Heinrich Jung, genannt

67 Ebd., S. 81. Die Einführung der Kirchenunion, ein Lieblingsprojekt des preußischen Königs Friedrich Wilhelm III., stieß dennoch im Wuppertal auf heftige Gegenwehr. Vgl. hierzu *Norden*, Kirche.

68 Allerdings hatte Bartels auch unter Hasenkamp das Duisburger Gymnasium besucht sowie zwei Jahre als Hilfsprediger in Wichlinghausen neben Arnold Müller gewirkt, welcher dem Pietismus nahestand. Vgl. *Witteborg*, Barmen-Wupperfeld, S. 101 f. Zu Semler vgl. *Hornig*, Semler.

69 Vgl. *Witteborg*, Barmen-Wupperfeld, S. 103.

70 Der Nachfolger Gelshorns, Johann Christian Boeddinghaus (Amtszeit 1777–1813), heiratete beispielsweise 1783 eine entfernte Verwandte Samuel Collenbuschs, Anna Magdalena Collenbusch.

Jung-Stilling, sondern stand auch mit dem Zürcher Pfarrer und Physiognomen Johann Caspar Lavater in Verbindung.[71] Er war somit Teil eines größeren, erweckten Freundeskreises, innerhalb dessen er hohe Achtung genoss. Von seiner Gemeinde wurde Müller ebenfalls sehr geschätzt, nicht zuletzt von Anna Dorothea Wuppermann, die innerhalb der erweckten Kreise wegen ihrer Visionen einige Berühmtheit erlangte, die in ihrer Überspanntheit und Negierung der Christustheologie den Nachlebenden jedoch vor allem die Auswüchse des Mystizismus anzeigen.[72] Müllers Nachfolger Christian Ludwig Seyd schloss geradezu nahtlos an Müller an; nicht nur hatte er in Halle studiert und sich dort erweckten Kreisen angeschlossen, sondern er war auch auf Empfehlung des Elberfelder Pastors Gelshorn ins Wuppertal gekommen. Auch Seyd war sich der Liebe und Aufmerksamkeit seiner Gemeinde sicher: »Wenn ich predige, sitzen bei 1.500 Menschen mit der Aufmerksamkeit vor mit als ob ein einziger guter Mensch dasäße.«[73]

Die hier vorgenommene Beschreibung der geistigen Topographie des Wuppertals ergibt folgendes Bild: In Elberfeld gab es innerhalb der reformierten Gemeinde anfangs des 18. Jahrhunderts starke pietistische bis radikalpietistische Strömungen, die ihren Niederschlag auch in der Wahl der Pfarrer fand. Seit den 1740er Jahren wählte die Gemeinde jedoch streng orthodoxe Pfarrer und die pietistischen Kreise wurden an den Rand gedrängt. Dies änderte sich erst nach der Jahrhundertwende. In der lutherischen Gemeinde in Elberfeld zeigt sich dagegen seit 1770 eine Bevorzugung von Pfarrern, die pietistischen Kreisen nahestanden. Die Barmer Gemeinden waren deutlich stärker pietistisch geprägt: Im lutherischen Wichlinghausen wurden seit der Gemeindegründung 1744 Pfarrer gewählt, welche eine gefühlsbetonte Frömmigkeit vorlebten. In der reformierten Gemeinde Barmen-Gemarke standen die Pfarrer seit der Jahrhundertmitte dem maßgeblichen Vertreter des rheinischen Pietismus, Gerhard Tersteegen, und seinen Lehren mindestens aufgeschlossen gegenüber oder gehörten sogar zu dem Kreis seiner Freunde. Einzig in Wupperfeld gab es mit Johann Burchard Bartels einen Vertreter der Aufklärung, welcher sich jedoch im Laufe seiner mehr als fünfzig Jahre währenden Amtszeit deutlich dem gefühlsbetonen Predigtton der anderen Wuppertaler Pfarrer annäherte. Geht man von der Berufungspraxis der vor allem mit Kaufleuten besetzten Konsistorien aus, überwog also in

71 Lavater besuchte auf seiner Rheinreise 1774 gemeinsam mit Hasenkamp Müller in Wichlinghausen. Anschließend kam es in Elberfeld zu dem denkwürdigen Treffen zwischen Lavater, Jung-Stilling, einigen erweckten Kaufleuten und Johann Wolfgang Goethe, der vor allem Jung-Stilling und Lavater sehen wollte. Für eine erschöpfende Darstellung des Treffens vgl. *Flasdieck*, Goethe in Elberfeld.

72 Vgl. zu Anna Dorothea Wuppermann *Macco*, Wuppermann, S. 69–71; *Helmich*, Wichlinghausen, S. 84.

73 Aus einem Brief Seyds an einen Freund vom 27.12.1799, zit. n. *Helmich*, Wichlinghausen, S. 100.

diesen Kreisen ein stark verinnerlichtes Christentum, das von aufklärerischen und rationalistischen Impulsen weitgehend frei blieb. Nicht zuletzt dank seiner führenden Schichten erschien das christliche Wuppertal bereits im 18. Jahrhundert als ein besonders lebendiger Ort: »In dieser Gegend ist überhaupt so viel Religiosität und Frömmigkeit, wie vielleicht in keiner anderen Gegend von Deutschland«, bemerkte 1792 der Bremer Theologe und spätere Schwiegersohn Abraham Siebels, Gottfried Menken.[74]

Allerdings waren beileibe nicht alle Anwohner des Tals Pietisten oder Schwärmer. Schließlich gab es bei den Wahlen der Prediger auch durchaus kritische Stimmen: In der »Kaiserlichen Ober-Postzeitung zu Köln« etwa erschien im Dezember 1783 eine von Dritten fingierte Anzeige, mit welcher die Öffentlichkeit aufgefordert wurde, für die bevorstehende Wahl des zweiten Predigers in Barmen-Gemarke »besonders tüchtige Subjekte« an den Kirchmeister Abraham Siebel zu empfehlen. Die Richtigstellung durch Abraham Siebel erfolgte prompt, welcher die Anzeige als »boshafte »Erfindung eines schlechtdenkenden Menschen« und als »Chicane« rügte.[75] Ein deutlicheres Eingreifen in die kirchlichen Verhältnisse als diese mit Witz in der Öffentlichkeit platzierte Kritik scheint aber im Wuppertal keine Unterstützung gefunden zu haben. Heinrich Jung-Stilling beklagte sich anlässlich seines Umzugs nach Elberfeld in den 1770er Jahren dagegen nicht so sehr über die Orthodoxie als vielmehr über die »große, glänzende, kleinstädtische, geldhungrige Kaufmannswelt […], mit welcher er im geringsten nicht harmonierte, wo man die Gelehrten nur nach dem Verhältnis ihres Geldvorrats schätzte, wo Empfindsamkeit, Lektüre und Gelehrsamkeit lächerlich war«.[76]

Die in der kirchlichen Öffentlichkeit sichtbare Religiosität der Kaufmannsfamilien, etwa durch ihre Übernahme von Kirchenämtern und ihre Teilnahme an Predigerwahlen sowie der regelmäßige Besuch des Gottesdienstes, vermittelt das Bild einer mehrheitsfähigen, im Wuppertal gesellschaftlich allgemein akzeptierten Glaubensform. Jedoch bietet diese »öffentliche« Art der Religionsausübung noch wenig Anhaltspunkte zu den religiösen Überzeugungen von Einzelnen. Dass die individuelle Religiosität selbst im Wuppertal durchaus unterschiedliche Formen annahm, war auch dem bereits oben zitierten Gottfried Menken bewusst:

> Einige [Menschen], die wenigsten und die besten, sind biblisch orthodox; andere sind Separatisten, gehen nicht zur Kirche und nicht zum Abendmahl; wieder andere sind Pietisten und systematisch orthodox, sie hangen an der Vorstellungsart ihrer Kirche

74 Gottfried Menken an seinen Vater 1792, zit. n. *Lauffs/Werth*, Gemeinde, S. 181. Menken (1768–1831) war später Pfarrer in Bremen. Er heiratete 1806 Maria Margarethe Siebel.

75 Kaiserliche Ober-Post Zeitung Reichs-Amt zu Köln, Nr. 204, 23.12.1783, Nr. 208, 30.12.1783.

76 *Jung-Stilling*, Henrich Stilling, S. 310.

fest und bleiben in ihrer Erkenntnis wie in ihrer Vollkommenheit auf einem Punkte stehen. Mit der letzteren ist schwer umzugehen für einen Menschen mit freiem Herzen und freiem Auge, der an eigenes Denken und an eigene Ansicht der Dinge gewöhnt ist.[77]

Der hier von Menken formulierte Anspruch des selbständigen Denkens in Religionsdingen bildet im Folgenden auch die leitende Fragestellung in Bezug auf die verinnerlichte Religiosität der Wuppertaler Kaufmannsfamilien. Denn Menkens Forderung nach Mündigkeit korrespondiert mit dem Selbstverständnis der »gebildeten Stände«, sich über ständige Selbst-Bildung zu vervollkommnen. Im Wuppertal lässt sich dieser Impetus besonders gut im Bereich der Religion beobachten, da sich die Gläubigkeit der Wuppertaler Kaufmannsfamilien in ganz verschiedenen Formen äußerte: Sie reichte von pietistischen Vorstellungen bis hin zu deistischen Tendenzen.

7.1.3 Die verinnerlichte Religiosität Wuppertaler Kaufmannsfamilien

Die Verwundrung darüber, daß ich als ein junges Madchen nicht tanzte, war von allen Seiten sehr groß, und es ging nicht ohne Leiden dabei, wie auch vorher und nachher, für mich ab. Daß ich dadurch zurückgesetzt wurde und verschiedene über mich spotteten, merkte ich wohl. Diese Bemerkung war nun freilig für meinen Stolz nicht die angenemste, doch aber für selbigen sehr gut und heilsam. Nach der Überwindung und erhaltnem Siege ward[']s mir außerordentlich wohl, l[iebe] F[reun]din und ich freüte mich sehr, daß ich gewürdigt worden war, um meiner Überzeugung willen etwas zu leiden.[78]

Es will als eine Kleinigkeit scheinen, was in diesem Brief von Louise Noot, der späteren Frau Caspar Engels, an eine unbekannte Freundin berichtet wird: Louise ging ihrer Schwester zuliebe auf einen Ball, aber weigerte sich, allem Spott zum Trotz, auf demselben zu tanzen. Wie die anderen Passagen des Briefes erhellen, lag ihrem Handeln ein stark verinnerlichter Glaube zugrunde: sie musste den weltlichen »Lokungen und Reitzungen« widerstehen, denn solche heitere Lustbarkeiten waren mit ihrem Bestreben um »Fortschritte in der Heiligung« nicht vereinbar. Durch die Hilfe Gottes und Erhörung ihres Gebets fühlte sie sich errettet und war willens, für ihre Überzeugung »den Weg des Leidens« zu gehen.[79] In dieser Handlung wird beispielhaft die lebensgestaltende Kraft ihres Glaubens sichtbar, der Louise Noot ihr ganzes Leben lang begleitete und sie in

77 Gottfried Menken an seinen Vater 1792, zit. n. *Lauffs/Werth*, Gemeinde, S. 181.

78 Louise Noot an eine unbekannte Freundin, Hagen, 5.1.[1791], in: *Knieriem*, Herkunft, S. 69f.

79 Zitate ebd.

den Augen des gläubigen Kaufmanns Caspar Engels zu einer geeigneten Ehepartnerin machte. Doch auch Johann Jakob Aders, ein überaus rühriger Kaufmann mit großem bürgerschaftlichen Engagement, begründete seine Handlungen religiös, ohne jedoch den pietistischen Kreisen des Tals anzugehören. Andere wie die Froweins gehörten zu den Säulen ihrer Gemeinden, verzichteten in persönlichen Mitteilungen zur Motivation ihres Handelns aber auf so gut wie jede Bezugnahme auf religiöse Inhalte. Sie alle zeichnet ein selbstbestimmter und selbstbewusster Umgang mit Glaubensinhalten aus, sie setzten sich somit im zeitgenössischen Verständnis auf gebildete Weise mit ihrer Religion auseinander. Im Folgenden sollen daher die verschiedenen Möglichkeiten des Umgangs mit ihrer Gläubigkeit innerhalb der Wuppertaler Kaufmannsfamilien und ihre Sichtbarwerdung in der persönlichen Lebensgestaltung aufgezeigt werden. Quellen hierfür sind vor allem Briefe und die in ihnen stattfindende oder auch ausbleibende Kommunikation, die zugleich Aufschluss gibt über den Grad der Öffentlichkeit beziehungsweise Privatheit innerer Glaubensvorstellungen. Den Anfang macht die Familie Engels, die in Barmen zu den führenden Kaufmannsfamilien gehörte.[80]

Die erhaltenen Briefe aus dem Umfeld der Familie Engels zeigen, dass in dieser Familie der von Ulrike Gleixner für Württemberger Pietisten beobachtete Anspruch, den gesamten Alltag zu spiritualisieren, in hohem Maße umgesetzt wurde.[81] Die 1791 geschlossene Ehe zwischen Caspar Engels und Louise Noot wurde von beiden Ehepartnern als von der Vorsehung gefügt angesehen und ordnete sich damit in gängige Topoi pietistischer Lebensauffassung ein, wonach Gott im Leben des Einzelnen auch in dieser Hinsicht praktisch wirkte und den Gläubigen den rechten Partner fürs Leben an die Seite stellte.[82] Micheal Knierim hat bereits herausgearbeitet, dass die religiösen Überzeugungen der Engels bis in die 1820er Jahre auch in wirtschaftlicher Hinsicht handlungsleitend waren. Sie verstanden ihre wirtschaftliche Tätigkeit als eine von Gott an sie gestellte Aufgabe – Gewinn wurde unter Gottes Segen erwirtschaftet. Zu ihren Arbeitern, von denen einige auch an den von den Engels initiierten Konventikeln teilnahmen, pflegten die Engels zumindest bis in die 1820er Jahre ein fürsorgliches Verhältnis, das Wohnungsbau, Schulunterricht und Krankenversorgung miteinschloss.[83] Aus den Briefen der Familie Caspar Engels wird außerdem deutlich, dass für sie als Anhänger der erwecklichen Lehren Samuel Collenbuschs weltliche Tätigkeit nicht im Gegensatz zur ihren geistlichen Ansprüchen stand. Gott habe ihnen sowohl einen irdischen als auch einen himmlischen Be-

80 Zur Familie Engels und ihrer sozio-ökonomischen Position vgl. *Knierim*, Familie Engels.

81 Vgl. *Gleixner*, Pietismus, S. 13.

82 Zur Eheauffassung im Pietismus vgl. ebd., passim.

83 Vgl. *Knierim*, Gelebte Religion.

ruf zuteilwerden lassen.[84] Die Prinzipien des Kaufmannseins wurden auch auf das Geistige angewandt. So riet der Caspar Engels seinem Sohn Friedrich: »Wir müßen besonders im Geistlichen allewege auf unsren eignen Vortheil sehen, auch in diesem Stük bin ich Kaufman und trachte nach den meisten Procenten, weil mir kein Mensch, dem ich zu gefallen eine Stunde in gleichgültigen Dingen verschwenden wolte, davon eine Minute wiedergeben kan.«[85]

Der Schullehrer Gerhard Bernhard van Haar riet Friedrichs Bruder Caspar wiederum auf dem Weg ins Erwachsenendasein ein Mann zu werden,

der Gott fürchtet, der nach Jesu Vorschrift denkt spricht und handelt – ein Menschenfreund, der in dem Creiße in welchen er durch Leitung der göttlichen Vorsehung gekomen ist, Gutes um sich her verbreitet, der gesunden Händen Arbeit und dadurch Brod gibt, der für die Erziehung und den Unterricht der Kinder aus der arbeitenden Claße sorgt [...] der nur Gottes u[nd] Jesus Ehre zu Absicht hat, deßen Grundsatz der Johannitische ist, ich selbst muss abnehmen & klein, in der Welt unbemerkt und unbekannt bleiben; aber Er, unser Herr Jesus Christus, muß wachsen.[86]

Das persönliche Streben nach Wohlstand war also dadurch gerechtfertigt, dass man dabei für andere und deren Arbeitsmöglichkeiten mit sorgte. Allerdings galt es bei allem weltlichen Streben, Stolz auf diese weltlichen Leistungen zu negieren. Um dies zu fördern, hatte van Haar in seiner Erziehung vor allem darauf hingewirkt, Caspar Einsicht in die eigenen Fehler beizubringen. Wiederholt kam van Haar in seinen Rapports an die Eltern auf die Eitelkeit des Jungen zu sprechen, das »Haschen nach dem Lob der Menschen«, welches er sich abgewöhnen müsse. Von Tanzstunden für Caspar zur Verbesserung der Körperhaltung riet er daher ab; hier bekomme seine Ruhmsucht zu viel neue Nahrung. Stattdessen sollte sich Caspar im Erkennen seiner Fehler üben, der eigenen Weisheit und Rechthaberei entsagen und statt eigener nur »Gottes u[nd] Jesu ehre zur Absicht haben«.[87]

Auch der jüngere Sohn Friedrich bekam während seiner Ausbildungszeit in Frankfurt/Main viele Ermahnungen zu hören, vor allem als er in Konflikt mit

84 Vgl. die Briefstelle Caspars zu seinem ehrenamtlichen Engagement, Ersatz für die einberufenen Soldaten zu finden: »Obschon es [das Engagement] mir, ohne das Unangenehme zu rechnen, zu viel Zeit wegnimmt, die ich zu meinem irdischen und himlischen Beruf so nöthig hätte.« Johann Caspar Engels an Gerhard Bernhard van Haar in Hamm, Barmen, 14.8.1810, in: *Knieriem*, Herkunft, S. 154.

85 Johann Caspar Engels an seinen Sohn Friedrich Engels in Frankfurt/M., Barmen, 4.7.1813, in: *Knieriem*, Herkunft, S. 168.

86 Gerhard Bernhard van Haar an Johann Caspar Engels jun. in Barmen, Hamm, 24.7.1807, in: *Knieriem*, Herkunft, S. 137 f., Zitat S. 138.

87 Vgl. die Briefe Gerhard Bernhard van Haar an Johann Caspar Engels in Barmen, Hamm, 30.3.1807, Gerhard Bernhard van Haar an Johann Caspar Engels jun. in Barmen, Hamm, 24.7.1807, beide in: *Knieriem*, Herkunft, S. 125 f., 137 f.

seinem Lehrherrn geriet. Überwand er jedoch sich und seinen Stolz, erhielt er vom Vater Lob wie dieses:

Du bist also in diesem Kampf Sieger über Deine Empfindungen geworden, und ich schlage Dich dafür auf der Stelle zum *Ritter.* Fahre so fort, mein Sohn, die künftigen aber dauernden Freuden allemal den momentanen und schnell wechselnden vorzuziehen, oder auch, [um] mit der [Heiligen] Schrift zu reden, nicht aufs Sichtbare, sondern auf das Unsichtbare zu sehen, dann was sichtbar ist, das ist *zeitlich*, was aber unsichtbar ist, das ist *ewig* [Hervorhebungen im Original, A. S. O.].[88]

Den Kindern wurde von klein auf beigebracht, Leben und Agieren im Diesseits stets mit Bezug auf das Jenseits zu denken und ihre diesseitigen Affekte zu bändigen.

Die Ermahnungen der Eltern und Erzieher wurden getragen von einem tief verankerten christlichen Glauben, dessen hohen Anforderungen sie sich auch selbst unterwarfen. Doch die vielen Ermahnungen und Verweise auf Bibelverse, welche die Kinder auf die rechte christliche Gesinnung verwiesen, wurden gemildert durch Liebe, Fürsorge, Verständnis und eine gewisse Großzügigkeit in materiellen Dingen. Als Friedrich sich während seiner Ausbildungszeit in Frankfurt/Main genierte, den Flügel im Wohnzimmer seines Lehrherrn zu benutzen, gestattete ihm der Vater, sich einen eigenen anzuschaffen und in seine Stube stellen zu lassen. Auch die Fagottstunden bewilligte er ihm. Und obwohl der Vater Friedrich in seinen Briefen fortwährend anhielt, auch bei eventuell ungerechter Behandlung keinen Zwist mit dem Lehrherrn aufkommen zu lassen, sondern stattdessen zu verzeihen und wie ein echter Christ zu handeln, so versuchte der Vater doch, die für den Sohn unangenehme Situation zu beenden. Statt die ausgemachten drei Jahre zu bleiben, durfte Friedrich bereits nach zwei Jahren wieder nach Hause zurück – ein Entgegenkommen des Lehrherrn, das der Vater auch durchaus bereit gewesen wäre, in harter Münze zu bezahlen.[89]

Trotz ihrer stark verinnerlichten und handlungsleitenden christlichen Gesinnung zeigten sich die Engels' nicht weltfremd, standen auch gewissen standesgemäßen Annehmlichkeiten des Lebens aufgeschlossen gegenüber und orientierten sich am Zeitgeschmack. So finden sich in der Korrespondenz auch durchaus Stellen, in denen es um modische Kleidung oder um das eigene Aussehen ging. Friedrich Engels etwa wollte seiner Braut durchaus auch körperlich gefallen:

Das Portrait von meiner Wenigkeit würde schon längst in Hamm seyn, wenn sich nicht auch da für den Augenblick ein mächtiges Hindernis in den Weg gelegt. Da ich nämlich aus guten Quellen weiß, wie gern die Mädchen Schnurrbärte sehen, sowohl

88 Johann Caspar Engels an seinen Sohn Friedrich Engels in Frankfurt/M, Barmen 10.7.1814, in: *Knieriem*, Herkunft, S. 191.

89 Vgl. die Briefe von Johann Caspar Engels an seinen Sohn Friedrich Engels in Frankfurt/Main 1812–14, abgedruckt in: *Knieriem*, Herkunft, passim.

in Original als Copie, so beschloß ich, mir einen wachsen zu lassen. Dieser erwähnte Schnurrbart ist nun so weit gediehen, daß ihm schon von mehreren Seiten Lob zu Theil geworden und er zum Abmahlenlaßen also fähig ist.

Da er sich in der Zwischenzeit allerdings noch eine Verletzung am Auge zugezogen habe, fand er, daß er »von neuem für einige Zeit zum Abcopieren unbrauchbar sey«. Elise, seine Braut, müsse sich noch eine Weile gedulden.[90] Weder Eitelkeit noch Ironie waren Friedrich Engels senior also fremd.

Jedoch stehen diese Passagen auf den Briefblättern meist kurz vor solchen mit eher geistlichem Inhalt. So berichtete Friedrich in dem »Porträtbrief« weiter unter von seinem geistigen Umgang in Düsseldorf, wo er hauptsächlich mit der ebenfalls zum Collenbusch-Kreis zählenden Familie Hoffmann verkehrte. Es sei ihm sehr lieb, »in einer Familie freien Zutritt zu haben, wo man ungenirt ist und die mit einem ziemlich übereinstimmend denkt«. Diese Dopplung findet sich auch in anderen Briefen. So heißt es etwa am 7. April 1819 in der Mitte des Briefes: »Wenn meine Fahrt nach Düsseldorf noch zu Stande kommt, so kannst Du versichert seyn, daß Deiner unter Gläserklang gedacht werden soll, bist aber vielleicht auch schuld daran, wenn einer oder der anderer darüber etwas in die Krone bekommen sollte. Doch werde ich über Ordnung wachen.« Doch am Ende dieses eher heiteren, scherzhaften Briefes, der ein mögliches Trinkgelage skizziert, erfolgt die Ermahnung: »Laß uns unter dem Frohsinn auch der ernsten Zeiten denken, welche uns besonders in dieser Woche [der Karwoche] an so wichtige und tröstende Ereigniße für unsere unsterbliche Seele erinnert und gegenseitig Gott bitten, daß sie nicht ohne Segen für uns vorübergehen möge!«[91]

Trotz aller Heiterkeit und den altersgemäßen Neckereien zwischen Verliebten bildete der gemeinsame Glaube den *basso continuo* dieser Beziehung. Die Übereinstimmung im Glauben ließ auch die heimliche Verlobung gerechtfertigt erscheinen:

O, es wird mir immer klarer, daß wir für einander geschaffen, daß unser Zusammentreffen von dem gütigen Gotte geleitet wurde. [...] Nun, liebe Elise, laß uns täglich den lieben Gott bitten (wie wir uns auch abgesprochen haben), daß Er die Sache lenken

90 Friedrich Engels an seine zukünftige Schwägerin Friederike von Griesheim, geb. van Haar, in Hamm, Düsseldorf, 2.1.1818, in: *Knieriem*, Herkunft, S. 293 f. Die Verlobung Friedrich Engels mit Elise van Haar war zu diesem Zeitpunkt noch inoffiziell, so dass die Korrespondenz über deren Schwester Friederike lief. Louise Engels empfahl an anderer Stelle beispielsweise als Geschenk für eine Nichte Jacke und Rock aus halbseidenem Zeug »welches jetzt so viel getragen wird«. Das ihr selbst zugedachte Geschenk könne ebenfalls daraus bestehen. Vgl. Louise Engels, geb. Noot, an ihren Ehemann Johann Caspar Engels in Mannheim, Barmen, 28./29.10.1792, in: *Knieriem*, Herkunft, S. 108 f., Zitat S. 109.

91 Friedrich Engels an seine Braut Elise van Haar in Hamm, Barmen, 7.4.1819, in: *Knieriem*, Herkunft, S. 390.

und regieren wolle nach seinem weisen Rathe, und, wenn's sein heiliger Wille ist, uns seiner Zeit zusammen vereinigen möge, damit wir Ihn als dann durch unser Leben preisen und Seine gütige Führung bewundern. Auf diese Art wird uns unsere frühzeitige Bekanntschaft zum wahren Nutzen dienen und ein Mittel seyn, im Christenthum weiter zu kommen.[92]

Ehe und Partnerschaft dienten also nicht so sehr dem persönlichen Glück als vielmehr dem Vorankommen im Glauben. Die während der heimlichen Verlobung innigsten Momente erlebten die Brautleute dann auch in der zwar räumlich getrennt, aber zeitlich parallel gehaltenen Gebetsstunde am Abend.[93] Der gemeinsame Glaube an Jesus Christus wurde so zu einer Ausdrucksmöglichkeit der weltlichen Liebe zwischen Mann und Frau. Für Friedrich Engels und seine Braut blieb die Religion in gleichem Maße handlungsleitend wie für seinen Vater, den er in geistiger Hinsicht als sein großes Vorbild bezeichnete: »Wie gut ist es, daß ich das herrlichen Beispiel von meinem lieben Vater täglich vor Augen habe; schon oft habe ich mich über mich geschämt, wenn ich an ihm bemerke, daß ihn fast immer religiöse Gedanken beschäftigen und ihn immer alles, was auf Religion Bezug hat, so ganz einnimmt. Äußerlich soll ich Aehnlichkeit mit ihm haben, Gott gebe, daß ich ihm einst auch von innen in etwa gleiche.«[94]

Es sei hier noch angemerkt, dass anders als bei den von Ulrike Gleixner untersuchten Paaren des Württemberger Pietismus die Stellung von Mann und Frau in den Briefen von Friedrich und Elise gleichberechtigt gedacht wurde und dies nicht nur in spiritueller Hinsicht.[95] Das Wort »Gehülfin« taucht in diesen Briefen nicht auf, stattdessen weist Friedrich seiner zukünftigen Frau die Rolle seiner Lehrerin zu:

O liebe Elise, ich denke mir die Ruhe, den tiefen innern Frieden so seelig, die ein Christ im ganzen Sinne des Wortes genießen muß. So einen Vorgeschmack habe ich wol zuweilen davon gefühlt, aber wie weit bin ich noch hin, um immer in einer solchen Stimmung zu bleiben.[…] So wollen wir vereint auf unsere Beßerung als das sicherste

92 Friedrich Engels an seine Braut Elise van Haar in Hamm, Barmen, 21.9.1816, in: *Knieriem*, Herkunft, S. 264 f., Zitat S. 264. Friedrich war zum Zeitpunkt der heimlich Verlobung zwanzig, Elise 19 Jahre alt.

93 Vgl. Friedrich Engels an seine Braut Elise van Haar in Hamm, Barmen, 28./31.10.1816, in: *Knieriem*, Herkunft, S. 265 ff., hier S. 267.

94 Friedrich Engels an seine Braut Elise van Haar in Hamm, Barmen, 25.12.1818, in: *Knieriem*, Herkunft, S. 351 f., Zitat S. 351.

95 »Obwohl das Projekt der Spiritualisierung des Alltags nur durch aktive Tätigkeit und Einbeziehung der Frauen erreicht werden kann, bleibt die weltliche Geschlechterhierarchie im Grunde unangetastet.« *Gleixner*, Pietismus, S. 398. Gleixners Untersuchung fokussiert auf dem akademisch gebildeten Bürgertum. Dass sich diese Erkenntnisse nur bedingt auf andere Teile des Bürgertums übertragen lassen, wurde bereits in Kapitel 5 erörtert.

Mittelt, unser irdisches Glük zu erhöhen denken, und Du, Herzens Elise, wirst mir darin eine herrliche Lehrerinn seyn.[96]

Weiterhin verstand Friedrich beider zukünftigen Wirkungsbereich als ihren jeweiligen Beruf, was ebenfalls auf die in den Wuppertaler Kaufmannskreisen auch Anfang des 19. Jahrhunderts noch erhaltene Vorstellung von der Gleichwertigkeit männlicher und weiblicher Arbeit verweist.[97] Grundlage für persönliches Eheglück war die Übereinstimmung in religiösen Ansichten und, so schimmert es zwischen den Zeilen hindurch, spirituelle Ebenbürtigkeit. Von einer Hierarchisierung der Geschlechter ist bei diesem Paar nichts zu sehen, vielmehr weiteten sich die Kompetenzen beider Partner im Laufe des Ehelebens auch auf den Arbeitsbereich des beziehungsweise der anderen aus.[98]

Die hier zitierten Quellen stammen aus einem privaten Kommunikationsraum; sie sind bestimmt für Familienmitglieder, enge Freunde oder Vertraute. Es zeigt sich in der Korrespondenz allerdings auch, dass für die Familie Engels die privat ausgestaltete und kommunizierte Religion sich nicht von der in der Öffentlichkeit wahrnehmbaren unterschied. Dafür sorgten nicht nur die halb-öffentlichen Konventikel und Gesprächskreise, an denen sie regelmäßig teilnahmen, sondern auch die Übernahme von Kirchenämtern sowie allgemeine Kollektentätigkeiten. So ging Caspar Engels nicht nur als Provisor von Tür zu Tür, um für die Armen Spenden zu erbeten, sondern er sammelte auch jährlich im Frühjahr Geld, wenn am 1. Mai die Pacht- und Mietzinsen fällig waren und viele Arme wegen Pfändungen um Hab und Gut fürchten mussten. Auch Johann Caspar Lavater kam in den Genuss einer von Caspar Engels initiierten Kollekte, an der sich die Firma Engels nach Engelbert Evertsen mit dem höchsten Betrag beteiligte.[99] Seine theologischen Überzeugungen trug Caspar Engels außerdem in besonderem Maße in die Öffentlichkeit, als er gegen großen Widerstand des Wuppertaler kirchlichen Establishments die Gründung der unierten Gemeinde Wuppertal-Unterbarmen vorantrieb, die schließlich 1822 zustande kam.[100]

Die von den Engels gelebte Art der Religiosität lässt sich auch bei anderen Kaufmannsfamilien finden. Zwar stehen für die Familie Wuppermann deutlich weniger Zeugnisse zur Verfügung, doch zeigt sich in den vorhandenen Quellen auch die absolute, handlungsleitende Funktion eines stark verinnerlichten Christentums. Kennzeichen hierfür war die lebenslange Auseinandersetzung mit religiösen Fragen und der Wille, in geistiger Hinsicht stets an sich selbst zu

96 Friedrich Engels an seine Braut Elise van Haar in Hamm, Barmen, 3.2.1819, in: *Knieriem*, Herkunft, S. 373f., Zitat S. 374.

97 Vgl. Friedrich Engels an seine Braut Elise van Haar in Hamm, Barmen, 3./4.7.1818, in: *Knieriem*, Herkunft, S. 322f.

98 Vgl. 5.2.3.

99 Vgl. *Knieriem*, Herkunft, S. 114–116.

100 Vgl. *Knieriem*, Herkunft, passim; *Herkenrath*, Unterbarmen, S. 9–18.

arbeiten. So schreibt Johann Carl Wuppermann über sich selbst, dass er sich immer darum bemühen würde, nicht »nach dem Lauf vieler Weltmenschen darum den ganze Menschen verachtete, weil er einen Fehler begieng«. Stattdessen hätte ihn »die Geneigtheit, welche ich in meiner Jugend zum Richten hatte, und die tiefe Bestrafung, welche mir mein Gewißen bei näherer Untersuchung machte«, gelehrt, den Menschen allgemein mit größerer Nachsicht zu begegnen und so »dem sanften und entschuldigenden Jesus« ähnlicher zu werden.[101] Wie auch die Engels standen die Wuppermanns in enger Beziehung zu Samuel Collenbusch; der Bruder Johann Carls, David Wuppermann, korrespondierte darüber hinaus mit Johann Caspar Lavater.[102] Auch für die Bankiersfamilie von der Heydt in Elberfeld bildeten ihre religiösen Überzeugungen den Dreh- und Angelpunkt ihres Lebens, der sie, ähnlich wie die Engels, auch zur Missionierung anderer bewegte. Denn die innerhalb dieser Kreise gelebte, stark auf das innere Wesen der Gläubigen zielende Form der Glaubenspraxis wurde nach außen häufig in einer extravertierten, missionarischen Frömmigkeit sichtbar.[103]

Ziel dieser missionarischen Frömmigkeit waren häufig Juden, wie nicht zuletzt der berühmte Berliner Philosoph (und Kaufmann) Moses Mendelssohn erfahren musste.[104] Auch die Elberfelder Bankiersfrau Wilhelmine von der Heydt nutzte ihren bereits bestehenden persönlichen Kontakt mit dem Juden Meyer und seiner Frau dazu, auf sie in geistiger Hinsicht einzuwirken.[105] Dass dies ein Wagnis sei, war ihr bewusst: »Vorab muß ich Sie herzlich bitten, daß Sie es mir doch nicht übel nehmen, daß ich so kühn bin etwas zu wagen, welches nur nichts als ein freundschaftliches Gefühl und Liebe zu Ihren unsterblichen Seelen eingibt.« Aber in ihrer Endzeiterwartung konnte sie gar nicht anders als

101 FAW Nr. 21–20, Johann Carl Wuppermann an Caspar Engels im Bruch (Barmen), Barmen, 6.4.1805. Der Brief ist auch abgedruckt in *Knierim*, Geistliche Briefe, S. 34–38.

102 Unter den in der Zentralbibliothek Zürich (ZBZ) aufbewahrten Schriften Johann Caspar Lavaters befindet sich ein Brief an David Wuppermann vom 22.6.1800. In dem Brief bedankt sich Lavater bei seinen Wohltätern aus dem Wuppertal und schreibt über die unaufhörliche Lenkung seines Herzens und Veredelung seines Geistes. Es gelte keine Zeit zu verschwenden. ZBZ FA Lav MS 586, Nr. 142.

103 1799 wurde beispielsweise die Elberfelder Missionsgesellschaft im Hause des Elberfelder Lederhändlers Johannes Ball gegründet, welcher in engem Kontakt mit der Baseler Christentumsgesellschaft stand. Grundgedanke der Gesellschaft bei ihrer Gründung war es zwar gewesen, sich im kleinen Freundeskreis regelmäßig des eigenen Glaubens zu vergewissern und ihn zu prüfen, doch kam die äußere Mission etwa durch Bibelverteilungen rasch hinzu. Vgl. *Illner*, Organisierung, S. 54–60. Ball war Teil des erweckten Freundeskreises der Familie Engels und wird in ihren Briefen häufig erwähnt. Vgl. *Knieriem*, Herkunft.

104 Mendelssohn geriet mit Lavater in einen berühmten Streit, weil Lavater Mendelssohn eine Bekehrung geradezu aufdrängte. Vgl. *Pecina*, Frömmigkeit.

105 Zur Religiosität der Familie von der Heydt vgl. *Siekmann*, Profil. Die nachfolgenden Zitate stammen aus HZW Bestand von der Heydt, Brief von Wilhelmine von der Heydt, geb. Kersten, an Herrn Meyer, [Elberfeld], 18.1.1806. Zur Geschichte der Juden im Bergischen Land vgl. *Fleermann/Schrader*, Jüdischer Alltag.

zu versuchen ihn zu bekehren: »Sie können wohl dencken was ich damit sagen will, nämlich dass Sie die merckwürdigen Zeitumstände vergleichen möchten, was Moses und die Propheten weissagen, ob es nicht klar beweist daß das Ende aller Dinge näher ist als wir dencken mögen.« Wilhelmine von der Heydt nahm regelmäßig an pietistischen Konventikeln teil und scheint dabei auch für chiliastische Vorstellungen empfänglich gewesen zu sein. Eine ausgezeichnete Bibelkenntnis waren ebenfalls Kennzeichen ihrer Gläubigkeit, denn Wilhelmine von der Heydt versuchte vor allem durch Hinweise auf die Prophezeiungen im Alten Testament Meyer zu überzeugen, dass der Messias bereits gekommen sei: »Lesen Sie doch auch einmal der Christen Neues Testament, vergleichen Sie damit Moses, die Psalmen und die Propheten und ich weiß gewiß, Sie werden ausrufen müssen: Ach ja, Jesus von Nazareth, du bist es auf den wir gewartet haben!« Die Offenbarung konnte dabei jedoch nur von Gott und aus der Lektüre der Bibel kommen und so Tradition und Lehrmeinungen überwinden: »Ist es denn wohl Wunder, dass Sie eben das glauben, was Ihre Eltern und Lehrer Ihnen von Kindheit an gelehret. So wollen wir denn selbst forschen in der Heiligen Schrift und dann braucht kein einziger Jude etwas von den Christen anzunehmen, sondern von Gott [Hervorhebung im Original, A. S. O.] wünsche ich daß es Ihnen (indem Sie lesen was im Neuen Testament steht) der heilige Geist eindrückt.«

Der Bekehrungsbrief Wilhelmine von der Heydts führt bestimmte Merkmale der im Wuppertal weit verbreiteten Art der Religiosität eindrücklich vor Augen: Bibelkenntnis, Offenbarungsglaube und in manchen Kreisen eine Endzeiterwartung. Damit standen die Wuppertaler erweckten Kreise nicht allein. Vielen Gläubigen galt Napoleon Bonaparte als der Antichrist, der das Ende der Zeiten ankündigte. Der Brief bestätigt auch den oben erwähnten Zusammenhang von intensiver Glaubenspraxis und Ermächtigung zum selbständigen Denken und damit der ähnlich gelagerten Effekte von Aufklärung und pietistischen Praktiken: schließlich sollte Meyer durch selbständige Lektüre übernommene Lehren hinterfragen und zu eigenen Schlüssen gelangen. Wilhelmine von der Heydt hatte diese Art des theologisch mündigen Denkens verinnerlicht.

Generell vertrauten die Pietisten, gegen die Autorität des Pfarrers, auf die ihnen in der selbständigen Lektüre geoffenbarte Wahrheit. Auch sie waren somit nicht weit von der etwa von Johann Salomo Semler propagierten Privatreligion der »gebildeten Stände« entfernt. Schließlich war für beide Gruppen von Gläubigen »Frömmigkeit in erster Linie authentischer Ausdruck innerer Erfahrung und Überzeugung, nicht Gehorsam gegenüber den äußeren kirchlichen Geboten und Gebräuchen«.[106] Allerdings lag es im Glaubensverständnis der Pietisten, diese Privatreligion missionarisch zu verbreiten und damit wiederum zur öffentlichen Religion zu machen. Der Bildungsdünkel der Gebildeten, für das Volk

106 *Hölscher*, Frömmigkeit, S. 136.

eine andere Form der Religion zu propagieren denn für ihresgleichen, war ihnen fremd; hier zählte vor allem das geoffenbarte Wort Gottes.[107]

Die theologische Mündigkeit wandelte sich im Laufe der Zeit allerdings bei einigen zu theologischem Starrsinn. Zwar führten auf den ersten Blick im Falle der Familie von der Heydt theologische Differenzen dazu, dass auch die staatliche Autorität hinterfragt wurde. Denn die von Seiten des preußischen Staates und vor allem von König Friedrich Wilhelm III. vorangetriebene Kirchenunion stieß bei ihnen, trotz aller Königstreue, auf entschiedene Gegnerschaft. Sie fürchteten um den in der reformierten Kirche überlieferten Kultus und damit eine Entheiligung des Gottesdienstes.[108] Als das Presbyterium der reformierten Gemeinde in Elberfeld der radikalen Ablehnung der neuen Agende und der Kirchenunion, wie sie von den von der Heydts gefordert wurde, nicht folgen wollte, betrieben federführend Daniel und Karl von der Heydt die Gründung einer neuen Gemeinde außerhalb der Landeskirche. Auf den zweiten Blick zeigt sich jedoch, dass nicht so sehr Mündigkeit oder der Wunsch nach Erneuerung handlungsleitend waren, sondern vielmehr Konservatismus. In der 1847 gegründeten niederländisch-reformierten Gemeinde herrschten nämlich ein äußerst orthodoxer Geist und eine ausgesprochen strenge Kirchenzucht. Mündiges Denken der Gemeindemitglieder war hier nicht länger vorgesehen.[109]

Zu den Mitgliedern der Gemeinde gehörte bis 1856 auch Louis Frowein (1808–1882), der jüngste Sohn Abraham und Luise Froweins.[110] Er hatte 1832 gemeinsam mit seinen Brüdern Abraham und August die Leitung der Firma Abr. & Gebr. Frowein übernommen und im gleichen Jahr Julie von der Heydt (1810–1884), die Tochter Wilhelmine und Daniel Heinrich von der Heydts, geheiratet. Doch inwieweit dies bei Louis auf einen besonderen Stellenwert von Religion oder deren handlungsleitender Funktion schließen lässt, bleibt ungewiss. Letztendlich akzeptierten die von der Heydts mit Julie Blank für ihren Sohn August auch eine Schwiegertochter, die sie aufgrund der »unkirchlichen Gesinnung« der Blanks lieber nicht gehabt hätten.[111] Eine unkirchliche Gesinnung war den Froweins zwar nicht vorzuwerfen, schließlich übernahmen sie weiterhin Kirchenämter und unterstützten ihre Gemeinden auch finanziell. Doch fällt im Vergleich zu den innerfamiliären Mitteilungen der Familie Engels auf, wie selten in der privaten Korrespondenz von religiösen Angelegenheiten

107 Zu Semlers Unterscheidung von privater und öffentlicher Religion vgl. *Bödeker*, Religiosität, S. 151 ff.

108 Vgl. *Siekmann*, Profil.

109 Zur Geschichte der Gemeinde vgl. *Bürck/Lüchtenborg*, 150 Jahre.

110 Nach der Auseinandersetzung um seinen Neffen Karl Friedrich von der Heydt (s. u.) trat er allerdings, ebenso wie sein Schwager Karl von der Heydt, aus der Gemeinde aus. Vgl. *Siekmann*, Profil, S. 34.

111 So kolportiert es zumindest *Bergengrün*, Staatsminister, S. 22.

oder Fragen des Glaubens gesprochen wird. Dieser Kontrast wird besonders deutlich in vergleichbaren Lebenssituationen beider Familien.

Eduard Frowein (1798–1820), ebenfalls ein Sohn Abraham und Luise Froweins und Bruder Louis', leistete etwa zeitgleich mit Friedrich Engels seinen Militärdienst ab.[112] Während die Engels sehr um den christlichen Umgang ihres Sohnes in Düsseldorf besorgt waren und weiterhin auf die Wahl seiner Freunde einzuwirken suchten, scheint dies für die Froweins kaum eine Rolle gespielt zu haben. Eduard verkehrte in Köln auch in Privathaushalten, doch war hierbei nicht christliche Gesinnung der entscheidende Faktor, sondern gesellschaftliche (Gleich-)Stellung.[113] Anders als Friedrich Engels erwähnte Eduard Frowein in seinen Briefen ganze zwei Mal den Besuch eines Gottesdienstes. Dabei hatte es sich jedoch um öffentliche Gottesdienste im Anschluss an offizielle Paraden gehandelt. Stattdessen besuchte er munter die Komödie, das Konzert und während der Karnevalssaison zahlreiche Maskenbälle und meinte abschließend: »Den Karneval haben wir hier sehr froh durchlebt.«[114] Auf die Ermahnungen des Vaters, nicht verschwenderisch mit seinem Geld umzugehen, antwortete er entschuldigend, die Offiziere sähen es gerne, wenn man »mittäte«. Caspar Engels dagegen war froh, dass sein Sohn Quartier bei einem Leutnant gefunden hatte, der ebenfalls die von Mathias Claudius maßgeblich verfasste Zeitung »Wandsbecker Bothe« schätzte, an deren moralischen Lauterkeit es schließlich nichts zu kritteln gab.[115] Die von Caspar Engels außerdem häufig ausgesprochenen religiösen und moralischen Ermahnungen scheint Eduard Frowein von seinem Vater nicht erhalten zu haben. Dessen Vorhaltungen galten eher Eduards Schriftbild. Außerdem konnte Eduard seinen Eltern gegenüber offen sein Missfallen über das »verfluchte Militärjahr« kundtun und sich darüber freuen, dass er, auch dank der Unterstützung des Vaters, in Abwesenheit zum Mitglied der Gesellschaft »Harmonie« gewählt worden war. Für diesen »Beweis väterlicher Liebe« dankte er ausdrücklich.[116]

112 Vgl. FAF Nr. 1041. Es handelt sich insgesamt um 25 Briefe. Eduards Militärzeit dauerte von Oktober 1817 bis Oktober 1818.

113 Nach einer Essenseinladung bei der Bankiersfamilie Schaffhausen, die er hätte annehmen müssen, stöhnte Eduard in seinem Brief über den »hohen Ton«, der dort geherrscht hätte und bemerkte, dass sie froh gewesen seien, ihre Hüte nehmen zu können. »Es sind wohl sehr artige Leute, aber wären wir von Adel gewesen, wären wir dreimal mehr willkommen, weil hier direkter Adel eine sehr große Rolle spielt.« FAF Nr. 1041, Eduard Frowein an Abr. Frowein in Elberfeld, Köln, 13.1.1818.

114 FAF Nr. 1041, Eduard Frowein an Abr. Frowein in Elberfeld, Köln, 8.2.1818.

115 Johann Caspar Engels an seinen Sohn Friedrich Engels in Düsseldorf, Barmen, 28.4.1817, in: *Knieriem*, Herkunft, S. 269f. Zu Matthias Claudius vgl. *Fechner*, Matthias Claudius.

116 Vgl. FAF Nr. 1041, Eduard Frowein an Abr. Frowein in Elberfeld, Köln, 16.5.1818.

Die Reaktionen auf Eduards frühen Tod, der im Frühjahr 1820 zusammen mit seiner Schwester Lisette einer Epidemie erlegen war, bringen allerdings zum Ausdruck, dass Religion in dieser Familie nicht nur an lebensgestalterischer Kraft eingebüßt hatte, sondern auch in ihrer Trostfunktion beschnitten war. So heißt es in einem Beileidsbrief des Vetters Richard Weber nach dem Ausdruck seines Bedauerns und Mitgefühls über den frühen Tod der Geschwister noch dürr, »daß die Vorsehung Sie ferner für dergleichen Trauerfälle bewahren möge.« Ein Wort des christlichen Trostes oder eine Wiederholung des Vertrauens auf die unergründlichen Wege Gottes sucht man hier vergeblich.[117] Abraham Frowein war von dem Tod seiner beiden Kinder so getroffen, dass er auf Monate zur Arbeit nicht fähig war und sich zur Stärkung erst einmal einer Brunnenkur unterzog. Doch auch in dieser Zeit bleibt die Korrespondenz der Familie Frowein fast gänzlich säkular, von einigen floskelhaften oder gewohnheitsmäßigen Bezügen wie »gottlob« oder »so Gott will« einmal abgesehen.[118]

Im Falle der Froweins klafft also eine deutlich größere Lücke zwischen öffentlich wahrnehmbarer Religiosität und dem Stellenwert, den Religion innerhalb der dem privaten Raum zuzuordnenden Kommunikation einnimmt. Während die öffentlich gelebte Religiosität, das heißt also ihre Kirchlichkeit, unverändert bleibt, verschwinden Glaubensinhalte fast völlig aus dem Binnenraum der Kommunikation. Für die Froweins wird demnach ein ganz anderes Profil von Religiosität sichtbar als für die Engels oder die von der Heydts. Doch bevor man einer Säkularisierung das Wort redet, gilt es noch einmal zu betonen, dass für uns nur das wahrnehmbar ist, was in den Quellen geschrieben ist. Das Zurücktreten religiöser Bezüge und Inhalte und damit eine Veränderung des Kommunikationsverhaltens zu diesem Thema muss nicht zwangsläufig bedeuten, dass das Thema unwichtig geworden war. Es mag nur einen Gestaltwandel erfahren haben. Denn wie bereits erwähnt, gilt es im Falle von Säkularisierung zwischen Entkonfessionalisierung, Dechristianisierung und Entkirchlichung zu unterscheiden. In welcher Form die Familie Frowein einen Säkularisierungsprozess durchlief, ist aufgrund des vorliegenden Quellenmaterials kaum zu entscheiden. Ihre Schweigsamkeit in religiösen Dingen sollte also nicht zwangsläufig mit Gleichgültigkeit gleichgesetzt werden; vielmehr zeichnet sich bei ihnen im personalen Binnenraum ein Prozess der Verinnerlichung und Privatisierung von Religion ab. In der kirchlichen Öffentlichkeit wurde die Familie dagegen in diesen Jahren deutlicher sichtbar Die ältere Generation, welche, wie in deren Geschäftskorrespondenz zu sehen ist, christliche Bezüge noch viel stärker in Alltagssituationen einflocht, war in der kirchlichen Selbstverwaltung kaum präsent gewesen. Der Firmengründer Abraham Frowein wurde nie in ein Kirchenamt gewählt, sein Neffe Kaspar nur ein Mal. Der mit christlichen Bezügen deutlich

117 FAF Nr. 309, Richard Weber an Abraham Frowein in Elberfeld, Antwerpen, 25.3.1820.
118 Eingesehen wurden die privaten Briefe in FAF Nr. 1040, 1042, 2443, 2447.

sparsamer agierende jüngere Abraham Frowein dagegen war in den Jahren 1811, 1821 und 1827 Teil des Konsistoriums. Die Wahl in diese Ämter mag allerdings eher ein Zeichen für den gesellschaftlichen Aufstieg der Froweins sein denn Ausdruck einer besonderen religiösen Gesinnung – schließlich war Abraham Frowein der Ältere zwischen 1790 und 1800 fünfmal für ein Kirchenamt vorgeschlagen worden, erhielt bei den Wahlen aber sehr wenige bis keine Stimmen.[119]

Ein ähnlich zwiespältiges Ergebnis in Bezug auf die Unterschiede zwischen persönlich kommunizierter Religiosität und der sich in öffentlichen Ämtern niederschlagenden Kirchlichkeit lässt sich auch bei den Familien Aders und de Weerth beobachten. Von ihnen haben sich verschiedene Zeugnisse erhalten, die etwas genauer Aufschluss über das Verhältnis von öffentlich gelebter Religiosität beziehungsweise von Kirchlichkeit und inneren Überzeugungen geben.

Johann Jakob Aders war ein treues Mitglied seiner Gemeinde, auch wenn er, trotz seiner Stellung als einer der herausragenden Bürger und Kaufleute der Stadt Elberfeld, nie zum Presbyter der reformierten Gemeinde vorgeschlagen wurde. In der Korrespondenz mit seiner Ehefrau Helena, geb. Brink, mit der er im Übrigen in einer reformiert-lutherischen Mischehe verbunden war, spricht er häufig von seinem Glauben und seinem Gottvertrauen.[120] Kirchliche Nachrichten gehörten ebenfalls zum Inhalt der Briefe; so schrieb Aders an seine Frau etwa welchen Prediger er über welchen Text gehört hatte, oder aber er bat darum, ihm eine gedruckte Predigt des Elberfelder Pfarrers Krummacher nachzuschicken. Die Familie war auch über Heiratsverbindungen eng mit den Wuppertaler Pfarrhäusern verbunden – Helena Aders ebenfalls lutherisch getaufte Schwester Henriette (1783–1854) heiratete 1808 Heinrich Kamp, den Sohn des Pfarrers der reformierten Gemeinde Daniel Kamp (1757–1822), und die Tochter Johann Jakob und Helena Aders', Ida (1806–1884), heiratete 1824 den lutherischen Pfarrer August Wilhelm Hülsmann. Ida war im Übrigen, wie in solchen Fällen üblich, wie die Mutter lutherisch getauft worden.[121]

Doch die Gläubigkeit Johann Jakob Aders' bewegte sich auch jenseits der Orthodoxie der kirchlichen Lehre. Anlässlich des Empfangs eines Briefes seiner Frau, den er »mit lieben, andächtigen Sinn geschrieben« fand, sehnte er sich ebenfalls nach Andacht: »Ich gieng auch in die Kirche, aber nicht in eine von Menschenhänden gebauet, in den Tempel der schönen Natur. […] Die Sonne gieng am Firmament unter, aber mir gieng die Sonne schöner Hoffnungen

119 Vgl. die Presbyteriumsprotokolle im Kirchenarchiv Wuppertal (KAW), Nr. 91, Nr. 92 und Nr. 93.

120 Vgl. STAW J III 104a.

121 Solche Mischehen waren in den Elberfelder Pfarrhäusern zu dieser Zeit keine Besonderheit mehr. Hülsmanns Kollege Gerhard Friedrich Abraham Strauß (1786–1863) hatte bereits 1816 die Tochter Daniel Heinrich und Wilhelmine von der Heydts, Johanna (1799–1857), geheiratet.

auf.«[122] Zu Aders' Gläubigkeit gehörte also auch eine hier deutlich ausgesprochene Naturfrömmigkeit, welche auf die Einflüsse der Aufklärung verweist. Denn den Aufklärern galt die Verehrung der Natur und ihrer zweckmäßigen Ordnung als eine Möglichkeit, die Weisheit und Güte Gottes zu preisen. Von der Orthodoxie wie auch von pietistischen Gläubigen wurde ein solches Abweichen vom personalen Gottesverständnis der christlichen Überlieferung als häretisch gegeißelt.[123] Insofern passte Johann Jakob Aders wohl auch nicht so ganz in das rechtgläubige Konsistorium. Die fehlende Einbindung in die kirchliche Verwaltung mag es ihm allerdings auch erleichtert haben, sich als Bürgermeister für die Neuorganisation der Armenfürsorge jenseits der kirchlichen Strukturen einzusetzen.[124]

Ebenfalls von den Vorstellungen der Aufklärung beeinflusst zeigt sich der Elberfelder Kaufmann Peter de Werth. Anders als Aders war jedoch de Weerth eine der Säulen der Elberfelder reformierten Gemeinde und seine Kirchlichkeit war im öffentlichen Raum für alle sichtbar. Doch sie spielte auch innerhalb des privaten Kommunikationsraums eine Rolle. Der Briefwechsel mit seiner Frau anlässlich einer längeren Reise enthält als Teil des Reiseberichts zum einen die Beschreibung der verschiedenen Prediger, die er hörte, wie etwa den »bekannten Schleiermacher« oder den »Hofprediger Strauß«, letzterer immerhin ein alter Elberfelder Bekannter. De Weerths Briefe offenbaren zum anderen sein tiefes Gottvertrauen und den Glauben daran, dass Gott in der Welt zum Guten wirke: »Der Herr hat bis hierher geholfen und wird es auch ferner thun.«[125] Doch nicht nur solche aufklärerische Vorstellungen eines gütigen, hilfreichen Gottes finden sich bei de Weerth, die im Übrigen im krassen Gegenstand zur scharfen Prädestinationslehre des damals amtierenden Elberfelder Pfarrers Gottfried Daniel Krummacher standen, sondern auch die Übernahme von physikotheologischen Vorstellungen. Die Welt wurde von de Weerth als eine natürliche Ordnung begriffen, in der alle Dinge sinnvoll aufeinander bezogen sind, für ihn ging »das Weltgebäude nach des Schöpfers großen Plan seine Bahn« und man konnte sich der Vorsehung Gottes überlassen.[126] Diese Form der Gläubigkeit zeichnete auch seine Frau Elisabeth aus. Nach schwerer Krankheit lauteten – in der Überlieferung durch ihren Ehemann – ihre letzten zusammenhängenden Worte: »Der Herr wird es bald ändern«, und drückten Vertrauen in

122 STAW J III 104a, Johann Jakob Aders an seine Ehefrau Helena, geb. Brink, undatiert [1818].

123 Vgl. *Hölscher*, Frömmigkeit, S. 146.

124 Vgl. 7.3.1.

125 HZW Bestand de Weerth Nr. 7, Peter de Weerth an seine Ehefrau Elisabeth, geb. Wülfing, in Elberfeld, Hamburg, 26.7.1823.

126 Ebd. Vgl. hierzu auch *Kittsteiner*, Entstehung, S. 65–74.

das von Gott gefügte Schicksal aus.[127] Sie alle hatten Ideen von einer speziellen Vorsehung Gottes übernommen, die alles in der Welt letztlich zu einem guten Ende führe.[128]

Es zeigt sich, dass für jede Familie, ja für jeden der Gläubigen ein individuelles Profil erstellt werden müsste, um den vielen verschiedenen Facetten individueller Frömmigkeit auf die Spur zu kommen. Die Kontrastierung von öffentlich wahrnehmbarer Gläubigkeit, die sich vor allem in der Kirchentreue und ganz speziell in der Übernahme von Kirchenämtern manifestiert, und der im familiären Binnenraum offenbarten Formen von Religiosität zeigt, dass diese beiden Bereiche nicht immer deckungsgleich waren und dass sich von der einen Art von Religiosität selten auf die andere schließen lässt. Und bei aller Kirchentreue ergibt sich auch für die Wuppertaler Kaufmannsfamilien eine überraschende Pluralität der Glaubensformen, auf welche die verschiedenen Strömungen der Zeit – Pietismus, Orthodoxie, Aufklärung, Erweckung – auf vielfältige Art und Weise einwirkten. Doch auch für die Kaufmannsfamilien, deren Gläubigkeit eher die Form einer Privatreligion angenommen hatte, blieb ihr Glaube handlungsleitend. Sie entsprachen damit durchaus der von aufklärerischen Autoren formulierten Aufforderung, Frömmigkeit als eine alltägliche Verhaltenspraxis in allen Lebenslagen zu praktizieren.[129] Wie Religion von den Kaufmannsfamilien jedoch auch als Herrschaftsinstrument funktionalisiert wurde, steht im Mittelpunkt des folgenden Abschnitts.

7.1.4 Religion, Kirche und ökonomischen Interessen

Anfang 1806 erteilte die Landesregierung eine Konzession zur Errichtung eines Theaters in Elberfeld, nachdem es in den Jahren zuvor bereits zeitlich begrenzt Theateraufführungen gegeben hatte.[130] Dies führte zu einer erbitterten Auseinandersetzung, in welcher die Kirchengemeinden eine entscheidende Rolle spielten – anfangs allerdings mit geringem Erfolg. So hätten bei der behördlichen Erlaubnis, in den Worten eines Gemeindehistorikers hundert Jahre später, »gewisse Kreise der Gebildeten« gegen die kirchlichen Kreise ihren Einfluss ausgeübt.[131] Diese Behauptung ist aufgrund fehlender Belege nicht nachzuprüfen,

127 Vgl. HZW Bestand de Weerth Nr. 7, »Bemerkungen über die Kranhkeitsgeschäfte meiner Frau«.

128 Vgl. *Hölscher*, Frömmigkeit, S. 146.

129 Vgl. ebd., S. 131.

130 1804/05 hatte die »Deutsche Schauspielergesellschaft« im Garten eines Herrn Bemberg (vermutlich Johann Peter Bemberg, Inhaber einer Türkischrot-Färberei) auf der Hofaue Vorstellungen gegeben. Auch gab es in den folgenden Jahren noch Liebhaberaufführungen von Wuppertaler Laien. Vgl. *Auch*, Komödianten, S. 61.

131 *Lauffs/Werth*, Gemeinde, S. 196.

und auch ist die Frontstellung zwischen gebildeten und kirchlichen Kreisen nicht ganz überzeugend, da sich diese, wie oben beschrieben, vielfältig überlappten. Auf jeden Fall formierte sich in der Folge der Widerstand gegen das Theater auf ganzer Front und in aller Eile. Erst zirkulierte eine anonyme Flugschrift, welche den Elberfelder Magistrat aufforderte, bei der Regierung in Düsseldorf Einspruch gegen die Erbauung des Schauspielhauses zu erheben. Dann verfassten alle fünf protestantischen Kirchengemeinden Petitionen, in denen sie explizit in Übereinstimmung mit der Kaufmannschaft »politisch-merkantilistische, mehr aber noch religiöse Gründe« gegen das Theater anführten:

Denn wir glauben, daß dadurch [das Theater] irreligiöse christwidrige Grundsätze häufig verbreitet werden, der immer höher steigende Leichtsinn und Luxus gefördert und genährt, der Geschmack an den ernsten Wahrheiten des Christenthums verdorben, das Herz für die Kraft der evangelischen Wahrheiten unempfänglich gemacht [...] und solchen Gesinnungen Vorschub gethan wird, welche die Throne wankend machen, das Staats- und Bürgerwohl untergraben, und das sittliche Verderben vermehren helfen.[132]

Als all diese Eingaben nichts fruchteten und die Landesregierung auch nach erfolgtem Machtwechsel bei der erteilten Konzession blieb, wurde von besorgten Bürgern erneut ein Flugblatt in Umlauf gebracht. Hierin wurden alle Wuppertaler Bürger aufgefordert, das Theater nicht zu besuchen und auch ihre Hausgenossen und Untergegebenen in den »rühmlichen Bund« zu ziehen. Insgesamt hätten sich 635 Bürger aus Elberfeld und Barmen zusammengetan, um das Theater zu verhindern.[133]

Der hier geschilderte erbitterte Widerstand war eigentlich keine Besonderheit des Wuppertals, sondern stand vielmehr in einer langen Tradition und vereinte vermeintliche Gegner wie Pietisten und Aufklärer. Ende des 17. Jahrhunderts hatte beispielsweise der Rektor der Gothaer Gymnasiums Gottfried Vockerodt eine ausführliche Schrift vorgelegt, in welcher er sowohl auf die Schädlichkeit des Theaters für das bürgerliche Gemeinwesen einging als auch auf seine verderbliche Wirkung auf die Sitten.[134] Nicht viel anders argumentierte Mitte des 18. Jahrhunderts Jean-Jacques Rousseau, als er sich gegen die Einrichtung eines

132 Petition der ev.-ref. Gemeinde Barmen-Gemarke, 4.3.1806, zit. nach ebd. Das Wichlinghauser Konsistorium begründete seine Bitte um die Rücknahme der Schauspielhauskonzession etwas zahmer, aber in der Aussage ähnlich: »Weil dadurch unsere Gegend, wie gehabte Erfahrung ausweiset, augenscheinlich verdirbt, weil nicht nur Handel und Wandel, sondern auch Sittlichkeit und Tugend immer mehr geschwächet und zu Grunde gerichtet werden.« Zit. n. *Helmich*, Wichlinghausen, S. 101.

133 Vgl. *Lauffs/Werth*, Gemeinde, S. 197. Das Schauspielhaus hatte nur bis 1811 Bestand. Wegen zurückgehender Zuschauerzahlen zog die Elberfelder Theatertruppe es seit diesem Jahr vor, wieder auf Wanderschaft zu gehen. Während der Befreiungskriege wurde das leerstehende Gebäude in ein Lazarett umfunktioniert. Vgl. *Schell*, Elberfeld, S. 210.

134 Vgl. *Martens*, Officina Diaboli.

Theaters außerhalb von Großstädten und kulturellen Zentren verwahrte: »An anderen Orten wird das Schauspiel nur dazu dienen, die Arbeitslust zu vernichten, das Gewerbe zu entmutigen, die einzelnen zu ruinieren, ihnen den Hang zum Müßiggang einzuflößen, sie dahin zu bringen, sich die Mittel für den Unterhalt ohne Arbeit zu verschaffen.«[135] Dass das Schauspiel auf die Sittlichkeit der Zuschauer einwirkte oder gar einen kathartischen Effekt hervorbrächte – ein Lieblingsargument der Aufklärer für das Theater – ließ Rousseau in diesem Kontext nicht gelten. Rousseau hatte seine Schrift allerdings fünfzig Jahre vor den Wuppertaler Protesten verfasst. Es ist bezeichnend, dass sich dort die Vorstellungen vom schädlichen Einfluss des Theaters auf das bürgerliche Gemeinwesen und negative Auswirkungen auf die Arbeitsmoral auch noch hielten, als in den literarischen Zirkeln des Landes Schillers Vorstellungen von der »Schaubühne als moralischer Anstalt« bereits breit rezipiert wurden.

Im Wuppertal waren für die Moral jedoch auch Anfang des 19. Jahrhunderts weiterhin die Kirchen zuständig, allerdings hauptsächlich dann, wenn es um die »niederen Volksklassen« ging. Denn deren Fleiß und Sittsamkeit drohten durch das Theater Schaden zu nehmen, nicht aber die der »Kaufmannsklasse«. Konzert, Oper und Theater waren für letztere vielmehr Teil des Bildungsprogramms, das man den eigenen Kindern zu vermitteln suchte.[136] In diesem Geiste verwahrte sich Fritz von der Heydt gegen die Maßregelungen seines Pfarrers, der ihm im Sinne der Kirchenzucht den Konzertbesuch versagen wollte, mit der Bemerkung, es könne ja nicht angehen, dass »ein jeder mit demselben Maß gemessen, dass von jedem dieselbe Lebensauffassung gefordert werden sollte, ohne Rücksicht auf Bildung u.[nd] Stand«.[137] Nur die Kaufmannsfamilien, die pietistischen Kreisen zugerechnet werden können wie die Familie Engels, lehnten das »im Vergleich zum Wort Gottes so magere und leere Theater« kategorisch ab.[138]

Das ernste Wort Gottes erfuhr in den Jahren nach dem frühen Niedergang des Schauspielhauses – es hatte sich nur fünf Jahre halten können – durch die Berufung von zwei Predigern aus der bekannten Theologenfamilie Krummacher neuen Auftrieb. Gottfried Daniel und Friedrich Wilhelm Krummacher entfachten in ihren Gemeinden ein solches Predigtfeuerwerk, dass die Obrigkeit

135 Vgl. *Rousseau*, Brief, Zitat S. 399.

136 Vgl. etwa die Briefe Peter de Werths an seine Frau von einer Reise mit seinen zwei Söhnen, worin er unter anderem sein Bedauern ausdrückte, dass in Kassel das Hoftheater geschlossen gewesen sei. In anderen Städten der Rundreise konnten sie dagegen von mehreren Theater- und Opernbesuchen berichten. Zu der Bildungsreise gehörten jedoch auch der Gottesdienstbesuch bei berühmten Predigern wie Schleiermacher oder Strauß in Berlin. Vgl. HZW Bestand de Werth, Nr. 7.

137 *von der Heydt*, Mein Conflict mit der niederländisch-reformierten Gemeinde im Winter 1856, Bl. 20, zit. n. *Siekmann*, Profil, S. 11.

138 Vgl. Johann Caspar Engels an seinen Sohn Friedrich Engels in Frankfurt/M, Barmen, 4.12.1812, in: *Knieriem*, Herkunft, S. 158.

wegen Bedenkens für den allgemeinen Anstand einschritt.[139] Auf seine Zuhörer verfehlten vor allem Friedrich Wilhelm Krummachers Predigten ihre Wirkung nicht; die Kirchen mussten Türen und Fenster öffnen, damit auch die vielen Gläubigen, welche in der Kirche keinen Platz mehr fanden, zuhören konnten. Beide Krummachers vertraten eine scharfe Orthodoxie und predigten die Prädestinationslehre, nach welcher die Erwählten selig werden ohne eigenes Verdienst und der große Rest verdammt bliebe. Mochten einige Kaufmannsfamilien auch mit der Schroffheit der Krummachers hadern, gegen die von ihnen vertretene sozialkonservative Botschaft hatten sie doch wenig einzuwenden und ließen vor allem Friedrich Wilhelm Krummacher mit seinen »narkotischen Predigten« (Johann Wolfgang von Goethe) gewähren, welche den Zuhörern die Sinne raubten.

Während sich die Erweckungsbewegung vor allem an die unteren und mittleren Bevölkerungsgruppen wandte und versuchte, diese durch sich wiederholende Rührung und Ermunterung des Einzelnen aus dem Zustand der religiösen Trägheit und des Sündenschlafs zum geheiligten christlichen Leben zu erwecken, verflachte die gelebte pietistische Religion prominenter Wuppertaler Kaufmannsfamilien wie der Engels. Sie erstarrte während der immer stärker in Gang kommenden Industrialisierung und der sie begleitenden sozialen Frage weitgehend zur Konvention.[140] Niemand hat die mystizistischen Auswüchse der im Wuppertal betriebenen Erweckung sowie die kalte, unchristliche Gleichgültigkeit der Kaufmannsschicht gegenüber dem Elend der unteren Klassen schärfer gegeißelt als der berühmteste Sohn der Stadt, Friedrich Engels jun.:

> Die reichen Fabrikanten aber haben ein weites Gewissen, und ein Kind mehr oder weniger verkommen zu lassen, bringt keine Pietistenseele in die Hölle, besonders wenn sie alle Sonntage zweimal in die Kirche geht. Denn das ist ausgemacht, daß unter den Fabrikanten die Pietisten am schlechtesten mit ihren Arbeitern umgehen.[141]

Und über die im Wuppertal vermittelten Lehren heißt es bei ihm:

> Dann steht auch geschrieben: Die Weisheit Gottes ist den Klugen dieser Welt eine Torheit, dies ist für die Mystiker ein Befehl, ihren Glauben recht unsinnig auszubilden, damit doch ja dieser Spruch in Erfüllung gehe. Wie das alles mit der Lehre der Apostel stimmt, die vom vernünftigen Gottesdienst und vernünftiger Milch des Evangeliums sprechen, das ist ein Geheimnis, das der Vernunft zu hoch. Solche Lehren verderben alle Krummacherschen Predigten.[142]

139 Vgl. *Köllmann*, Barmen, S. 199. Friedrich Engels schilderte Krummachers Predigtstil so: »Dann rennt er in alle Richtungen auf der Kanzel umher, beugt sich nach allen Seiten, schlägt auf den Rand, stampft wie ein Schlachtroß und schreit dazu, daß die Fenster klirren und die Leute auf der Straße zusammenfahren.« *Engels*, Briefe, S. 422.

140 Vgl. *Köllmann*, Barmen, S. 198–207; *Herberts*, Kirche und Handel, S. 92–102.

141 *Engels*, Briefe, S. 423.

142 Ebd.

Dabei wusste Friedrich Engels den ästhetischen Gehalt und Unterhaltungswert von Krummachers Predigten durchaus zu würdigen. Dass er mit diesen radikalen Ansichten und im Urteil seiner Mutter burschikosen Ton innerhalb des Tals auf wenig Gegenliebe stieß, versteht sich von selbst. Für das Wuppertal blieb jedoch der Gegensatz von der vor allem von den oberen Schichten und den Kirchen formulierten Forderung nach geistiger Erneuerung der unteren Schichten bei gleichzeitiger Privatreligion und Ignorierung der sozialen Frage ein prägendes Merkmal des 19. Jahrhunderts, das die Spannungen zwischen Arbeiterschaft und Fabrikbesitzern noch verschärfte.[143]

Zusammenfassend lässt sich sagen, dass sich in Bezug auf die in der Öffentlichkeit wahrnehmbare Religiosität der Wuppertaler Kaufmannsfamilien aufgrund ihrer engen kirchlichen Bindung trotz der konfessionellen Unterschiede ein homogenes Bild ergibt: Sie waren ein aktiver Teil der Gemeinden, indem sie nicht nur deren Gründungen beförderten, sondern sie auch durch die Übernahme von Kirchenämtern tatkräftig unterstützten. Durch ihre Einbindung in die Leitungsgremien der Gemeinden konnten die Kaufleute diesen ihren Stempel aufdrücken und auch die theologische Ausrichtung beeinflussen. Der in den Kirchen gepflegte konservativ-orthodoxe Geist und die häufig emotionale Ansprache durch die Prediger waren somit generell im Sinne der Kaufmannsfamilien. Das Pflichtverständnis der Kaufleute reichte im Übrigen so weit, dass selbst Familien, deren innere Überzeugung beziehungsweise private religiöse Praktiken von den in der Gemeinde praktizierten abwichen, leitende Kirchenämter übernahmen.

Diesem in der kirchlichen Öffentlichkeit wahrnehmbaren Bild einer einheitlichen Wuppertaler Religiosität steht hinsichtlich der privaten Glaubenspraktiken ein deutlich differenzierteres Bild gegenüber: auch im Wuppertal fand ein Prozess der Individualisierung und Privatisierung von Religion statt.[144] Dieser Prozess spielte sich in dem Dreieck zwischen Orthodoxie, Aufklärung und Pietismus ab, dessen Mittelpunkt der Begriff der Mündigkeit bildete, der sowohl von Aufklärern wie auch Pietisten für sich in Anspruch genommen wurde.[145] Die Wuppertaler Kaufmannsfamilien hatten somit Teil an der Herausbildung einer epochenspezifischen Reflexionskultur in religiösen Fragen, die sich bei den Wuppertaler Pietisten in ihrem mündigen Umgang mit Glaubensinhalten, im Falle der anderen Kaufmannsfamilien im Auseinanderklaffen zwischen öffentlich befolgter und privat erkannter Religion äußerte. Damit bestätigt sich einmal mehr, dass sich zwischen der Mitte des 18. und der Mitte des 19. Jahrhunderts

143 Vgl. zu den Entwicklungen im 19. Jahrhundert *Köllmann*, Barmen; sowie mit besonderer Würdigung der 1848er Revolution *Herberts*, Kirche und Handel.

144 Vgl. zu diesem Prozess allgemein *Hölscher*, Säkularisierungsprozesse.

145 Zu Mündigkeit als zentralem aufklärerischen Begriff vgl. *Ebersold*, Mündigkeit; *Eidam/Hoyer*, Erziehung; *Geier*, Aufklärung.

ein Prozess der Pluralisierung und Individualisierung beobachten lässt und dass bürgerliche Lebensführung jenseits der Prozesshaftigkeit dieses Vorgangs kaum auf einen Nenner zu bringen ist. Vielmehr kann das Bürgertum in religiöser Hinsicht als ein »Konglomerat sich ständig ausdifferenzierender Teilgruppen« gelten.[146] Dass die »grundlegende Orientierung an Individualisierung und Mobilisierung, Reflexivität und Bildung« auch im Umgang mit religiösen Fragen das Kennzeichen der »gebildeten Stände« war, lässt sich somit anhand der hier untersuchten Teilgruppe voll und ganz bestätigen.[147]

Hinsichtlich der Religiosität der Wuppertaler Kaufmannsfamilien gilt es jedoch noch eine Besonderheit zu beachten, die für die »gebildeten Stände« an anderen Orten weniger markant sein mag. Sie ergibt sich aus ihrer beherrschenden ökonomischen und sozialen Stellung innerhalb des Wuppertals. Nicht nur verkehrten die Kaufmannsfamilien mit den Pfarrern auf Augenhöhe und waren häufig mit ihnen als Schwiegerfamilie verwandt, sondern sie waren auch die größten »Nettozahler« ihrer Gemeinden, die darauf bedacht waren, dass die kirchliche Lehre die ökonomische Ordnung stützte. Die von der Kanzel verbreiteten Moral- und Tugendvorstellungen sollten helfen, die Arbeiter zu gottesfürchtigen, gehorsamen und arbeitswilligen Subjekten zu erziehen, und damit zu duldsamen Menschen, welche ihre Lebens- und Arbeitsbedingungen unhinterfragt hinnahmen. Nicht davon zu trennen ist die sozialkonservative Einstellung vieler Kaufmannsfamilien, die ihren in der Sozialordnung höherrangigen Platz ebenfalls als von Gott gegeben ansahen. Kirchliche und ökonomische Ordnung bestärkten sich so gegenseitig. Dies war auch ein Grund dafür, warum, entgegengesetzt zum häufig gebrauchten Schlagwort von der Innerlichkeit des Pietismus, im Wuppertal im öffentlichen Raum das religiöse Leben vorherrschend war.[148] Das in der Öffentlichkeit herrschende religiöse Klima gibt jedoch nur bedingt darüber Auskunft, wie die Kaufmannsfamilien die Gretchenfrage im Inneren ihres Herzens beantworteten.

7.2 »Bürgerliche« Assoziationen im Wuppertal

Seit Thomas Nipperdeys wegweisendem Aufsatz »Verein als soziale Struktur im späten 18. und frühen 19. Jahrhundert«, erstmals erschienen 1972, hat die historische und literaturwissenschaftliche Forschung den Assoziationen dieser

146 Vgl. *Kuhlemann*, Bürgertum, Zitat S. 300.

147 Ebd., S. 301. Kuhlemann fasst diesen Prozess deutlich länger und versucht die genannten Merkmale als den verbindenden Nenner für das Bürgertum allgemein zu fassen. M. E. passt er besser auf die enger gefasste Gruppierung der »gebildeten Stände«, deren Bildungsverständnis sie sozial und zeitlich deutlich leichter abgrenzbar macht als das nicht sicher definierbare »Bürgertum«.

148 Vgl. auch *Herberts*, Kirche und Handel, S. 94.

Zeit viel Aufmerksamkeit geschenkt.[149] Besonders im Fokus standen dabei die Lesegesellschaften, welche im Kontext der Leserevolution verortet wurden, und welche seit 1770 den zahlenmäßig bedeutendsten Assoziationstyp darstellten. In nahezu jeder größeren und kleineren Stadt wurde zwischen 1760 und 1800 eine solche Gesellschaft gegründet, deren Zahl sich am Ende des Jahrhunderts auf etwa 500 belief.[150]

Das vorrangige Interesse an diesen Vereinigungen war ihr Beitrag zu einem allgemeinen »bürgerlichen Emanzipationsprozess« und dem »Herausbilden der bürgerlichen Gesellschaft«.[151] Besonderes Augenmerk wurde dabei auf die demokratischen Entscheidungsformen innerhalb der Gesellschaften gelegt, in denen per Ballotage, das heißt der geheimen und gleichberechtigen Abstimmung aller Mitglieder, über die Aufnahme von Kandidaten und teils auch über die Anschaffung von Büchern und Zeitschriften abgestimmt wurde.[152] Damit standen diese Gesellschaften den altständischen Korporationen, in die man per Geburt und ein Leben lang eingebunden war, deutlich entgegen. Denn in die Assoziationen konnte man ein- und austreten, und sie verstanden sich als überständisch.

Die Assoziationen waren Teil einer umfassenderen neuen Kommunikationskultur, zu der neben den Gesellschaften auch die Journale und Zeitschriften gehörten, innerhalb derer sich die Lesenden und Schreibenden (Rudolf Vierhaus) miteinander verständigten. Getragen wurde diese Kommunikationskultur von dem Wunsch nach Aufklärung und Bildung.[153] Wie in der Einleitung der Arbeit bereits erläutert, wurde unter dem Begriff Bildung von den Zeitgenossen sehr viel mehr als Schulbildung verstanden. Es war vielmehr »lebendige Aktivität des Sich-Bildenden, eine selbsttätige Entwicklung der inneren Geistesanlagen durch Erfahrung, Orientierung an der Natur und an einzelnen Menschen verstanden.« Der gebildete Bürger – Bürger hier in dem eingangs erläuterten allgemeinen, ständetranszendierenden Sinn verstanden – war angehalten, sich »selbst ein Bild von den Bedingungen seiner Existenz zu machen und in diesem Erkenntnis-

149 Vgl. *Nipperdey*, Verein. Zu Aufklärungsgesellschaften vgl. aus der Fülle der Literatur *Dülmen*, Gesellschaft; *Reinalter*, Aufklärungsgesellschaften; *Zaunstöck*, Sozietätslandschaft; zum Vereinswesen *Dann*, Vereinswesen; *Best/Artus*, Vereine.

150 Vgl. *Stützel-Prüsener*, Lesegesellschaften; *Dann*, Lesegesellschaften und Aufbruch. Die Zahlen in *Dann*, Lesegesellschaften und Aufbruch, S. 102. Als monographische Studie zur Geschichte zweier Lesegesellschaften vgl. *Tilgner*, Lesegesellschaften. Auf die Nennung weiterer Einzeluntersuchungen, häufig erschienen als Zeitschriftenaufsatz oder als Beitrag zu Sammelbänden, wird aus Gründen der Übersichtlichkeit verzichtet.

151 Vgl. hierzu die verschiedenen Aufsätze in *Hein/Schulz*, Bürgerkultur.

152 Die von der Forschung lange verfolgte These von der demokratisierenden Wirkung der Vereine hat sich nicht halten lassen. Vgl. etwa das nüchterne Fazit bei Hempel: »Eine demokratisierende Wirkung der ›gespielten Demokratie‹ auf die Vereinsmitglieder konnte allerdings nicht nachgewiesen werden.« *Hempel*, Literarische Vereine, S. 234.

153 Vgl. *Bödeker*, Aufklärung.

prozess seine Vernunft und seinen Charakter in eigenständiger Auseinandersetzung mit der umgebenden Welt zu formen«.[154]

Notwendig hierfür war die Auseinandersetzung des Bürgers mit seinen Mitmenschen, denen er in zwangloser Geselligkeit begegnen und sich im Umgang mit ihnen zu einem gebildeten und gesitteten Menschen formen sollte. Zeitgenössisch reflektiert wurde dieser Vorgang von Friedrich Schleiermacher.[155] Im Mittelpunkt von dessen Torso gebliebenen »Versuch einer Theorie der geselligen Betragens« steht die Idee »freier Geselligkeit« als eigener kultureller Sphäre. Jenseits häuslicher und beruflicher Verpflichtungen soll der von ständischen Bindungen befreite und als Individuum gedachte Mensch sich durch zweckfreie Geselligkeit – nach Schleiermacher ein Grundbedürfnis des gebildeten Menschen – weiterbilden, vervollkommnen; eine Vorstellung vollkommen im Einklang mit zeitgenössischen Bildungsvorstellungen. In seinem Theorie-Versuch entwickelte Schleiermacher Ideen, wie der Zustand freier Geselligkeit erreicht werden konnte. Die Teilnehmer einer Gesellschaft sollten beispielweise keine Themen anschneiden, die »nicht in die Sphäre aller gehör[en]«, das heißt also, man sollte sich auf Themen beschränken, die für alle von Interesse sind,[156] und des Weiteren sollte jeder »das was er ist, an den Tag geben«, und seinen Charakter und seine Ansichten nicht aus Scheu verbergen.[157] Die Gesellschaft sorge außerdem dafür, dass die »unbequemen Eigenschaften in Schranken« gehalten würden.[158] Schleiermacher plädierte also für einen natürlichen Umgang miteinander, bei dem man seine Ansichten und Eigenheiten nicht hinter elaborierten Höflichkeitsformeln verbergen solle. Für den Erfolg einer Gesellschaft und anregende Gespräche war es nach Schleiermacher zudem wichtig, dass die Gesellschaft möglichst gemischt sei, denn »es ist eine unmittelbare Folge aus dieser Maxime, daß, je homogener die Mitglieder einer Gesellschaft in Absicht auf ihren Beruf sind, desto mehr die Gegenstände ihres Standes die Sphäre der Unterhaltung ausmachen«.[159] Für Schleiermacher, den Habitué Berliner Salons und der märkischen Musenhöfe, war die Teilnahme von Frauen im Übrigen fundamentaler Bestandteil der avisierten Geselligkeit.[160]

Schleiermachers Text lässt aber auch bereits die Grenzen seiner Utopie von Geselligkeit als gesellschaftsbestimmender Struktur erkennen. Denn der von Schleiermacher explizierte schickliche Ton, welcher den freien und zwanglosen Umgang vieler verschiedener Individuen miteinander möglich machte, basierte darauf, dass die Kommunikationsteilnehmer die Grenzen des jeweils gemein-

154 *Roth*, Bildungsgedanke, beide Zitate S. 123.
155 Vgl. hierzu *Gaus*, Geselligkeit; *Wiedemann*, Ideale Geselligkeit; *Blänkner*, Salons.
156 Vgl. *Schleiermacher*, Versuch, Zitate S. 253.
157 Ebd., S. 258.
158 Ebd.
159 Ebd., S. 261.
160 Vgl. zu diesen beiden Geselligkeitsformen *Blänkner/Bruyn*, Salons und Musenhöfe.

samen Erfahrungshintergrundes und Lebensstils ständig zu bestimmen und einzuhalten wussten.[161] Sie waren auf gemeinsame Codes, Wertorientierungen und Deutungsmuster angewiesen. Damit ist die von Schleiermacher entworfene Form der Geselligkeit sozial begrenzt. In ihr ist implizit eine doppelte Aristokratisierung enthalten; indem sie sich nach oben an adeligen Geselligkeitsmustern orientiert und sich nach unten hin gegen die »Ungebildeten« abschließt.[162]

Die Teilnahme an der hier skizzierten zwanglosen Geselligkeit war damit Teil des Selbstbildungsprozesses, in welchem sich die auf Bildung Anspruch erhebenden Menschen fortwährend befanden. Jenseits solch zwangloser Zirkel, wie Schleiermacher sie in den Berliner Salons erlebte, fanden sich Möglichkeiten zur »zweckfreien«, das heißt vor allem berufsfernen Geselligkeit in den bereits oben erwähnten Lesegesellschaften und anderen geselligen Vereinen. Hier konnte man die eigene Bildung nicht nur durch den von Schleiermacher beschriebenen Prozess der Geselligkeit weiter vervollkommnen, sondern durch die Begegnung mit berufsfernen, allgemeinbildenden Themen etwa dank wissenschaftlicher Vorträge auch an allgemeinen Bildungsinhalten arbeiten. Und es bildete sich eine Gruppenidentität der »gebildeten Stände« heraus, wie sie anhand der zahlreichen Selbstbeschreibungen der Assoziationen als offen für alle »gebildeten Personen« leicht zu erkennen ist. Die Bildung dieser Assoziationen und die Teilnahme an ihnen waren somit konstitutiv für eine Vergesellschaftung der »gebildeten Stände«.

Dieser Vorgang soll nun im Folgenden für das Wuppertal näher dargestellt werden und dabei nach den Besonderheiten einer Gewerberegion und dem dortigen Konstituierungsprozess der »gebildeten Stände« innerhalb der Assoziationen gefragt werden. Betrachtet werden dabei vor allem drei Vereine: in Elberfeld die Erste Lesegesellschaft, gegründet 1775, und ihre Nachfolgeinstitution, das Museum; in Barmen steht die Concordia, gegründet 1801, im Mittelpunkt der Betrachtungen. Das Elberfelder Vereinswesen kann dank der Arbeit von Eberhard Illner für diese Epoche als gut erforscht gelten; Illners Ergebnisse gilt es allerdings nun mit der Frage nach der Konstituierung der »gebildeten Stände« neu zu akzentuieren. Für die Barmer Concordia liegen einige Festschriften vor, eine Einordnung in größere Zusammenhänge steht noch aus.

161 Vgl. *Gaus*, Geselligkeit, S. 88.

162 Diese Abgrenzung nach unten war jedoch insofern durchlässig, als das Recht auf Bildung allen Menschen zugestanden wurde. Doch musste erst der Prozess der Bildung beim Einzelnen in Gang treten, um Anspruch auf die Zugehörigkeit zu den »gebildeten Ständen« und damit zu der hier skizzierten Geselligkeit erwerben zu können. Vgl. auch *Blänkner*, »Gebildete Stände«, S. 118–123.

7.2.1 Die Elberfelder Lesegesellschaft

Die Elberfelder Lesegesellschaft wurde am 5. Januar 1775 von acht Elberfelder Bürgern gegründet: den Brüdern Abraham und Caspar Kersten, den beiden Elberfelder Neubürgern Caspar Gotthelf Grünenthal und Christian Wilhelm Kühler, sowie den Kaufleuten Johann van der Beeck, Peter Teschemacher, Engelbert Werth und Engelbert Troost.[163] Unter strukturellen Gesichtspunkten offenbaren die Gründungsmitglieder bereits einige interessante Eigenheiten. Dass es sich bei ihnen ausschließlich um Kaufleute im weitesten Sinne handelt, ist innerhalb einer stark gewerblich geprägten Stadt wie Elberfeld nicht unbedingt überraschend. Doch dass der Großteil von ihnen zu den Neuhinzugekommenen gehörte, wirft Fragen auf. Abraham und Caspar Kersten waren Inhaber des Handelshauses Gebr. Kersten, das sie 1754 von ihrem Vater übernommen hatten. Dieser stammte ursprünglich aus dem Hessischen und hatte sich erst 1746 endgültig in Elberfeld niedergelassen.[164] Caspar Grünenthal aus Leipzig hatte 1769 das Elberfelder Bürgerrecht erworben, Christian Kühler bereits einige Jahre vor ihm im Jahr 1760.[165] Johann van der Beck stammte zwar aus der Nähe von Elberfeld, war aber der Erste, der sich in der Stadt als Kaufmann niederließ. Auch Engelbert Troost gehörte nicht zu den alteingesessenen Elberfeldern und auch seine Frau stammte nicht von dort, sondern aus Soest.[166] Peter Teschemacher trug zwar den Namen einer der alten Familien in der Stadt, doch er scheint im Kirchspiel gewohnt zu haben und aus einer Nebenlinie zu stammen.[167] Engelbert Werth wiederum war vermutlich der Schwager der beiden Kersten-Brüder.

Auch von den weiteren 19 Mitgliedern der Lesegesellschaft, die sich innerhalb weniger Tage der Unternehmung anschlossen, gehörten viele zu den erst seit kurzem in der Stadt Etablierten. Die bekannteste Person unter ihnen war der Arzt und spätere Schriftsteller Johann Heinrich Jung, genannt Jung-Stilling,

163 Dass ein Zusammenhang besteht zwischen dem Besuch Johann Wolfgang von Goethes am 22.7.1774 in Elberfeld und der Gründung der Lesegesellschaft ist reine Spekulation. Vgl. zu dieser These *Flasdieck*, Goethe in Elberfeld; *Illner*, Organisierung, S. 32. Wenn man bedenkt, dass bei dem Goethebesuch von Elberfelder Seite hauptsächlich strenggläubige Pietisten dabei waren, die gerne den bekannten, ebenfalls anwesenden Schweizer Theologen Lavater kennenlernen wollten, und dass das ganze Treffen etwa eine halbe Stunde dauerte, so scheint dies eher unwahrscheinlich. Auch gehörte keiner der namentlich genannten Anwesenden zu den acht Gründungsmitgliedern der Lesegesellschaft.

164 Vgl. *Krause*, Geld, S. 14.

165 Vgl. *Knierim*, Neubürger, Nr. 220, 439.

166 Vgl. *Strutz*, Ahnentafeln, S. 121.

167 Für das Jahr 1775 ist in den Presbyteriumsakten der reformierten Gemeinde Elberfeld ein Peter Teschemacher als Scholarch des Kirchspiels Elberfeld vermerkt. Vgl. KAW Nr. 91, fol. 316.

der seit 1772 als Arzt in Elberfeld praktizierte. Doch auch weitere zugewanderte Kaufleute wie Johann Christoph Hoecker aus Lippstadt oder Abraham Schwan aus Urdenbach finden sich unter ihnen. J. L. aus den Dörnen wiederum gründete mit dem Gründungsmitglied Caspar Grünenthal später eine Siamosenfabrik und gehörte ebenfalls zu den Neuzugezogenen. Johann Rütger Siebel dagegen stammte zwar aus einer alteingesessenen Familie, war aber erst vor kurzem von einem langjährigen Aufenthalt in London ins Tal zurückgekehrt. Mit ihm trat sein jüngerer Bruder Johann Wilhelm Siebel in die Lesegesellschaft ein. Die beiden Mitglieder der seit langem im Tal ansässigen Familie Brügelmann, Johann Gottfried und Johann Wilhelm, waren mit den beiden Kersten-Brüdern verwandt, da Johann Wilhelm Brügelmann in zweiter Ehe Maria Kersten, die Schwester Abrahams und Caspars, geheiratet hatte. Die übrigen Mitglieder der Lesegesellschaft rekrutierten sich zwar ebenfalls zum größeren Teil aus den bekannteren Familien wie den Carnaps, aber sie gehörten weniger zu den im Sinne öffentlicher Wahrnehmung führenden Mitgliedern der Familien.[168]

Es will also scheinen, als hätten sich in der Lesegesellschaft vor allem die *newcomer* sowie mit ihnen verschwägerte Altansässige zusammengefunden. Bedenkt man nun noch, dass unter den Erstmitgliedern auch einige Lutheraner waren, für die innerhalb der festgefügten Regierungskreise der Stadt und dem wichtigsten kirchlichen Gremium, dem Presbyterium der Elberfelder reformierten Gemeinde, kein Platz war, so offenbart die Lesegesellschaft ein besonderes integratives Potenzial jenseits der etablierten Zirkel. Wie ähnliche Gesellschaften in großen Handelsmetropolen wie Bordeaux oder Hamburg erweist sich die Elberfelder Lesegesellschaft somit als Integrationsmechanismus für Fremde und Neuhinzugezogene, als ein »ausgezeichneter selbstgeschaffener Raum, um sich kulturell als Fremder zu integrieren«.[169] Es ist gerade dieses Bedürfnis nach Integration, hervorgerufen durch die besonderen Dynamiken einer Gewerberegion im Prozess der globalen Kommerzialisierung, das als maßgeblicher Grund für die im Vergleich zu anderen Städten des Rheinlandes frühe Gründung der Elberfelder Lesegesellschaft gelten darf.[170]

Die Bedürfnisse des Kaufmanns brachen sich auch in der Gesellschaft immer wieder Bahn. So schien einem Fremden, der auf der Durchreise die Lesegesellschaft besuchte, diese habe »mehr ähnliches mit einer Börse, als einer Lesegesellschaft [...], denn da die meisten Mitglieder Kaufleute sind, so werden hier manche Handlungsgeschäfte in Ordnung gebracht«.[171] Die von Schleiermacher beobachtete Gefahr der die Gesprächsbreite hemmenden Berufshomogenität

168 Unter den frühen Mitgliedern der Lesegesellschaft versahen nur Johann Wilhelm und Johann Rütger Siebel sowie Johann Wilhelm Brügelmann das Bürgermeisteramt.

169 *Schrader*, Soziabilität, S. 462.

170 Vgl. *Illner*, Organisierung, S. 32, FN 12.

171 *[Schaeffer]*, Aus Schaeffers Briefen, S. 41.

machte sich in der Lesegesellschaft also deutlich bemerkbar. Jedoch sollte solch ein punktueller Eindruck nicht darüber hinwegtäuschen, dass die Mitglieder der Lesegesellschaft durchaus Interesse an wissenschaftlichen und allgemeinbildenden Themen hatten. Schaut man sich die Liste der Vorträge und ihr breites Themenspektrum an, so brauchte die Elberfelder Lesegesellschaft den Vergleich mit Gesellschaften in anderen Städten als aufklärerisches Forum nicht scheuen.[172] Jung-Stilling etwa legte nach eigener Aussage für seine erste Vortragsreihe, »Eulers ›Briefe an eine deutsche Prinzessin‹ [eine Darstellung der gesamten exakten Wissenschaften, A. S. O.] zum Grunde und las in der Versammlung der geschlossenen Gesellschaft ein Kollegium über die Physik«.[173] Die weiteren Vorträge Jung-Stillings beschäftigten sich mit religiösen, philosophischen und medizinischen Fragen, bevor er 1778 einem Ruf als Professor an die Kameralhochschule nach Kaiserslautern folgte.

Doch waren den Kaufleuten ihre Grenzen bewusst. Obwohl einige, unter ihnen das Gründungsmitglied Abraham Kersten, sich auch durchaus mit Vorträgen zu allgemeinbildenden Themen am Diskussionsforum der Gesellschaft beteiligten, so setzten die Mitglieder der Lesegesellschaft doch vor allem darauf, dass die akademisch gebildeten Mitglieder, die Gelehrten, diese übernehmen würden. Hierzu wurde das Eintrittsgeld für gelehrte Mitglieder, das heißt vor allem Pfarrer und Ärzte, bedingungslos auf vier Conventionsthaler festgelegt. Es lag damit um ein Vielfaches unter dem Regelsatz von erst dreißig, später dann sogar 100 Reichstalern.[174]

Die Lesegesellschaft gestaltete sich über die Beiträge recht exklusiv, deren Höhe möglicherweise auch als ein Zeichen an die etablierten Kreise der Stadt gelesen werden kann. Denn nur die wirtschaftlich erfolgreichen Neuankömmlinge konnten es sich, ebenso wie die Mitglieder der alteingesessenen Familien, erlauben, derartige Beträge für eine Freizeitbeschäftigung aufzubringen. Zehn Jahre nach der Gründung zählte die Gesellschaft etwa fünfzig Mitglieder und galt als feste Größe im Stadtgefüge, wie die zahlreichen Erwähnungen von Reisenden in ihren Berichten über Sehenswertes in Elberfeld zeigen. Zur gleichen Zeit wurden in Elberfeld allerdings zwei weitere Gesellschaften gegründet, die

172 Für eine Liste der Vorträge für die Jahre 1775 bis 1785 vgl. *Carnap*, Lesegesellschaft, S. 63–68. Die von Engelbrecht geäußerte Vermutung, dass Schwierigkeiten in der Garnnahrung, der bestimmenden wirtschaftlichen Institution in Barmen und Elberfeld, den Impuls für die Gründung der Lesegesellschaft gegeben hätten, kann damit und auch aufgrund der Mitgliederstruktur als unwahrscheinlich zurückgewiesen werden. Vgl. *Engelbrecht*, Herzogtum Berg, S. 121. In Köln gab es tatsächlich eine solche Institution, das »Handelskollegium«, in dem die Kölner Kaufmannschaft sich zur Lektüre traf, aber auch zur Organisation ihrer wirtschaftlichen Interessen. Vgl. *Mettele*, Bürgertum in Köln, S. 58.

173 *Jung-Stilling*, Henrich Stilling, S. 360.

174 Vgl. *Carnap*, Lesegesellschaft, S. 55. Fremden Predigern wurde der Zutritt kostenlos gestattet, allerdings mussten sie sich verpflichten, wenigstens zwei Vorträge im Jahr zu halten.

sich aufgrund der Gebühren weniger exklusiv gestalteten. So betrug das Eintrittsgeld in die »Neue Elberfelder Lesegesellschaft« anfangs nur einen Karolin, stieg allerdings innerhalb der folgenden zehn Jahre auf dreißig Taler an. Für die Gesellschaft »Harmonie« liegen zwar hierzu keine Informationen vor, doch war der Zweck der Gesellschaft hauptsächlich zwangloses Beisammensein. Sie geriet später in den Ruf einer gewissen Behäbigkeit.[175] Diese Neugründungen deuten auf eine beginnende Ausdifferenzierung nicht nur der »gebildeten Stände« hin, sondern auch, dass diese bereits über eine kritische Masse innerhalb der Kaufmannsstadt verfügten.

Den Anspruch, eine gelehrte Gesellschaft zu sein, verfolgte allerding keine dieser Vereinigungen. Denn wie der Duisburger Professor Withof in einer Rede hervorhob:

> Den eigentlichen Körper der Gesellschaft [der ersten Lesegesellschaft] machen angesehene Kaufleute aus, wiewohl auch Gelehrte und sonstige wackere Männer gern mit aufgenommen werden. [...] Die historischen, moralischen, physischen, statistischen und merkantilistischen Abhandlungen werden theils von wirklichen Mitgliedern, theils von Fremden vorgelesen. [...] Bei dem allen ist diese Gesellschaft doch keine eigentlich gelehrte und müßte es auch nicht werden wollen. Nur die ganze Thätigkeit einer Seele ist die Kraft des Handelsgeistes, und mit nichts Geringerem nimmt auch der Gelehrte vorlieb.[176]

So stand nicht vorrangig Gelehrsamkeit auf dem Programm, sondern Menschenbildung. Denn schließlich ging es in der Lesegesellschaft darum, »sich durch Lesen nützlicher Schriften und Unterredung über mancherlei Materien wechselseitig zu vervollkommnen« und damit einem Grundbedürfnis der »gebildeten Stände« nachzukommen.[177] Doch war die zu bildende Seele die eines Handelsmanns und nicht die eines Gelehrten. Für beide galt allerdings gleichermaßen, dass eine solche Vereinigung, gelehrt oder nicht, neben der Vermehrung der Kenntnisse auch der Verfeinerung der Sitten galt. »Würdige Geselligkeit« sah auch der Kaufmann Abraham Kersten als Mittel gegen schlechte Angewohnheiten.[178] Der zwanglose Umgang in den über ihren Bildungsgedanken als egalitär verstanden Gesellschaften sollte helfen, den Menschen von seiner Blödigkeit, das heißt von ungeschliffenem, ungehobeltem und starrem gesellschaftlichen Verhalten zu befreien und ihn zu einer gesellschaftlich gewandten Person zu

175 Den Eindruck erwecken zumindest die scherzhaften Verse aus einem Gedicht, das im »Hermann. Zeitschrift von und für Westfalen« 1825 über die Elberfelder Vereine erschien: »Harmonie – Alt und bedächtig sind wir und harmonieren besonders darin, daß wir um Acht alle nach Hause schon gehen«. Zit. n. *Illner*, Organisierung, S. 52.

176 *Carnap*, Lesegesellschaft, S. 58.

177 *Jung-Stilling*, Henrich Stilling, S. 359.

178 Vgl. *Breitenbach*, Casino, S. 14.

machen.[179] Dies galt sowohl für den in seinem Kontor festsitzenden Kaufmann wie für den in seiner Studierstube verharrenden Gelehrten.

So betonte besagter Professor Withof in einem Vortrag in der Lesegesellschaft im November 1784:

Der sichtbarste Werth [der Lesegesellschaft, A. S. O.] besteht größtentheils darin, daß Personen, die sonst vom Privatinteresse der Handlung, von angeerbter Abneigung und Familien-Kaltsinn, oder von anderwärtigen Anläßen zur Unbiegsamkeit und zum scheuen Mißtrauen einer gegen die anderen eingezwängt, sich mieden, durch solchen öfteren Umgang verträglich, leutselig und gar artig werden. [...] Und dieser Werth hätte somit durch gemeinschaftliche Beförderung der Annehmlichkeiten des Lebens bereits einen unverwerflichen Anspruch auf unbestechliches Lob, wenn nicht noch obendrein kräftige Veranlassung zur Begünstigung von mehrerlei Wohlfahrt und zu wichtigen Pflichten der Menschenliebe und der Hülfsbegierde dadurch Raum gemacht würde.[180]

Die Angehörigen der Lesegesellschaft wurden also, so Withoft ganz im Einklang mit zeitgenössischen Soziabilitätstheorien, durch den geselligen Umgang verträglich und leutselig, ja sogar artig, das heißt geschickt im zwischenmenschlichen Umgang. Sie öffneten sich gegenüber anderen, legten ihren »Familien-Kaltsinn« und das allgemeine Misstrauen anderen gegenüber ab. Der gesellige Umgang in der Lesegesellschaft steigerte in den Augen des Redners die allgemeine Menschenliebe und Hilfsbereitschaft und damit den Grad der Zivilisiertheit. Der Effekt der Gesellschaften war somit eine generelle Verfeinerung der Sitten und damit eine Annäherung an die vormals dem Adel vorbehaltene Zivilisiertheit.[181] Und in der Tat war die Elberfelder Lesegesellschaft ein Ort, in welchem Adelige und Bürgerliche sich zwanglos begegnen konnten. Die Gästeverzeichnisse geben hiervon beredt Zeugnis.[182]

Neben dem integrativen Potenzial der Gesellschaft bestand ihre Funktion also in der Möglichkeit, dass bei ihren Versammlungen allgemein verbindliches Verhalten eingeübt werden konnte, wo Standesgrenzen und ständische Verhaltensweisen überwunden und damit der Ausbildung einer auf egalitären Prinzipien beruhenden Gesellschaft Vorschub geleistet wurde. Allerdings waren diese egalitären Prinzipien immer an die Beherrschung gewisser gesellschaftlicher Codes, kurz an Bildung gebunden. Bildung war ein ständiger, in Auseinandersetzung mit der umgebenden Welt ablaufender Prozess, der von jedem einzelnen,

179 Zum Begriff der Blödigkeit vgl. *Stanitzek*, Blödigkeit. In England wurde eine ähnliche Diskussion unter dem Stichwort »politeness« geführt. Vgl. *Brewer*, Polite Age; *Klein*, Politeness.

180 Zit. n. *Carnap*, Lesegesellschaft, S. 60.

181 Vgl. hierzu auch *Beetz*, Höflichkeit.

182 Die Gästelisten der Jahre 1785 bis 1791 sind abgedruckt in *Carnap*, Lesegesellschaft, S. 75–77.

der auf Bildung Anspruch erhob, Arbeit an sich, seinen Erkenntnisfähigkeiten und seinen persönlichen Eigenschaften erforderte. Hierzu war der Umgang mit anderen unumgänglich. Wenngleich die Lesegesellschaft keine Frauen unter ihren Mitgliedern hatte, so waren Frauen von diesem Vorgang nicht ausgeschlossen – als Gäste waren sie in der Lesegesellschaft zugelassen und nach der Fülle von Nennungen im Gästebuch auch gern gesehen. Die »gebildeten Stände« waren auch in dieser Hinsicht erst einmal integrativ.

Die Verfeinerung der Sitten schlug sich auch in der Ausstattung der Lesegesellschaft nieder. 1781 hatte die Lesegesellschaft begonnen, ein eigenes Gesellschaftshaus zu bauen, nachdem sie ihre wöchentlichen Versammlungen in den ersten Jahren im Gasthaus am Kolk hatte stattfinden lassen. Die Ausstattung des neuen Gebäudes wirkte auf die Zeitgenossen als besonders großartig: »Die dasige Lesegesellschaft ist die gröste und kostbarste, die ich je sah. Sie besteht aus mehr denn siebzig Mitgliedern, welche ein eignes, schön gebautes Haus besitzen«, so ein Reisender im Jahr 1787,[183] und ein anderer schrieb: »Die Bibliothek der Gesellschaft besteht aus 800 Bänden, und das Haus, das die Gesellschaft mit der hier gewöhnlichen Pracht errichtet hat, kostet 10000 Thlr.«[184]

Ihren gesellschaftlichen Anspruch sahen die Mitglieder der Elberfelder Lesegesellschaft auch bestätigt, als der Kurfürst Karl Theodor am 10. Juni 1785 die Lesegesellschaft besuchte und sich zu ihrem Protektor erklärte. Drei Jahre später schenkte der Kurfürst der Lesegesellschaft sein Porträt, welches einen Ehrenplatz im großen Saal des Gesellschaftshauses erhielt. Die Mitglieder der Lesegesellschaft wussten ihre Verbindung zum Kurfürsten zu nutzen, als im Zuge antiaufklärerischer Tendenzen und unter dem Eindruck der Französischen Revolution 1791 alle aufgeklärten Gesellschaften verboten wurden. Durch eine Eingabe des Magistrats und der jülich-bergischen Regierung sowie einer Bittschrift des damaligen Direktors der Lesegesellschaft, Peter Jacob de Landas, konnte die zwangsweise Auflösung der Lesegesellschaft abgewendet werden.[185]

Nichtsdestotrotz ging in diesen Jahren eine Phase der Lesegesellschaft zu Ende. Bereits 1785 hatte das gelehrte Mitglied Dr. Dinkler die Mitglieder der Lesegesellschaft daran erinnert, »daß wir möchten das Vergnügen haben, von den Gelehrten unserer Gesellschaft [...] mehr Abhandlungen zu bekommen.« Gleichzeitig wies er mit leichter Spitze darauf hin, dass es sich bei der Gesellschaft um eine Lesegesellschaft mit einer reichhaltigen Bibliothek handele, und »durch den fleißigen Gebrauch derselben wird sie ihren Namen erhalten und behaupten«.[186] Auch ein personeller Wechsel beeinflusste die Ausrichtung der Lesegesellschaft; viele der Gründungsmitglieder verstarben in diesen Jahren

183 *[Schaeffer]*, Aus Schaeffers Briefen, S. 41.
184 *Anonym*, Düsseldorf, S. 37.
185 Für eine ausführliche Schilderung des Vorgangs vgl. *Illner*, Organisierung, S. 37f.
186 Zit. n. *Carnap*, Lesegesellschaft, S. 78.

oder waren bereits gestorben, andere Mitglieder hatten Elberfeld aus verschiedenen Gründen verlassen. Nach 1791 wurden keine gelehrten Vorträge mehr gehalten, vermutlich weil die interessierte Zuhörerschaft fehlte. Vielmehr wurde die Gesellschaft ein Diskussionsforum für tagespolitische Fragen, die in den Revolutions- und Kriegsjahren von besonderer Dringlichkeit waren. In dieser Zeit wandelte sich auch die in der Stadt gebräuchliche Bezeichnung der Lesegesellschaft: Statt von der »geschlossenen Lesegesellschaft« sprach man nun von der »Ersten Gesellschaft«.[187] Auch der Name reflektierte also das gesunkene Interesse an der Lektüre und die Prädominanz des gesellschaftlichen Verkehrs über die Bibliotheksnutzung. Mit ihrer Neuausrichtung weg von einer aufklärerischen Vereinigung hin zu einer Assoziation, deren Hauptzweck in der Geselligkeit bestand, stand die Erste Gesellschaft allerdings nicht allein. Hatte die »Neue Lesegesellschaft« 1799 noch als zweite Absicht der Verbindung »Kultur und Veredelung des Herzens und der Seele« in ihren Statuten festgeschrieben, so erkannten sie 1807 als ihren Grundzweck nur noch den »Genuß geselliger Freude und erhöhten Lebensgenuß im Kreise trauter Freunde«.[188]

1796 wurden diese Entwicklungen in den Statuten der Elberfelder Lesegesellschaft verankert. Der Beitritt zur Lesegesellschaft wurde durch die Halbierung des Mitgliedsbeitrags auf fünfzig Reichstaler erleichtert und die Sperrminorität auf ein Drittel statt wie bisher ein Sechstel heraufgesetzt. Zudem konnte jedes Neumitglied entscheiden, ob er durch Einzahlung von 200 Reichstalern einen Anteil am Eigentum der Lesegesellschaft erwerben wollte oder nicht. Dadurch vergrößerte sich die Mitgliederzahl auf 56 Mitglieder mit Anteilsscheinen und 38 Mitgliedern ohne Anteilsschein.[189] Drei Jahre später musste der Direktor der Gesellschaft, Peter Jacob de Landas, Vorschläge zur Sanierung der Finanzen machen, da sie sich in einem finanziellen Engpass befand. Künftig sollten alle Mitglieder am Eigentum der Lesegesellschaft mit gleichen Rechten und Pflichten beteiligt sein.[190] Diese Regelung bestand bis 1809, als die Gesellschaft erneut in finanzielle Schwierigkeiten geriet. Der Direktor Daniel Heinrich von der Heydt erstellte ebenfalls einen Plan für die Besserung der Finanzlage und ging darin auch auf die veränderten Interessen der Mitglieder ein. Er erwähnte nicht mehr die Verfeinerung der Sitten und Vermehrung der Kenntnisse, sondern sah den Sinn der Gesellschaft in »Erholung und gegenseitigem Vergnügen«.[191] Um diesen Ansprüchen besser gerecht werden zu können, wurde 1810 mit dem Bau eines neuen Saals begonnen, der ausreichend Platz bot für zwei Billardtische sowie einige Spiel- und Lesetische. Der Saal wurde im Herbst 1811

187 Vgl. *Breitenbach*, Casino, S. 15.
188 Zit. n. *Illner*, Organisierung, S. 47.
189 Vgl. *Carnap*, Lesegesellschaft, S. 89.
190 Vgl. ebd., S. 90.
191 Vgl. ebd., S. 91.

mit einer Festveranstaltung, zu der die Mitglieder samt »ihren Damen« geladen waren, eingeweiht und diente in den nachfolgenden Jahren bei den gesellschaftlichen Großereignissen der Stadt als Festsaal. 1816 geriet die Gesellschaft erneut in eine finanzielle Schieflage und die Mitglieder mussten per Anteilsschein eine größere Summe aufbringen, um den Fortbestand der Gesellschaft zu sichern. Gleichzeitig wurde der Mitgliedsbeitrag auf dreißig Reichstaler herabgesetzt, um neue Mitglieder zu gewinnen. Im darauffolgenden Jahr entschied man sich, die mehr als 3.000 Bände zählende Bibliothek meistbietend an die Mitglieder zu verkaufen.[192]

Diese Entwicklungen in Elberfeld sind allerdings kein Alleinstellungsmerkmal etwa einer oberflächlichen Kaufmannsstadt. Vielmehr lässt sich deutschlandweit in den Jahren nach der Französischen Revolution ein Wandel innerhalb der bestehenden Lesegesellschaften von der »Aufklärung« hin zur »Geselligkeit« feststellen. Dies war zum einen bedingt durch politischen Druck und verschärfte Zensurbestimmungen, zum anderen mögen auch abnehmende Preise für Druckerzeugnisse ein Grund dafür gewesen sein, dass die Lesegesellschaften ihren Stellenwert als Zentren gemeinsamer Lektüre verloren.[193] Die Elberfelder Vereinigung hatte damit ihre Funktion als »Lese«-Gesellschaft eingebüßt, war aber gleichwohl weiterhin wichtig als gesellschaftlich integrierender Ort innerhalb der städtischen Gesellschaft. Dieser vor allem auf die Soziabilität gerichteten Funktion konnte die 1816 gegründete Gesellschaft Museum allerdings besser entsprechen. So war es nur folgerichtig, dass man nach der Gründung des Museums, dem auch zahlreiche Mitglieder der Lesegesellschaft beigetreten waren, beschloss, die beiden Gesellschaften miteinander zu fusionieren. 1818 hörte die Elberfelder Lesegesellschaft auf zu existieren.

7.2.2 Das Museum

Die Geschichte der Gründung des Museums ist eng verknüpft mit der Konstituierung der ersten Elberfelder Freimaurerloge.[194] 1812 hatte ein 23-köpfiger Stifterkreis einen Maurerverein gegründet. Viele der Gründungsmitglieder waren vermutlich Brüder in auswärtigen Logen, die jedoch zum Teil weit entfernt lagen. Einige Kaufleute mögen auf ihren Handelsreisen auch in holländische oder französische Logen aufgenommen worden sein.[195] Der Justiz gegenüber gaben die Stifter allerdings an, einen literarischen Lesezirkel gegründet zu haben, welcher »zum Zweck hat, die vorzüglichsten *literarischen* Zeitschriften mit Ausnahme

192 Vgl. ebd., S. 95.
193 Vgl. *Röhrig/Stübig*, Volksbildung, S. 337.
194 Zum Folgenden vgl. *Breitenbach*, Casino, S. 18–22; *Illner*, Organisierung, S. 39–43.
195 Für die Liste der 23 Gründungsmitglieder vgl. *Breitenbach*, Casino, S. 18 f.

aller politischen Blätter zu halten [Hervorhebung A. S. O.]«.[196] Der eigentlichen Loge »Hermann zum Lande der Berge« wurde 1815 das Konfirmationspatent erteilt, welche ihre Versammlungen vor »polizeilichen Hindernissen« sicherstellte.

Die Gesellschaft unter dem Namen Museum, gegründet 1816 von den zwanzig Logenmitgliedern, wiederum sollte nach dem Willen des Meisters vom Stuhl, Gerhard Siebel, das gesamte literarische, wissenschaftliche und künstlerische Leben in Elberfeld bündeln.[197] Um diese in seinem Sinne zu leiten, wurde bestimmt, dass der Direktor des Museums immer identisch sein sollte mit dem Meister vom Stuhl und dass dem Museum ein Stifterverein vorstehen sollte, welcher weitreichende Entscheidungsbefugnisse besaß und über den Beitritt von Neumitgliedern entscheiden konnte. Das in den Assoziationen bisher übliche Prinzip der Ballotage durch alle Mitglieder wurde damit aufgegeben. Dies hinderte die Gesellschaft jedoch nicht daran, bereits im ersten Jahr ihres Bestehens auf 89 Mitglieder anzuwachsen, von denen gleich der Bau eines repräsentativen Gesellschaftshauses beschlossen wurde.

Das Gesellschaftshaus, eines der ersten größeren klassizistischen Bauwerke in Elberfeld, wurde 1820 eröffnet und bot Platz für die gesellschaftlichen, kulturellen und wissenschaftlichen Zwecke der Gesellschaft. In dem neuen Gebäude befand sich neben den üblichen kleineren und größeren Gesellschaftsräumen ein Lesekabinett und ein Musiksalon sowie ein Naturalien-Kabinett, ein Kabinett für archäologische oder sonstige merkwürdige Gegenstände sowie auf dem Dach ein astronomisches Observatorium nebst dazugehörigen Instrumenten.[198] Die 1819 überarbeiteten Statuten der Gesellschaft legten außerdem fest, dass »jeder Gegenstand oder Produkt unserer Industrie, der Kunst oder des Ackerbaus im Lokale des Museums ausgestellt« werden dürfe.[199] Die Gesellschaft suchte also ihrem wissenschaftlichen Anspruch auch in dieser Hinsicht gerecht zu werden. Generell verstand sie ihren Zweck als einen doppelten, nämlich die Beförderung wissenschaftlicher Bildung wie auch die Beförderung »anständiger, geselliger Freuden«. Das Museum stand damit in einer deutlichen Traditionslinie zur ersten Lesegesellschaft, in deren Haus es nach seiner Gründung zur Miete untergekommen war und mit welcher es 1818 zusammengeschlossen wurde.

Ähnlich wie auch in der Lesegesellschaft sollte im Museum die »Präponderanz keines Standes über den anderen« geduldet werden; die Statuten des Museums von 1819 erlaubten es vielmehr »jedem rechtlichen, gebildeten Bürger« die Mitgliedschaft zu erlangen.[200] Allerdings bildete auch hier das Eintrittsgeld in

196 Zit. n. *Illner*, Organisierung, S. 40.

197 Vgl. *Breitenbach*, Casino, S. 19. *Illner*, Organisierung, stellt außerdem die Vermutung in den Raum, die Gesellschaft könnte der Loge als Bewährungsraum für potentielle Freimaurer gedient haben. Vgl. ebd., S. 40.

198 Vgl. *Breitenbach*, Casino, S. 23 f.

199 Ebd., S. 20.

200 Statuten des Museums von 1819, zit. n. ebd., S. 24 ff.

Höhe von fünzig Talern, mehr noch aber die uneinsichtige Ballotagepraxis des Vorstandes einen Hinderungsgrund. 1825 hatte Friedrich Platzhoff, ein musisch interessierter Färbereibesitzer, der in einer reformiert-lutherischen Mischehe mit Johanna Theresia Bemberg lebte, den Sohn des jüdischen Kaufmanns Cahen als Mitglied des Museums vorgeschlagen. Zwar war diese Möglichkeit in den Statuen der Gesellschaft nicht formal ausgeschlossen, doch sorgten vor allem die Kreise um Oberbürgermeister Brüning dafür, dass Cahen keine Aufnahme in die Gesellschaft fand. Cahen fiel mit 27 weißen gegen 25 schwarze Kugeln durch; für eine Aufnahme in die Gesellschaft wäre eine Zwei-Drittel-Mehrheit nötig gewesen.[201] Dies musste umso stärker kränken, als das Museum in den 1820er Jahren die größte und attraktivste Gesellschaft in Elberfeld war; 1823 war sie mit 270 Mitgliedern der mit Abstand größte Verein in Elberfeld.[202] »Bildung« war also beileibe nicht das einzige Aufnahmekriterium in die Gesellschaft.

Auch gegenüber weiblichen Mitgliedern grenzte sich die Gesellschaft im Laufe ihres Bestehens stärker ab. 1819 hatten die Statuten noch vorgesehen, dass »Damen, die ein eigenes Haus machen« Mitglied werden konnten, dabei jedoch »von der von der Ballotage und dem Entree-Gelde befreit und nur der Zahlung des jährlichen Beitrags unterworfen waren«.[203] Zehn Jahre später hieß es dagegen deutlich schwammiger, über den Eintritt von Damen mit eigenem Haus müsse die Verwaltung entscheiden.[204] Aus einer generellen Regel war eine Fall-zu-Fall-Entscheidung geworden.

Zu diesem Zeitpunkt hatte die Gesellschaft die engen Verbindungen zur Loge bereits gelöst. 1826 kam es zu einer Neuordnung der Beziehung von Loge und Museum; der Meister vom Stuhl hörte auf, gleichzeitig Direktor des Museums zu sein, und auch die bisher gültige Vetomacht des Stifterkreises fand ihr Ende. Vielmehr übernahm das Museum von der Loge das Gesellschaftshaus und zahlte fortan hierfür an diese Miete. Die finanzielle Lage der Loge wurde im Laufe der Zeit immer prekärer und die gesellschaftlichen Aktivitäten der Vereinigung immer geringer. Die von der Loge seit 1827 herausgegebene profane Zeitschrift »Der Volksfreund« musste bereits 1829 ihr Erscheinen wieder einstellen. Die auf acht Mitglieder geschrumpfte Loge, die schon seit einiger Zeit nicht mehr ihren Beitrag an die Mutterloge hatte abführen können, wurde schließlich 1843 eingestellt.

201 Zu dem Vorgang vgl. *Illner*, Organisierung, S. 43. Zur reaktionären Gesinnung Brünings vgl. *Herberts*, Kirche und Handel, v. a. S. 149–158. Dass Juden keine Aufnahme in bürgerliche Vereine fanden, war allerdings in den 1820er Jahren noch weit verbreitet. Dies sollte sich erst in den darauffolgenden Jahrzehnten ändern. Vgl. *Roth*, Bildungsgedanke, S. 131, S. 331 EN 30.

202 Vgl. *Illner*, Organisierung, S. 43.

203 Zit. n. *Breitenbach*, Casino, S. 28.

204 Vgl. ebd., S. 31.

Einen ähnlichen Schwund musste auch das Museum verzeichnen. 1829 hatte man schon die Statuten insofern verändert, als dass nun auch bereits abgelehnte Personen nach einem Jahr noch einmal vorgeschlagen werden konnten. Das Eintrittsgeld wurde auf vierzig Taler etwas gesenkt, wohl auch um neue Mitglieder anzuziehen. Die finanzielle Schieflage der Gesellschaft war allerdings nicht mehr zu korrigieren, 1834 wurde die Gesellschaft aufgelöst und das Haus samt Mobiliar öffentlich versteigert. Vermutlich waren die weiterhin nicht getilgten Baukosten für das repräsentative Gesellschaftshaus, das wohl über verzinste Aktien finanziert worden war, und die sinkenden Mitgliederzahlen und damit sinkenden Einnahmen der Grund für die finanziellen Schwierigkeiten.[205]

In der nachfolgenden Gesellschaft Casino, welche auch das Haus übernahm, war von wissenschaftlichen Absichten und einer Förderung des kulturellen Lebens dann keine Rede mehr. Vielmehr galt den Gründern als Hauptzweck die »Beförderung anständiger geselliger Freude«, die bis auf die Bälle und andere Festveranstaltungen der Gesellschaft im rein männlichen Kreis genossen wurde. Aus der ihren Statuten nach dem größeren Ganzen dienenden Vereinigung war ein Verein des reinen Selbstzwecks geworden, der sich auch nicht länger bemühte, in die öffentlichen Belange hineinzuwirken.

Bevor auf die eingangs aufgestellte These von der Bedeutung des wissenschaftlich-geselligen Museums für die Formation der »gebildeten Stände« nachgegangen wird, sei die Assoziation noch kurz in den zeitgenössischen Kontext eingeordnet. Erst einmal fällt auf, dass das Eintrittsgeld für das Museum, ähnlich wie für die Lesegesellschaft, im Vergleich zu Vereinen in anderen Städten hoch ausfiel, der jährliche Mitgliedsbeitrag sich aber im üblichen Rahmen bewegte.[206] Die in einer Gewerbestadt zu erzielenden Gewinne und der daraus resultierende Distinktionsmechanismus waren also auch hier deutlich zu spüren. Dass in den geselligen Vereinen die »bürgerliche« Verteilung der Geschlechterrollen akzentuiert wurde, welche die Frau zur Hüterin des moralisch-sittlichen häuslichen Umfelds und den Mann für die in der Öffentlichkeit stattfindenden Berufssphäre bestimmten, kann jedoch für das Elberfelder Museum nur eingeschränkt beobachtet werden.[207] Denn ihrem häuslichen Umfeld konnten sich die Elberfelder Bürger dank der Assoziationen nur bedingt entziehen, hatten die »Damen der Mitglieder« doch freien Zugang. Dieser Ausschlussmechanismus setzte erst mit der Gründung des Casinos ein und deutet einmal mehr auf die in der Öffentlichkeit vergleichsweise starke Stellung der Frauen der Kaufmanns-

205 Zu den Finanzstrukturen von Assoziationen allgemein vgl. *Sobania*, Vereinsleben, S. 174.

206 Im Kölner Casino betrug der Mitgliedsbeitrag zehn, das Aufnahmegeld zwanzig Reichstaler. Das Aachener Casino verlangte 25 Reichstaler Aufnahmegeld und einen Jahresbeitrag von acht Reichstalern. Vgl. ebd., S. 179.

207 Vgl. zu dieser These *Maentel*, Weltbürgerliche Aufklärung, S. 146.

familien bis zum Ende der 1830er Jahre hin.[208] Das Bemühen des Museums wiederum, in gesellige, wissenschaftliche und kulturelle Bereiche des öffentlichen Lebens hineinzuwirken, kann als typisch für die Ziele der literarisch-geselligen oder wissenschaftlich-geselligen Vereine in den ersten drei bis vier Jahrzehnten des 19. Jahrhunderts gelten.[209] Die größte Abweichung von den generell zu erkennenden Merkmalen dieser Vereinigungen ist die Besonderheit, dass die Elberfelder Freimaurerloge in den ersten zehn Jahren ihres Bestehens stark auf die Geschicke der Gesellschaft Einfluss nahm und sogar das übliche Ballotageprinzip durch alle Mitglieder außer Kraft setzte. Stattdessen beschränkte sie diese Form der Abstimmung auf den Kreis der zeitgleich der Loge angehörenden Mitglieder.

Diese Besonderheit führt nun zu der spezifischen Funktion des Museums als dem führenden geselligen Verein für die Elberfelder »gebildeten Stände«. Illner nimmt an, dass die Beschränkung der Entscheidungsbefugnis auf ein inneres Beschlussgremium aus dem starken Bedürfnis der bürgerlichen Führungsschicht der Stadt resultiert habe, sich gegenüber den aufstrebenden Schichten abzugrenzen. Für diese hätte schließlich auch das hohe Eintrittsgeld nur bedingt ein Hindernis bedeutet.[210] Bei dieser Zuschreibung ist die historische Situation der individuellen Mitglieder jedoch nicht genügend berücksichtig. Eine prosopografische Analyse der Gründungsmitglieder macht klar, dass, wie auch bei der Gründung der Lesegesellschaft, unter den Logenmitgliedern etliche Kaufleute waren, die noch nicht lange zu den städtischen Führungsschichten zählten, die aber in späteren Jahren genau wie ihre Nachkommen in der Stadt eine führende Rolle spielen sollten. Dazu gehören die Feldhoffs, die Platzhoffs, die Schlickums, die Höstereys, Blanks oder Nielands. Diese bereits 1812 vor vielen anderen zu den führenden Schichten der Stadt zu zählen ist eine Rückprojizierung dieses sich erst entfaltenden Erfolges. Die Männer dieser Familien heirateten vielmehr erst in diesen Jahren in die alten Familien namens Carnap, Siebel oder Teschemacher ein. Zu der die Geschicke der Stadt beherrschenden Oberschicht gehörten sie nicht. Was die Gründer des Maurervereins und die frühen Logenmitglieder ebenfalls *ex negativo* auszeichnet, ist die Tatsache, dass von ihnen bis 1816 keiner ein Amt im Konsistorium der reformierten Gemeinde Elberfeld ausübte, einem Hort konservativer Gesinnung und ebenfalls ein gesellschaftlich exklusiver Zirkel. Den Freimaurern stand man dort skeptisch gegenüber. Mit der

208 Auf die noch darüber hinaus stattfindende bürgerlicher Organisierung der Elberfelder Frauen in eigenen Vereinen kann hier nur hingewiesen werden. Illner resümiert, dass die Vereinsarbeit es den Frauen auch im Vormärz erlaubte, »einen respektierten Platz auch außerhalb der Familie« einzunehmen und sich in einen »über ihren persönlichen Lebenszusammenhang hinausreichenden Problemzusammenhang« zu stellen. *Illner*, Organisierung, S. 192. Zur Beziehung der Geschlechter in den Kaufmannsfamilien s. Kap. 5.

209 Vgl. *Hein*, Konstituierungsfaktoren; *Hempel*, Literarische Vereine.

210 Vgl. *Illner*, Organisierung, S. 40.

Sonderkonstruktion, dass die Logenmitglieder die Entscheidungsgewalt über die Ausrichtung der Elberfelder Museumsgesellschaft behielten, konnten die dort versammelten liberalen Geister sichergehen, dass der Einfluss konservativer Elemente, die aufgrund ihrer gesellschaftlichen Vorrangstellung zu den natürlichen Mitgliedern der Gesellschaft zählen würden, begrenzt blieb. Gerade das Bemühen um eine wissenschaftlich und kulturell avancierten Zielen dienende Vereinigung statt einer, die bloß der Geselligkeit verpflichtet war, mag also der Grund für diese aus dem Rahmen fallende Konstruktion des inneren Entscheidungsgremiums gewesen sein.

Die Funktion, welche das Museum in der Anfangsphase seines Bestehens übernahm, war es also innerhalb Elberfelds ein Forum bereitzustellen, welches für liberales, fortschrittliches Gedankengut jenseits der etablierten, kirchlich-konservativen Kreise offen war.[211] Die erste Lesegesellschaft übrigens, mit der sie zusammengeschlossen war, hatte diese Funktion schon lange zugunsten einer unambitionierten Geselligkeit eingebüßt. In der Lesegesellschaft hatten sich vielmehr die traditionellen Werten und Vorstellungen verpflichteten Kaufleute durchsetzen können, wie sich exemplarisch an Daniel Heinrich von der Heydt zeigen lässt: zwar gehörte auch er erst seit seiner Teilhaberschaft im Bankhaus von der Heydt & Kersten zu den Wohlhabenden in der Stadt, doch wurde er 1805 zum Bürgermeister gewählt, 1809 Direktor der Lesegesellschaft und 1813 Kirchmeister in der reformierten Gemeinde. Die Auflösung der engen Beziehung zwischen Loge und Museum, das für den Juden Cahen ungünstige Abstimmungsverfahren und die schließliche Auflösung der Gesellschaft mangels zahlungswilliger Mitglieder zeigt allerdings auf, dass auch der engere Gründerkreis des Museums seine ursprünglichen Ansprüche innerhalb der Stadtgemeinschaft nicht durchsetzen konnte. Stattdessen verblieb als kleinster, aber tragfähiger gemeinsamer Nenner ein anspruchsloseres Geselligkeitsforum.

7.2.3 Die Concordia

Die Elberfelder Sozietäten strahlten auch ins benachbarte Barmen hinüber. So verbanden sich zu Beginn des Jahres 1801 »einige Freunde des geselligen Vergnügens in der Absicht [...], nach dem Beyspiel der in Elberfeld bestehenden gesellschaftlichen Verbindungen, eine Societät hieselbst [in Barmen] zu errichten, um da in freundschaftlichem Zirkel die der Erholung gewidmeten Abend-

211 Der maßgebliche Betreiber der Gründung sowohl der Loge als auch des Museums, Gerhard Siebel, steht hierfür par excellence. Zwar stammte er aus einer der altansässigen Familien, doch hatte er sich früh musisch und literarisch interessiert wie auch politisch engagiert gezeigt. 1820 verzog er von Elberfeld nach Düsseldorf. Vgl. *Baum*, G. Siebel.

stunden genießen zu können«.[212] Als Mindestanzahl von Personen, um die Gesellschaft auf Dauer gründen zu können, galten diesen Freunden 25 Personen; diese kamen rasch zusammen, so dass am 4. März 1801 die Gesellschaft offiziell gegründet werden konnte. Quartier nahm die noch namenlose Gesellschaft fürs erste in dem Saal einer Gaststätte. Zwei Jahre später zog die Gesellschaft um in ein angemietetes Haus, wo sie einen eigenen Ökonomen beschäftigte, von dem man sich wohl auch eine Versorgung mit besserem Wein versprach als in der Gastwirtschaft.[213]

Nachdem die Satzung, die ursprünglich eine Strafe von 15 Stübern für alle vorsah, die nicht mindestens einmal in der Woche in die Concordia kamen, geändert worden war, erhielt die Gesellschaft rasch weiteren Zulauf.[214] Denn von den 61 Männern, die im Gründungsjahr der Gesellschaft beigetreten waren, hatten einige die Concordia auch schon wieder verlassen. Bis 1805 stießen allerdings 36 neue Mitglieder hinzu. Außerdem ernannte die Gesellschaft einige Ehrenmitglieder, deren Mitgliedschaft in der Gesellschaft nicht zuletzt deren gesellschaftliches Ansehen heben sollte. Denn das Direktorium der Gesellschaft rechnete es »sich zu einer großen Ehre [...], Regierungspersonen, Staatsbeamte und Gelehrte in die Reihe ihrer Ehrenmitglieder und ihrem Stiftungsbuche namentlich vorsetzen zu dürfen«.[215] Entsprechend trug man dem bayrischen Landesherrn, Wilhelm in Bayern, ranghohen Angehörigen der Regierung in Düsseldorf wie den Freiherren von Hompesch und Grafen von Spee oder dem Provinzialrat Theremin ebenso wie lokalen Größen wie dem Staatsrat Ark, den Richtern Ahlhaus und Schramm sowie den beiden Pastoren Bartels und Süß die Ehrenmitgliedschaft an. Unter die Gelehrten zählten die drei Ärzte Sonderland, Naegele und Bischof.[216] Ansonsten gehörten zu den »gebildeten Ständen«, die sich in der Concordia versammelten, nämlich nahezu ausschließlich Kaufleute; ihre Mitgliedslisten lesen sich wie ein Auszug aus dem kaufmännischen Adressbuch des Ortes. Über die Mitgliedschaft der gewöhnlichen Mitglieder wurde im allgemein üblichen Ballotage-Verfahren entschieden, nachdem ein Kandidat von zwei Mitgliedern zur Aufnahme vorgeschlagen worden war. Zwischen 1801 und 1818 wurden 163 Personen ballotiert, von denen nur sechs durchfielen. Ein Mitglied schließlich wurde per Ballotage aus der Gesellschaft ausgeschlossen.[217]

212 Aus dem ersten Jahrbuch der Gesellschaft, zit. n. *Bredt*, Concordia, S. 1. Zur Geschichte der Concordia vgl. außerdem, teils unter Zitierung der gleichen Protokollauszüge, *Grote*, Bunte Bilder; *Wittmütz*, Concordia.

213 Vgl. *Speer*, Gesellschaftshaus, S. 32.

214 Die Namen aller neu aufgenommenen Mitgliedern sind, nach Jahren geordnet, abgedruckt in *Grote*, Bunte Bilder, S. 73 ff.

215 Ebd., S. 4.

216 Vgl. ebd.

217 Vgl. *Wittmütz*, Concordia, S. 26.

Für die Mitglieder war die Concordia ein Ort, wo man sich in zwangloser Umgebung näher kennen lernen und sich als führende Kreise der Stadt auch jenseits der Kirchengemeinden in einem festen Gremium konstituieren konnte. Denn Barmen genoss in den ersten Jahren des Bestehens der Gesellschaft weiterhin nicht das Stadtrecht; vielmehr waren die Flecken Gemarke, Wupperfeld, Wichlinghausen sowie die Dörfer Rittershausen und Heckinghausen weiterhin Teil des Amtes Beyenburg und wurden vom Amtmann verwaltet. Eine Mitsprache in lokalen Angelegenheiten war somit nur sehr begrenzt gegeben. Und während die Selbstverwaltung in den Kirchengemeinden es Kaufmannsfamilien wie den Bredts, Engels, Eynerns oder Wuppermanns zwar erlaubt hatte, praktische Erfahrung bei der Verwaltung kommunaler Aufgaben wie etwa des Schulwesens oder der Armenfürsorge zu sammeln, waren diese doch immer auf den engen Rahmen der eigenen Kirchengemeinde beschränkt gewesen. In den Gesellschaftsräumen der Concordia konnten dagegen örtliche Belange gemeinde- und konfessionsübergreifend besprochen werden. Örtlichen Würdenträgern wie dem Barmer Richter Ahlhaus, dem Vertreter des Beyenburger Amtmannes, die Ehrenmitgliedschaft zu verleihen und mit diesem von gleich zu gleich zu verkehren, war somit auch eine inoffizielle Art der Herrschaftsannäherung. Die Kaufleute konstituierten sich innerhalb der Concordia also nicht nur als »gebildete Stände«, sondern auch als örtliche Machtelite.

Die Concordia diente, wie andere Gesellschaften jener Zeit auch, dazu demokratische Verfahren weiter einzuüben. Jedoch sollte man das Demokratisierungspotenzial der Gesellschaften nicht zu hoch veranschlagen. Denn dass die Mitglieder »in den Sozietäten [...] erstmals schriftlich fixierte demokratische Regeln« erfahren hätten, ist nicht ganz richtig; schließlich waren nicht nur im Wuppertal viele der in den geselligen Vereinen versammelten Männer häufig in die Leitung ihrer jeweiligen Kirchengemeinde eingebunden.[218] Auch in den Presbyterien galt, dass deren Mitglieder von Teilen der Kirchengemeinde gewählt wurden, dass Beschlüsse per Mehrheitsbescheid gefasst wurden, dass man sich an die schriftlich fixierten Statuten halten musste und dass die Aufnahme in das Gremium von persönlicher Redlichkeit abhing. Unter den Concordia-Mitgliedern waren etliche, die in ihren Kirchengemeinden Ämter, häufig auch mehrfach, übernommen hatten. Als 1808 Barmen zur Stadt erhoben und die Munizipalitätsverfassung eingeführt wurde, gehörten dem 22-köpfigen Stadtrat mindestens elf Männer an, die auch in der Verwaltung ihrer jeweiligen Kirchengemeinde tätig waren.[219] Elf der Stadtratsmitglieder waren zum Zeitpunkt der

218 Vgl. *Dülmen*, Kultur, Zitat S. 234. Zur Vorbildfunktion der kirchlichen Gremien vgl. auch *Groppe*, Bildungsraum.

219 Da für die Auswertung nur die Presbyteriumslisten für Gemarke und Wupperfeld vorlagen, ist es gut möglich, dass Stadtratsmitglieder, die aus Wichlinghausen stammten, ebenfalls Teil des dortigen Presbyteriums waren.

Ernennung Mitglieder der Concordia, unter ihnen das Ehrenmitglied Ahlhaus. Für die Durchsetzung einer erfolgreichen städtischen Verwaltung waren die Erfahrungen in den kirchlichen Gremien sicherlich entscheidender als die in der Concordia eingeübten Abstimmungsverfahren und Entscheidungsprozesse. Dem Verein kam allerdings die besondere Bedeutung zu, für den Vergesellschaftungsprozess der »gebildeten Stände« einen Raum zu schaffen, innerhalb dessen sich dieser Prozess auch bei fehlenden öffentlichen Institutionen beziehungsweise jenseits der engen konfessionellen Grenzen vollziehen konnte.[220]

Das Gelingen dieser »neuständischen« Geselligkeit war abhängig von allseits akzeptierten Manieren und wurde getragen von der Verständigung auf einen allgemeinen guten Ton. Dass dieses prozesshaft eingeübt werden musste und keineswegs eine Selbstverständlichkeit war, zeigt ein Vorfall in der Concordia. Im Februar 1807 überschritt ein Mitglied nämlich nicht nur die Grenzen des guten Tons, sondern wurde handgreiflich. Das Protokoll vermerkte: »Noch nie erlaubte man sich, seine körperliche Stärke so durch Mißhandlungen seiner Mitgesellschafter hier zu zeigen.«[221] Auch im darauffolgenden Jahr kam es, ausgehend vom gleichen Mitglied, zu einer Prügelei in der Concordia. Das gewalttätige Mitglied wurde jedoch nicht ausgeschlossen, sondern nur bei beiden Gelegenheiten zu einer Geldstrafe verurteilt. Die Direktion meinte zu den Vorkommnissen, »es muß jedem gutdenkenden Concordisten ein beruhigendes Gefühl gewähren, daß unser Bund fest und unzertrennlich [ist]«.[222] Die relativ milde Reaktion des Direktoriums zeigt, dass sich die Gesellschaft allgemein noch in einem Lernprozess des richtigen Umgangs miteinander befand. Den geselligen Umgang auch bei vereinzelt extremen Verhaltensweisen weiterhin zu pflegen und damit mäßigend auf abweichendes Verhalten einzuwirken, war wichtiger als Mitglieder, welche den richtigen Ton noch nicht verinnerlicht hatten, von diesem Lernprozess auszuschließen.

Der soziale Raum, innerhalb dessen dieser Lernprozess vonstattenging, war in der Barmer Concordia im Übrigen ein rein männlicher Raum. »Die Damen« wurden nur »zur Verschönerung« von Festen und anderen gesellschaftlichen Angelegenheiten in den Räumen der Gesellschaft zugelassen.[223] Gepflegt wurde hauptsächlich eine männlich konnotierte Geselligkeit, bei der Wein, Tabak und Scherze nicht fehlen durften. Der Geist, der die Concordia bereits kurz nach der

220 Zu den Voraussetzung eines dritten Raumes jenseits von *oikos* und *polis* für das Entstehen freier Geselligkeit und den damit verbundenen Vergesellschaftungsprozess vgl. *Blänkner*, Salons, v. a. S. 21.

221 Zit. n. *Grote*, Bunte Bilder, S. 5.

222 Zit. n. *Wittmütz*, Concordia, S. 19.

223 Bei den Planungen 1806 für den bevorstehenden Besuchs Joachim Murats, Großherzog von Berg, hieß es etwa: »Die Damen sind zur Verschönerung des Festes eingeladen«. Vgl. ebd., S. 16.

Gründung wegen der unzureichenden Weinversorgung zum Umzug genötigt hatte, wirkte auch in den späteren Jahren in der Vereinigung – oder so wird es zumindest in den Annalen des Vereins kolportiert. So heißt es etwa über den Dichter Ferdinand Freiligrath, der von 1837 bis 1839 Mitglied der Concordia war, dass er zwar zum einen den »Mittelpunkt einer packenden Unterhaltung stellte, die sich weit über den Rang eines gewöhnlichen Gesprächs erhob«, zum anderen sich aber auch als »wackerer Zecher« bewährte, der die feineren Marken, die im Keller lagerten, zu würdigen gewusst habe.[224] Und zum fünfzigjährigen Stiftungsfest der Gesellschaft dichtete das langjährige Mitglied Wilhelm von Eynern eine scherzhafte Ballade, in der es unter anderem hieß: »Concordia hieß die Parole, Geselligkeit ihr Feldgeschrei, die Flasche galt als Terzerole, der Wein als Pulver, Scherz als Blei.«[225] Dazu passt, dass die Gesellschaft auch nur verhältnismäßig wenige Zeitungen abonnierte, jedoch befanden sich darunter immerhin Tageszeitungen aus Berlin, Frankfurt/Main, Hamburg, Westfalen, der Hermann und einige französischsprachige Blätter.[226] Seit 1819 gehörte auch die »Zeitung für die elegante Welt« zu den bereitgestellten Blättern, einem Selbstverständigungsblatt der »gebildeten Stände«, in dem neben Literatur, Kunst und Theater auch Themen wie Kleidung, Zimmerverzierung und Gartengestaltung behandelt wurden. Politische Themen dagegen waren zeitweise ausdrücklich ausgeschlossen.[227]

Überhaupt gab sich die Concordia fast apolitisch. Besuche von Mitgliedern der preußischen Königsfamilie – 1833 war der Kronprinz Friedrich Wilhelm zu Gast in der Gesellschaft, 1842 kam er, nun König geworden, erneut – wurden mit allem gesellschaftlichen Pomp gefeiert und die königstreue Gesinnung unter Beweis gestellt. Von den politisch unruhiger werdenden Zeiten blieb die Concordia jedoch auch in den 1840er Jahren auffallend unberührt. Auch die Anfrage des Bürgermeisters 1846, den großen Saal der Concordia als Wahllokal für die bevorstehenden Gemeinderatswahlen nutzen zu dürfen, wurde abschlägig beschieden: der Saal sei bisher ausschließlich für Vergnügungen benutzt worden und dabei wolle es man auch belassen.[228] Auf das Revolutionsjahr 1848 schließlich blickte der damalige Direktor Barthels anlässlich der Übergabe seines Amtes vor allem mit Blick auf die stabilitätswahrenden Eigenschaften der Concordia zurück: Die »um das Banner der Concordia« Gescharten hätten durch Rat und

224 *Bredt*, Concordia, S. 19 f.

225 Zit. n. ebd., S. 25.

226 Die Concordia gab für ihre Zeitungsabonnements 1819 im Jahr 150 Taler aus. Vgl. *Wittmütz*, Concordia, S. 30. Das Aachener Casino bezog dagegen Journale für insgesamt fast 420 Taler. Vgl. *Sobania*, Vereinsleben, S. 171.

227 Vgl. *Wittmütz*, Concordia, S. 14. Zur »Zeitung für die eleganten Welt« vgl. *Brandes*, Zeitschriften.

228 Vgl. *Wittmütz*, Concordia, S. 39.

Tat die Übergriffe von »Freiheitsschwindlern« verhindert und somit zur Beibehaltung von Ruhe und Ordnung in der Stadt beigetragen.[229]

Bewegung bescherte der Concordia vor allem die Diskussion über die Finanzen und daran geknüpft über neue Mitglieder. Seit 1818 verfügte die Gesellschaft über ein eigenes Haus, das mit großem Aufwand gebaut und gebührend ausgestattet worden war. So nannte die Gesellschaft Gedecke für 100 bis 150 Personen ihr Eigen, ließ bei einem Elberfelder Schreiner 100 gleichartige Stühle anfertigen und bestellte für das Gesellschaftshaus Kronleuchter und Spiegel in Frankfurt/Main. Auch drei Billardtische, ein Flügel und ein Podest gehörten zur Ausstattung.[230] Die veranschlagte Bausumme reichte außerdem noch für eine professionelle Gestaltung des Gartengeländes sowie die Anlage einer Kegelbahn. Zur Finanzierung dieses Aufwandes wurden die Mitglieder unter anderem durch die Ausgabe von Aktien herangezogen, was jedoch bei manchen, trotz der zuvor bewilligten Bausumme, für Verstimmung sorgte. Einige sahen sich aufgrund der finanziellen Belastung, die vor den wirtschaftlich schwierigen Jahren der Neuordnung Europas gesehen werden muss, sogar zum Austritt gezwungen; andere verhandelten, dass ihnen eine Mitgliedschaft ohne finanzielle Beteiligung am Bau erlaubt wurde. Der Mitgliedsbeitrag wurde allerdings für alle auf 22 Taler erhöht und machte damit auch den Barmer Verein im Vergleich zu geselligen Vereinen in anderen Städten zu einer eher teuren Angelegenheit. Stagnierende bis sinkende Mitgliederzahlen zwangen jedoch in den 1820er Jahren auch die Barmer dazu, ihre Finanzpolitik zu überdenken. 1828 wurden nur drei neue Mitglieder aufgenommen, darunter die beiden Söhne der langjährigen Mitglieder Reinhard Theodor Wuppermann und Johann Salomon Gauhe, für die nur ein ermäßigter Satz als Entréegeld fällig war. 1829 beschloss man daraufhin, das Entréegeld auf zwanzig Taler zu senken. Die Tatsache, dass in diesem Jahr 17 neue Mitglieder in die Gesellschaft aufgenommen wurden, scheint die Sinnhaftigkeit der Maßnahme zu bestätigen.

Ob sich die Gesellschaft dadurch wirklich breiteren Kreisen öffnete, ist nur schwer nachzuprüfen. In den Aufnahmeprotokollen dominieren weiterhin die Namen bereits bekannter Familien, aus denen schon die Väter und teils Großväter Mitglieder der Concordia waren. Entscheidender waren sicherlich zwei andere Änderungen. So wurden zum einen fortan auch Personen ohne »eigenes Etablissement«, das heißt Nicht-Selbstständige, zugelassen, so dass beispielsweise der Barmer Polizei-Kommissar und andere Beamte ordentliches Mitglied werden konnten.[231] In der Stadt Quartier nehmende Offiziere hatten immer schon die Gesellschaft als Gäste besuchen dürfen. Zum anderen waren die Sanktionsmechanismen gegenüber Mitgliedern, die in geschäftliche Schwierigkeiten

229 Vgl. ebd. unter Verwendung von Direktzitaten, S. 40.
230 Zum Bau des Hauses vgl. ausführlich *Speer*, Gesellschaftshaus.
231 Vgl. *Wittmütz*, Concordia, S. 33.

geraten waren, weniger streng geworden. Hatte man in den ersten Jahren noch drei Mitglieder wegen »betrügerischen Bankrotts« ausgeschlossen, wurde 1821 einem fallierten Kaufmann weiterhin der Zutritt zur Concordia gestattet. Die Abstimmung unter den Mitgliedern war zwar knapp, aber zu seinen Gunsten ausgegangen. Für ihn gesprochen hatte sicherlich die Tatsache, dass das Mitglied mit seinen Gläubigern ein Arrangement getroffen hatte und auch noch genügend Mittel besaß, um seinen Mitgliedsbeitrag zu zahlen.[232] Das Ansehen und die bürgerliche Reputation der in der Concordia Versammelten waren also nicht mehr so unauflösbar an eine kaufmännische Existenz gebunden, wie dies in den Anfangsjahren der Fall gewesen war. Damals hatte man eine größere Varianz der Mitglieder schließlich fast nur über das Mittel der Ehrenmitgliedschaft herstellen können.

Die Gesellschaft wurde dank der dort stattfindenden Fest- und Konzertveranstaltungen außerdem immer mehr zu einem gesellschaftlichen Fixpunkt innerhalb der städtischen Gesellschaft und wirkte somit deutlich über den Kreis der Mitglieder hinaus in das kulturelle Leben der Stadt.[233] 1821 hatte in der Concordia das erste öffentliche Konzert »zugunsten der Armen« stattgefunden, woraus sich in den folgenden Jahren ein fester Termin entwickelte. Zuvor gab es Klavierkonzerte nur für Mitglieder. Seit 1828 fanden regelmäßig Konzerte des 1817 gegründeten Barmer Singvereins statt. Ergänzt wurden diese noch von Veranstaltungen des Liederkranzes, an dessen Darbietungen sich meist ein Ball anschloss. Zu diesen Veranstaltungen hatte jeder, der eine Eintrittskarte erwarb, Zutritt. Der Erlös wurde zwischen den Musikvereinen und der Concordia geteilt. 1839 gründeten neun Concordia-Mitglieder außerdem die Concert-Direktion, welche regelmäßig große Konzerte im Winter organisierte.[234] Über die unter den Mitgliedern praktizierte halb-private, halb-öffentliche Geselligkeit hinaus sorgte die Concordia also in der Öffentlichkeit der Stadtgemeinde vor allem für eine Bereicherung des musikalischen Lebens im Tal.

Der von der Concordia postulierte und eingelöste Anspruch unterschied sich somit deutlich von den aufklärerischen Zielen der ersten Lesegesellschaft in Elberfeld wie auch von deren Nachfolgeorganisation, dem Museum. Vielmehr ähnelte sie den als rein geselligen Vereinen konzipierten Elberfelder Gesellschaften

232 Inwieweit es sich bei den drei Mitgliedern, die zwischen 1801 und 1816 wegen »betrügerischen Bankrotts« ausgeschlossen wurden, wirklich um Straftäter gehandelt hat, ist nicht sicher festzustellen. Denn häufig wurde im Sinne der Reputation nicht zwischen unverschuldeter Insolvenz und betrügerischem Bankrott unterschieden, auch wenn das Strafrecht hier durchaus einen Unterschied erkannte. Für die Wuppertaler Kaufmannsfamilien blieb bis in die 1840er Jahre die persönliche Ehre aufs Engste mit dem geschäftlichen Kredit verknüpft. Vgl. 4.2. Umso bemerkenswerter ist es, dass der besagte Kaufmann 1821 Mitglied der Gesellschaft bleiben durfte. Vgl. zu dem Vorgang *Wittmütz*, Concordia, S. 31.

233 Vgl. zum Kulturleben des Wuppertals mit einer deutlich differenzierteren Einschätzung als ältere Autoren *Speer*, Ibach.

234 Vgl. *Bredt*, Concordia, S. 18.

»Harmonie« und »Erholung«, beide gegründet 1786, sowie der in den 1830er Jahren gegründeten Casino-Gesellschaft.[235] Deren vergleichsweise bescheidene Ansprüche scheinen einige der Kaufmannsfamilien besonders angesprochen zu haben, die es mit treuer Mitgliedschaft dankten. Abraham Frowein jun. etwa führte seinen Sohn Eduard 1818 in die Harmonie ein, obwohl er auch Mitglied in der ersten Lesegesellschaft beziehungsweise, nach dem Zusammenschluss der Gesellschaften, Mitglied des Museums war.[236] In der Concordia gehörten dagegen die in der Arbeit bereits mehrfach behandelten Kaufmannsfamilien Eynern, Wuppermann und Engels zu den über Generationen hinweg stützenden Gliedern der Vereinigung. Im Vordergrund ihres Beisammenseins stand das Zusammentreffen mit Gleichgesinnten in einem zwar öffentlichen, aber trotzdem geschützten Raum. Dem Bildungsanspruch der »gebildeten Stände« kamen sie vor allem über den zwanglosen und zweckfreien Umgang nach, nicht mehr jedoch über die Teilnahme an allgemeinbildenden Veranstaltungen.

Zu den »bürgerlichen« Assoziationen des Wuppertals lässt sich zusammenfassend sagen, dass sie ein bevorzugter Ort waren, um einerseits am individuellen Selbstbildungsprozess zu arbeiten und andererseits durch den geselligen Umgang am Konstituierungsprozess der »gebildeten Stände« teilzuhaben. Die Vereine transzendierten die ältere, ständische Ordnung dank der Prinzipien der »Bildung« und der »zweckfreien Geselligkeit«. Beide Prinzipien wirkten jedoch zugleich als Exklusionsmechanismus. Denn damit die in den Assoziationen ausgeübte Art von Geselligkeit funktionieren konnte, mussten ihre Teilnehmer über einen gemeinsamen Erfahrungshintergrund verfügen und in ihrem Lebensstil grundsätzlich übereinstimmen. In den Statuten der Vereine wurde diese Gleichzeitigkeit von Offenheit und Abgrenzung deutlich, in dem diese zum einen keine »Präponderanz eines Standes über den anderen« duldeten, zum anderen den Zutritt nur »gebildeten Personen« erlaubten. Frauen und Juden mussten allerdings feststellen, dass auch weiterhin das richtige Geschlecht beziehungsweise die richtige Religionszugehörigkeit die *conditio sine qua non* blieb, um voraussetzungslos zur »zweckfreien Geselligkeit« zugelassen zu werden.

Dennoch trugen die Assoziationen grundlegend zum Vergesellschaftungsprozess der »gebildeten Stände« bei. Dass dieser Vergesellschaftungsprozess innerhalb des Wuppertals relativ früh einsetzte – die 1775 gegründete Lesegesellschaft gehörte zu den ersten im Rheinland – ergibt sich vor allem aus den Rahmenbedingungen, die weiter oben unter dem Stichwort der globalen Kommerzialisierung beschrieben werden. So boten die Vereine zum einen die Möglichkeit, Neuankömmlingen sozial zu integrieren, denen die wirtschaftliche

235 Von der Harmonie hatte die Concordia übrigens auch den später wieder gestrichenen Passus übernommen, Mitglieder zu einem wenigstens wöchentlichen Erscheinen gegen Zahlung eines Strafgeldes zu verpflichten. Vgl. *Wittmütz*, Concordia, S. 18.

236 Vgl. FAF Nr. 1041, Eduard Frowein an Abr. Frowein in Elberfeld, Köln, 16.5.1818.

Dynamik der Zeit einen raschen ökonomischen Aufstieg ermöglicht hatte. Zum anderen boten die Vereine den Kaufleuten auch die Möglichkeit, durch den Umgang miteinander sowie mit der politischen Elite ihre ökonomischen Interessen zu wahren. Die wirtschaftliche Dynamik und die damit zusammenhängende hohe Zuwanderung brachten es außerdem mit sich, dass sich der die »gebildeten Stände« konstituierende Vergesellschaftungsprozess innerhalb verschiedener Vereinigungen abspielen konnte, die in sich differenziert waren. Doch sie alle erhoben Anspruch darauf, an dem doppelten Prozess der Bildung – individuell und in Gemeinschaft – teilzuhaben und trugen somit zur Konstituierung der »gebildeten Stände« bei.

Eine Besonderheit des Assoziationswesens im Wuppertal ergibt sich nicht so sehr aus kommerziellen Zusammenhängen, sondern steht in enger Verbindung mit dem besonderen religiösen Klima des Wuppertals.[237] Denn viele der Kaufmannsfamilien, alteingesessene wie neuhinzugezogene, hingen der kirchlichen Orthodoxie an oder hatten pietistische Prinzipien verinnerlicht. Dennoch wollten sie an den Vergesellschaftungsprozessen, wie sie in den Vereinen abliefen, teilhaben, und sahen sich hierzu als soziale Elite auch berechtigt. Anhand der Wuppertaler »bürgerlichen« Vereine wird so deutlich, dass in den »gebildeten Ständen« viele verschiedene gesellschaftliche Strömungen wirkten, die sich nur bis zu einem bestimmten Punkt über »Bildung« integrieren ließen. Auch konnten unter »Bildung« und »gebildet« viele verschiedene Wirklichkeiten verstanden werden. Dass der für die »gebildeten Stände« namensgebende Begriff »Bildung« den Impetus von fortschreitender Perfektibilität in sich trägt, heißt nicht, dass die »gebildeten Stände« durchgängig »fortschrittlich« waren. Zu ihnen gehörten ebenso liberale wie traditionale, visionäre wie reaktionäre Personen und Gruppen.

Diese innere Differenziertheit mag dazu beigetragen haben, dass sich auf lange Sicht zwanglose Geselligkeit als tragfähiger kleinster gemeinsamer Nenner herausbildete und zum bestimmenden Prinzip der Vereinigungen im Wuppertal wie auch anderswo wurde. Denn die früheren Bildungsvereinigungen wurden in vielen Städten immer mehr zu abgezirkelten Erholungs- und Repräsentationsvereinen, innerhalb derer sich eine sozial verfestigte und exklusiv gewordene Elite abschirmte. Wie sich zeigen sollte, hatte das gemeinsame kulturelle Substrat der Bildung zwar ständische Barrieren überwinden können, nicht jedoch die sich formierenden Klassengrenzen. Die Formierung der industriell-kapitalistischen Klassengesellschaft bedeutete somit auch ein Ende der gesellschaftlichen Formation der »gebildeten Stände« und der ihr eigenen Offenheit.

237 Vgl. 7.1.

7.3 Öffentliches Engagement – Armenpflege und Kornverein

Armut gehört zu den Grundproblemen menschlicher Gesellschaften; der jeweilige Umgang mit ihr eröffnet Einblick in grundlegende gesellschaftliche Ordnungsvorstellungen. Denn die Armenfürsorge berührt nicht nur die, für welche gesorgt wird, sondern auch diejenigen, welche durch Spenden oder Steuern zur Unterstützung der Armen beitragen.[238] Seit alters her waren die Kirchen dafür zuständig gewesen, welche die Armenfürsorge als ureigene Aufgabe im Sinne der christlichen *caritas* verstanden. Den Armen war innerhalb der ständischen Ordnung ein eigener Stand zugebilligt worden, der weder als unehrbar noch als schmählich galt. Allerdings hatten sich sogar schon vor der Reformation städtische Obrigkeiten und Landesregierungen immer wieder des Themas angenommen, da Armut nicht nur als Fürsorgeproblem, sondern bei massenhafter Zunahme auch als Bedrohung der bestehenden Ordnung angesehen wurde. So drängte die Obrigkeit darauf, erzieherisch auf die Armen einzuwirken, etwa in dem man für Beschäftigung in den Armenhäusern sorgte, durch welche die Armen zu ihrem Lebensunterhalt selbst beitragen konnten.[239]

Die herkömmlichen Armenarbeitshäuser, die auch gleichzeitig Wohnstätte für die Armen waren, waren jedoch den neuen Erfordernissen der massenhaften und gewerblich bedingten Armut des späten 18. Jahrhunderts nicht mehr gewachsen. In einer Debatte im »Bergischen Magazin« 1788 und 1789 über die Errichtung eines Armenarbeitshauses in Elberfeld etwa wurde die Einrichtung als solche zwar als zweckdienlich erachtet, vor allem um Faule und Müßiggänger abzuschrecken. Es stellte sich jedoch bereits hier die entscheidende Frage, ob es überhaupt sinnvoll sei, die Armen gemeinsam in einem Gebäude unterzubringen, zumal es sich in den meisten Fällen um ganze Familien handelte. Auch würden »die Armen [...] aus der menschlichen Gesellschaft gleichsam verbannt«.[240] Damit war ein Paradigmenwechsel im allgemeinen Armenpflegediskurs angedeutet, der gleichsam eine Epochenschwelle bedeutete: den Armen wurde nicht länger ein innerhalb der ständischen Ordnung durchaus akzeptierter eigener »Stand der Armen« zugewiesen, sondern es stellte sich der aufgeklärten Öffentlichkeit nun die Frage, wie die Armen aus diesem kollektiven »Stand der Armut« herausgeführt und sie als Individuen Teil der bürgerlichen Welt werden konnten.[241] Die Frage nach dem richtigen Umgang mit den Armen und Armut allgemein erhielt gerade in einer Gewerberegion wie dem Wuppertal

238 Vgl. zur Einführung in das Thema *Sachße/Tennstedt*, Armenfürsorge; *Aspelmeier/Schmidt*, Norm.

239 Vgl. den Überblick bei *Sachße/Tennstedt*, Armenfürsorge, S. 113–125.

240 Bergisches Magazin, XV. Stück, 18.2.1789, S. 115.

241 Vgl. *Albrecht*, Fürsorge.

eine neue Qualität und entfaltete sich dort mit rasanter Geschwindigkeit. Denn hier wurden die Risse in den ständischen Sicherungssystemen besonders deutlich sichtbar und damit die neue Qualität von Armut, mit der es umzugehen galt.

1783 war beispielsweise die Elberfelder Weberzunft, in der etwa 2.000 Handwerker organisiert waren, von der Obrigkeit auf Betreiben der Kaufmannschaft aufgelöst worden. Grund hierfür war vor allem der Konkurrenzdruck auf den überseeischen Märkten gewesen. Schließlich dienten die preiswerten Leinenstoffe aus Wuppertaler Produktion den Sklaven auf karibischen Zuckerplantagen als Kleidung. Um diesen sehr preissensiblen Absatzmarkt war zwischen den europäischen Leinenregionen ein Wettkampf entstanden, in welchem den Verleger-Kaufleuten Lohndrückerei ein probates Mittel zur Kostenreduktion war. Hieran wird deutlich, wie sehr die lokale Armutsproblematik der folgenden Jahre auch Teil globaler Zusammenhänge war.[242] An die Stelle der zünftigen Sicherungsmechanismen, welche sowohl eine Regulierung der Produktion wie auch eine finanzielle Absicherung von verarmten oder kranken Zunftmitgliedern und deren Hinterbliebenen beinhalteten, war für diese Handwerker die private Vorsorge getreten. Die zahlreichen Lohnbediensteten wie die Färber, Bleicher oder Bandwirker verfügten ebenfalls über keinerlei institutionalisierte Sicherung. Für alle diese Beschäftigten stellte sich bei Krankheit, Alter oder fehlender Beschäftigung sogleich die Existenzfrage.

Denn abgesehen von dem ein oder anderen kleinen gepachteten Gartengrundstück und dessen Erträgen waren die Bleicher, Wirker, Färber und all die anderen von den Verlagskaufleuten abhängigen Arbeiter völlig auf ihre Lohntätigkeit angewiesen. Konjunkturkrisen, teils noch gekoppelt mit einer Missernte wie in den 1790er Jahren, wirkten sich somit verheerend aus, zumal die Verlagskaufleute auch nur bis zu einem bestimmten Punkt in der Lage waren, ihr Personal zu halten: »Durch die gänzliche Stockung des hiesigen Handels habe ich mein Haus dergestalt mit verfertiger [sic] Waaren reichlich ausgefüllt, daß man fast kein Fuß vor den anderen sezen kan«, klagte etwa der Kaufmann Johann Peter von Eynern.[243] Um weitere Lagerbestände zu vermeiden, fürchtete er, einen Teil der Arbeiter wieder »still setzen« zu müssen.[244] In den etwa 100 Manufakturen des Textilgewerbes waren allein in Barmen 1811 etwa 5.000 Arbeiter (Meister, Gesellen, Lehrlinge) beschäftigt, von denen viele bei Konjunktureinbrüchen ohne Verdienst dastanden.[245]

Für die Kaufleute bedeutete die periodisch auftretende Verschärfung der Armutsproblematik gleichfalls eine neue Problemlage, auf die sie Antworten finden mussten. Ihr Umgang hiermit offenbart ein spezifisches Verständnis von

242 Hierzu vgl. 4.1.1, sowie *Kisch*, Textilgewerbe, S. 213–257.

243 HZW Bestand Eynern Nr. 132, Brief an Bernhard Gentzel in Mülhausen, 7.12.1797.

244 Ebd., Brief an Melchior Gau in Eisenach, 22.6.1799.

245 Die Zahlen nach *Köllmann*, Barmen, Tab. 1.

Bürgerlichkeit und bürgerlicher Lebensführung sowie die Persistenz christlicher Vorstellungen. Die in diesem Kontext geführten Debatten verweisen zugleich auf die Teilnahme der Wuppertaler Kaufmannschaft an einem größeren Diskurs. Ihr Umgang mit den Armen untermauert somit einmal mehr ihre Zugehörigkeit zu den »gebildeten Ständen«. Um dies genauer zu beleuchten, wird im Folgenden die Geschichte der Elberfelder Allgemeinen Armenanstalt dargestellt sowie im Anschluss auf die Gründung der beiden Kornvereine in Elberfeld und Barmen eingegangen.

7.3.1 Die Armenfürsorge zwischen christlicher Tradition und ökonomischer Effizienz

Bereits vor den wirtschaftlich schwierigen 1790er Jahren thematisierte das »Bergische Magazin«, das erste in der Region erscheinende aufklärerische Journal, die zunehmende Verelendung der unteren Schichten: »Woher kommts, daß allgemein des Elends so viel ist? […] Elberfeld und Gemark', die als Manufakturstädte mit die Ersten sind; […] woher kommts, daß eben in diesen Städten das Elend so groß ist?«[246] Der starke Kontrast zwischen Arm und Reich fand auch Niederschlag in den Berichten von Reisenden, die von der starken Straßenbettelei abgestoßen waren, und die somit Grund hatten, so ein besorgter Zeitgenosse, bei den Vorkehrungen zur Versorgung der Armen »mit dem Wohlstande unserer Stadt und deren Bewohner nachtheilige Vergleichungen für dieselben anzustellen«.[247] Im Zuge der sich anschließenden Debatte diskutierten zahlreiche Leser und Beiträger des »Bergischen Magazins« über Sinn und Nutzen eines Armenarbeitshauses und damit über die seit dem Mittelalter mit periodischen Abständen immer wieder verhandelte Frage, ob Armut mit Zwang begegnet werden konnte.[248]

In den letzten Jahren des 18. Jahrhunderts nahm die in normalen Zeiten geduldete Straßenbettelei im Wuppertal stark zu: Zu den etwa 100 offiziellen Bettlern, die mit Bettelmarken ausgestattet waren und jeden Samstag, angeführt

246 Bergisches Magazin, IX. Stück, 1.11.1788, S. 68, zit. n. *Lube*, Mythos, S. 158. Beobachtungen, wie sie hier im »Bergischen Magazin« gemacht wurden, kamen auch andernorts zu Bewußtsein. Vgl. mit zeitgenössischen Zitaten und einer kritischen Einschätzung *Sachße/Tennstedt*, Armenfürsorge, S. 99.

247 *[Aders]*, Elberfelder Armenanstalt, S. 739. Wenngleich dieser Beitrag in den »Niederrheinischen Blättern« nicht namentlich gekennzeichnet ist, kann davon ausgegangen werden, dass Johann Jakob Aders der Autor des Rechenschaftsberichts ist. Ins gleiche Horn blies auch das »Bergische Magazin«: »Der Gassenbettel […], der für eine Stadt, die wie unser Elberfeld im Auslande in einem so vortheilhaften Rufe steht; – so viel erniedrigendes hat, und bey jedem Fremden […] im Vergleich mit dem, was er zu Hause von dieser Stadt hörte – einen seltsamen Kontrast erwecken muß.« Bergisches Magazin, XX. Stück, 10.12.1788, S. 156.

248 Vgl. *Sachße/Tennstedt*, Armenfürsorge; *Aspelmeier/Schmidt*, Norm.

von einem Bettelvogt, von Haus zu Haus zogen, gesellten sich noch eine größere Zahl auswärtiger Armer, für welche sich die Obrigkeit allerdings nicht zuständig fühlte. Gerade sie führten aber zu dem unschönen Bild auf den öffentlichen Plätzen.[249] So war vor allem die Abschaffung der Straßenbettelei das vorrangige Ziel bei der Gründung des Allgemeinen Armeninstituts in Elberfeld 1800.

Das Elberfelder Armeninstitut wurde nach dem Vorbild der Hamburger Armenanstalt konzipiert, welche in der Hansestadt 1788 gegründet worden war.[250] Johann Jakob Aders, der Bürgermeister des Jahres 1800 und Initiator der Armenanstalt, mag mit dieser Einrichtung während seiner Ausbildung in Bremen bekannt geworden sein oder aber durch die breite Berichterstattung von der Einrichtung und ihren Maximen erfahren haben. Die Elberfelder Einrichtung folgte dem Hamburger Vorbild weitgehend, wenngleich mit einem wichtigen Unterschied: die Kirchengemeinden beteiligten sich mit ihren Mitteln nicht an dem Allgemeinen Armeninstitut, sondern behielten ihre traditionelle Armenfürsorge bei. Anders als im monokonfessionellen Hamburg mit seiner symbiotischen Beziehung zwischen Stadtregierung und Kirche, hatten die Wuppertaler Kirchengemeinden Vorbehalte gegen die Verwendung ihrer jeweiligen Mittel für alle Armen, ungeachtet deren Konfession. Die Unterstützung, welche die Armen von den kirchlichen Provisoraten erhielten, wurde ihnen stattdessen bei der Bemessung von Leistungen durch das städtische Armeninstitut in Anrechnung gebracht.

Erst einmal baute das Institut eine »Bürokratie« auf: Zur besseren Erfassung und Betreuung der Armen wurde die Stadt in Quartiere eingeteilt, die von je einem Bezirksvorsteher verwaltet wurden. Innerhalb der Quartiere betreuten ehrenamtliche Armenpfleger jeweils zehn bis zwölf Familien. Bei wöchentlichen Besuchen und mit Hilfe eines detaillierten Fragebogens wurden deren wirtschaftliche und private Verhältnisse peinlich genau erfasst – ein Bogen umfasste 39 Punkte.[251] Dieser bürokratische Aufwand sollte eine »objektive« Hilfe

249 Die von *Langewische*, Doppelstadt, S. 203, genannte Zahl von 100 offiziellen Bettlern, 400 nicht privilegierten Bettlern sowie zusätzlich »viele, die von auswärts kamen« erscheint als sehr hoch gegriffen und beruht vermutlich auf der unkritischen Wiedergabe einer zeitgenössischen Chronik, die verfasst wurde von dem Elberfelder Schreiblehrer Johann Merken (1724–87). Zu dieser Chronik vgl. *Kerst*, Chronik.

250 Zur Hamburger Armenanstalt vgl. *Voght*, Errichtung; *Hatje*, Armenwesen; *Albrecht*, Armenanstalten. Die Hamburger Anstalt diente auch in anderen Städten als Vorbild, so etwa in Lübeck und in Braunschweig. In Bremen hatte man bereits 1779 begonnen, die Stadt in Bezirke einzuteilen sowie die Armenunterstützung an Arbeitszuweisung zu koppeln. Vgl. *Sachße/Tennstedt*, Armenfürsorge, S. 126. In Düsseldorf wurde ebenfalls ein ähnliches Institut eingerichtet; Barmen gründete 1807 eine »Armen-Versorgungs-Anstalt«. Vgl. *Riemann*, Krieg.

251 Vgl. *[Aders]*, Elberfelder Armenanstalt, S. 780ff. Ärztliche Visitationen wie in Hamburg scheint es in Elberfeld jedoch nicht gegeben zu haben, zumindest nicht um die Arbeitsfähigkeit festzustellen.

ermöglichen, zumal nicht die Armenpfleger Hilfeleistungen bewilligen durften, sondern vielmehr die Bezirksvorsteher anhand der ausgefüllten Fragebogen entschieden. Gewährt wurden Sach- und Geldleistungen sowie medizinische Hilfe. In den Kirchengemeinden hatten dagegen nur ein bis zwei Provisoren diese Aufgaben für die Gesamtgemeinde übernommen und sich kaum einen entsprechenden Überblick verschaffen können.

Das Armeninstitut wandte sich deutlich gegen ständische Vorstellungen von Armut. Denn neben der Abschaffung des Straßenbettelns und der Linderung von akuten Notlagen sollte das Armeninstitut vor allem dazu dienen, individuell auf die Armen einzuwirken, sie zu Gliedern der »bürgerlichen Gesellschaft« zu erziehen und sie aus dem »Stand der Armut« zu lösen. Das zentrale Mittel hierzu war die Erziehung und Befähigung zur Arbeit. Dazu gehörte zum einen, dass die Armen medizinisch betreut wurden und gegebenenfalls ein ärztliches Attest erhielten, das sie als fähig oder unfähig zur Arbeit beurteilte. Zum anderen wurde zu ihrer Beschäftigung bereits kurz nach der Gründung der Anstalt eine Baumwollspinnerei eingerichtet, wo sie durch eigenen Verdienst zu ihrem Unterhalt beitragen sollten. Auch Beschäftigungsversuche im Ackerbau, beim Kohlentragen oder in der Strumpfstrickerei gehörten zum erzieherischen Instrumentarium des Instituts. Dabei sollten diese Zwangsmaßnahmen einerseits abschreckend auf arbeitsunwillige Arme wirken, andererseits »Gewohnheitsarme« wieder an Arbeit gewöhnen.[252]

Die Idee, dass sich durch »Erziehung« dem Elend beikommen ließe, fand sich in ihrer deutlichsten Form in der Haltung gegenüber den Kindern. Jede Familie, die Almosen durch das Armeninstitut erhielt, musste ihre Kinder entweder ins Arbeitshaus schicken oder sie anderweitig in Arbeit bringen. Im Arbeitshaus sollten die Kinder der Armen »schon früh an Fleiß und Ordnung gewöhnt, und zugleich durch Unterricht und eine ihrer künftigen Bestimmung angemessenen Bildung des Verstandes und des Herzens zu einem für sich und andere nützlichen Leben vorbereitet« werden.[253] Das Armeninstitut richtete folgerichtig zwei Sonntagsschulen, in denen 250–280 Kinder einen zweistündigen Unterricht erhielten, sowie eine Freischule ein. Als Lehrer und Vorsteher des Armeninstituts wurde der Pädagoge Johann Friedrich Wilberg engagiert. Vielfach konnten die Kinder allerdings den Unterricht der Freischule nicht besuchen, eben weil sie arbeiten mussten, häufig als Gehilfen ihrer Eltern.[254]

252 Vgl. *Weisbrod*, Wohltätigkeit, S. 345.

253 *[Aders]*, Elberfelder Armenanstalt, S. 723. Zu der Vorstellungen, Kinder an Fleiß, Ordnung und Regelmäßigkeit durch (Arbeits)schulen zu gewöhnen vgl. auch *Thompson*, Time, S. 84f.

254 Das Geld, das die Kinder im Armenarbeitshaus verdienten, wurde allerdings für den Unterhalt des Armeninstituts verwandt. Dies geht aus der Bilanz der Armenanstalt für die Jahre 1813–1815 hervor. Vgl. *Ünlüdag*, Historische Texte, S. 397. Der Erlös aus der Arbeit der Kinder betrug in diesen Jahren zwischen 226 und 281 Rtlr.

Alles in allem stand die Durchsetzung und Stabilisierung der bürgerlichen Ordnung, hier verstanden in einem umfassenden, sozialtheoretischen Sinne, im Vordergrund. Denn die im Wuppertal geführte Diskussion über Arme, Müßiggänger und die gesellschaftlichen Aufgaben des Einzelnen entfalteten sich vor dem Hintergrund eines Kriterienkatalogs, der auf den sogenannten bürgerlichen Tugenden beruhte: »Jeder aber, welcher sich der Bettelei ergibt, ist mit seinen Fähigkeiten und Kräften für das Beste der menschlichen Gesellschaft gänzlich verloren; und da er nur genießt und viel verzehrt, ohne zu nützen und zu erwerben, so wird er wie das Ungeziefer eine drückende Last für seine Mitmenschen.«[255] Auch sorgte man sich um die Disziplin der Arbeiter und Tagelöhner, die durch das schlechte Beispiel der sorglosen Bettelei vom regelmäßigen Fleiß abgebracht werden könnten. Die Straßenbettelei wurde als die »Pflanzschule der Müßiggänger und der Verbrecher aller Art, diese Hauptquelle moralischer Versunkenheit und Unverbesserlichkeit der niedern Volksklasse« angesehen.[256] Die unter erzieherischen Prämissen praktizierte Armenfürsorge war also indirekt auch ein Versuch, eine Verbürgerlichung der Massen herbeizuführen. Die Betonung des auch moralisch wohltätigen Effekts von Fleiß und Betriebsamkeit war nicht unbedingt neu, schon gar nicht in einem reformiert geprägten Umfeld, aber wie bereits E. P. Thompson beobachtete, gab es eine neue Eindringlichkeit, mit welcher die Bürgerlichen, die diese Tugenden und die ihnen innewohnende Selbstdisziplinierung für sich selbst angenommen hatten, sie auch bei der arbeitenden Bevölkerung zu verankern suchten.[257]

Die Gründung des Elberfelder Armeninstituts war eine Reaktion auf die teils krisenhaften 1780er und 1790er Jahre. Die Frage nach den Ursachen dieser neuen Qualität von Armut, beispielsweise die Frage nach der Höhe der Löhne, wurde nicht gestellt.[258] Auch die Tatsache, dass es sich häufig um ganze Familien handelte, die unterstützt werden mussten, wurde nicht weiter thematisiert. Dabei war der häufigste Armutsgrund neben Alter, Krankheit und mangelnden Erwerbsmöglichkeiten entweder eine unvollständige Familie, meist alleinstehende Frauen mit Kindern, oder eine zu zahlreiche Familie, das heißt zu viele kleine Kinder, die noch nichts zum Familieneinkommen beitrugen und auch die Mutter davon abhielten, den dringend benötigten Zuverdienst zu er-

255 *[Aders]*, Nachricht, S. 400. Zu den bürgerlichen Tugenden vgl. 4.3.2, sowie *Münch*, Ordnung; *Maurer*, Biographie, v. a. Kap. V, VI.

256 *[Aders]*, Vorsteher, S. 384.

257 »One cannot claim that there was anything radically new in the preaching of industry or in the moral critique of idleness. But there is perhaps a new insistence, a firmer accent, as those moralists who had accepted this new discipline for themselves enjoined it upon the working people.« *Thompson*, Time, S. 87.

258 In Mainz hatte man im 17. Jahrhundert noch Taxordnungen erlassen, mit welchen zu hohe Löhne verhindert werden sollten, die vermeintlich den Müßiggang förderten. Vgl. *Schmidt*, Gott, S. 68.

werben.[259] Welche Not diese Armen litten, erfuhren die oberen Schichten, wenn sie nicht als Provisoren damit in Berührung gekommen waren, häufig erst aus den Berichten der Armeninstitute. In Barmen fanden die Visitatoren etwa »einen Mangel, ein Elend und eine Dürftigkeit von der Art, daß es kaum vermag geschildert zu werden«, vielen Armen fehlten die allernotwendigsten Kleidungsstücke, so dass sie noch nicht mal auf der Straße betteln konnten, »andere lagen halbnackend auf den Brettern, ihre wenigen Habseligkeiten in den Händen der Wucherer, waren sie oft mehrere Tage lang ohne Brod«.[260]

Zwar sah Johann Jakob Aders, der Begründer des Elberfelder Allgemeinen Armeninstituts, bereits früh den Zusammenhang von gewerblichen Konjunkturen, niedrigen Löhnen und Armut: »Viele unter ihnen [den Armen] können auch durch unaufhörliches Arbeiten kaum erschwingen, was sie in solchen, gemeiniglich theuren Gegenden [das heißt Manufakturgegenden, A. S. O.] nöthig haben, welches um so eher der Fall ist, wenn Manufakturen neben andern nur dann bestehen könne, wenn der Arbeitslohne niedrig ist.«[261] Nicht zuletzt um das Bestehen des Armeninstituts zu sichern, forderte er seine Mitbürger auf, den Armen Lohnsubventionen durch die Unterstützung der Armenanstalt zu gewähren: »Damit nun solche Arme nicht genöthigt werden zum Betteln, muß jeder Bürger, da jeder Gewinn von der Verwendung der Zeit und von dem Verbrauch der Kraft der Armen gehabt hat oder noch hat, ein Gewisses zu deren Unterstützung beitragen.«[262] Diese verdeckten Lohnzuschüsse sollten auch dazu dienen, mit Branchen wettbewerbsfähig zu bleiben, die beispielsweise in England häufig durch lokal gewährte Lohnzuschüsse subventionierten wurden. Dieser Gedanke wurde jedoch von breiten Teilen der Bevölkerung abgelehnt, da sie sich nicht für das Elend, das die Manufakturbesitzer hervorgerufen hätten, verantwortlich fühlten.[263]

In der Debatte um die Armenfürsorge lassen sich nicht nur normative Vorstellungen von »Fleiß« und »Tugend« beobachten, die durch die Armenanstalt gefördert werden sollten, sondern es bietet sich an dieser Stelle auch an, die bürgerliche Armenfürsorge auf ihre christlichen Bezüge hin zu untersuchen und somit eine Relativierung der »bürgerlichen« Motivation vorzunehmen. Immerhin war die Armenfürsorge über Jahrhunderte eine der Kernaufgaben der christlichen Gemeinden gewesen, und die in den Konsistorien versammelten Männer hatten über das jährlich rotierende Amt des Provisors durchaus Einblick in die

259 Vgl. für eine ausführliche Diskussion dieser drei Armutsursachen im Wuppertal *Weisbrod*, Wohltätigkeit, S. 341 ff.

260 Bericht der Verwalter des Armeninstituts an ihre Mitbürger (Barmen 1807), zit. n. *Weisbrod*, Wohltätigkeit, S. 339.

261 *[Aders]*, Nachricht, S. 401. Zu Aders und seiner Auffassung von Arbeit und Armut vgl. auch *Boch*, Wachstum, S. 88–93.

262 *[Aders]*, Nachricht, S. 401.

263 Vgl. *Boch*, Wachstum, S. 90.

Verhältnisse der Armen gewinnen können. Doch in der älteren Literatur wird die »bürgerliche« Übernahme der Armenfürsorge gerne als ein Ausdruck eines neuen staatsbürgerlichen Bewusstseins gedeutet, das sich im Zuge der Französischen Revolution verbreitet hätte. Das Herauslösen aus dem kirchlichen Kontext deute somit auf einen Bedeutungsverlust der kirchlichen Gemeinden und einen Bedeutungsgewinn der Zivilgesellschaft hin.[264]

Die Armenfürsorge hatte bis zur Gründung des Allgemeinen Armeninstituts vollständig bei den drei christlichen Gemeinden gelegen, die jeweils die Armen ihrer Konfession unterstützten.[265] Finanziert wurde die kirchliche Armenfürsorge durch Kollekten, Schenkungen, Legate etc., was es mit sich brachte, dass die reformierte Gemeinde dank ihrer wohlhabenden Mitglieder finanziell deutlich besser ausgestattet war als beispielsweise die katholische Gemeinde.[266] Zu deren Mitgliedern zählten schließlich hauptsächlich Seidenweber, Gärtner, Tagelöhner und andere Arbeiter. So mag es nicht verwundern, dass sich nach der Gründung des Allgemeinen Armeninstituts vor allem die reformierte Gemeinde gegen eine Zusammenlegung der finanziellen Mittel wehrte und darauf bestand, dass mit ihren Geldern allein reformierte Arme unterstützt werden sollten.[267] Die Gemeinden brachten auch nach Gründung des Armeninstituts weiterhin große Mittel auf: Zusätzlich zu den jährlichen Ausgaben von etwa 20.000 Reichstalern in den Jahren von 1813 bis 1815 auf Seiten der Armenanstalt wurden die Armen auch von den drei christlichen Gemeinden mit insgesamt 18.500 Reichstalern unterstützt. Bürgerliche und kirchliche Armenfürsorge blieben also weiterhin bestehen, wenn auch das Allgemeine Armeninstitut für sich in Anspruch nehmen konnte, die Versorgung der Armen neu geregelt und sie, beispielsweise durch die Einführung der Fragebögen und der Betreuung durch ehrenamtliche Armenpfleger, auf neue Füße gestellt zu haben. Alles in allem bildete die städtische Armenpflege vor allem eine Koordinierungsleistung, bei der es darum ging, konfessionelle Interessen und Besonderheiten mit allgemei-

264 Vgl. beispielsweise *Lube*, Mythos, S. 160.

265 Im Armenhaus der Elberfelder reformierten Gemeinde hatten aber auch körperlich und geistig Kranke Aufnahme gefunden, was auf den weitgespannten Begriff der Armenfürsorge hinweist.

266 Als Beispiel mögen die Frauen der Elberfelder Kaufmannsfamilie Carnap dienen, deren Testamente und Erbteilungsverzeichnisse sich erhalten haben. Maria Elisabeth von Carnap vererbte 1784 den Armen der Elberfelder reformierten Gemeinde 500 Rtlr., ihre Schwägerin Johanna Catharina von Carnap bedachte vier Jahre später die Armen der gleichen Gemeinde mit 400 Rtlr. und vermachte auch noch der Schule der reformierten Gemeinde 400 Rtlr., während Joh. Catharinas Tochter Tochter Elisabeth Johanna von Carnap 1796 den Armen der reformierten Gemeinde ein Legat von 250 Rtlr. zudachte. An die Legate waren keinerlei Bedingungen oder fromme Wünsche geknüpft. Alle Testamente und Nachlässe in HZW Bestand de Werth.

267 Vgl. *Schell*, Armenwesen, S. 81 ff.

nen bürgerlichen Vorstellungen auszugleichen.[268] Die Gründung des städtischen Armeninstituts bedeutete somit nicht so sehr eine Ablösung der kirchlichen Armenfürsorge als vielmehr eine dringend notwendige Ergänzung.

Gleichzeitig ist die Verankerung der bürgerlichen Armenpflege in der christlichen Tradition sichtbar. Dies spiegelt sich nicht zuletzt in den Berichten der Vorsteher des Armeninstituts und dem verwandten Vokabular wider: »Nur den unsinnigen Verschwender, den fühllosen Geizhals wünschen wir einmal für einen Augenblick an jenen jammervollen Schauplatz führen zu können, wo sein Bruder, sein oft beßrer Bruder, ohne Hülfe [...] mit Leiden ringt.«[269] Es wird auf das »heilige Recht, das Religion und Sittenlehre einem jeden Unglücklichen an die Unterstützung seiner glücklichen Brüder giebt [sic]« verwiesen, ergänzt durch »ein bürgerliches Recht an Eurer Fürsorge und Hilfe«.[270] Das Engagement für die Armenpflege wurde also getragen von einem nicht allein humanitär geprägten, sondern auch stark christlich konnotierten Bürgersinn.[271]

Bei der Gründung des Barmer Armeninstituts wird dieser Zusammenhang vielleicht noch deutlicher. Denn hier übernahmen hauptsächlich Männer, die bereits in den Kirchengemeinden die Armenpflege übernommen hatten, Schlüsselfunktionen. Caspar Engels etwa war aktiv darin eingebunden: »Von der Errichtung Ihres Armeninstituts in beiden Barmen [Unterbarmen und Oberbarmen], von ihrer thätigen Theilnahme daran haben H[err] Ball und der H[err] Pred[iger] Eylert mir viel Freudemachendes erzählt. Wie wohl ist uns, u[nd] wie fühlen wir unseren Glauben u[nd] Dank im stillen gegen den Herrn gestärkt, wenn er es uns gelingen läßt, etwas für die Brüder zu thun.«[272] Die wichtigste Neuerung gegenüber der traditionellen Armenpflege war in Barmen, dass diese nun überkonfessionell geregelt wurde. Unterbarmen wurde in fünf Bezirke aufgeteilt, mit je einem Armenvorsteher und vier Armenpflegern, welche die Bedürfnisse der Armen erfassen sollten, gleich welcher Konfession. Die Fusion der unierten Gemeinde Unterbarmen 1822 ging dann auch maßgeblich auf die Zusammenarbeit in der Armenpflege zurück.[273] Hier ist also nicht von Säkula-

268 Zur Besonderheit des Wuppertals als multi-konfessionellem Raum vgl. *Murayama*, Konfession.

269 *[Aders]*, Vorsteher, S. 385.

270 *[Aders]*, Elberfelder Armenanstalt, S. 772.

271 Laut Rudolf Boch hatte die bürgerliche Verpflichtung zum »Allgemeinwohl« für Johann Jakob Aders nicht mehr »den Charakter einer tradierten Sozialverpflichtung im ständischen Sinne, sondern stellte sich als eine allgemeine, humanitär-erzieherische Aufgabe einer sozial und wirtschaftlich herausgehobenen, distinkten ›Bürgergesellschaft‹ dar«. *Boch*, Wachstum, S. 92. Dem ist nur bedingt zuzustimmen, vernachlässigt Boch doch die christliche Dimension. Aders' tiefe Gläubigkeit wird beispielsweise in den Briefen an seine Ehefrau sehr deutlich. Vgl. dazu 7.1.3.

272 Gerhard Bernhard van Haar an Johann Caspar Engels in Barmen, Hamm, 10./19.5.1807, in: *Knieriem*, Herkunft, S. 128–129, Zitat S. 128.

273 Vgl. *Herkenrath*, Unterbarmen, S. 10 f.

risierung zu sprechen, sondern vielmehr von einer Erneuerung des kirchlichen Gedankens.

Die christliche Tradition der Armenfürsorge wird auch in der Finanzierung der Armeninstitute deutlich. Sie wurden von Spenden getragen, die man als Fortführung der Almosen und der Kollektenbeiträge zur Versorgung der Armen sehen kann. Mit dieser »Ummünzung« begründeten zumindest die Initiatoren der Armeninstitute ihre Hoffnung, dass diese keine Belastung der städtischen Haushalte verursachten.[274] Jeder Bürger der Stadt konnte freiwillig für ein Jahr erklären, welchen Betrag er wöchentlich zu spenden bereit war. Auch damit sollte dem christlichen Wohltätigkeitssinn entsprochen werden, der sich im freiwilligen Geben äußerte.[275] Weitere Einnahmequellen waren zugunsten der Armen veranstaltete Konzerte, Spenden der bürgerlichen Gesellschaften, Geschenke, städtische Gebühren, etc.[276] Für die führenden Schichten waren diese öffentlichen Gaben auch eine Möglichkeit, nicht nur christliche Gesinnung zu demonstrieren, sondern auch an einem sorgfältig austariertem System von individueller Wohlstandsdemonstration und gemeinschaftlicher Unterstützungsleistung teilzuhaben.[277]

Hierin mag auch ein Grund liegen, dass die normativen Vorstellungen der führenden Schichten, in den meisten Fällen Kaufleuten, und die Praxis der weiteren Bevölkerung deutlich auseinanderklafften. Teile der Bevölkerung sahen die im altruistischen Gewand daherkommenden Begründungen für die Neuorganisation der Armenpflege kritisch und unterstellten den Kaufleuten ein Eigeninteresse.[278] Viele wollten außerdem ihre Gewohnheiten der Almosengabe, die sie als christliche Pflicht erachteten, beibehalten. Auch konnten die kleineren Gewerbetreibenden und weniger wohlhabenden Einwohner längst nicht so hohe und öffentlichkeitswirksame Beiträge leisten wie die großen Kaufleute.

274 Bereits im »Bergischen Magazin« hatte ein Autor dafür plädiert, die milden Gaben und Kollektenbeiträge auszusetzen und anstelle dessen das Geld gezielt dem Armenarbeitshaus zukommen zu lassen. Vgl. Bergisches Magazin, XXI. Stück, 13.12.1788, S. 165 f. Im ersten Jahr des Allgemeinen Armeninstituts schien das Prinzip auch zu funktionieren, es kamen zwischen Februar 1800 und 1801 insgesamt 11.944 Rtlr. an Beiträgen zusammen. Vgl. *[Aders]*, Elberfelder Armenanstalt, S. 736. Im gleichen Zeitraum hatte das Armeninstitut aus Geschenken und sonstigen Beitragen Einnahmen von knapp 1.500 Rtlr. Vgl. ebd., S. 739 ff.

275 In den kommenden Jahren gab es immer wieder Auseinandersetzungen wegen einer steuerlichen Umlage zur Finanzierung des Armeninstituts. Die Auseinandersetzung endete vorläufig mit der Erhebung einer Armensteuer 1843, die jedoch bei weitem nicht hinreichte. Vgl. *Lube*, Mythos, S. 168 f.

276 Für eine Auflistung von Sonderzuwendungen an das Allgemeine Armeninstitut vgl. *[Aders]*, Elberfelder Armenanstalt, S. 739–743.

277 Vgl. hierzu auch *Pielhoff*, Gifts and Recognition.

278 In der Debatte um die Errichtung eines Armenhauses sprach sich beispielsweise ein Beiträger dagegen aus, die Errichtung eines Armenarbeitshauses einem Kaufmann zu überlassen, denn so würde aus Gewinnsucht bald ein Zuchthaus daraus werden. Vgl. Bergisches Magazin, XXII. Stück, 17.12.1788, S. 176.

Die von den Begründern der Armenanstalt vorgebrachten ökonomistischen Argumente mochten die breitere Bevölkerung somit nur bedingt überzeugen. Erstere rechneten den Bürgern etwa vor, dass die von der Armenanstalt zentral verwalteten Mittel Zeitersparnis für alle bedeuteten, denn nun würden Hausväter, Hausmütter und Dienstboten nicht mehr bei ihrer Arbeit unterbrochen, um den Klagen der Armen zuzuhören und sie gegebenenfalls mit einem Almosen zu versorgen.[279]

Diese Ermahnungen und Belehrungen der breiten Öffentlichkeit wurden von Sanktionen begleitet. Denn um die nach kaufmännischen Gesichtspunkten geordnete Finanzierung des Armeninstituts sicherzustellen, sollten nicht länger wahllos Almosen verteilt werden. Das Geben von Almosen, ohne die Umstände der Empfänger näher zu prüfen, das heißt den Bezirksvorsteher zu konsultieren, wäre, so die Verwalter des Armeninstituts, »unrechtes, strafbares Mitleiden« und »zweckwidrige Wohlthätigkeit«.[280] Das Geben von Almosen auf der Türschwelle wurde schließlich 1802 bei einer Strafe von fünf Reichstalern verboten, was den Kosten von sieben Wochen Lebensunterhalt eines Armen entsprach.[281] Nicht nur den Armen musste über erzieherische Maßnahmen der bürgerliche Tugendkatalog vermittelt werden; auch der restlichen Bevölkerung sollten im Kontext der Armenversorgung die neuen Ideale der Nützlichkeit und der effizienten Zeitnutzung nahegebracht werden, ohne dabei aber den alten christlichen Sinn des Gebens zu unterminieren. Dieser sollte jedoch nach den neuen Kriterien kanalisiert werden.

Die Elberfelder Bürger hatten das Armeninstitut in der Hoffnung gegründet, der massenhaften Bettelei und der darunterliegenden Armut bei gleichzeitig effizienter Mittelverwaltung Herr zu werden. Nach den ersten beiden Jahren seines Bestehens legten die Verwalter des Allgemeinen Armeninstituts einen Rechenschaftsbericht vor, in dem sie den jährlichen Finanzbedarf des Instituts berechneten.[282] Sie rechneten mit jährlichen Kosten von 17.270 Reichstalern. In den ersten beiden Jahren hatte das Armeninstitut circa 350 Familien dauerhaft mit wöchentlichen Zahlungen von durchschnittlich 37 Stübern unterstützt, zusätzlich zu Beiträgen für Miete, medizinischer Versorgung und Zuschüssen für Heizkohle. Wären die Einnahmen und Ausgaben auf dieser Höhe geblieben, hätte das Armeninstitut die selbstgesteckten Ziele erreichen können. 1815 waren die Ausgaben des Armeninstituts jedoch auf 20.000 Reichstaler gestiegen, bei stagnierenden Einnahmen. Und in den wirtschaftlich besonders schwierigen Jahren 1816/17 stieg die Zahl der unterstützten Armen gar auf 2.500 Personen,

279 Vgl. *[Aders]*, Elberfelder Armenanstalt, S. 769.

280 Vgl. ebd., S. 777 f.

281 Vgl. *[Carnap]*, Verfügung. Diese Art der Verordnung war ein weit verbreiteter Vorgang. Vgl. *Sachße/Tennstedt*, Armenfürsorge, S. 109; *Schmidt*, Gott, S. 68.

282 Vgl. *[Aders]*, Elberfelder Armenanstalt.

was einem Anteil von mehr als zehn Prozent der Bevölkerung entsprach. Noch schlimmer war die Situation in Barmen, wo teilweise sogar ein Viertel der Bevölkerung Unterstützung benötigte.[283] Das Elberfelder Armeninstitut wurde zunehmend abhängig von städtischen Zuschüssen und musste 1816 aufgelöst werden, weil die Finanzierung durch Spenden immer prekärer geworden war. Die Bürger begründeten ihre gesunkene Spendenbereitschaft mit dem Hinweis, dass die Bettelei wieder so stark zugenommen hätte, und mit der Auffassung, dass solche Armeninstitute Arme und Bettler aus der Umgebung anzögen.[284] 1818 wurde die Armenfürsorge einer neugegründeten Central-Wohlthätigkeitsanstalt unterstellt, in deren Fonds per königliches Reskript nun auch die kirchlichen Mittel fließen mussten.[285] Auch die Wohltätigkeitsanstalt beruhte weiterhin auf freiwilligen Zuwendungen. Über den Grundsatz – freiwillige Spende oder verpflichtende Steuer – entbrannte in den folgenden Jahrzehnten jedoch immer wieder ein heftiger Kampf, da die Mittel in den meisten Jahren nicht hinreichten.[286] Erst mit der Neuordnung der Armenfürsorge 1853, die unter dem Namen »Elberfelder System« weltbekannt geworden ist, waren die Auseinandersetzungen um die städtische Versorgung der Armen beendet.[287]

7.3.2 Die Kornvereine in Elberfeld und Barmen und ihre Initiatoren

Das wirtschaftlich schwierige Jahr 1816, welches das Ende des Elberfelder Allgemeinen Armeninstituts markierte, brachte zwei weitere wohltätige Initiativen hervor, die beiden Kornvereine in Elberfeld und Barmen, welche die Versorgung der Bevölkerung mit preiswertem Brot sicherstellen sollten. An den beiden Kornvereinen lässt sich zum einen die Verbindung von wirtschaftlichem Fachwissen und bürgerlichem Engagement darstellen, zum anderen aber auch die persönlichen Motive Einzelner – und erhellen so weitere Dimensionen von Bürgerlichkeit in den Zeiten der »gebildeten Stände«.

283 Vgl. *Weisbrod*, Wohltätigkeit, S. 340.

284 Die Verwalter der Armenanstalt wiesen Beschwerden von aufgebrachten Bürgern allerdings damit ab, dass die Abschaffung der Bettelei Sache der Polizei und nicht der Armenanstalt sei. Vgl. ebd., S. 349.

285 Die reformierte Gemeinde wehrte sich allerdings weiterhin erfolgreich dagegen.

286 Zur Auseinandersetzung um die Armenfürsorge in den 1830er und 40er Jahren vgl. *Lube*, Mythos; *Weisbrod*, Wohltätigkeit.

287 Es ist eine Ironie der Geschichte, dass vor der Reform der städtischen Armenfürsorge im Stadtrat 1852 dafür plädiert worden war, die Armenfürsorge wieder ganz den Gemeinden zu übergeben. Dabei standen nicht nur finanzielle Überlegungen im Raum, sondern vor allem die Ansicht, dass es den christlichen Armenpflegern besser gelänge, »sittlich auf die Armen einzuwirken«. Vgl. *Lube*, Mythos, S. 172 ff.

Kornvereine als bürgerliche Initiativen hatten ihren Ursprung, teilweise staatlich gefördert, schon im 18. Jahrhundert. Bereits 1785 gründeten beispielsweise Kaufleute in Barmen einen Verein, der Getreide aufkaufen und die Armen mit Brot versorgen sollte.[288] Ähnliche Initiativen gab es auch in Elberfeld.[289] Zehn Jahre später befürchtete man eine Hungersnot, hervorgerufen durch Missernten und die anhaltenden Revolutionskriege. Erst verbot die herzogliche Regierung die Herstellung von Branntwein, dann forderte sie explizit begüterte Einwohner eines jeden Amtes auf, Privatvereine zu gründen um Getreidevorräte anzulegen.[290] Wie sich aus einem späteren Schriftverkehr ergibt, hatte die Düsseldorfer Regierung der Barmer Kaufmannschaft während dieser Jahre außerdem ein »äußerst bedeutendes Capital solcherweise vorgestreckt, um dafür ein Kornmagazin anzulegen, und so im Stande seyn zu können, das Korn zu wohlfeilen Preisen zu liefern«.[291] Regierung und Kaufmannschaft arbeiteten also eng zusammen, um die Versorgung aller sicherzustellen.

Auf diese Erfahrungen ließ sich zurückgreifen, als 1816 durch andauernde Regenfälle und eine daraus resultierende Missernte eine schwere Hungersnot drohte.[292] Bereits im Juli 1816 legte in Elberfeld Johann Jakob Aders in einer öffentlichen Versammlung Vorschläge zu einem »Verein gegen die Korntheurung« dar, nachdem bereits einige Wochen lang die zu befürchtenden Missernten das beherrschende Gesprächsthema in der Stadt gewesen war.[293] Mit dem zentralisierten Ankauf von Getreide durch den Verein sollte vor allem der Spekulation Einzelner Vorschub geleistet und der Getreidepreis auf einem erträglichen Niveau gehalten werden. Kurze Zeit nach Gründung des Vereins verzeichnete er bereits 153 Aktionäre, von denen 97 Kapitalien in Höhe von zusammen 74.000 Reichstaler zum Behuf des Kornankaufs zur Verfügung stellten.

288 Vgl. *Sonderland*, Barmen, S. 117.

289 Der Kaufmann Abraham Frowein notierte beispielsweise 1789 in seinem Memorial folgende Leihgabe: »zahlten an hiesigen Magistrat allhier zum Behuf für Kornankauf 200 rt.« FAF Nr. 1356, fol. 732.

290 Vgl. *Fischer*, Kornverein, S. 62. Die Verordnung, Privatinitiativen ins Leben zu rufen, um den Getreidemangel zu mindern, ist abgedruckt in *Scotti*, Sammlung, Bd. 2, Nr. 2434.

291 STAW R III 1, Brief von Christan Bredt an den Provinzialrath, 26.4.1808. Das Kapital wurde an die Regierung zurückerstattet. Der Gewinn von 7.000 Rtlr. verblieb allerdings bei der Kaufmannschaft, die damit später einen privaten Kredit für Kontributionsgelder zumindest teilweise tilgen konnte.

292 Ohne dass hierauf näher eingegangen werden kann, sei auf den globalen Zusammenhang dieser lokalen Krise verwiesen. Die andauernden Regenfälle und der ausbleibende Sonnenschein in Europa 1816 waren nämlich auf den Ausbruch des Vulkans Tambora im Südpazifik zurückzuführen. Über die Luftströmungen hatten sich die die gewaltigen Asche- und Staubmengen, die bei dem Ausbruch in die Luft geschleudert worden waren, um die ganze Erde verteilt und die Atmosphäre beeinflusst. Vgl. hierzu *Behringer*, Tambora. Behringer erwähnt im Übrigen auch den Elberfelder Kornverein. Ebd., S. 168 f.

293 Vgl. *Aders*, Elberfeld, S. 12 f.

Die übrigen 56 übernahmen Risikogarantien in Höhe von 51.000 Reichstalern, so dass dem Verein eine operative Summe von insgesamt 125.000 Reichstalern zur Verfügung stand.[294]

Auch in Barmen erkannte man die drohenden Gefahren einer Hungersnot und gründete mit dem »Kornverein« eine ähnliche Initiative. Zwar stellten die Aktionäre des Vereins hier nur Geldmittel in Höhe von 28.000 Reichstalern zur Verfügung; jedoch unterzeichneten Bürger der Stadt eine Bürgschaft in Höhe von 230.000 Reichstalern für mögliche Verluste. Gleichzeitig wurde den Kapitalgebern in Elberfeld wie in Barmen eine Verzinsung von fünf Prozent zugesichert, ein für die damalige Zeit üblicher Satz. Kapital und Zinsen sollten die Kapitalgeber, abgesichert durch die Bürgschaften, auf jeden Fall zurückerhalten. Mit dem Geld wurde vor allem in Amsterdam Getreide eingekauft und dann in Magazinen in der Stadt gelagert. Das Getreide, vorwiegend Roggen, stammte hauptsächlich aus Russland, wo es eine äußerst gute Ernte gegeben hatte. Es wurden enorme Mengen importiert; zeitenweise erhielt allein Barmen vierzig Karren Getreide pro Woche.

Die Organisation erforderte kaufmännische Erfahrung, Geschick und einen beträchtlichen Zeitaufwand. Die beiden Hauptverantwortlichen der Vereine, Johann Jakob Aders und Johann Wilhelm Fischer, agierten für die beiden Vereine in gewisser Weise als persönlich haftende Gesellschafter: sie nutzten ihre privaten Geschäftskontakte für den Einkauf und vor allem ihren guten Namen für die Absicherung der Geschäfte. Fischer betonte ausdrücklich, dass er »Firma und mein Obligo« für die Geschäfte des Vereins hergab.[295] Aders und Fischer setzten außerdem ihre Kenntnisse von Wechsellaufzeiten, Kursschwankungen, Frachtmöglichkeiten und -kosten und weiteres mehr für die Belange des Kornvereins ein. Kaufmännisch war auch die detaillierte Buchführung in beiden Vereinen, die akribisch die Ausgaben und Einnahmen verzeichnete.[296] Ohne diese kaufmännische Expertise wäre der reibungslose Ablauf der Geschäfte nicht möglich gewesen. Fischer und Aders setzten ihre Kenntnisse unentgeltlich zum Wohle der Gemeinschaft ein; sie handelte im besten Sinne des Wortes »bürgerlich«.

Beide Vereine konnten das selbstgesteckte Ziel, den Brotpreis auf einem erträglichen Niveau zu halten, erreichen und damit eine Hungersnot (und die gefürchteten Aufstände) verhindern.[297] Der Barmer Verein verstand sich dabei

294 Vgl. *Illner*, Organisierung, S. 117.

295 *Fischer*, Kornverein, S. 311. Die Bedeutung der Geschäftsführer und ihrer kaufmännischen Verbindungen unterstrich auch Johann Friedrich Benzenberg in seiner zeitgenössischen Würdigung der Initiative. Vgl. *Benzenberg*, Kornverein, S. 249.

296 Vgl. HZW Bestand Kornverein; STAW R III 5.

297 Im Herzogtum Berg hatte es an mehreren Orten, darunter auch Elberfeld und Barmen, im Zuge der Napoleonischen Kriege den sogenannten Knüppelrussenaufstand gegeben, der nur mithilfe des Militärs niedergeschlagen werden konnte. Vgl. *Kandil*, Protest.

eher als ein »Verein gegen Kornmangel«, der Elberfelder als ein »Verein gegen Kornteuerung«. In Barmen wurde die Verteilung des Getreides an die einzelnen Bäcker mit Hilfe von »Fruchtscheinen« geregelt und so die Versorgung der Bevölkerung sichergestellt. Wenn auch der Brotpreis in Barmen während des Winters anstieg, so erreichte er aufgrund des immer ausreichend vorhandenen Getreides und der dadurch unterbundenen Spekulation nie die Höhen wie im Umland. In Elberfeld wurde die Versorgung der Einzelnen noch stärker reglementiert. So verteilten siebzig ehrenamtliche Helfer unter den Haushalten Brotzeichen, welche die Bürger beim Brotkauf abgeben mussten. Dafür erhielten sie das Brot für fünf Stüber unter dem offiziell festgelegten Brotpreis, der sich am Umland orientierte. Die Bäcker wiederum mussten für jedes Malter Korn fünfzig Brotzeichen bei den Kornmagazinen abliefern, um neues Getreide zum Brotbacken zu erhalten. Auf diese Weise wurde auch der Schwarzhandel mit dem im Vergleich zum Umland günstigeren Getreide unterbunden.[298] Neben der beträchtlichen Logistik des Korneinkaufs, bei welchem die eingesetzte Summe des Elberfelder Vereins sechsmal umgeschlagen wurde, beweist vor allem das Umlaufverfahren dieser Brotzeichen den hohen Organisationsgrad des Vereins; schließlich wurden die 40.000 Münzen 542.000 Mal unter den Haushalten des Ortes verteilt.[299]

Der Elberfelder Verein beendete die Geschäfte sogar mit einem Gewinn von 10.000 Talern, wohl vor allem deshalb, weil bereits angekauftes Getreide, das verspätet eingetroffen war, in Amsterdam zu einem Höchstpreis veräußert werden konnte. Dies verdankte der Elberfelder Verein der schnellen Nachrichtenübermittlung eines Elberfelder Handelshauses. Der erzielte Gewinn wurde für die Errichtung eines Krankenhauses verwandt. Die Barmer waren nicht ganz so glücklich in ihren Geschäften, für sie bedeutete der verzögerte Transport einer Lieferung aufgrund des Frühjahrshochwassers einen Verlust von knapp 17.000 Reichstalern, für den eigentlich die Bürgen einspringen sollten. Das Eintreiben der Gelder zog sich jedoch noch etliche Jahre hin, bis die Geschäfte des Vereins schließlich im Oktober 1831 geschlossen wurden. Die Gläubiger des Vereins erklärten sich bereit, das Manko von 999 Talern im »Sinne der Wohlthätigkeit« zu akzeptieren und nicht auf Rückzahlung zu bestehen. Doch auch für die Barmer Aktionäre bedeutete dies keinen Kapitalverlust, sondern nur, dass sie auf etwa die Hälfte des ihnen ursprünglich zugesicherten Zinsertrags verzichten mussten.[300]

Wichtiger noch als die Frage nach Gewinn und Verlust der beiden Kornvereine ist jedoch die in ihnen bewiesene bürgerliche Selbständigkeit, welche sie

298 Vgl. *Illner*, Organisierung, S. 118.
299 Vgl. *Aders*, Elberfeld, S. 9.
300 Vgl. *Fischer*, Kornverein, S. 305.

auch für Publizisten wie Johann Friedrich Benzenberg (1777–1846) zu einer rühmenswerten Einrichtung machte.[301] Benzenberg würdigte insbesondere die Tatkraft und Effizienz der Elberfelder Einrichtung und empfahl sie der preußischen Regierung als leuchtendes Vorbild:

Will eine Regierung für die Erleichterung einer Provinz etwas thun, so kann sie keinen anderen Weg einschlagen, als den die Elberfelder eingeschlagen haben. Sie muß ein Kapital herschießen, mit dem der Kornhandel im Großen getrieben wird – und sie muß nichts thun, als handeln wollen, und sich nach den Gesetzen der Gesellschaft und des Handels richten, denn diese richten sich nicht nach ihr.[302]

Die private Organisation hätte schließlich für eine deutlich günstigere, schnellere und effizientere Versorgung der Bevölkerung gesorgt als die in bürokratischem Prozedere erstarrte preußische Landesregierung.

Nicht genannt werden bei Benzenberg die intrinsischen Motive, vor allem der beiden Direktoren Johann Jakob Aders und Johann Wilhelm Fischer. Deren Engagement beruhte sicherlich auch auf dem Wunsch, die Bevölkerung vor einer Hungersnot (und sich selbst und die anderen Angehörigen der Kaufmannschaft vor Aufständen) zu bewahren. Doch die ihrem Handeln eigentlich zugrundeliegende Triebfeder war noch eine andere, welche Aufschluss gibt über die unterschiedlichen Motivationsgründe für bürgerschaftliches Engagement von Mitgliedern der »gebildeten Stände«.

Johann Jakob Aders (1768–1825) gehört zu der dynamischen Gruppe junger Männer, die im letzten Viertel des 18. Jahrhunderts aufgrund von Fleiß und vorteilhaften Heiratsallianzen rasch in den Kreis der bestimmenden Bürger der Stadt Elberfeld aufstiegen. Nach seiner Heirat mit Helena Brink (1770–1844) wurde er 1793 Teilhaber des Bank- und Handelshauses J. H. Brinck & Comp. 1799 wurde Aders, gerade dreißigjährig, in das prestigeträchtige (und arbeitsreiche) Amt des Bürgermeisters gewählt. In dieser Funktion initiierte er, wie oben erwähnt, die Gründung der Elberfelder Armenanstalt. Zugleich beteiligte er sich in diversen Zeitschriften an öffentlichen Debatten zu gesellschaftspolitischen Fragestellungen. Er porträtierte sich selbst als geprägt von einer rastlosen Liebe zur Arbeit:

So wenig es möglich ist, daß das Wasser gegen den Berg läuft, so wenig kann ich meinen Hang u. meine Begierde zu den Geschäften zügeln, ich muß so hart arbeiten oder – mich ganz zurückziehen und eine andere Lebensweise wählen, es ist nicht Begierde nach Geld was mich treibt, es mag Ehrsucht, oder auch bloße Gewohnheit

301 Benzenberg hatte im Übrigen 1807 Johanna Charlotte Platzhoff (1789–1809), die Tochter des Elberfelder Seidenfabrikanten Friedrich Adolf Platzhoffs (1764–1802), geheiratet. Die Familie Platzhoff gehörte mit zu den Unterstützern des Elberfelder Kornvereins. Benzenberg mag Anschauungsmaterial für seinen Artikel also auch direkt vor Ort bezogen haben.

302 *Benzenberg*, Kornverein, S. 247.

seyn, genug die Liebe zur Arbeit ist einmal in mir und ich kann, ich mag sie nicht unterdrücken [...] ich habe immer mehr für andere als für mich gearbeitet, doch darüber will ich nicht murren.[303]

Auch Johann Wilhelm Fischer gehörte zu den *homines novi* der Zeit um 1800; allerdings vollzog sich sein Aufstieg etwas langsamer als der Aders'. Er stammte aus einer wohletablierten Verlegerfamilie aus dem Städtchen Burg im Herzogtum Berg. 1808 heiratete Fischer Caroline von Eynern, eine Tochter des Barmer Bandverlegers Johann Peter von Eynern. Nach ihrem frühen Tod ehelichte Fischer 1812 Karolina Keuchen, die aus einer Bleicher- und Verlegerfamilie stammte.[304] Vor allem durch die zweite Eheschließung knüpfte Fischer Verbindungen zu den alteingesessenen Familien Barmens. Dank zweier Erbschaften konnte sich Fischer 1812 als Baumwollfabrikant selbständig machen, 1822 übernahm er gemeinsam mit seinem Bruder das Bankhaus Nagel & Co., das sie unter dem Namen Gebr. Fischer weiterführten. Auch Fischer unterstreicht in seiner »Geschichte des Kornvereins zu Barmen« seine rastlose und unermüdliche Tätigkeit:

Vom Monat September 1816 bis zum Ende des Jahres 1818 habe ich alle meine Zeit ausschließlich dem Barmer Kornverein gewidmet mit dem größtmöglichen Patriotismus, brüderlich und christlich, nach Pflichten und Gewissen – mit Aufopferung meiner selbst – mit unsäglicher Mühe – Sorge und Anstrengung. Ohne ruhmredig zu seyn, kann ich es sagen, daß der Kornverein oder wenigstens die Verwaltung desselben blos in meiner Person bestanden hat.[305]

Beide Männer hatten die bürgerliche Vorstellung von Arbeit als Hauptzweck ihres Daseins verinnerlicht. Arbeit war ein Wert an sich, der nicht ausschließlich dem eigenen Fortkommen diente, sondern genauso gut in den Dienst der Allgemeinheit gestellt werden konnte. Wie Michael Maurer herausgearbeitet hat, wohnte diesem neuen bürgerlichen Arbeitsverständnis auch eine starke religiöse Komponente inne: Wichtig war »nicht die Leistung, die äußerlich meßbare Effektivität, sondern die Haltung zur Arbeit, die ›Mühsamkeit‹«.[306] Daraus folgt, dass, zumindest in ihren rhetorischen Darstellungen, weder Aders noch Fischer Dank für ihre Mühen erwarteten:

Was war mein Lohn? Antwort: Einige höfliche Briefe der Königlichen Regierungen, die stille Anerkennung der Besseren der Bürgerschaft, vor allem aber ein reines ruhiges Gewissen und die herrliche Überzeugung, Barmen in der Zeit der Noth vor Man-

303 STAW J III 104a, Johann Jakob Aders an seine Ehefrau Helena, geb. Brink, in Elberfeld, Frankfurt/Main, 18.4.1810.

304 Vgl. 5.2.4.

305 *Fischer*, Kornverein, S. 256.

306 *Maurer*, Biographie, S. 384.

gel und Hungersnoth geschützt zu haben. Die süßen Gefühle der Selbstzufriedenheit beglücken mich; mehr bedarf's nicht.[307]

Doch wie vor allem Fischers Bericht zeigt, bot diese rastlose Tätigkeit im Sinne des Gemeinwohls auch die Möglichkeit, die eigene Stellung innerhalb der Honoratiorenschaft auszubauen und zu stärken. Bezeichnenderweise war Fischer in Abwesenheit zum Direktor des Kornvereins gewählt worden - ein Posten, bei dem viel Arbeit und wenig Vergnügen abzusehen war - und wurde dann von dem hoch angesehenen Caspar Engels senior, der sich zudem mit dem höchsten Betrag (4.000 Reichstaler) am Kornverein beteiligt hatte, überredet, das Amt anzunehmen.[308] Das Amt stellte allerdings eine Überforderung Fischers dar, nicht zuletzt was seine finanziellen Möglichkeiten anging, denn er bürgte mit der Firma, mit der er sich erst vor kurzem selbständig gemacht hatte, für die Geschäfte des Vereins.

Aders dagegen wirkt in seinen Schilderungen deutlich souveräner; der Aufruf zur Gründung des Kornvereins war schließlich von ihm ausgegangen. Bei ihm überwogen in der Motivation bürgerlicher Gemeinsinn, der auch einer gewissen persönlichen Eitelkeit entsprang, und der Wunsch nach pragmatischen Lösungen. Doch vermisste auch er, ähnlich wie Fischer, wirkliche Dankbarkeit seiner Mitmenschen. In einem späteren Brief etwa sprach er von Jesus Christus und »der Ursache des Hasses u. der Verfolgung seiner Zeitgenossen, u. den in mehreren Gelegenheiten gehabten ähnlichen Erfahrungen in meiner Geschichte der letzten Jahre«. Auch wenn es pharisäerhaft sei, sich mit Jesus zu vergleichen, so geben Jesu' Vorbild Trost, »die Thorheit seiner Zeitgenossen, auch da wo sie ihn kränkten und betrübten, mit Muth und Geduld [zu] tragen«. Jesus schließlich hätte von seinen Mitmenschen nichts als Verfolgung, Schmach und Verachtung erfahren und trotzdem hätte er für seine Feinde um Vergebung gebeten.[309]

Diese Briefstelle enthüllt Aders tiefe und bibelfeste Gläubigkeit. Doch die von ihm in privaten Mitteilungen gepflegte gefühlvolle Sprache in Glaubensdingen findet sich in der zur Publikation bestimmten Schilderung des Elberfelder Kornvereins nicht wieder. Verweise auf Gottes Wirken und Walten sind nur sparsam eingesetzt. Aus den wenigen Passagen spricht zwar eine tiefe innere Frömmigkeit und Gottvertrauen: »So hat die Hand des Allgütigen in den unvergeßlichen Jahren der großen Theuerung die Bewohner der Sammtgemeine Elberfeld durch einen Verein von 153 Bürgern vor Mangel geschützt. [...] Ihm, Ihm allein gebührt dafür Preis und Dank und Anbetung!« Doch gleichzeitig half in Aders Auffassung Gott vor allem denen, die sich selber halfen: »Gott waltet

307 *Fischer*, Kornverein, S. 306.
308 Vgl. ebd., S. 263.
309 STAW J III 104a, Johann Jakob Aders an seine Ehefrau Helena, geb. Brink, o. O., Elberfeld, 26.6.1823.

mit seinem Segen da [...], wo der Mensch aus reinem Sinne rechtmäßige Zwecke sich vorsetzt.«[310]

Johann Wilhelm Fischer dagegen bemühte in seiner Schrift zum Kornverein eine ausgesprochen christlich konnotierte Rhetorik. Jedoch wäre es verfehlt, dies unhinterfragt als Ausdruck traditioneller Frömmigkeit zu verstehen.[311] Vielmehr offenbart sich in seiner Antrittsrede vor dem Kornverein ein mechanistisches Weltbild, das dem Menschen eine aktive und optimierende Rolle innerhalb der göttlichen Schöpfung zuwies. Der Wille Gottes ging letztendlich in Naturgesetzen auf, in der Wiederkehr des Immergleichen: »Alles geht nach ewigen Gesetzen, denn die Kräfte sind da, die Verknüpfungen festgesetzt und die Wirkungen müssen sich also immer gleich bleiben.«[312] Der von Fischer empfundene »christliche Sinn« war sicherlich ein anderer als der Aders' und verweist einmal mehr auf die Komplexität individueller Religiosität. Beide Männer konnten jedoch sicher sein, mit dem Verweis auf christliche Gesinnung ein Deutungsschema zu treffen, das von der Mehrheit ihrer Adressaten in einem positiven Sinne verstanden würde. Dabei ist es fast nebensächlich, ob die religiöse Prägung weiterhin handlungsweisend blieb oder die christliche Vorstellungswelt und Rhetorik vor allem einen diskursiven Bezugsrahmen bot.[313] Denn der sich in den Vereinen beweisende »bürgerliche Gemeinsinn« war schließlich aufs engste verknüpft mit älteren Formen »christlicher Fürsorge«, diese beiden waren (und sind) kaum voneinander zu trennen.

Ähnlich wie das Elberfelder System der Armenfürsorge hat auch der Kornverein von Elberfeld, wenn auch in geringerem Maße, eine gewisse Berühmtheit erlangt und sogar als vorbildhaftes Beispiel Aufnahme gefunden in die 1830 erschienene »Allgemeine deutsche Real-Enzyklopädie für die gebildeten Stände«, das heißt in den Brockhaus.[314] Die Aufnahme in dieses Selbstverständigungsmedium der »gebildeten Stände« verweist schon darauf, dass diese Art von nichtstaatlicher, bürgerschaftlich organisierter Initiative für diese Kreise von breitem

310 *Aders*, Elberfeld, S. 11 (beide Zitate). Dieses innere Gottvertrauen wird auch in Aders' Briefen immer wieder deutlich. So heißt es beispielsweise in Bezug auf den Heiratsantrag Karl Harkorts an Aders' Tochter Auguste: »Gewiß der Mann [...] wird wohl die Gottesstimme zu Rathe gezogen haben, die jedem Menschen zur Richtschnur gegeben ist. Das Töchterlein hat nun ihrem Herzem Gehör gegeben, gewiß aber hat daßelbe auch ihrem Gotte die Entscheidung zugestanden.« STAW J III 104a, Johann Jakob Aders an seine Ehefrau Helena, geb. Brink, o. O. o. D. [die Hochzeit von Auguste Aders und Karl Harkort fand 1819 statt].

311 Vgl. *Studberg*, Fischer, S. 155–160.

312 *Fischer*, Kornverein, S. 264.

313 Zu religiösen Vorstellungen innerhalb der Wuppertaler Kaufmannschaft gibt es wenig neuere Untersuchungen. Es wäre sicherlich lohnend, den Ansatz von Thomas K. Kuhn weiterzuverfolgen, und auch im Wuppertal Religion als einem »ausdifferenzierten Funktionsbereich« nachzugehen, statt der These von einer zunehmenden Säkularisierung das Wort zu reden. Vgl. *Kuhn*, Religion, sowie 7.1.

314 Vgl. Art. Kornvereine.

Interesse war und von ihnen getragen wurde. Denn bürgerliches Engagement war Teil des Selbstverständnisses der »gebildeten Stände«; schließlich wurde persönliche Bildung auch immer im Kontext des Allgemeinwohls gesehen. Die philantropinischen Bildungseinrichtungen etwa, deren Einfluss auf die Bildungsvorstellungen der Zeitgenossen nicht überschätzt werden kann, suchten mit ihrem Erziehungsprogramm die Herausbildung einer bürgerlich-gemeinnützigen Gesinnung zu fördern.[315] Auch die Assoziationen verstanden sich häufig als Instrumente zur Förderung des Allgemeinwohls, etwa in Form der sogenannten Patriotischen Gesellschaften. »Gebildet« zu sein brachte somit auch besondere Verpflichtungen der Allgemeinheit gegenüber hervor. Dieser Gemeinwohlgedanke war jedoch nicht allein säkular, sondern vielmehr verquickt mit allgemein sittlichen und religiösen Vorstellungen. So wurden beispielsweise auch in einem explizit religiös begründeten Erziehungskontext Schüler angehalten, für das Gemeinwohl zu wirken.[316] Das auch als bürgerliches Engagement dargestellte Bemühen um die Gründung und Durchführung der beiden Kornvereine war somit Teil eines doppelten Selbstverpflichtungsgefühls der »gebildeten Stände«, nämlich Bildung und christliche Fürsorge. Dabei blieb das Christentum, dies wurde oben herausgearbeitet, trotz großer Individualisierung der inneren Glaubenswelt, innerhalb des Wuppertals fest im kirchlichen Gefüge verankert.

Zu den Komplexitäten der Zeit um 1800 und der sie prägenden sozialen Formation der »gebildeten Stände« gehört die Tatsache, dass die Gründung des Allgemeinen Armeninstituts wie auch der beiden Kornvereine sich selbstverständlich auch als Ausdruck von traditioneller, patriarchaler Fürsorge verstehen lässt. Im zeitgenössischen Verständnis waren die Verleger geradezu verpflichtet, sich um ihre Arbeiter auch in Notlagen zu kümmern, denn viele von denjenigen, die später als Arme Unterstützung brauchten, hätten, »in und für Elberfeld ihre Kräfte verzehrt und in der Hand der Vorsehung treulich mitgewirkt [...], seinen Flor zu vermehren«.[317] Darüber hinaus war das Verhältnis der Verlegerkaufleute zu ihren Arbeitern ein recht persönliches und bestand meist über viele Jahre. Gleichzeitig übten die Kaufleute eine gewisse moralische und religiöse Kontrolle über ihre Angestellten, denen sie sich in sittlichen Fragen überlegen fühlten.[318]

Bei ihrem Engagement in der öffentlichen Wohlfahrt spielten für die Kaufmannsfamilien christliche Vorstellungen ebenso wie »bürgerlicher Gemein-

315 Vgl. *Schmitt*, Philantropine.

316 Der Pfarrer Gerhard van Haar etwa ermahnte seinen Schüler Caspar Engels, ein »Menschenfreund« zu werden, »der in dem Creiße in welchen er durch Leitung der göttlichen Vorsehung gekomen ist, Gutes um sich her verbreitet«. Gerhard Bernhard van Haar an Johann Caspar Engels jun. in Barmen, Hamm, 24.7.1807, in: *Knieriem*, Herkunft, S. 137 f., hier S. 138.

317 *[Aders]*, Elberfelder Armenanstalt, S. 772.

318 Vgl. *Knierim*, Gelebte Religion, v. a. S. 91 f.

sinn« eine wichtige Rolle, die beide in einem unauflösbaren Zusammenhang zu »Bildung« gesehen werden müssen. Dabei wiesen die zeitgenössischen Vorstellungen von Bildung eine sozial differenzierte Gestalt auf. Für die Initiatoren der Armenanstalt hieß es nämlich, dass in Bezug auf die Armen der weit gefasste Begriff der Bildung auf eine deutlich enger gefasste Vorstellung von Erziehung reduziert wurde. Die Armen mussten zu bürgerlicher Lebensführung erzogen werden, die auf Kategorien wie Fleiß, Arbeit und Verdienst basierte. Erst wenn diese erreicht war, konnte über Bildung im Sinne von Selbstvervollkommnung nachgedacht werden. Die Angehörigen der oben untersuchten Assoziationen konnten dagegen in Anspruch nehmen, diesen Status bereits erreicht zu haben, ebenso wie die Gläubigen, die einer »Privatreligion« huldigten. Konstitutiv für den Integrations- und Vergesellschaftungsprozesses der »gebildeten Stände« war somit, dass dieser in klarer Abgrenzung zu anderen, nämlich den »Ungebildeten« geschah.

Allgemein lässt sich festhalten, dass die öffentliche Lebenswelt der »gebildeten Ständen« geprägt war von tradierten Normen, bestehenden Institutionen und dynamischen Prozessen. »Bildung« und Religion bildeten handlungsleitende Instanzen und waren konstitutiv für den Vergesellschaftungsprozess der »gebildeten Stände« des Wuppertals. Ähnliche Prozesse lassen sich auch an anderen Orten sowie in der Selbstreflexion der literarischen Zeitgenossen beobachten. Die hier beschriebenen Vorgänge können somit als typisch für die soziale Formation der »gebildeten Stände« gelten.

8. Kaufleute als »gebildete Stände« – Ergebnisse und Ausblick

Noch bis jetzt sucht mancher in den Städten Elberfeld und Crefeld nur Zeugfabriken – und wenn er zusieht oder hinkömmt, so gehts ihm wie Saul, der auszog einen Esel zu suchen, und ein Königreich fand – er kann Litteraturliebe, dämmernde Wissenschaften, Schriftsteller finden, die über andere Schriftsteller aus lichteren Gegenden konversieren.[1]

Diese Beobachtung des heute weitgehend vergessenen Schriftstellers Friedrich August Cranz (1737–1801) bietet sich an, um sie einem Fazit der vorhergegangenen Untersuchung der Kaufmannsfamilien des Wuppertals voranzustellen. Denn wenn man gemeinhin an das Wuppertal mit seinen beiden Hauptorten Elberfeld und Barmen im 18. und 19. Jahrhunderts denkt, so fällt einem auch heute noch vor allem die Bedeutung des Tals als Gewerberegion ein, das heißt die »Zeugfabriken« stehen weiterhin im Vordergrund der Wahrnehmung. Doch gibt es im Wuppertal und bei seinen Kaufmannsfamilien deutlich mehr zu entdecken als die Bedeutung inländischer Gewerberegionen für die Entwicklung der Weltwirtschaft und die Einbindung des Tals in Vorgänge der globalen Kommerzialisierung. Vielmehr lassen sich die Wuppertaler Kaufmannsfamilien als Teil der »gebildeten Stände« einordnen, einer Sozialformation, die charakteristisch ist für die Zeit des ausgehenden 18. und frühen 19. Jahrhunderts.

Die Herausbildung der »gebildeten Stände« ist nur vor dem Hintergrund der erodierenden ständischen Ordnung zu verstehen und somit Teil des großen Umformungsprozesses, welcher die Menschen im »revolutionären Zeitalter« erfasst hatte. Denn zu dieser sich selbst als soziale Elite verstehenden Formation gehörten Personen mit den verschiedensten Standeszugehörigkeiten – Adelige und Bürgerliche, Geistliche und Laien, Männer und Frauen, Verheiratete und Unverheiratete, Wissenschaftler, Schriftsteller und Gelehrte genauso wie Kaufleute, Fabrikbesitzer und Bankiers. Sie wurden trotz ihrer Diversität, welche sich im Übrigen auch im Plural der »gebildeten *Stände*« ausdrückt, zusammengehalten durch eine gemeinsame Vorstellung von einer alle Lebensbereiche durchziehenden Form von (Selbst-)Bildung, welche diese Gruppierung vergesellschaftete. Erst das heutige, verengte Verständnis von »Bildung« bringt es mit sich, dass man diese Sozialformation mit akademisch gebildeten Personen

1 *Cranz*, Gallerie, S. 8.

in Verbindung bringt. Doch wie Friedrich August Cranz deutlich macht, lassen sich auch innerhalb einer Gewerberegion Liebe zur Literatur und den Wissenschaften entdecken, kurzum: auch hier fand Teilhabe an Bildung und Bildungswissen statt. Dies ist kein apologetischer Hinweis, sondern verdeutlicht die Breite des zeitgenössischen Verständnisses von »Bildung« und die Inklusion und das Selbstverständnis verschiedener Gruppierungen als »gebildete Stände«.

Anhand der Wuppertaler Kaufmannsfamilien als einer solche Gruppierung haben sich in dieser Arbeit verschiedene Merkmale der »gebildeten Stände« präzisieren und der Konstituierungsprozess dieser Sozialformation nachverfolgen lassen. Betont wurden vor allem die wirtschaftlichen und globalen Rahmenbedingungen für die Formation dieser sozialen Gruppierung. Denn dass es vor allem ökonomische Veränderungen waren, welche den Auflösungsprozess der alten Ordnung hervorriefen, gehört zu einem Konsens der historischen Forschung. Um den doppelt gelagerten Prozess von der Herausbildung der »gebildeten Stände« vor dem Hintergrund der globalen Kommerzialisierung zu spiegeln, boten die weltweit agierenden, aber zugleich lokal tief verwurzelten Wuppertaler Kaufmannsfamilien ein besonders prägnantes Fallbeispiel. Die Ergebnisse der Studie werden im Folgenden kurz zusammengefasst, wobei sich die ersten zwei Abschnitte eher auf die kaufmännisch-gewerbliche Dimension der Wuppertaler Kaufmannsfamilien als »gebildete Stände« beziehen, bevor im dritten Abschnitt dann eingehender auf die Muster der Lebensführung eingegangen wird, welche sich für die »gebildeten Stände« allgemein festhalten lassen. Viertens werden einige weiterführende Überlegungen zu den »gebildeten Ständen« als heuristisches Instrument dargelegt.

8.1 Globale Kommerzialisierung und lokale Ökonomie

Die Weltwirtschaft verdichtete sich im 18. Jahrhundert zunehmend. Dies wird besonders deutlich anhand der atlantischen Wirtschaftsströme, dem Dreh- und Angelpunkt der Weltwirtschaft, die jedoch nicht ohne die Einbindung Asiens zu haben waren. Man denke nur an das Handelsgut Baumwolle, welches alle Weltteile miteinander in Beziehung setzte.[2] Diese zunehmende Verdichtung brachte eine deutliche Zunahme von tausch- und marktförmigen Beziehungen mit sich, die sich einerseits zwischen Kaufleuten in allen Erdteilen abspielten, andererseits aber generell in der Landwirtschaft die Ablösung von Naturalien durch Geldrenten und die exponentielle Steigerung von Lohnarbeit in den proto-industriellen Gebieten mit sich brachte. Dass zu der globalen Kommerzialisierung auch die

2 Vgl. *Riello*, Cotton; *Beckert*, Empire of Cotton. Zu den atlantischen Handelsströmen vgl. *Hancock*, Atlantic Trade.

massenhafte Kommodifizierung von Menschen in Form von Sklaven gehörte, sollte nicht vergessen werden.[3]

An diesem weltumspannenden Prozess hatte das Wuppertal seinen Anteil. Das bis ins 16. Jahrhundert zurückreichende Textilgewerbe erfuhr im 18. Jahrhundert einen massiven Aufschwung, der sich sowohl in einer Steigerung als auch in einer Diversifikation der Produktion niederschlug. Neben die Produktion des gebleichten Garns und die anschließende Fabrikation von Schmalwaren traten zunehmend Breitgewebe aus Leinen, Leinen-Baumwolle-Gemische und schließlich reine Baumwoll- und Seidenstoffe. Die vier in dieser Arbeit exemplarisch betrachteten Wuppertaler Firmen haben diesen Prozess der Diversifizierung verdeutlicht und können für die gut 200 Verleger-Kaufleute im Wuppertal am Ende des 18. Jahrhunderts stehen. Denn damit diese große Zahl an Kaufleuten in dem verhältnismäßig kleinen Tal bestehen konnte, war es notwendig, sich zum einen Produktnischen zu suchen, zum anderen sich unterschiedlicher Strategien bedienten, um die Produkte auf dem Markt zu platzieren. Hierzu zählten das Beschicken von je nach Produktsorte ausgewählten Messen, der Absatz im Umland sowie der internationale Handel, sowohl im direkten Verkehr als auch per Kommissionsgeschäft. Für den internationalen Handel bildete die Migration einiger weniger Wuppertaler Kaufleute und die der Nachbarn aus Remscheid und Solingen eine wichtige Voraussetzung. Die Studie hat somit gezeigt, dass das Textilgewerbe des Wuppertals und seine Kaufmannsfamilien nicht isoliert betrachtet werden dürfen, sondern dass es gerade für die Handelsgeschichte geboten ist, das gesamte Wupperviereck miteinzubeziehen und ganz allgemein weniger in Orten, denn in Regionen zu denken.

Es ist außerdem deutlich geworden, auf wie vielen verschiedenen Marktplätzen die Wuppertaler Kaufleute agierten. Der Vertrieb wurde von der Produktionsseite her gedacht, so dass die Diversifikation der Produkte mit einer Diversifikation der Märkte einherging: Leinenband ging nach Mittel- und Westeuropa sowie nach Amerika, billige Leinenstoffe hauptsächlich in die Karibik, und die Seidenwaren verblieben in Europa mit einer deutlichen Tendenz Richtung Südosteuropa. Der zu bewältigende Raum stellte bei der Erschließung von Märkten nur ein geringes Hindernis dar. Die vielen technischen Neuerungen im Handelsverkehr (Postwesen, Handelswechsel, Transportversicherungen, Maklerwesen, etc.) kamen auch den Gewerbetreibenden fernab der großen Handelszentren zugute und machten es möglich, von Elberfeld oder Barmen aus Waren über die Iberische Halbinsel bis nach Westindien abzusetzen oder sogar direkte Handelsbeziehungen in die Karibik zu unterhalten.

Die Ausweitung der Wuppertaler Geschäftstätigkeit im 18. Jahrhundert und damit der materielle Grundstein für das Entstehen der »gebildeten Stände« im Tal der Wupper wurde getragen von einem soliden lokalen Fundament. Dies

3 Vgl. *Zeuske*, Sklaven und Sklaverei; *Meissner/Mücke/Weber*, Schwarzes Amerika.

gilt zum ersten für die über Jahrzehnte beziehungsweise über Jahrhunderte betriebene Kapitalakkumulation und Expertise in der Verarbeitung von Textilien. Beides stellte die Möglichkeiten bereit, neue Geschäftszweige wie etwa die Baumwoll- oder Seidenweberei erfolgreich zu erschließen. Zum zweiten bot die enge Gemeinschaft der Kaufleute vor Ort eine gewisse Absicherung gegen die Risiken des Fernhandels. Durch den engen Austausch vor Ort sowie die hohe Solidarität innerhalb der Kaufmannschaft ließen sich Informationen über Märkte und Geschäftsfreunde schnell und zuverlässig erhalten. Damit ging mindestens bis in die 1770er Jahre die Bereitschaft einher, Neuankömmlingen den Start in die Selbständigkeit zu erleichtern. So konnten sich auch Personen mit geringem Startkapital erfolgreich etablieren und zu der Dynamik des Wuppertals und seiner kaufmännischen Elite beitragen. Zum dritten konnten die Kaufleute aus Barmen und Elberfeld, vor allem die Bandverleger, auf den internationalen Märkten nur bestehen, wenn sie eng zusammenarbeiteten oder sich gar zu einem Kartell zusammenschlossen. Die das Wuppertal prägende enge Zusammenarbeit der Kaufleute, welche dem sonst üblichen kaufmännischen Konkurrenzdenken diametral entgegengesetzt steht, ergibt somit aus einer global orientierten Perspektive Sinn.

Unabdingbar für die wirtschaftliche Dynamik des Wuppertals war der stete Zustrom von Arbeitskräften aus den umliegenden Gebieten. Nicht vergessen werden sollte hierbei, dass die stetige Zuwanderung konfessionsübergreifend war; sowohl Reformierte und Lutheraner als auch Katholiken wanderten ins Tal ein und versuchten ihr Glück zu machen. Aufgrund der konfessionellen Struktur des Wuppertals gelang dies den Angehörigen der beiden protestantischen Konfessionen leichter, doch muss hervorgehoben werden, dass alle konfessionellen Gruppen mit ihrer Arbeits- und Innovationskraft das Rückgrat der wirtschaftlichen Expansion stellten.

Im Laufe des 18. Jahrhunderts verschlechterten sich die Arbeits- und Lebensbedingungen der Handwerker und Lohnarbeiter im Textilgewerbe. Die Leinenweberzunft wurde aufgelöst, die Arbeitslöhne hielten mit den Lebenshaltungskosten im Tal nicht Schritt. Grund hierfür war nicht zuletzt eine Verschärfung des marktwirtschaftlichen Drucks, der von der Verdichtung der Weltwirtschaft erzeugt wurde. Denn die relative Randlage des Wuppertals in Bezug auf die Weltwirtschaft wirkte sich auch dahingehend aus, dass die Verleger-Kaufleute vor allem in der Branche der Breitgewebe den globalen Preisdruck ungebremst an die Produzenten weiterreichten.[4] Auf Betreiben der Kaufleute gab die Regierung die Leinenweber dem internationalen Wettbewerb schutzlos preis.

4 Vgl. hierzu weiterhin *Wallerstein*, Modern World-System, v. a. Bd. 3, Kap. 2. Das Wuppertal ließe sich nach Wallersteins Schema als am Rande des Zentrums gelegen einordnen – mit den entsprechenden strukturellen Bedingungen, die Zentrum und Randlage zugleich mit sich bringen.

Weder die Regierung noch die Arbeitskräfte wussten sich dem Prozess der globalen Kommerzialisierung zu entziehen, der von der Kaufmannschaft so massiv vorangetrieben wurde.

Die vorliegende Arbeit hat deutlich gemacht, dass die Jahre um 1800 in wirtschaftlichen Belangen keine wirkliche Zäsur darstellten; vielmehr lassen sich beispielsweise anhand der hergestellten Produkte Linien vom frühen 18. Jahrhundert bis in die 1840er Jahre ziehen. Das Gleiche gilt für die bedienten Absatzmärkte sowie die Instrumentarien des Handels. Hierbei spielte vor allem eine verbindliche Kaufmannskultur in Bezug auf Zahlungsmoral und -weisen, Kommissionsgeschäfte, Formen der Korrespondenz und der Reputation eine Rolle. Auch die Transportmöglichkeiten und -wege blieben innerhalb dieses Zeitabschnitts weitgehend gleich. Erst ab den 1840er Jahren lassen sich derart massive Veränderungen beobachten, dass von einem Epochenwechsel gesprochen werden kann. Dies gilt sowohl für die hergestellten Produkte, die sich in der Bandindustrie des Wuppertals von Stapel- zu Modeartikeln wandelten, wie auch für die Herstellungsweise, bei der nun vermehrt auf mechanischen Antrieb gesetzt wurde. Zur Epoche der »gebildeten Stände« gehört somit eindeutig eine vorindustrielle Wirtschaftsweise.

Der Strukturwandel in Bezug auf die Industrialisierung lässt sich im Übrigen auch innerhalb der Wuppertaler Kaufmannschaft nachvollziehen: einige entschieden sich für die Einführung einer mechanisierten Produktionsweise, andere konzentrierten sich völlig auf den Handel oder Finanzgeschäfte oder zogen sich ins Rentiersdasein zurück. Wiederum andere Firmen erlebten dagegen unter Beibehaltung der überlieferten Produktionsweise einen schleichenden Niedergang, der sich häufig über fast das gesamte 19. Jahrhundert erstreckte. Auch in dieser Hinsicht stehen die Froweins, von Eynerns, Bredts und Wuppermann für das Gros der Wuppertaler Kaufleute und Unternehmer, die sich alle auf die eine oder andere Art von der Lebenswelt der »gebildeten Stände« verabschieden mussten.

Ob die Beziehungen zwischen globaler Kommerzialisierung und lokaler Ökonomie auch in anderen deutschen beziehungsweise europäischen Regionen ähnlich eng waren, müssten in der Zukunft vergleichende Studien ergeben. Hierdurch ließen sich weitere Aufschlüsse über die Vernetzung beziehungsweise Dezentralität der Welt im 18. und frühen 19. Jahrhundert gewinnen und somit über die Voraussetzungen, welche den tiefgreifenden Wandel seit dem 18. Jahrhundert in Gang setzten. Zugleich ließe sich so das Industrialisierungsparadigma, das auf Schlüsseltechnologien und Massenproduktion setzt, um wichtige Aspekte, nämlich die Faktoren Außenhandel und die Bedeutung einer schleichenden Mechanisierung, erweitern.

8.2 Kaufmännische Rationalität

Der Prozess der globalen Kommerzialisierung ist, trotz aller Veränderungen, die er bewirkte, nicht gleichzusetzen mit der Durchsetzung einer rationalen, an modernen, betriebswirtschaftlichen Lehren ausgerichteten Wirtschaftsweise. Denn in Bezug auf die Herausbildung einer spezifisch »modernen« kaufmännischen Rationalität stellen die im Zentrum dieser Studie stehenden Jahrzehnte zwischen 1760 und 1840 keineswegs einen Einschnitt dar. Die Wuppertaler Kaufmannsfamilien führten ebenso wie zahlreiche andere Kaufleute ihre Bücher weiterhin mit einer einfachen Kontokorrent-Buchung und übernahmen nicht das angeblich so rationale Prinzip der doppelten Buchführung. Deren Bedeutung als Ausdruck einer rationalen Grundsätzen gehorchenden Wirtschaftsweise ist von Werner Sombart und anderen falsch eingeschätzt worden. Ältere Vorstellungen von Nahrung im Sinne eines standesgemäßen Auskommens blieben auch in der Kaufmannschaft lange erhalten und beeinflussten nicht zuletzt die Buchführung, welche vor allem Zu- und Abgänge von Waren und Kapital erfasste, aber nicht Gewinne im modernen betriebswirtschaftlichen Sinne. Das Gewinnstreben des Kaufmanns war nicht auf das Maximum ausgerichtet, sondern auf den standesgemäßen Erhalt der Familie.

Es ergibt somit auch wenig Sinn, die Kaufmannschaft in verschiedene Gruppen aufzuspalten und »Neuerer« gegen »Bewahrer« zu stellen. Wie die jüngere Forschung gezeigt hat, gilt es die Frage nach Statik und Dynamik im Handeln von wirtschaftspolitischen und kaufmännischen Akteuren gänzlich neu zu stellen und diese situationsgebunden zu analysieren. Die Ergebnisse zur Wuppertaler Kaufmannschaft, zur Leinenweberzunft sowie zu einzelnen herausragenden Akteuren wie dem Spinnereibesitzer Brügelmann oder dem Kaufmann Schlickum haben dies unterstrichen. Eine dichotomische Zuschreibung von Retorsion an die eine und Dynamik an die andere Seite lässt sich nicht länger aufrechterhalten.

Was die handlungsleitenden Werte der Kaufleute anging, so fand im kaufmännischen Bereich, analog zu den »bürgerlichen Tugenden«, eine Internalisierung moralischer Normen statt. Dies ist am deutlichsten wahrnehmbar im Bereich der religiösen Bezüge innerhalb des kaufmännischen Schriftguts. Während die in den 1730er und 1740er Jahren geborenen Kaufleute noch ganz selbstverständlich »Gott« mit in die kaufmännische Gleichung aufnahmen – sei es als gütige Vorsehung beim Schiffsverkehr oder als mahnende Instanz für eine gerechte Preisgestaltung – verwiesen die Jüngeren unter ihnen deutlich seltener und häufig nur noch floskelhaft auf diese außerweltliche Instanz. Zugleich wurden diese Normen weiterhin weitgehend von der Familie und nicht so sehr von formalen Institutionen wie Justiz und Verwaltung garantiert.

Generell lässt sich Bedeutung der Familie als Institution für das Funktionieren der frühneuzeitlichen Wirtschaft gar nicht hoch genug einschätzen. Denn zum einen sicherte die Familie Kreditausfälle ab und sorgte für ehrbares Geschäftsverhalten einzelner Akteure, zum anderen entfernte die Familie durch ihre scharfen Sanktionsmechanismen im Falle einer Insolvenz als unzuverlässig geltende Akteure aus dem Marktgeschehen. Die scharfen Regulationsmechanismen innerhalb der Familie ersetzten dabei fehlende obrigkeitliche Institutionen bis weit ins 19. Jahrhundert hinein. Sich auf die Familie zu verlassen war Teil rationalen kaufmännischen Verhaltens. Der Familienverbund und die ihm zugehörigen Sicherungsmechanismen gehören zu den Bedingungen der (globalen) Kommerzialisierung.

Für die Einbindung der Kaufmannsfamilien in die Formation der »gebildeten Stände« ergeben sich aus den hier beobachteten Verschiebungen einige bemerkenswerte Einsichten. So stand die gesteigerte und vor allem auch positiv gewendete Bedeutung des »Eigennutzes«, der sowohl von christlich argumentierenden Autoren wie auch von Staatstheoretikern als fundamental für das Funktionieren der Wirtschaft hervorgehoben wurde, in engem Zusammenhang mit der Entfaltung gesteigerter Subjektivität und Individualität im Laufe des 18. Jahrhunderts. Der Einzelne legte sich selbst gegenüber verstärkt Rechenschaft für sein Handeln ab und reflektierte es genauso wie die das Handeln begleitenden Emotionen. In diesem Zusammenhang wird in der Forschung meist von Empfindsamkeit gesprochen. Dieses Phänomen, das auf eine moralische und sittliche Verbesserung des Individuums abhob, war eingebunden in das eingangs zitierte vielschichtige Verständnis von Bildung, welches Selbst-Bildung beziehungsweise die Arbeit am Selbst immer mit umfasste, und das eng verzahnt war mit dem Glauben an die Perfektabilität des Menschen. Diese Selbst-Bildung schloss die Internalisierung von moralisch richtigen Verhaltensweisen mit ein. Die Verlagerung des Begründungszusammenhangs kaufmännischer Tugenden weg von den christlichen Geboten hin zu einer internalisierten kaufmännischen Moral zeigt auf, wie eng die verschiedenen Teilgruppierungen der »gebildeten Stände« miteinander verflochten waren, und dass die Kaufmannsfamilien auch in dieser Hinsicht von den Bildungsprozessen der »gebildeten Stände« erfasst wurden. Dass diese kaufmännische Moral in der Praxis wiederum zu einem Gutteil von der Institution Familie garantiert wurde, gehört zu der Vielschichtigkeit dieses Prozesses und zeigt auf, wie eng die Lebensbereiche Familie und Firma miteinander verzahnt waren. Darüber hinaus lädt die große Bedeutung der Familie für die kaufmännische Existenz dazu ein, über die Bedeutung der Familie als Institution für die »gebildeten Stände« allgemein nachzudenken.

8.3 Die Lebenswelt der »gebildeten Stände«

Durch die verschränkte Betrachtung der verschiedenen Lebenswelten, welche die Lebenswelt eines jeden Einzelnen ausmachen, stellen die Ergebnisse dieser Arbeit Grundannahmen zur »bürgerlichen Lebensweise«, zur »bürgerlichen Familie« und damit zur Herausbildung spezifischer »moderner« Lebensweisen in Frage. Innerhalb der Wuppertaler Kaufmannsfamilien wurden ältere Vorstellungen von der ehelichen Gemeinschaft als der eines Arbeits- und Liebespaares bis weit ins 19. Jahrhundert beibehalten. Ein »bürgerliches« Eheleben, das heißt die in einem geschützten, privaten Raum stattfindende Gemeinschaft zweier sich romantisch liebender Menschen, die sich dichotomisch ergänzende Rollen übernahmen, findet sich in der Lebenswirklichkeit der Wuppertaler Kaufmannsfamilien kaum. Gerade die enge Verschränkung der beiden Lebenswelten Familie und Firma, die, wie anhand der äußeren Anordnung der kaufmännischen Anwesen gezeigt wurde, auch räumlich weiterhin nicht voneinander getrennt waren, sorgte dafür, dass männliche und weibliche Lebensbereiche eng ineinander griffen, auch wenn dies in performativ zu nennenden Textzeugnissen verborgen bleibt. Die weitgehende Gleichwertigkeit der Geschlechter wurde im Wuppertal gefördert durch die Koedukation und Parallelität der Schulbildung sowie durch die Gleichrangigkeit bei Erbschaften und materieller Ausstattung auf dem Weg in die Selbständigkeit, sei es als Kaufmann oder als Vorsteherin eines eigenen Haushalts. Auch wenn den Frauen in ihrer Rolle als Ehefrau in rechtlicher Hinsicht Grenzen gesetzt waren, wenn es um die Verfügung über ihr Vermögen ging, zeigt die Untersuchung doch klar, dass die Frauen als gleichberechtigte Partnerinnen wahrgenommen und geschätzt wurden. Gerade in Hinblick auf ihre den Männern häufig überlegene »kulturelle« Bildung kam ihnen für die Formierung der »gebildeten Stände« eine besondere Rolle zu.

Doch die in zeitgenössischen normativen Texten formulierten Vorstellungen zum Verhältnis der Geschlechter mit ihrer klaren Dichotomisierung der »Geschlechtscharaktere« fanden auch im Wuppertal ihren Widerhall. So heirateten die Frauen beispielsweise seit dem Beginn des 19. Jahrhunderts deutlich früher und hatten weniger Zeit für eine kaufmännische Ausbildung. Auch deutet die allmähliche Etablierung eines räumlich getrennten Arbeits- und Wohnbereichs wie auch der Rückzug der Frauen aus dem operativen Geschäft seit den 1840er Jahren darauf hin, dass sich »bürgerliche« Rollenmuster durchzusetzen begannen. Inwieweit dies allerdings normativen Vorgaben oder aber eher den Veränderungen in der Produktionsweise – Stichwort Mechanisierung – geschuldet war, müsste noch genauer überprüft werden. Das Auseinandertreten der Ausbildungswege der Söhne und Töchter der Kaufmannsfamilien seit den 1810er Jahren, vor allem in Hinblick auf die Teilhabe an aktuellem wirtschaftlichem Fachwissen, lässt vermuten, dass auch solche materiellen Gründe eine Rolle bei der Herausbildung der nach Geschlecht getrennten Sphären innerhalb der Kaufmannsfamilien spielten.

Bevor man den Kaufmannsfamilien allerdings pauschal eine Sonderrolle innerhalb der »gebildeten Stände« zuweist, gilt es zu beachten, dass auch bereits in anderen Untersuchungen Bedenken gegen die in den normativen Texten vorgelegte klare Trennung der Sphären geäußert wurden. Auch in den Pfarrers-, Professoren-, Lehrer- oder Beamtenfamilien waren die Arbeitswelt und der häusliche Raum längst nicht so klar voneinander geschieden, wie es ältere Darstellungen in Anlehnung an die »bürgerlichen Meisterdenker« vertreten haben. Vielmehr erscheinen die Geschlechterbeziehungen und die Etablierung dessen, was »öffentlich« und was »privat« ist, innerhalb der »gebildeten Stände« als ein ständiger Aushandlungsprozess. Die Untersuchung zu den Wuppertaler Kaufmannsfamilien hat dies noch einmal besonders prägnant akzentuieren können.

Zukünftige Forschungsvorhaben müssten sich der Frage widmen, ob und wie heterogen sich die verschiedenen sozialen Gruppen, welche sich im Plural der »gebildeten Stände« wiederfinden, gerade in Hinsicht auf die Beziehung der Geschlechter verhielten. Die auch im Wuppertal zu beobachtenden Eheschließungen mit sozial eng benachbarten Berufsständen wie Pfarrern, Ärzten oder Regierungsbeamten lassen es auf jeden Fall geraten erscheinen, hier von einem möglichst breit gelagerten Sample auszugehen, um zu einer für die »gebildeten Stände« gültigen Aussage gelangen zu können. Es mag sich allerdings auch herausstellen, dass, wenn man auch noch Angehörige des Adels, die im zeitgenössischen Verständnis bei entsprechender Bildungsbereitschaft ebenfalls zu den »gebildeten Ständen« gezählt wurden, mit in die Untersuchung integrierte, die verschiedenen Gruppen der »gebildeten Stände« in dieser Hinsicht zu heterogen sind, als dass sich allgemeingültige Aussagen über Heiratsalter, Reproduktionsverhalten, Arbeitswelt und Haushalt treffen ließen.

Sehr viel eindeutiger als Gemeinschaft lassen sich die »gebildeten Stände« anhand ihrer Konsumgewohnheiten und ihrer materiellen Kultur charakterisieren. Die für die Charakterisierung der »gebildeten Stände« zentrale Ständetranszendenz dieses Konsums ist in den letzten Jahren bereits in Bezug auf die bis dato als »bürgerlich« etikettierte Biedermeierkunst und vor allem Biedermeiermöbel deutlich herausgearbeitet worden. Denn dass es sich bei diesen Möbeln und Gemälden vielfach um Kunstwerke ersten Ranges handelte, die in Adelshäusern ebenso wie in bürgerlichen Familien verbreitet waren, verweist einmal mehr auf die von den »gebildeten Ständen« gemeinsam entwickelten Geschmacksvorlieben.[5]

5 Vgl. *Grabner/Krapf*, Aufgeklärt bürgerlich; *Ottomeyer/Schröder/Winters*, Biedermeier; *Zinnkann*, Biedermeiermöbel. Zu den Geschmacksvorstellungen der »gebildeten Stände« vgl. *Schmidt-Funke*, Kommerz; *Blänkner*, »Gebildete Stände«.

Die Konsumgewohnheiten der Wuppertaler Kaufmannsfamilien oszillierten zwischen geschäftlichen Erfordernissen und privaten Annehmlichkeiten. Hierbei ist hervorzuheben, dass das Zusammenspiel von strukturellen Gegebenheiten, spezifischen Funktionalitäten und persönlichen Vorlieben die materielle Kultur in den unterschiedlichen Lebenswelten bestimmten und diese entsprechend lebensweltlich kontextualisiert werden muss. Dies gilt genauso für andere Angehörige der »gebildeten Stände«, die ja ebenso in verschiedene Lebenswelten eingebunden waren und deren Wohnhäuser im Falle der Beamten etwa als Amtshaus, im Falle der Professoren als Ort der Lehre und als Pensionat dienten. Im Wuppertal vermittelte die für eine breite Öffentlichkeit wahrnehmbare Architektur der Kaufmannshäuser den Eindruck von gediegenem Wohlstand, welcher auf die geschäftliche Solidität der Firma verwies. Die Untersuchung des Inneren der Häuser, das heißt der Raumaufteilung, des vorhandenen Mobiliars und seiner Platzierung wie auch der Dekoration der Räume, hat dagegen deutlich gemacht, dass die Wuppertaler Kaufmannsfamilien mit ihrer zunehmenden Durchästhetisierung des Wohnraumes an der »kulturellen Kommunität« der »gebildeten Stände« teilhatten und mithalfen, diese weiter auszubilden. Wie sehr auch die materielle Kultur in globale Zusammenhänge eingebunden war, darauf verweisen wiederum nicht nur die konsumierten Genussmittel, sondern auch die Selbstverständlichkeit, mit der exotische Hölzer wie Mahagoni für das Mobiliar verwandt wurden.

Der Anschluss und die Arbeit der Wuppertaler Kaufmannsfamilien an der im Sinne Friedrich Tenbrucks »bürgerlichen«, weil verselbständigten Kultur der »gebildeten Stände« fand auch außerhalb des häuslichen Rahmens statt. Anhand von verschiedenen Formen von Öffentlichkeit – Kirche, Verein und Sozialpolitik – ist deutlich geworden, wie sehr die Identität der »gebildeten Stände« auf der Scheidung von »gebildet« und »ungebildet« beruhte. Dies gilt vor allem in Fragen der Religion und der Geselligkeit. So ergibt die in der kirchlichen Öffentlichkeit wahrnehmbare Religiosität trotz der unterschiedlichen konfessionellen Bindung ein einheitliches Bild: das Leben in der Gemeinde wurde aktiv wahrgenommen und mitgestaltet, etwa durch die Übernahme von Gemeindeämtern, und die allgemein vorherrschende Orthodoxie gestützt. Die Untersuchung der sich in einem begrenzteren Kommunikationsraum abspielenden Glaubensangelegenheiten offenbart dagegen ein deutlich differenzierteres Bild. Innerhalb der Kaufmannsfamilien lassen sich sowohl pietistische wie auch aufklärerische oder deistische Tendenzen beobachten und somit ein Glaubenspluralismus, wie er für die »gebildeten Stände« typisch ist. Allen porträtierten Personen war eigen, dass sie sich in Glaubensfragen stärker von ihren inneren Überzeugungen leiten ließen als von der offiziell sanktionierten Religion.

Wie auch andere Mitglieder der »gebildeten Stände« waren die Wuppertaler Kaufmannsfamilien davon überzeugt, dass es nach Bildungsstand geschiedene Formen angemessener Religiosität gab. Im Wuppertal wurde diese Überzeugung durch eine Funktionalisierung der Kirchen und ihrer Gehorsamkeit predigenden Lehren für die wirtschaftlichen Zwecke der Kaufmannsschicht auch in Politik verwandelt. Die Zusammenhänge der globalen Kommerzialisierung machten sich auch hier bemerkbar und verschärften das Auseinandertreten von privater Innerlichkeit und öffentlich vorgetragener Gläubigkeit und Kirchentreue. Dass sich die Scheidung von gebildeter, individualisierter Religiosität und »ungebildeter«, gemeindlicher Religion mit den ökonomischen Interessen der Kaufmannsfamilien traf, hat die Herausbildung von Klassenlagen sicherlich begünstigt und trug möglicherweise dazu bei, dass sich die »gebildeten Stände« des Wuppertals früher als anderswo zu einer ökonomisch definierten Klasse mit einer einheitlichen Klassenlage verwandelten.

Diese Zusammenhänge lassen sich auch bei der Gründung der verschiedenen »bürgerlichen« Assoziationen beobachtet, die im Wuppertal seit 1775 nachweisbar sind. So stand bei der Gründung der Lesegesellschaft und geselligen Vereinigungen in Elberfeld und Barmen der Bildungsgedanke in seiner breitestmöglichen semantischen Bedeutung Pate. Doch verlief der in diesen Gesellschaften ablaufende Vergesellschaftungsprozess der »gebildeten Stände« unter den spezifischen Voraussetzungen einer Gewerberegion. So diente die Elberfelder Lesegesellschaft nicht nur zur Vermehrung der Kenntnisse und zur Verfeinerung der Sitten, sondern sie war auch ein wichtiges Instrument zur Integration neuhinzugezogener Personen, die in der Stadt Fuß zu fassen suchten. Die sich rasch ausdifferenzierende Assoziationslandschaft war ebenfalls dem Nexus von Zuwanderung und wirtschaftlichem Wachstum geschuldet, der allgemein für eine große Dynamik im Tal sorgte. Die Auseinanderfächerung der Assoziationen zeigt darüber hinaus, wie sehr die »gebildeten Stände« in sich differenziert waren, und dass die Idee von »Bildung« nur für einen gewissen Zeitraum wirkmächtig war, sie zu integrieren. Im Rahmen der sich dann formierenden industriell-kapitalistischen Klassengesellschaft gewann daher in den »bürgerlichen« Vereinigungen der Wunsch nach anspruchsloser, schichtenbegrenzter und häufig auch rein maskuliner Geselligkeit die Oberhand über den vormals so emphatisch vorgetragenen, integrativen Bildungsgedanken.

Die Besonderheiten einer Gewerberegion bedingten schließlich auch den Umgang der Kaufmannsfamilien mit Fragen der Armenfürsorge und der allgemeinen Wohlfahrt. Auch hier verschränkten sich die verschiedenen Lebenswelten der Wuppertaler Kaufmannsfamilien. Wie die zeitgenössische Resonanz beweist, wurden jedoch die innerhalb des Wuppertals entwickelten Modelle als vorbildhaft wahrgenommen und innerhalb der »gebildeten Stände« weit kommuniziert. Denn das von den Wuppertaler Kaufleuten gezeigte öffentliche Engagement in kommunalen Angelegenheiten berührte innerhalb dieser sozialen Elite eine laut klingende Saite. Das Verständnis von persönlicher Bildung verpflichtete die »Gebildeten«, den »Ungebildeten« auch wohltätig zur Seite zu stehen und durch erzieherische Maßnahmen für den Ausgang aus deren selbstverschuldeter wirtschaftlicher Misere zu sorgen. Wie das Elberfelder Armeninstitut sowie die Kornvereine in beiden Städten zeigen, waren allerdings die Motive der Betreiber auch weiterhin verquickt mit traditionellen religiösen Überlieferungen. Darüber hinaus verweist das in beiden Angelegenheiten gebrauchte Vokabular der Nützlichkeit, der Effizienz und der Wirtschaftlichkeit auf die fortschreitende Kommerzialisierung aller Lebensbereiche. An dieser Stelle lässt sich eine markante Überlagerung verschiedener Argumentations- und Traditionsstränge feststellen, die sich für die »gebildeten Stände« als typisch postulieren lässt.

Für die Lebenswelt der Wuppertaler Kaufmannsfamilien war die Verschränkung der beiden Lebensbereiche Firma und Familie grundlegend. In vielem bestimmten die besonderen Erfordernisse und Bedingungen einer gewerblich hoch entwickelten Region die Art und Weise, wie sich die Kaufmannsfamilien als »gebildete Stände« vergesellschafteten. Materieller Wohlstand, lebendige Religiosität und die Verschränkung weiblicher und männlicher Lebensbereiche bestimmten die Konstituierung dieser sozialen Gruppierung im Wuppertal. Um die Figuration der »gebildeten Stände« genauer und auch jenseits der Spezifika einer Gewerberegion bestimmen zu können, ist es notwendig, weitere gesellschaftliche Gruppen zu untersuchen. Hierbei würde es sich anbieten, die im engeren Sinn so bezeichneten Gebildeten wie die Professoren, Pfarrer oder Juristen, mit denen die Wuppertaler Kaufmannsfamilien im Übrigen sozial und familiär eng verbunden waren, als Vergleichsgruppe heranzuziehen. Auch gilt es zu untersuchen, ob sich der Impetus von »Bildung«, welcher den »gebildeten Ständen« zugrunde liegt, in ähnlicher Weise in eher katholisch dominierten Gruppierungen finden lässt. Oben wurde bereits erwähnt, dass darüber hinaus Untersuchungen zum Adel notwendig sind, um ein umfassenderes Bild von den »gebildeten Ständen« zu erhalten. Hier muss außerdem geklärt werden, ob für Angehörige des Adels nicht möglicherweise andere Faktoren wie ihre Stellung als Gutsbesitzer oder die Zugehörigkeit zu adligen Korporationen für ihre soziale Identität entscheidender war als die Zugehörigkeit zu der fluiden Gruppierung der »gebildeten Stände«.

8.4 Die »gebildeten Stände« als heuristisches Instrument

Ziel dieser Arbeit war es, mithilfe des heuristischen Instruments der »gebildeten Stände« die Wuppertaler Kaufmannsfamilien analytisch klarer zu fassen als dies möglich gewesen wäre, hätte man sie nur als Angehörige des »Bürgertums« oder gar als »Wirtschaftsbürgertum« beschrieben. Vielmehr sollte die künstliche Dichotomisierung des Bürgertums in einen bildungs- und wirtschaftsbürgerlichen Teil vermieden und die Wuppertaler Kaufmannsfamilien als Teil der damaligen sozialen, kulturellen und wirtschaftlichen Elite, die sich unter der Leitdifferenz

»Bildung« konstituierte, beschrieben werden. Mit diesem Verständnis lässt sich die Kategorie der »gebildeten Stände« auch für weitere Untersuchungen als heuristisches Instrument fruchtbar machen. Zugleich können Erkenntnisse, die unter der Prämisse der »gebildeten Stände« gewonnen werden, zur Analyse des weitreichenden Transformationsprozesses, welcher vor allem die europäisch geprägte Welt seit der Mitte des 18. Jahrhunderts erfasst hatte, entscheidend beitragen.[6]

Denn anders als die kaum klar abgegrenzte Bezeichnung »Sattelzeit« für das Jahrhundert zwischen 1750 und 1850, deren Karriere nicht zuletzt ihren Schöpfer Reinhart Koselleck überrascht hat, oder die Rede von der »Übergangsgesellschaft« nach Christof Dipper, die weiterhin einem teleologischen Paradigma verpflichtet bleibt, gestattet es die Kategorie der »gebildeten Stände« die vielfältigen Transformationsprozesse des »revolutionären Zeitalters« klar zu benennen und abzugrenzen, ohne dabei voreilig einem Entwicklungsstrang den Vorrang zu geben.[7] Der in der Mitte des 18. Jahrhunderts einsetzende, grundsätzliche Wandel, als dessen gesellschaftliche Speerspitze die »gebildeten Stände« auch verstanden werden können, lässt sich im Besonderen auf den Felder Religion, Ökonomie, Geschlechterbeziehungen, Wissensordnungen samt Zeiterfahrung und politischer Partizipation untersuchen, sowohl in normativen Texten als auch in akteursbezogenen Analysen. Die Auflösung der »gebildeten Stände« als eigenständiger sozialer Figuration in den 1840er Jahren und das Verschwinden von »Bildung« als Leitdifferenz markiert dann das Ende einer Epoche, in welcher ständische Elemente und Aspekte der industrie-kapitalistischen Klassengesellschaft nebeneinander existierten.

Die »gebildeten Stände« bilden den Ausdifferenzierungsprozess der ständischen Ordnung ab und verweisen darauf, dass dieser Prozess in unterschiedlichen Geschwindigkeiten und Intensitäten ablief. Denn die Frage danach, welchem Stand man sich zugehörig fühlte und welche ständische Lage einen definierte, hing von einer Vielzahl von Faktoren wie Wohnort, Beruf, Herkunft, Geschlecht, Vermögen und schließlich auch Bildung ab. Darüber nachzudenken und sich einer sozial offenen, aber immer noch ständisch geprägten Formation zugehörig zu fühlen, charakterisierte die »gebildeten Stände«. Die gemeinsame Reflexion über ihre »ständische Lage«, die im Falle des Assoziationswesens eher ortsgebunden, dank der Zeitschriften aber auch ortsungebunden verlief, bildete einen wichtigen Faktor des Zusammenhalts, der durch vielfältige soziale und verwandtschaftliche Beziehungen noch intensiviert wurde. Nicht unterschätzt werden sollte außerdem die gemeinsame Konsumkultur, die ebenfalls medial

6 Vgl. hierzu allerdings auch die Überlegungen zur globalen Dimension dieser Epoche bei *Blänkner/Paul*, Neuständische Gesellschaft; *Osterhammel*, Verwandlung, S. 104–109.

7 Vgl. zur »Sattelzeit« *Koselleck*, Einleitung; *Koselleck/Dipper*, Begriffsgeschichte; *Schneider*, Spurensuche; *Jordan*, Sattelzeit; *Découltot/Fulda*, Sattelzeit. Zur »Übergangsgesellschaft« vgl. *Dipper*, Übergangsgesellschaft, sowie die Beiträge unter der Rubrik »Übergangsgesellschaft: Länder und Strukturen« in *Raphael/Schneider*, Dimensionen, S. 549–723.

vermittelt wie auch lokal ausagiert wurde, und die über geteilte Vorstellungen von »Angemessenheit« und »Geschmack« einen entscheidenden Anteil an der Gruppenidentität der »gebildeten Stände« hatte.

Ewald Frie hat in ähnlicher Absicht für die Zeit zwischen dem Ende des 18. Jahrhunderts und den 1830er Jahren von einem »Laboratorium der Moderne« gesprochen, innerhalb dessen es zu einer Entsicherung der ständischen Gesellschaft kam. Dies habe schließlich zu einer forthin funktional differenzierten statt schichtengebundenen Gesellschaft geführt.[8] Allerdings beschränkte sich Fries empirische Untersuchung auf den preußischen Adel beziehungsweise einen besonders herausgehobenen Exponenten dieser Gruppe. Reinhard Blänkner wiederum hat den Vorschlag gemacht, die epochemachenden Veränderungen von der Mitte des 18. bis zur Mitte des 19. Jahrhunderts als sich auf verschiedenen Achsen abspielende, »neuständische Vergesellschaftungen«, welche sämtliche sozialen Schichten umfassten, zu verstehen. Die von Blänkner explizit genannten »gebildeten Stände« hätten als »adelig-bürgerliches Elitenkonglomerat« dabei im Zentrum gestanden.[9] Ähnlich wie Frie sieht auch Blänkner in den 1830er Jahren einen Schnitt, als mit dem Aufstieg des Vierten Standes und der industriellen Bourgeoisie das soziale Gefüge grundlegend verändert wurde.

Die beiden Ansätze lassen sich mit empirischen Untersuchungen, welche die »gebildeten Stände« und die Muster ihrer Lebensführung zum Ausgangspunkt der Überlegung machen, noch weiter vorantreiben. Vor allem lassen sich die Spezifika der Zeit um 1800 klarer benennen und gegen das Davor und das Danach abgrenzen. Stärker als bisher berücksichtigt werden müsste bei zukünftigen Untersuchungen der globale Zusammenhang, welcher das Entstehen der »gebildeten Stände« bedingte. Für die Wuppertaler Kaufmannsfamilien ist dieser Zusammenhang ziemlich offensichtlich; für andere Teile der »gebildeten Stände« gilt es diesen noch genauer herauszuarbeiten. Anstatt sich weiterhin vor allem auf die globalen Verbindungen in der materiellen Kultur zu fokussieren, erscheint es besonders weiterführend sich etwa den merkantilen Strategien von staatlichen Funktionären oder dem wirtschaftlichen Vorgehen von Adelsfamilien zuzuwenden.

Die »gebildeten Stände« global zu denken, bietet außerdem die Gelegenheit, über Äquivalente zu dieser Figuration jenseits des deutschen Kontextes nachzudenken. So sind die für die Wuppertaler Kaufmannsfamilien als *pars pro toto* der »gebildeten Stände« in der vorliegenden Arbeit analysierten Wandlungsphänomene – Wirtschaftsorganisation, Geschlechterverhältnisse, Religiosität, Rationalität, etc. – und die sie bestimmenden Faktoren – globale Kommerzialisierung, politische Umbrüche, mentaler Wandel – ja keineswegs Prozesse, die

8 Vgl. *Frie*, von der Marwitz, S. 29–34, 334.

9 Vgl. *Blänkner*, »Gebildeten Stände«, Zitat S. 113. Vgl. auch *ders.*, Salons und Musenhöfe; *ders.*, »Geselligkeit«.

allein im Wuppertal oder in Deutschland abliefen. Vielmehr bietet es sich an, vergleichend beispielsweise über die *middling ranks* in Großbritannien oder die *societé des notables* in Frankreich nachzudenken.[10] Lisa Sturm-Lind hat bereits demonstriert, dass sich auch in den jungen USA ähnliche gesellschaftliche Gruppierungen wie jenseits des Atlantiks ausmachen lassen, allen voran Kaufmannsfamilien, die ganz ähnlich wie die Wuppertaler Kaufleute zwischen globaler Kommerzialisierung und lokaler Ökonomie agierten, und die durch ihr wirtschaftliches, politisches und soziales Wirken entscheidend dazu beitrugen, die junge amerikanische Republik zu formen.[11] Jonas Andersons Untersuchung zu den Lebenswelten der Familie Van Rensselaer als »amerikanische Aristokraten« hat wiederum deutlich gemacht, wie sehr auch die USA in ihren Anfangsphase noch von dem traditionellen Führungsanspruch einer Landaristokratie geprägt wurde.[12] Mit dem heuristischen Instrument der »gebildeten Stände« lassen sich beide Untersuchungen zusammendenken und so beispielsweise die Entstehung der Vereinigten Staaten von Amerika facettenreich und jenseits der üblichen, gradlinigen Entwicklungspfade nachzuvollziehen. Die »gebildeten Stände« weisen somit weit über das Wuppertal und seine Kaufmannsfamilien hinaus und deuten vielmehr in Richtung einer Globalgeschichte der *middling ranks* im vorindustriellen Zeitalter. Um sie als analytisches Instrument fruchtbar zu machen, sind nun weitere Untersuchungen über das Verhältnis von Bildung und Besitz, Beruf und Familie, Religion und Tugend, Konsum und Geselligkeit in der Zeit um 1800 nötig.

10 Auch in der Bürgertumsforschung sind hierzu bereits zahlreiche vergleichende Studien entstanden. Vgl. *Kocka*, Bürgertum. Zu den *middling ranks* oder *middle classes* vgl. *Vickery*, Gentleman's Daughter; *Davidoff/Hall*, Family; *Wahrman*, Imagining the Middle Class; *ders.*, Making of the Modern Self; zur *societé des notables* vgl. *Jardin/Tudesq*, La France des Notables; *Giesselmann*, Brumairianische Elite; *Haupt*, Sozialgeschichte Frankreichs; *Mager*, Noblesse.

11 Vgl. *Sturm-Lind*, Actors.

12 Vgl. *Anderson*, Aristokraten.

Dank

Dieses Buch hat eine lange Vorgeschichte. Sie reicht bis ins Jahr 2005 zurück, als ich im Rahmen eines Seminars zur »Europäischen Konsumgesellschaft im 18. Jahrhundert« an der Europa-Universität Viadrina eine Hausarbeit zur Leipziger Messe verfasste. Zu den untersuchten Händlern gehörten auch Wuppertaler Textilkaufleuten. Seitdem begleiten mich das Wuppertal und seine Kaufleute als Forschungsgegenstand – nach der Hausarbeit noch als Gegenstand der Diplomarbeit und schließlich als Thema meiner Dissertation, welche diesem Buch zugrunde liegt. Über all diese Etappen hat mich Herr Prof. Dr. Reinhard Blänkner (EUV Frankfurt/Oder) überaus kompetent, freundlich und engagiert betreut. Er hat die Arbeit auch als Doktorvater begutachtet und mir für die Überarbeitung wichtige Hinweise gegeben. Ihm gebührt mein besonderer Dank. Herrn Prof. Dr. Klaus Weber (ebenfalls EUV Frankfurt/Oder) bin ich für die Übernahme des Zweitgutachtens zu großem Dank verpflichtet; er hat diese Aufgabe über das Maß hinaus erfüllt und entscheidend zum Gelingen der Arbeit beigetragen.

Großen Anteil hieran haben auch Frau Prof. Dr. Ina Ulrike Paul (FU Berlin/UBW München) und Frau Prof. Dr. Susanne Lachenicht (U Bayreuth). Beide haben an entscheidender Stelle die richtigen Fragen gestellt und meine Forschungen zu den Wuppertaler Kaufmannsfamilien über viele Jahre wohlwollend begleitet. Herrn Prof. Dr. Paul Nolte und Herrn Prof. Dr. Manfred Hettling danke ich für die Aufnahme des Buches in die von ihnen herausgegebene Reihe »Bürgertum. Neue Folge«. Manfred Hettling hat nicht nur am Ende der Arbeit durch seine einsichtigen Bemerkungen einen Beitrag geleistet, sondern stand bereits an deren Anfang als Gutachter für die Studienstiftung Pate.

Die Studienstiftung des Deutschen Volkes hat die Arbeit an der Dissertation durch ein Promotionsstipendium von 2010 bis 2012 gefördert. Für die finanzielle und ideelle Förderung und für den stets unkomplizierten Kontakt bedanke ich mich bei dieser Institution und ihren Mitarbeitern. Die Universität Bayreuth gewährte mir nicht nur zweimal eine Reduktion des Lehrdeputats, um ungehindert die Fertigstellung der Arbeit vorantreiben zu können, sondern förderte die Arbeit auch durch die Bereitstellung von Gleichstellungsmitteln für eine studentische Hilfskraft. Johannes Frankow übernahm diese Aufgabe sehr gewissenhaft.

Das Wuppertal steht im Zentrum dieser Arbeit. Vor Ort konnte ich auf die Hilfe und Unterstützung verschiedener Personen und Einrichtungen bauen. Zu nennen ist hier an erster Stelle Herr Berthold Frowein, der mir den uneingeschränkten Zutritt zum Archiv der Frowein und Co. Beteiligungs-AG gewährt hat. Ohne dieses Quellenmaterial und die großzügige Erlaubnis, die Archivalien zu fotografieren, hätte diese Arbeit nicht entstehen können. Herr Dr. Eberhard Illner, damaliger Direktor des Historischen Zentrums Wuppertals, ließ mich sehr selbständig im Archiv des Museums arbeiten und das dortige, reichhaltige Quellenmaterial in Ruhe erschließen. Die verschiedenen Mitarbeiter des Stadtarchivs standen mir freundlich und hilfsbereit zur Seite. Ihnen wie auch der zuständigen Mitarbeiterin im Kirchenarchiv Wuppertal danke ich für die Unterstützung.

Herr Dr. Jürgen Weise vom Rheinisch-Westfälischen Wirtschaftsarchiv zu Köln war mir behilflich, Zugang zum Archiv der Firma Wuppermann zu erhalten, und sorgte dafür, dass die betreffenden Akten in die Räume des RWWA ausgeliehen wurden. Hierfür sei ihm ausdrücklich gedankt. Auch im Westfälischen Wirtschaftsarchiv in Dortmund und im Hauptstaatsarchiv in Düsseldorf konnte ich auf die Hilfsbereitschaft der Mitarbeiter zählen. Das gleiche gilt für Herrn Dr. Detlef Krause, der mich im Archiv der Commerzbank AG sehr freundlich empfing. Claudia Gottfried, Christiane Syré und Martin Schmidt machten meine Aufenthalte im Industriemuseum Ratingen-Cromford zu sehr angenehmen und gewinnbringenden Erlebnissen. Gerte von Eynern wiederum gewährte mir Zugang zu ihrem Privatarchiv, um letzte Lücken in der Überlieferung zu den Eynerns zu schließen. An den Tag in Murnau denke ich gerne zurück.

Im Laufe der Jahre habe ich verschiedene Aspekte der Arbeit in etlichen Kolloquien vorgestellt. Als besonders prägnant erwiesen sich für mich die beiden Kolloquien an den Universitäten in Frankfurt/Main und Bielefeld – wie könnte es bei einer Arbeit zur Geschichte des Bürgertums auch anders sein. Für die jeweilige Einladung danke ich Ralf Banken und Stefan Gorißen. Letzterer hat außerdem einen Teil der Arbeit gelesen und geschaut, ob es irgendwo »klappert«. Ich hoffe, ich habe das Klappern in seinem Sinn beseitigt.

Bei der Arbeit an der Dissertation habe ich von zahlreichen Gesprächen und Diskussionen mit Kollegen und Freunden profitiert. Zu nennen sind hier an erster Stelle meine Berliner Freundinnen Ljiljana Heise und Ivonne Meybohm, denen das nahe Beieinander von Höhenflügen des Geistes und Niederungen des Alltag nur zu vertraut ist. Auch Jonathan Kohlrausch, Julia Feurich und Torsten Lüdtke haben mir in der aufregenden Anfangszeit geholfen, das Abenteuer Promotion mit Bedacht anzugehen. In Bayreuth sorgte Julien Bérard mit seinem beständigen Fragen nach der Fragestellung nicht nur dafür, das Wesentliche der Arbeit nicht aus den Augen zu verlieren, sondern stärkte mir auch an entscheidenden Stellen den Rücken. Nadja Mortensen und Susanne Schödl gewährten mir Unterkunft in Frankfurt/Main und München und machten die Archivreisen zu erfreulichen Aufenthalten in fremden Städten. In Tübingen schließlich erhielt ich bei der Überarbeitung des Manuskriptes Anregungen von Philip Hahn und Daniel Menning. Leonie Waldert hat das Manuskript noch einmal aufmerksam durchgesehen und die Erstellung des Registers besorgt.

Die Drucklegung der Arbeit wurde durch eine großzügige Beihilfe des Förderungsfonds Wissenschaft der VG Wort gefördert, wofür dieser Institution mein ausdrücklicher Dank gilt. Auch die Firma Frowein und Co. Beteiligungs-AG gewährte einen Zuschuss sowie die Erlaubnis, das Titelbild und die Bildnisse der früheren Firmeninhaber zu verwenden. Auch hierfür bedanke ich mich.

Ohne die Unterstützung meiner Familie hätte ich die Arbeit nicht zu einem erfolgreichen Abschluss gebracht. Dies gilt erst einmal für den bedingungslosen Glauben meiner Eltern, Sabine und Herbert Overkamp, an mich und an diese Arbeit und an ihre Bereitschaft, sie ideell und materiell zu fördern. Auch meine Schwiegereltern, Renate und Heinz Augustin, waren stets hilfsbereit zur Stelle, wenn es einmal eng wurde, und verfolgten die langjährige Arbeit an der Dissertation mit Anteilnahme. Mein Mann, Daniel Augustin, trug das nicht enden wollende Projekt geduldig mit und übernahm auch das Lektorat der Dissertation. Er hätte sich damals in einem kalten Winter in einer anderen Stadt mit dem Anfangsbuchstaben W. wohl nicht träumen lassen, dass er einmal so viel über das Wuppertal und seine Kaufmannsfamilien von vor gut 200 Jahren nicht nur hören, sondern auch lesen würde. Unsere beiden Kinder, Marianne und Gregor, wiederum haben bewiesen, dass eine Doktorarbeit nicht nur ideellen, sondern auch praktischen Nutzen haben kann. Mit der »Doki« lassen sich immerhin auch Blätter pressen – sie muss nur schwer genug sein.

Abkürzungen

ADB	Allgemeine Deutsche Biographie
AfS	Archiv für Sozialgeschichte
AHR	American Historical Review
Art.	Artikel
BBKL	Biographisch-Bibliographisches Kirchenlexikon
BHR	Business History Review
FAB	Familienarchiv Brügelmann
FAF	Firmenarchiv Frowein
FAW	Firmen- und Familienarchiv Wuppermann
fl.	Gulden
GG	Geschichte und Gesellschaft
GWU	Geschichte in Wissenschaft und Unterricht
HAC	Historisches Archiv der Commerzbank
HJ	Historical Journal
HZ	Historische Zeitschrift
HZW	Historisches Zentrum Wuppertal
JB	Jülich Berg
JbW	Jahrbuch für Wirtschaftsgeschichte
JEH	Journal of Economic History
JLM	Journal des Luxus und der Moden
KAW	Kirchenarchiv Wuppertal
LA NRW R	Landesarchiv Nordrhein-Westfalen Abteilung Rheinland
LVR	Landesverband Rheinland
LVR RA	Landesverband Rheinland Industriemuseum, Standort Ratingen
l.t.	Livres tournois
MEW	Marx Engels Werke
MWG	Max Weber-Gesamtausgabe
NPL	Neue Politische Literatur
pr. Ct.	Preußisch Courant
Rtlr.	Reichstaler
STAW	Stadtarchiv Wuppertal
TRE	Theologische Realenzyklopädie
VSWG	Vierteljahresschrift für Sozial- und Wirtschaftsgeschichte
WWA	Westfälisches Wirtschaftsarchiv
ZBGV	Zeitschrift des Bergischen Geschichtsvereins
ZfG	Zeitschrift für Geschichtswissenschaft
ZHF	Zeitschrift für Historische Forschung
ZUG	Zeitschrift für Unternehmensgeschichte

Quellen- und Literaturverzeichnis

Quellen

Firmen- und Familienarchiv Wuppermann (FAW)
13-23, 19-9, 21-4, 21-8, 21-10, 21-21, 22-2, 22-12, 22-13

Firmenarchiv Frowein (FAF)
1, 6, 7, 26, 32, 34, 38, 39, 54, 55, 57, 58, 59, 72, 73, 74, 75, 76, 221, 261, 263, 264, 267, 268, 309, 310, 335, 381, 408, 410, 411, 437, 494, 495, 497, 500, 501, 515, 535, 584, 587, 599, 600, 618, 636, 649, 655, 829, 831, 881, 882, 909, 910, 911, 912, 913, 914, 915, 916, 918, 974, 975, 1040, 1041, 1042, 1200, 1262, 1310, 1330, 1332, 1340, 1341, 1342, 1343, 1344, 1345, 1346, 1348, 1349, 1350, 1351, 1352, 1353, 1354, 1355, 1356, 1357, 1358, 1361, 1367, 1372, 1374, 1375, 1444, 1445, 1447, 1454, 1458, 1459, 1461, 1477, 1482, 1484, 1485, 1486, 1489, 1498, 1500, 1505, 1507, 1508, 1513, 1514, 1518, 1519, 1520, 1527, 1528, 2423, 2442, 2443, 2447, 2500, 2502, 2505, 2687

Landesarchiv Nordrhein-Westfalen, Abt. Rheinland (LA NRW R)
Jülich Berg (JB) II, Nr. 1803, 1804, 1807, 1856, 4776
Berg Gerichte Amt Elberfeld, Nr. 25, 30
Großherzogtum Berg, Nr. 5578, 5609
Familienarchiv Brügelmann (FAB), Nr. 2, 43

Historisches Archiv Commerzbank (HAC)
402-3, 402-79, 402-195

Historisches Zentrum Wuppertal (HZW)
Bestand Boedinghaus
Bestand Brügelmann
Bestand von Eynern, Nr. 32, 33, 34, 35, 68, 69, 76, 78, 87, 98, 109, 115, 131, 132, 133
Bestand von der Heydt
Bestand Kornverein
Bestand de Werth

Kirchenarchiv Wuppertal (KAW)
Nr. 91, 92, 93

LVR-Industriemuseum, Standort Ratingen (LVR RA)
RA 04-100, ZRA 2011-35

Privatarchiv von Eynern, Murnau

Stadtarchiv Frankfurt

Meßschemata für die Jahre 1776, 1779, 1783, 1787, 1788, 1791, 1794, 1800, 1801, 1803, 1806, 1812, 1815, 1817, 1818

Stadtarchiv Wuppertal (STAW)

A III 6
B I 91
E I 28, 29, 21, 32
F IV 3, 27, 51, 71
J I 6, 7, 8, 9, 11, 12, 13, 14
J II 1, 2, 34, 74
J III 104a
NDS 12
NDS 17
NDS 128
NDS 234
NDS 263-84, 263-123, 263-190, 263-192, 263-193, 263-194, 263-215, 263-221, 263-226, 263-233, 263-235, 263-253, 263-257, 263-258, 263-260
R III 2, 4, 5
S IV 6

Westfälisches Wirtschaftsarchiv (WWA)

Firmenarchiv Harkort, N 18, Nr. 126, 129, 133, 136, 142, 151

Literatur

Aaslestad, Katherine/Joor, Johan (Hg.), Revisiting Napoleon's Continental System. Local, Regional and European Experiences, Houndmills 2015.

Abel, Wilhelm, Geschichte der deutschen Landwirtschaft, Stuttgart [3]1978.

Ackermann, Astrid, Paris, London und die europäische Provinz. Die frühen Modejournale (1770–1830), Frankfurt/Main 2005.

Adelmann, Gerhard, Strukturwandlungen der rheinischen Leinen- und Baumwollgewerbe zu Beginn der Industrialisierung, in: VSWG 53 (1966), S. 162–184.

[Aders, Johann Jakob], Die elberfelder allgemeine Armenanstalt, in: Niederrheinische Blätter für Belehrung und Unterhaltung 3 (1803), S. 705–796.

[Aders, Johann Jakob], Nachricht über die allgemeine Armenanstalt in Elberfeld. Die bisherigen Vorsteher derselben an ihre wohlthätigen Mitbürger am 16. März 1816, in: Ünlüdag, Historische Texte, S. 399–402.

[Aders, Johann Jakob], Die Vorsteher des allgemeinen Armen-Instituts an ihre Mitbürger im Januar 1801, in: Ünlüdag, Historische Texte, S. 384–388.

Aders, Johann Jakob, Wie schützte sich Elberfeld in den Jahren der Not 1816–1817 durch seinen Bürgersinn vor dem Brotmangel?, Elberfeld 1817.

Albrecht, Clemens, Bürgerlichkeit – Zivilisationstyp der europäischen Moderne, in: Hettling/Pohle, Bürgertum, S. 347–362.

Albrecht, Peter, Kaffee, Tee, Schokolade und das echte Porzellan, in: Landschaftsverband Westfalen-Lippe (Hg.), Weißes Gold, S. 38–52.

–, Kaffeetrinken. Dem Bürger zur Ehr' – dem Armen zur Schand, in: Vierhaus, Rudolf (Hg.), Das Volk als Objekt obrigkeitlichen Handelns, Tübingen 1992, S. 57–100.

–, Fürsorge und Wohlfahrtswesen, in: Hammerstein, Notker/Herrmann, Ulrich (Hg.), Handbuch der deutschen Bildungsgeschichte, Bd. 2: 18. Jahrhundert. Vom späten 17. Jahrhundert bis zur Neuordnung Deutschlands um 1800, München 2005, S. 421–441.

–, Armenanstalten. Warum war es nicht möglich, Grundsätze und Verfahrensweisen der erfolgreichen Hamburger Armenanstalt anderswo zu übernehmen?, in: Bödeker, Hans Erich/Gierl, Martin (Hg.), Jenseits der Diskurse. Aufklärungspraxis und Institutionenwelt in europäisch komparativer Perspektive, Göttingen 2007, S. 265–321.

– /Bödeker, Hans Erich/Hinrichs, Ernst (Hg.), Formen der Geselligkeit in Nordwestdeutschland 1750–1820, Tübingen 2003.

Alexander, Gerhard/Fritsche, Johannes, »Religiosität« im 18. Jahrhundert. Eine Skizze zur Wortgeschichte, in: Gründer, Religionskritik, S. 11–24.

Art. »Amsterdam«, in: Schedel, Johann Christian (Bearb.), Neu eröfnete Academie der Kaufleute, oder encyclopädisches Kaufmannslexicon, 6 Bde., Leipzig 1797–1801, Bd. 1, Sp. 677–730.

Anderson, Jennifer L., Mahogany. The Costs of Luxury in early America, Cambridge 2012.

Anderson, Jonas, Amerikanische Aristokraten. Die Van Rensselaer-Familie zwischen Kolonialzeit und Früher Republik, 1630–1857, Bielefeld 2020.

André, Christian Karl, Der Kaufmann oder Compendiöse Bibliothek alles Wissenswürdigen für den denkenden Kaufmann, Gotha 1794.

Angiolini, Franco/Roche, Daniel (Hg.), Cultures et Formations Negociantes dans l'Europe Moderne, Paris 1995.

Anonym, Der christliche Kauffmann, oder Erweis, daß ein Kauffmann auch ein Christ seyn könne und müsse wobey zugleich erwiesen wird, wie er sein Christenthum ausüben und alle dabey vorfallende Hindernisse glücklich überwinden könne, Berlin 1745.

Anonym, Düsseldorf – Solingen – Elberfeld. Ein anonymer Reisebericht aus dem Jahr 1784, in: Dietz/Reulecke, Kutsche, S. 33–37.

Anonym, Ein französischer Emigrant im Wuppertal 1792/93, in: Huck/Reulecke, Reisen, S. 49–85.

Ariés, Philippe/Duby, Georges (Hg.), Geschichte des privaten Lebens. Vom Römischen Imperium zum Byzantinischen Reich bis zum Ersten Weltkrieg zur Gegenwart, 5 Bde., Augsburg 1999.

Aristizábal, Catherine, Hacer las Américas en Cádiz. Comerciantes Alemanes y sus Vínculos Mercantiles con Hispanoamericanos a Fines de la Época Colonial, Rosario 2017.

Asbach, Olaf, Politik, Handel und internationale Ordnung im Denken der Aufklärung, in: ders., Moderner Staat, S. 13–36.

Asbach, Olaf (Hg.), Der moderne Staat und »le doux commerce«. Politik, Ökonomie und internationale Beziehungen im politischen Denken der Aufklärung, Baden-Baden 2014.

Aspelmeier, Jens/Schmidt, Sebastian (Hg.), Norm und Praxis der Armenfürsorge in Spätmittelalter und früher Neuzeit, Stuttgart 2006.

Auch, Hans Günther, Komödianten, Kalvinisten und Kattun. Geschichte des Wuppertaler Theaters im 18. und 19. Jahrhundert, Emsdetten 1965.

Autrand, Françoise (Hg.), Prosopographie et Genèse de l'État Moderne. Actes de la Table Ronde organisée par le Centre National de la Recherche Scientifique et l'École Normale Supérieure de Jeunes Filles, Paris 1986.

Bailyn, Bernard, Atlantic History. Concept and Contours, Cambridge 2005.

Bailyn, Bernard/Denault, Patricia L. (Hg.), Soundings in Atlantic History. Latent Structures and Intellectual Currents, 1500–1830, Cambridge 2009.

Banken, Ralf, Bergische Waren und englische Kaperer. Der Einfluss der Kontinentalsperre auf die Wirtschaftsentwicklung Westdeutschlands, in: Hesse, Jan-Otmar/Kleinschmidt, Christian/Köster, Roman/Schanetzky, Tim (Hg.), Moderner Kapitalismus. Wirtschafts- und unternehmenshistorische Beiträge, Tübingen 2019, S. 325–342.

Barber, Bernhard, All Economies are »Embedded«, in: Social Research 62 (1995), S. 387–413.
Barker, Hannah, The Business of Women. Female Enterprise and Urban Development in Northern England, 1760–1830, Oxford 2006.
Barkhausen, Max, Der Aufstieg der rheinischen Industrie im 18. Jahrhundert und die Entstehung eines industriellen Großbürgertums, in: Rheinische Vierteljahrsblätter 19 (1954), S. 135–178.
–, Staatliche Wirtschaftslenkung und freies Unternehmertum im westdeutschen und nord- und südniederländischen Raum, in: VSWG 45 (1958), S. 168–241.
Bartolosch, Thomas A., Das Siegerländer Textilgewerbe. Aufstieg, Krisen und Niedergang eines exportorientierten Gewerbes im 18. und 19. Jahrhundert, St. Katharinen 1992.
Batscha, Zwi/Garber, Jörn (Hg.), Von der ständischen zur bürgerlichen Gesellschaft. Politisch-soziale Theorien im Deutschland der zweiten Hälfte des 18. Jahrhunderts, Frankfurt/Main 1981.
Bauer, Franz J., Bürgerwege und Bürgerwelten. Familienbiographische Untersuchungen zum deutschen Bürgertum im 19. Jahrhundert, Göttingen 1991.
Baum, Marie-Luise, Johann Gottfried Brügelmann, in: Strutz, Edmund (Hg.), Rheinische Lebensbilder, Bd. 1, Düsseldorf 1961, S. 136–151.
–, Gerhard Siebel, in: Wuppertaler Biographien 2 (1960), S. 115–124.
–, Carl Aders – ein vergessener Wuppertaler, in: Wuppertaler Biographien 11 (1965), S. 7–18.
–, Egidius Mengelberg, in: Wuppertaler Biographien 10 (1971), S. 49–58.
Bausinger, Hermann/Beyrer, Klaus/Korff, Gottfried (Hg.), Reisekultur. Von der Pilgerfahrt zum modernen Tourismus, München 1991.
Bautz, Friedrich Wilhelm, Collenbusch, Samuel, in: BBKL Bd. 1 (1990), Sp. 1097–1098.
Bayly, Christopher Alan, The Birth of the Modern World, 1780–1914. Global Connections and Comparisons, Oxford 2004.
Beck, Rainer, Luxus oder Decencies? Zur Konsumgeschichte der Frühneuzeit als Beginn der Moderne, in: Meyer/Reith, Luxus, S. 29–46.
Beckert, Sven, Empire of Cotton. A Global History, New York 2015.
Beeck, Karl-Hermann (Hg.), Bergische Unternehmergestalten im Umbruch zur Moderne, Neustadt/Aisch 1996.
Beetz, Manfred, Frühmoderne Höflichkeit. Komplimentierkunst und Gesellschaftsrituale im altdeutschen Sprachraum, Stuttgart 1990.
Behringer, Wolfgang, Tambora und das Jahr ohne Sommer. Wie ein Vulkan die Welt in die Krise stürzte, München 2015.
Benner, Dietrich/Brüggen, Friedhelm, Geschichte der Pädagogik, Ditzingen 2011.
Benzenberg, Johann Friedrich, Der Kornverein in Elberfeld, in: ders. (Hg.), Ueber Handel und Gewerbe, Steuren und Zölle, Elberfeld 1819, ND Leipzig 1977, S. 229–253.
Berg, Maxine (Hg.), Markets and Manufacture in Early Industrial Europe, London 1991.
– / Clifford, Helen (Hg.), Consumers and Luxury in Europe 1650–1850, Manchester 1999.
– / Eger, Elizabeth (Hg.), Luxury in the Eighteenth Century. Debates, Desires and Delectable Goods, Houndmills 2003.
– / Gottmann, Felicia/Hodacs, Hanna/Nierstrasz, Chris (Hg.), Goods from the East, 1600–1800. Trading Eurasia, Basingstoke 2015.
Bergengrün, Alexander, Staatsminister August Freiherr von der Heydt, Leipzig 1908.
Berger, Giovanna, Die ehrenamtliche Tätigkeit in der Sozialarbeit. Motive. Tendenzen, Probleme: dargestellt am Beispiel des Elberfelder Systems, Frankfurt/Main 1979.
Berghoff, Hartmut/Vogel, Jakob, Wirtschaftsgeschichte als Kulturgeschichte. Ansätze zur Bergung transdisziplinärer Synergiepotentiale, in: dies., Wirtschaftsgeschichte, S. 9–41.
Berghoff, Hartmut/Vogel, Jakob (Hg.), Wirtschaftsgeschichte als Kulturgeschichte. Dimensionen eines Perspektivenwechsels, Frankfurt/Main 2004.

Bermingham, Ann, Introduction. The Consumption of Culture: Image, Object, Text, in: dies./Brewer, Consumption of Culture, S. 1–21.
Bermingham, Ann/Brewer, John (Hg.), The Consumption of Culture 1600–1800, London 1995.
Berry, Christopher J., The Idea of Commercial Society in the Scottish Enlightenment, Edinburgh 2015.
Bertuch, Friedrich Justin/Kraus, Georg Melchior, Einleitung, in: Journal des Luxus 1 (1786), S. 3–16.
Best, Heinrich/Artus, Helmut M., Vereine in Deutschland. Vom Geheimbund zur freien gesellschaftlichen Organisation, Bonn 1993.
[Beugnot, Jacques Claude], Reisetagebuch des kaiserlichen Kommissars Beugnot (1810), in: Huck/Reulecke, Reisen, S. 165–191.
Bewer, Johann Wilhelm, Sammlung einiger bei den Gülich- und Bergischen Dikasterien entschiedenen Rechtsfällen, auch der merkwürdigen Edikten und Normal-Verordnungen, 7 Bde., Düsseldorf 1796–1805.
Blänkner, Reinhard, Salons und Musenhöfe. Neuständische Geselligkeit in Berlin und in der Mark Brandenburg um 1800. Ein Forschungsaufriss, in: ders./Bruyn, Salons und Musenhöfe, S. 11–34.
–, »Geselligkeit« und »Gesellschaft«. Zur Theorie des Salons bei Eduard Gans, in: Berbig, Roland/D'Aprile, Iwan-Michelangelo/Peitsch, Helmut/Schütz, Erhard (Hg.), Berlins 19. Jahrhundert. Ein Metropolen-Kompendium, Berlin 2012, S. 161–178.
–, Die »gebildeten Stände«. Neuständische Vergesellschaftungen um 1800, in: Hettling/Pohle, Bürgertum, S. 107–135.
– /Paul, Ina Ulrike, »Neuständische Gesellschaft« – Europäische Gesellschaft im globalen Kontext (1750–1830/40), in: Jehne, Martin/Müller, Winfried/Fässler, Peter E. (Hg.), Ungleichheiten. 47. Deutscher Historikertag in Dresden 2008: Berichtsband, Göttingen 2009, S. 218–222.
– /Bruyn, Wolfgang de (Hg.), Salons und Musenhöfe. Neuständische Geselligkeit in Berlin und in der Mark Brandenburg um 1800, Hannover 2009.
Boch, Rudolf, Grenzenloses Wachstum? Das rheinische Wirtschaftsbürgertum und seine Industrialisierungsdebatte 1814–1857, Göttingen 1991.
–, Johann Jacob Aders (1768–1825), in: Stremmel/Weise, Bergisch-märkische Unternehmer, S. 215–233.
Bock, Heike/Ehrenpreis, Stefan/Isaiasz, Vera/Lotz-Heumann, Ute/Pohlig, Matthias/Schilling, Ruth (Hg.), Säkularisierungen in der Frühen Neuzeit. Methodische Probleme und empirische Fallstudien, Berlin 2008.
Bödeker, Hans Erich, Das Kaffeehaus als Institution aufklärerischer Geselligkeit, in: François, Étienne (Hg.), Sociabilité et Société Bourgeoise en France, en Allemagne et en Suisse, 1750–1850/Geselligkeit, Vereinswesen und bürgerliche Gesellschaft in Frankreich, Deutschland und der Schweiz, 1750–1850, Paris 1986, S. 65–80.
–, Die »gebildeten Stände« im späten 18. und frühen 19. Jahrhundert. Zugehörigkeit und Abgrenzung, Mentalitäten und Handlungspotentiale, in: Conze/Kocka, Bildungsbürgertum, Bd. 4, S. 21–52.
–, Die Religiosität der Gebildeten, in: Gründer, Religionskritik, S. 145–195.
–, Aufklärung als Kommunikationsprozeß, in: ders./Herrmann, Prozess der Aufklärung, S. 89–111.
– /Herrmann, Ulrich (Hg.), Über den Prozess der Aufklärung in Deutschland im 18. Jahrhundert. Personen, Institutionen und Medien, Göttingen 1987.
– / – (Hg.), Aufklärung als Politisierung, Politisierung der Aufklärung, Hamburg 1987.
Boldorf, Marcel, Europäische Leinenregionen im Wandel. Institutionelle Weichenstellungen in Schlesien und Irland (1750–1850), Köln 2006.

Bolenz, Eckhard, Johann Gottfried Brügelmann. Ein rheinischer Unternehmer zu Beginn der Industrialisierung und seine bürgerliche Lebenswelt, Köln 1993.

Borchert, Angela/Dressel, Ralf (Hg.), Das Journal des Luxus und der Moden. Kultur um 1800, Heidelberg 2004.

Born, Heinrich (Hg.), Die Stadt Elberfeld. Festschrift zur Dreijahrhundert-Feier 1910, Elberfeld 1910.

Borries, Bodo von, Kolonialgeschichte und Weltwirtschaftssystem. Europa und Übersee zwischen Entdeckungs- und Industriezeitalter, 1492–1830, Düsseldorf 1986.

Borscheid, Peter, Geld und Liebe. Zu den Auswirkungen des Romantischen auf die Partnerwahl im 19. Jahrhundert, in: ders./Teuteberg, Hans J. (Hg.), Ehe, Liebe, Tod. Zum Wandel der Familie, der Geschlechts- und Generationsbeziehungen in der Neuzeit, Münster 1983, S. 112–134.

Bosbach, Franz/Gröning, Gert (Hg.), Landschaftsgärten des 18. und 19. Jahrhunderts. Beispiele deutsch-britischen Kulturtransfers, München 2008.

Bosch, Aida, Identität und Dinge, in: Eggert, Manfred K. H./Hahn, Hans Peter/Samida, Stefanie (Hg.), Handbuch Materielle Kultur. Bedeutungen, Konzepte, Disziplinen, Stuttgart 2014, S. 70–77.

Bourdieu, Pierre, Die feinen Unterschiede, Frankfurt/Main [26]1987.

Brahm, Felix/Rosenhaft, Eve (Hg.), Slavery Hinterland. Transatlantic Slavery and Continental Europe, 1680–1850, Woodbridge 2016.

Brakensiek, Stefan, Fürstendiener – Staatsbeamte – Bürger. Amtsführung und Lebenswelt der Ortsbeamten in niederhessischen Kleinstädten (1750–1830), Göttingen 1999.

–, Das Amtshaus an der Schwelle zur Moderne. Der Wandel in der Lebenswelt von Richtern und Beamten in hessischen Städten (1750–1850), in: ZfG 48 (2000), S. 119–145.

Brandes, Helga, Die Zeitschriften des Jungen Deutschland. Eine Untersuchung zur literarisch-publizistischen Öffentlichkeit im 19. Jahrhundert, Opladen 1991.

Brandt, Robert/Buchner, Thomas, Einleitung, in: dies., Nahrung, S. 9–35.

– / – (Hg.), Nahrung, Markt oder Gemeinnutz. Werner Sombart und das vorindustrielle Handwerk, Bielefeld 2004.

Braudel, Fernand, Sozialgeschichte des 15.–18. Jahrhunderts, 3 Bde., München 1985–1986.

Brecht, Martin, Pietismus, in: TRE Bd. 26 (1996), S. 606–631.

Bredt, F. W., Concordia. Eine Jahrhundertstudie aus dem Wupperthal, Barmen 1901.

–, Das bergische Bürgerhaus, Düsseldorf 1907.

– / Reiche, R., Mobiliar bergischer Bürgerhäuser aus der Zeit 1700 bis 1830, Düsseldorf 1909.

Bredt, Johann Viktor, Die Lohnindustrie dargestellt an der Garn- und Textilindustrie von Barmen, Berlin 1905.

–, Geschichte der Familie Bredt, Münster 1934.

–, Geschichte der Familie Siebel, Marburg 1937.

–, Haus Bredt-Rübel, Wuppertal 1937.

Breitenbach, Erich, Die Entwicklung der Gesellschaft Casino in Elberfeld 1775–1927, Elberfeld 1927.

Bremer, Thomas (Hg.), Vernunft, Religionskritik, Volksglauben in der Aufklärung. Wissenszirkulation und Öffentlichkeit in den deutschsprachigen Gebieten, Halle/Saale 2013.

Brewer, John, »The most polite age and the most vicious«. Attitudes towards Culture as a Commodity, 1660–1800, in: Bermingham/ders., Consumption of Culture, S. 341–361.

–, Was können wir aus der Geschichte der frühen Neuzeit für die moderne Konsumgeschichte lernen?, in: Kaelble/Kocka/Siegrist, Konsumgeschichte, S. 51–74.

– / McKendrick, Neil/Plumb, J. H., The Birth of a Consumer Society. The Commercialization of Eighteenth-Century England, Bloomington 1982.

– / Porter, Roy (Hg.), Consumption and the World of Goods, London, New York 1993.

Broadberry, Stephen/O'Rourke, Kevin H. (Hg.), The Cambridge Economic History of Modern Europe. Bd. 1: 1700–1870, New York 2010.

Brübach, Nils, Die Reichsmessen von Frankfurt am Main, Leipzig und Braunschweig, Stuttgart 1994.

Bruchhäuser, Hanns-Peter/Bruchhäuser, Peter (Hg.), Quellen und Dokumente zur kaufmännischen Berufsbildung im 18. Jahrhundert, Köln 1999.

Brüning, Johannes Rütger, Annalen der Stadt Elberfeld: enthält die denkwürdigsten Ereignisse der Jahre 1814/15, Elberfeld 1816.

–, Elberfeld und seine bürgerliche Verfassung, von dem fünfzehnten Jahrhundert bis auf die neueste Zeit, Elberfeld 1830.

Brunner, Otto, Adeliges Landleben und Europäischer Geist. Leben und Werk Wolf Helmhards von Hohberg 1612–1688, Salzburg 1949.

–, Das ›Ganze Haus‹ und die alteuropäische ›Ökonomik‹, in: ders., Neue Wege der Verfassungs- und Sozialgeschichte, Göttingen ²1968, S. 103–127.

Buchholz, Stephan, Das Bürgerliche Gesetzbuch und die Frauen. Zur Kritik des Ehegüterrechts, in: Gerhard, Ute (Hg.), Frauen in der Geschichte des Rechts. Von der frühen Neuzeit bis zur Gegenwart, München 1997, S. 670–682.

Budde, Gunilla-Friederike, Auf dem Weg ins Bürgerleben. Kindheit und Erziehung in deutschen und englischen Bürgerfamilien, 1840–1914, Göttingen 1994.

Bulst, Neithard, Zum Gegenstand und zur Methode von Prosopographie, in: ders./Genet, Jean-Philippe (Hg.), Medieval Lives and the Historian. Studies in Medieval Prosopography, Kalamazoo 1986, S. 1–16.

Busche, Hubertus, »Kultur«: ein Wort, viel Begriffe. Zum Gegenstand des vorliegenden Bandes, in: ders./Heinze, Thomas/Hillebrandt, Frank/Schäfer, Franka (Hg.), Kultur – Interdisziplinäre Zugänge, Wiesbaden 2018, S. 3–41.

Büsch, Christian August, Moral für Kaufleute, Gießen 1799.

Büsch, Johann Georg, Theoretisch-praktische Darstellung der Handlung in ihren mannigfaltigen Geschäften, mit Einschaltungen und Nachträgen von G. P. H. Norrmann, Hamburg ³1808.

Bürck, Klaus van/Lüchtenborg, Heinrich, 150 Jahre Niederländisch-Reformierte Gemeinde zu Elberfeld, Wuppertal 2000.

Butel, Paul, Les Négociants Bordelais, l'Europe et les Iles au XVIIe Siècle, Paris 1974.

Campbell, Colin, Understanding Traditional and Modern Patterns of Consumption in Eighteenth-century England. A Character-action Approach, in: Brewer/Porter, Consumption, S. 40–57.

Canny, Nicholas P./Morgan, Philip (Hg.), The Oxford Handbook of the Atlantic World, 1450–1850, Oxford 2011.

Carnap, A. v., Die geschlossene Lesegesellschaft in Elberfeld, in: ZBGV 1 (1863), S. 54–104.

[Carnap, Abraham Peter von], Verfügung des Elberfelder Bürgermeisters Abraham Peter von Carnap (1802), in: Ünlüdag, Historische Texte, S. 388–389.

Carrière, Charles, Négociants Marseillais au XVIIIe siècle. Contribution à l'Étude des Économies Maritimes, Marseille 1973.

Cerman, Markus/Ogilvie, Sheilagh C., The Theories of Proto-industrialization, in: dies., European Proto-industrialization, S. 1–11.

– /–, Proto-industrialization, Economic Development and Social Change in Early Modern Europe, in: dies., European Proto-industrialization, S. 227–239.

– /– (Hg.), European Proto-industrialization. An Introductory Handbook, Cambridge 1996.

Conze, Werner/Kocka, Jürgen (Hg.), Bildungsbürgertum im 19. Jahrhundert, 4 Bde., Stuttgart 1985–1992.

Cools, Hans/Keblusek, Marika/Noldus, Badeloch (Hg.), Your Humble Servant. Agents in Early Modern Europe, Hilversum 2006.

Coquery, Natacha/Praquin, Nicolas, Règlement des Faillites et Pratiques Judiciares. De l'Entre-soi à l'Expertise du Syndic (1673–1889), in: Histoire & Mesure 23 (2008), S. 43–83.

– / Menant, François/Weber, Florence (Hg.), Écrire, Compter, Mesurer. Vers une Histoire des Rationalités Pratiques, Paris 2006.

Cordes, Albrecht/Schulte Beerbühl, Margrit (Hg.), Dealing with Economic Failure. Between Norm and Practice (15th to 21st century), Frankfurt/Main 2016.

Coutelle, Karl, Elberfeld, topographisch-statistische Darstellung, Elberfeld 1852, ND 1963.

Cranz, August Friedrich, Gallerie der Teufel. Bestehend in einer auserlesenen Sammlung von Gemählden moralisch politischer Figuren, deren Originale zwischen Himmel und Erde anzutreffen sind, nebst einigen bewährten Recepten gegen die Anfechtungen der bösen Geister, Frankfurt/Main 1777.

Art. »Credit«, in: Oekonomische Encyklopädie oder allgemeines System der Staats- Stadt- Haus- und Landwirthschaft, 242 Bde., hg. v. Krünitz, Johann Georg, Berlin 1773–1858, Bd. 8, S. 424–437.

Crecelius, Wilhelm/Werth, Adolf, Urkunden zur Geschichte der Garnnahrung in Wuppertal, in: ZBGV 16 (1880), S. 73–132.

Cremer, Annette/Mulsow, Martin (Hg.), Objekte als Quellen der historischen Kulturwissenschaften. Stand und Perspektiven der Forschung, Köln 2017.

Croon, Helmuth, Stände und Steuern in Jülich-Berg im 17. und vornehmlich 18. Jahrhundert, Bonn 1929.

Crouzet, François, Wars, Blockade, and Economic Change in Europe, 1792–1815, in: JEH 24 (1964), S. 567–588.

Curtins, Philip, Cross-Cultural Trade in World History, Cambridge 1984.

Daniel, Ute, Geschichte als historische Kulturwissenschaft. Konturen eines Wiedergängers, in: Appelsmeyer, Heide/Billmann-Mahecha, Elfriede (Hg.), Kulturwissenschaft. Felder einer prozeßorientierten wissenschaftlichen Praxis, Weilerswist 2001, S. 195–214.

–, Kompendium Kulturgeschichte. Theorien, Praxis, Schlüsselwörter, Frankfurt/Main 2001.

Dann, Otto, Die Lesegesellschaften des 18. Jahrhunderts und der gesellschaftliche Aufbruch des deutschen Bürgertums, in: Herrmann, Bildung, S. 100–118.

–, Vereinswesen und bürgerliche Gesellschaft in Deutschland, München 1984.

– (Hg.), Lesegesellschaften und bürgerliche Emanzipation. Ein europäischer Vergleich, München 1981.

Dascher, Ottfried, Das Textilgewerbe in Hessen-Kassel vom 16. bis 19. Jahrhundert, Marburg 1968.

- (Hg.), Mein Feld ist die Welt. Musterbücher und Kataloge, 1784–1914, Dortmund 1984.

Daston, Lorraine, Wunder, Beweise und Tatsachen. Zur Geschichte der Rationalität, Frankfurt/Main 2014.

Dauenhauer, Erich, Kaufmännische Erwachsenenbildung in Deutschland im 18. Jahrhundert, Dissertation, Erlangen-Nürnberg 1964.

Davidoff, Leonore/Hall, Catherine, Family Fortunes. Men and Women of the English Middle Class, 1780–1850, London ²2002.

– / Doolittle, Megan/Fink, Janet/Holden, Katherine, Das Paradox der Familie im historischen Kontext, in: Historische Anthropologie 8 (2000), S. 358–382.

Davis, Nathalie Zemon/Duby, Georges/Farge, Arlette/Perrot, Michelle/(Hg.), Geschichte der Frauen, 5 Bde., Frankfurt/Main 1993–1995.

Décultot, Elisabeth/Fulda, Daniel (Hg.), Sattelzeit. Historiographiegeschichtliche Revisionen, Berlin 2016.

Degn, Christian, Die Schimmelmanns im atlantischen Dreieckshandel. Gewinn und Gewissen, Neumünster 1974.

De Lacy Mann, Julia/Wadsworth, Alfred Powell, The Cotton Trade and Industrial Lancashire, 1600–1780. With a new Introduction by Stanley Chapman, Bristol 1999.

Denzel, Markus A., Kommerzielle Revolution, in: Enzyklopädie der Neuzeit, 16 Bde., hg. v. Friedrich Jaeger, Stuttgart 2005–2012, Bd. 6, Sp. 980–82.
– (Hg.), From Commercial Communication to Commercial Integration. Middle Ages to 19th Century, Stuttgart 2004.
Derks, Hans, Über die Faszination des »Ganzen Hauses«, in: GG 22 (1996), S. 221–242.
Dethlefs, Gerd/Owzar, Arnim/Weiß, Gisela (Hg.), Modell und Wirklichkeit. Politik, Kultur und Gesellschaft im Großherzogtum Berg und im Königreich Westphalen, 1806–1813, Paderborn 2008.
Diederiks, Herman, Amsterdamer Kaufleute und Unternehmer zwischen 1750 und 1850, in: JbW 37 (1996), S. 161–173.
Diest, Johann von, Wirtschaftspolitik und Lobbyismus im 18. Jahrhundert. Eine quellenbasierte Neubewertung der wechselseitigen Einflussnahme von Obrigkeit und Wirtschaft in Brandenburg-Preußen und Kurhannover, Göttingen 2016.
Dietz, Alexander, Frankfurter Handelsgeschichte, 4 Bde., Frankfurt/Main 1910–1925.
Dietz, Burkhard/Ehrenpreis, Stefan (Hg.), Drei Konfessionen in einer Region. Beiträge zur Geschichte der Konfessionalisierung im Herzogtum Berg vom 16. bis zum 18. Jahrhundert, Köln 1999.
–, /Reulecke, Jürgen (Hg.), Mit Kutsche, Dampfroß, Schwebebahn. Reisen im Bergischen Land II (1750–1910), Neustadt/Aisch 1984.
Dietz, Walter, Die Wuppertaler Garnnahrung, Neustadt/Aisch 1957.
–, Chronik der Familie Wuppermann, 3 Bde., Leverkusen 1960–1967.
Dinnebier, Antonia, Gärten – Güter – Architekten. Auf den Spuren der Wuppertaler Baukunst der ersten Hälfte des 19. Jahrhunderts, in: Geschichte im Wuppertal 18 (2009), S. 59–73.
Dipper, Christof, Übergangsgesellschaft. Die ländliche Sozialordnung in Mitteleuropa um 1800, in: ZHF 23 (1996), S. 57–87.
–, Deutsche Geschichte 1648–1789, Darmstadt 1997.
–, Die »Geschichtlichen Grundbegriffe«. Von der Begriffsgeschichte zur Theorie der historischen Zeiten, in: HZ 270 (2000), S. 281–308.
Ditz, Toby L., Shipwrecked, or Masculinity Imperiled. Mercantile Representations of Failure and the Gendered Self in Eighteenth-Century Philadelphia, in: Journal of American History 81 (1994), S. 51–80.
Doerflinger, Thomas M., A Vigorous Spirit of Enterprise. Merchants and Economic Developments in Revolutionary Philadelphia, Williamsburg 1986.
Dölemeyer, Barbara, Frau und Familie im Privatrecht des 19. Jahrhunderts, in: Gerhard, Ute (Hg.), Frauen in der Geschichte des Rechts. Von der frühen Neuzeit bis zur Gegenwart, München 1997, S. 633–658.
Dookhan, Isaac, A History of the Virgin Islands of the United States, Kingston 1994.
Dorgeloh, Annette, Weibliche und männliche Gartenwelten, in: Schweizer, Stefan/Winter, Sascha (Hg.), Gartenkunst in Deutschland. Von der Frühen Neuzeit bis zur Gegenwart, Regensburg 2012, S. 219–232.
Driesner, Jörg, Bürgerliche Wohnkultur im Ostseeraum. Stralsund, Kopenhagen und Riga in der Frühen Neuzeit, Köln 2012.
Dülmen, Andrea van, Das irdische Paradies. Bürgerliche Gartenkultur der Goethezeit, Köln 1999.
Dülmen, Richard van, Die Gesellschaft der Aufklärer. Zur bürgerlichen Emanzipation und aufklärerischen Kultur in Deutschland, Frankfurt/Main 1986.
–, Kultur und Alltag in der Frühen Neuzeit, 3 Bde., München 1999.
Dünkel, Julia, Johann Bernhard Hasenclever & Söhne. Großkaufleute in frühindustrieller Zeit (1786–1870), Dissertation, Jena 2005.
Ebeling, Dietrich, Johann Gottfried Brügelmann als frühindustrieller Unternehmer, in:

LVR-Industriemuseum (Hg.), Cromford Ratingen. Lebenswelten zwischen erster Fabrik und Herrenhaus um 1800, Ratingen 2010, S. 63–73.
– / Mager, Wolfgang, Einleitung, in: dies., Protoindustrie, S. 9–55.
– / – (Hg.), Protoindustrie in der Region. Europäische Gewerbelandschaften vom 16. bis zum 19. Jh., Bielefeld 1997.
Eberhard, Gotthilf Anton, Neueste Ansicht und Beleuchtung der Geschichte der Sonn- und Festtage so wie der Evangelien und Episteln der Christen … Ein sehr gemeinnütziges Lesebuch für gebildete Stände, Erfurt 1799.
Eberlein, Hermann-Peter (Hg.), Album ministrorum der Reformierten Gemeinde Elberfeld. Prediger und Pastoren seit 1552, Bonn 2003.
Ebersold, Günther, Mündigkeit. Zur Geschichte eines Begriffs, Frankfurt/Main 1980.
Ebert, Jochen, Zwischen Ästhetik und Ökonomie. Finanzielle Kosten und wirtschaftlicher Nutzen von fürstlichen, adeligen und bürgerlichen Gartenanlagen, in: Schweizer, Stefan/Winter, Sascha (Hg.), Gartenkunst in Deutschland. Von der Frühen Neuzeit bis zur Gegenwart, Regensburg 2012, S. 182–200.
Eckardt, Uwe, 400 Jahre Stadtrechte Elberfeld, in: Geschichte im Wuppertal 19 (2010), S. 1–15.
Ehmer, Josef, Traditionelles Denken und neue Fragestellungen zur Geschichte von Handwerk und Zunft, in: Lenger, Handwerk, S. 19–77.
– / Reith, Reinhold, Märkte im vorindustriellen Europa, in: JbW 45 (2004), S. 9–24.
Ehrenpreis, Stefan, Kirche, Bildungswesen und Gesellschaft im 17. und 18. Jahrhundert . Herzogtum Berg und Mark im Vergleich, in: ZBGV 99 (1999–2001), S. 71–113.
Eibach, Joachim, Das offene Haus. Kommunikative Praxis im sozialen Nahraum der europäischen Frühen Neuzeit, in: ZHF 38 (2011), S. 621–664.
–, Das Haus in der Moderne, in: Eibach/Schmidt-Voges, Das Haus, S. 19–37.
– / Schmidt-Voges, Inken (Hg.), Das Haus in der Geschichte Europas. Ein Handbuch, Berlin 2015.
Eidam, Heinz/Hoyer, Timo (Hg.), Erziehung und Mündigkeit. Bildungsphilosophische Studien, Berlin 2006.
Emmer, Piet C., Wirtschaft und Handel der Kolonialreiche, München 1988.
Engel, Alexander, Farben der Globalisierung. Die Entstehung moderner Märkte für Farbstoffe 1500–1900, Frankfurt/Main 2009.
–, Homo oeconomicus trifft ehrbaren Kaufmann. Theoretische Dimensionen und historische Spezifizität kaufmännischen Handelns, in: Häberlein/Jeggle, Praktiken, S. 145–172.
Engelbrecht, Jörg, Das Herzogtum Berg im Zeitalter der Französischen Revolution. Modernisierungsprozesse zwischen bayerischem und französischem Modell, Paderborn 1996.
–, Die bergische protestantische Ethik und der bergische Geist des Kapitalismus, in: Dietz/Ehrenpreis, Drei Konfessionen, S. 469–480.
Engelhardt, Ulrich, Bildungsbürgertum. Begriffs- und Dogmengeschichte, Stuttgart 1986.
Engels, Friedrich, Briefe aus dem Wuppertal, in: MEW Bd. 1, Berlin/DDR 1969, S. 413–432.
Ernestus, Ursula, Die Familien der evangelisch-reformierten Gemeinde Barmen-Gemarke, Wuppertal 1996.
–, Die Familien der Evangelisch-Lutherischen Gemeinde Wichlinghausen (Wuppertal) 1744–1809, Wuppertal 1998.
–, Die Familien der Evangelisch-Lutherischen Gemeinde Wupperfeld (Wuppertal) 1778–1809, Wuppertal 1998.
–, Familienbuch Elberfeld, 1648–1769. Nach den Kirchenbüchern der reformierten, der lutherischen und der katholischen Gemeinde, Plaidt 2013.
Eynern, Ernst von, Geschichte des Sattelhofes »Eynern« und der Familie von Eynern, o. O. 1885.
–, Friedrich von Eynern. Ein bergisches Lebensbild zugleich ein Beitrag zur Geschichte der Stadt Barmen, Elberfeld 1901.

Eyrich, J. C. (Hg.), Taschenbuch aus dem Jahr 1812 für die Stadt und den Kanton Elberfeld, Elberfeld 1812.

Fahrmeir, Andreas, Das Bürgertum des »bürgerlichen Jahrhunderts«. Fakt oder Fiktion?, in: Bude, Heinz/Fischer, Joachim/Kauffmann, Bernd (Hg.), Bürgerlichkeit ohne Bürgertum. In welchem Land leben wir?, München 2010, S. 23–32.

Fattacciu, Irene, Exotic Products, Luxury and New Forms of Sociability. Changing Patterns of Consumption in 18th-Century Madrid, in: Hyden-Hanscho/Pieper/Stangl, Cultural Exchange, S. 169–188.

Fechner, Jörg-Ulrich (Hg.), Matthias Claudius, 1740–1815. Leben, Zeit, Werk, Tübingen 1996.

Fiedler, Susanne, Bürgermeister und Oberbürgermeister der Stadt Barmen in preußischer Zeit 1814 (1815)-1929, in: Geschichte im Wuppertal 17 (2008), S. 13–24.

Findlay, Ronald/O'Rourke, Kevin, Power and Plenty. Trade, War, and the World Economy in the Second Millennium, Princeton 2009.

Fischer, Johann Wilhelm, Geschichte des Kornvereins (1816/17) zu Barmen, hg. von Poppelreuter, Richard, in: ZBGV 50 (1917), S. 252–312.

–, Nachrichten aus meinem Leben, hg. von Eynern, Walther von, in: ZBGV 58 (1929), S. 33–182.

Flasdieck, Hermann M., Goethe in Elberfeld, 3. veränderte Auflage, hg. von Goebel, Klaus, Wuppertal 1999.

Fleermann, Bastian/Schrader, Ulrike (Hg.), Jüdischer Alltag. Geschichte und Kultur der Juden im Bergischen Land von 1500 bis zur Gegenwart, Wuppertal 2009.

Flügel, Axel, Kaufleute und Manufakturen in Bielefeld. Soziale und wirtschaftliche Entwicklung im proto-industriellen Leinengewerbe von 1680 bis 1850, Bielefeld 1993.

Forsyth, Peter J./Nicholas, Stephen J., The Decline of Spanish Industry and the Price Revolution. A Neoclassical Analysis, in: Journal of European Economic History 12 (1983), S. 601–610.

François, Etienne, Städtische Eliten in Deutschland zwischen 1650 und 1850. Einige Beispiele, Thesen und Fragen, in: Diederiks, Herman/Schilling, Heinz (Hg.), Bürgerliche Eliten in den Niederlanden und in Nordwestdeutschland. Studien zur Sozialgeschichte des europäischen Bürgertums im Mittelalter und in der Neuzeit, Köln 1985, S. 65–83.

Art. »Frau«, in: Oekonomische Encyklopädie oder allgemeines System der Staats- Stadt-Haus- und Landwirthschaft, 242 Bde., hg. v. Krünitz, Johann Georg, Berlin 1773–1858, Bd. 14, S. 787–797.

Frevert, Ute, Bürgerliche Meisterdenker und das Geschlechterverhältnis. Konzepte, Erfahrungen, Visionen an der Wende vom 18. zum 19. Jahrhundert, in: dies. (Hg.), Bürgerinnen und Bürger. Geschlechterverhältnisse im 19. Jahrhundert, Göttingen 1988, S. 17–48.

Friedhoff, Jens, »Magnificence« und »Utilité«. Bauen und Wohnen 1600–1800, in: Dirlmeier, Ulf (Hg.), Geschichte des Wohnens. Bd. 2: 500–1800. Hausen – Wohnen – Residieren, Stuttgart 1998, S. 503–788.

Friedrich, Hans-Edwin/Jannidis, Fotis/Willems, Marianne (Hg.), Bürgerlichkeit im 18. Jahrhundert, Tübingen 2006.

Füssel, Marian, Die Materialität der Frühen Neuzeit. Neuere Forschung zur Geschichte der materiellen Kultur, in: ZHF 42 (2015), S. 433–463.

Gabriel, Karl, Umstrittene Säkularisierung. Soziologische und historische Analysen zur Differenzierung von Religion und Politik, Berlin 2012.

Gädicke, Johann Christian, Fabriken- und Manufacturen Addreß-Lexicon von Teutschland und einigen angränzenden Ländern. Erster Teil, Weimar 1798.

Gall, Lothar, Liberalismus und »bürgerliche Gesellschaft«. Zu Charakter und Entwicklung der liberalen Bewegung in Deutschland, in: HZ 220 (1975), S. 324–356.

–, Bürgertum in Deutschland, Berlin 1989.

–, Von der ständischen zur bürgerlichen Gesellschaft, München [2]2012.

– (Hg.), Stadt und Bürgertum im 19. Jahrhundert, München 1990.

- (Hg.), Vom alten zum neuen Bürgertum. Die mitteleuropäische Stadt im Umbruch 1780–1820, München 1991.
- (Hg.), Stadt und Bürgertum im Übergang von der traditionalen zur modernen Gesellschaft, München 1993.

García-Baquero González, Antonio, Comercio y Burguesía Mercantil en el Cádiz de la Carrera de las Indias, Cádiz 1989.

Garner, Guillaume (Hg.), Die Ökonomie des Privilegs, Westeuropa 16.–19. Jahrhundert/ L'économie du Privilège, Europe Occidentale XVIe-XIX Siècles, Frankfurt/Main 2016.

- / Richter, Sandra (Hg.), »Eigennutz« und »gute Ordnung«. Ökonomisierungen der Welt im 17. Jahrhundert, Wiesbaden 2016.

Gaus, Detlef, Geselligkeit und Gesellige. Bildung, Bürgertum und bildungsbürgerliche Kultur um 1800, Stuttgart 1998.

Gay, Peter, Die zarte Leidenschaft. Liebe im bürgerlichen Zeitalter, München 1987.

Gebele, Marianne, Geschichte des deutschen Kaufmannsbriefes bis zum Ende des 18. Jahrhunderts, Dissertation, München 1949.

Gebhard, W. (Hg.), Bericht des Hof-Kammerrats Friedrich Heinrich Jacobi über die Industrie der Herzogtümer Jülich und Berg aus den Jahren 1773 und 1774, in: ZBGV 18 (1882), S. 1–148.

Geier, Manfred, Aufklärung. Das europäische Projekt, Reinbek bei Hamburg 2012.

Gerhard, Ute, Verhältnisse und Verhinderungen. Frauenarbeit, Familie und Rechte der Frauen im 19. Jahrhundert. Mit Dokumenten, Frankfurt/Main 1989.

Gervais, Pierre, Why Profit and Loss Didn't Matter. The Historicized Reality of Early Modern Merchant Accounting, in: ders./Margairaz, Dominique (Hg.), Merchants and Profit in the Age of Commerce, 1680–1830, London 2014, S. 33–52.

Gestrich, Andreas, Vergesellschaftungen des Menschen. Einführung in die historische Sozialisationsforschung, Tübingen 1999.

–, Privatheit, in: Enzyklopädie der Neuzeit, 16 Bde., hg. v. Friedrich Jaeger, Stuttgart 2005–2012, Bd. 10, Sp. 366–372.

–, Geschichte der Familie im 19. und 20. Jahrhundert, München 2010.

- / Krause, Jens-Uwe/Mitterauer, Michael, Geschichte der Familie, Stuttgart 2003.

Ghosh, Peter, Max Weber and The Protestant Ethic. Twin Histories, Oxford 2014.

Gierl, Martin, Pietismus und Aufklärung. Theologische Polemik und die Kommunikationsreform der Wissenschaft am Ende des 17. Jahrhunderts, Göttingen 1997.

Giesselmann, Werner, Die brumairianische Elite. Kontinuität und Wandel der französischen Führungsschicht zwischen Ancien Régime und Julimonarchie, Stuttgart 1977.

Gittermann, Alexandra, Die Ökonomisierung des politischen Denkens. Neapel und Spanien im Zeichen der Reformbewegungen des 18. Jahrhunderts unter der Herrschaft Karls III., Stuttgart 2008.

Gleixner, Ulrike, Pietismus und Bürgertum. Eine historische Anthropologie der Frömmigkeit, Württemberg 17.–19. Jahrhundert, Göttingen 2005.

Goebel, Erik, Shipping through the Port of St. Thomas, Danish West Indies, 1816–1917, in: International Journal of Maritime History 6 (1994), S. 155–173.

Goebel, Klaus, Zuwanderung zwischen Reformation und Franzosenzeit. Ein Beitrag zur vorindustriellen Bevölkerungs- und Wirtschaftsgeschichte Wuppertals 1527–1808, Wuppertal 1966.

- / Knierim, Michael/Schnöring, Kurt/Wittmütz, Volkmar, Geschichte der Stadt Wuppertal, Wuppertal 1977.

Goeters, Johann Friedrich Gerhard, Der reformierte Pietismus in Bremen und am Niederrhein im 18. Jahrhundert, in: Brecht, Martin/Lehmann, Hartmut (Hg.), Geschichte des Pietismus. Bd. 2: Der Pietismus im achtzehnten Jahrhundert, Göttingen 1995, S. 372–427.

González Athenas, Muriel, Kölner Zunfthandwerkerinnen 1650–1750. Arbeit und Geschlecht, Kassel 2014.

Gorißen, Stefan, Vom Handelshaus zum Unternehmen. Sozialgeschichte der Firma Harkort im Zeitalter der Protoindustrie (1720–1820), Göttingen 2002.
–, Der Preis des Vertrauens. Unsicherheit, Institutionen und Rationalität im vorindustriellen Fernhandel, in: Frevert, Ute (Hg.), Vertrauen. Historische Annäherungen, Göttingen 2003, S. 90–118.
–, Differenzierung und Spezialisierung im Fernhandel des 17. und 18. Jahrhunderts. Zur Bedeutung des Kommissions-und Speditionshandels, in: Hilger/Landwehr, Wirtschaft, S. 45–63.
–, Gewerbe im Herzogtum Berg vom Spätmittelalter bis 1806, in: ders./Sassin/Wesoly, Bergisches Land, S. 407–467.
–, Interessen und ökonomische Funktionen merkantilistischer Privilegienpolitik. Das Herzogtum Berg und seine Textilgewerbe zwischen 16. und 18. Jahrhundert, in: Garner, Ökonomie, S. 279–329.
– / Sassin, Horst/Wesoly, Kurt (Hg.), Geschichte des Bergischen Landes. Bd. 1: Bis zum Ende des alten Herzogtums 1806, Bielefeld 2014.
Gottfried, Claudia, Der Gartensaal im Herrenhaus Cromford. Repräsentation einer Fabrikantenfamilie um 1800, Köln 1998.
Gould, Eliga H., Entangled Histories, Entangled Worlds: The English-Speaking Atlantic as a Spanish Periphery, in: AHR 112 (2007), S. 764–786.
–, Entangled Atlantic Histories: A Response from the Anglo-American Periphery, in: AHR 112 (2007), S. 1415–1422.
Grabner, Sabine/Krapf, Michael, Aufgeklärt bürgerlich. Porträts von Gainsborough bis Waldmüller 1750–1840, München 2006.
Graf, Friedrich Wilhelm, Beeinflussen religiöse Weltbilder den ökonomischen Habitus?, in: Berghoff/Vogel, Wirtschaftsgeschichte, S. 241–264.
–, Die Wiederkehr der Götter. Religion in der modernen Kultur, Bonn 2004.
Grandner, Margarete/Komlosy, Andrea (Hg.), Vom Weltgeist beseelt. Globalgeschichte 1700–1815, Wien 2004.
Granovetter, Mark S., The Strength of Weak Ties, in: American Journal of Sociology 78 (1973), S. 1360–1380.
–, The Strength of Weak Ties: A Network Theory Revisited, in: Sociological Theory 1 (1983), S. 201–233.
Gratzer, Karl, Default and Imprisonment for Debt in Sweden. From the Lost Chances of a Ruined Life to the Lost Capital of a Bankrupt Company, in: ders./Stiefel, Insolvency, S. 15–59.
– / Stiefel, Dieter (Hg.), History of Insolvency and Bankruptcy from an International Perspective, Huddinge 2008.
Greyerz, Kaspar von, Religion und Kultur. Europa 1500–1800, Göttingen 2000.
Groebner, Valentin, Ausser Haus. Otto Brunner und die »alteuropäische Ökonomik«, in: GWU 45 (1994), S. 69–80.
Groppe, Carola, Der Geist des Unternehmertums – eine Bildungs- und Sozialgeschichte. Die Seidenfabrikantenfamilie Colsman (1649–1840), Köln 2004.
–, Die Vereinigte Gesellschaft in Langenberg als Bildungsraum der Unternehmer, in: Romerike Berge 58 (2008), S. 5–20.
Grote, Gustav, Bunte Bilder aus der Geschichte der Concordia, o. O. [Wuppertal] o. J. [1946].
Gründer, Karlfried (Hg.), Religionskritik und Religiosität in der deutschen Aufklärung, Heidelberg 1989.
Gruner, Justus Karl, Auf kritischer Wallfahrt zwischen Rhein und Weser. Justus Gruners Schriften in den Umbruchsjahren 1801–1803, hg. von Dethlefs, Gerd/Kloosterhuis, Jürgen, Köln 2009.
Guthke, Karl Siegfried, Die Entdeckung der Welt um 1800. Die Geburt der globalen Bildung

aus dem Geist der Geographie und Ethnologie, in: ders., Die Erfindung der Welt. Globalität und Grenzen in der Kulturgeschichte der Literatur, Tübingen 2005, S. 9–82.

Haacke, Heinrich, Die Entwicklung der Besiedelung Barmens bis zum Beginn des 19. Jahrhunderts, in: ZBGV 52 (1920/21), S. 94–133.

Häberlein, Mark, Kreditbeziehungen und Kapitalmärkte vom 16. bis zum 19. Jahrhundert, in: Schlumbohm, Jürgen (Hg.), Soziale Praxis des Kredits. 16.–20. Jahrhundert, Hannover 2007, S. 37–51.

– / Jeggle, Christof (Hg.), Praktiken des Handels. Geschäfte und soziale Beziehungen europäischer Kaufleute in Mittelalter und früher Neuzeit, Konstanz 2010.

–, Atlantische Geschichte in der Frühen Neuzeit. Versuch einer Zwischenbilanz, in: ZHF 44 (2017), S. 275–299.

Habermas, Rebekka, Frauen und Männer des Bürgertums. Eine Familiengeschichte (1750–1850), Göttingen 2000.

Haenger, Peter/Labhardt, Robert/Stettler, Niklaus, Baumwolle, Sklaven und Kredite. Die Basler Welthandelsfirma Christoph Burckhardt & Cie. in revolutionärer Zeit (1789–1815), Basel 2004.

Hagemann, Karen, Familie – Staat – Nation. Das aufklärerische Projekt der »Bürgergesellschaft« in geschlechtergeschichtlicher Perspektive, in: Conrad, Christoph/Hildermeier, Manfred/Kocka, Jürgen (Hg.), Europäische Zivilgesellschaft in Ost und West. Begriff, Geschichte, Chancen, Frankfurt/Main 2000, S. 57–84.

Haggerty, Sheryllynne, ›Merely for Money‹? Business Culture in the British Atlantic, 1750–1815, Liverpool 2012.

Hahn, Hans Peter, Konsum, in: ders./Eggert, Manfred K. H/Samida, Stefanie (Hg.), Handbuch Materielle Kultur. Bedeutungen, Konzepte, Disziplinen, Stuttgart 2014, S. 97–104.

Hahn, Hans-Werner, Das deutsche Bürgertum in der Umbruchszeit 1750–1850. Überlegungen zur Epochenzäsur 1800 aus der Sicht der neueren Bürgertumsgeschichte, in: Neuhaus, Helmut (Hg.), Die Frühe Neuzeit als Epoche, München 2009, S. 51–73.

–, Die Industrielle Revolution in Deutschland, München [3]2011.

Hahn, Philip, Trends der deutschsprachigen historischen Forschung nach 1945. Vom ›ganzen Haus‹ zum ›offenen Haus‹, in: Eibach/Schmidt-Voges, Das Haus, S. 47–63.

Haltern, Utz, Die Gesellschaft der Bürger, in: GG 19 (1993), S. 100–134.

Hamann, Hans-Joachim, Nationalökonomie und Öffentlichkeit im Rheinland und in Westfalen vom Ausgang des 18. Jahrhunderts bis 1830. Ein Beitrag zur Geschichte des Frühliberalismus und seiner Gegenströmungen, Heidelberg 1978.

Hammacher, Klaus/Hirsch, Hans, Die Wirtschaftspolitik des Philosophen Friedrich Heinrich Jacobi, Amsterdam 1993.

Hancock, David, Citizens of the World. London Merchants and the Integration of the British Atlantic Community, 1735–1785, Cambridge 1995.

–, Atlantic Trade and Commodities, 1402–1815, in: Canny/Morgan, Atlantic World, S. 324–340.

Art. »Handelsmann«, in: Eröffnete Akademie der Kaufleute, oder vollständiges Kaufmanns-Lexicon, 5 Bde., hg. von Ludovici, Carl Günther, Leipzig 1767–1768, Bd. 3, Sp. 217–240.

Hansmann, Wilfried, Das rote Haus in Monschau, in: Stiftung Scheibler-Museum Rotes Haus Monschau (Hg.), Das rote Haus in Monschau, Köln 1994, S. 7–77.

Harding, Elizabeth, Einführung. Materialität und Wohnkultur, in: Eibach/Schmidt-Voges, Das Haus, S. 169–174.

Harleß, Knapp, Georg Joseph Freiherr von, in: ADB 16 (1882), S. 265–266 (https://www.deutsche-biographie.de/pnd143133640.html#adbcontent). (02.01.2019)

Hart, Emma, Building Charleston. Town and Society in the Eighteenth-century British Atlantic World, Charlottesville 2010.

Harzheim, Gabriele, »Treffliche von Wasser getriebene Spinnmaschinen«. Eine Dokumentation der Technik des Baumwollspinnens am Beispiel der Firma Johann Gottfried Brügelmann in Ratingen, 1780–1830, Köln 1995.

Hatje, Frank, Das Armenwesen in Hamburg und die Ausbreitung der Aufklärung in Bürgertum und Unterschichten zwischen Integration und Abgrenzung, in: Conrad, Anne/Herzig, Arno/Kopitzsch, Franklin (Hg.), Das Volk im Visier der Aufklärung. Studien zur Popularisierung der Aufklärung im späten 18. Jh., Hamburg 1998, S. 163–197.

–, Die private Öffentlichkeit des Hauses im deutschen und englischen Bürgertum des 18. und 19. Jahrhunderts, in: Eibach/Schmidt-Voges, Das Haus, S. 503–523.

–, Diesseits und jenseits der »Grenzen der bloßen Vernunft«. Religiöser Pluralismus um 1800, unveröffentlichtes Vortragsmanuskript, 2017.

– / Zabeck, Jürgen, Johann Georg Büsch (1728–1800). Wirtschaftliches Denken und soziales Handeln, Hamburg 1992.

Haupt, Heinz-Gerhard, Sozialgeschichte Frankreichs seit 1789, Frankfurt/Main 1990.

- (Hg.), Das Ende der Zünfte. Ein europäischer Vergleich, Göttingen 2002.

Hausen, Karin, Die Polarisierung der »Geschlechtscharaktere«. Eine Spiegelung der Dissoziation von Erwerbs- und Familienleben, in: dies., Geschlechtergeschichte als Gesellschaftsgeschichte, Göttingen 2013, S. 19–49.

–, »...eine Ulme für das schwankende Efeu«. Ehepaare im deutschen Bildungsbürgertum. Ideale und Wirklichkeiten im späten 18. und 19. Jahrhundert, in: dies., Geschlechtergeschichte als Gesellschaftsgeschichte, Göttingen 2013, S. 50–82.

Heeren, Arnold Hermann Ludwig, Handbuch der Geschichte des Europäischen Staatensystems und seiner Kolonien. von der Entdeckung beyder Indien bis zur Errichtung des Französischen Kayserthrons, Göttingen 1809.

Hein, Dieter, Soziale Konstituierungsfaktoren des Bürgertums, in: Gall, Stadt und Bürgertum, S. 151–181.

–, Stadt und Bürgertum im »langen« 19. Jahrhundert. Ein kritischer Rückblick auf das Frankfurter Leibnizprojekt, in: Hettling/Pohle, Bürgertum, S. 59–81.

– / Schulz, Andreas (Hg.), Bürgerkultur im 19. Jahrhundert. Bildung, Kunst und Lebenswelt, München 1996.

Helbeck, Gerd, Schwelm. Geschichte einer Stadt und ihres Umlandes. Bd. 1: Von den Anfängen im Mittelalter bis zum Zusammenbruch der altpreußischen Herrschaft (1806), Schwelm 1995.

Hellmann, Kai-Uwe, Vorüberlegungen zur Funktion der Distinktion für den Konsum, in: Rehberg, Karl-Siegbert (Hg.), Soziale Ungleichheit, kulturelle Unterschiede. Verhandlungen des 32. Kongresses der Deutschen Gesellschaft für Soziologie in München, Frankfurt/Main 2006, S. 395–406.

Helmich, Hans, Die Kirchengemeinde Wichlinghausen in Wuppertal 1744–1994. Ein Beitrag zu Pietismus und Erweckung im Wuppertal, Wuppertal 1994.

Hempel, Dirk, Literarische Vereine in Dresden. Kulturelle Praxis und politische Orientierung des Bürgertums im 19. Jahrhundert, Berlin 2008.

Henkel, Martin, Zunftmissbräuche. »Arbeiterbewegung« im Merkantilismus, Frankfurt/Main 1989.

Herberts, Hermann, Alles ist Kirche und Handel ... Wirtschaft und Gesellschaft des Wuppertals im Vormärz und in der Revolution 1848/49, Neustadt/Aisch 1980.

Herkenrath, Peter, 140 Jahre Geschichte der vereinigt-evangelischen Gemeinde Unterbarmen 1822–1862, o. O. 1963.

Herrmann, Ulrich (Hg.), »Die Bildung des Bürgers«. Die Formierung der bürgerlichen Gesellschaft und die Gebildeten im 18. Jahrhundert, Weinheim 1982.

Heß, Corina, Danziger Wohnkultur in der Frühen Neuzeit. Untersuchungen zu Nachlassinventaren des 17. und 18. Jahrhunderts, Berlin 2007.

Hettling, Manfred, Bürgerliche Lebensführung in der Moderne, in: Kretschmann, Carsten/

Pyta, Wolfram (Hg.), Bürgerlichkeit. Spurensuche in Vergangenheit und Gegenwart, Stuttgart 2016, S. 11–36.

–, Bürgertum als kulturelle Vergesellschaftung, in: ders./Pohle, Bürgertum, S. 9–33.

– /Pohle, Richard (Hg.), Bürgertum. Bilanzen, Perspektiven, Begriffe, Göttingen 2019.

Hilger, Susanne/Landwehr, Achim (Hg.), Wirtschaft – Kultur – Geschichte. Positionen und Perspektiven, Stuttgart 2011.

Hillen, Christian (Hg.), »Mit Gott«. Zum Verhältnis von Vertrauen und Wirtschaftsgeschichte, Köln 2007.

Hirschman, Albert O., The Passions and the Interests. Political Arguments for Capitalism before its Triumph, Princeton 1978.

Hlawatschek, Elke, Die Unternehmerin (1800–1945), in: Pohl, Hans (Hg.), Die Frau in der deutschen Wirtschaft, Stuttgart 1985, S. 127–146.

Hochmuth, Christian, Globale Güter – lokale Aneignung. Kaffee, Tee, Schokolade und Tabak im frühneuzeitlichen Dresden, Konstanz 2008.

Hofmann, Michael/Zelle, Carsten (Hg.), Aufklärung und Religion. Neue Perspektiven, Hannover 2010.

Holm, Christiane, Bürgerliche Wohnkultur im 19. Jahrhundert, in: Eibach/Schmidt-Voges, Das Haus, S. 233–253.

Hölscher, Lucian, Säkularisierungsprozesse im deutschen Protestantismus des 19. Jahrhunderts. Ein Vergleich zwischen Bürgertum und Arbeiterschaft, in: Puhle, Bürger, S. 238–258.

–, Geschichte der protestantischen Frömmigkeit in Deutschland, München 2005.

Hont, Istvan, Jealousy of Trade. International Competition and the Nation State in Historical Perspective, Cambridge 2005.

–, Politics in Commercial Society. Jean-Jacques Rousseau and Adam Smith, Cambridge 2015.

Hoock, Jochen, L'Enseignement Commercial Anglais au 18e Siècle, in: Angiolini/Roche, Cultures Negociantes, S. 159–173.

– /Jeannin, Pierre (Hg.), Ars Mercatoria. Handbücher und Traktate für den Gebrauch des Kaufmanns, 1470–1820. Eine analytische Bibliographie in 6 Bänden, Paderborn 1991–2001.

– /Reininghaus, Wilfried (Hg.), Kaufleute in Europa. Handelshäuser und ihre Überlieferung in vor- und frühindustrieller Zeit, Dortmund 1997.

Hopp, Andrea, Jüdisches Bürgertum in Frankfurt am Main im 19. Jahrhundert, Stuttgart 1997.

Hoppit, Julian, Risk and Failure in English Business, 1700–1800, Cambridge 1987.

Hornig, Gottfried, Semler, Johann Salomo, in: TRE Bd. 31 (2000), S. 142–148.

Hörning, H., Kultur als Praxis, in: Jaeger, Friedrich/Liebsch, Burkhard/Straub, Jürgen/Rüsen, Jörn (Hg.), Handbuch der Kulturwissenschaften, Bd. 1: Grundlagen und Schlüsselbegriffe, Weimar 2004, S. 139–151.

Hoth, Wolfgang, Die Industrialisierung einer rheinischen Gewerbestadt – dargestellt am Beispiel Wuppertal, Köln 1975.

Huck, Gerhard/Reulecke, Jürgen (Hg.), … und reges Leben ist überall sichtbar! Reisen im Bergischen Land um 1800, Neustadt/Aisch 1978.

Hufton, Olwen H., Frauenleben. Eine europäische Geschichte, 1500–1800, Frankfurt/Main 1998.

Hull, Isabel V., Sexuality, State, and Civil Society in Germany, 1700–1815, Ithaca 1996.

Hyden-Hanscho, Veronika/Pieper, Renate/Stangl, Werner (Hg.), Cultural Exchange and Consumption Patterns in the Age of Enlightenment. Europe and the Atlantic World, Bochum 2013.

Illner, Eberhard, Bürgerliche Organisierung in Elberfeld, 1775–1850, Neustadt/Aisch 1982.

Ilmakunnas, Johanna/Stobart, Jon (Hg.), A Taste for Luxury in Early Modern Europe. Display, Acquisition and Boundaries, London 2017.

Imhof, Arthur E., Einführung in die historische Demographie, München 1977.
Industrie- und Handelskammer Wuppertal (Hg.), 1831–1956. Festschrift zum 125jährigen Jubiläum am 17. Jan. 1956, Wuppertal [1956].
Ingendahl, Gesa, Witwen in der Frühen Neuzeit. Eine kulturhistorische Studie, Frankfurt/Main 2006.
Irsigler, Franz, Die wirtschaftliche Stellung der Stadt Köln im 14. und 15. Jahrhundert, Wiesbaden 1979.
Isom, Warren R., Elberfelder Bürgermeisterfamilien am Ende des 18. Jahrhunderts, in: Romerike Berge 26 (1976), S. 8–15.
Jacob, Margaret C./Kadane, Matthew, Missing, Now Found in the Eighteenth Century: Weber's Protestant Capitalist, in: AHR 108 (2003), S. 20–49.
– /Secretan, Catherine (Hg.), The Self-perception of Early Modern Capitalists, New York 2008.
Jaeger, Hans, Generationen in der Geschichte. Überlegungen zu einer umstrittenen Konzeption, in: GG 3 (1977), S. 429–452.
Janzen, Wolfram, Tersteegen, Gerhard, in: BBKL Bd. 11 (1996), Sp. 674–695.
Jardin, André/Tudesq, André, La France des Notables, 1815–1848, 2 Bde., Paris 1973.
Jarzebowski, Claudia, Kindheit und Emotion. Kinder und ihre Lebenswelten in der europäischen Frühen Neuzeit, Berlin 2018.
Jeismann, Karl-Ernst, Schulpolitik, Schulverwaltung, Schulgesetzgebung, in: ders./Lundgreen, Peter (Hg.), Handbuch der deutschen Bildungsgeschichte, Bd. 3: Von der Neuordnung Deutschlands bis zur Gründung des Deutschen Reiches, München 1987, S. 105–122.
John, Hartmut, Die Lust zu wohnen. Das Rote Haus in Monschau, Köln 1998.
Joor, Johan, Significance and Consequences of the Continental System for Napoleonic Holland, Especially for Amsterdam, in: Aaslestad/ders., Continental System, S. 259–276.
Jordan, Stefan, Die Sattelzeit. Transformation des Denkens oder revolutionärer Paradigmenwechsel?, in: Landwehr, Achim (Hg.), Frühe Neue Zeiten. Zeitwissen zwischen Reformation und Revolution, Bielefeld 2012, S. 373–388.
Jung, Michael, Insolvenzen im beginnenden Industrialisierungsprozess. Untersuchungen zu den Existenzbedingungen frühindustrieller Unternehmen im Bergischen Industriegebiet, Dissertation, Wuppertal 1990.
Jung-Stilling, Johann Heinrich, Henrich Stillings Jugend, Jünglingsjahre, Wanderschaft und häusliches Leben, Stuttgart 2013.
Junk, Heinz-K., Verwaltung und Verwalter des Großherzogtums Berg, in: Schmidt, Grossherzogtum, S. 438–491.
Kaelble, Hartmut/Kocka, Jürgen/Siegrist, Hannes (Hg.), Europäische Konsumgeschichte. Zur Gesellschafts- und Kulturgeschichte des Konsums (18. bis 20. Jh.), Frankfurt/Main 1997.
Kämmel, Heinrich, Kohlrausch, Friedrich, in: ADB Bd. 16 (1882), S. 450–452 (https://www.deutsche-biographie.de/pnd116342226.html9). (30.01.2019)
Kandil, Mahmoud, Sozialer Protest gegen das napoleonische Herrschaftssystem. Äußerungen der Bevölkerung des Großherzogtums Berg 1808–1813 aus dem Blickwinkel der Obrigkeit, Aachen 1995.
Kant, Immanuel, Beantwortung der Frage: Was ist Aufklärung (1783), in: Bahr, Ehrhard (Hg.), Was ist Aufklärung?, Ditzingen 2002, S. 9–17.
Art. »Kauffleute«, in: Grosses vollständiges Universal-Lexicon der Wissenschafften und Künste, 64 Bde., hg. von Zedler, Johann Heinrich, Halle 1731–1754, Bd. 15, Sp. 260–262.
Kaufhold, Karl Heinrich, Gewerbelandschaften in der Frühen Neuzeit (1650–1800), in: Pohl, Hans (Hg.), Gewerbe- und Industrielandschaften vom Spätmittelalter bis ins 20. Jahrhundert, Wiesbaden 1986, S. 112–202.
Art. »Kaufmann«, in: Oekonomische Encyklopädie oder allgemeines System der Staats- Stadt-

Haus- und Landwirthschaft, 242 Bde., hg. v. Krünitz, Johann Georg, Berlin 1773–1858, Bd. 36, S. 489–651.

Kermann, Joachim, Die Manufakturen im Rheinland 1750–1833, Bonn 1972.

Kerst, Friedrich, Aus der alten Wuppertaler Chronik. Die bedeutsamsten Episoden kritisch herausgegeben, Wuppertal 1960.

Kettner, Matthias, Ein Vorschlag zur Unterscheidung von Ökonomisierung und Kommerzialisierung, in: ders./Koslowski, Peter (Hg.), Ökonomisierung und Kommerzialisierung der Gesellschaft. Wirtschaftsphilosophische Unterscheidungen, München 2011, S. 3–20.

Kisch, Herbert, Die hausindustriellen Textilgewerbe am Niederrhein vor der industriellen Revolution. Von der ursprünglichen zur kapitalistischen Akkumulation, Göttingen 1981.

Kittsteiner, Heinz Dieter, Die Entstehung des modernen Gewissens, Frankfurt/Main 1992.

–, Was heißt und zu welchem Ende studiert man Kulturgeschichte?, in: GG 23 (1997), S. 5–27.

Klein, Lawrence E., Politeness for Plebes. Consumption and Social Identity in early Eighteenth-century England, in: Bermingham/Brewer, Consumption of Culture, S. 362–382.

–, Gender and the Public/Private Distinction in the Eighteenth Century. Some Questions about Evidence and Analytic Procedure, in: Eighteenth-Century Studies 29 (1995), S. 97–109.

Klein-Blenkers, Fritz (Hg.), Materialien zu Paul Jacob Marperger und dessen Buch »Kauffmannschafft« (1714/15), Köln 1997.

Kleinert, Annemarie, Die französischsprachige Konkurrenz des »Journal des Luxus und der Moden«, in: Borchert/Dressel, Journal, S. 195–216.

Kleinschmidt, Christian, Weltwirtschaft, Staat und Unternehmen im 18. Jahrhundert. Ein Beitrag zur Protoindustrialisierungsdebatte, in: ZUG 47 (2002), S. 72–86.

Klooster, Wim, Inter-Imperial Smuggling in the Americas, 1600–1800, in: Bailyn/Denault, Soundings, S. 141–180.

Knabe, Lotte, Die Messen zu Frankfurt an der Oder und ihre Bedeutung für den Ost-West-Handel, in: Beck, Friedrich (Hg.), Heimatkunde und Landesgeschichte. Zum 65. Geburtstag von Rudolf Lehmann, Weimar 1958, S. 204–239.

Knapp, J. F., Geschichte, Statistik und Topographie der Städte Elberfeld und Barmen im Wupperthale, Iserlohn 1835.

Knierim, Michael, Gelebte Religion und regionale Strukturpolitik der Engels im Barmer »Bruch«, in: Buhr, Hermann de/Küppers, Heinrich/Wittmütz, Volkmar (Hg.), Die Bergischen »ein Volk von zugespitzter Reflexion«. Region – Schule – Mentalität, Wuppertal 1992, S. 72–101.

–, Die Barmer Familie Engels und ihre gesellschaftlichen Beziehungen im 18. und 19. Jahrhundert, in: Buhr, Hermann de/Küppers, Heinrich/Wittmütz, Volkmar (Hg.), Kirche im Spannungsfeld von Staat und Gesellschaft. Festschrift für Günther van Norden, Köln 1993, S. 47–64.

–, Die Elberfelder Neubürger von 1748 bis 1807, Wuppertal 2005.

– (Hg.), Die Herkunft des Friedrich Engels. Briefe aus der Verwandtschaft 1791–1847, Trier 1992.

– (Hg.), Geistliche Briefe an Johann Caspar Engels und seine Frau Louise, geb. Noot, 1798–1821. Zugleich ein Beitrag zum Collenbuschianismus im Wuppertal, Wuppertal 1992.

Kocka, Jürgen, Unternehmer in der deutschen Frühindustrialisierung, Göttingen 1975.

–, Familie, Unternehmer und Kapitalismus. An Beispielen aus der frühen deutschen Industrialisierung, in: ZUG 24 (1979), S. 99–135.

–, Bildungsbürgertum – Gesellschaftliche Formation oder Historikerkonstrukt, in: Conze/ders., Bildungsbürgertum, Bd. 4, S. 9–20.

– (Hg.), Bürgertum im 19. Jahrhundert. Deutschland im europäischen Vergleich, 3 Bde., München 1988.

Köhler, Ingo/Rossfeld, Roman (Hg.), Pleitiers und Bankrotteure. Geschichte des ökonomischen Scheiterns vom 18. bis 20. Jahrhundert, Frankfurt/Main 2012.

Kohlrausch, Friedrich, Erinnerungen aus meinem Leben, Hannover 1863.
Köllmann, Wolfgang, Wirtschaft, Weltanschauung und Gesellschaft in der Geschichte des Wuppertals, Wuppertal 1955.
–, Sozialgeschichte der Stadt Barmen im 19. Jahrhundert, Tübingen 1960.
Kolodziej, Axel, Departements, Arrondissements, Kantone und Mairien – Die mittleren und niederen Verwaltungsstrukturen des Großherzogtums Berg am Beispiel Barmen, in: Geschichte im Wuppertal 17 (2008), S. 1–12.
Art. »Kornvereine«, in: Allgemeine deutsche Real-Enzyklopädie für die gebildeten Stände, 12 Bde., Leipzig 1830, Bd. 6, S. 260–261.
Koselleck, Reinhart, Einleitung, in: Geschichtliche Grundbegriffe. Historisches Lexikon zur politisch-sozialen Sprache in Deutschland, 8 Bde., hg. von Brunner, Otto/Conze, Werner/ders., Stuttgart 1972–1997, Bd. 1, S. XIII–XXVII.
–, Die Zeiten der Geschichtsschreibung, in: ders., Zeitschichten. Studien zur Historik, Frankfurt/Main [3]2013, S. 287–297.
–, Vergangene Zukunft. Zur Semantik geschichtlicher Zeiten, Frankfurt/Main [9]2015.
– /Dipper, Christof, Begriffsgeschichte, Sozialgeschichte, begriffene Geschichte. Reinhart Koselleck im Gespräch mit Christof Dipper, in: NPL 43 (1998), S. 187–205.
Köster, Baldur, Palladio in Amerika, München 1990.
Kraus, Gerlinde, Christiane Fürstin von der Osten-Sacken. Eine frühkapitalistische Unternehmerin und ihre Erben während der Frühindustrialisierung im 18./19. Jahrhundert, Stuttgart 2001.
Krause, Detlef, Geld, Garn und Wechsel. 250 Jahre von der Heydt-Kersten & Söhne, Wuppertal 2004.
Kriedte, Peter, Die Stadt im Prozeß der europäischen Proto-Industrialisierung, in: Die alte Stadt 9 (1982), S. 19–51.
–, Eine Stadt am seidenen Faden. Haushalt, Hausindustrie und soziale Bewegung in Krefeld in der Mitte des 19. Jahrhunderts, Göttingen 1991.
–, Hausindustrie. Bemerkungen zu einem gewerbegeschichtlichen Begriff, in: Lenger, Handwerk, S. 105–131.
–, Taufgesinnte und grosses Kapital. Die niederrheinisch-bergischen Mennoniten und der Aufstieg des Krefelder Seidengewerbes (Mitte des 17. Jahrhunderts – 1815), Göttingen 2007.
– /Medick, Hans/Schlumbohm, Jürgen, Industrialisierung vor der Industrialisierung. Gewerbliche Warenproduktion auf dem Land in der Formationsperiode des Kapitalismus, Göttingen 1977.
– /–/–, Die Proto-Industrialisierung auf dem Prüfstand der historischen Zunft, in: GG 9 (1983), S. 87–105.
– /–/–, Sozialgeschichte in der Erweiterung – Proto-Industrialisierung in der Verengung? Demographie, Sozialstruktur, moderne Hausindustrie: eine Zwischenbilanz der Proto-Industrialisierungs-Forschung, in: GG 18 (1992), S. 70–87; S. 231–255.
– /–/–, Eine Forschungslandschaft in Bewegung. Die Proto-Industrialisierung am Ende des 20. Jahrhunderts, in: JbW 39 (1998), S. 9–20.
Krummacher, Friedrich Wilhelm, Immanuel Friedrich Sander. Eine Prophetengestalt aus der Gegenwart, Elberfeld 1860.
Kuhlemann, Frank-Michael, Bürgertum und Religion, in: Lundgreen, Sozial- und Kulturgeschichte, S. 293–318.
Kuhles, Doris (Hg.), Journal des Luxus und der Moden 1786–1827. Analytische Bibliographie mit sämtlichen 517 schwarzweißen und 976 farbigen Abbildungen der Originalzeitschrift, 3 Bde., München 2003.
Kuhn, Thomas K., Religion und neuzeitliche Gesellschaft. Studien zum sozialen und diakonischen Handeln in Pietismus, Aufklärung und Erweckungsbewegung, Tübingen 2003.

Kuske, Bruno, Wirtschaftsgeschichte Westfalens in Leistung und Verflechtung mit den Nachbarländern, Münster 1949.

Labouvie, Eva, Frauen im Monopol- und Großhandel. Eine Regionalstudie im deutsch-französischen Grenzraum, in: L'Homme 6 (1995), S. 46–61.

Lächele, Rainer, Die »Sammlung Auserlesener Materien zum Bau des Reichs Gottes« zwischen 1730 und 1760. Erbauungszeitschriften als Kommunikationsmedium des Pietismus, Tübingen 2006.

Lachenicht, Susanne (Hg.), Europeans Engaging the Atlantic. Knowledge and Trade, 1500–1800, Frankfurt/Main 2014.

Lamikiz, Xabier, Trade and Trust in the Eighteenth-century Atlantic World. Spanish Merchants and their Overseas Networks, Woodbridge 2010.

Landschaftsverband Westfalen-Lippe (Hg.), Weißes Gold aus Fürstenberg. Kulturgeschichte im Spiegel des Porzellans 1747–1830, Braunschweig 1988.

Landwehr, Achim, Von der ›Gleichzeitigkeit des Ungleichzeitigen‹, in: HZ 295 (2012), S. 1–34.

–, Die anwesende Abwesenheit der Vergangenheit. Essay zur Geschichtstheorie, Frankfurt/Main 2016.

Langewische, Dieter, Bildungsbürgertum. Zum Forschungsprojekt des Arbeitskreises für moderne Sozialgeschichte, in: Hettling/Pohle, Bürgertum, S. 37–57.

Langewische, Wilhelm, Elberfeld und Barmen. Beschreibung und Geschichte dieser Doppelstadt, nebst besonderer Darstellung ihrer Industrie, einem Überblick der Bergischen Landesgeschichte etc., Barmen 1863.

Lauffs, Adolf/Werth, Adolf, Geschichte der evangelisch-reformierten Gemeinde Barmen-Gemarke 1702–1927, Barmen 1927.

Laurence, Anne/Maltby, Josephine/Rutterford, Janette (Hg.), Women and their Money 1700–1950, London 2009.

Lehmann, Hartmut (Hg.), Säkularisierung, Dechristianisierung, Rechristianisierung im neuzeitlichen Europa. Bilanz und Perspektiven der Forschung, Göttingen 1997.

– / Roth, Guenther (Hg.), Weber's Protestant Ethic. Origins, Evidence, Contexts, Cambridge 1993.

Art. »Leinengarnbleiche«, in: Oekonomische Encyklopädie oder allgemeines System der Staats- Stadt- Haus- und Landwirthschaft, 242 Bde., hg. von Krünitz, Johann Georg, Berlin 1773–1858, Bd. 76, S. 488–495.

Lemarchand, Yannick, Operating Costs in Merchant Bookkeeping Systems around 1800, in: Hoock/Reininghaus, Kaufleute, S. 121–136.

– / McWaters, Cheryl/Pineau-Defois, Laure, The Current Account as Cognitive Artefact: Stories and Accounts of La Maison Chaurand, in: Gervais, Pierre/Margairaz, Dominique (Hg.), Merchants and Profit in the Age of Commerce, 1680–1830, London 2014, S. 13–31.

Lempa, Heikki, Bildung der Triebe. Der deutsche Philantropismus (1768–1788), Turku 1993.

Lenger, Friedrich, Bürgertum und Stadtverwaltung in rheinischen Großstädten des 19. Jahrhunderts. Zu einem vernachlässigten Aspekt bürgerlicher Herrschaft, in: Gall, Stadt und Bürgertum, S. 97–169.

–, Bürgertum, Stadt und Gemeinde zwischen Frühneuzeit und Moderne, in: NPL 40 (1995), S. 14–29.

– (Hg.), Handwerk, Hausindustrie und die historische Schule der Nationalökonomie. Wissenschafts- und gewerbegeschichtliche Perspektiven, Bielefeld 1998.

Lepsius, Mario Rainer, Zur Soziologie des Bürgertums und der Bürgerlichkeit, in: Kocka, Jürgen (Hg.), Bürger und Bürgerlichkeit im 19. Jahrhundert, Göttingen 1987, S. 79–100.

Liedhegener, Joh. Rütger Brüning. 1775–1837, in: Wuppertaler Biographien 2 (1960), S. 7–14.

Lindemann, Mary, The Merchant Republics. Amsterdam, Antwerp, and Hamburg, 1648–1790, Cambridge 2015.

Lipp, Carola, Aspekte der mikrohistorischen und kulturanthropologischen Kreditforschung, in: Schlumbohm, Jürgen (Hg.), Soziale Praxis des Kredits. 16.–20. Jahrhundert, Hannover 2007, S. 15–36.

Lis, Catherina/Soly, Hugo, Städtische Industrialisierungswege in Brabant und Flandern. De Heyder & Co. in Lier (1750 bis 1815), in: Ebeling/Mager, Protoindustrie, S. 297–319.

Löther, Andrea, Familie und Unternehmer. Dargestellt am Beispiel der Wuppertaler Textilunternehmer während der Frühindustrialisierung bis 1870, in: ZUG 36 (1991), S. 217–244.

Lube, Barbara, Mythos und Wirklichkeit des Elberfelder Systems, in: Beeck, Karl-Hermann/ Becker, Rolf (Hg.), Gründerzeit. Versuch einer Grenzbestimmung im Wuppertal. Abhandlungen und Spezialbibliographie, Köln 1984, S. 158–184.

Ludovici, Carl Günther (Hg.), Eröffnete Akademie der Kaufleute, oder vollständiges Kaufmanns-Lexicon, 5 Bde., Leipzig 1767–1768.

Ludwig, Jörg, Amerikanische Kolonialwaren in Sachsen 1700–1850, Leipzig 1994.

–, Der Handel Sachsens nach Spanien und Lateinamerika, Leipzig 1994.

– / Zeuske, Michael, Amerikanische Kolonialwaren und Wirtschaftspolitik in Preußen und Sachsen: Prolegomena (17./18. und frühes 19. Jahrhundert), in: Jahrbuch für Geschichte von Staat, Wirtschaft und Gesellschaft Lateinamerikas 32 (1995), S. 257–301.

– (Hg.), Wissen – Wolle – Wandel. Merinoschafzucht und Agrarinnovation in Sachsen im 18. und 19. Jahrhundert, Halle/Saale 2016.

Lundgreen, Peter (Hg.), Sozial- und Kulturgeschichte des Bürgertums. Eine Bilanz des Bielefelder Sonderforschungsbereichs (1986–1997), Göttingen 2000.

Lutz, Helma/Schiebel, Martina/Tuider, Elisabeth (Hg.), Handbuch Biographieforschung, Wiesbaden ^{2}2018.

Lüdtke, Alf, Lebenswelt: verriegelte Welt? Überlegungen zu einem Konzept und seinen Verwendungen, in: WerkstattGeschichte 75 (2018), S. 115–124.

LVR-Industriemuseum (Hg.), Cromford Ratingen. Lebenswelten zwischen erster Fabrik und Herrenhaus um 1800, Ratingen 2010.

Lynch, John, Bourbon Spain 1700–1808, Oxford 1989.

Macco, Hermann Friedrich, Geschichte der Familie Wuppermann, [Steglitz Selbstverl.] 1911.

Maentel, Thorsten, Zwischen weltbürgerlicher Aufklärung und stadtbürgerlicher Emanzipation. Bürgerliche Geselligkeitskultur um 1800, in: Hein/Schulz, Bürgerkultur, S. 140–154.

Mager, Wolfgang, Protoindustrialisierung und Proto-Industrie. Vom Nutzen und Nachteil zweier Konzepte, in: GG 14 (1988), S. 275–303.

–, De la Noblesse à la Nobilité. La Formation des Notables sous l'Ancien Régime et la Crise de la Monarchie Absolue, in: Histoire, Économie et Société 12 (1993), S. 487–506.

Mahlberg, Hermann J., Der Wunderbau von Elberfeld, Wuppertal 1992.

–, Christian Heyde (1803–1869), der erste bedeutende heimische Architekt mit überregionalem Wirkungskreis, in: ders./Nußbaum, Hella (Hg.), Der Aufbruch um 1900 und die Moderne in der Architektur des Wuppertales: Abendrot einer Epoche, Wuppertal 2008, S. 21–41.

–, Die Großstadt im Kranz der grünen Berge, in: ders./Nußbaum, Hella (Hg.), Der Aufbruch um 1900 und die Moderne in der Architektur des Wuppertales: Abendrot einer Epoche, Wuppertal 2008, S. 72–97.

–, Frühe bauliche Impulse durch auswärtige Architekten, in: ders./Nußbaum, Hella (Hg.), Der Aufbruch um 1900 und die Moderne in der Architektur des Wuppertales: Abendrot einer Epoche, Wuppertal 2008, S. 6–20.

Maischak, Lars, German Merchants in the Nineteenth-century Atlantic, New York 2013.

Mannes, J. A., Gülich und bergischer gnädigst privilegirter Kaufmannskalender für das Jahr 1794, Elberfeld 1794.

Martens, Wolfgang, Die Botschaft der Tugend. Die Aufklärung im Spiegel der deutschen moralischen Wochenschriften, Stuttgart 1971.

–, Officina Diaboli. Das Theater im Visier des halleschen Pietismus, in: Hinske, Norbert (Hg.), Halle. Aufklärung und Pietismus, Berlin 1989, S. 183–208.

Marzagalli, Silvia, Les Boulevards de la Fraude. Le Négoce Maritime et le Blocus Continental, 1806–1813. Bordeaux, Hambourg, Livourne, Villeneuve d'Ascq 1999.
–, Establishing Transatlantic Trade Networks in Time of War: Bordeaux and the United States, 1793–1815, in: BHR 79 (2005), S. 811–844.
Maß, Sandra, Kinderstube des Kapitalismus? Monetäre Erziehung im 18. und 19. Jahrhundert, Berlin 2018.
Maurer, Michael, Aufklärung und Anglophilie in Deutschland, Göttingen 1987.
–, Die Biographie des Bürgers. Lebensformen und Denkweisen in der formativen Phase des deutschen Bürgertums (1680–1850), Göttingen 1996.
Mayer, Christine, Erziehung und Schulbildung für Mädchen, in: Hammerstein, Notker/Herrmann, Ulrich (Hg.), Handbuch der deutschen Bildungsgeschichte, Bd. 2: 18. Jahrhundert. Vom späten 17. Jahrhundert bis zur Neuordnung Deutschlands um 1800, München 2005, S. 188–211.
Maynes, Mary Jo, Gender, Labor, and Globalization in Historical Perspective. European Spinsters in the International Textile Industry, 1750–1900, in: Journal of Women's History 15 (2004), S. 47–66.
McLeod, Hugh, Secularisation in Western Europe, 1848–1914, Basingstoke 2000.
Medick, Hans, Naturzustand und Naturgeschichte der bürgerlichen Gesellschaft. Die Ursprünge der bürgerlichen Sozialtheorie als Geschichtsphilosophie und Sozialwissenschaft bei Samuel Pufendorf, John Locke und Adam Smith, Göttingen 1973.
–, Weben und Überleben in Laichingen, 1650–1900. Lokalgeschichte als Allgemeingeschichte, Göttingen 1996.
Mehlhausen, Joachim, Duisberg, in: TRE Bd. 9 (1982), S. 215–218.
Meier, Anke, Die Geschichte des deutschen Konkursrechts, insbesondere die Entstehung der Reichskonkursordnung von 1877, Frankfurt/Main 2003.
Meier, Brigitte, Frankfurt zwischen dem Ende des Dreißigjährigen Krieges und der 48er Revolution, in: Knefelkamp, Ulrich/Griesa, Siegfried (Hg.), Frankfurt an der Oder 1253–2003, Berlin 2003, S. 101–137.
Meiners, Uwe, Zur Wohnkultur der münsterschen Bevölkerung in der zweiten Hälfte des 18. Jahrhunderts. Eine Fallstudie anhand von Nachlaßverzeichnissen, in: Rheinisch-westfälische Zeitschrift für Volkskunde 25 (1979/80), S. 80–103.
Meinert, Friedrich, Encyclopaedie der Kriegswissenschaften und der Kriegskunst für das Militair und für andre gebildete Stände, Leipzig 1800.
Meissner, Jochen/Mücke, Jürgen/Weber, Klaus, Schwarzes Amerika. Eine Geschichte der Sklaverei, München 2008.
Melville, Gert/Moos, Peter von (Hg.), Das Öffentliche und Private in der Vormoderne, Köln 1998.
Mendels, Franklin, Proto-Industrialization. The First Phase of the Industrialization Process, in: JEH 32 (1972), S. 241–261.
–, Proto-Industrialization: Theory and Reality. General Report, in: Eighth International Economic History Congress. ›A‹-Themes (1982), S. 69–107.
Mennecke, Ute, Orthodoxie und Rationalismus, in: Eberlein, Hermann-Peter (Hg.), Territorialkirchen und protestantische Kultur, 1648–1800, Bonn 2015, S. 227–267.
Menninger, Annerose, Genuss im kulturellen Wandel. Tabak, Kaffee, Tee und Schokolade in Europa (16.–19. Jahrhundert), Stuttgart 2004.
Mergel, Thomas, Die Bürgertumsforschung nach 15 Jahren, in: AfS 41 (2001), S. 515–538.
Merx, Peter, »Singende und klingende Berge«. Evangelische Gesangbücher im Wuppertal, in: Eberlein, Hermann-Peter (Hg.), 444 Jahre Evangelische Kirche in Elberfeld. Vorträge anläßlich der Eröffnung der historischen Bibliothek im Kirchenkreis Elberfeld im Sommer 1996, Köln 1998, S. 33–64.

Metschies, Michael, Ein bergischer Glasschrank aus der zweiten Hälfte des 18. Jahrhunderts, in: Romerike Berge 26 (1976), S. 15–22.

Mettele, Gisela, Bürgertum in Köln 1775–1870. Gemeinsinn und freie Association, München 1998.

Meyer, Ehregott, Die Kunst sich glücklich als Kaufmann oder Fabrikant zu etablieren, Weimar 1803.

Meyer, Torsten/Reith, Reinhold (Hg.), »Luxus und Konsum« – eine historische Annäherung, Münster 2003

Middell, Katharina, »Die Bertuchs müssen doch in dieser Welt überall Glück haben«. Der Verleger Friedrich Justin Bertuch und sein Landes-Industrie-Comptoir um 1800, Leipzig 2002.

Mildner-Flesch, Ursula (Hg.), Die Macht der Maschine. 200 Jahre Cromford-Ratingen, Ratingen 1985.

Mintz, Sidney Wilfred, Die süsse Macht. Kulturgeschichte des Zuckers, Frankfurt/Main 1992.

Mitterauer, Michael, Sozialgeschichte der Jugend, Frankfurt/Main 1986.

Mohrmann, Elly, Studie zu den ersten organisatorischen Bestrebungen der Bourgeoisie in einigen Städten des Rheinlandes, in: Heitz, Gerhard (Hg.), Beiträge zur deutschen Wirtschafts- und Sozialgeschichte des 18. und 19. Jahrhunderts, Berlin/DDR 1962, S. 189–249.

Mokyr, Joel, The Enlightened Economy. Britain and the Industrial Revolution 1700–1850, London 2011.

Mölich, Georg (Hg.), Rheinland, Westfalen und Preußen. Eine Beziehungsgeschichte, Münster 2010.

Möller, Frank, Bürgerliche Herrschaft in Augsburg 1790–1880, München 1998.

Morgan, Kenneth/McCusker, John J., The Early Modern Atlantic Economy. Essays on Transatlantic Enterprise, Cambridge 2001.

Muldrew, Craig, Zur Anthropologie des Kapitalismus. Kredit, Vertrauen, Tausch und die Geschichte des Marktes in England, 1500–1750, in: Historische Anthropologie 6 (1998), S. 167–199.

–, The Economy of Obligation. The Culture of Credit and Social Relations in Early Modern England, Basingstoke 2001.

Müller, Friedrich Christoph, Tagebuchaufzeichnungen über eine Reise im Jahre 1774, in: Dietz/Reulecke, Kutsche, S. 23–32.

–, Choragraphie von Schwelm. Anfang und Versuch einer Topographie der Grafschaft Mark, Schwelm 1789, ND 1922.

Müller, Heinz Otto, Johann Friedrich Wilberg (1766–1846), in: Wuppertaler Biographien 5 (1965), S. 93–112.

Müller, Klaus, Das Herzogtum Berg von 1609 bis 1806, in: Gorißen/Sassin/Wesoly, Bergisches Land, S. 505–611.

Müller, Leos, The Merchant Houses of Stockholm, c. 1640–1800. A Comparative Study of Early-modern Entrepreneurial Behaviour, Uppsala 1998.

Müller, Margrit/Schmidt, Heinrich R./Tissot, Laurent (Hg.), Regulierte Märkte: Zünfte und Kartelle/Marchés régulés: Corporations et cartels, Zürich 2011.

Müller, Ulrich, Friedrich Justin Bertuch und die landschaftliche Gartenkunst, in: Kaiser, Gerhard R./Seifert, Siegfried (Hg.), Friedrich Justin Bertuch (1747–1822). Verleger, Schriftsteller und Unternehmer im klassischen Weimar, Tübingen 2000, S. 607–628.

Münch, Paul (Hg.), Ordnung, Fleiss und Sparsamkeit. Texte und Dokumente zur Entstehung der »bürgerlichen Tugenden«, München 1984.

Murayama, Satoshi, Konfession und Gesellschaft in einem Gewerbezentrum des frühneuzeitlichen Deutschlands. Das Wuppertal (Elberfeld-Barmen) von 1650 bis 1820, Tokio 1990.

Mustafa, Sam A., Merchants and Migrations. Germans and Americans in Connection, 1776–1835, Aldershot 2001.

Muthmann, Ernst, Das Elberfelder Einwohnerbuch von 1702/03, in: ZBGV 64 (1936), S. 98–112.

Neal, Larry, The Financial Crisis of 1825 and the Restructuring of the British Financial System, in: Coffman, D'Maris/ders. (Hg.), The History of Financial Crises. Critical Concepts in Finance, London 2015, S. 73–106.

Nell, Adelheid von, Die Entwicklung der generativen Strukturen bürgerlicher und bäuerlicher Familien von 1750 bis zur Gegenwart, Dissertation, Bochum 1973.

Nemnich, Philipp Andreas, Chronik einer »der Kultur und Industrie gewidmeten Reise« – Philipp Andreas Nemnichs Reisebericht aus dem Jahre 1808, in: Huck/Reulecke, Reisen, S. 147–164.

Neugebauer, Wolfgang, Niedere Schulen und Realschulen, in: Hammerstein, Notker/Herrmann, Ulrich (Hg.), Handbuch der deutschen Bildungsgeschichte, Bd. 2: 18. Jahrhundert. Vom späten 17. Jahrhundert bis zur Neuordnung Deutschlands um 1800, München 2005, S. 213–261.

Neutsch, Cornelius/Witthöft, Harald, Kaufleute zwischen Markt und Messe, in: Bausinger, Hermann/Beyrer, Klaus/Korff, Gottfried (Hg.), Reisekultur. Von der Pilgerfahrt zum modernen Tourismus, München 1991, S. 75–82.

Niemeyer, Georg Friedrich, Ueber den Einfluss des Handels und der Handelssysteme auf National-Glück und Unglück. Ein Lesebuch für gebildete Stände, Bremen 1805.

Nipperdey, Justus, Die Erfindung der Bevölkerungspolitik. Staat, politische Theorie und Population in der Frühen Neuzeit, Göttingen 2012.

Nipperdey, Thomas, Verein als soziale Struktur in Deutschland im späten 18. und frühen 19. Jahrhundert, in: Boockmann, Hartmut et al., Geschichtswissenschaft und Vereinswesen im 19. Jahrhundert, Göttingen 1972, S. 1–44.

Norden, Jörg van, Kirche und Staat im preussischen Rheinland 1815–1838. Die Genese der Rheinisch-Westfälischen Kirchenordnung vom 5.3.1835, Köln 1991.

North, Douglass C., Transaction Costs, Institutions, and Economic History, in: Zeitschrift für die gesamte Staatswissenschaft 140 (1984), S. 7–17.

North, Michael, Genuss und Glück des Lebens. Kulturkonsum im Zeitalter der Aufklärung, Köln 2003.

Oest, Eric Willem van der, The Forgotten Colonies of Essequibo and Demerara, 1700–1814, in: Postma, Johannes/Enthoven, Victor (Hg.), Riches from Atlantic Commerce. Dutch Transatlantic Trade and Shipping, 1585–1817, Leiden 2003, S. 323–361.

Ogilvie, Sheilagh C., Proto-industrialization in Germany, in: Cerman/dies., European Proto-industrialization, S. 118–136.

–, State Corporatism and Proto-industry. The Württemberg Black Forest, 1580–1797, Cambridge 1997.

Oehm, Hans-Joachim, Die Rheinisch-Westindische Kompagnie, Neustadt/Aisch 1968.

Ohm, Johann Jacob, Kaufmännisch Bergischer Taschen Almanach, Elberfeld 1804.

–, Merkantilistisches Handbuch für's Großherzogtum Berg, Elberfeld/Barmen 1809.

O'Rourke, Kevin H./Williamson, Jeffrey G., When did Globalisation begin?, in: European Review of Economic History 6 (2002), S. 23–50.

Osterhammel, Jürgen, Die Verwandlung der Welt. Eine Geschichte des 19. Jahrhunderts, München [5]2010.

Ottomeyer, Hans/Schröder, Klaus Albrecht/Winters, Laurie (Hg.), Biedermeier. Die Erfindung der Einfachheit, Ostfildern 2006.

Panke-Kochinke, Birgit, Göttinger Professorenfamilien. Strukturmerkmale weiblicher Lebenszusammenhänge im 18. und 19. Jahrhundert, Pfaffenweiler 1993.

Paul, Ina Ulrike, Aufstieg ins Großbürgertum. Lebensweg und Lebenserinnerungen des Geheimen Regierungsrats Heinrich Philipp Ferdinand von Sybel (1781–1870). Ein Beitrag

zur Geschichte des rheinischen Bildungs- und Wirtschaftsbürgertums in der ersten Hälfte des 19. Jahrhunderts, [Mikrofiche-Ausg.] 1990.
–, Heinrich Ferdinand von Sybel. Sattelzeitgenosse oder Neuständischer?, in: Gräfe, Anne/Menzel, Johannes (Hg.), Un/Ordnungen denken. Beiträge zu den Historischen Kulturwissenschaften, Berlin 2017, S. 312–325.
Pecina, Björn, Frömmigkeit als Dialog. Der Streit zwischen Mendelssohn und Lavater als Religionsgespräch, in: Kubik, Andreas (Hg.), Protestantismus – Aufklärung – Frömmigkeit. Historische, systematische und praktisch-theologische Zugänge, Göttingen 2011, S. 69–87.
Penndorf, Balduin, Geschichte der Buchhaltung in Deutschland, Leipzig 1913.
Pfister, Christian, Bevölkerungsgeschichte und historische Demographie 1500–1800, München 2010.
Pfister, Ulrich, Die Zürcher Fabriques. Protoindustrielles Wachstum vom 16. zum 18. Jahrhundert, Zürich 1992.
–, Verlagssystem, in: Enzyklopädie der Neuzeit, 16 Bde., hg. von Jaeger, Friedrich, Stuttgart 2005–2012, Bd. 14, Sp. 162–167.
–, Die wirtschaftlichen Folgen von Handwerkszünften: ein Überblick, in: Zeitschrift der Schweizerischen Gesellschaft für Wirtschafts- und Sozialgeschichte 26 (2011), S. 25–37.
–, Globalisierung, in: Europäische Geschichte Online 2012 (http://www.ieg-ego.eu/pfisteru-2012-de). (15.12.2018)
Pielhoff, Stephen, Gifts and Recognition. Philanthropists in the Cities of the Rhineland and Westphalia During the Kaiserreich, in: Cesarani, David/Mandler, Peter (Hg.), Great Philantropists. Wealth and Charity in the Modern World, London 2014, S. 79–100.
Pietschmann, Horst, Die staatliche Organisation des kolonialen Iberoamerika, Stuttgart 1980.
Pogt, Herbert, Brügelmann versus Bockmühl, in: Rheinische Heimatpflege 22 (1985), S. 169–176.
Polanyi, Karl, The Great Transformation. Politische und ökonomische Ursprünge von Gesellschaften und Wirtschaftssystemen, Wien 1977.
Pöls, Carl, Die Lutherische Gemeinde in Elberfeld. Ein Beitrag zur Elberfelder Stadtgeschichte, Elberfeld 1868.
Pott, Klaus Friedrich, Das Weissensteinsche Kaufmanns-Institut in Elberfeld (1792–1802). Ein Beitrag zur Frühgeschichte des Handelsschulwesens an Niederrhein und Ruhr, in: ZBGV 92 (1987), S. 41–55.
–, Nachwort: Kaufmännischer Unterricht im letzten Drittel des 18. Jahrhunderts – Eine kursorische Übersicht, in: ders./Zabeck, Jürgen (Hg.), Die Hamburgische Handlungs-Akademie, Paderborn 2001, S. 191–216.
Prinz, Michael (Hg.), Der lange Weg in den Überfluss. Anfänge und Entwicklung der Konsumgesellschaft seit der Vormoderne, Paderborn 2003.
Probst, Anke, Helene Amalie Krupp. Eine Essener Unternehmerin um 1800, Stuttgart 1985.
Puhle, Hans-Jürgen (Hg.), Bürger in der Gesellschaft der Neuzeit. Wirtschaft – Politik – Kultur, Göttingen 1991.
Purdy, Daniel L., The Tyranny of Elegance. Consumer Cosmopolitanism in the Era of Goethe, Baltimore 1998.
–, Modejournale und die Entstehung des bürgerlichen Konsums im 18. Jahrhundert, in: Prinz, Weg, S. 219–230.
Ramsey, Peter H., The Unimportance of Double-Entry Bookkeeping: Did Luca Pacioli really Matter?, in: Cavaciocchi, Simonetta (Hg.), L'Impresa Industria Commercio Banca, Secc. XIII–XVIII, Prato 1991, S. 189–196.
Raphael, Lutz, Diskurse, Lebenswelten und Felder. Implizite Vorannahmen über das soziale Handeln von Kulturproduzenten im 19. und 20. Jahrhundert, in: Hardtwig, Wolfgang/Wehler, Hans-Ulrich (Hg.), Kulturgeschichte heute, Göttingen 1996, S. 165–181.

– / Schneider, Ute (Hg.), Dimensionen der Moderne. Festschrift für Christof Dipper, Frankfurt/Main 2008.

Redlich, Fritz, Kaufmännische Selbstbiografien. Eine Sammlung des 18. Jahrhunderts, in: Brunner, Otto et al. (Hg.), Festschrift Hermann Aubin zum 80. Geburtstag, Wiesbaden 1965, S. 320–335.

Rehberg, Karl-Siegbert, Institutionen als symbolische Ordnungen. Leitfragen und Grundkategorien zur Theorie und Analyse institutioneller Mechanismen, in: Göhler, Gerhard (Hg.), Die Eigenart der Institutionen. Zum Profil politischer Institutionentheorie, Baden-Baden 1994, S. 47–84.

Reinalter, Helmut, Aufklärungsgesellschaften, Frankfurt/Main 1993.

Reinhold, Josef, Polen/Litauen auf den Leipziger Messen des 18. Jahrhunderts, Weimar 1971.

Reininghaus, Wilfried, Die Stadt Iserlohn und ihre Kaufleute (1700–1815), Dortmund 1995.

Reith, Reinhold, Abschied vom »Prinzip der Nahrung«? Wissenschaftshistorische Reflexionen zur Anthropologie des Marktes, in: Brandt/Buchner Nahrung, S. 37–66.

Richardson, Catherine, Forschungen zu ›House and Home‹ in England, in: Eibach/Schmidt-Voges, Das Haus, S. 83–97.

Riedel, Manfred, Bürger, Staatsbürger, Bürgertum, in: Geschichtliche Grundbegriffe. Historisches Lexikon zur politisch-sozialen Sprache in Deutschland, 8 Bde., hg. von Brunner, Otto/Conze, Werner/Koselleck, Reinhart, Stuttgart 1972–1997, Bd. 1, S. 672–725.

–, Bürgerliche Gesellschaft. Eine Kategorie der klassischen Politik und des modernen Naturrechts, Stuttgart 2011.

Riello, Giorgio, Cotton. The Fabric that Made the Modern World, Cambridge 2013.

Riemann, Angelika, Krieg, Verelendung, Armenpolitik, in: Stadtmuseum Düsseldorf (Hg.), Das Herzogtum Berg 1794–1815, Düsseldorf 1985, S. 61–68.

Ringel, Hermann, Bergische Wirtschaft zwischen 1790 und 1860. Probleme der Anpassung und Eingliederung einer frühindustriellen Landschaft, Neustadt/Aisch 1966.

Roche, Daniel, La Culture des Apparences. Une Histoire du Vêtement (XVIIe–XVIIIe Siècles), Paris 1989.

Röhrig, Paul/Stübig, Heinz, Volksbildung, in: Jeismann, Karl-Ernst/Lundgreen, Peter (Hg.), Handbuch der deutschen Bildungsgeschichte, Bd. 3. Von der Neuordnung Deutschlands bis zur Gründung des Deutschen Reiches, München 1987, S. 334–377.

Rosenbaum, Heidi, Formen der Familie. Untersuchungen zum Zusammenhang von Familienverhältnissen, Sozialstruktur und sozialem Wandel in der deutschen Gesellschaft des 19. Jahrhunderts, Frankfurt/Main 1982.

Rosenhaft, Eve, Women Investors and Financial Knowledge in Eighteenth-century Germany, in: Laurence/Maltby/Rutterford, Women, S. 59–72.

Roth, Ralf, Von Wilhelm Meister zu Hans Castorp. Der Bildungsgedanke und das bürgerliche Assoziationswesen im 18. und 19. Jahrhundert, in: Hein/Schulz, Bürgerkultur, S. 121–139.

Rothery, Mark/Stobart, Jon, Consumption and the Country House, Oxford 2016.

Rousseau, Jean-Jacques, Brief an Herrn d'Alembert, in: ders., Schriften, 2 Bde., Frankfurt/Main 1995, Bd. 1, S. 333–474.

Rublack, Ulinka, Die Neue Geschichte. Eine Einführung in 16 Kapiteln, Darmstadt 2013.

Rupert, Linda Marguerite, Creolization and Contraband. Curaçao in the Early Modern Atlantic World, Athens 2012.

Sabean, David Warren, Allianzen und Listen. Die Geschlechtsvormundschaft im 18. und 19. Jahrhundert, in: Gerhard, Ute (Hg.), Frauen in der Geschichte des Rechts. Von der frühen Neuzeit bis zur Gegenwart, München 1997, S. 460–479.

Sachße, Christoph/Tennstedt, Florian, Geschichte der Armenfürsorge in Deutschland. Vom Spätmittelalter bis zum Ersten Weltkrieg, Stuttgart 1980.

Safley, Thomas Max (Hg.), The History of Bankruptcy. Economic, Social and Cultural Implications in Early Modern Europe, London 2013.

Saldern, Adelheid von, Netzwerkökonomie im frühen 19. Jahrhundert. Das Beispiel der Schoeller-Häuser, Stuttgart 2009.

Sammler, Steffen, Die Bedeutung der Leipziger Messen für den Absatz von Lyoner Seidenwaren nach Ost- und Südosteuropa zwischen 1760 und 1830, in: Bentele, Günter/Topfstedt, Thomas/Zwahr, Hartmut (Hg.), Leipzigs Messen 1497–1997, Weimar 1999, S. 259–269.

Sandgruber, Roman, Die Anfänge der Konsumgesellschaft. Konsumgüterverbrauch, Lebensstandard und Alltagskultur in Österreich im 18. und 19. Jahrhundert, München 1982.

Sauer, Lieselotte, Marionetten, Maschinen, Automaten. Der künstliche Mensch der deutschen und englischen Romantik, Bonn 1983.

Schäfer, Michael, Eine andere Industrialisierung. Die Transformation der sächsischen Textilexportgewerbe 1790–1890, Stuttgart 2016.

[Schaeffer, Jacob Christian Gottlieb], Aus Jacob Christian Gottlieb Schaeffers Briefen von einer Reise in den Jahren 1787/88, in: Dietz/Reulecke, Kutsche, S. 39–42.

Schaltenbrand Felber, Therese, Modeband. Seidenbänder aus Basel, Basel 2004.

Scharf, Claus, Katharina II., Deutschland und die Deutschen, Mainz 1995.

Schell, Otto, Kurze Geschichte des Elberfelder Armenwesens, Elberfeld 1903.

–, Beiträge zur Geschichte der ehemaligen Handelsbörse zu Elberfeld, in: ZBGV 40 (1907), S. 67–80.

–, Das alte Elberfeld, in: Born, Elberfeld, S. 3–239.

–, Aus dem Inventarium des Elberfelder Bürgermeisters und Kaufherrn Johannes Plücker vom Jahre 1709/10, in: ZBGV 46 (1913), S. 169–203.

– (Hg.), Beiträge zur Geschichte des Oberbürgermeisters Brüning in Elberfeld, in: ZBGV 41 (1908), S. 1–121.

Scherm, Michael, Kleine und mittelständische Betriebe in unternehmerischen Netzwerken. Die Reidemeister auf der Vollme im vor- und frühindustriellen Metallgewerbe der Grafschaft Mark, Stuttgart 2009.

Schivelbusch, Wolfgang, Das Paradies, der Geschmack und die Vernunft. Eine Geschichte der Genussmittel, Frankfurt/Main 1990.

Schleiermacher, Friedrich Daniel Ernst, Versuch einer Theorie des geselligen Betragens (1799), in: Pankoke, Eckart (Hg.), Gesellschaftslehre, Frankfurt/Main 1991, S. 244–271.

–, Über die Religion. Reden an die Gebildeten unter ihren Verächtern: 1799, 1806, 1821, hg. von Bestebreurtje, Frank/Büsching, Anna/Peter, Niklaus, Zürich 2012.

Schlicht, Udo, Textilbleichen in Deutschland. Die Industrialisierung einer unterschätzten Branche, Gütersloh 2008.

[Schlickum, Johann Peter], Actenmäßige Ausführung der Gründe welche eine nähere Untersuchung nothwendig machen, zur Sache Garnmeister in Ober- und Unterbarmen, wider Johann Peter Schlickum in Elberfeld, 1792, in: Schlickum, Johann Peter (Hg.), Merkwürdige Geschichte, S. 42–79.

Schlickum, Johann Peter (Hg.), Eine merkwürdige Geschichte kaufmännischer Verfolgung, o. O. 1793.

Schlögl, Rudolf, Öffentliche Gottesverehrung und privater Glaube in der Frühen Neuzeit. Beobachtungen zur Bedeutung von Kirchenzucht und Frömmigkeit für die Abgrenzung privater Sozialräume, in: Melville/Moos, Das Öffentliche, S. 165–209.

–, Kommunikation und Vergesellschaftung unter Anwesenden. Formen des Sozialen und ihre Transformation in der Frühen Neuzeit, in: GG 34 (2008), S. 155–224.

Schluchter, Wolfgang, Einleitung, in: MWG I/18: Die protestantische Ethik und der Geist des Kapitalismus. Die protestantischen Sekten und der Geist des Kapitalismus. Schriften 1904–1920, hg. von ders. in Zusammenarbeit mit Ursula Bube, München 2016, S. 1–59.

Schlumbohm, Jürgen, Lebensläufe, Familien, Höfe. Die Bauern und Heuerleute des Osnabrückischen Kirschspiels Belm in proto-industrieller Zeit, 1650–1860, Göttingen 1994.

Schmidt, Charles, Das Grossherzogtum Berg, 1806–1813. Eine Studie zur französischen Vorherrschaft in Deutschland unter Napoleon I., hg. von Dietz, Burkhard/Engelbrecht, Jörg, Neustadt/Aisch 1999.

Schmidt, Sebastian, »Gott wohlgefällig und den Menschen nutzlich«. Zu Gemeinsamkeiten und konfessionsspezifischen Unterschieden frühneuzeitlicher Armenfürsorge, in: Aspelmeier/ders., Norm und Praxis, S. 61–90.

Schmidt-de Bruyn, Ruth, Das bergische Patrizierhaus bis 1800, Köln 1983.

Schmidt-Funke, Julia A., Auf dem Weg in die Bürgergesellschaft. Die politische Publizistik des Weimarer Verlegers Friedrich Justin Bertuch, Köln 2005.

–, Kommerz, Kultur und die ›gebildeten Stände‹. Konsum um 1800, in: Goethezeitportal (2012) (www.goethezeitportal.de/db/wiss/epoche/Schmidt-Funke_Konsum.pdf). (10.1.2019)

–, Handfass und Hirschgeweih. Zum Umgang mit den Dingen im Kontext frühneuzeitlichen Wohnens, in: Zeitschrift der Schweizerischen Gesellschaft für Wirtschafts- und Sozialgeschichte 28 (2014), S. 115–141.

–, Städtische Wohnkulturen in der Frühen Neuzeit, in: Eibach/Schmidt-Voges, Das Haus, S. 215–231.

–, Zur Sache. Materielle Kultur und Konsum in der Frühen Neuzeit, in: dies. (Hg.), Materielle Kultur, S. 11–36.

– (Hg.), Materielle Kultur und Konsum in der Frühen Neuzeit, Köln 2019.

Schmidt-Voges, Inken, Das Haus in der Vormoderne, in: Eibach/dies., Das Haus, S. 1–18.

Schmitt, Hanno, Die Philantropine – Musterschulen der pädagogischen Aufklärung, in: Hammerstein, Notker/Herrmann, Ulrich (Hg.), Handbuch der deutschen Bildungsgeschichte, Bd. 2: 18. Jahrhundert. Vom späten 17. Jahrhundert bis zur Neuordnung Deutschlands um 1800, München 2005, S. 262–277.

Schmitt, Hanno/Tosch, Frank (Hg.), Vernunft fürs Volk. Friedrich Eberhard von Rochow (1734–1805) im Aufbruch Preußens, Berlin 2001.

– / – (Hg.), Neue Ergebnisse der Rochow-Forschung, Berlin 2009.

Schnurmann, Claudia, Atlantische Welten. Engländer und Niederländer im amerikanisch-atlantischen Raum, 1648–1713, Köln 1999.

Schötz, Susanne, Handelsfrauen in Leipzig. Zur Geschichte von Arbeit und Geschlecht in der Neuzeit, Köln 2004.

Schrader, Fred E., Kaufmännische Soziabilität im 18. Jahrhundert. Bordeaux und Hamburg, in: Bödeker, Hans Erich/Gierl, Martin (Hg.), Jenseits der Diskurse. Aufklärungspraxis und Institutionenwelt in europäisch komparativer Perspektive, Göttingen 2007, S. 441–463.

Schramm, Percy Ernst, Neun Generationen. Dreihundert Jahre deutscher »Kulturgeschichte« im Lichte der Schicksale einer Hamburger Bürgerfamilie, 1648–1948, 2 Bde., Hamburg 1963/64.

Schreiber, Aloys, Anleitung auf die nützlichste und genußvollste Art den Rhein von Schafhausen bis Holland, die Mosel von Coblenz bis Trier, und die Bäder am Taunus, so wie Aachen und Spaa zu bereisen, Heidelberg 1816.

Schröckh, Samuel Jacob, Meß-Schema von Frankfurt, darinnen von den hiesigen zwey Reichsmessen, dem Meßgeleite, den Meßabgaben, der Zoll- und Meßfreyheit, fernern von denen auf die Meß kommenden fremden Handelsleuten, Verkäufern und Käufern, was sie für Waaren führen, wo sie feil gehalten u.s.w. Nachricht gegeben wird, nebst einem doppelten Register, Frankfurt/Main 1779.

Schröter, Harm G., Kartelle als Versuch der Krisenbewältigung, in: Henning, Friedrich-Wilhelm (Hg.), Krisen und Krisenbewältigung vom 19. Jahrhundert bis heute, Frankfurt/Main 1998, S. 161–187.

Schuler, Rudolf, Verkehrsverhältnisse und Handel in den Herzogtümern Jülich und Berg zur Zeit des Herzogs Karl Theodor, Kurfürsten von der Pfalz, Düsseldorf 1917.

Schulte, Fritz, Die Entwicklung der gewerblichen Wirtschaft in Rheinland-Westfalen im 18. Jahrhundert, Köln 1959.

Schulte Beerbühl, Margrit, Deutsche Kaufleute in London. Welthandel und Einbürgerung (1600–1818), München 2007.

–, Introduction, in: Cordes/dies., Economic Failure, S. 9–25.

– /Weber, Klaus, From Westphalia to the Caribbean. Networks of German Textile Merchants in the Eighteenth Century, in: Gestrich, Andreas/dies. (Hg.), Cosmopolitan Networks in Commerce and Society 1660–1914, London 2011, S. 53–98.

Schulze, Winfried, Vom Gemeinnutz zum Eigennutz. Über den Normenwandel in der ständischen Gesellschaft der Frühen Neuzeit, in: HZ 243 (1986), S. 591–626.

–, Die ständische Gesellschaft des 16./17. Jahrhunderts als Problem von Statik und Dynamik, in: ders., Gesellschaft und Mobilität, S. 1–17.

– (Hg.), Ständische Gesellschaft und soziale Mobilität, München 1988.

Schumacher, Martin, Auslandsreisen deutscher Unternehmer 1750–1851 unter besonderer Berücksichtigung von Rheinland und Westfalen, Köln 1968.

Schumacher, Wilhelm, Untersuchung über die Entwicklung der bergischen Seidenindustrie, Heidelberg 1914.

Schwanke, Irmgard, ...den wir haßen die unangenehme Corespondenz. Handelspraktiken der Brüder Castell in Elzach im Schwarzwald (1814–1843), in: Häberlein/Jeggle, Praktiken, S. 605–630.

Schwarze, Wolfgang, Bergische Wohnkultur im 18. Jahrhundert, Wuppertal 1986.

Scotti, Johann Josef, Sammlung der Gesetze und Verordnungen, welche in den ehemaligen Herzogthümern Jülich, Cleve und Berg und in dem vormaligen Großherzogthum Berg über Gegenstände der Landeshoheit, Verfassung, Verwaltung und Rechtspflege ergangen sind, 4 Bde., Düsseldorf 1821–1822.

Seitz, Friedrich, Der Elberfelder Sprachmeister Nicolas de Landas. Ein Beitrag zur Geschichte des französischen Unterrichts am Niederrhein, in: ZBGV 39 (1908), S. 148–179.

Selheim, Claudia, Die Inventare eines süddeutschen Warenlagers zwischen 1778 und 1824, Würzburg 1994.

Severin-Barboutie, Bettina, Französische Herrschaftspolitik und Modernisierung. Verwaltungs- und Verfassungsreformen im Grossherzogtum Berg (1806–1813), München 2008.

Shantz, Douglas H., Between Sardis and Philadelphia. The Life and World of Pietist Court Preacher Conrad Broske, Leiden 2008.

Sheehan, Jonathan, Enlightenment, Religion, and the Enigma of Secularization. A Review Essay, in: AHR 108 (2003), S. 1061–1080.

Siebenhüner, Kim, Things That Matter. Zur Geschichte der materiellen Kultur in der Frühneuzeitforschung, in: ZHF 42 (2015), S. 373–409.

–, Die Spur der Juwelen. Materielle Kultur und transkontinentale Verbindungen zwischen Indien und Europa in der Frühen Neuzeit, Köln 2018.

Sieder, Reinhard, Sozialgeschichte der Familie, Frankfurt/Main 1987.

Siegenthaler, Hansjörg, Geschichte und Ökonomie nach der kulturalistischen Wende, in: GG 25 (1999), S. 276–301.

Siekmann, Birgit, Das protestantische Profil der Familie von der Heydt, in: Geschichte im Wuppertal 9 (2000), S. 25–51.

–, Religiöse Einstellungen von Unternehmern im Wuppertal im Zeitalter der Industrialisierung, in: Hesse, Jan-Otmar/Kleinschmidt, Christian/Lauschke, Karl (Hg.), Kulturalismus, neue Institutionenökonomik oder Theorienvielfalt. Eine Zwischenbilanz der Unternehmensgeschichte, Essen 2002, S. 63–83.

Smith, Woodruff D., Consumption and the Making of Respectability, 1600–1800, London 2002.

Sobania, Michael, Das Aachener Bürgertum am Vorabend der Industrialisierung, in: Gall, Vom alten zum neuen Bürgertum, S. 183–228.

–, Vereinsleben. Regeln und Formen bürgerlicher Assoziationen im 19. Jahrhundert, in: Hein/Schulz, Bürgerkultur, S. 170–190.

Sombart, Werner, Der moderne Kapitalismus. Historisch-systematische Darstellung des gesamteuropäischen Wirtschaftslebens von seinen Anfängen bis zur Gegenwart, 3 Bde., München ³1924.

Sonderland, Vincent Paul, Die Geschichte von Barmen, Elberfeld 1821 ND 1963.

Souza, George Bryan, Portuguese, Dutch and Chinese in Maritime Asia, c. 1585–1800. Merchants, Commodities and Commerce, Farnham 2014.

Spannagel, Karl, Die Gründung der Leinenweberzunft in Elberfeld und Barmen im Oktober 1738, in: ZBGV 30 (1894), S. 181–199.

Spaulding, Robert Mark, Changing Patterns of Rhine Commerce in the Era of French Hegemony, 1793–1813, in: VSWG 100 (2013), S. 413–431.

Speer, Florian, Vom Bau des ersten Gesellschaftshauses der Bürgergesellschaft zu Barmen (1816–1818), in: Busmann, Johannes/Frielingsdorf, Joachim/Hegerath, Christoph (Hg.), Kunst und Architektur. Festschrift für Hermann J. Mahlberg zum 60. Geburtstag, Wuppertal 1998, S. 32–40.

–, Ibach und die anderen, Neustadt/Aisch 2002.

Art. »Stand«, in: Grosses vollständiges Universal-Lexicon der Wissenschafften und Künste, 64 Bde., hg. von Zedler, Johann Heinrich, Halle 1732–1754, Bd. 39, Sp. 1093–1103.

Stanitzek, Georg, Blödigkeit. Beschreibungen des Individuums im 18. Jahrhundert, Tübingen 1989.

Steffen, Anka/Weber, Klaus, Spinning and Weaving for the Slave Trade. Proto-Industry in Eighteenth-Century Silesia, in: Brahm/Rosenhaft, Slavery Hinterland, S. 87–107.

Stein, Barbara/Stein, Stanley, Silver, Trade, and War. Spain and America in the Making of Early Modern Europe, Baltimore 2000.

Steiner, Robert, Johann Engelbert Evertsen, der Freund von Gerhard Tersteegen, in: Monatshefte für Evangelische Kirchengeschichte des Rheinlandes 29 (1980), S. 77–122.

Steinert, Heinz, Max Webers unwiderlegbare Fehlkonstruktionen. Die protestantische Ethik und der Geist des Kapitalismus, Frankfurt/Main 2010.

Stievermann, Dieter, Geschichte der Stadt Neuenrade vom 17. bis ins 19. Jahrhundert, verbunden mit einem Häuserbuch, Altena 1973.

Stollberg-Rilinger, Barbara, Europa im Jahrhundert der Aufklärung, Ditzingen ²2011.

Stölzer, Johann August (Hg.), Merkwürdige Lebensbeschreibungen verschiedener Kaufleute und Handlungsdiener nach ihren glücklichen und unglücklichen Begebenheiten, 3 Bde., Hamburg 1771–1780.

Stone, Lawrence, The Family, Sex and Marriage in England 1500–1800, New York 1979.

Straubel, Rolf, Frankfurt (Oder) und Potsdam am Ende des Alten Reiches. Studien zur städtischen Wirtschafts- und Sozialstruktur, Potsdam 1995.

Stremmel, Ralf/Weise, Jürgen (Hg.), Bergisch-märkische Unternehmer der Frühindustrialisierung, Münster 2004.

Stricker, Johann Heinrich, Kurze Erklärung des Buchhaltens nebst Anweisung zur gründlichen Erlernung der Einfachen Buchhaltung und einer Tabelle welche den Werth mehrerer aus- und inländischer Rechnungsmünze gegen Rtlr. zu 1 ⁵⁄₆ Rtlr. anzeiget, Elberfeld 1799.

Strieter, Claudia, Aushandeln von Zunft. Möglichkeiten und Grenzen ständischer Selbstbestimmung in Lippstadt, Soest und Detmold (17. bis 19. Jahrhundert), Münster 2011.

Strutz, Edmund, Die Stadt- und Gerichtsverfassung Elberfelds von 1610–1807, Elberfeld 1921.

–, Die Ahnentafeln der Elberfelder Bürgermeister und Stadtrichter von 1708–1808, Wuppertal 1936.

–, 175 Jahre Abr. Frowein jun., Abr. [und] Gebr. Frowein, Frowein [und] Co. A.-G., Düsseldorf 1938.
–, Geschichte der Rübel von Elberfeld, Neustadt/Aisch 1956.
Studberg, Joachim, Johann Wilhelm Fischer (1779–1845). Ein Unternehmer im Aufbruch zur Moderne, in: Beeck, Bergische Unternehmergestalten, S. 121–214.
Stulz-Herrnstadt, Nadja, Berliner Bürgertum im 18. und 19. Jahrhundert, Berlin 2002.
Sturm-Lind, Lisa, Actors of Globalization. New York Merchants in Global Trade, 1784–1812, Boston 2018.
Stützel-Prüsener, Marlies, Die deutschen Lesegesellschaften im Zeitalter der Aufklärung, in: Dann, Lesegesellschaften, S. 71–86.
Styles, John, The Dress of the People. Everyday Fashion in Eighteenth-century England, New Haven 2007.
Syré, Christiane, Anna Christine, Sophie und Jakobine Brügelmann, in: LVR-Industriemuseum, Cromford Ratingen, S. 82–99.
–, Cromforder Produkte: Water Twist und Nanking, in: LVR-Industriemuseum, Cromford Ratingen, S. 167–175.
Tabarasi-Hoffmann, Ana-Stanca, Gärten der Philosophie und Ästhetik, in: Schweizer, Stefan/Winter, Sascha (Hg.), Gartenkunst in Deutschland. Von der Frühen Neuzeit bis zur Gegenwart, Regensburg 2012, S. 390–403.
Tabbert, Thomas T., Die erleuchtete Maschine. Künstliche Menschen in E. T. A. Hoffmanns »Der Sandmann«, Hamburg 2006.
Tenbruck, Friedrich H., Bürgerliche Kultur, in: Kultur und Gesellschaft. Kölner Zeitschrift für Soziologie und Sozialpsychologie Sonderheft 27 (1986), S. 263–285.
Tenfelde, Klaus/Wehler, Hans Ulrich (Hg.), Wege zur Geschichte des Bürgertums. Vierzehn Beiträge, Göttingen 1994.
Theis, Robert (Hg.), Religion (= Aufklärung Jahrgang 21), Hamburg 2009.
Thompson, Edward P., Time, Work-Discipline, and Industrial Capitalism, in: Past and Present 38 (1967), S. 56–97.
Thornton, Peter, Innenarchitektur in drei Jahrhunderten. Die Wohnungseinrichtung nach zeitgenössischen Zeugnissen von 1620 bis 1920, Herford 1985.
Thun, Alphons, Die Industrie am Niederrhein und ihre Arbeiter, Leipzig 1879.
Tilgner, Hilmar, Lesegesellschaften an Mosel und Mittelrhein im Zeitalter des aufgeklärten Absolutismus. Ein Beitrag zur Sozialgeschichte der Aufklärung im Kurfürstentum Trier, Stuttgart 2001.
Trentmann, Frank, Herrschaft der Dinge. Die Geschichte des Konsums vom 15. Jahrhundert bis heute, München 2017.
– (Hg.), The Oxford Handbook of the History of Consumption, Oxford 2013.
Trepp, Anne-Charlott, Sanfte Männlichkeit und selbständige Weiblichkeit. Frauen und Männer im Hamburger Bürgertum zwischen 1770 und 1840, Göttingen 1996.
Trivellato, Francesca, The Familiarity of Strangers. The Sephardic Diaspora, Livorno, and Cross-cultural Trade in the Early Modern Period, New Haven 2009.
–, Introduction. The Historical and Comparative Study of Cross-Cultural Trade, in: Antunes, Cátia/Halevi, Leor/dies. (Hg.), Religion and Trade. Cross-Cultural Exchanges in World History, 1000–1900, New York 2014, S. 1–23.
Troßbach, Werner, Das »ganze Haus« – Basiskategorie für das Verständnis ländlicher Gesellschaften in der FNZ?, in: Blätter für deutsche Landesgeschichte 129 (1993), S. 277–314.
Ünlüdag, Tânia (Hg.), Historische Texte aus dem Wupperthale. Quellen zur Sozialgeschichte des 19. Jahrhunderts, Wuppertal 1989.
Vanja, Christina, Zwischen Verdrängung und Expansion, Kontrolle und Befreiung. Frauenarbeit im deutschsprachigen Raum im 18. Jahrhundert, in: VSWG 79 (1992), S. 457–482.
Veillodter, Ludwig Christian Karl, Welches sind die Ursachen, daß der Stand des Kaufman-

nes und der Kaufmann selbst im Allgemeinen minder geschätzt wird, als er geschätzt zu werden verdiente, und wodurch kann man dieser Geringschätzung entgegen arbeiten?, in: Neue Handlungsbibliothek 1 (1799), S. 1–13.

Vickery, Amanda, Golden Age to Separate Spheres? A Review of the Categories and Chronology of English Women's History, in: HJ 36 (1993), S. 383–414.

–, The Gentleman's Daughter. Women's Lives in Georgian England, New Haven 1999.

–, Behind Closed Doors. At Home in Georgian England, New Haven 2010.

Viehbahn, Egon, Bergisches Zinn, Wuppertal ²1978.

Vierhaus, Rudolf, Bildung, in: Geschichtliche Grundbegriffe. Historisches Lexikon zur politisch-sozialen Sprache in Deutschland, 8 Bde., hg. von Brunner, Otto/Conze, Werner/Koselleck, Reinhart, Stuttgart 1972–1997, Bd. 1., S. 508–551.

–, Die Landstände in Nordwestdeutschland im späteren 18. Jahrhundert, in: Gerhard, Dietrich (Hg.), Ständische Vertretungen in Europa im 17. und 18. Jahrhundert, Göttingen 1974, S. 73–93.

–, Kulturelles Leben im Zeitalter des Absolutismus in Deutschland, in: Herrmann, Bildung, S. 11–37.

–, Staaten und Stände. Vom Westfälischen bis zum Hubertusburger Frieden, 1648 bis 1763, Berlin 1984.

–, Umrisse einer Sozialgeschichte der Gebildeten in Deutschland, in: ders., Deutschland, S. 167–182.

–, Aufklärung und Reformzeit. Kontinuitäten und Neuansätze in der deutschen Politik des späten 18. und beginnenden 19. Jahrhunderts, in: ders., Deutschland, S. 249–261.

–, Deutschland im 18. Jahrhundert. Politische Verfassung, soziales Gefüge, geistige Bewegungen, Göttingen 1987.

–, Die Rekonstruktion historischer Lebenswelten. Probleme moderner Kulturgeschichtsschreibung, in: Lehmann, Hartmut (Hg.), Wege zu einer neuen Kulturgeschichte, Göttingen 1995, S. 7–28.

– (Hg.), Bürger und Bürgerlichkeit im Zeitalter der Aufklärung, Heidelberg 1981.

Voght, Caspar von, Über die Errichtung der Hamburgischen Armenanstalt im Jahre 1788, in: Jantke, Karl/Hilger, Dietrich (Hg.), Die Eigentumslosen, Freiburg 1965, S. 197–207.

Volckart, Oliver, Wettbewerb und Wettbewerbsbeschränkung in Politik und Wirtschaft. Deutschland in Mittelalter und Früher Neuzeit, Marburg 2002.

Vollmar, Harro, Die historische bergische Kaffeetafel. Eine Untersuchung über ihre Ursprünge, Haan ²1986.

Vom Bruck, Engelbert, Selbstbiographie 1–3, hg. von Risler, Walter, in: Die Heimat 24 (1953), S. 9–20, 142–150; Die Heimat 25 (1954), S. 14–20.

Vries, Jan de, Purchasing Power and the World of Goods, in: Brewer/Porter, Consumption, S. 85–132.

–, The Industrious Revolution. Consumer Behavior and the Household Economy. 1650 to the Present, Cambridge 2009.

–, The Limits of Globalization in the Early Modern World, in: Economic History Review 63 (2010), S. 710–733.

– / Woude, Ad van der, The First Modern Economy. Success, Failure, and Perseverance of the Dutch Economy, 1500–1815, Cambridge 1997.

Vries, Peer, Zur politischen Ökonomie des Tees. Was uns Tee über die englische und chinesische Wirtschaft der Frühen Neuzeit sagen kann, Wien 2009.

Wacker, Reinhold, Das Verkehrswesen im Rheinland vom 15. Jahrhundert bis 1794, Trier 2008.

Wagner, Stefan, Staatssteuern in Jülich-Berg von der Schaffung der Steuerverfassung im 15. Jahrhundert bis zur Auflösung der Herzogtümer in den Jahren 1801 und 1806, Köln 1977.

Wahrman, Dror, Imagining the Middle Class. The Political Representation of Class in Britain, c. 1780–1840, Cambridge 1995.

–, The Making of the Modern Self. Identity and Culture in Eighteenth-century England, New Haven 2004.

Wallerstein, Immanuel Maurice, The Modern World-system, Bde. 1–3, New York 1974–1989.

Walz, Rainer, Stände und frühmoderner Staat. Die Landstände von Jülich-Berg im 16. und 17. Jahrhundert, Neustadt/Aisch 1982.

Walter, Gerrith, Geschmack, in: Enzyklopädie der Neuzeit, 16 Bde., hg. von Jaeger, Friedrich, Stuttgart 2005–2012, Bd. 4, Sp. 654–659.

Watkin, David, The Influence of English Royal Gardens on the Continent in the 18th Century, in: Bosbach/Gröning, Landschaftsgärten, S. 33–48.

Weber, Eduard, Literaturgeschichte der Handelsbetriebslehre (Betriebswirtschaftslehre). Eine zusammenfassende Darstellung der Autoren und Erkenntnisse der alten Betriebswirtschaftslehre bis 1898, Tübingen 1914 ND Köln 1990.

Weber, Klaus, Deutsche Kaufleute im Atlantikhandel, 1680–1830. Unternehmen und Familien in Hamburg, Cádiz und Bordeaux, München 2004.

Weber, Max, Die protestantische Ethik und der Geist des Kapitalismus/Die protestantischen Sekten und der Geist des Kapitalismus, in: MWG I/18, hg. von Schluchter, Wolfgang, in Zusammenarbeit mit Ursula Bube, München 2016.

Weerth, Wilhelm de, Geschichte der Familie de Weerth, Düsseldorf 1915.

Wehler, Hans-Ulrich, Deutsche Gesellschaftsgeschichte. Bd. 1: Vom Feudalismus des Alten Reiches bis zur defensiven Modernisierung der Reformära, München 1987.

Wehling, Hans-Georg, Konfession – eine Nebensache?, Stuttgart 1984.

Weisbrod, Bernd, Wohltätigkeit und »symbolische Gewalt« in der Frühindustrialisierung. Städtische Armut und Armenpolitik im Wuppertal, in: Mommsen, Hans/Schulze, Winfried (Hg.), Vom Elend der Handarbeit, Stuttgart 1981, S. 334–357.

Weise, Jürgen, Tradition und Innovation. Zum Profil der bergisch-märkischen Unternehmer während der Frühindustrialisierung, in: Stremmel/ders., Bergisch-märkische Unternehmer, S. 7–38.

Weise, Max, Das bergische Bürgerhaus und der moderne heimische Wohnungsbau. Eine Studie zur Frage der Wiederbelebung alter, bodenständiger Bauweisen, Düsseldorf 1912.

Werkstetter, Christine, Frauen im Augsburger Zunfthandwerk. Arbeit, Arbeitsbeziehungen und Geschlechterverhältnisse im 18. Jahrhundert, Berlin 2001.

Werner, Gerhart, Die Stillen in der Stadt. Eine Betrachtung über die Sekten, Freikirchen und Glaubensgemeinschaften Wuppertals, Wuppertal 1964.

Werth, Adolf, Über die Höfe im Werth zu Barmen und den allmählichen Umbau derselben zu einem Orte, in: ZBGV 16 (1881), S. 133–162; ZBGV 17 (1882), S. 83–120

–, Geschichte der Stadt Barmen. Festschrift zur Jahrhundert-Feier 1908, Barmen 1908.

Westhoff-Krummacher, Hildegard, Westfalen als Absatzmarkt für Fürstenberger Porzellan, in: Landschaftsverband Westfalen-Lippe, Weißes Gold, S. 21–31.

Wiebeking, Carl Friedrich, Beiträge zur Churpfälzischen Staatengeschichte vom Jahre 1742 bis 1792, vorzüglich in Rücksicht der Herzogtümer Gülich und Berg, Heidelberg 1793.

Wiecker, Niels, Der iberische Atlantikhandel. Schiffsverkehr zwischen Spanien, Portugal und Iberoamerika, 1700–1800, Stuttgart 2012.

Wiedemann, Conrad, Ideale Geselligkeit und ideale Akademie. Schleiermachers Geselligkeits-Utopie 1799 und heute, in: Voßkamp, Wilhelm (Hg.), Ideale Akademie. Vergangene Zukunft oder konkrete Utopie?, Berlin 2002, S. 61–80.

Wiescher, Michael, Der Hof zur Scheuren in Barmen, in: Geschichte im Wuppertal 20 (2011), S. 67–89.

Wilberg, Johann Friedrich, Erinnerungen aus meinem Leben, nebst Bemerkungen über Erziehung, Unterricht und verwandte Gegenstände, Essen 1836.

Wild, C. H., Über die Bildung des Kaufmanns, nebst Ankündigung eines Handlungs-Instituts, in: Journal für Fabriken, Manufakturen, Handlung, Kunst, und Mode 35 (1808), S. 177–191.

Wimmler, Jutta, Material Exchange as Cultural Exchange. The Example of West African Products in late 17th and early 18th-Century France, in: Hyden-Hanscho/Pieper/Stangl, Cultural Exchange, S. 131–151.

Winter, Alix, Protektionismus und Freihandel. Europäische Pressedebatten um globale Märkte zur Zeit Napoleons, Göttingen 2018.

Winter, Sascha, Gartenkunst und Auftraggeberschaft. Zum Einfluss des Auftraggebers auf die ideellen, produktiven und rezeptions-ästhetischen Prämissen von Garten- und Parkanlagen, in: Schweizer, Stefan/ders. (Hg.), Gartenkunst in Deutschland. Von der Frühen Neuzeit bis zur Gegenwart, Regensburg 2012, S. 201–218.

Wiskin, Christine, Accounting for Business. Financial Management in the Eighteenth Century, in: Laurence/Maltby/Rutterford, Women, S. 73–85.

Witteborg, August, Geschichte der evang.-lutherischen Gemeinde Barmen-Wupperfeld von 1777 bis 1927, Barmen 1927.

Wittmütz, Volkmar, Schule der Bürger. Die höhere Schule im Wuppertal 1800–1850, Wuppertal 1981.

–, 200 Jahre Concordia, Wuppertal 2001.

–, Kleine Wuppertaler Stadtgeschichte, Regensburg 2013.

Wohlfeil, Rainer, Napoleonische Modellstaaten, in: Groote, Wolfgang (Hg.), Napoleon I. und die Staatenwelt seiner Zeit, Freiburg/Breisgau 1969, S. 33–53.

Wülfing, Johann, Beschreibung der vornehmen Handels-Städte und Flecken Bergischen Landes (1729), in: ZBGV 19 (1883), S. 114–149.

Wülfrath, Karl, Bänder aus Ronsdorf, o. O. o. J.

Wunder, Heide, »Er ist die Sonn', sie ist der Mond«. Frauen in der frühen Neuzeit, München 1992.

–, Geschlechterperspektiven. Forschungen zur Frühen Neuzeit, Königstein/Taunus 1998.

Wuppermann, Ernst, Das Haus zur Schüren, Leverkusen 1938.

Wurst, Karin A., Fabricating Pleasure. Fashion, Entertainment, and Cultural Consumption in Germany, 1780–1830, Detroit 2005.

Yamey, Basil S., Bookkeeping and Accounts, 1200–1800, in: Cavaciocchi, Simonetta (Hg.), L'Impresa Industria Commercio Banca, Secc. XIII–XVIII, Prato 1991, S. 163–187.

Yun-Casalilla, Bartolomé, The History of Consumption of Early Modern Europe in a Trans-Atlantic Perspective. Some New Challenges in European Social History, in: Hyden-Hanscho/Pieper/Stangl, Cultural Exchange, S. 25–40.

Zabeck, Jürgen, Zur Einführung: Johann Georg Büsch (1728–1800) und die Hamburgische Handlungs-Akademie, in: Pott, Klaus Friedrich/ders. (Hg.), Die Hamburgische Handlungs-Akademie, Paderborn 2001, S. 3–33.

Zaunstöck, Holger, Sozietätslandschaft und Mitgliederstrukturen. Die mitteldeutschen Aufklärungsgesellschaften im 18. Jahrhundert, Tübingen 1999.

Zeuske, Michael, Preußen und Westindien. Die vergessenen Anfänge der Handels- und Konsularbeziehungen Deutschlands mit der Karibik und Lateinamerika 1800–1870, in: Carreras, Sandra/Maihold, Günther (Hg.), Preußen und Lateinamerika, Münster 2000, S. 145–215.

–, Sklaven und Sklaverei in den Welten des Atlantiks 1400–1940. Umrisse, Anfänge, Akteure, Vergleichsfelder und Bibliographien, Berlin 2006.

Zeyss, Richard, Die Entstehung der Handelskammern und die Industrie am Niederrhein während der französischen Herrschaft, Leipzig 1907.

Zinn, Ernst, Die Baukunst in Elberfeld während der ersten Hälfte des 19. Jahrhunderts, Düsseldorf 1968.

Zinnkann, Heidrun (Hg.), Der feine Unterschied. Biedermeiermöbel Europas 1815–1835, München 2007.

Zunkel, Friedrich, Der rheinisch-westfälische Unternehmer 1834–1879, Köln 1962.

Register

Personen- und Firmenregister

Ortsregister